四訂

精神保健福祉法詳解

精神保健福祉研究会＝監修

中央法規

四訂　精神保健福祉法詳解――◎目次

目　次

第一編　精神保健福祉行政のあゆみ

索引

第一編　精神保健福祉行政のあゆみ

第一節　黎明期

明治初期までは、精神保健の分野に全く法的規制のないままに推移していた。この時期においては、我が国の精神医学は進歩しておらず、精神病の治療は、そのほとんどが加持祈とうに頼っており、社寺の楼塔は精神病者の収容施設のごとき観があった。

明治の衛生行政が、本格的軌道に乗り出したのは、明治六年、文部省の医務課が医務局となり、七年に医制が発布されてからであり、この医制の一つに癲狂院《てんきょういん》の設立に関する規定があった。しかし、癲狂院の設置は遅々として進まず、精神病者の大多数は、私宅に監置されて、家族の世話に任されていた。

公立の精神病院としては、明治八年に南禅寺境内に建設された京都癲狂院が最初であり、明治十二年には東京府癲狂院が設立されている。私立精神病院では、加藤瘋癲病院が十一年に東京府から開設許可された。

明治十二年になると医育機関で精神病学が教えられるようになった。この年、東京大学ではベルツが、愛知医学校ではロレッツが初めて近代精神病学を講義した。十三年には医学校初の精神病舎が愛知医学校に設置された。十九年には帝国大学医科大学に精神病学教室が置かれ、初代の榊俶教授が日本人として初の講義を行った。さらに三十年に榊の後を継いだ呉秀三教授によって日本における近代精神医学の基礎が固められた。

一方、明治十七年に始まった相馬事件（明治十二年に旧相馬藩主相馬誠胤《ともたね》が精神病を発病し、父充胤に監禁され、これをのっとりの陰謀だと考えた錦織剛清《にしごりたけきよ》は明治十九年、東京府癲狂院に入院中の誠胤を病院に侵入して連れ出したが、途中で取り押さえられた。錦織は顛末を新聞に投書し、世間の注目を浴び、明治二十五年に誠胤が死亡すると、毒殺であると主張し、この間一〇年以上にも渡って起訴が乱発された事件）によって、精神病者に対する

社会の関心が高まり、このころから癲狂院に代わって精神病院という名称が一般に用いられるようになった。

第二節　精神病者監護法の制定

明治三十年代になると、これまで相当長い間、専ら地方の規制にゆだねられていた精神障害者に関する全国的規制がようやく出現するに至った。すなわち、路頭にさまよう救護者のない精神病者の保護の規制として、三十二年に「行旅病人および行旅死亡人取扱法」が公布され、次いで相馬事件などが重要なきっかけとなって、三十三年三月に精神病者の保護に関する最初の一般的法律「精神病者監護法」が公布、同年七月一日から施行された。

精神病者監護法の内容は、

① 後見人、配偶者、親権を行う父又は母、戸主、親族会で選任した四親等以内の親族を精神病者の監護義務者として、その順位を定める。また監護義務者がないか、いてもその義務を履行できないときは住所地、所在地の市区町村長に監護の義務を負わせる。

② 精神病者を監置できるのは監護義務者だけで、病者を私宅、病院などに監置するには、監護義務者は医師の診断書を添え、警察署を経て地方長官に願い出て許可を得なくてはならない。

③ 行政官庁に監置を監督する権限を与える。

④ 監護に要する費用は被監護者の負担で、被監護者にその能力がないときは扶養義務者の負担とする。

などを骨子としていた。

しかしながら、監置の方法において私宅監置をも許していたので、医療保護の面では、きわめて不十分であり、

社会の変化に伴う精神病者の漸増と精神医学の進歩により、精神障害者対策をこのような消極的な範囲にとどまらせておくことができなくなった。すなわち、明治三十四年には本邦精神医学の先駆者といわれる呉秀三が東大教授として帰国した。三十五年には精神病者救治会が設立されて日本で初めて精神保健運動が行われるようになり、さらに、日本神経学会も発足し、三十九年、「官立医学校ニ精神科設置」の決議を行った。四十年には北海道に道府県立以外の公立精神病院の初めとして公立函館区立精神病院が開設された。四十二年に、四十一年一月以降公立精神病院及びその退院者につき詳細な調査を行った結果、患者数約二万五〇〇〇人、病床約二五〇〇床、私宅監置約三〇〇〇人というような精神病者の実態が明らかになり、その収容施設の整備拡充の必要なことがわかったため、四十四年に、「官立精神病院設置」の決議がなされた。

第三節　精神病院法の制定

明治末年に至ってようやく近代国家としての体制を整えた我が国は、衛生行政の面においても新たな段階に入り、精神障害者対策は監護から医療へと前進することとなった。

さらに、大正五年、内務省に保健衛生調査会が設置され、六年六月三十日、精神障害者の全国一斉調査が行われた。その結果、精神病者総数は約六万五〇〇〇人、そのうち精神病院等に入院中のものが約五〇〇〇人に過ぎず、私宅監置を含めて約六万人の患者が医療の枠外にあるという実状、病院を含む精神病者収容施設をもたない県が二八県もあり、在院患者のほぼ四分の三が東京、京都、大阪におり、東京にはその二分の一が収容されていることが明らかとなった。この結果から、保健衛生調査会は、治療上及び公安上の理由から、精神病者監護法の改正を決め

た。

また日本神経学会も全国的に精神病者保護治療の設備を整えるよう、内務大臣に対して建議した。

このような状況の中で大正八年、精神病院法は審議可決された。

精神病院法の内容は、

① 内務大臣は道府県に精神病院の設置を命じることができ、道府県が設置した精神病院は地方長官の具申によって前項の命令により設置したものとみなすことができる。また内務大臣はこれに代わるものとして公私立精神病院を指定することができる（代用精神病院）。

② 地方長官は、医師の診断により、精神病者監護法によって市区町村長が監護すべき者、罪を犯したもので司法官庁が特に危険があると認める者、療養の道なき者、地方長官が入院の必要を認める者等を①の精神病院に入院させることができる。

③ 地方長官は入院した者（あるいはその扶養義務者）から入院費の全部又は一部を徴収できる。また①の精神病院に対し建築・設備費の二分の一、運営費の六分の一を国庫が補助する。

などを骨子としていた。

この精神病院法によって、精神病に対する公共の責任として公的精神病院を設置する考え方が初めて明らかにされた。

しかしながら、公立精神病院の建設は予算不足等のため遅々として進まず、わずかに大正十四年の鹿児島保養院、昭和元年の大阪中宮病院、四年の神奈川芹香院、六年の福岡筑紫保養院、七年の愛知城山病院を数えるのみであった。

公立精神病院の建築が遅々としてはかどらない一方、在野精神障害者数は増加し、昭和六年の調査によれば患者

総数七万余人に対し、収容数は約一万五〇〇〇人であった。人口当たり病床数は諸外国に比して一〇分の一の低さを示し、病院数は約九〇、病院法による施設をもつ府県はわずか三府一七県であった。

昭和元年には日本精神衛生会が設置され、また、十三年には厚生省が設置され、衛生行政の機構が確立されたにもかかわらず、精神保健対策は十分な効果を上げるに至らなかった。殊に戦時において精神病の保護は全く顧みられず、十五年には約二万五〇〇〇床もあった病床は、戦火による消失や経営難により閉鎖され、終戦時には約四〇〇〇床にまで減少した。

表１－１　昭和６年末の精神病者数

精神病院法適用	公立病院	1,535人
	代用病院	2,055
精神病者監護法適用	病院監護	3,997
	病院外施設	6,472
	一時監置	136
その他		59,536

表１－２　昭和６年末の施設数と収容人員

施設の種類	施設数	収容人員
公立精神病院	6	1,712
医育機関附属精神科病室	14	904
私立精神病院	78	10,525
公私立精神病者収容所	81	517
公私立病院精神科病室	10	188
計	189	13,846
神経，瀑布の保養所	50	714
総計	239	14,560

第四節　精神衛生法の制定

(1) 旧二法の廃止と精神衛生法の制定

戦後は、欧米の最新の精神衛生に関する知識の導入があり、かつ、公衆衛生の向上増進を国の責務とした新憲法の成立により、精神障害者に対し、適切な医療・保護の機会を提供するため、昭和二十五年五月一日に「精神衛生法」が公布施行された。

精神衛生法は、精神病者監護法と精神病院法を廃止して引き継いだものであり、その内容は次のとおりである。

① 精神病院の設置を都道府県に義務づけたこと。また、都道府県知事は、都道府県が設置する精神病院に代わる施設として指定病院を指定するとしたこと

② 一般人からの診察及び保護の申請、警察官、検察官、矯正保護施設の長の通報制度を設けたこと

③ 保護義務者の制度を設けたこと

④ 自傷他害のおそれのある精神障害者の「措置入院」の制度を設け、その費用は公費で負担することとしたこと

⑤ その他、保護義務者の同意による入院、精神障害の診断に時日を要する場合の仮入院の制度を設けたこと

⑥ 自傷他害のおそれのある精神障害者で、入院を要するが直ちに精神病院に収容できないやむを得ない事情がある場合に、保護義務者は都道府県知事の許可を得て精神病院以外の場所で「保護拘束」をすることができることとしたこと

⑦ 保護拘束として許可されたもののほかは、精神障害者は、精神病院、精神科病室その他法律によって収容す

ることを求められている施設以外に収容することを禁止し、私宅監置制度はその後一年間で廃止することとしたこと

⑧　従来は狭義の精神病者だけを対象にしていたが、新たに精神薄弱者、精神病質者も施策の対象として位置づけたこと

⑨　精神障害の発生予防、国民の精神的健康の保持向上の考え方が取り入れられ、精神衛生相談所や訪問指導の規定が置かれたこと

⑩　精神衛生審議会を新設して、関係官庁と専門家との協力による精神保健行政の推進を図ったこと

⑪　精神障害者を拘束することが必要かどうかを決定するため精神衛生鑑定医制度が設けられたこと

(2)　昭和二十九年の改正と精神病院の大増床

昭和二十七年には国立精神衛生研究所が設置され、精神保健に関する総合的な調査研究が行われることになった。

昭和二十八年には日本精神衛生連盟が結成され、同年十一月には第一回全国精神衛生大会が開催された。昭和二十九年六月、「覚せい剤取締法」（昭和二十六年六月三十日法律第二百五十二号）の改正（昭和二十九年六月十二日法律第百七十七号）により、覚せい剤の慢性中毒者で精神障害者でないものをも、精神衛生法の対象とする「精神衛生法」の改正が行われた。これは戦後青少年の間に、覚せい剤、麻薬、あへんの慢性中毒による精神障害者が増加し、特に覚せい剤は、使用がますます拡大していたため、その発生の予防を図るため行われたのであった。またこの改正では、精神病院の普及を図るため、従来の都道府県立精神病院への国庫補助のほかに、非営利法人の設置する精神病院の設置及び運営に要する経費に対しても、国庫補助を行う規定が設けられた。

当時の精神病床は約三万床で、昭和十五年の約二万五〇〇〇床に比べ、ようやく戦前程度までに回復したが、昭和二十九年七月の全国精神障害者実態調査によって、精神障害者の全国推定数は一三〇万人、うち要入院は三五万人で、病床はその一〇分の一にも満たないことが判明した。しかし、同年の法改正により非営利法人の設置する精神病院の設置及び運営に要する経費に対し、国庫補助の規定が設けられたことが重要な契機となって、病床は急速に増加、いわゆる精神病院ブームの現象を呈し、五年後の三十五年には約八万五〇〇〇床に達するに至った。

一方、治療法についても昭和二十年代末ごろから抗精神病薬による薬物療法が普及しはじめ、さらには精神療法や作業療法等の治療方法の進歩によって寛解率は著しく向上し、在院期間が短縮され、かつ、これに伴い予防対策や在宅障害者対策が次第に注目されるようになった。

なお、昭和三十一年四月一日、厚生省公衆衛生局に精神衛生課が新設され、精神保健行政は一段と強化されることになった。

第五節　精神衛生法の昭和四十年改正

⑴　ライシャワー事件と昭和四十年改正

昭和三十八年には精神障害の実態調査が行われた。この調査によって全国的な精神障害者の数、医療の普及度等が明らかになり、治療や指導を受けないまま在宅している精神障害者が数多く存在することが推察され、また、二十五年制定の精神衛生法は、このような状況の推移、社会情勢の著しい変化、精神医学の目ざましい進歩という新しい事態に対応し得なくなってきたので、精神障害の発生予防から、治療、社会復帰までの一貫した施策を内容と

する法の全面改正の準備がなされていた。その折しも、三十九年三月、ライシャワー事件（駐日アメリカ大使ライシャワーが統合失調症（精神分裂病）の少年に刺されて負傷した事件）が発生し、精神障害者の不十分な医療の現状が大きな社会問題となり、事件の責任をとって国務大臣（国家公安委員長）の辞任に至ると、警察庁から厚生省への精神衛生法改正の要望も出され、そのために準備中の法改正にも影響を与えつつ、精神衛生法の一部改正が四十年六月に行われた。

この法改正の特徴は、

① 保健所を地域における精神保健行政の第一線機関として位置づけ、精神衛生相談員を配置できることとし、在宅精神障害者の訪問指導、相談事業を強化したこと

② 保健所に対する技術指導援助などを行う各都道府県の精神保健に関する技術的中核機関として、精神衛生センターを設けたこと

③ 在宅精神障害者の医療の確保を容易にするために、通院医療費の二分の一を公費負担する制度を新設したこと

④ 警察官、検察官、保護観察所長及び精神病院の管理者について、精神障害者に関する通報・届出制度を強化したこと

⑤ 措置入院制度の手続きについて、㈠患者が無断で退去した場合、病院管理者に警察への届出義務を課したこと、㈡自傷他害の程度が著しい精神障害者につき、緊急措置入院制度を設けたこと、㈢入院措置の解除規定、守秘義務規定を設けたこと

等である。

(2) 昭和四十年改正以後の精神病床の増加と通院医療、地域精神保健対策の推進

昭和四十年の法改正に伴って四十一年に「保健所における精神衛生業務運営要領」が示され、四十四年の「精神衛生センター運営要領」とともに地域精神保健活動の整備が図られることとなった。

精神病院の入院患者数は、病院数、病床数の整備に伴い大幅に増加を続け、昭和四十一年の一九万七〇〇〇人から、五十年には二八万一〇〇〇人、六十年には三四万人に達する。一方、措置入院者数は、昭和四十一年の六万七〇〇〇人から、四十六年に七万六〇〇〇人のピークにまで増加した後は、医療技術の進歩や措置の抑制的運用により減少に転じ、昭和五十年に六万六〇〇〇人、六十年には三万一〇〇〇人に減少している。

また、通院患者の増加も著しく、単科精神病院において昭和四十年に一日九〇〇〇人の通院患者であったものが、昭和五十年には二万二〇〇〇人、昭和六十年には三万人と三倍にもなり、通院医療費公費負担承認患者数（半年更新なので年間承認件数の二分の一）も、昭和四十一年、三万三〇〇〇件から昭和六十年二四万一〇〇〇件と七倍になっている。

昭和四十年の法改正以後は社会復帰制度・施設の進展が著しく、四十四年、精神障害回復者社会復帰施設要綱案を中央精神衛生審議会が答申して以降、五十年には「精神障害回復者社会復帰施設」及び「デイ・ケア施設」、五十五年には「精神衛生社会生活適応施設」の運営要領が示され、施設対策を充実していった。

施設対策以外の面では昭和四十九年に作業療法、デイ・ケアの点数化が実現し、五十七年からは職親制度の一形態として「通院患者リハビリテーション事業」を実施している。また、六十一年には集団精神療法、ナイト・ケア、訪問看護・指導料等の点数化が実現し、公衆衛生審議会精神衛生部会より「精神障害者の社会復帰に関する意見」が出された。保健所においても昭和五十年度に「精神障害者社会復帰相談指導事業」を開始し、集団指導等を通して社会復帰活動に取り組んできている。

このほか、酒害対策等の一環として各精神衛生センターにおいて「酒害相談事業」が開設され、また、昭和五十七年八月老人保健法の制定に伴って新たに保健所において「老人精神衛生相談指導事業」が始まった。

第六節　昭和六十二年改正と精神保健法の成立

(1)　宇都宮病院事件等の人権問題と昭和六十二年改正

このように四十年改正以後における精神保健行政は、精神医学の進歩等に伴い「入院医療中心の治療体制から地域におけるケアを中心とする体制へ」という大きな流れを踏まえて展開されてきたところであるが、その流れの中で、精神障害者の医療及び保護の確保を主な目的とする精神衛生法について、諸状況の変化に十分対応すべく、特に入院患者をはじめとする精神障害者の人権擁護と適正な精神科医療の確保という観点から見直しを行うべきであるとの機運が生ずるに至った。

このような中で、いわゆる宇都宮病院事件（医師や看護婦等の医療従事者が不足する中で、無資格者による診察やレントゲン撮影が行われたり、看護助手らの暴行により患者が死亡したりした事件）などの精神病院の不祥事件を契機に精神衛生法改正を求める声が国内外から強く示されるに至り、厚生省においては、通信・面会に関するガイドライン等により指導が強化されるとともに、精神障害者の人権に配慮した適正な医療及び保護の確保と精神障害者の社会復帰の促進を図る観点から、精神衛生法が改正されることとなった。

昭和六十二年における精神衛生法の改正の概要は、次のとおりである。

①　国民の精神的健康の保持増進を図る観点から、法律の名称を精神保健法としたこと

②　精神障害者本人の同意に基づく任意入院制度が設けられたこと
③　入院時等における書面による権利等の告知制度が設けられたこと
④　従来の精神衛生鑑定医制度を精神保健指定医制度に改められたこと
⑤　入院の必要性や処遇の妥当性を審査する精神医療審査会制度が設けられたこと
⑥　精神科救急に対応するため、応急入院制度が設けられたこと
⑦　精神病院に対する厚生大臣等による報告徴収・改善命令に関する規定が設けられたこと
⑧　入院治療の終了した精神障害者の社会復帰の促進を図るため、精神障害者社会復帰施設（日常生活を営むのに支障のある精神障害者が日常生活に適応できるように、訓練・指導を行う精神障害者生活訓練施設及び雇用されることの困難な精神障害者が自活できるように訓練等を行う精神障害者授産施設）に関する規定を設けたこと

等である。

精神保健法は、昭和六十二年九月に公布され、翌昭和六十三年七月から施行された。

(2)　昭和六十二年改正の施行状況

法改正後の精神医療対策については、年々増加を続けてきた入院患者数が、平成三年の三四万九一九〇人をピークに、ようやく減少に転じることとなった。また、入院形態別でも、より任意性の高いものへの切り換えが進み、自傷他害（自身を傷つけ又は他人を害すること）のおそれのある精神障害者として都道府県知事の行政処分により入院措置された患者の数は施行後五年間で半数以下に減少し、また、家族等（保護義務者）の同意によって入院した医療保護入院患者の数も約半数に減少している。一方、精神障害者本人の同意による入院である任意入院が約倍

増している。また、通院医療に関しては、施行後五年間において約五万人増加している。

　また、社会復帰対策については、その予算額は昭和六十二年度において約六億円であったが、平成六年度においては約三五億円に増加している。社会復帰施設の整備も進められたが、施設整備は容易には進まず、社会復帰対策の一層の推進が求められることとなっていく。

　さらに、地域精神保健対策については、精神保健センターにおける特定相談（アルコール関連問題相談及び思春期相談）件数が三倍以上に増加しているほか、保健所における精神保健相談、訪問指導及び社会復帰相談指導件数も増加しており、地域における精神保健対策の充実が求められるようになった。

表１－３　入院形態別入院患者数及び通院医療公費負担制度利用者数の推移

	入院患者数[1]					通院医療費公費負担制度利用者数[2]
	総数	措置	医療保護	任意	その他	
昭和63年	344,797 (100.0%)	18,353 (5.3%)	276,959 (80.3%)	—	49,485 (14.4%)	289,675
平成元年	346,400 (100.0%)	15,042 (4.3%)	165,685 (47.8%)	152,536 (44.0%)	13,137 (3.8%)	308,090
2	349,010 (100.0%)	12,566 (3.6%)	139,123 (39.9%)	184,503 (52.9%)	12,818 (3.6%)	314,757
3	349,190 (100.0%)	10,007 (2.9%)	127,577 (36.5%)	199,188 (57.0%)	12,418 (3.6%)	327,355
4	346,930 (100.0%)	8,446 (2.4%)	118,402 (34.1%)	209,037 (60.3%)	11,045 (3.2%)	338,918
5	343,926 (100.0%)	7,223 (2.1%)	112,230 (32.6%)	213,974 (62.2%)	10,499 (3.1%)	353,821
6	343,126 (100.0%)	6,408 (1.9%)	107,362 (31.3%)	220,569 (64.3%)	8,787 (2.6%)	377,119
7	341,041 (100.0%)	5,854 (1.7%)	102,549 (30.1%)	224,857 (65.9%)	7,781 (2.3%)	—
8	338,714 (100.0%)	5,394 (1.6%)	98,528 (29.1%)	227,800 (67.3%)	6,992 (2.1%)	472,268
9	336,475 (100.0%)	4,772 (1.4%)	94,827 (28.2%)	230,983 (68.6%)	5,893 (1.8%)	484,565
10	335,847 (100.0%)	4,293 (1.3%)	92,367 (27.5%)	233,861 (69.6%)	5,326 (1.6%)	587,203
11	332,930 (100.0%)	3,472 (1.0%)	91,699 (27.5%)	233,509 (70.1%)	4,250 (1.3%)	634,661
12	333,003 (100.0%)	3,247 (1.0%)	105,359 (31.6%)	220,840 (66.3%)	3,557 (1.1%)	727,839
13	332,714 (100.0%)	3,083 (0.9%)	110,930 (33.3%)	215,438 (64.8%)	3,263 (1.0%)	796,732
14	330,050 (100.0%)	2,767 (0.8%)	112,661 (34.1%)	212,015 (64.2%)	2,607 (0.8%)	855,875
15	329,096 (100.0%)	2,566 (0.8%)	114,145 (34.7%)	209,924 (63.8%)	2,461 (0.7%)	933,381
16	326,125 (100.0%)	2,414 (0.7%)	115,297 (35.4%)	206,209 (63.2%)	2,205 (0.7%)	1,073,342
17	324,335 (100.0%)	2,276 (0.7%)	118,069 (36.4%)	202,231 (62.4%)	1,759 (0.5%)	1,145,734
18	320,308 (100.0%)	2,061 (0.6%)	119,138 (37.2%)	197,212 (61.6%)	1,897 (0.6%)	1,231,502
19	316,109 (100.0%)	1,849 (0.6%)	121,868 (38.6%)	190,435 (60.2%)	1,957 (0.6%)	1,174,558
20	313,271 (100.0%)	1,803 (0.6%)	124,920 (39.9%)	184,573 (58.9%)	1,975 (0.6%)	1,283,849
21	310,738 (100.0%)	1,741 (0.6%)	127,757 (41.1%)	179,290 (57.7%)	1,950 (0.6%)	1,332,809
22	308,615 (100.0%)	1,695 (0.5%)	131,096 (42.5%)	173,929 (56.4%)	1,895 (0.6%)	1,431,788
23	304,394 (100.0%)	1,501 (0.5%)	133,096 (43.7%)	167,968 (55.2%)	1,829 (0.6%)	1,512,771
24	302,156 (100.0%)	1,666 (0.6%)	135,740 (44.9%)	162,808 (53.9%)	1,942 (0.6%)	1,621,620
25	—	—	—	—	—	1,677,858

1）各年６月30日現在（精神保健福祉資料），精神科病院に在院している患者の数。なお，62年改正法の施行は63年７月１日。

2）各年度の精神障害者通院医療費公費負担制度利用者数（実数）。ただし，平成７年７月から制度改正が行われたため，平成８年度からは６月30日現在の公費負担患者数（精神保健福祉課調），平成18年度以降は障害者自立支援法による自立支援医療における支給決定件数の精神通院医療の総数（数値は福祉行政報告例による）。

第七節　精神保健法の平成五年改正

(1)　精神保健法の五年後見直し

昭和六十二年における精神衛生法の改正においては、立法府における法案の修正によって、改正法の附則に「政府は、この法律の施行後五年を目途として、新法の規定の施行の状況を勘案し、必要があると認めるときは、新法の規定について検討を加え、その結果に基づいて所要の措置を講ずるものとする」との検討規定が設けられた。

厚生省においては、この検討規定を踏まえ、精神保健法の施行後五年目に当たる平成五年七月を目途として、政府として必要となる措置を講ずるべく、平成四年十月から公衆衛生審議会精神保健部会において、同法の施行状況等に関する検証作業等を開始した。

公衆衛生審議会においては、その後、半年間にわたって審議が行われ、その結果、平成五年三月十七日、公衆衛生審議会の意見書が取りまとめられた。

また、国際連合においては、一九九一年（平成三年）十二月に、国連総会において精神障害者に対し人権に配慮された医療を提供するとともに、その社会参加・社会復帰の促進を図ること等が盛り込まれた「精神疾患を有する者の保護及びメンタルヘルスケアの改善のための諸原則」（国連原則）が採択された。

また、平成五年三月には、国連・障害者の十年を経て、今後の新たな取組みを定めた「障害者対策に関する新長期計画」が障害者対策推進本部において決定された。こうした精神保健を取り巻く諸状況の推移等を踏まえ、精神保健法が、精神障害者の社会復帰の一層の促進を図るとともに、精神障害者の人権に配慮した適正な医療及び保護を実施する観点から、再度見直しが行われることとなった。

精神保健法の改正法案は、平成五年五月二十一日に政府から国会に提出され、同六月四日に衆議院において可決され、同十一日に参議院において可決、成立した。

新精神保健法の主な内容等については、次のとおりである。

① 新たに「医療施設若しくは社会復帰施設の設置者又は地域生活援助事業を行う者は、その施設を運営し、又は事業を行うに当たっては、精神障害者等の社会復帰の促進を図るため、地域に即した創意と工夫を行い、及び地域住民の理解と協力を得るように努めなければならない」とする規定が設けられたこと

② 「国、地方公共団体、医療施設又は社会復帰施設の設置者及び地域生活援助事業を行う者は、精神障害者の社会復帰の促進を図るため、相互に連携を図りながら協力するよう努めなければならない」とする規定が設けられたこと

③ 精神障害者地域生活援助事業（グループホーム）が法定化されるとともに、第二種社会福祉事業として位置づけられたこと

④ 都道府県の地方精神保健審議会の委員として、新たに、精神障害者の社会復帰の促進を図るための事業に従事する者が追加されたこと

⑤ 精神障害者の社会復帰施設等における処遇ノウハウの研究開発や精神障害者に対する理解を得るための啓発広報活動等を行う、厚生大臣の指定法人として精神障害者社会復帰促進センターが設けられたこと

⑥ 保護義務者の名称が保護者とされたこと

⑦ 入院措置が解除された精神障害者を引き取る保護者については、当該精神病院の管理者又は当該精神病院と関連する社会復帰施設の長に対し、当該精神障害者の社会復帰の促進に関し、相談し、援助を求めることができるとの保護者に関する権利規定が設けられたこと

⑧　入院措置が解除された精神障害者と同居する保護者等については、その負担の軽減を図る等の観点から、保健所の訪問指導等の対象として、位置づけられたこと
⑨　仮入院の期間が三週間から一週間に短縮されたこと
⑩　精神保健法における精神障害者の定義規定が、医学上の用語にあわせて見直され、「精神分裂病、中毒性精神病、精神薄弱、精神病質その他の精神疾患を有する者」とされたこと
⑪　今日の政令指定都市における社会経済環境の変化等を踏まえ、平成八年四月一日から、道府県（知事）の事務を政令指定都市（市長）に委譲することとされたこと
⑫　今日における精神疾患の治療法等の進展等を踏まえ、精神疾患を絶対的欠格事由とする栄養士、調理師、製菓衛生師、診療放射線技師、けしの栽培の資格制限等が相対的欠格事由に改められたこと

以上の事項を内容とする新精神保健法に係る改正法は、平成五年六月十八日法律第七十四号として公布され、平成六年四月一日から施行されている。

(2)　障害者基本法の成立

また、平成五年十二月には、「心身障害者対策基本法の一部を改正する法律」が法律第九十四号として公布され、新たに、障害者基本法が成立することとなった。

障害者基本法においては、
①　施策の対象となる障害者の範囲に、精神障害者が明確に位置づけられたこと
②　法律の基本理念として、「社会を構成する一員として社会、経済、文化その他あらゆる分野の活動に参加する機会を与えられる」こととされたこと

③　国民の理解を深めるため、十二月九日が「障害者の日」とされたこと
④　国は、「障害者基本計画」を策定するとともに、都道府県・市町村においても「障害者計画」を策定するよう努めることとされたこと
⑤　政府は、毎年、障害者施策に関する報告書を作成し、国会に提出することとされたこと
⑥　従来の中央心身障害者対策協議会が、中央障害者施策推進協議会とされるとともに、その委員に、障害者又は障害者の福祉に関する事業に従事する者が追加されたこと

等が盛り込まれた。

第八節　平成七年改正と「精神保健及び精神障害者福祉に関する法律」の成立

(1)　平成七年改正と精神保健福祉法

精神保健施策については、昭和六十二年及び平成五年の法律改正により、精神障害者の人権に配慮した適正な精神医療の確保や、社会復帰の促進を図るための所要の措置を講じてきたが、平成五年十二月に障害者基本法が成立し、精神障害者が基本法の対象として明確に位置づけられたこと等を踏まえ、これまでの保健医療施策に加え、福祉施策の充実を図ることが求められることとなった。

身体障害者については昭和二十四年に「身体障害者福祉法」が、精神薄弱者については昭和三十五年に「精神薄弱者福祉法」が制定されたが、従来、精神障害者に対しては、精神衛生法という保健医療対策の枠組みの中で施策が行われており、昭和四十五年制定の「心身障害者対策基本法」においても、医療を必要とする精神障害者は、基

本法の心身障害者に含まれないと解されていた。精神障害者の福祉法の制定は、昭和四十年に発足した全国精神障害者家族会連合会を含め、障害者団体の長年の要望であり、昭和五十六年の国際障害者年、昭和五十八年からの国連・障害者の十年などを契機に、障害者施策全般の進展がみられる中で、精神障害者についても、徐々に、精神疾患を有する患者であるとともに、日常生活や社会生活上の支障を有する障害者であるというとらえ方が広がり、福祉施策の必要性が認識されるようになってきた。そのような中で、平成五年には障害者基本法が成立し、国、都道府県及び市町村は「障害者計画」を定めて施策の総合的推進を図ることとされた。

一方、平成六年には、これまでの保健所法が改正されて「地域保健法」が成立し、地域保健対策推進の枠組みが改められた。同法に基づく地域保健の基本方針では、精神障害者についても、社会復帰施策のうち身近で利用頻度の高いサービスは、市町村が保健所の協力の下に実施することが望ましいとされた。このため、精神保健法についても、地域保健福祉活動についての法律上の規定の充実や、市町村の役割の位置づけの整備が求められることとなった。

平成七年法改正の準備は、平成六年の二月以降、公衆衛生審議会の精神保健部会で、当面の精神保健施策についての検討が開始されたことに始まる。平成五年改正の際に国会修正で加えられた改正法附則では、改正法の施行後の五年後に必要な検討を行うとされており、また、平成五年の法律改正の施行自体も、平成六年四月一日（大都市特例部分は平成八年四月一日）で、まだその施行もなされていない段階であった。検討が急がれた背景には、国の予算の厳しい状況の中で、これまで公費優先とされていた精神及び結核の公費負担医療を保険優先に改め、医療保険負担部分を増やして公費負担額を圧縮し、それによって生じる財源の一部を活用して、精神保健予算の充実を図ろうとしたという点もある。

平成六年八月十日には、同審議会で「当面の精神保健対策について」の意見書が取りまとめられ、①社会復帰対

策の推進、②地域におけるより良い精神医療の確保、③緊急時にも適切な精神医療が受けられる体制の整備、④地域精神保健対策等の推進の四項目が提言され、これを踏まえて、平成七年度予算要求には、精神障害者の公費負担医療の保険優先化が盛り込まれる一方、①社会復帰施設やグループホーム、小規模作業所などの数の充実、②地域精神保健対策促進事業（地方自治体が地域の実情に応じて行う事業に対して補助を行う事業）の創設、③精神科救急医療システム整備事業の創設、④精神障害者の手帳制度の創設、⑤精神障害者社会復帰促進センターの研修保養施設の整備など、意欲的な予算要求が盛り込まれた。

平成七年法改正案の検討に当たっては、精神保健と精神障害者福祉との関係の整理が大きな課題となったため、六年秋には「精神障害者社会復帰促進センター」の研究として、精神障害者福祉施策研究会を発足させ、数回の討議を経て平成七年一月には報告書が取りまとめられ、公衆衛生審議会の精神保健部会の議論にも反映された（その内容は、第一条の逐条解説を参照）。

また、手帳制度については、法案提出直前の一月に至り、精神障害者本人の団体から当事者の意見を聞くべきであるという強い意見が出され、写真添付の問題も反対意見が強く出された。このため、当初は写真添付は行わないこととし、実施状況を勘案した上で見直しを行うとの方針を示した上で、法案の国会提出をすることとなった。

「精神保健法の一部を改正する法律」は、平成七年二月十日に政府から国会に提出され、同年四月二十六日に衆議院で可決、五月十二日に参議院で可決されて成立し、平成七年五月十九日、法律第九十四号として公布された。

(2)　平成七年改正の概要

精神保健法の改正の概要は、次のとおりである。

①　精神障害者の社会復帰等のための保健福祉施策の充実

(ア)　法体系全体における福祉施策の位置づけの強化
・法律名の変更
「精神保健法」→「精神保健及び精神障害者福祉に関する法律」
・法律の目的
これまでの「医療及び保護」「社会復帰の促進」「国民の精神的健康の保持増進」に加え、「自立と社会参加の促進のための援助」という福祉の要素を位置づける。
・「保健及び福祉」の章を新たに設ける。
・精神保健センター、地方精神保健審議会、精神保健相談員に福祉の業務を加え、名称も変更。
(イ)　精神障害者保健福祉手帳の制度の創設
(ウ)　社会復帰施設、事業の充実
・社会復帰施設として、生活訓練施設（援護寮）、授産施設、福祉ホーム、福祉工場の四施設類型の規定を法律上明記する。
・通院患者リハビリテーション事業の法定化（社会適応訓練事業）
(エ)　正しい知識の普及啓発や相談指導等の地域精神保健福祉施策の充実、市町村の役割の明示

②　より良い精神医療の確保等
(ア)　精神保健指定医制度の充実
・医療保護入院等を行う精神病院では常勤の指定医を置くこととする。
・指定医の五年ごとの研修の受講を促進するための措置を講じる。
(イ)　医療保護入院の際の告知義務の徹底

・人権保護のための入院時の告知義務について、精神障害者の症状に照らして告知を延期できる旨の例外規定に、四週間の期間制限を設ける。

(ウ)　通院公費負担医療の事務等の合理化

・認定の有効期限を延期（六か月→二年）

・手帳の交付を受けた者については通院公費の認定を省略

③　公費負担医療の公費優先の見直し（保険優先化）

制度発足当時以来の精神医療の進歩や、医療保険制度の充実等の諸状況の変化を踏まえ、これまでの公費優先の仕組みを保険優先の仕組みに改める。

④　施行期日

平成七年七月一日から施行する。ただし、精神保健指定医に関する改正規定（②(ア)）は、平成八年四月一日から施行する。

なお、精神障害者保健福祉手帳は、施行日後に準備を進め、平成七年十月一日から実施。

(3)　改正法の施行と精神障害者保健福祉手帳

改正法は、一部を除いて平成七年四月一日に施行され、これに併せ、精神障害者福祉についての考え方の説明や、公費負担医療の保険優先化に伴う諸般の規定の改正など、政令一、省令二、告示六、通知一一が定められた。

手帳については、五月に、精神障害者保健福祉手帳障害等級判定基準等検討会が精神障害者社会復帰促進センターに設けられ、手帳の障害等級や判定基準、様式、申請手続等について、学会関係者、病院関係者、地方行政関係者、精神障害者家族会や、精神障害者本人の参加を得た研究の場が設けられた。また、判定基準の詳細や諸手続、

手帳の様式については、試案を公開した上で関係者から意見を聴くこととし、学会や病院団体等に対する説明、地方自治体担当者に対する説明会を行うのみならず、特筆すべきものとして、東京、名古屋、大阪、長崎、札幌の全国五か所で、改正法の説明とともに、手帳制度について精神障害者本人や家族を対象として説明を行い、意見を聴く会を設けた。東京会場で四〇〇名近くの当事者が集まったのをはじめ、多数の障害者本人の来場があり、手帳の基準や運用についての意見が提起されたほか、過去の精神保健行政への厳しい批判を含め、多様な意見を直接聴く機会となった。

このような各方面からの意見を踏まえて、検討会としての結論を取りまとめ、九月には省令一、通知一二が定められ、地方自治体の担当者会議や実際に判定を行う判定員の医師に対する説明会などを経て、十月から全国で受付が開始された。

引き続いて、昭和四十四年通知の精神保健センター運営要領の全面改正が行われ、「精神保健福祉センター運営要領」として、地域精神保健福祉施策の推進や、社会復帰施設・事業の計画的整備の推進のための企画調整や技術的援助、関係方面の理解の促進等の業務を明確に位置づけ、技術指導や職員研修の対象に市町村を加えることとした。

また、昭和四十一年通知の保健所における精神保健業務運営要領も全面的に改定され、「保健所及び市町村における精神保健福祉業務運営要領」として、近年の業務の広がりに対応し、社会復帰や地域における自立と社会参加のための相談援助、正しい知識の普及啓発、保健所デイ・ケアその他の指導訓練の実施、社会復帰施設等の利用の調整、社会復帰施設など各種社会資源の整備の促進支援、精神障害者保健福祉手帳制度の普及、市町村との連携や地域における企画、連絡調整などが明確に位置づけられ、また、市町村の役割についても記述された。

さらに、平成八年四月一日の大都市特例の施行に関し、移譲事務の範囲や経過措置等の諸規定が定められ、ま

た、指定医や指定病院関連の諸規定の改正も行われて、政令一、省令一、告示三、通知八が定められ、一連の改正作業を完了した。

⑷　障害者プランの策定

平成五年に障害者基本法が成立したが、老人施策にはゴールドプラン、児童施策にはエンゼルプランがあり、施策の総合的かつ計画的な推進が図られていることから、障害者施策についても同様なプランの策定を求める声が強まった。

このため、平成六年九月に厚生省内に事務次官を本部長とする障害者保健福祉施策推進本部が設置され、七年七月に中間報告を取りまとめたが、七年春からは国会与党の福祉プロジェクトにおける議論が始まり、その議論を通じて、厚生行政の分野のみならず、政府の障害者対策推進本部を通して関係省庁も含めた検討が進められることとなった。

障害者対策推進本部は昭和五十七年三月の閣議決定により設置された組織で、内閣総理大臣を本部長、内閣官房長官及び厚生大臣を副本部長とし、各省庁の事務次官を本部員とする組織で、総理府に事務局が置かれており、障害者プラン策定後、名称が障害者施策推進本部に改められている。

政府部内における作業は、与党福祉プロジェクトの議論をいただきながら行われ、平成七年十二月十八日に、障害者対策推進本部の決定として「障害者プラン～ノーマライゼーション七か年戦略～」が策定された。このプランは、この本部で策定された「障害者対策に関する新長期計画」（平成五年度から十四年度までの一〇か年）を具体化する重点施策実施計画として、数値目標を設定するなど具体的な施策目標を明記したもので、新長期計画の最終年次に合わせ、平成八年度から十四年度までの七か年計画とされた。

障害者プランの構成は、各省庁の縦割り構成ではなく、リハビリテーションとノーマライゼーションの理念を踏まえ、①地域で共に生活するために、②社会的自立を促進するために、③バリアフリー化を促進するために、④生活の質（ＱＯＬ）の向上を目指して、⑤安全な暮らしを確保するために、⑥心のバリアを取り除くために、⑦我が国にふさわしい国際協力・国際交流を、という七つの視点から構成されている。

先に述べたとおり、障害者プランには数値目標が盛り込まれており、これを踏まえて厚生省の精神保健福祉関係予算は、平成七年度の八七億円から平成八年度の一二七億円へと、四〇億円増、対前年比一四六％の大幅増となった。

なお、障害者施策の総合的推進を図るため、平成八年七月より、厚生省の保健医療局精神保健課、社会・援護局更生課、児童家庭局障害福祉課の三局三課が再編され、企画課、障害福祉課、精神保健福祉課の三課からなる「障害保健福祉部」が大臣官房に設置された。

第九節　精神保健及び精神障害者福祉に関する法律の平成十一年改正

(1)　法改正の経緯

平成五年の「精神保健法等の一部を改正する法律」の附則第二条においては、改正法の施行後五年を目途として、改正後の精神保健法の規定の施行の状況及び精神保健を取りまく状況を勘案して見直しを行うこととされている。

平成七年に精神保健法が精神保健及び精神障害者福祉に関する法律に改正されているが、同改正は、公費負担医療の保険優先や精神障害者保健福祉手帳制度の創設等を内容とするものであり、平成五年改正法の施行後の状況を

勘案したものとはいえないことから、平成七年の法改正は平成五年改正法の附則に基づくものではないという整理がなされている。

したがって、今回の法改正は、平成五年改正法の施行後の定着状況や精神保健福祉を取り巻く状況を勘案して課題とされていた事項について見直しを行ったものである。

平成五年法改正後、今回の法改正に際して、次に掲げる事項について問題が指摘された。

①　昭和六十二年改正において、精神病院に対する指導監督の創設、精神医療審査会の設置、精神保健指定医制度の創設等の措置が講じられたが、一部の精神病院において人権侵害事案が引き続き発生している。特に、現行の精神保健福祉法における指導監督制度は、大和川病院のように、悪意で法律違反を行い、指導や改善命令にも従わない悪質な医療機関を想定しておらず、このような事案に対して有効に機能しなかったことなど、制度面での対応の必要性が指摘されていた。

②　平成八年患者調査によれば、精神病院等に入院・通院する精神障害者が二一七万人（推計）で、平成五年の同調査による推計値一五七万人と比べ急激に増加している。また、病院報告による新規の入院患者についても平成五年の約二六万七〇〇〇人と比べ、平成八年には約二八万一〇〇〇人と増加傾向にあった。

③　入院患者数については、平成八年患者調査によれば三三万二〇〇〇人と平成五年の同調査の結果（三三万人）と比較してほぼ横這いであった。また、平成八年患者調査によれば五年以上の入院患者が約四六・五％（平成五年同調査では四五・七％）を占めており、入院の長期化の傾向に変化はなかった。

④　在宅精神障害者に対する生活支援は実質上家族に依存しているが、家族の在り方の変化、家族の高齢化、単身で生活する精神障害者の増加等により、これらの精神障害者に対する生活支援を家族に依存することが難しくなってきていた。また、病状が安定していて入院医療は不要であっても、日常生活能力が著しく低下してい

るために生活面での支援がなくては地域生活が困難な精神障害者に対しては、それまでの制度では対応することができず、これらの者に対する支援策が求められていた。

こうした精神保健福祉を取り巻く状況を背景として、平成十年三月から、公衆衛生審議会精神保健福祉部会において、精神保健福祉法改正にかかる議論を行い、平成十一年一月十四日に、厚生大臣に対し「今後の精神保健福祉施策について」の意見具申を行った。

その後、厚生省において、意見書に基づき法律改正作業が行われ、平成十一年二月十七日に公衆衛生審議会において「精神保健及び精神障害者福祉に関する法律等の一部を改正する法律案」の諮問答申が行われた。三月八日には事務次官会議、三月九日に閣議決定がなされた。

国会においては、三月十日に第百四十五回国会に法案が提出され、四月十五日、二十日（参考人質疑）、二十二日、二十七日に参議院国民福祉委員会、四月二十八日に衆議院本会議、五月十九日（質疑及び参考人質疑）、二十一日の衆議院厚生委員会を経て、五月二十八日の衆議院本会議で同法案は可決された。なお、両院においてそれぞれ附帯決議が付されており、その内容は次のとおりである。

衆議院厚生委員会附帯決議

精神保健及び精神障害者福祉に関する法律等の一部を改正する法律案に対する附帯決議

（平成十一年五月二十一日　衆議院厚生委員会）

政府は、次の事項について、適切な措置を講ずるべきである。

一　精神障害者の福祉の増進及び国民の精神保健の向上を図る観点から、精神障害者やその家族その他の関係者の意見も尊重しつつ、他の障害者施策との均衡や雇用施策との連携に留意し、障害者プランの着実な推進を図るなど、精神保健福祉施策の充実に努めること。

二　都道府県から市町村への在宅福祉サービスの提供主体の移管が円滑に行われ、市町村を中心とする在宅福祉サービスの充実が図られるよう、財政的な支援を行うとともに、専門的・技術的な支援を行うこと。また、市町村障害者計画の策定について市町村が主体的に取り組むことができるよう、積極的に支援すること。

三　医療保護入院については、国連原則等の国際的な規定に照らし、その適切な運用に努めること。

四　医療保護入院等のための移送の実施に当たっては、適正な運用が確保されるよう必要な措置を講ずるとともに、都道府県の責任において適切な入院治療が提供できるよう、二次医療圏を勘案してその体制を整備すること。

五　精神病床に係る人員配置基準、医療計画その他の精神医療提供体制及び長期入院患者の療養の在り方について、その充実に向けて早急に検討を行うこと。

六　チーム医療及び精神保健福祉サービスの一層の推進を図るため、人材の育成・確保に努めること。また、現在検討中の臨床心理技術者の国家資格制度の創設については、速やかに結論を得ること。

七　精神病院における不祥事件の多発にかんがみ、人権を尊重しつつ適切な医療を確保できるよう、医療従事者の更なる啓発に努めるとともに、医療機関等の情報公開の推進と精神病院の指導監督の徹底を図ること。

八　精神医療審査会がより適正な機能を発揮し、独立性と実効性を確保できるよう努めるとともに、合議体の構成についても検討すること。また、当事者の意見の反映が図られるように努めること。

九　小規模作業所については、社会福祉事業法の見直しの中で、通所授産施設の要件緩和が検討されていること

とから、その検討結果を踏まえ、通所授産施設への移行を促進すること。また、多様な福祉サービスの充実に努めること。

十　成年後見制度及び社会福祉事業法等の見直しの動向を踏まえ、家族・保護者の負担を軽減する観点から、保護者制度について早急に検討を加え、精神障害者の権利擁護制度の在り方について引き続き検討を進め、その充実を図ること。

十一　重大な犯罪を犯した精神障害者の処遇の在り方については、幅広い観点から検討を早急に進めること。

十二　精神障害者に関する各種資格制限の緩和と撤廃について検討し、その結果に基づいて、速やかに必要な措置を講ずること。

右決議する。

参議院国民福祉委員会附帯決議

精神保健及び精神障害者福祉に関する法律等の一部を改正する法律案に対する附帯決議

（平成十一年四月二十七日　参議院国民福祉委員会）

政府は、次の事項について、適切な措置を講ずるべきである。

一　今後の精神保健福祉施策を進めるに当たっては、他の障害者施策との均衡や雇用施策との連携に留意しつつ、障害者プランの着実な推進を図ること。

二　医療保護入院については、国連原則等の国際的な規定に照らし、その適切な運用に努めること。

三　医療保護入院等のための移送の実施に当たっては、適正な運用が確保されるよう必要な措置を講ずるとともに、都道府県の責任において適切な入院治療が提供できるよう二次医療圏を勘案し、その体制を整備すること。

四　市町村を中心とする在宅福祉サービスの充実が図られるよう、財政的な支援を行うとともに、専門的・技術的な支援を行うこと。また、市町村障害者計画の策定について市町村が主体的に取り組むことができるよう、積極的に支援すること。

五　精神病床に係る人員配置基準、医療計画その他の精神医療提供体制及び長期入院患者の療養の在り方について、早急に検討を行うこと。

六　チーム医療及び精神保健福祉サービスの一層の推進を図るため、人材の育成・確保に努めること。また、現在検討中の臨床心理技術者の国家資格制度の創設については、速やかに結論を得ること。

七　重大な犯罪を犯した精神障害者の処遇の在り方については、幅広い観点から検討を行うこと。

八　精神医療審査会がより適正な機能を発揮し、独立性と実効性を確保できるよう努めるとともに、合議体の構成についても検討すること。

九　成年後見制度及び社会福祉事業法等の見直しの動向を踏まえ、保護者制度及び精神障害者の権利擁護制度の在り方について、引き続き検討を進めること。

十　小規模作業所については、社会福祉事業法の見直しの中で、通所授産施設の要件緩和が検討されていることから、その検討結果を踏まえ、通所授産施設への移行を促進すること。

十一　精神病院における不祥事件の多発にかんがみ、適切な医療を確保するとともに、医療機関等の情報公開の推進と精神病院の指導監督の徹底を図ること。

十二　精神障害者に関する各種資格制限の緩和と撤廃について検討し、その結果に基づいて、速やかに必要な措置を講ずること。

右決議する。

(2) 平成十一年改正の概要

① 精神障害者の人権に配慮した医療の確保に関する事項

(ア) 精神医療審査会の機能強化

[精神医療審査会]：精神病院の入院患者の人権に配慮した処遇の確保を図るため、都道府県に設置されている審査機関

・精神医療審査会の委員数の制限（五名～一五名）を廃止。

・精神医療審査会の調査権限として、従来の関係者からの意見聴取に加え、帳簿書類の提出命令等を追加。

(イ) 精神保健指定医の役割等の強化

[精神保健指定医]：強制入院の要否や隔離などの行動制限の要否を判定する専門の医師（厚生大臣が指定）

・現行の指定取消処分に加え、中間的処分として職務の一時停止処分を追加。

・精神保健指定医の診療録記載義務に、医療保護入院を必要とするかどうかの判定を行った場合等を追加。

・不当処遇に関する精神病院管理者への報告など、処遇の改善に向けた努力義務を明記。

(ウ) 医療保護入院の要件の明確化

[医療保護入院]：指定医の判定（医療の必要性）と保護者の同意を要件とし、本人の同意を必要としない入院

・医療保護入院の対象者が、精神障害によりその同意に基づいた入院を行う状態にないものと判定された者

であることを法文に明記。

(エ) 精神病院に対する指導監督の強化

・現行の改善命令等に加え、入院医療の制限命令等の処分を追加。

② 緊急に入院が必要となる精神障害者の移送に関する事項

緊急に入院を必要とするにもかかわらず、精神障害のため同意に基づいた入院を行う状態にないと判定された精神障害者を、都道府県知事の責任により適切な病院に移送する制度を創設。

③ 保護者に関する事項

[保護者]：精神障害者の医療及び保護を確保するため、家族等を保護者として、本人に治療を受けさせる等の義務を規定

・保護者に過重な負担を課すこととなっている自傷他害防止監督義務規定の削除。

・自らの意思で医療を受けている精神障害者の保護者については、治療を受けさせる義務等を免除。

④ 精神障害者の保健福祉の充実に関する事項

(ア) 精神保健福祉センターの機能を拡充（通院医療公費負担や精神保健福祉手帳の審査や審査会事務局の業務を追加）。

(イ) 社会復帰施設に、日常生活に関する相談、助言等を行う「精神障害者地域生活支援センター」を追加。

(ウ) 在宅福祉事業に、精神障害者地域生活援助事業（グループホーム）に加え、居宅介護等事業（ホームヘルプサービス）、短期入所事業（ショートステイ）を追加。

(エ) 福祉サービスの利用に関する相談、助言等を、従来の保健所から、市町村を中心に行うこととし、保健所と都道府県が市町村を専門的、広域的に支援する仕組みとする。

図１－１　精神障害者社会復帰施設等の推移

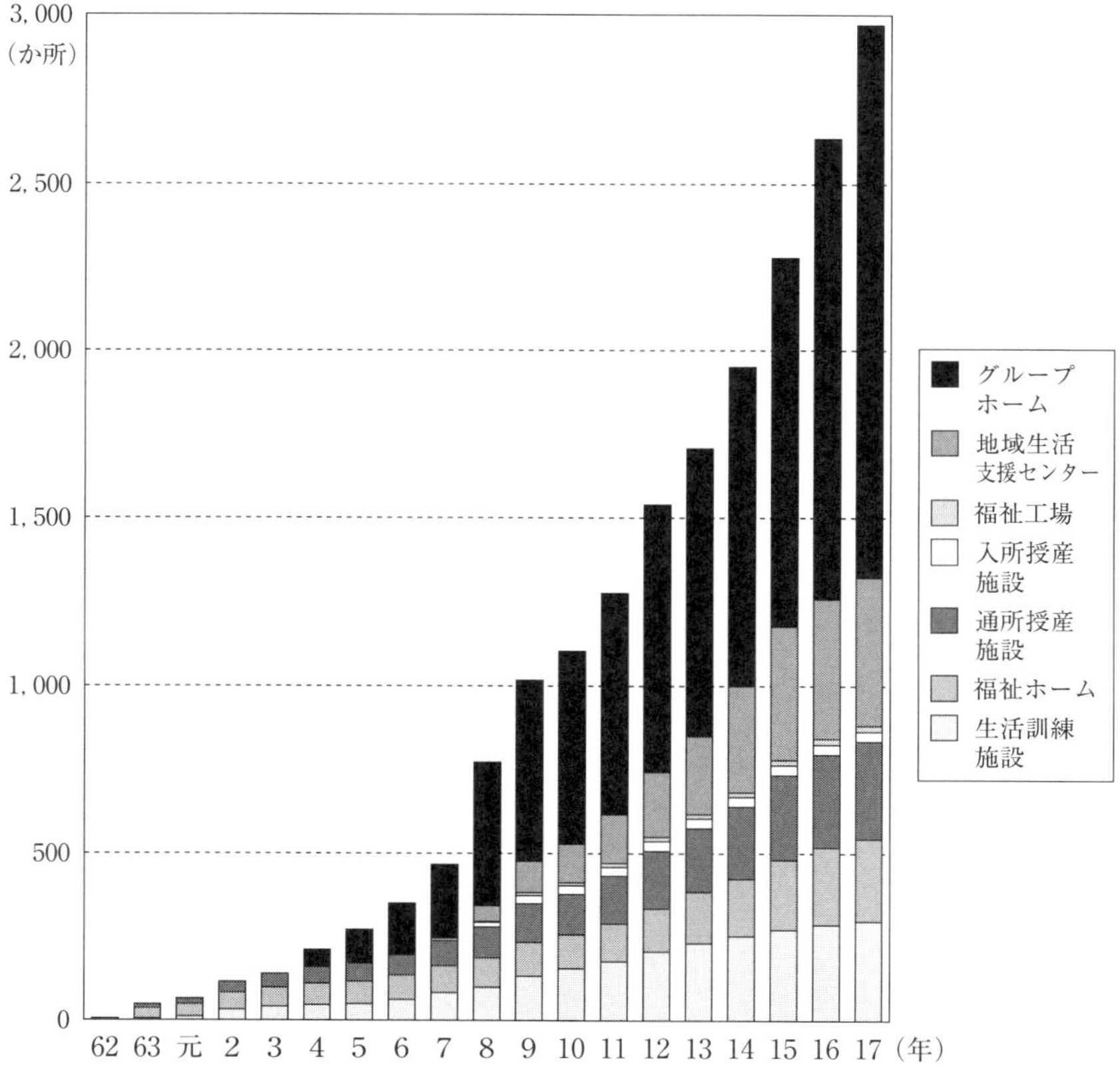

（単位：か所）

施設種別	運営費予算か所数																		
	62年	63年	元年	2年	3年	4年	5年	6年	7年	8年	9年	10年	11年	12年	13年	14年	15年	16年	17年
生活訓練施設	5	5	11	32	41	46	49	62	83	99	132	155	176	206	231	253	272	287	298
福祉ホーム	0	31	37	51	57	64	67	73	80	88	102	102	114	129	144	171	209	231	245
通所授産施設	0	12	17	32	41	49	54	61	76	93	116	121	143	172	190	216	254	278	294
入所授産施設	0	0	0	0	0	2	2	4	7	14	24	26	26	29	29	29	30	30	29
福祉工場	0	0	0	0	0	0	0	1	1	3	9	9	12	13	13	14	16	18	18
地域生活支援センター	0	0	0	0	0	0	0	0	0	47	94	115	145	195	235	317	397	415	441
グループホーム	0	0	0	0	0	50	100	150	220	430	540	576	662	795	858	950	1,105	1,375	1,645
計	5	48	65	115	139	211	272	351	467	774	1,017	1,104	1,278	1,539	1,710	1,950	2,283	2,634	2,970

図１－２　精神障害者保健福祉施策の概要（平成11年改正時）

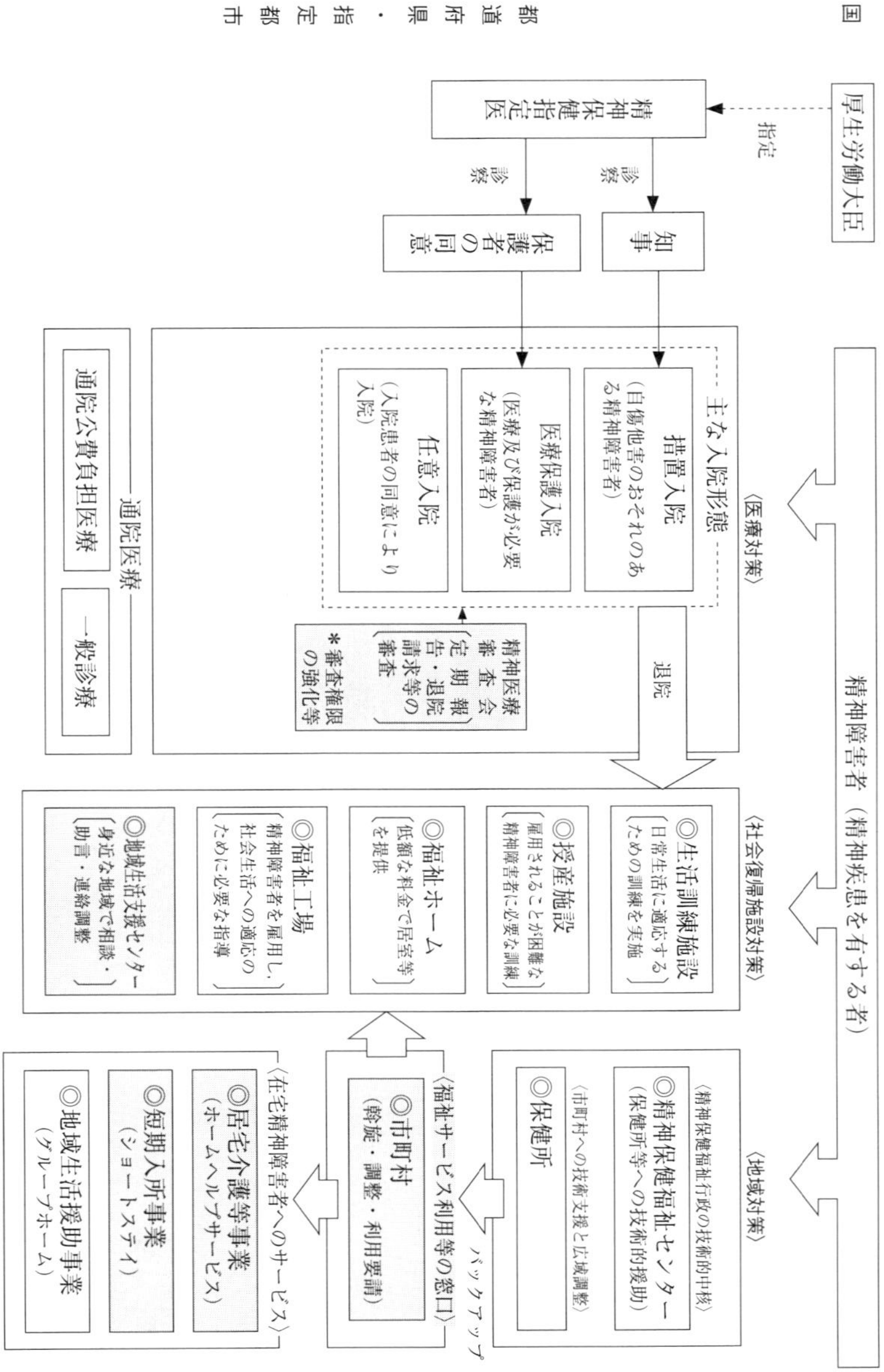

改正事項 □部分

第十節　「障害者自立支援法」の成立と精神保健福祉法の改正

⑴　法改正の経緯

我が国の精神保健医療福祉は、数次にわたる精神保健福祉法改正、障害者プランの実施等により、一定の改善が図られてきているものの、依然としていわゆる社会的入院患者の存在や地域生活支援の不十分さ、病床数の多さ、国民の理解不足等の問題が指摘されている。また、「心神喪失等の状態で重大な他害行為を行った者の医療及び観察等に関する法律」の国会審議においては、いわゆる社会的入院患者を十年以内に解消すべく総合的な対策を推進することや、一般精神医療の質を向上させることなどの指摘が強くなされた。

こうした状況を踏まえ、これらの課題について、計画的かつ着実な推進を図るため、厚生労働大臣を本部長とする精神保健福祉対策本部が設置され、精神障害者の普及啓発、精神病床、地域生活支援の在り方に関する三つの検討会における検討を踏まえ、平成十六年九月に「精神保健医療福祉の改革ビジョン」がとりまとめられた。内容は次のとおりである。

精神保健医療福祉の改革ビジョン（抄）

1　精神保健医療福祉改革の基本的考え方

(1)　基本方針

○　「入院医療中心から地域生活中心へ」というその基本的な方策を推し進めていくため、国民各層の意識の変革や、立ち後れた精神保健医療福祉体系の再編と基盤強化を今後一〇年間で進める。

○　全体的に見れば入院患者全体の動態と同様の動きをしている「受入条件が整えば退院可能な者（約七万人）」については、精神病床の機能分化・地域生活支援体制の強化等、立ち後れた精神保健医療福祉体系の再編と基盤強化を全体的に進めることにより、併せて一〇年後の解消を図る。

(2)　達成目標

概ね一〇年後における国民意識の変革、精神保健医療福祉体系の再編の達成水準として、次を目標とする。

①　国民意識の変革の達成目標

（目　標）

○　精神疾患は生活習慣病と同じく誰もがかかりうる病気であることについての認知度を九〇％以上とする。

（考え方）

○　精神疾患を正しく理解し、態度を変え行動するという変化が起きるよう、精神疾患を自分自身の問題として考える者の増加を促す。

②　精神保健医療福祉体系の再編の達成目標

（目　標）

○　各都道府県の平均残存率（一年未満群）を二四％以下とする。

○　各都道府県の退院率（一年以上群）を二九％以上とする。

※　この目標の達成により、一〇年間で約七万床相当の病床数の減少が促される。

（考え方）

○ 新規に入院する患者については、入院中の処遇の改善や患者のＱＯＬ（生活の質）の向上を図りつつ、できる限り一年以内に速やかに退院できるよう、良質かつ適切な医療を効率的に提供する体制の整備を促す。

○ 既に一年以上入院している患者については、本人の病状や意向に応じて、医療（社会復帰リハビリテーション等）と地域生活支援体制の協働の下、段階的、計画的に地域生活への移行を促す。

(3) 国、都道府県、市町村における計画的な取り組み

○ 国においては、今後一〇年間を五年ごとの第一期と第二期に区分し、第一期における改革の成果を評価しつつ、第二期における具体的な施策群を定める。

この場合、精神障害、身体障害、知的障害それぞれの特性を踏まえつつも、三障害に共通した問題については障害の枠を超えた体制整備を行うものとする。

また、左記のように都道府県単位で定められた計画を基に、国としての全国レベルでの計画等を定め、計画的にサービス供給体制を整備する仕組みを導入する。

○ 都道府県単位で(2)の達成目標を実現するため、地域実態を正確に把握し、行政と地域の専門家や当事者等が意見交換を行いつつ、医療と保健・福祉が連動した計画的な取り組みを進める。

○ 医療分野では、都道府県ごとに、医療計画において(2)の達成目標を反映した精神病床に係る基準病床数を算定するとともに、その実現のための当該都道府県での具体的方策について数値目標を明示した計画の策定を促す。

○ 保健・福祉分野では、精神障害者のニーズ等の実態を把握した上でサービス供給目標等を市町村が策定し、これに基づき、都道府県等が計画的に社会復帰施設を含め供給体制を整備する仕組みを導入する。

２　改革の基本的方向と国の重点施策群

(1)　国民意識の変革

＜施策の基本的方向＞

○　精神疾患に関する基本的な情報の提供を通じた主体的な理解を促進

○　精神疾患の正しい理解に基づく態度の変容や適切な行動を促進

○　訴求対象者に応じて地域単位の活動とメディアを通じた活動を推進

(2)　精神医療体系の再編

＜施策の基本的方向＞

ア　精神病床に係る基準病床数の算定式の見直し

イ　精神病床の機能分化と地域医療体制の整備

ウ　入院形態ごとの適切な処遇の確保と精神医療の透明性の向上

(3)　地域生活支援体系の再編

＜施策の基本的方向＞

ア　ライフステージに応じた住・生活・活動等の支援体系の再編

イ　重層的な相談支援体制の確立

ウ　市町村を中心とした計画的なサービス提供体制の整備

(4)　精神保健医療福祉施策の基盤強化

＜今後の基本的方向＞

○　病床や施設機能の再編状況等に応じた人材の確保、再教育・再配置

○ 既存の精神保健福祉施策における医療・福祉双方の重点化・効率化
○ 必要となる支援の内容やその費用を明示し、新規財源確保につき社会的合意を獲得

一方、平成十六年十月に社会保障審議会障害者部会において障害種別を超えた共通の新たな障害保健福祉サービス体系の構築を目指すため、厚生労働省としての試案「今後の障害保健福祉施策について（改革のグランドデザイン案）」が提示された。その後、障害者部会における検討を重ね、障害者自立支援法案として取りまとめられ、平成十七年二月国会提出に至った。

平成十七年の改正は、平成十一年の「精神保健及び精神障害者福祉に関する法律等の一部を改正する法律」附則第六条の施行後五年を目途とする見直し規定を踏まえたものであるとともに、「精神保健医療福祉の改革ビジョン」及び「今後の障害保健福祉施策について（改革のグランドデザイン案）」を踏まえ、障害者自立支援法による精神保健福祉施策を含めた障害保健福祉制度全体の見直しとともに行ったものである。

障害者自立支援法案は、平成十七年の第百六十二回通常国会に提出されたが、衆議院の解散によって審議未了のため廃案となった。その後、第百六十三回特別国会に再提出され、平成十七年十月三十一日の衆議院本会議で同法案は可決・成立し、平成十七年十一月七日、法律第百二十三号として公布された。

(2) 精神保健福祉法改正の概要

精神保健福祉法の改正は、障害者自立支援法の附則において行っており、その概要は、次のとおりである。

① 精神保健福祉法から障害者自立支援法に位置づけを変更することに伴う改正

(ア) 通院医療に関する規定の削除

障害者自立支援法において、精神障害者に対する精神通院医療、身体障害者に対する更生医療、身体障害

児に対する育成医療が統合され、自立支援医療として位置づけられた。

(イ)　精神障害者居宅生活支援事業に関する規定の削除

障害者自立支援法における障害福祉サービスとして位置づけられた。

(ウ)　精神障害者社会復帰施設に関する規定の削除

障害者自立支援法における障害福祉サービスとして位置づけられた。なお、約五年間の経過措置が設けられた（ただし、精神障害者福祉ホームA型と精神障害者地域生活支援センターを除く。）。

②　精神保健福祉法固有の改正事項

(ア)　「精神分裂病」の「統合失調症」への呼称の変更

(イ)　地方精神保健福祉審議会の必置規制の見直し

従来、各都道府県に必置を義務付けていた地方精神保健福祉審議会について、その設置を各都道府県の裁量に委ねる。

(ウ)　精神医療審査会の委員構成の見直し

精神医療審査会の五名の委員構成について、都道府県の裁量を拡大。

(エ)　医療保護入院等に係る精神保健指定医による診察の特例措置の導入

任意入院患者から退院の申出があった場合や医療保護入院、応急入院をする場合に、緊急その他やむを得ない理由があるときは、精神保健指定医でなくとも、一定の要件を満たす医師（特定医師）の診察により、十二時間を限り入院等させることができる制度を創設。

(オ)　任意入院患者に関する病状報告制度の導入

都道府県知事が一定の条件を満たす場合に任意入院患者の病状報告を求めることができる制度を創設。

(カ)　改善命令等に従わない精神病院に関する公表制度の導入

厚生労働大臣又は都道府県知事が、精神病院の管理者が改善命令等に従わない場合に当該精神病院の名称等の情報を公表することができる制度を創設。

参議院厚生労働委員会附帯決議

障害者自立支援法案に対する附帯決議

（平成十七年十月十三日　参議院厚生労働委員会）

政府は、次の事項について、適切な措置を講ずるべきである。

一　附則第三条第一項に規定する障害者の範囲の検討については、障害者などの福祉に関する他の法律の施行状況を踏まえ、発達障害・難病などを含め、サービスを必要とするすべての障害者が適切に利用できる普遍的な仕組みにするよう検討を行うこと。また、現在、個別の法律で規定されている障害者の定義を整合性のあるものに見直すこと。

二　附則第三条第三項に規定する検討については、就労の支援を含め、障害者の生活の安定を図ることを目的とし、社会保障に関する制度全般についての一体的な見直しと併せて、障害者の所得の確保に係る施策の在り方の検討を速やかに開始し、三年以内にその結論を得ること。

三　障害福祉サービス及び自立支援医療の利用者負担の上限を決める際の所得の認定に当たっては、障害者の自立の観点から、税制及び医療保険において親・子・兄弟の被扶養者でない場合、生計を一にする世帯の所

得ではなく、障害者本人及び配偶者の所得に基づくことも選択可能な仕組みとすること。また、今回設けられる障害福祉サービス及び自立支援医療の負担軽減の措置が必要な者に確実に適用されるよう、障害者及び障害児の保護者に周知徹底すること。

四　障害福祉サービスの利用者に対しては、社会福祉法人による利用者負担減免制度の導入等により、きめ細かな低所得者対策を講ずること。また、この場合においては、実施主体に過重な負担とならないよう、適切な措置を検討すること。

五　自立支援医療については、これまでの更生医療、育成医療及び精神通院医療の趣旨を継承した公費負担医療制度としての位置付けを明確にすること。また、医療上の必要性から継続的に相当額の医療費負担が発生することを理由に、月ごとの利用者負担の上限を設ける者の範囲については、速やかに検討を進め、施行前において適切に対応するとともに、施行後も必要な見直しを図ること。さらに、自立支援医療の「重度かつ継続」の範囲の検討に当たっては、関係患者団体の意見にも配慮すること。

六　自立支援医療のうち育成医療については、国会答弁を踏まえて、適切な水準を制度化すること。

七　介護給付における障害程度区分について介護サービスの必要度が適切に反映されるよう、障害の特性を考慮した基準を設定するとともに、主治医の意見書を踏まえるなど審査の在り方についての適正な措置を講ずること。また、支給決定に係る基準や手続きについては、生活機能や支援の状況、本人の就労意欲等利用者の主体性を重視したものとなるよう必要に応じて適宜見直しを行い、関係団体とも十分協議した上で策定すること。さらに、障害程度区分認定を行わないこととなる障害児については、障害児に対する福祉サービスが障害児の成長過程において生活機能を向上させる重要な意義を持つものであることにかんがみ、市町村が適切なサービスを提供できるように体制を整備するとともに、障害程度の評価手法の開発を速やかに進め、

勘案事項についても必要な措置を講ずること。

八　市町村審査会の委員については、障害者の実情に通じた者が選ばれるようにすること。特に、障害保健福祉の経験を広く有する者であって、地域生活に相当の実績を持ち、中立かつ公正な立場で審査が行える者であれば、障害者を委員に加えることが望ましいことを市町村に周知すること。また、市町村審査会の求めに応じ、サービス利用申請者が意見を述べることができることを市町村に周知すること。

九　介護給付や訓練等給付の支給決定については、障害者の実情をよりよく反映したものとなるよう、市町村職員による面接調査の結果や福祉サービスの利用に関する意向を十分踏まえることを市町村に周知するとともに、決定に不服がある場合には都道府県知事に申立てを行い、自ら意見を述べる機会が与えられていることを障害者及び障害児の保護者に十分周知すること。

十　基本指針の策定に当たっては、現行のサービス水準の低下を招くことなく、障害者が居住する地域において円滑にサービスを利用できるよう、サービス提供体制の整備を図ることを障害福祉計画に盛り込むこと、計画の策定の際に、障害当事者等の関係者の意見を聴く機会を設けることについて明記すること。また、移動支援事業、コミュニケーション支援事業、相談支援事業、地域活動支援センター事業などについては、障害者の社会参加と自立生活を維持、向上することを目的として、障害福祉計画の中に地域の実情に応じてこれらサービスの計画期間における数値目標を記載することについて明記すること。さらに、これら障害福祉計画に定めた事項が確実に実施できるよう予算を十分に確保すること。

十一　ＡＬＳ、進行性筋ジストロフィー等の長時間サービスを必要とする重度障害者については、受け入れる事業者が少ない現状にもかんがみ、その居住する地域において必要なサービス提供が遅滞なく行われるよう、社会資源の基盤整備などの措置を早急に講ずること。また、現行のサービス水準の低下を招くことのな

いよう重度障害者等包括支援や重度訪問介護の対象者の範囲については、重度の障害のある者のサービスの利用実態やニーズ等を把握した上で設定することとし、そのサービス内容や国庫負担基準については、適切な水準となるよう措置すること。

十二　重症心身障害児施設の入所者に対する福祉サービスについては、現行のサービス水準を後退させることなく、継続して受けられるよう配慮すること。

十三　介護給付等において特別な栄養管理を必要とする場合には、サービス提供に係る報酬面での配慮の必要性について十分検討すること。

十四　居住支援サービスの実施に当たっては、重度障害者であっても入居可能なサービス水準を確保するとともに、利用者が希望していないにもかかわらず障害程度別に入居の振り分けが行われることがないような仕組みの構築や、グループホームの事業者の責任においてホームヘルパーの利用を可能とすることなど必要な措置を講ずること。

十五　障害者の雇用の促進に当たっては、障害者雇用促進法に盛り込まれている内容等を踏まえ、障害者雇用の場の創出・拡大に一層努めるとともに、雇用促進のための就労支援サービスと福祉サイドの生活支援サービス等が相互にかつ適切に利用できるためのマネジメント体制の充実を図ること。また、就労移行支援については、障害の特性を踏まえた就労訓練期間等が設定されるよう必要な措置を講ずること。

十六　障害者の地域生活の充実及びその働く能力を十分に発揮できるような社会の実現に向け、非雇用型の就労継続支援の実施に当たっては、目標工賃水準の設定や官公需の発注促進など、工賃収入の改善のための取組のより一層の推進を図ること。

十七　良質なサービスを提供する小規模作業所については、新たな障害福祉サービス体系において、その柔軟

な機能が発揮できるよう位置付けるとともに、新たな施設体系への移行がスムーズに行えるよう必要な措置を講ずること。

十八 障害者の自立と社会参加に欠かせないサービスである移動支援については、地域生活支援事業の実施状況を踏まえ、必要な措置を講ずるための検討を行うこと。

十九 医療法に基づく医療計画とあいまって、精神病院におけるいわゆる七・二万人の社会的入院の解消を図るとともに、それらの者の地域における生活が円滑に行われるよう必要な措置を講ずること。また、精神保健福祉法に基づく医療保護入院の適切な運用について、精神医療審査会の機能の在り方、保護者の制度の在り方等、同法に係る課題について引き続き検討を行い、その結果に基づいて所要の措置を速やかに講ずること。

二十 障害者が地域社会で必要な支援を活用しつつ自立した生活を送ることができるようにするため、障害を理由とする差別を禁止するための取組、障害者の虐待防止のための取組及び成年後見制度その他障害者の権利擁護のための取組については、実施状況を踏まえてより実効的なものとなるよう検討し、必要な見直しを行うこと。

二十一 地域生活支援事業に盛り込まれたコミュニケーション支援事業を充実する観点から、国及び地方公共団体において手話通訳者の育成と人的確保に取り組むとともに、聴覚障害者情報提供施設の設置の推進や点字図書館の機能の充実を図ること。また、視聴覚障害者の通信ネットワークを利用した情報コミュニケーション支援を進めるため、日常生活用具給付事業の対象の見直しの検討など必要な方策を講じ、視聴覚障害者の社会参加を促進すること。

二十二 市町村の相談支援事業が適切に実施されるようにするため、在宅介護支援センターなど、高齢者に係

る相談支援を行う事業者を含め、専門性と中立・公平性が確保されている相談支援事業者に対し、委託が可能であることを市町村に周知すること。

二十三　本法の施行状況の定期的な検証に資するため、施行後の状況及び附則規定に係る検討の状況について、本委員会の求めに応じ、国会に報告を行うこと。

右決議する。

(3)　精神病院の用語の整理等のための関係法律の一部を改正する法律の成立

精神病者を収容する施設というイメージを払拭するため、「精神病院」という用語を、専門的医療を提供する施設であることを明らかとし、かつ、患者や患者の家族が心理的抵抗を感じることの少ない「精神科」という診療科名を用いて、「精神科病院」という用語に改めることとすることで、精神科医療機関に対する国民の正しい理解の深化を促すとともに、患者が受診しやすい環境を醸成する必要がある。本法案は、議員立法という形で、平成十八年の第百六十四回通常国会に提出され、同年六月十六日の衆議院本会議で可決・成立し、同月二十三日、法律第九十四号として公布された。

法律の概要は次のとおりである。

①　精神保健及び精神障害者福祉に関する法律、覚せい剤取締法、精神保健福祉士法、沖縄振興特別措置法、障害者自立支援法において用いられている「精神病院」及び「都道府県立精神病院」という用語を、それぞれ「精神科病院」及び「都道府県立精神科病院」という用語に改める。

②　警察官職務執行法において用いられている「精神病者収容施設」という用語を削除すること。

③　施行期日

公布の日〔平成十八年六月二十三日〕から起算して六月を経過した日から施行する。

第十一節　障害者自立支援法等の改正と精神保健福祉法の平成二十二年改正

障害者自立支援法附則第三条第一項に基づく、同法施行後三年を目途とした見直しとして障害者自立支援法等の一部を改正する法律案が平成二十一年通常国会に提出されたが、審議されず、衆議院の解散に伴い廃案となった。その後、政権交代により民主党政権となったが、民自公の合意の下、議員立法により、平成二十二年通常国会において、「障がい者制度改革推進本部等における検討を踏まえて障害保健福祉施策を見直すまでの間において障害者等の地域生活を支援するための関係法律の整備に関する法律案」が提出され、平成二十二年十二月三日成立、同年十二月十日公布となった。

当該法律において、精神保健福祉法の改正も行われ、「精神保健医療福祉の改革ビジョン」の中間点において開催された「今後の精神保健医療福祉のあり方等に関する検討会」報告書を踏まえ、都道府県による精神科救急医療体制の確保に関する規定が設けられたほか、精神保健指定医の不足を踏まえ、精神保健指定医の公務員としての職務に係る義務規定が設けられ、また障害者自立支援法の改正に基づき、地域移行支援・地域定着支援が個別給付化されたことに伴い、精神科病院の管理者と障害福祉サービス事業者との連携等について規定された。

第十二節　精神保健福祉法の平成二十五年改正

精神保健医療福祉の現状と課題を踏まえ、平成二十二年六月閣議決定「障害者制度改革の推進のための基本的な方向について」において、①「社会的入院」の解消に向けた検討、②保護者制度の見直し等も含めた精神障害者に対する強制入院等についての検討、③精神科医療現場における医師や看護師等の人員体制の充実のための具体的方策についての検討を行い、その結論を得ることとされた。

これを踏まえ、「新たな地域精神保健医療体制の構築に向けた検討チーム」や、「精神科医療の機能分化と質の向上等に関する検討会」等において検討を行い、これらで示された方向性を基に、平成二十五年通常国会に、「精神保健及び精神障害者福祉に関する法律の一部を改正する法律案」が提出された（概要は図１－３のとおり）。

同法案は「障害者の雇用の促進等に関する法律の一部を改正する法律案」と一括審議され、同年六月に成立し、平成二十六年四月に施行された（一部は平成二十八年四月施行）。

図1－3　精神保健及び精神障害者福祉に関する法律の一部を改正する法律の概要

（平成25年6月13日成立、同6月19日公布）

精神障害者の地域生活への移行を促進するため、精神障害者の医療に関する指針（大臣告示）の策定、保護者制度の廃止、医療保護入院における入院手続等の見直し等を行う。

1．法案の概要

⑴　精神障害者の医療の提供を確保するための指針の策定

厚生労働大臣が、精神障害者の医療の提供を確保するための指針を定めることとする。

⑵　保護者制度の廃止

主に家族がなる保護者には、精神障害者に治療を受けさせる義務等が課されているが、家族の高齢化等に伴い、負担が大きくなっている等の理由から、保護者に関する規定を削除する。

⑶　医療保護入院の見直し

①　医療保護入院における保護者の同意要件を外し、家族等（＊）のうちのいずれかの者の同意を要件とする。

＊配偶者、親権者、扶養義務者、後見人又は保佐人。該当者がいない場合等は、市町村長が同意の判断を行う。

②　精神科病院の管理者に、

・医療保護入院者の退院後の生活環境に関する相談及び指導を行う者（精神保健福祉士等）の設置

・地域援助事業者（入院者本人や家族からの相談に応じ必要な情報提供等を行う相談支援事業者等）との連携

・退院促進のための体制整備

を義務付ける。

⑷　精神医療審査会に関する見直し

①　精神医療審査会の委員として、「精神障害者の保健又は福祉に関し学識経験を有する者」を規定する。

②　精神医療審査会に対し、退院等の請求をできる者として、入院者本人とともに、家族等を規定する。

2．施行期日

平成26年4月1日（ただし、1．⑷　①については平成28年4月1日）

3．検討規定

政府は、施行後3年を目途として、施行の状況並びに精神保健及び精神障害者の福祉を取り巻く環境の変化を勘案し、医療保護入院における移送及び入院の手続の在り方、医療保護入院者の退院を促進するための措置の在り方、入院中の処遇、退院等に関する精神障害者の意思決定及び意思の表明の支援の在り方について検討を加え、必要があると認めるときは、その結果に基づいて所要の措置を講ずる。

衆議院厚生労働委員会附帯決議

精神保健及び精神障害者福祉に関する法律の一部を改正する法律案に対する附帯決議

（平成二十五年六月十二日
衆議院厚生労働委員会）

政府は、本法の施行に当たり、次の事項について適切な措置を講ずるべきである。

一　精神障害のある人の保健・医療・福祉施策は、他の者との平等を基礎とする障害者の権利に関する条約の理念に基づき、これを具現化する方向で講ぜられること。

二　精神科医療機関の施設基準や、精神病床における人員配置基準等については、精神障害者に対する医療の提供を確保するための指針の内容を踏まえ、一般医療との整合性を図り、精神障害者が適切な医療を受けられるよう、各規定の見直しを検討すること。なお、指針の策定に当たっては、患者、家族等の意見を反映すること。

三　「家族等いずれかの同意」による医療保護入院については、親権を行う者、成年後見人の権利が侵害されることのないよう、同意を得る優先順位等をガイドラインに明示し、厳正な運用を促すこと。

四　精神障害者の意思決定への支援を強化する観点からも、自発的・非自発的入院を問わず、精神保健福祉士等専門的な多職種連携による支援を推進する施策を講ずること。また、代弁者制度の導入など実効性のある支援策について早急に検討を行い、精神障害者の権利擁護の推進を図ること。

五　非自発的入院の減少を図るため、「家族等いずれかの同意」要件も含め、国及び地方自治体の責任、精神保健指定医の判断等、幅広い観点から、速やかに検討を加えること。

六　精神疾患の患者の権利擁護を図る観点から、精神医療審査会の専門性及び独立性を高めることや精神医療

審査会の決定に不服のある患者からの再度の請求への対応など機能強化及び体制の整備の在り方を検討し、必要な措置を講ずること。

七　非自発的入院の特性に鑑み、経済面も含め、家族等の負担が過大にならぬよう検討すること。

八　精神科病院の管理者に対し、医療保護入院について、可能な限り、患者の人権に十分配慮した入院、入院後の治療行為の患者本人への説明に加えて、速やかな退院の促進に努めることを指導徹底するとともに、医療保護入院等の患者の退院後における地域生活への移行を促進するため、相談対応や必要な情報の提供、アウトリーチ支援など、その受け皿や体制整備の充実を図ること。

九　認知症の人については、あくまでも住み慣れた地域で暮らし続けることを基本に置き、精神科病院への「社会的入院」の解消を目指すとともに、地域の支援・介護体制の強化に取り組むため、「認知症施策推進五か年計画（オレンジプラン）」の推進など医療福祉全般にわたる総合的な対策を講ずること。

十　認知症の人の本人意思を尊重する観点から、成年後見制度の改善・普及のほか、本人の意思や希望をできる限り早期に確認し、それを尊重したケアの提供を確保する取組を進めること。

参議院厚生労働委員会附帯決議

精神保健及び精神障害者福祉に関する法律の一部を改正する法律案に対する附帯決議

（平成二十五年五月三十日　参議院厚生労働委員会）

政府は、本法の施行に当たり、次の事項について適切な措置を講ずるべきである。

一、精神障害のある人の保健・医療・福祉施策は、他の者との平等を基礎とする障害者の権利に関する条約の理念に基づき、これを具現化する方向で講ぜられること。

二、精神科医療機関の施設基準や、精神病床における人員配置基準等については、精神障害者に対する医療の提供を確保するための指針の内容を踏まえ、一般医療との整合性を図り、精神障害者が適切な医療を受けられるよう、各規定の見直しを検討すること。

三、精神障害者の意思決定への支援を強化する観点からも、自発的・非自発的入院を問わず、精神保健福祉士等専門的な多職種連携による支援を推進する施策を講ずること。また、非自発的入院者の意思決定及び意思表明については、代弁を含む実効性のある支援の在り方について早急に検討を行うこと。

四、非自発的入院の減少を図るため、「家族等いずれかの同意」要件を含め、国及び地方自治体の責任、精神保健指定医の判断等、幅広い観点から、速やかに検討を加えること。

五、精神疾患の患者の権利擁護を図る観点から、精神医療審査会の機能強化の在り方を検討し、必要な措置を講ずること。

六、非自発的入院の特性に鑑み、経済面も含め、家族等の負担が過大にならぬよう検討すること。

七、医療保護入院等の患者の退院後における地域生活への移行を促進するため、相談対応や必要な情報の提供、アウトリーチ支援など、その受け皿や体制整備の充実を図ること。

右決議する。

第二編　逐条解説

第一章　総　　則

（この法律の目的）

第一条　この法律は、精神障害者①の医療及び保護を行い、障害者の日常生活及び社会生活を総合的に支援するための法律（平成十七年法律第百二十三号）と相まつてその社会復帰の促進及びその自立と社会経済活動への参加の促進②のために必要な援助を行い、並びにその発生の予防その他国民の精神的健康の保持及び増進に努めることによつて、精神障害者の福祉の増進及び国民の精神保健③④の向上を図ることを目的とする。

〔要　旨〕

本条はこの法律の目的を規定したものであり、本条後段が、最終的な法目的を抽象的に規定したもので、前段は、より具体的に、それに至る手段としてこの法律に規定する施策内容を記したものである。

すなわち、本条の前段に、①精神障害者の医療及び保護を行うこと、②障害者の日常生活及び社会生活を総合的

に支援するための法律（略称「障害者総合支援法」）と相まって精神障害者の社会復帰の促進及びその自立と社会経済活動への参加の促進のために必要な援助を行うこと、③精神障害の発生の予防その他国民の精神的健康の保持及び増進に努めること、の三つの施策内容について定める法律であると規定しており、本条の後段には、それによって、「精神障害者の福祉の増進」と「国民の精神保健の向上」という二つの目的を実現していく法律であると規定している。

昭和六十二年の改正前の精神衛生法では、法の目的は、単に「精神障害者等の医療及び保護を行い、かつ、その発生の予防に努めることによって、国民の精神的健康の保持及び向上を図ること」とされており、予防と治療のための法律であった。

同年の改正で、前段に「その社会復帰を促進し」と「その他国民の精神的健康の保持及び増進」が加えられ、社会復帰の促進を強く押し進めていくことと、精神障害の発生予防にとどまらず、より積極的に国民の精神的健康の増進を図っていくことが示された。また、後段に「精神障害者等の福祉の増進を図ること」が加えられ、精神保健施策を通じて精神障害者の福祉の増進を図ることが示された。また、法律の名称も、「精神衛生」から、より概念的に広い範囲を指す「精神保健」という言葉に改められた。なお、ここで加えられた「福祉」という言葉は、本法の施策内容を規定している本条前段ではなく、最終的な法目的を規定した後段に加えられたものであり、保健医療施策に対する福祉施策という意味よりも、精神保健施策の一環としての社会復帰の推進が、精神障害者の福祉に資するという意味合いで用いられたものである。

その後、平成七年の改正により、本条前段に精神障害者の「自立と社会経済活動への参加の促進のために必要な援助を行う」という福祉施策の理念となる言葉を加え、法律の章立ても、保健医療施策と福祉施策を車の両輪とする法体系に改め、名称も「精神保健及び精神障害者福祉に関する法律」（略称「精神保健福祉法」）に改められた。

〔解　釈〕

〔1〕「精神障害者」というのは、第五条で定義されている「精神障害者」のことである。従来、「精神障害者等」と規定されていたが、平成十一年改正において、第四十四条に規定されていた「覚せい剤の慢性中毒者」に対する準用規定が廃止され、「覚せい剤の慢性中毒者」が第五条に規定する精神障害者に含まれたことにより改められたものである。

〔2〕「精神障害者の社会復帰の促進」とは、医療機関に入院していた精神障害者が、退院して社会の中で暮らすようになることであり、「精神障害者の自立と社会経済活動への参加の促進」とは、精神障害者が一人で生活でき、一人の社会人として社会経済活動に加わり、社会経済に積極的に貢献していくことを促進することである。

社会復帰という言葉は、自立や社会参加の意味も込めて使われることもあるが、平成七年改正に当たっては、障害を持ちながらも様々な援助を受けつつ地域で暮らしている障害者を「社会復帰していない」とか「社会復帰の途上者」という消極的な言葉でとらえるのではなく、社会復帰は一応しつつも、さらに自立と社会参加を図っていくという前向きなとらえ方から、「社会復帰の促進」という言葉に並べて「自立と社会経済活動への参加の促進」という言葉を加えたものである。なお、「自立と社会経済活動への参加の促進」という言葉は、身体障害者福祉法第一条にも用いられている言葉にならったものである。

平成十七年には、障害種別にかかわらず、共通の福祉サービスを市町村が中心となって提供することとされた障害者自立支援法（現・障害者総合支援法）の制定に伴い、精神保健福祉法が改正され、目的規定において、障害者自立支援法と相まって、精神障害者の社会復帰の促進等を行うこととして、障害者自立支援法との関係について規定された。

〔3〕「精神保健」と「精神障害者福祉」との関係、あるいは、精神障害者福祉が平成七年改正で加えられた趣旨に

ついては、第一編を参照されたい。「社会復帰の促進」は、昭和六十二年の改正により本法に位置づけられたが、精神保健法の下で、精神保健施策の範囲のものとして概念整理されていた。しかし、社会復帰の促進は、医学的リハビリテーションとしてとらえれば保健医療施策であるが、精神障害者が疾患と障害を合わせ持ちながら地域で暮らせるように援助を行うという点では福祉的な面を有するものである。また、精神障害者は、退院して社会復帰した後も、その障害のために社会生活や日常生活に相当の制限を受ける状態にある者も多く、このような者の自立生活と社会参加を促進する援助施策が必要である。平成七年改正では、障害者基本法や身体障害者福祉法などの現代の福祉法制のキーワードともなっている「自立と社会経済活動への参加の促進のために必要な援助」という福祉の理念を加え、精神保健及び精神障害者福祉を総合的に行う法律として、精神保健福祉法に改められた。

〔4〕「精神衛生」は、精神障害の予防と治療を主な目的とし、発生予防、早期発見、再発予防、リハビリテーションがこれに含まれるものとされている。一方、「精神保健」は、「精神衛生」の諸目的に加え、ポジティブメンタルヘルスの観点から、一般健常人の精神的健康の保持、向上を含むものであり、「精神衛生」より広い概念である。

（国及び地方公共団体の義務）

第二条　国及び地方公共団体は、障害者の日常生活及び社会生活を総合的に支援するための法律の規定による自立支援給付及び地域生活支援事業と相まつて、医療施設及び教育施設を充実する等[1]精神障害者の医療及び保護並びに保健及び福祉に関する施策を総合的に実施することによ[2]

つて精神障害者が社会復帰をし、自立と社会経済活動への参加をすることができるように努力するとともに、精神保健に関する調査研究の推進[3]及び知識の普及を図る等精神障害者の発生の予防その他国民の精神保健の向上のための施策を講じなければならない。

〔要　旨〕

本条は国及び地方公共団体（都道府県及び市区町村）の義務を規定したものであり、法は、国及び地方公共団体に二つの義務を課している。

第一の義務は、精神障害者に対する保健福祉施策に係るもので、障害者自立支援法の規定による自立支援給付等と相まって、医療施設、教育施設を充実する等精神障害者の医療及び保護並びに保健及び福祉に関する施策を総合的に実施することによって、精神障害者が社会復帰をし、自立と社会経済活動への参加をすることができるように努力する義務である。

また、第二の義務は、一般国民に対する精神保健施策に係るもので、精神保健に関する調査研究の推進及び知識の普及を図る等精神障害者の発生の予防その他国民の精神保健の向上のための施策を講じる義務である。

〔解　釈〕

〔1〕医療施設としては、精神科病院、デイケア施設等が、教育施設としては、特別支援学校及び特別支援学級等がある。平成十七年改正より以前においては、医療施設、教育施設に加え、社会復帰施設その他の福祉施設、居宅生活支援事業を充実することが規定されていたが、これらは障害者自立支援法の施行に伴い、自立支援給付、地域生活支援事業の新たなサービス体系として位置づけられることとなったので、社会復帰施設等の規定は削除さ

れ、代わりに障害者自立支援法によるサービスとの関係が規定されることとなった。

〔2〕精神障害者の医療及び保護並びに保健及び福祉に関する施策を総合的に実施するという規定は、平成七年改正で加えられたものであり、国及び地方公共団体は、医療施設や教育施設の充実など例示として掲げられたもののほか、適切な精神医療を受けられるようにする各種の措置や、精神医療における人権の確保、精神医療費の公費負担、保健所や精神保健福祉センター等における相談指導、精神障害者保健福祉手帳の交付とそれに基づく支援の充実、精神障害者社会適応訓練事業の実施、保健福祉人材の育成確保など、法定、非法定を含め、総合的な施策を実施することが義務づけられている。

〔3〕精神保健に関する調査研究の推進については、国立精神・神経センターに精神保健研究所が設けられているほか、厚生労働省の科学研究費による精神保健医療研究等が行われている。また、都道府県及び指定都市においては、精神保健福祉センター等において精神保健に関する調査研究が行われている。

昭和六十二年の改正時において、ストレス問題、アルコール関連問題、児童・思春期精神保健問題、老人性認知症疾患問題等が国民的課題となってきたことから、国、都道府県、市区町村としても、国民のニーズに応え、精神保健に関する調査研究を重点的に行うことが重要となり、明文化されたものである。

（国民の義務）

第三条　国民は、精神的健康の保持及び増進に努めるとともに、精神障害者に対する理解を深め、及び精神障害者がその障害を克服して社会復帰をし、自立と社会経済活動への参加をしよ

うとする努力に対し、協力するように努めなければならない。

〔要　旨〕

本条は国民の義務を規定したものである。この法律の目的である精神障害者の福祉の増進、国民の精神的健康の向上を図るためには、国民一人ひとりが、この問題に真剣に取り組むことが肝要であるため、昭和六十二年の改正で本条が加えられた。

法は、国民に二つのことを義務づけている。すなわち、①自らの精神的健康の保持及び増進に努める義務と、②精神障害者に対する理解を深め、偏見をなくすとともに、精神障害者が社会復帰をし、自立と社会経済活動への参加をしようとする努力に対して協力するように努める義務である。特に、グループホーム等の障害福祉サービスを行う事業所等の整備、精神障害者の住む場所、働く場所、活動の場所を広げていくための努力を行うに際しては、周囲の人々の誤解や偏見、非協力的な態度が大きな障壁となることが多い。精神障害者に対してのバリアフリー社会の実現のためには、いわば心のバリアーの除去が重要課題であり、②の義務は、国民の義務として重要である。

（精神障害者の社会復帰、自立及び社会参加への配慮）

第四条　医療施設の設置者は、その施設を運営するに当たつては、精神障害者の社会復帰の促進及び自立と社会経済活動への参加の促進を図るため、当該施設において医療を受ける精神障害者が、障害者の日常生活及び社会生活を総合的に支援するための法律第五条第一項に規定する

障害福祉サービスに係る事業（以下「障害福祉サービス事業」という。）、同条第十六項に規定する一般相談支援事業（以下「一般相談支援事業」という。）その他の精神障害者の福祉に関する事業に係るサービスを円滑に利用することができるように配慮し、必要に応じ、これらの事業を行う者と連携を図るとともに、地域に即した創意と工夫を行い、及び地域住民等の理解と協力を得るように努めなければならない。(1)

２　国、地方公共団体及び医療施設の設置者は、精神障害者の社会復帰の促進及び自立と社会経済活動への参加の促進を図るため、相互に連携を図りながら協力するよう努めなければならない。(2)

〔**要　旨**〕

本条は、社会復帰の促進等のため、第一項で、医療施設の設置者の努力義務を、第二項で、関係者の連携の規定を定めたものである。

昭和六十二年の改正で社会復帰施設が法定化され、「精神病院から社会復帰施設へ」という流れが形成されたが、これに加えて「社会復帰施設から地域社会へ」という流れを形成していく必要があるため、平成五年の法改正が行われ、本条が設けられた。平成七年改正では、第二条の国及び地方公共団体の義務、第三条の国民の義務の規定と同様、「自立と社会経済活動への参加の促進」という字句が加えられている。

平成十七年の改正で、障害者自立支援法の施行に伴い、社会復帰施設は、同法に基づく新たなサービス体系に位

置づけられることとなり、精神保健福祉法からは削除された。

平成二十二年改正では、精神障害者については、身体障害者や知的障害者と異なり、いわゆる社会的入院の解消といった観点から、特に強力に社会復帰を促進することが求められているといった状況を背景に、障害者自立支援法の改正で入院中から精神障害者の地域移行に向けた支援を実施するサービスが創設されたことを踏まえ、これらのサービスを円滑に利用できるよう配慮し、必要に応じてこれらのサービスを提供する事業者と連携するように努めることが規定された。

〔解　釈〕

〔1〕　第一項は、医療施設の設置者についての努力義務規定である。社会復帰の促進等を図るためには、医療施設の運営に当たって、障害者総合支援法に規定する障害福祉サービスをはじめとした様々な福祉サービスと密接に連携するとともに社会復帰の促進等のための地域に即した創意と工夫を行い、また、地域住民等の理解と協力を得るように努めることが必要であるため、これを明示的に規定したものである。

障害福祉サービスとの連携以外には、例えば、地域の中での社会資源の開拓や、患者家族会の育成・指導、地域の産業等を活かした訓練など、地域に即した創意と工夫が必要であり、また、病院で地域住民との交流会を開いたり、啓発広報活動を行ったり、ボランティアの協力や、精神障害者の自立生活を地域で温かく見守ってもらうなど、地域住民等の理解と協力を得ることが必要である。

なお、国や地方公共団体が、社会復帰の促進等を図るため、地域に即した創意と工夫を行い、地域住民等の理解と協力を得るように努めるべきことについては、第二条の規定に含まれる。

〔2〕　第二項は、国、地方公共団体、医療施設の設置者についての連携規定である。社会復帰の促進等を図るため、これらの関係者は、それぞれの役割を十分果たすだけでなく、相互に連携を図りながら協力するように努めなけ

ればならないことを規定したものである。

（定義）

第五条　この法律で「精神障害者[1][2][3]」とは、統合失調症[4]、精神作用物質による急性中毒[5]又はその依存症、知的障害[6]、精神病質[7]その他の精神疾患を有する者をいう。

〔要　旨〕

本条は、本法の対象となる精神障害者の範囲を定めた規定である。

精神障害者の範囲については、平成五年の改正において精神障害者の概念が明確にされたが、覚せい剤の慢性中毒者については、措置入院等の規定を準用する規定が適用されてきた。しかしながら、国際疾病分類第10版（ＩＣＤ―10）において精神症状を呈さない「精神作用物質の依存症」が明記され、医療現場においても精神疾患として定着するとともに、覚せい剤の慢性中毒者に対する公的な福祉的支援が求められていること、アルコールや有機溶剤など覚せい剤以外の精神作用物質による依存症者が法の対象となるか解釈の混乱が生じたことから、平成十一年改正において、覚せい剤の慢性中毒者に対する準用規定を削除し、本条の精神障害者として位置づけることとした。

この定義では、精神障害者とは、「精神疾患を有する者をいう」という医学的概念で規定されており、その例示として、統合失調症、精神作用物質による急性中毒又はその依存症、知的障害、精神病質があげられている。

〔解　釈〕

〔1〕　平成五年の定義規定の改正の趣旨は、次のとおりである。

平成五年の改正前においては、法の対象となるのは、「精神病者、精神薄弱者と精神病質者」の三者と規定されており、これは、昭和二十五年の精神衛生法制定当時は、「精神病」という用語は、後天的に発生した精神上の病態の包括的な呼称であったからである。

しかし、その後における医学上の用語法の変遷により、医療現場や医学教育においては、「精神病」は、重症度の高い病態に限定して用いられるようになった。ところが、非自発的な入院が必要であると医学的に判断されることのある精神障害は、現在の医学上の「精神病」に限られるわけではなく、また、通院医療等を含めた精神保健施策の対象としても精神障害者を包括的に規定することが制度上必要であったことから、法制度上の「精神病」という用語の範囲は、法制定当初の考え方に基づいて、包括的な用語として運用されてきた。

このため、医学上の意味と法制度上の意味との乖離のため、医療現場で混乱が生じる傾向がみられ、そのため、平成五年の改正では、医学上の明確な概念である「精神疾患」の用語を用いて、精神障害者の概念の明確化と用語の適正化を図ることとしたものである。すなわち、平成五年の改正は、定義規定の表記方法を変えただけであり、意味するところの範囲は何ら変わっていないのである。

〔2〕「精神疾患」とは、精神上、心理上及び行動上の異常や機能障害によって、生活を送る上での能力が相当程度影響を受けている状態を包括的に表す用語として、医学上定着している言葉である。精神疾患に該当するかどうかの実際の判断は、思考、現実認識、意思疎通、記憶、感情表出、問題対処等の機能が損なわれていることによって行われる。

「精神疾患」の範疇に入る具体的な個々の疾患名は、国際疾病分類において詳細に分類されており、国際疾病分類上の該当項目（精神障害の章）全体が「精神疾患」の範囲である。

なお、措置入院の対象者となる自傷他害のおそれの判定基準として示されている厚生省告示（昭和六十三年厚

図２−１　精神疾患の範囲と分類

≪精神疾患≫ 国際疾病分類第９版	≪精神疾患≫ 国際疾病分類第10版	≪精神疾患≫ 措置入院判定基準告示	手帳判定基準通知
290−294 器質精神病 （例） 290 老年痴呆 291 アルコール精神病 292 薬物精神病	F0 症状性を含む器質性精神障害	○症状性又は器質性精神障害	○器質性精神障害 ○てんかん
	F1 精神作用物質使用による精神及び行動の障害	○中毒性精神障害	○中毒精神病
295−299 その他の精神病 （例） 295 精神分裂病 296 躁うつ病	F2 統合失調症，統合失調症型障害及び妄想性障害	○統合失調症圏	○統合失調症 ○非定型精神病
	F3 気分［感情］障害	○躁うつ病圏	○気分（感情）障害
300−316 神経症，人格障害及びその他の非精神病性精神障害 （例） 300 神経症 306 精神的諸要因による身体的病態 313 児童期と青年期に特殊な感情障害 301 人格障害	F4 神経症性障害，ストレス関連障害及び身体表現性障害	○心因性精神障害	○その他の精神疾患
	F5 生理的障害及び身体的要因に関連した行動症候群		
	F9 小児〈児童〉期及び青年期に通常発症する行動及び情緒の障害		
	F99 詳細不明の精神障害		
	F6 成人の人格及び行動の障害	○精神病質	
317−319 知的障害［精神遅滞］	F7 精神遅滞〈知的障害〉	○知的障害	（知的障害を除く）
	F8 心理的発達の障害		○発達障害

生省告示第百二十五号「精神保健及び精神障害者福祉に関する法律第二十八条の二の規定に基づき厚生労働大臣の定める基準」）や、精神障害者保健福祉手帳の判定基準として示されている厚生省通知（平成七年九月十二日健医発第一一三三号厚生省保健医療局長通知「精神障害者保健福祉手帳の障害等級の判定基準について」）においては、具体的な精神疾患の類型が示されているが、あらゆる精神疾患がこの内のいずれかの類型に該当するようになっている。

〔3〕　本条における精神障害者の定義は、本法でいう精神障害者の外縁を示しているものであり、個々の制度や条文の対象となる精神障害者の範囲は、その一部又は全部であり、それぞれの制度や規定の趣旨によって、さらに要件が加わるものであることは当然である。

例えば、措置入院は、厚生労働大臣の定める基準に従い、医療及び保護のために入院させなければ自傷他害のおそれがあると判定された精神障害者が対象であるし、精神障害者保健福祉手帳の交付対象者も、個別に判定基準が定められている。また、障害者総合支援法に基づく障害福祉サービス等や自立支援医療（精神通院医療）を必要とする者や保健福祉の相談指導を必要とする者も、それぞれの制度に応じて、対象者は自ずと異なっている。

〔4〕　従来は「精神分裂病」という用語であったが、関係学会等における呼称変更やその定着状況を踏まえ、平成十七年改正において、「統合失調症」に改められた。

〔5〕　「精神作用物質による急性中毒」とは、精神科医療の対象となる疾病を指すものであり、アルコールによる急性中毒のように内科的治療の対象となるものは該当しない。なお、麻薬等の中毒者の取扱いについては、次のように定められている。

麻薬取締法の一部改正に伴う精神衛生行政と麻薬取締行政との調整について

（昭和三十九年二月七日　薬麻第四〇号
各都道府県衛生主管部(局)長宛　厚生省薬務局麻薬第一課長・厚生
省公衆衛生局精神衛生課長通知）

従来精神衛生法により、精神障害者として措置入院等の対象とされていた麻薬、あへん等の中毒者については昨年七月の麻薬取締法の一部改正に伴い、麻薬取締法の規定による措置入院等の対象ともされることとなつたことに伴い、精神衛生行政事務と麻薬取締行政事務との間の調整を次のように定めたから、両法の施行につき遺憾のないように配意されたい。

記

1　都道府県知事は、同一人が麻薬取締法第五十八条の八の規定による入院措置を必要とすると認められる麻薬中毒者であり、かつ、精神衛生法第二十九条の規定による入院措置を必要とすると認められる精神障害者である場合には、麻薬取締法を先行させること。

2　麻薬取締法による入院措置を行なつた者について、同法による措置を解除する際、その者が現に精神衛生法による入院措置を必要とする精神障害の状態にあるときは、直ちに精神衛生法の措置をとるべきものであること。

この場合事前に麻薬主管課と精神衛生主管課との間において十分な連絡をとり、患者の取扱いに遺ろうのないようにすること。

3　都道府県が設置する専ら麻薬取締法による措置入院患者を収容するための医療施設は、同法上精神病院とされているから、当該施設を設置しようとする場合は、精神衛生法第四条第二項による厚生大臣の承認を要するものであること。

麻薬中毒者の取扱いについて（抄）

〔昭和三十八年七月十一日　薬発第三五三号
各都道府県知事宛　厚生省薬務局長通知〕

注　昭和四五年三月七日薬発第二二五号による改正現在

昭和三十八年六月二十一日をもつて麻薬取締法の一部が改正され、新たに麻薬中毒者に対する措置についての規定が設けられたところであるが、これについては、さきに七月十一日厚生省発薬第九一号をもつて事務次官より通達せられたところによるほか、その運用については、更に次の諸点に御留意のうえ遺憾のないように努められたい。

なお、貴管下関係者に対しても関係事項に関し周知徹底方を煩わしたくお願いする。

１　医師の届出

麻薬取締法（以下「法」という。）第五十八条の二の規定による医師の都道府県知事に対する届出は、別記様式第一号によることとすること。

なお本規定は実質的には改正前の法第五十条に既に規定されていたところであるが、今般麻薬中毒者に対する措置の一環として第六章の二に規定されたものであること。

２　麻薬取締官等の通報

法第五十八条の三の規定による麻薬取締官、麻薬取締員、警察官及び海上保安官の都道府県知事に対する通報は、別記様式第二号によるものであること。ただし、緊急を要する場合には電話連絡等により通報し、その後において文書により所定の通報をするものであること。

３　検察官の通報

法第五十八条の四の規定による検察官の都道府県知事に対する通報は、法務省事件事務規定の定めによつて行なわれるものであること。

4　矯正施設の長の通報

法第五十八条の五の規定による矯正施設の長の都道府県知事に対する通報は、別記様式第三号によるものであること。

5　当該職員による調査

都道府県知事は、麻薬中毒者又はその疑いのある者について法第五十八条の二から法第五十八条の五までの規定による届出若しくは通報又は本人若しくはその者の家族その他一般人より申出又は届出があつた場合は、法第五十八条の六の規定による精神衛生鑑定医の診察を行なう必要がある者であるかどうかを明らかにするため、直ちに当該職員をして実地にこれらの者の症状、性行、環境を調査させることとすること。この場合において、当該調査にかかる者が診察を必要とする者であると認められたときは、別記様式第四号による調査表を作成することとすること。

6　麻薬中毒者等の診察

(1)　都道府県知事は、5により作成された調査表を添えて法第五十八条の六第一項の規定により精神衛生鑑定医に診察をさせることとなるが、この場合においては同条第四項の規定により当該職員を診察に立ち会わせ、診察の適正かつ円滑な実施を図らなければならないこと。

(2)　法第五十八条の六第一項及び第三項の規定による診察など拒否した場合は、直接強制はできないが、罰則が設けられているものであること。

(3)　精神衛生鑑定医は、その診察を行なう場合には法第五十八条の六第七項の規定により受診者に麻薬中毒

の有無及び入院措置の要否に関し意見を求めるとともに、いやしくも、その者を劣等視したり、犯罪人的扱い、非人道的取扱い又は冷淡な言動をなすことのないよう特に注意しなければならないこと。

7　刑事手続との関係

麻薬取締法による入院措置の手続と刑事訴訟法による刑事手続との関係については、別途通知するところによることとすること。

8　診察報告

(1)　精神衛生鑑定医の都道府県知事に対する診断結果の報告は、別記様式第五号によることとすること。

(2)　法第五十八条の二第二項及び法第五十八条の六第八項の規定による都道府県知事の厚生大臣に対する報告は、別記様式第六号によることとすること。

9　入院措置

都道府県知事は、精神衛生鑑定医の診察の結果、当該麻薬中毒者が法第五十八条の八第一項に規定する入院措置の要件に該当する者であると認めるときは、当該精神衛生鑑定医の定めた入院期間、その中毒者を麻薬中毒者医療施設に入院させて必要な医療を行なうこととなるのである。この規定は、その違反に対しては、直接強制を認めたものであるが、いたずらに強制力を用いることなく円滑に入院せしめるよう特に留意すること。

10　結果の通知

都道府県知事は、法第五十八条の三から法第五十八条の五までの規定による通報があつた麻薬中毒者又はその疑いのある者についての措置入院の結果を別記様式第七号により当該官署あて通知すること。

11　入院期間の継続、延長の手続

法第五十八条の八第二項及び第六項（法第五十八条の九第二項において準用する場合を含む。）の規定による麻薬中毒者医療施設の管理者の都道府県知事に対する通知は、別記様式第八号によることとすること。

この場合において、入院期間の継続延長の手続は、すみやかに行ない、手続完了前に入院期間が終了する等のことがあつてはならないこと。特に当初の措置入院は、いわば仮入院ともいうべきものであつて、麻薬中毒審査会は、この仮入院の期間内に措置入院の継続の要否及び継続すべき期間を審査決定しなければならないのであるから、麻薬中毒者医療施設の管理者は、措置入院後七日乃至十日の経過をみて（七日乃至十日あれば措置入院の要否及び継続すべき期間を十分決定しうるものと思われる）爾後、直ちに都道府県知事に通知すること。

なお、本法による措置入院は、麻薬取締法施行令第四条に規定する麻薬に対する精神的身体的依存の程度により行なわれるものであるから、単に禁断症状の消滅したことのみをもつて直ちに措置入院を要しないものとしてはならないこと。

12　麻薬中毒審査会

審査会は、必要の都度すみやかにこれを開催しうるよう配意し、特に麻薬禍濃厚地区等を有し、措置入院が頻繁に行なわれる都道府県にあつては、精神衛生鑑定医が定める当初の措置入院期間との関係から最低月二回程度の開催を要するものと考えられること。

13　措置入院者の取扱上の注意

麻薬中毒者医療施設の管理者は、措置入院者についてその症状を常に適確に把握し、不当に入院を継続させ人権侵害問題を惹起することのないように留意するとともに、行動の制限を行なう場合は、外出の制限、保護室への収容等医療のため欠くことのできない最少限度にとどめ、手錠の類は絶対に使用してはならない

こと。また、措置入院者の発受にかかる信書の取扱いについては、人権擁護上微妙な問題のおこるおそれがあるので、麻薬中毒者医療施設関係者が開封することのないように留意し、特に必要がある場合には当該施設の管理者あてに通信をさせる等の配慮を払うこと。

なお、措置入院者が医療の妨げとなる物を所持するときは、その者の入院中当該職員がその物を保管するのであるが、この場合、その物が麻薬等法令で所持を禁止する物であるときは、刑事訴訟法に定める手続により直ちに処置すること。

14　退院後のアフター・ケア

(1)　麻薬中毒者は、医療の結果、麻薬に対する精神的身体的依存がなくても、再び中毒に陥る危険性を多少とも有しており、退院後のアフター・ケアが重要であることから、都道府県知事は、法第五十八条の十二の規定により措置入院者を退院させるときは、あらかじめその者の家族、麻薬中毒者相談員等に連絡すること。この場合において当該職員は、麻薬中毒者相談員に対し、その参考資料としてその措置入院者の環境、措置入院の経過等を別記様式第九号による調査表に記載し、これを交付すること。

(2)　麻薬中毒者相談員は、麻薬中毒者又はその家族等の相談に応ずるにあたつては、中毒者の人格を尊重するとともに相手方からも信頼されるように留意すること。また、地方麻薬対策推進本部、民生委員等の関係機関と常時密接な連絡をとり、麻薬中毒者の相談、指導を円滑に行なえるようにしておくこと。

15　麻薬中毒者医療施設

(1)　麻薬中毒者医療施設は、麻薬取締法施行規則第十七条に規定しているところであるが、その運用は次により行なわれたいこと。

(イ)　麻薬中毒者の医療のための専門施設を有する精神病院が存するときは、原則として当該病院を使用す

ること。

(ロ)　(イ)の病院が存しないとき、又はこれが存する場合であつても満床のため使用することができないときは、これ以外の国又は都道府県が設置した精神病院（精神病院以外の病院に存する精神病室を含む。）を使用すること。

(ハ)　前記(イ)及び(ロ)によることが著しく困難な事情があつて止むを得ない場合には、精神衛生法第五条第一項の規定により都道府県知事が指定した精神病室を有する病院を使用すること。

(2)　都道府県知事は、(1)のいずれの施設に措置入院させる場合であつても、当該施設の同意を要するものであるから、あらかじめ麻薬中毒者医療施設と協議し、いつでも措置入院を行なえるようにしておくとともに、当該施設の管理者に法所定の手続を十分了知せしめておくこと。

16　精神衛生法との関係

麻薬中毒者の措置入院は、その診察には精神衛生鑑定医を、その医療施設には精神病院を使用する等精神衛生行政と密接な関連を有しているので、この二つの行政を行なうについては十分なる連絡調整を行なうこと。

17　措置費の請求及び支払い

措置費の請求等については、精神衛生法の例と同様であつて、別添契約書（案）、覚書（案）によること。

（以下略）

〔6〕「知的障害」については、昭和二十五年の精神衛生法制定当初から、本法の精神障害者の定義に含められている。知的障害者は、知能の障害により周囲との意思疎通や感情表現等の障害がみられ、中には、突発的な衝動行

動等のため、精神医療を受けることが必要となる者もあるため、当初から精神衛生法の対象として規定されてきたものである。

知的障害者に対する福祉施策については、昭和三十五年に精神薄弱者福祉法（現・知的障害者福祉法）が制定され、精神衛生法は、医学上の見地から医療及び保護を行うものとされた。昭和六十二年改正で、精神保健法に精神障害者社会復帰施設が規定された際にも、知的障害者を同施設の利用対象から除外している。また、平成七年改正で精神保健福祉法に改められた際にも、第六章（保健及び福祉）及び第七章（精神障害者社会復帰促進センター）の規定においては、精神障害者から知的障害者を除くものと規定（第四十五条第一項）している。

なお、従来用いられていた「精神薄弱」という用語は、保護者や施設関係者等の間で適切な言葉ではないという指摘があり、関係団体からの要望や政府の障害者プラン策定などの動きを受けて、「精神薄弱の用語の整理のための関係法律の一部を改正する法律（平成十年法律第百十号）」が成立、平成十一年四月一日より施行され、法令用語としての「精神薄弱」が「知的障害」へと見直されることとなった。

〔7〕「精神病質」については、近年、医学上は「人格障害」という用語が用いられているが、同一文化の中の平均的な人間の思考、感情、人と接する態度等のパターンからの極端な乖離が、一定のパターンで根深く存在しているもので、幼児期から青年期に出現し、成人期になっても持続するもので、このために自ら悩んだり、社会が悩まされたりする精神疾患である。国際疾病分類上も類似の概念として「成人の人格及び行動の障害」が掲げられていることから、精神保健福祉法の対象としているものである。

第二章　精神保健福祉センター

（精神保健福祉センター）

第六条　都道府県は、精神保健の向上及び精神障害者の福祉の増進を図るための機関（以下「精神保健福祉センター」という。）を置くものとする。(1)

2　精神保健福祉センターは、次に掲げる業務を行うものとする。(2)

一　精神保健及び精神障害者の福祉に関する知識の普及を図り、及び調査研究を行うこと。

二　精神保健及び精神障害者の福祉に関する相談及び指導のうち複雑又は困難なものを行うこと。

三　精神医療審査会の事務を行うこと。

四　第四十五条第一項の申請に対する決定及び障害者の日常生活及び社会生活を総合的に支援するための法律第五十二条第一項に規定する支給認定（精神障害者に係るものに限る。）に関する事務のうち専門的な知識及び技術を必要とするものを行うこと。

五　障害者の日常生活及び社会生活を総合的に支援するための法律第二十二条第二項又は第五十一条の七第二項の規定により、市町村（特別区を含む。第四十七条第三項及び第四項を除き、以下同じ。）が同法第二十二条第一項又は第五十一条の七第一項の支給の要否の決定を行うに当たり意見を述べること。

六　障害者の日常生活及び社会生活を総合的に支援するための法律第二十六条第一項又は第五十一条の十一の規定により、市町村に対し技術的事項についての協力その他必要な援助を行うこと。

〔要　旨〕

本条は、都道府県（指定都市）が精神保健福祉に関する技術的中核機関（精神保健福祉センター）を設けることを規定したものである。

精神保健福祉センターの業務として、①精神保健福祉に関する知識の普及、②精神保健福祉に関する調査研究、③精神保健福祉に関する複雑困難な相談指導、④精神医療審査会の事務局の役割、⑤精神障害者保健福祉手帳の交付の際の判定、⑥通院医療費の公費負担の判定、⑦障害者総合支援法の規定により、市町村に対して意見を述べることや必要な援助を行うことを規定している。

センターの設置についての規定は、昭和四十年の改正で「精神衛生センター」として設けられ、昭和六十二年の改正で「精神保健センター」に改められた。その後、平成七年の改正により精神障害者の福祉が法律に明確に位置

づけられたことに伴い、それまでの精神保健センターの業務に、精神障害者の福祉に関する知識の普及、調査研究及び相談指導が追加され、名称も「精神保健福祉センター」に改められた。

平成十四年四月一日より、精神保健福祉センターの名称を弾力化するとともに、業務として、精神保健福祉手帳の交付の際の判定、通院医療費の公費負担の判定（現・障害者総合支援法に基づく自立支援医療（精神通院医療）の支給認定）、精神医療審査会の事務局の役割が追加されたところである。

平成十七年の改正では、障害者自立支援法において、市町村の支給要否決定に関して、精神保健福祉センターが意見を述べたり、必要な援助を行うことができることとされたことから、これらの業務を精神保健福祉法においても、精神保健福祉センターの業務として追加された。

〔解　釈〕

〔1〕　センターの設置については、平成十四年四月一日以前は任意的な規定とされていたが、これは、昭和四十年の法改正前から設置されていた「精神衛生相談所」を安易に「精神衛生センター」として看板を塗り替えるという弊害を避ける意味から任意的な規定とした経緯があったためであり、精神保健福祉センターが、精神保健福祉に関する都道府県（指定都市）の技術的中核であり、また、近年の社会の複雑化に伴い、精神障害や心の健康等に関する問題が増加し、これらの問題点について専門的な相談を行う機関の重要性が増大していることから、精神保健福祉センターはすべての都道府県及び指定都市に設けられるべき機関であると考えられる。そのため、精神保健福祉センターを都道府県（指定都市）に必ず置くこととするが、地方分権推進計画（平成十年五月閣議決定）の趣旨等を考慮し、地方公共団体の組織運営に関する裁量を確保するために、精神保健福祉センターという名称の付与にはこだわらず、当該機能を有する機関を置くことで足りることとした。

〔2〕　精神保健福祉センターの業務については、第二項第一号及び第二号において、精神保健及び精神障害者の福祉

に関し、知識の普及を図り、調査研究を行い、並びに相談及び指導のうち複雑困難なものを行うとされているが、「精神保健福祉センター運営要領」に定められているとおり、都道府県（指定都市）における精神保健福祉に関する総合的技術センターとして、地域精神保健福祉活動の中核となる機能を備えなければならず、センターの目標は、地域住民の精神的健康の保持増進、精神障害の予防、適切な精神医療の推進から、社会復帰の促進、自立と社会経済活動への参加の促進のための援助に至るまで、広範囲にわたっている。

このため、センターの業務は、企画立案、技術指導及び技術援助、人材育成、普及啓発、調査研究、資料の収集、分析及び提供、精神保健福祉相談並びに組織の育成等に多岐にわたっており、また、保健所及び市町村への技術指導・技術援助、その他医療、福祉、労働、教育、産業等の関係機関との緊密な連携が重要とされている。

なお、精神保健福祉センターにおいては、精神科医療に該当する相談指導やデイケアが行われる場合があることから、精神保健福祉センターの設置に当たっては、診療所としての手続がとられている。また、平成十一年の改正により、第二項第三号において、精神医療審査会の事務を行うとされているが、精神医療審査会については、その独立性を保障すること及び専門性を持った職員がその事務を取り扱うことが望ましいことから、都道府県（指定都市）本庁と別組織であり、専門性を有する精神保健福祉センターにおいて当該事務を行うこととした。

さらに、第二項第四号においては、精神障害者保健福祉手帳の交付の際の判定業務や障害者総合支援法に基づく自立支援医療（精神通院医療）（旧・精神保健福祉法に基づく通院医療）の支給認定業務を行うとされている。これらの業務は、平成十一年の改正により、それまで地方精神保健福祉審議会で判定していたものを、精神保健福祉センターで判定することとしたものである。これは、非常勤の委員で構成されている地方精神保健福祉審議会において、これらの判定のような恒常的な事務を実施することには行政効率上の問題があり、また、判定が個々の委員の自由な判断に委ねられることから、自治体間で判定基準に差が生じるおそれがあることをふまえ、

専門性を有する精神保健福祉センターの有効活用を図ることとしたものである。

精神保健福祉センター運営要領について

〔平成八年一月十九日　健医発第五七号
各都道府県知事・各指定都市市長宛　厚生省保健医療局長通知〕

注　平成二五年四月二六日障発〇四二六第六号による改正現在

精神保健福祉センター運営要領

精神保健福祉センター（以下「センター」という。）は、精神保健及び精神障害者福祉に関する法律（以下「法」という。）第六条に規定されているとおり、精神保健及び精神障害者の福祉に関する知識の普及を図り、調査研究を行い、並びに相談及び指導のうち複雑困難なものを行うとともに、精神医療審査会の事務並びに障害者の日常生活及び社会生活を総合的に支援するための法律（平成十七年法律第百二十三号。以下「障害者総合支援法」という。）第五十三条第一項及び法第四十五条第一項の申請に関する事務のうち専門的な知識及び技術を必要とするものを行う施設であって、次により都道府県（指定都市を含む。以下同じ。）における精神保健及び精神障害者の福祉に関する総合的技術センターとして、地域精神保健福祉活動推進の中核となる機能を備えなければならない。

1　センターの目標

センターの目標は、地域住民の精神的健康の保持増進、精神障害の予防、適切な精神医療の推進から、社会復帰の促進、自立と社会経済活動への参加の促進のための援助に至るまで、広範囲にわたっている。

この目標を達成するためには、保健所及び市町村が行う精神保健福祉業務が効果的に展開されるよう、積

極的に技術指導及び技術援助を行うほか、その他の医療、福祉、労働、教育、産業等の精神保健福祉関係諸機関（以下「関係諸機関」という。）と緊密に連携を図ることが必要である。

2　センターの組織

センターの組織は、原則として総務部門、地域精神保健福祉部門、教育研修部門、調査研究部門、精神保健福祉相談部門、精神医療審査会事務部門及び自立支援医療（精神通院医療）・精神障害者保健福祉手帳判定部門等をもって構成する。

職員の構成については、所長のほか、次の職員を擁することとするが、業務に支障がないときは、職務の共通するものについて他の相談機関等と兼務することも差し支えないこと。

なお、ここで示す職員の構成は、標準的な考え方を示すものである。

医師（精神科の診療に十分な経験を有する者であること。）

精神保健福祉士

臨床心理技術者

保健師

看護師

作業療法士

その他センターの業務を行うために必要な職員

また、その職員のうちに精神保健福祉相談員の職を置くよう努めるとともに、所長には、精神保健福祉に造詣の深い医師を充てることが望ましいこと。

3　センターの業務

センターの業務は、企画立案、技術指導及び技術援助、人材育成、普及啓発、調査研究、資料の収集、分析及び提供、精神保健福祉相談、組織の育成、精神医療審査会の審査に関する事務並びに自立支援医療（精神通院医療）及び精神障害者保健福祉手帳の判定などに大別されるが、それらは極めて密接な関係にあり、これらの業務の総合的な推進によって地域精神保健福祉活動の実践が行われなければならない。

(1)　企画立案

地域精神保健福祉を推進するため、都道府県の精神保健福祉主管部局及び関係諸機関に対し、専門的立場から、社会復帰の推進方策や、地域における精神保健福祉施策の計画的推進に関する事項等を含め、精神保健福祉に関する提案、意見具申等をする。

(2)　技術指導及び技術援助

地域精神保健福祉活動を推進するため、保健所、市町村及び関係諸機関に対し、専門的立場から、積極的な技術指導及び技術援助を行う。

(3)　人材育成

保健所、市町村、福祉事務所、障害者総合支援法に規定する障害福祉サービスを行う事業所等その他の関係機関等で精神保健福祉業務に従事する職員等に、専門的研修等の教育研修を行い、人材の育成技術的水準の向上を図る。

(4)　普及啓発

都道府県規模で一般住民に対し精神保健福祉の知識、精神障害についての正しい知識、精神障害者の権利擁護等について普及啓発を行うとともに、保健所及び市町村が行う普及啓発活動に対して専門的立場から協力、指導及び援助を行う。

(5)　調査研究

地域精神保健福祉活動の推進並びに精神障害者の社会復帰の促進及び自立と社会経済活動への参加の促進等についての調査研究をするとともに、必要な統計及び資料を収集整備し、都道府県、保健所、市町村等が行う精神保健福祉活動が効果的に展開できるよう資料を提供する。

(6)　精神保健福祉相談

センターは、精神保健及び精神障害者福祉に関する相談及び指導のうち、複雑又は困難なものを行う。心の健康相談から、精神医療に係る相談、社会復帰相談をはじめ、アルコール、薬物、思春期、認知症等の特定相談を含め、精神保健福祉全般の相談を実施する。センターは、これらの事例についての相談指導を行うためには、総合的技術センターとしての立場から適切な対応を行うとともに、必要に応じて関係諸機関の協力を求めるものとする。

(7)　組織育成

地域精神保健福祉の向上を図るためには、地域住民による組織的活動が必要である。このため、センターは、家族会、患者会、社会復帰事業団体など都道府県単位の組織の育成に努めるとともに、保健所、市町村並びに地区単位での組織の活動に協力する。

(8)　精神医療審査会の審査に関する事務

精神医療審査会の開催事務及び審査遂行上必要な調査その他当該審査会の審査に関する事務を行うものとする。

また、法第三十八条の四の規定による請求等の受付についても、精神保健福祉センターにおいて行うなど審査の客観性、独立性を確保できる体制を整えるものとする。

(9)　自立支援医療（精神通院医療）及び精神障害者保健福祉手帳の判定

センターは、法第四十五条第一項の規定による精神障害者保健福祉手帳の申請に対する判定業務及び障害者総合支援法第五十二条第一項の規定による自立支援医療（精神通院医療）の支給認定を行うものとする。

4　その他

(1)　センターは、診療機能や、デイケア、障害者総合支援法に規定する障害福祉サービス等のリハビリテーション機能をもつことが望ましい。診療機能及びリハビリテーション機能をもつに際しては、精神医療審査会事務並びに自立支援医療（精神通院医療）費公費負担及び精神障害者保健福祉手帳の判定を行うことから、その判定等が公正に行われるよう、透明性及び公平性の確保に配慮する必要がある。

(2)　心神喪失等の状態で重大な他害行為を行った者の医療及び観察等に関する法律（平成十五年法律第百十号）による地域社会における処遇については、保護観察所長が定める処遇の実施計画に基づき、地域精神保健福祉業務の一環として実施されるものであり、センターにおいても保護観察所等関係機関相互の連携により必要な対応を行うことが求められる。

(3)　その他、センターは、地域の実情に応じ、精神保健福祉の分野における技術的中枢として、必要な業務を行う。

（国の補助）

第七条　国は、都道府県が前条の施設を設置したときは、政令[1]の定めるところにより、その設置

に要する経費については二分の一、その運営に要する経費については三分の一を補助する。(2)

〔要　旨〕

本条は、精神保健福祉センターの設置及び運営に要する経費の国庫補助に関する規定である。施設・設備整備については補助率二分の一、運営費については補助率三分の一の国庫補助を行う旨の規定である。

〔解　釈〕

〔1〕　精神保健及び精神障害者福祉に関する法律施行令（以下「施行令」という。）第一条に規定がある。

（国庫の補助）

第一条　精神保健及び精神障害者福祉に関する法律（以下「法」という。）第七条の規定による国庫の補助は、各年度において都道府県が精神保健福祉センターの設置のために支出した費用の額及び運営のために支出した費用のうち次に掲げる事業に係るもの（職員の給与費を除く。）の額から、その年度における事業に伴う収入その他の収入の額を控除した精算額につき、厚生労働大臣が総務大臣及び財務大臣と協議して定める算定基準に従つて行うものとする。

一　児童及び精神作用物質（アルコールに限る。）の依存症を有する者の精神保健の向上に関する事業

二　精神障害者の社会復帰の促進に関する事業

2　前項の規定により控除しなければならない金額がその年度において都道府県が支出した費用の額を超過したときは、その超過額は、後年度における支出額から同項の規定による控除額と併せて控除する。

〔２〕　詳細については、精神保健福祉センターの施設・設備整備費の補助に関しては、「保健衛生施設等施設・設備整備費国庫補助金交付要綱」（昭和六十二年七月三十日厚生省発健医第一七九号　厚生事務次官通知）により、また、精神保健福祉センターの運営費の補助に関しては、「精神保健費等国庫負担（補助）金交付要綱」（平成十年六月十五日厚生省障第一九四号　厚生事務次官通知）により定められている。

〔３〕　なお、平成十年度より、精神保健福祉センターが行う事業の一部が一般財源化された。

（条例への委任）

第八条　この法律に定めるもののほか、精神保健福祉センターに関して必要な事項は、条例で定める。

〔要　旨〕

本条は、精神保健福祉センターに関して必要な事項に関する条例への委任規定である。

精神保健福祉センターについては、既存の施設や機関をできるだけ有効に活用するという観点から、その名称にはこだわらないこととしており、本条についても、平成十一年の改正において、政令委任から条例委任の規定に改められたところである。なお、政令委任規定の際に、本条の規定に基づく政令は定められていなかった。

第三章　地方精神保健福祉審議会及び精神医療審査会

（地方精神保健福祉審議会）

第九条　精神保健及び精神障害者の福祉に関する事項[1]を調査審議させるため、都道府県は、条例で、精神保健福祉に関する審議会その他の合議制の機関（以下「地方精神保健福祉審議会」という。）を置く[2]ことができる。

2　地方精神保健福祉審議会は、都道府県知事の諮問に答えるほか、精神保健及び精神障害者の福祉に関する事項に関して都道府県知事に意見を具申することができる。

3　前二項に定めるもののほか、地方精神保健福祉審議会の組織及び運営に関し必要な事項は、都道府県の条例で定める。

〔要　旨〕

本条は、都道府県及び指定都市に置かれる地方精神保健福祉審議会の設置及び運営に関する規定である。

昭和六十二年の改正では、「地方精神衛生審議会」から「地方精神保健審議会」に名称変更されるとともに、同改正で「精神医療審査会」が新設されることに併せ、それまで都道府県に必置とされていた「精神衛生診査協議会」を廃止し、通院公費負担医療の申請についての審査は地方精神保健審議会で行うこととなった。

平成七年改正により精神障害者の福祉が法律に明確に位置付けられたことに伴い、地方精神保健審議会の審議事項に精神障害者の福祉に関する事項が追加され、また、精神障害者保健福祉手帳の判定審査も行うこととされ、名称も「地方精神保健福祉審議会」に改められた。

一方、平成十一年の改正では、平成十四年四月一日より、通院医療公費負担の申請及び精神保健福祉手帳の申請に対する決定に関する事務のうち専門的な知識及び技術を必要とするものについては、精神保健福祉センターで行うこととされた。

なお、平成十二年四月一日から、機関委任事務の廃止及びそれに伴う事務区分の再編、権限委譲の推進等を柱とする「地方分権の推進を図るための関係法律の整備等に関する法律」（平成十一年法律第八十七号）の施行に伴い、必ずしも「地方精神保健福祉審議会」の名称を用いなくても精神保健福祉に関する事項を審議する審議会その他の合議制の機関であれば足りることとした。

さらに、平成十七年の改正においては、内閣総理大臣の諮問機関として設置された地方分権推進会議の「事務・事業の在り方に関する意見」（平成十四年十月三十日）において、「主として政策の企画立案に対して意見を述べる審議会等については、地方公共団体が独自の判断で設置できるようにする方向で見直しを行う」とされていることから、このような地方分権に係る動向を踏まえて、各都道府県に設置を義務付けていた地方精神保健福祉審議会についても、その設置を都道府県の判断に委ねることとされた。

〔解　釈〕

〔1〕　本条にいう「精神保健及び精神障害者の福祉に関する事項」の内容は、条理の範囲で、諮問を行う都道府県知事（指定都市の市長）又は意見具申を行う審議会自らの判断によるものである。

〔2〕　地方精神保健福祉審議会は、本条に規定する事項を審議することができれば、単独で地方精神保健福祉審議会として設置するものではなくてもよく、例えば社会保障に関する審議会の部会として設置し、当該部会の決定を審議会の決定とすることもできる。

第十条及び第十一条　削除

（精神医療審査会）

第十二条　第三十八条の三第二項（同条第六項において準用する場合を含む。）及び第三十八条の五第二項の規定による審査を行わせるため、都道府県に、精神医療審査会を置く。

〔要　旨〕

本条は、精神医療審査会（以下「審査会」という。）の設置及び業務に関する規定であり、審査会の業務としては、

①　精神科病院の管理者から医療保護入院の届出（第三十三条第七項）、措置入院者及び医療保護入院者の定期病状報告（第三十八条の二第一項及び第二項）があったときに、当該入院中の者についてその入院の必要があるかどうかに関し審査を行うこと（第三十八条の三第二項）、
②　精神科病院の管理者から任意入院者の定期病状報告（第三十八条の二第三項）があったときに、都道府県知事からの求めに応じて、当該入院中の者についてその入院の必要があるかどうかに関し審査を行うこと（第三十八条の三第六項）、
③　精神科病院に入院中の者又はその家族等から、退院請求又は処遇改善請求（第三十八条の四）があったときに、当該請求に係る入院中の者について、その入院の必要があるかどうか、又はその処遇が適当であるかどうかについて審査を行うこと（第三十八条の五第二項）、
とされている。

昭和六十二年の改正前の精神衛生法においては、本人の意思によらず精神科病院に入院している患者の退院請求や、行動の制限を含む処遇に対する法的救済としては、
①　措置入院者に関し、都道府県知事の当該行政措置に係る行政不服審査や行政事件訴訟を行うことができること、
②　人身保護法第二条第一項に基づき「法律上正当な手続によらないで、身体の自由を拘束されている者」については、同法による救済手続を採ることができること（ただし、この場合には、その拘束が「裁判若しくはその処分が権限なしにされ法令の定める方式若しくは手続に著しく違反していることが顕著である」ことが必要（人身保護規則第四条））、
③　精神衛生法第二十九条第三項により、身体拘束を伴う入院措置に関して、精神障害者に対する人権侵害が生じ

ないよう措置入院者及びその保護者が都道府県知事に対し調査請求を行うことができること、などであった。

また、精神衛生法については、我が国が昭和五十四年に批准したいわゆる国際人権B規約（市民的及び政治的権利に関する国際規約）第九条第四項が「逮捕又は抑留によって自由を奪われた者は、裁判所（Court）がその抑留が合法的であるかどうかを決定する」権利を有するとしている点に関し、問題点の指摘がなされていた。精神医療審査会は、精神障害者の人権に配慮しつつ、その適正な医療及び保護を確保する観点から昭和六十二年の改正により新たに設けられたものであり、これにより、国際人権B規約の人権保護の精神がより一層徹底された。

審査会と国際人権B規約との関係に関し、審査会は都道府県知事（指定都市の市長）の下に置かれる行政組織であることから、規約の「Court（司法裁判所に限らず独立した第三者機関であれば足りると国際的に解されている）」に該当するかどうかが問題となる。この点については、審査会は、①措置入院者、医療保護入院者について提出される病状等に関する定期の報告等の全件及び入院患者等からの退院等の請求の全件について、審査を行うこととされていること（第三十八条の三第一項、第三十八条の五第一項）、②審査会の審査結果に基づいて都道府県知事（指定都市の市長）は退院命令等の措置を採らなければならないこととされていること（第三十八条の三第四項、第三十八条の五第五項）から、独立した審査が担保されており、独立した第三者機関ということができる。

さらに、平成十四年四月一日より、審査会の事務は精神保健福祉センターで行うこととされ、審査会の独立性はより強化されたところである。これは、精神保健福祉センターは、通常都道府県の担当課とは別の機関として組織されており、職務遂行において比較的独立性が高く、また、医師等の専門職種が配置されていることから、審査の受付等においても、専門性の点において、都道府県の担当課よりも高い能力を有していると考えられるためである。

なお、審査会の委員はその学識経験に基づき独立してその職務を行うものである。

（委員）

第十三条　精神医療審査会の委員[1]は、精神障害者の医療に関し学識経験を有する者（第十八条第一項に規定する精神保健指定医[2]である者に限る。）、法律に関し学識経験を有する者[3]及びその他の学識経験を有する者[4]のうちから、都道府県知事が任命する。

2　委員の任期は、二年とする。

〔要　旨〕

本条は、審査会の委員の任期等に関する規定である。

平成十一年の改正により、地域における精神病床数等の実状に対応した迅速かつ適正な審査を実施できるよう、五人以上十五人以下としていた委員数の規定が削除された。

〔解　釈〕

〔1〕　委員数については、各都道府県（指定都市）の審査事務量に応じ、また、一部委員の欠席等により運営に支障が生じないよう余裕をもった任命を行うことが適当である。また退院及び処遇改善の請求がなされて概ね一か月以内に審査が行われることが必要である（「精神保健及び精神障害者福祉に関する法律第十二条に規定する精神医療審査会について」平成十二年三月二十八日障第二〇九号　厚生省大臣官房精神保健福祉部長通知）。

〔2〕　特に人権保護の徹底を図る見地から、「精神障害者の医療に関し学識経験を有する者」（医療委員）については、精神保健指定医に限ることとしたものである。

〔3〕　審査会においては、精神科医療の観点を中心としつつも、適正な医療及び保護を確保するためには患者本人の意思によらない入院や行動の制限等を行わなければならない場合があるという精神科医療の特殊性を踏まえ、総合的な観点から入院継続の適否等の審査を行うことが必要であることにかんがみ、「法律に関し学識経験を有する者」（法律家委員）がその委員とされたところである。

「法律に関し学識経験を有する者」とは、裁判官の職にある者、検察官の職にある者、弁護士、五年以上大学（学校教育法による大学であって大学院の付置されているものに限る。）の法律学の教授又は准教授である者のうちから任命することとされている。

〔4〕　「その他学識経験を有する者」（有識者委員）とは、社会福祉協議会の役員、その他の公職経験者等であって精神障害者の保健・福祉に関して理解を有する者をいう。

なお、審査会を三者構成とした趣旨から、医師や法律家を「その他の学識経験を有する者」として任命することは避けるべきである。

＊平成二十八年四月一日施行（罫線部分）

（委員）

第十三条　精神医療審査会の委員は、精神障害者の医療に関し学識経験を有する者（第十八条第一項に規定する精神保健指定医である者に限る。）、精神障害者の保健又は福祉に関し学識経験を有する者⑴及び法律に関し学識経験を有する者のうちから、都道府県知事が任命する。

2　委員の任期は、二年（委員の任期を二年を超え三年以下の期間で都道府県が条例で定める場

合にあつては、当該条例で定める期間）とする。

〔要　旨〕

精神医療審査会で入院の必要性等を審査するに当たっては、医療的・法律的な観点とともに、精神障害者の保健や福祉の観点も必要不可欠になってきていることを踏まえ、平成二十五年改正において、精神医療審査会の委員として、「その他の学識経験を有する者」に替えて「精神障害者の保健又は福祉に関し学識経験を有する者」を明示的に規定することとした。法律上、委員の任期は二年と決まっていることから、都道府県における準備期間を踏まえ、これらの規定の施行については平成二十八年四月一日としている。

委員の任期については、平成二十七年に、地方公共団体からの提案を踏まえた「地域の自主性及び自立性を高めるための改革の推進を図るための関係法律の整備に関する法律」（第五次地方分権一括法）により、都道府県の判断によって三年を上限として条例で定める期間とすることが可能となった。

〔解　釈〕

〔1〕　精神医療審査会の委員の任命は自治事務であり、「精神障害者の保健又は福祉に関し学識経験を有する者」としてどのような者を任命するかは都道府県知事の裁量に委ねられることになるが、具体的には、精神保健福祉士や保健師等が想定される。

（審査の案件の取扱い）

第十四条　精神医療審査会は、その指名する委員五人をもつて構成する合議体[1][2]で、審査の案件を取り扱う。[3][4][5][6]

2　合議体を構成する委員は、次の各号に掲げる者とし、その員数は、当該各号に定める員数以上とする。

一　精神障害者の医療に関し学識経験を有する者　二

二　法律に関し学識経験を有する者　一

三　その他の学識経験を有する者　一

〔要　旨〕

本条は、審査会における審査の案件を合議体によって取り扱うことを定めた規定である。審査会は、審査会と合議体の二重の構成がとられている。審査会は、合議体を構成する委員を指名するほか（本条第一項）、施行令第二条第一項から第九項までの規定により定められた事項以外で審査会の運営に関し必要な事項を定める（施行令第二条第十項）。一方、合議体は、個別の審査案件の全てを取り扱い、合議体において決定された審査結果が審査会の審査結果となる。その意味で合議体はいわゆる「審査会の部会」ではない（部会であれば、特に定めがある場合を除き、その決定が審査会に報告され承認されてはじめて審査会の決定となる。）。

なお、平成十七年改正において、審査事務の増加等を踏まえ、都道府県の裁量を拡大する観点から、合議体を構成する五名の委員を一定の条件の範囲内で定めることができるものとされた。具体的には、それまで、精神障害者

の医療に関し学識経験を有する者三人、法律に関し学識経験を有する者一人、その他の学識経験を有する者一人とされているところ、これを各区分ごとに二人以上、一人以上、一人以上とし、五人目の委員を右記三区分のいずれの者でも任命可能とされた。

〔解　釈〕

〔1〕　合議体については、各都道府県（指定都市）の審査事務量に応じ複数設けることが可能である。この場合には、あらかじめ審査会において複数の合議体のそれぞれが審査を行う方法を定めておくことが必要である。なお、個別の案件の審査に関して、複数の合議体による合同審査を行うことは予定されていない。

〔2〕　合議体の構成については、そこで行われる審査が、入院患者の入院継続の必要性の有無、処遇の適否に関するものであり、そのいずれも患者本人の症状に応じて主として医学的な判断に基づきなされるものであることから、医療委員が二人以上となっている。なお、人権保障の徹底を図る観点から、法律家委員と有識者委員を加え、審査の適正に万全を期したものである。具体的な審査に当たっては、医療委員、法律家委員、有識者委員がそれぞれ一人出席すれば議事を開き、議決することができるが、できる限り合議体を構成する五人の委員によって審査を行うことが望ましい。

〔3〕　合議体の議事は出席した委員（合議体の長を含む。）の過半数で決するものとされている（施行令第二条第九項）が、可否同数の場合においては、次回の会議において引き続き審査を行うか、又は、他の合議体において審査を行うかの方法による。

〔4〕　合議体を構成する委員が、次に掲げるもののいずれかに該当するときは、当該審査に係る議事に加わることができない。

①　委員が、当該審査に係る入院中の者が入院している精神科病院の管理者又は当該精神科病院に勤務（非常勤

を含む。）している者であるとき

②　委員が、当該患者に係る直近の定期の報告に関して診察を行った精神保健指定医（入院後、定期の報告を行うべき期間が経過していない場合においては、当該入院に係る診察を行った精神保健指定医）であるとき

③　委員が、当該患者の代理人、後見人又は保佐人であるとき

④　委員が、当該患者の配偶者若しくは三親等内の親族又はこれらの者の代理人であるとき

このほか、委員は、当該患者と特別の関係がある場合には、それを理由に議事に加わらないことができる。

〔5〕合議体の審査は非公開とする。ただし、審査結果が報告された後は、精神障害者の個人情報以外の情報については公開することを原則とする。

〔6〕合議体を構成する委員を指名するに当たっては、委員の事故等の場合に臨時に合議体を構成する予備的な委員を、あらかじめ他の合議体の委員（合議体を構成しない委員を含む。）のうちから定めておくものとする。この場合、具体的な委員を指名する方法のほか、予備的な委員を指名する方法を定めておくこともできる。

＊平成二十八年四月一日施行（罫線部分）

（審査の案件の取扱い）

第十四条　（略）

2　合議体を構成する委員は、次の各号に掲げる者とし、その員数は、当該各号に定める員数以上とする。

一　（略）

二　精神障害者の保健又は福祉に関し学識経験を有する者　一
三　法律に関し学識経験を有する者　一

〔要　旨〕
平成二十五年の改正により、第十三条と同様に、本条についても「その他の学識経験を有する者」が「精神障害者の保健又は福祉に関し学識経験を有する者」に具体化された。

〔解　釈〕
〔１〕第十三条（平成二十八年四月一日施行）の解釈を参照。

（政令への委任）
第十五条　この法律で定めるもののほか、精神医療審査会に関し必要な事項は、政令[1]で定める。

〔要　旨〕
本条は、審査会に関する政令への委任規定である。

〔解　釈〕
〔１〕施行令第二条に規定がある。

〔精神医療審査会〕

第二条　精神医療審査会（以下「審査会」という。）に会長を置き、委員の互選によつてこれを定める。

2　会長は、会務を総理する。

3　会長に事故があるときは、あらかじめ委員のうちから互選された者が、その職務を行う。

4　審査会は、会長が招集する。

5　審査会は、委員の過半数が出席しなければ、議事を開き、議決することができない。

6　審査会の議事は、出席した委員の過半数で決し、可否同数のときは、会長の決するところによる。

7　審査の案件を取り扱う合議体に長を置き、合議体を構成する委員の互選によつてこれを定める。

8　合議体は、精神障害者の医療に関し学識経験を有する者のうちから任命された委員、法律に関し学識経験を有する者のうちから任命された委員及びその他の学識経験を有する者のうちから任命された委員がそれぞれ一人出席しなければ、議事を開き、議決することができない。

＊平成二十八年四月一日施行（罫線部分）

8　合議体は、精神障害者の医療に関し学識経験を有する者のうちから任命された委員、精神障害者の保健又は福祉に関し学識経験を有する者のうちから任命された委員及び法律に関し学識経験を有する者のうちから任命された委員がそれぞれ一人出席しなければ、議事を開き、議決することができない。

9　合議体の議事は、出席した委員の過半数で決する。

10　前各項に定めるもののほか、審査会の運営に関し必要な事項は、審査会が定める。

なお、施行令第二条第十項に基づき、審査会がその運営に関し必要な事項を定めるに当たって参考となる事項及び審査会の事務手続上参考となる事項については、精神医療審査会運営マニュアルが定められている。

精神保健及び精神障害者福祉に関する法律第十二条に規定する精神医療審査会について

〔平成十二年三月二十八日　障第二〇九号
各都道府県知事・各指定都市市長宛　厚生省大臣官房障害保健福祉部長通知〕

注　平成二六年一月二四日障発〇一二四第五号による改正現在

精神保健及び精神障害者福祉に関する法律の一部を改正する法律（平成十一年法律第六十五号）による改正後の精神保健及び精神障害者福祉に関する法律（昭和二十五年法律第百二十三号）第十二条に規定する精神医療審査会については、同法及び同法施行令（昭和二十五年政令第百五十五号）第二条に規定する事項のほか、その運営に関し必要な事項（以下、「その他事項」という。）について精神医療審査会が定めることとされているところであるが（同令第二条第十項）、今般、精神医療審査会がその他事項を定めるに当たって参考となる事項及び審査会の事務手続き上参考となる事項を、「精神医療審査会運営マニュアル」として、別添のとおり定め、平成十二年四月一日より適用することとしたのでその適正な運営を期されたい。

また、精神医療審査会においては、適正な医療及び保護を確保するためには患者本人の意思によらない入院や行動の制限等を行わなければならない場合があるという精神医療の特殊性を踏まえ、医療の提供及び人権の擁護の観点から入院継続の適否等の審査を行うことが必要である。

よって、当該審査会委員のうち、「法律に関し学識経験を有する者」の任命に当たっては、公平な判断を期待しえる立場にある者を充てるとの観点に立って、司法関係者の意見を十分調整した上、裁判官の職にある

者、検察官の職にある者、弁護士、五年以上大学（学校教育法による大学であって大学院の付置されているものに限る。）の法律学の教授又は助教授である者のうちから行うこととされたい。

おって、「精神保健法第十七条の二に規定する精神医療審査会について（昭和六十三年五月十三日健医発第五七四号厚生省保健医療局長通知）」は平成十二年三月三十一日をもって廃止する。

なお、本通知（別添「精神医療審査会運営マニュアル」Ⅱ、Ⅴ及びⅥの部分に限る。）は、地方自治法（昭和二十二年法律第六十七号）第二百四十五条の九第一項及び第三項に規定する都道府県及び指定都市が法定受託事務を処理するに当たりよるべき基準であることを申し添える。

別　添

精神医療審査会運営マニュアル

Ⅰ　基本理念

精神医療審査会（以下「審査会」という。）は、精神障害者の人権に配慮しつつその適正な医療及び保護を確保するために、精神科病院に入院している精神障害者の処遇等について専門的かつ独立的な機関として審査を行うために設置されたものである。したがって、審査会の運営に当たって、都道府県知事（指定都市市長を含む。以下同じ。）、審査会委員、その他関係者は、審査会の設置の主旨を踏まえ、公平かつ迅速な審査を行う等、精神障害者の人権擁護のために最大限の努力を払わなければならない。

なお、精神障害者の保健医療福祉業務に従事する関係者は、わが国の精神科病院において、深刻な人権侵害の事例が依然として発生している事を真摯に受け止め、日頃から精神障害者の人権擁護に配慮しつつ業務を行うことが求められるが、特に審査会は、精神障害者の人権擁護の礎として、委員の学識経験に基づき独立して、かつ積極的にその職務を行うとともに、ここに示す運営マニュアルの考え方に沿って審査会運営規

則を定め、適切な運営を確保しなければならないものとする。

Ⅱ　精神医療審査会の事務等について

審査会の審査に関する事務の専門性に配慮するとともに、審査の客観性、独立性の一層の確保を図るため、開催事務、審査の遂行上必要な調査その他審査会の審査に関する都道府県知事の事務は、都道府県（指定都市を含む。以下同じ。）の精神保健福祉主管部局ではなく精神保健福祉センターにおいて行うものとする。

また、精神保健及び精神障害者福祉に関する法律（昭和二十五年法律第百二十三号。以下「法」という。）第三十八条の四の規定による退院等の請求の受付についても、精神保健福祉センターにおいて行うなど審査の客観性、独立性を確保できる体制を整えるものとする。

Ⅲ　審査会について

審査会の所掌

(1)　合議体を構成する委員を定めること。

合議体を構成する委員を定めるに当たっては、委員の事故等の場合に臨時に合議体を構成する予備的な委員を、あらかじめ他の合議体の委員（合議体を構成しない委員を含む。）のうちから定めておくものとする。この場合、各合議体ごとに具体的な委員を定めておくこと、また審査会全体としてあらかじめ予備的な委員を定め、対応する順番を定めておくこと等、委員の事故のあった場合の対応方法を講じておくものとする。

また、審査会は、各合議体の状況に応じて、合議体を構成しない委員を合議体での審査の前提となる意見聴取や診察を行うための予備委員として置くことができるものとする。予備委員として審査会から推薦

を受けた精神保健指定医は、精神保健福祉法第十九条の四第三項に規定する公務への協力義務を踏まえ、可能な限り予備委員に就任し、協力するよう努めるものとする。

なお、委員の選定に当たっては、精神保健福祉センター長を含めることは、運営の客観性、透明性等を図る観点から、望ましいものとは言えないので考慮する必要があること。

(2) 審査会に設置すべき合議体の数については、退院等の請求等の審査が迅速（請求等があってから概ね一か月以内）かつ適切に行われるよう設置しなければならないこととし、審査件数等に応じて合議体数の見直しを行うこととする。

(3) 審査会の運営に関する事項のうち、精神保健及び精神障害者福祉に関する法律施行令（昭和二十五年政令第百五十五号）に規定されているもの以外の事項であって審査に必要な事項をあらかじめ定めること（例えば、複数の合議体が設けられている場合、それぞれの案件を取り扱うシステムを事前に定めておくこと等）。

Ⅳ　合議体について

1　合議体の所掌等

(1) 個別の審査の案件に関してはすべて合議体において取り扱うものとする。

(2) 審査を取り扱った合議体において決定された審査結果をもって、審査会の審査結果とする。

(3) 複数の合議体を設けて審査会を運営する場合においては、あらかじめ定められた方法により選定された合議体により審査の案件を取り扱うものとする。なお、個別の案件の審査に関して、原則として単一の合議体により審査を行うものとする。

(4) 都道府県知事が審査会の審査結果を通知した後、通知を受けた患者等から退院等に関して同様の内容

と判断される請求がなされ、かつ都道府県知事が審査会で審査を行う必要があると判断した場合、当該請求の直近の審査を行った合議体を除いた単一又は直近の審査を行った合議体を含めた複数の合議体による合同審査を行うことができることとする。

２　定足数

合議体は、精神障害者の医療に関し学識経験のある者のうちから任命された委員、法律に関し学識経験を有する委員のうちから任命された委員及びその他の学識経験を有する者のうちから任命された委員がそれぞれ一人出席すれば議事を開き、議決することができるが、できる限り合議体を構成する五人の委員により審査を行うものとする。

３　議決

合議体の議事は出席した委員（合議体の長を含む。）の過半数で決するものとされているが、可否同数の場合においては、次回の会議において引き続き審査を行うか、又は、他の合議体において審査するかの方法によるものとする。

４　関係者の排除

⑴　合議体を構成する委員（以下「委員」という。）が、次に掲げるもののいずれかに該当するときは、当該審査に係る議事に加わることができない。

①　委員が、当該審査に係る入院中の者が入院している精神科病院の管理者又は当該精神科病院に勤務（非常勤を含む。）している者であるとき。

②　委員が、当該患者に係る直近の定期の報告に関して診察を行った精神保健指定医（以下「指定医」という。入院後、定期の報告を行うべき期間が経過していない場合においては、当該入院に係る診察

を行った指定医。）であるとき。
③　委員が、当該患者の代理人、後見人又は保佐人であるとき。
④　委員が、当該患者の配偶者若しくは三親等内の親族又はこれらの者の代理人であるとき。
(2)　議事に加わることができない委員であるかどうかの確認については次によるものとする。
①　(1)①・②については、精神科病院の管理者又は指定医である委員について、あらかじめ所属先（あるいは診察を行っている）精神科病院の名称を申し出てもらい、都道府県において、あらかじめ確認するものとする（合議体別に地域を分けて担当する等により、できるだけ議事に加わることができない委員が生じないように工夫するものとする。）。
②　(1)③・④については、個別の患者の審査ごとに、委員からの申し出等により確認するものとする。
(3)　委員は、前記①～④に掲げるもののほか、当該患者と特別の関係がある場合には、それを理由に議事に加わらないことができる。
(4)　審査会は、当該審査に当たって関係者である委員の属する合議体での審査を事前に可能な限り避けることに留意して、当該審査を行う合議体を定める等の配慮を行うこととする。
5　合議体の審査は非公開とする。ただし、審査結果が報告された後は、精神障害者の個人情報以外の情報については公開することを原則とする。
Ⅴ　退院等の請求の処理について
1　退院等の請求受理について
(1)　請求者
法第三十八条の四に定める者及びその代理人とする。ただし、代理人は弁護士とするが、精神科病院

に入院中の者が請求する場合で、弁護士を代理人に選任することが困難な場合は、弁護士でない者を代理人とすることができる。

(2)　請求方法

書面を原則とする。ただし、精神科病院に入院中の患者が請求する場合で、当該患者が口頭（電話を含む。）による請求の受理を求めるときはそれを認めるものとする。

(3)　請求者に対する確認等

都道府県知事は、当該患者が当該病院に入院していること及び請求を行った者の意思を確認するものとする。ただし、その確認により請求者の請求の意思が制限を受けないよう配慮するものとする。また、代理人による請求の場合には、代理権を有することを証する書面を確認するものとする。なお、請求者が家族等の場合は、入院に同意した家族等であるか確認することとする。

2　都道府県知事の行う事前手続きについて

(1)　当該請求を受理したことの関係者への通知

都道府県知事は、速やかに当該請求を受理した旨を請求者、当該患者及び病院管理者に対し、書面又は口頭により連絡するものとする。

(2)　都道府県知事の行う事前資料の準備

ア　都道府県知事は、当該患者に関する資料として、以下の書類のうち、請求受理の直近一年以内のものについては当該書類を合議体へ提出できるよう準備するものとする。

①　法第二十七条に基づく措置入院時の診断書

②　法第三十三条第四項に基づく届出

③　法第三十八条の二に基づく定期の報告

④　法第三十八条の四に基づく退院等の請求に関する資料

⑤　当該患者の入院する精神科病院に対してなされた実地指導に関する資料（実地指導結果及び当該患者に関して診断がなされたときは当該診断結果を示す資料など）

イ　都道府県知事は、法第二十条の規定による入院（任意入院）が行われる状態にないとの判定が適正に行われているか、法第三十三条第一項の同意が適正に行われているか、同条第四項に基づく届出が適正に行われているかなど手続的事項については、事前にチェックし、整理表を作成するなどにより、審査の便宜を図るものとする。

ウ　また、同一人から同一趣旨の請求が多数ある場合や、家族等（精神保健福祉法第三十三条第二項に規定する家族等をいう。以下同じ。）のうち複数から同一趣旨の請求がある場合には、審査の円滑な運営ができるよう、事前に十分整理しておくものとする。

3　合議体での審査等について

(1)　合議体が行う審査のための事前手続

ア　意見聴取

①　基本的な考え方

審査会は、審査をするに当たって、請求の内容を適切に把握するため法第三十八条の五第三項に基づき、退院等の請求をした者及び当該審査に係る入院中の者が入院している精神科病院の管理者の意見（代理人を含む。）を聴かなければならないこととする。ただし、当該請求受理以前六か月以内に意見聴取を行っている場合及び同一案件について複数の者から請求があった場合等におい

て、重ねて意見聴取を行う必要が乏しいと認められるときは、この限りでない。

②　実施時期

意見聴取は、審査を迅速に実施する観点から合議体での審査に先だって行うことが望ましい。

③　意見聴取を行う委員

意見聴取を行う委員は二名以上、少なくとも一名は精神医療に関して学識経験を有する委員とする。

なお、意見聴取を行う委員については、あらかじめ定めておくことができる。

④　意見聴取の方法

原則として面接の上、当該請求に関しての意見聴取を行うことが望ましいが、審査会の判断で、書面を提出させることにより意見聴取を行うことができる。なお、意見聴取した内容について、審査の円滑な運営ができるよう事前に十分整理しておくこととする。

⑤　その他の対象

合議体は、必要があると認めるときは、同項ア①に規定する者以外の者であっても以下の関係者の意見を聴くことができる。

(ア)　当該患者

(イ)　当該患者の家族等

⑥　意見陳述の機会等についての告知

面接の際に審査を行う委員は意見聴取を受ける者に対して、合議体が実際の審査を行うときに意見陳述の機会のあることを知らせなければならない。なお、精神科病院に入院中の患者が退院等を

請求した場合は、当該患者に弁護士による権利擁護をうける権利のあることを知らせなければならない。

⑦　代理人の場合の取扱

代理人から意見聴取を行う場合には、当該意見聴取に関して代理権を有することを確認するものとする。また、当該患者に代理人がいる場合で、代理人が当該患者の面接に立ち会うことを申し出たときは、その立ち会いを認めなければならないものとする。

⑧　事前の準備

意見聴取を行うに当たって、あらかじめ用紙を面接による意見聴取を受ける者に送付し、記載を求めることができるものとする。

イ　委員による診察について

審査会は、審査をするに当たって、必要に応じて、請求の対象となった入院中の患者の同意を得たうえで、指定医である委員により診察を行うことができる。

ウ　診療録その他の帳簿書類の提出

審査会は、審査をするに当たって、必要に応じて、精神科病院の管理者その他関係者に対して調査対象となった入院中の患者の診療録、医療保護入院者退院支援委員会審議記録その他の帳簿書類の提出を命じることができる。

(2)　合議体の審査時における関係者からの意見聴取等

ア　関係者からの意見聴取等について

合議体は、審査をするに当たって、必要に応じて以下の関係者に対して意見を求めることができる。

①　当該患者
②　請求者
③　病院管理者又はその代理人
④　当該患者の主治医等
⑤　当該患者の入院に同意した家族等

また、前記③及び④の者に対しては報告を求めることができる。

イ　審問

合議体は審査をするに当たって、必要に応じて以下の者に対して出頭を命じて審問することができる。

①　病院管理者又はその代理人
②　当該患者の主治医等
③　その他の関係者

ウ　関係者の意見陳述について

請求者、病院管理者若しくはその代理人及び合議体が認めたその他の者は、合議体の審査の場で意見を陳述することができる。なお、請求者が当該患者である場合には、⑴による意見聴取により十分意見が把握できており、合議体が意見聴取をする必要がないと認めた場合にはこの限りでないが、当該患者に弁護士である代理人がおり、当該患者が当該代理人による意見陳述を求めた場合には、合議体は当該代理人に審査の場で意見を述べる機会を与えなければならない。

⑶　合議体での審査に関するその他の事項

ア　都道府県知事に対する報告徴収等の要請について

合議体は、審査をするに当たって、特に必要と認める場合には都道府県知事に対して、法第三十八条の六に基づく報告徴収等を行うことを要請すること、及び指定医である合議体委員の同行を求めることができる。また、その結果については、報告を求めることができる。なお、合議体が当該審査の後の一定期間経過後の当該患者の状態確認が必要と判断したときも同じこととする。

イ　合議体における資料の扱いについて

合議体における資料については、これを開示しないものとする。ただし、請求者が当該患者であって弁護士である代理人がいる場合に、その代理人が意見を述べるうえで必要とするときは資料を開示するものとする。

(4)　都道府県知事への審査結果の通知

審査会は、審査終了後速やかに都道府県知事に対して、次に示した内容の結果を通知するものとする。

ア　退院の請求の場合

①　引き続き現在の入院形態での入院が適当と認められること

②　他の入院形態への移行が適当と認められること

③　合議体が定める期間内に、他の入院形態へ移行することが適当と認められること

④　入院の継続は適当でないこと

⑤　合議体が退院の請求を認めない場合であっても、当該請求の処遇に関し適当でない事項があるときは、その処遇内容が適当でないこと

前記通知には理由の要旨を付すものとする。

なお、別途、審査会は審査結果について、都道府県知事、当該患者が入院する精神科病院の管理者、及び当該患者の治療を担当する指定医に対する参考意見を述べることができる。

イ　処遇の改善の請求の場合

①　処遇は適当と認めること

②　処遇は適当でないこと、及び合議体が求める処遇を行うべきこと

なお、別途、審査結果に付して、都道府県知事に対して参考意見を述べることができる。

4　都道府県知事の行う事後処理について

(1)　請求者等に対する結果通知

都道府県知事は、３(1)ア①及び⑤に規定する者に対して、速やかに審査の結果（請求者に対しては理由の要旨を付す。）及びこれに基づき採った措置を通知するものとする。

(2)　資料及び記録の保存

審査の資料及び議事内容の記録については、少なくとも五年間は保存するものとする。

(3)　その他の事項

合議体での審査の結果、退院等の請求が適当との判断がなされた場合、都道府県知事はおおむね一か月以内に、当該病院管理者が採った措置を確認するものとし、当該措置について審査会に報告することとする。

5　その他退院等の請求の審査に関して必要な事項

(1)　退院等の請求の審査中に、請求者から請求を取り下げたいとの申し出が書面又は口頭により都道府県知事になされた場合、又は当該患者が病院から退院した場合は、審査会はそれにより審査を終了する。

ただし、特に審査会が取り下げ前または当該患者の退院前の入院等の適否の審査を行う必要があると認めた場合はこの限りではない。

(2) 退院等の請求が都道府県知事になされた場合、当該患者の入院形態が他の入院形態に変更された場合であっても、その請求は入院形態にかかわらず有効とみなして審査手続きを進めるものとする。また、退院の請求には現在受けている処遇の改善の請求を含むものとして取り扱うことができる。

(3) 都道府県知事は、請求を受理してからおおむね一か月、やむを得ない事情がある場合においてもおおむね三か月以内に請求者に対し、審査結果及び理由の要旨を通知するよう努めるものとする。

(4) 処遇の改善の請求のうち、当該請求が法第三十六条又は第三十七条に基づく厚生労働大臣の定める処遇の基準その他患者の人権に直接係わる処置に関する請求以外の請求である場合には、前記手続きのうち、2(2)、3(1)、(2)ア、イ、ウを省略し、直ちに審査を行うことができる。

(5) 退院の請求がなされた場合においても、合議体における審査の結果、当該患者の処遇、社会復帰への指導方法、その他当該患者への適切な医療の提供のために合議体が必要と認める措置がある場合には、その旨を都道府県知事に通知するものとする。また、必要に応じて、当該患者が入院する精神科病院の管理者、当該患者の治療を担当する指定医、及び当該患者の家族等と協議することができる。

6 電話相談の取扱について

都道府県知事は、精神科病院に入院中の患者から電話相談を受けたときは、その内容及び対応を次の回の審査会に報告するものとする。合議体は、当該電話相談のうち口頭による退院等の請求として認めることが適当と判断される事例については、都道府県知事に対して当該電話相談を退院等の請求として受理するよう求めることができる。その場合、次の合議体の審査において当該請求を審査することとする。

Ⅵ　定期の報告等の審査について

１　合議体での審査等について

(1)　合議体が行う審査のための事前手続

ア　資料の送付

審査会は、当該審査を行う合議体の委員に対して事前に当該審査資料を送付する等により、検討を依頼することができる。また、必要事項の記載漏れ等を事前に点検しておくことが望ましい。

イ　委員による診察

Ｖ退院の請求の場合の３(1)イに準じる。

ウ　診療録その他の帳簿書類の提出

Ｖ退院の請求の場合の３(1)ウに準じる。

(2)　合議体の審査時における関係者からの意見聴取等

ア　関係者からの意見聴取等について

合議体は、審査をするに当たって、必要に応じて以下の関係者に対して意見を求めることができる。

①　当該患者

②　病院管理者又は代理人

③　当該患者の主治医等

イ　審問

Ｖ退院の請求の場合の３(2)イに準じる。

(3)　合議体での審査に関するその他の事項

ア　入院時の審査の取扱について
入院時の届出の審査に当たっては直近の合議体で審査を行う等、迅速かつ適切な処理を行うよう留意するものとする。

また、入院時の届出に添付されている入院診療計画書に記載されている推定されている入院期間が、特段の理由なく一年以上の期間とされていないか確認する。

イ　定期病状報告の審査
定期病状報告の審査に当たっては、添付されている医療保護入院者退院支援委員会審議記録により、医療保護入院者退院支援委員会の審議において特段の理由なく入院の継続が必要と判断されていないか確認する。

また、任意入院者及び医療保護入院者については、特段の理由なく一年以上の入院が必要であると判断されていないか確認する。

ウ　都道府県知事に対する報告徴収等の要請について
審査会は、合議体の審査に当たって必要な場合、及び合議体の審査の結果から必要と認める場合には、都道府県知事に対し、法第三十八条の六の規定に基づく実地審査を行うよう要請すること、及びその実地審査について指定医である合議体委員の同行を求めることができる。また、当該精神科病院に対して都道府県知事が行う実地指導に指定医である合議体委員の同行を求めることができる。

(4)　審査結果の都道府県知事への通知
審査会は、審査終了後速やかに都道府県知事に対して、次に示した内容の結果を通知するものとする。
①　現在の入院形態での入院が適当と認められること

②　他の入院形態への移行が適当と認められること
③　合議体が定める期間内に、他の入院形態へ移行することが適当と認められること
④　合議体の定める期間経過後に、当該患者の病状、処遇等について報告を求めることが適当であること
⑤　入院の継続は適当でないこと
⑥　当該患者の入院中の処遇について適当でない事項が認められるときはその処遇内容が適当でないこと

前記通知には理由の要旨を付すものとする。

なお、別途、合議体は、審査結果について、都道府県知事に対する参考意見、及び当該患者が入院する精神科病院の管理者又は当該患者の治療を担当する指定医に対する参考意見を述べることができる。

(5)　資料及び記録の保存

審査の資料及び議事内容の記録については、少なくとも五年間は保存するものとする。

2　都道府県知事からの病院管理者等への通知

(1)　審査会の判断が前項(4)①である場合は、病院管理者等に対して、その旨を通知するに及ばない。

(2)　審査会の判断が前項(4)②から⑥の場合は、都道府県知事は、審査結果に基づき必要な措置を行うとともに、請求者、当該患者及び病院管理者に対し、審査の結果及びこれに基づき採った措置を通知するものとする。

この場合、都道府県知事は、審査会に対し、審査結果に基づいて採った措置の内容及び結果を報告する。

Ⅶ　その他

1　実地指導との連携について

審査会は、精神科病院に入院中の患者の人権擁護を確保し、その適正な医療及び保護を実現するために、退院等の請求及び定期の報告を審査する責務を負うものであり、審査会は、その責務を全うするために都道府県の実施する精神科病院の実地指導と適切な連携をとるものとする。

① 審査会が都道府県の実施する実地指導に同行を求める指定医である委員は、一精神科病院につき三名以内とする。

② 都道府県職員は、実地指導を行った際に入院患者から入院の継続又は処遇に関して不適切な実態があることを聴取したとき、当該患者に対して審査会への退院等の請求手続をとることを助言するとともに、その場で請求の意思を明確に述べる者については口頭による請求として受理するものとする。

2　指定医の適正な職務執行の確保について

都道府県知事は審査会の審査の過程において、当該患者の入院する精神科病院に勤務（非常勤を含む。）する指定医がその職務に関し不適切な行為を行ったことが明らかとなったときは、その内容等について精査をし、必要に応じて、法第十九条の二第四項に基づき厚生労働大臣に通知しなければならないこととする。

第十六条及び第十七条　削除

第四章　精神保健指定医、登録研修機関、精神科病院及び精神科救急医療体制

第一節　精神保健指定医

（精神保健指定医）

第十八条　厚生労働大臣は、その申請[1]に基づき、次に該当する医師のうち第十九条の四に規定する職務を行うのに必要な知識及び技能を有すると認められる者を、精神保健指定医（以下「指定医」という。）に指定する。[2][3]

一　五年以上診断又は治療に従事した経験[4]を有すること。

二　三年以上精神障害の診断又は治療に従事した経験[4]を有すること。

三　厚生労働大臣が定める精神障害につき厚生労働大臣が定める程度の診断又は治療に従事した経験[5]を有すること。

四　厚生労働大臣の登録を受けた者[6]が厚生労働省令で定めるところにより行う研修[7]（申請前一年以内[8]に行われたものに限る。）の課程を修了していること。

2　厚生労働大臣は、前項の規定にかかわらず、第十九条の二第一項又は第二項の規定により指定医の指定を取り消された後五年を経過していない者その他指定医として著しく不適当と認められる者については、前項の指定をしないことができる。

3　厚生労働大臣は、第一項第三号に規定する精神障害及びその診断又は治療に従事した経験の程度を定めようとするとき、同項の規定により指定医の指定をしようとするとき又は前項の規定による指定医の指定をしないものとするときは、あらかじめ、医道審議会の意見を聴かなければならない。

〔要　旨〕

本条は、精神保健指定医の指定に関する規定である。

昭和六十二年の改正前の精神衛生法は、精神障害のために自傷他害（自身を傷つけ又は他人に害を及ぼす）のおそれのある精神障害者に対し、都道府県知事が行政措置として入院措置を行うことを定め、当該措置の際の医学的判定機能としての役割を有するものとして「精神衛生鑑定医」の制度を設けていた。すなわち、三年（運用上五年）以上の精神科実務経験を有する者のうちから、本人の同意を得て、厚生大臣（現・厚生労働大臣）が精神衛生鑑定医を指定することとするとともに、都道府県知事が個々のケースにおいて入院措置を行うか否か、又は入院中の患

者につき入院継続の必要があるかどうかを判断する場合には、鑑定医が、その医学的診断を下すという仕組みをとっていた。

しかしながら、精神科医療においては、本人が病識を欠きがちであるという精神疾患の特徴のゆえに、患者本人の意思にかかわらない入院医療や一定の行動制限を行うことがあり、単に都道府県知事の適正な権限行使を担保するだけでは不十分で、特に人権上適切な配慮を要する精神科医療に当たる医師について、患者の人権にも十分に配慮した医療を行うに必要な資質を備えていることが必要とされる。

このような観点から、昭和六十二年の改正で、一定の精神科実務経験を有し法律等に関する研修を修了した医師のうちから、患者本人の意思によらない入院や行動制限の判定を行う者として、厚生大臣が「精神保健指定医」を指定する制度が創設された。

なお、精神保健指定医制度は、有資格者のみに一定の医療行為を業務独占的に行い得る権限を与えるいわゆる専門医制度（例えば、技術的高度性に着目して設けられる制度）とは異なる特別の法的資格制度であり、精神保健指定医以外の医師についても、精神科医療を行うことを排除する趣旨のものではない。

〔解　釈〕

〔1〕「申請」は、申請書に、①履歴書、②医師免許証の写し、③精神科実務経験を証する書面（実務経験証明書・ケースレポート）、④研修修了書、⑤写真を添えて、住所地の都道府県知事（指定都市の市長）を経由して厚生労働大臣に提出しなければならない（施行令第二条の二、精神保健及び精神障害者福祉に関する法律施行規則（以下「施行規則」という。）第一条）。

〔2〕指定医には、厚生労働大臣より精神保健指定医証が交付される。指定医証の様式は、施行規則の別記様式第一号に定められている。

第18条　精神保健指定医

（表　　面）

第　　　　　　号 精神保健指定医の証 氏　名 年　　月　　日　生 勤務先 厚生労働省　　　印	写真ちょう付面 交付日 平成　　年　　月　　日 有効期限 平成　　年　　月　　日

（日本工業規格A列6番）

（裏　　面）

精神保健及び精神障害者福祉に関する法律抜すい

（報告の徴収及び立入検査）
第十九条の六の十六　略
2　前項の規定により立入検査を行う当該職員は、その身分を示す証票を携帯し、関係者の請求があつたときは、これを提示しなければならない。
3　第一項の規定による権限は、犯罪捜査のために認められたものと解釈してはならない。

（申請等に基づき行われる指定医の診察等）
第二十七条　都道府県知事は、第二十三条から前条までの規定による申請、通報又は届出のあつた者について調査の上必要があると認めるときは、その指定する指定医をして診察をさせなければならない。
2　都道府県知事は、入院させなければ精神障害のために自身を傷つけ又は他人に害を及ぼすおそれがあることが明らかである者については、第二十三条から前条までの規定による申請、通報又は届出がない場合においても、その指定する指定医をして診察をさせることができる。
3　都道府県知事は、前二項の規定により診察をさせる場合には、当該職員を立ち会わせなければならない。
4　指定医及び前項の当該職員は、前三項の職務を行うに当たつて必要な限度においてその者の居住する場所へ立ち入ることができる。
5　第十九条の六の十六第二項及び第三項の規定は、前項の規定による立入りについて準用する。この場合において、同条第二項中「前項」とあるのは「第二十七条第四項」と、「当該職員」とあるのは「指定医及び当該職員」と、同条第三項中「第一項」とあるのは「第二十七条第四項」と読み替えるものとする。

（報告徴収等）
第三十八条の六　厚生労働大臣又は都道府県知事は、必要があると認めるときは、精神科病院の管理者に対し、当該精神科病院に入院中の者の症状若しくは処遇に関し、報告を求め、若しくは診療録その他の帳簿書類の提出若しくは提示を命じ、当該職員若しくはその指定する指定医に、精神科病院に立ち入り、これらの事項に関し、診療録その他の帳簿書類（その作成又は保存に代えて電磁的記録の作成又は保存がされている場合における当該電磁的記録を含む。）を検査させ、若しくは当該精神科病院に入院中の者その他の関係者に質問させ、又はその指定する指定医に、精神科病院に立ち入り、当該精神科病院に入院中の者を診察させることができる。
2　略
3　第十九条の六の十六第二項及び第三項の規定は、第一項の規定による立入検査、質問又は診察について準用する。この場合において、同条第二項中「前項」とあるのは「第三十八条の六第一項」と、「当該職員」とあるのは「当該職員及び指定医」と、同条第三項中「第一項」とあるのは「第三十八条の六第一項」と読み替えるものとする。

（注意）
一　この証票の取扱いに注意し、破り、汚し、又は失ったときは直ちに厚生労働大臣に届け出ること。
二　精神保健指定医でなくなったときは、厚生労働大臣に返還すること。
三　この証票の記載事項に変更が生じたときは、直ちに厚生労働大臣に届け出ること。

〔3〕　厚生労働大臣による精神保健指定医の「指定」は、その者が、

①　法第十八条第一項第一号から第四号までに列挙されている要件を満たしていること

②　その職務を行うのに必要な知識及び技能を有していること

を公として示す行為であり、学問上は「確認行為」として法的性格を有するものと解される。

〔4〕　指定の要件として、医療実務経験（「診断又は治療に従事した経験」）を五年以上、精神科実務経験（「精神障害の診断又は治療に従事した経験」）を三年以上、としたことについては、自ら精神障害者の診断・治療に当たるなかで、患者の人権を確保し、個人としての尊厳に配慮した医療を行うのに必要な精神科医療の実務を三年以上の期間内に経験するとともに、これとは別に、医師として必要な基礎的な知識及び技能を習得していることが必要不可欠な医学的基盤となることから、例えば臨床研修の期間として求められている二年以上の間に、疾病の診断及び治療技術の習得及び向上、患者に接する態度の習得に努めること等も経験することが必要である、として五年以上の医療実務経験が指定の要件とされたものである。

〔5〕　「厚生労働大臣が定める精神障害」及び「厚生労働大臣が定める程度の診断又は治療に従事した経験」については、告示により次のとおり定められている。

精神保健及び精神障害者福祉に関する法律第十八条第一項第三号の規定に基づき厚生労働大臣が定める精神障害及び程度

〔昭和六十三年四月八日
厚生省告示第百二十四号〕

注　平成二六年二月一八日厚生労働省告示第三二号による改正現在

精神保健法（昭和二十五年法律第百二十三号）第十八条第一項第三号の規定に基づき、厚生大臣が定める精神障害及び厚生大臣が定める程度を次のように定め、昭和六十三年七月一日から適用する。

厚生労働大臣の定める精神障害	厚生労働大臣の定める程度
統合失調症圏、躁うつ病圏、中毒性精神障害（依存症に係るものに限る。）、児童・思春期精神障害、症状性若しくは器質性精神障害（老年期認知症を除く。）又は老年期認知症のいずれか	精神保健及び精神障害者福祉に関する法律（昭和二十五年法律第百二十三号。以下「法」という。）第二十九条第一項の規定により入院した者（以下「措置入院者」という。）又は心神喪失等の状態で重大な他害行為を行った者の医療及び観察等に関する法律（平成十五年法律第百十号）第四十二条第一項第一号若しくは第六十一条第一項第一号の決定により入院している者（以下「医療観察法入院対象者」という。）につき一例以上
統合失調症圏	措置入院者、法第三十三条第一項又は第三項の規定により入院した者（以下「医療保護入院者」という。）又は医療観察法入院対象者につき二例以上
躁うつ病圏	措置入院者、医療保護入院者又は医療観察法入院対象者につき一例以上
中毒性精神障害（依存症に係るものに限る。）	措置入院者、医療保護入院者又は医療観察法入院対象者につき一例以上
児童・思春期精神障害	自ら入院した精神障害者、措置入院者、医療保護入院者又は医療観察法入院対象者につき一例以上

症状性又は器質性精神障害（老年期認知症を除く。）	措置入院者、医療保護入院者又は医療観察法入院対象者につき一例以上
老年期認知症	措置入院者、医療保護入院者又は医療観察法入院対象者につき一例以上

（注）この表において「児童・思春期精神障害」とは、十八歳に達する日以後の最初の三月三十一日までの間にある者の精神障害をいう。

精神科実務経験の内容について厚生労働大臣が定めることとしたのは、精神科医療の現場では、多くの大学病院や非指定病院において措置入院を扱っていない、老年期認知症、アルコール精神病等については、すべての精神病院が扱っているとは言い難い等の理由から、五年の実務経験のみの要件では、指定医として必要な精神科医療の各分野にわたる実務経験が担保できないおそれがあることによる。

指定に必要な実務の内容は、申請時に添付された、統合失調症、躁うつ病、中毒性精神障害、児童・思春期精神障害、症状性又は器質性精神障害及び老年期認知症のそれぞれの圏内にある精神障害について実務を経験したことを示すケースレポート（統合失調症圏については措置入院者、医療保護入院者又は医療観察法入院対象者から二例以上、児童・思春期精神障害については、自ら入院した精神障害者、措置入院者、医療保護入院者又は医療観察法入院対象者から一例以上、その他については、それぞれ、措置入院者、医療保護入院者又は医療観察法入院対象者から一例以上、これら精神障害のうちいずれかの措置入院者、医療観察法入院対象者から一例以上の計八例）によって、医道審議会において審査される。

なお、精神科実務経験として定めた前記の告示は、指定医の指定要件として必要最小限の症例数を定めたものであり、指定医の指定を受けようとする者は、三年間の期間においては任意入院者を含めてこれ以上の症例を積極的に取り扱うことが望ましい。

また、児童・思春期精神障害のケースレポートについては、原則として、統合失調症、躁うつ病等は含まれないものと解するが、児童・思春期特有の問題について、経験を有することが必要であるとの趣旨から設けられたことにかんがみれば、十八歳に達する日以後の最初の三月三十一日までに発病した精神障害であって児童・思春期症例としての特徴がとらえられ、かつ考察が含まれていれば、統合失調症、躁うつ病等であっても対象となり、また、十八歳に達する日以後の最初の三月三十一日までの間から外来等で継続して診療を担当していた医師であれば、十八歳に達する日以後の最初の三月三十一日に達した後に措置入院又は医療保護入院になっても対象となるものと解される。

〔6〕研修については、「厚生労働大臣の登録を受けた者」が行うこととされており、平成二十七年八月時点では、公益社団法人日本精神科病院協会、公益社団法人全国自治体病院協議会及び一般社団法人日本総合病院精神医学会が登録されている。

〔7〕研修の内容としては、研修の実施が、患者本人の意思に基づかない入院や著しい行動制限に係る判断を行う指定医として必要となる患者の人権に関する知識等を習得することを目的としていることから、関連法制度、最近の精神医学の動向、精神障害者の社会復帰及び精神障害者福祉の動向や、精神障害者・精神科病院に関する不祥事件等、近時の精神保健をめぐる問題やケーススタディ等についての十分な研鑽を積むことができる研修を、集中的に実施することとされており、施行規則の第二条により、法別表のとおりとされている。

精神保健及び精神障害者福祉に関する法律

別表（第十九条の六の四関係）

科目	教授する者	第十八条第一項第四号に規定する研修の課程の時間数	第十九条第一項に規定する研修の課程の時間数
精神保健及び精神障害者福祉に関する法律及び障害者の日常生活及び社会生活を総合的に支援するための法律並びに精神保健福祉行政概論	この法律及び障害者の日常生活及び社会生活を総合的に支援するための法律並びに精神保健福祉行政に関し学識経験を有する者であること。	八時間	三時間
精神障害者の医療に関する法令及び実務	精神障害者の医療に関し学識経験を有する者として精神医療審査会の委員に任命されている者若しくはその委員にあつた者又はこれらの者と同等以上の学識経験を有する者であること。		
精神障害者の人権に関する法令	法律に関し学識経験を有する者として精神医療審査会の委員に任命されている者若しくはその委員にあつた者又はこれらの者と同等以上の学識経験を有する者であること。		
精神医学	学校教育法（昭和二十二年法律第二十六号）に基づく大学において精神医学の教授若しくは准教授の職にある者若しくはあつた者又はこれらの者と同等以上の学識経験を有する者であること。	四時間	
精神障害者の社会復帰及び精神障害者福祉	精神障害者の社会復帰及び精神障害者福祉に関し学識経験を有する者であること。	二時間	一時間

精神障害者の医療に関する事例研究	次に掲げる者が共同して教授すること。 一　指定医として十年以上精神障害の診断又は治療に従事した経験を有する者 二　法律に関し学識経験を有する者として精神医療審査会の委員に任命されている者若しくはその職にあつた者又はこれらの者と同等以上の学識経験を有する者 三　この法律及び精神保健福祉行政に関し学識経験を有する者	四時間	三時間
備考　第一欄に掲げる精神障害者の医療に関する事例研究は、最新の事例を用いて教授すること。			

なお、従来は、指定医の研修課程については、指定前の研修と指定後の五年度ごとの研修が、規則により合計十四時間（二日間）の同一の課程とされていたが、平成七年の法改正により研修を受講しなかった場合の失効規定が設けられたこと（平成八年四月一日施行）にあわせて、指定前の研修については十八時間（三日間）として研修内容をより充実させる一方、指定後の五年度ごとの研修については七時間（一日間）として、それぞれにふさわしい内容の課程に分けられることとなった。また、両者の研修について、事例紹介を含めた精神障害者の社会復帰及び精神障害者福祉に関する課程が新たに加えられた。

〔**8**〕　研修を通して、直近の「最近の精神医学の動向」等精神保健をめぐる問題について、十分な知識を身につけていることが適切であることから、「申請前一年以内」とされている。

〔**9**〕　指定医制度の創設に伴う経過措置として、旧精神衛生法の規定による精神衛生鑑定医の指定を受けている者については、改正法の施行の日（昭和六十三年七月一日）において精神保健指定医の指定を受けたものとみなされ

ている（精神衛生法等の一部を改正する法律（昭和六十二年法律第九十八号）附則第三条）。

〔10〕　精神保健指定医の指定要件たる精神科実務経験、指定申請時に提出するケースレポート、指定の申請書類等については、「精神保健指定医の新規申請等に係る事務取扱要領について」（平成二十二年二月八日障精発〇二〇八第二号　厚生労働省社会・援護局障害保健福祉部精神・障害保健課長通知）により定められている。

精神保健指定医の新規申請等に係る事務取扱要領について

〔平成二十二年二月八日　障精発〇二〇八第二号
各都道府県・各指定都市精神保健福祉主管部(局)長宛
厚生労働省社会・援護局障害保健福祉部精神・障害保健課長通知〕

注　平成二七年三月三一日障精発〇三三一第一号による改正現在

精神保健指定医の新規申請等に係る事務取扱要領

1　精神保健指定医の指定要件たる精神科実務経験について

(1)　精神保健及び精神障害者福祉に関する法律（昭和二十五年法律第百二十三号。以下「法」という。）第十八条第一項第二号に規定されている「精神障害の診断又は治療に従事した経験」（以下「精神科実務経験」という。）については、精神保健指定医制度の趣旨にかんがみ、自ら精神障害者の診断又は治療に当たるなかで、患者の人権や個人としての尊厳に配慮した精神医学的経験を有することを精神保健指定医（以下「指定医」という。）の指定要件とすることとしたものであり、その期間については三年以上とされていること。

(2)　精神科実務経験は、精神科を標榜している医療機関（平成二十年三月三十一日現在神経科を標榜している医療機関を含む。）において行った精神障害者の診断又は治療（デイ・ケアを含む。）をいうものである

こと。

ただし、当分の間、精神科の診療に相当の経験を有する医師の配置が法律等により定められている施設において常勤の医師として行った診断又は治療についても、これに含まれるものであること。なお、この施設について問合わせ等があった場合には、本職と十分調整されたいこと。

(3)　精神科実務経験の期間については、以下に示した算定方法により算定するものとすること。

ア　精神科実務経験の期間については、一週間に四日以上精神障害者の診断又は治療に当たっている期間を算定対象とするものとすること。

イ　アにいう「四日以上」の算定は、外来又は病棟において、精神障害者の診断又は治療に一日おおむね八時間以上当たった日について行うものであること。

なお、診断又は治療に関して通常行われる症例検討会、抄読会等への参加は、これに算入できるものであること。

ウ　精神保健福祉センター、保健所におけるデイ・ケアに従事した時間及び期間については、これに算入できるものであること。また、これらの機関で嘱託医として精神障害者に対する相談業務に従事した時間についても、これに含まれるものであること。

エ　当直のみをする時間及び期間については、精神科実務経験として算定できないものであること。

オ　動物実験等に携わる時間及び期間は、精神科実務経験として算定できないものであること。

カ　精神医学を専攻する大学院生にあっては、副科目及び選択科目の履修や研究のために、精神障害者の診断又は治療を行わない時間及び期間が生じるが、この時間及び期間は、精神科実務経験として算定できないものであること。

キ　外国留学等外国において精神障害者の診断又は治療に当たった場合においては、この時間及び期間は、精神科実務経験に算入できるものであること。

(4)　医療実務経験の期間の算定については、(3)の精神科実務経験の期間の算定方法に準じることとする（ウは除く）。

なお、医師法（昭和二十三年法律第二百一号）第十六条の二第一項に規定する臨床研修において、保健所等で業務に従事した場合においては、この時間及び期間は医療実務経験に算入できるものとする。

2　指定医の指定申請時に提出するケースレポートについて

(1)　法第十八条第一項第三号及び同号に基づく厚生省告示（昭和六十三年四月厚生省告示第百二十四号）（以下「精神科実務経験告示」という。）に規定する「診断又は治療に従事した経験」については、指定医の指定申請時に提出するいわゆるケースレポートにより、指定医として必要とされる法的、医学的知識及び技術を有しているかについて確認するものとすること。このケースレポートについては、(2)に定める事項に従い記載し、指定医申請書に添付して、申請するものとすること。

その際、医道審議会医師分科会精神保健指定医資格審査部会において、別紙1のとおり指定医ケースレポートの評価基準がとりまとめられているので参考とすること。

なお、精神科実務経験告示は、指定医としての指定要件として必要最小限の症例数を定めたものであり、指定医の指定を受けようとする者は、三年間の精神科実務経験の中においては任意入院者を含めてこれ以上の症例を積極的に取り扱うことが望ましいものであること。

(2)　ケースレポートの対象となる患者については、以下によるものとすること。

ア　精神科実務経験告示に定める八例以上の症例については、精神病床を有する医療機関において常時勤

務（1(3)ア及びイに該当するものをいう。以下同じ。）し、当該医療機関に常時勤務する指定医（以下「指導医」という。）の指導のもとに、自ら担当として診断又は治療等に十分な関わりを持った症例について報告するものであり、少なくとも一週間に四日以上、当該患者について診療に従事したものでなければならない。

イ　原則として、当該患者の入院から退院までの期間、継続して診療に従事した症例についてケースレポートを提出するものとすること。

注1　入院形態の変更は、変更前の入院形態については退院と、変更後の入院形態については入院とみなすものとする。

注2　同一の入院形態のままの転院及び心神喪失等の状態で重大な他害行為を行った者の医療及び観察等に関する法律（平成十五年法律第百十号。以下「医療観察法」という。）第四十三条第四項に基づく指定入院医療機関の変更（以下「転院等」という。）は転院等以前の医療機関では退院とみなさないものとする。（「中毒性精神障害（依存症に係るものに限る。）」及び「症状性又は器質性精神障害（老年期認知症を除く。）」については、オを参照すること。）なお、転院先においては入院とみなすものとする。

ウ　入院が長期にわたる場合は、入院から三か月以上継続して当該診療に従事した症例、既に入院している患者については新たに担当として診療に従事して退院まで引き続き当該診療に従事し、その期間が三か月以上である場合において、それぞれケースレポートの対象とすることができるものとすること。

エ　医療保護入院又は措置入院（以下「医療保護入院等」という。）の途中から担当し、任意入院に入院形態が変更された後も退院まで引き続き診療に従事した症例については、当該医療保護入院等の担当開

始から入院形態の変更までの期間が一か月を経過し、さらに任意入院の期間を足して三か月以上になる場合において、ケースレポートの対象とすることができるものとすること。

また、措置入院の途中から担当し、医療保護入院に入院形態が変更された後も退院まで引き続き診療に従事した症例についても、当該措置入院の担当開始から入院形態の変更までの期間が一か月を経過し、さらに医療保護入院の期間を足して三か月以上になる場合において、措置入院の症例としてケースレポートの対象とすることができるものとすること。

オ　「中毒性精神障害（依存症に係るものに限る。）」及び「症状性又は器質性精神障害（老年期認知症を除く。）」については、イの注２の規定に関わらず、入院から三か月以内に同一の入院形態のまま転院等が行われた症例であっても、ケースレポートの対象とすることができるものとすること。

カ　児童・思春期精神障害で任意入院を選ぶ場合（平成二十六年四月一日以後に入院した者に限る。）は、当該患者の入院から退院までの期間を継続して診療に従事した症例、入院から三か月以上継続して当該診療に従事した症例、既に入院している患者について新たに担当として診療に従事して退院まで引き続き当該診療に従事しその期間が三か月以上である症例をケースレポートの対象とすることができるものとすること。

キ　イからカについては、別紙２「ケースレポートの対象となる診療期間の条件」を参照すること。

ク　同一症例について、入院期間のうちの同一の期間に関して複数の医師がケースレポートを作成することは認められないものであること。

ケ　指定医の申請時から七年以前に診療に従事した症例についてケースレポートを作成することは認められないものであること。ただし申請時から七年以前に診療を開始した症例であっても、申請時から七年

前以降まで引き続き当該診療に従事した症例については、ケースレポートの対象とすることができるものであること。

3　指導医について

(1)　指導医は以下の役割を担うものとすること。

ア　ケースレポートに係る症例の診断又は治療について申請者を指導すること。

イ　ケースレポートの作成に当たり、申請者への適切な指導及びケースレポートの内容の確認を行い、指導の証明を行うこと。

(2)　その他

ア　診療期間の途中で指導医が交代した場合、当該ケースレポートに係る全ての指導医の氏名と指導期間をケースレポートの別添様式3―1中9の(1)に記載すること。

イ　その場合、原則として、別添様式3―1中6のケースレポートの対象とする期間中の最後に指導した指導医が当該ケースレポートの内容について確認を行い、指導の証明を行うこと。

4　指定医の指定に係るその他の事項について

(1)　指定医の指定申請を行おうとする者は、別添様式1―1に定める精神保健指定医指定申請書に、次に定める書面（写真を含む。）を添付して、住所地の都道府県知事又は指定都市の市長に提出するものであること。

①　履歴書

②　医師免許証の写し

③　五年以上診断又は治療に従事したことを証する施設管理者による実務経験証明書（別添様式2―1及

び2―2）（大学院生又は文部科学教官については、学長又は学部長の証明によるものとする。④において同じ。）。ただし、大学院に籍を置き、研修等のため他の施設で診断又は治療に従事した場合は、当該施設の管理者の証明でも認めることとする。

④　三年以上の精神科実務経験を有することを証する施設管理者による実務経験証明書（別添様式2―1及び2―2）

⑤　精神科実務経験告示に定める程度の診断又は治療に従事した経験を有することを証するケースレポート（文字数（数字、アルファベット、カッコ、句読点は字数に含め、空白は字数に含めない。）は一二〇〇字以上二〇〇〇字以下とし、原則としてワードプロセッサーで作成すること。また、別添様式3―1及び3―2により各症例五通提出（原本一通及び残り四通は複写したもので可。）すること。なお、ケースレポートは、第一症例は統合失調症圏、躁うつ病圏、中毒性精神障害（依存症に係るものに限る。）、児童・思春期精神障害、症状性若しくは器質性精神障害（老年期認知症を除く。）又は老年期認知症のいずれか（措置入院者又は医療観察法入院対象者とする。）とし、第二症例及び第三症例は統合失調症圏、第四症例は躁うつ病圏、第五症例は中毒性精神障害（依存症に係るものに限る。）、第六症例は児童・思春期精神障害、第七症例は症状性又は器質性精神障害（老年期認知症を除く。）、第八症例は老年期認知症とすること。）

⑥　法第十八条第一項第四号又は法第十九条第一項に規定する研修の課程を修了したことを証する書面の写し

⑦　写真（縦五〇ミリメートル、横四〇ミリメートルとし、申請六か月以内に上半身脱帽で撮影されたもの。なお、裏面に撮影年月日及び氏名を記載しておくこと。）

⑧　⑥が交付された後に氏名が変更された場合は、本人であることを証明する書類（戸籍抄本等）の写し

⑨　指導医がケースレポートを指導していた医療機関において常時勤務していたことを証する施設管理者による常時勤務証明書（別添様式4）。なお、当該証明書はケースレポートに関わったすべての指導医ごとに提出すること。

(2)　法第十九条第二項の規定により指定の効力が失効した日から起算して一年を超えない期間に指定医の指定に係る申請を行おうとする者は、(1)にかかわらず、法第十八条第一項第四号に規定する研修又は法第十九条第一項に規定する研修を受講した上で、別添様式1―2に定める精神保健指定医指定申請書（失効後一年未満）に、(1)①、②、⑥、⑦、⑧に定める書面（写真を含む。）及び失効した指定医証（失効した日から一年を超えないものに限る。）を添付して、住所地の都道府県知事又は指定都市の市長に提出するものであること。

(3)　指定医の指定は、医道審議会医師分科会精神保健指定医資格審査部会の意見を求め、その結果に基づいて行うこととされているが、申請者から提出されたケースレポートの内容が十分ではなく、精神科実務経験告示に定める「診断又は治療に従事した経験」を満たしているか否かについて適正な審査が行えない旨の意見が医道審議会医師分科会精神保健指定医資格審査部会から示された場合においては、当該「診断又は治療に従事した経験」のうち具体的な症例（例えば児童・思春期精神障害に係る症例）について、関連する診療録の提出や申請者自らが担当した他の症例のケースレポートの提出を求めることがあること。

(4)　指定医の指定申請において疑義が生じた場合、本職の求めに応じて、各都道府県・指定都市精神保健福祉担当課ならびに医療機関は、指導医の指導状況と合わせて調査の上、その結果の報告に協力するよう努めるものとすること。

(5)　精神保健指定医指定申請書に記載された個人情報については、精神保健指定医の指定や、法施行規則第四条の十二第一項に規定された指定後の研修の通知など、精神保健指定医制度の運用のためにのみ利用されること。

5　研修について

法第十八条第一項第四号及び第十九条第一項に規定する研修については、厚生労働大臣が指定するものが行うこととしていること。

6　指定後における事務取扱いについて

(1)　指定医に対して精神保健及び精神障害者福祉に関する法律施行規則（昭和二十五年厚生省令第三十一号）第七条に規定する精神保健指定医の身分を示す証票（以下「指定医証」という。）を交付した都道府県知事又は指定都市の市長は、受領書を受けるなど交付した旨が明らかになるようにしておくこと。なお、受領書を受けた場合においても、これを厚生労働省社会・援護局障害保健福祉部長に対して提出することは必要がないこと。

また、都道府県知事又は指定都市の市長は、医療機関の管理者に対して、各年度当初に当該医療機関に勤務する指定医の指定医証の有効期限について確認をするよう促すこと。さらに、都道府県知事又は指定都市の市長は、指定医の公務員としての職務行為に係る行政処分を行う立場にあることを踏まえ、公務員としての職務を行う可能性のある指定医について、各年度当初に指定医証の有効期限を確認するよう努めること。

(2)　指定医は自らの責任のもと指定医証を管理することとし、指定医証の有効期限についても十分注意すること。なお、指定医証の有効期限が切れた後（4(2)に規定する申請を行い、再度指定医として指定される

までの間を含む。）、指定医であるものとして行った職務は取り消しうるものとなること。

(3) 指定医は措置入院を行うに当たっての判断や行動制限など、私人に対する権限の行使にたずさわる立場にあることを踏まえ、精神科病院等においてその職務を行う際には常時、指定医証を提示できる状態にしておくよう努めること。

(4) 指定医は、指定医証の記載事項に変更のあるときは、指定医証を添えて、また、住所地に変更のあるときは、その旨を都道府県知事又は指定都市の市長に届け出るものとすること。

(5) 指定医は、指定医証を紛失し又はき損したときは、その旨（き損のときは指定医証を添付）を都道府県知事又は指定都市の市長に届け出るものとすること。

(6) 指定医は、指定医の指定を取り消されたとき又は期間を定めてその職務の停止を命ぜられたときは、速やかに指定医証を都道府県知事又は指定都市の市長を経由して厚生労働大臣に返納するものとすること。

別紙・様式　略

（指定後の研修）

第十九条　指定医は、五の年度（毎年四月一日から翌年三月三十一日までをいう。以下この条において同じ。）ごとに厚生労働大臣が定める年度(1)(2)において、厚生労働大臣の登録を受けた者が厚生労働省令で定めるところにより行う研修を受けなければならない。

2　前条第一項の規定による指定は、当該指定を受けた者が前項に規定する研修を受けなかつた

ときは、当該研修を受けるべき年度の終了の日にその効力を失う。(3)ただし、当該研修を受けなかつたことにつき厚生労働省令で定めるやむを得ない理由(4)が存すると厚生労働大臣が認めたときは、この限りでない。

〔要　旨〕

本条は、指定医の指定後の研修に関する規定である。

昭和六十二年に精神保健指定医制度が創設された当初から、人権保護の趣旨の徹底や最新の知識の普及等のため、五年に一度の研修の受講が義務づけられていたが、研修を受講しなかった者の指定が失効する規定はなかった。平成七年の改正により、適正な精神医療を確保する観点から、当該研修を受けなかった場合には、厚生労働省令で定めるやむを得ない場合を除き指定の効力を失うとする規定が追加され、研修の受講を促進する措置が図られた。

〔解　釈〕

〔1〕　患者本人の意思に基づかない入院や著しい行動制限に係る判断を行う指定医については、精神医学の進歩や精神障害者の人権擁護に関する制度の変化、精神保健福祉・精神科医療を取り巻く状況の変化に対応して、常時求められている適正かつ十分な精神科医療の知識と患者の人権に対する配慮を十分に備えていることが必要であり、指定後五年度ごとの研修受講を義務づけたものである。

五年度ごとに厚生労働大臣が定める年度は、告示により次のように定められている。

精神保健及び精神障害者福祉に関する法律第十九条第一項の規定に基づき厚生労働大臣が定める精神保健指定医が研修を受けなければならない年度

（平成八年三月二十一日厚生省告示第八十九号）

注　平成一二年一二月二八日厚生省告示第五三〇号による改正現在

精神保健及び精神障害者福祉に関する法律（昭和二十五年法律第百二十三号）第十九条第一項の規定に基づき、精神保健指定医が研修を受けなければならない年度を次のように定め、平成八年四月一日から適用する。

一　平成元年度以後の年度において精神保健指定医の指定を受けた者にあっては、当該指定を受けた日の属する年度の翌年度を初年度とする同年度以後の五年度ごとの各年度

二　精神衛生法等の一部を改正する法律（昭和六十二年法律第九十八号）附則第三条の規定により同法の施行の日において精神保健指定医の指定を受けたものとみなされた者にあっては、次表の上欄に掲げる同法による改正前の精神衛生法（昭和二十五年法律第百二十三号）第十八条第一項の規定により精神衛生鑑定医の指定を受けた日の属する年度による区分に応じ、それぞれ同表下欄に掲げる年度及び当該年度以後の五年度ごとの各年度

昭和四十三年度から昭和四十七年度まで、昭和五十一年度、昭和五十六年度又は昭和六十一年度において精神衛生鑑定医の指定を受けた者	平成八年度
昭和五十二年度、昭和五十七年度、昭和六十二年度又は昭和六十三年度において精神衛生鑑定医の指定を受けた者（昭和六十三年度において精神衛生鑑定医の指定を受けた者にあっては、その者の精神保健指定医の証に記載された番号が六千五百番までの者に限る。）	平成九年度
昭和四十八年度、昭和五十三年度、昭和五十八年度又は昭和六十三年度において精神衛生鑑定医の指定を受けた者（昭和六十三年度において精神衛生鑑定医の指定を受けた者にあっては、その者の精神保健指定医の証に記載された番号が六千五百一番以降の者に限る。）	平成十年度

昭和二十五年度から昭和三十七年度まで、昭和四十九年度、昭和五十四年度又は昭和五十九年度において精神衛生鑑定医の指定を受けた者	平成十一年度
昭和三十八年度から昭和四十二年度まで、昭和五十年度、昭和五十五年度又は昭和六十年度において精神衛生鑑定医の指定を受けた者	平成十二年度

三　精神保健及び精神障害者福祉に関する法律第十九条第一項の規定に基づく研修を受けなかった者であって、同条第二項の規定に基づき研修を受けなかったことにつきやむを得ない理由が存すると厚生労働大臣が認めたものにあっては、厚生労働大臣が指定する年度

〔2〕　告示の第三号で定められているように、研修を受けなかったことにつきやむを得ない理由があると厚生労働大臣が認めたものにあっては、厚生労働大臣が指定する年度に研修を受講することとなるが、この指定は、延期の期間に応じて個々に定められる。また、延期された受講年度に受講した場合の次の回の研修は、告示の第一号及び第二号に定められている本来の受講年度によるものであり、延期された受講年度を起算点とした五年後となるものではない。

〔3〕　研修を受講しなかった場合の失効の規定が設けられたことに伴い、規則により定められている精神保健指定医の証の様式が改正され、有効期限を記入する欄が設けられている。

この有効期限は、次回の研修を受講すべき年度の末日とされており、指定医証の更新（五年後の有効期限を記載した新たな指定医証の交付）を受けるか、あるいは、受講できなかったやむを得ない理由があることについての厚生労働大臣の承認を得て、有効期限が延長された指定医証の交付を受けるかしなければ、記載された有効期限の到来とともに、指定医の指定の効力が失われることとなる。

指定医証の更新の手続、指定医証の記載事項の変更手続、指定医証の再交付、指定医の辞退届、死亡届等については、「精神保健指定医の証の更新等に係る事務取扱要領について」（平成八年三月二十一日健医精発第二〇号厚生省保健医療局精神保健課長通知）により定められている。

精神保健指定医の証の更新等に係る事務取扱要領について

〔平成八年三月二十一日　健医精発第二〇号
各都道府県・各指定都市精神保健福祉主管部（局）長宛
厚生省保健医療局精神保健課長通知〕

注　平成二七年三月三一日障精発〇三三一第一号による改正現在

精神保健指定医の証の更新等に係る事務取扱要領

1　五年度ごとの研修及び指定医証の更新

(1)　五年度ごとの研修

精神保健及び精神障害者福祉に関する法律（昭和二十五年法律第百二十三号。以下「法」という。）第十九条の規定により、精神保健指定医（以下「指定医」という。）が、五年度ごとの研修を受けなかった場合には、当該研修を受けなかったことについてやむを得ない理由が存すると厚生労働大臣が認めたときを除き、当該指定を受けるべき年度の終了の日（三月三十一日）の経過をもって指定の効力を失うこととされており、研修を受けるべき年度は、「精神保健及び精神障害者福祉に関する法律第十九条第一項の規定に基づき、精神保健指定医が研修を受けなければならない年度を定める件」（平成八年三月二十一日厚生省告示第八十九号）の定めるところによる。

また、精神保健指定医の証（以下「指定医証」という。）には、研修を受けるべき年度の末日を指定医

証の有効期限として記載しているところであり、指定医は、その有効期限に留意して、研修を受講することが必要である。

なお、研修実施団体（公益社団法人日本精神科病院協会、公益社団法人全国自治体病院協議会及び一般社団法人日本総合病院精神医学会が登録されている。）より、当該年度における受講を必要とする指定医に対し、受講のお知らせを送付することとしているので、案内状が不着とならぬよう、指定医は、住所地の変更届の提出を必ず行うとともに、指定医証の記載事項についても変更届の提出を励行し、研修の受講年度については、法律の規定に基づき自らの受講年度に留意することが必要である。

(2)　指定医証の更新

指定医は、五年度ごとの研修を受けたときは、別紙様式１による指定医証更新申請書に、写真（縦五〇ミリメートル、横四〇ミリメートルとし、申請六月以内に上半身脱帽で撮影されたもの。なお、裏面に撮影年月日及び氏名を記載しておくこと。以下同じ。）一枚を添付の上、研修の修了日に、研修の実施団体を経由して、都道府県知事又は指定都市の市長に申請しなければならない。なお、この際には、指定医証を添付することを要しない。

都道府県知事又は指定都市の市長は、更新の通知とともに指定医証を更新者に交付する。

(3)　受講の延期及び指定医証の有効期限延長の申請

指定医は、五年度ごとの研修を受けるべき年度において、やむを得ない理由により、当該年度に実施されるいずれの研修も受講することができない見込みとなったとき、又は、現にいずれの研修も受けることができなかったときは、別紙様式２による精神保健指定医更新時研修受講延期（指定医証有効期限延長）申請書に、写真一枚を添付の上、住所地の都道府県知事又は指定都市の市長に提出しなければならない。

研修を受けることができないやむを得ない理由は、法施行規則第四条により、「研修を受けるべき年度において実施されるいずれの研修をも受けることができないことにつき、災害、傷病、長期の海外渡航その他の事由があること」とされている。

法施行規則第一条の三中「やむを得ない理由が存することを証する書類」の例としては、被災証明、診断書、留学証明書等である。受講の延期の申請は、原則事前申請とする（事後申請となるのは災害、急病等やむを得ない場合に限る）ので、研修を受けるべき年度に実施される全ての研修について受講できないことが明らかとなった場合には速やかに必要書類等を添付の上、住所地の都道府県知事又は指定都市の市長に提出すること。

厚生労働大臣がやむを得ない理由が存すると認めたときは、都道府県知事又は指定都市の市長は、精神保健指定医更新時研修受講延期（指定医証有効期限延長）通知とともに、延長した有効期限を記載した新たな指定医証を交付する。

また、受講延期の期間は、原則として一年間であるが、海外渡航等事前に長期に渡って研修の受講が困難であることが判明している場合に限り、四年を限度として複数年にわたり延期申請を行うことも可能である。

なお、延期された受講年度に受講した場合の次の回の研修は、本来の受講年度を起算点とした五年後となるものであり、延期された受講年度を起算点とした五年後となるものではない。

(4)　失効について

研修を受けるべき年度において研修を受けなかった指定医が、受講延期の承認も得ていない場合においては、指定医の指定は、当該年度の三月三十一日の経過により法第十九条第二項の規定により自動的に失

効する。

2　指定医証の記載事項等の変更届

(1)　勤務先の変更

指定医は、指定医証に記載された勤務先に変更があったときは、速やかに別紙様式３―１により、指定医証を添付の上、住所地の都道府県知事又は指定都市の市長に届け出ること。

なお、精神科の医療機関以外の勤務先に異動した場合や、勤務先を有しなくなった場合においても、指定医の辞退届を提出しない限り、勤務先の変更届等を提出することが必要である。

都道府県又は指定都市は、指定医証の記載を訂正してこれを指定医に返還するとともに、別紙様式４による報告書を添えて、当該変更届を保管すること。

(2)　氏名の変更

指定医は、氏名の変更があったときは、速やかに別紙様式３―１により、指定医証及び写真一枚を添付の上、住所地の都道府県知事又は指定都市の市長に届け出ること。

都道府県知事又は指定都市の市長は、新たな指定医証を発行して、当該指定医に交付するものとする。

(3)　住所地の変更

指定医は、住所地の変更があったときは、速やかに別紙様式３―２により、住所地（変更後の住所地）の都道府県知事又は指定都市の市長に届け出ること。

3　指定医証の再交付

指定医は、指定医証を紛失又はき損したときは、速やかに別紙様式５により、紛失したときは始末書（様式任意）及び写真一枚、き損したときは指定医証及び写真一枚を添付の上、住所地の都道府県知事又は指定

都市の市長に届け出ること。

4　指定医の辞退届

指定医が指定医の職務を行うことが将来にわたってなくなった場合又は指定医の職務を全うすることができなくなった場合等指定医を辞退するときは、別紙様式6により、指定医証を添付の上、住所地の都道府県知事又は指定都市の市長に届け出ること。

5　指定医の死亡届

指定医が死亡したときは、指定医の遺族等は、速やかに別紙様式7により、指定医証を添付の上、住所地の都道府県知事又は指定都市の市長に届け出ること。

6　指定の取消し又は職務の停止

(1)　都道府県知事又は指定都市の市長は、指定医について、法第十九条の二第二項の規定に該当すると認められるときは、同条第四項の規定により厚生労働大臣にその旨を通知すること。

(2)　指定医は、指定医の指定を取り消されたとき又は期間を定めてその職務の停止を命ぜられたときは、速やかに別紙様式8により、住所地の都道府県知事又は指定都市の市長を経由して指定医証を厚生労働大臣に返納すること。

別紙様式　略

〔4〕

「厚生労働省令で定めるやむを得ない理由」については、施行規則第四条により、「研修を受けるべき年度において実施されるいずれの研修をも受けることができないことについて、災害、傷病、長期の海外渡航その他の事由があること」と定められている。

（指定の取消し等）

第十九条の二　指定医がその医師免許を取り消され、又は期間を定めて医業の停止を命ぜられたときは、厚生労働大臣は、その指定を取り消さなければならない。

2　指定医がこの法律若しくはこの法律に基づく命令に違反したとき又はその職務に関し著しく不当な行為を行つたときその他指定医として著しく不適当と認められるときは、厚生労働大臣は、その指定を取り消し、又は期間を定めてその職務の停止を命ずる[1][2]ことができる。

3　厚生労働大臣は、前項の規定による処分をしようとするときは、あらかじめ、医道審議会の意見を聴かなければならない。

4　都道府県知事は、指定医について第二項に該当すると思料するときは、その旨を厚生労働大臣に通知することができる。

〔要　旨〕

本条は、指定医の指定の取消し等に関する規定である。平成十一年の改正により、指定の取消しに加えて、期間を定めてその職務の停止を命ずることができるという規定が設けられた。

指定医は、精神科医療の特殊性にかんがみ、患者の人権の確保を一層図る観点から設けられた制度であることから、指定医として著しく不適当と認められたときには、厚生労働省の医道審議会の意見に基づいて、指定の取消し、又は期間を定めてその職務の停止を命ずることとなる。

〔解　釈〕

〔1〕　精神保健指定医の指定の取消しの対象として想定される具体的事例について、平成九年六月二十七日の公衆衛生審議会精神保健福祉部会において、次のような資料が提出されている。

◎精神保健指定医の取消しについて

1　根拠規程

（指定の取消し）精神保健福祉法第十九条の二

①指定医がその医師免許を取り消され、又は期間を定めて医業の停止を命ぜられたときは、厚生大臣は、その指定を取り消さなければならない。

②指定医がこの法律若しくはこの法律に基づく命令に違反したとき又はその職務に関し著しく不当な行為を行ったときその他指定医として著しく不適当と認められるときは、厚生大臣は、その指定を取り消すことができる。

③厚生大臣は、前項の規定による処分をしようとするときは、あらかじめ、公衆衛生審議会の意見を聴かなければならない。

2　手続き（法第十九条の二第二項の場合）

不利益処分に当たることから、行政手続法第十三条第一項第一号の規定に基づく聴聞手続きが必要

法律上の規定	事由に該当する場合	解釈される具体例
1　医師免許を取り消され、又は期間を定めて医業の停止を命ぜられたとき	①医師の絶対的欠格事由を具備する場合 ②医師の相対的欠格事由を具備する場合 ③医師としての品位を損するような行為のあったとき	・不当に高額の診療報酬を要求した場合 ・診療義務違反を反復した場合

		・保険給付に関し不正行為があった場合
2　精神保健福祉法又は同法に基づく命令に違反したとき	①精神保健福祉法に違反した場合 ②精神保健福祉法に基づく命令に違反した場合	・任意入院患者の退院制限を行った場合に、診察を故意に行わなかった又は診療録への記載を怠った場合 ・医療保護入院患者、応急入院患者又は仮入院患者の入院時の診察を故意に怠った場合 ・入院患者の行動制限時に必要な診察を故意に怠った又は診療録への記載を怠った場合 ・指定医が精神病院の管理者である場合、精神保健福祉法の管理者責任を果たさず、患者の人権が侵害された場合
3　職務に関し著しく不当な行為を行ったとき	①指定医の職務に関し、精神保健福祉法以外の法令に違反した場合 ②指定医の職務に関し、法令違反ではないが、社会通念上著しく不適当な行為を行った場合　等	・暴力行為を行った場合 ・指定医の職務に関し、刑法上の罪に科せられた場合 ・指定医の職務に関して知り得た事実につき、守秘義務違反を侵した場合 ・不当な保護室の使用や身体拘束等を行った場合 ・医療保護入院につき入院の必要がない患者を入院させた、又は措置入院、医療保護入院につき不当な退院制限を行っている場合
4　その他指定医として著しく不適当と認められるとき	①指定医の職務に関し、不作為により、精神障害者の人権を侵害した場合 ②指定医の職務外で、法令に違	・違法な手続を経て入院した患者について、その事実を知りながら適正な手続を経なかった場合 ・入院患者が違法な処遇を受けている（例：主治医の診察なしに身体拘束を受けている）ことを知りながら解除しなかった場合 ・指定医が管理者である場合に、患者の財産を横領し

	反した場合 ③指定医の職務外で、法令違反ではないが社会通念上著しく不適当な行為を行った場合 ④医師の相対的欠格事由を具備する場合	た場合 ・薬物中毒症等により、指定医の職務を継続することが困難であることが明白な場合

〔2〕　指定医の指定の取消し等は不利益処分に該当するため、指定の取消し等に際しては、行政手続法上の聴聞手続きを経る必要がある。その事務取扱いについては「精神保健指定医の指定取消し又は職務の停止に当たっての聴聞手続き等について」（平成九年七月三十日障精第一二二号　厚生省大臣官房障害保健福祉部精神保健福祉課長通知）で定められている。

精神保健指定医の指定取消し又は職務の停止に当たっての聴聞手続き等について

〔平成九年七月三十日　障精第一二二号
各都道府県・各指定都市精神保健福祉主管部（局）長宛
厚生省大臣官房障害保健福祉部精神保健福祉課長通知〕

注　平成一二年三月三一日障精第二六号による改正現在

精神保健指定医の指定取消し又は職務の停止処分に係る聴聞実施要領

第一　趣旨

精神保健及び精神障害者福祉に関する法律（昭和二十五年法律第百二十三号）（以下「精神保健福祉法」という。）の規定に基づく精神保健指定医（以下「指定医」という。）の指定取消し又は職務の停止に当たっての聴聞手続きについては、行政手続法（平成五年法律第八十八号）によるほか、この要領の定めるところによる。

第二　事案の把握

１　精神保健福祉法第十九条の二に基づく行政処分の対象となり得る事案を、都道府県知事又は指定都市市長（以下「知事等」という。）の協力の下に、遺漏なく正確に把握し、必要がある場合には、精神保健福祉法第三十八条の六に基づく報告徴収等を知事等に実施させ、又は自ら行い、必要な情報を収集すること。

２　処分の対象となり得る事案について、その経過の正確な把握に努め、当該事案に係る指定医について、次に掲げる事項のいずれかが確定した事実をもって確認される場合には、別紙「精神保健指定医の指定取消し又は職務の停止処分対象事案報告必要書類」に定める書類を知事等に報告させること。

(1)　指定医が精神保健福祉法に違反又は精神保健福祉法に基づく命令に違反したこと。

(2)　指定医の職務に関し著しく不当な行為を行ったこと。

ア　指定医の職務に関し、精神保健福祉法以外の法令に違反したこと。

イ　指定医の職務に関し、法令違反ではないが社会通念上著しく不当な行為を行ったこと。

(3)　その他指定医として著しく不適当と認められるとき

ア　指定医の職務に関し、不作為により精神障害者の人権を侵害したこと。

イ　指定医の職務外で、法令に違反したこと。

ウ　指定医の職務外で、法令違反ではないが社会通念上著しく不適当な行為を行ったこと。

エ　医師の相対的欠格事由を具備し、指定医としての職務を継続することが困難であることが明白であること。

３　知事等より提出された「精神保健指定医の指定取消し又は職務の停止処分対象事案報告必要書類」を見て、必要がある場合には、知事等に対し、必要な資料の提出を依頼すること。

4　「精神保健指定医の指定取消し又は職務の停止処分対象事案報告必要書類」について検討を行い、必要がある場合には、精神保健福祉法第三十八条の六に基づく報告徴収等を実施すること。

第三　聴聞等

1　行政手続法第十九条第二項の欠格条項に留意の上、厚生省大臣官房障害保健福祉部に所属する職員又は公衆衛生審議会の委員であって、当該聴聞を主宰するにつき必要な法的知識及び経験を有し、公正な判断をすることができると認められる者の中から主宰者を指名する。

なお、厚生省大臣官房障害保健福祉部精神保健福祉課以外の職員を主宰者に指名することが望ましいと考えられる。

2　主宰者は、聴聞の主宰に関する記録事務等を補助させるため、記録補助者を指名することができる。（別記様式第1号）

3　聴聞の期日に出頭する職員は、厚生省大臣官房障害保健福祉部精神保健福祉課に所属する職員であって聴聞につき必要な専門的知識を有し、当該事案の内容を熟知しているものの中から選出すること。

4　その他聴聞手続に必要な書面については、別記様式第2号から別記様式第6号までによること。

別記様式　略

別紙

精神保健指定医の指定取消し又は職務の停止処分対象事案報告必要書類

I　報告書

以下の事項について報告すること。

１　該当者

（１）本　籍　番地等は省略せず、〇〇丁目〇〇番地と記入すること。

（２）住　所　番地等は省略せず、〇〇丁目〇〇番地〇〇号と記入すること。

（３）氏　名《ふりがな》

（４）生年月日

（５）指定医の証の番号及び交付年月日

（６）医籍の登録番号及び登録年月日

（７）略歴（事件前後については明確に記入すること）

２　事件当時の就業先（医療機関等）の概要

（１）名　称《ふりがな》

（２）住　所

（３）開設者

（４）管理者

（５）開設年月日

（６）該当者の常勤・非常勤の別

（７）標榜診療科目

（８）職員数（職種別）

（９）病床数（開放病棟、閉鎖病棟別）

⑽　病棟の種類及び数

⑾　入院者数（措置、医療保護、任意入院別）
⑿　指定病院の指定の有無
⒀　事件後の状況
ア　現在の施設の状況（休止、廃止、継続中、代替等を明確にするとともに、休止又は廃止した場合はその年月日を記入すること）
イ　保険医及び指定医療機関の登録状況（登録年月日及び取消年月日を明確に記入すること）
ウ　指定病院の場合は、指定が取り消された場合にはその年月日等を記入すること

3　事件の概要

4　指定医の取消し又は職務の停止要因
（1）　左記のいずれに該当するか。（複数可）
ア　指定医が精神保健福祉法違反又は精神保健福祉法に基づく命令に違反
イ　指定医の職務に関し著しく不当な行為を行った
ウ　その他指定医として著しく不適当と認められる
（2）　前記事項に該当すると判断する理由（項目別に詳細に記述すること）

5　指定医が管理者である場合について
（1）　精神保健福祉法上の管理者責任違反をおかした場合には該当する精神保健福祉法の条項及びその具体的内容
（2）　その他の管理者責任違反をおかした場合には、その具体的内容（法令の違反内容等）
ア　管理者が税法違反を行った場合

イ　管理者が診療報酬を不正請求した場合
ウ　管理者が入院患者の財産等を詐取・横領した場合
エ　病院内で暴力事件が発生した場合　　　　　等

Ⅱ　添付書類
1　指定医の指定取消し又は職務の停止処分の対象となる証拠書類（診療録、関係者の証言、精神医療審査会の報告書等）
2　指定医が告訴されている場合には、起訴状及び一審から結審までの判決書の謄本
3　共謀者等に係る判決文の写し
4　当該事件に関する事件時及び判決時の新聞記事

第十九条の三　削除

（職務）

第十九条の四　指定医は、第二十一条第三項及び第二十九条の五の規定により入院を継続する必要があるかどうかの判定、第三十三条第一項及び第三十三条の七第一項の規定による入院を必要とするかどうか及び第二十条の規定による入院が行われる状態にないかどうかの判定、第三十六条第三項に規定する行動の制限を必要とするかどうかの判定、第三十八条の二第一項（同

条第二項において準用する場合を含む。）に規定する報告事項に係る入院中の者の診察並びに第四十条の規定により一時退院させて経過を見ることが適当かどうかの判定の職務を行う。

2 指定医は、前項に規定する職務のほか、公務員(1)(2)として、次に掲げる職務を行う。

一　第二十九条第一項及び第二十九条の二第一項の規定による入院を必要とするかどうかの判定

二　第二十九条の二の二第三項（第三十四条第四項において準用する場合を含む。）に規定する行動の制限を必要とするかどうかの判定

三　第二十九条の四第二項の規定により入院を継続する必要があるかどうかの判定

四　第三十四条第一項及び第三項の規定による移送を必要とするかどうかの判定

五　第三十八条の三第三項（同条第六項において準用する場合を含む。）及び第三十八条の五第四項の規定による診察

六　第三十八条の六第一項の規定による立入検査、質問及び診察

七　第三十八条の七第二項の規定により入院を継続する必要があるかどうかの判定

八　第四十五条の二第四項の規定による診察

3 指定医は、その勤務する医療施設の業務に支障がある場合その他やむを得ない理由がある場合を除き、前項各号に掲げる職務を行うよう都道府県知事から求めがあつた場合には、これに

応じなければならない。

〔要　旨〕

本条は、指定医の職務内容に関する規定である。指定医が行う職務の直接的な目的は、

① 医療機関等において、精神科病院への医療保護入院等の入院の要否や一定の行動制限の要否の判断等に関して、人権に配慮された制度運営を確保すること（本条第一項の業務）、

② 公務員として、措置入院の要否の判断等に関して、行政の適正な執行を図ること（本条第二項の業務）、

の二つがあるが、これらの目的の実質的な意義は、患者の人権に配慮しつつ必要かつ適切な精神科医療を確保するという点において一致しているとともに、具体的に求められる資格要件も一致していることから、二つの職務を行う者を一つの精神保健指定医制度として規定したものである。

また、平成二十二年の改正においては、精神保健指定医の地域偏在や措置入院に係る通報件数の増加などを背景として、特に措置入院の判定等の業務を行う精神保健指定医の不足の問題が生じたことから、都道府県知事から求めがあった場合に、その勤務する医療施設の業務に支障がある場合その他やむをえない理由がある場合を除き、精神保健指定医がこれに応じ、本条第二項に規定する職務を行うべきである旨の義務規定を設けることとなった。

〔解　釈〕

〔1〕 指定医の職務のうち、本条第二項に掲げられている都道府県知事（指定都市の市長）の適正な権限行使を担保するため、知事（市長）が措置入院を行うに当たっての判断、措置入院や医療保護入院等のための移送における行動の制限を行うに当たっての判断、医療保護入院等のための移送を必要とするかどうかの判定、精神医療審査

会が必要と認めた入院患者についての診察、厚生労働大臣若しくは知事（市長）の監督の下に入院患者について実地に病状を審査するに当たっての判断については、それが精神障害者に対する行動の制限等人権上適切な配慮を要するものであること、又精神科病院に対する立入検査等私人に対する強力な権限の行使にたずさわるものであることから、そうした職務の性格にかんがみ、「公務員」としての位置づけを法文上明らかにすることが適当であるとの判断により、規定された。したがって、指定医は、罰則の適用も含めて公務に従事する職員である。

〔2〕公務員としての具体的な地位の得喪等については、次のように整理される。

ア　厚生労働大臣の指定した職務を行う指定医

①　個々の職務を行うごとに、厚生労働大臣に指定されて職務を行う指定医は、当該職務を行うに先立って、人事異動通知書の交付をもって日々雇用の非常勤国家公務員（一般職）として任用される（ただし、通知書に代わる文書の交付その他適当な方法をもって通知書の交付に替えることができる（人事院規則八—一二第五十五条））。

②　任用に当たっては、個別職務ごとに具体的に任期が付される。

③　当該指定医に対する報酬の支払は、一般職の職員の給与に関する法律第二十二条第二項により、服務等については国家公務員法によるものと解される。

イ　都道府県知事（指定都市の市長）の指定した職務を行う指定医

①　個々の職務を行うごとに、知事（市長）に指定されて職務を行う指定医は、非常勤地方公務員として任用される（地方公務員の任用に当たっては、文書による発令を要せず、任命権者の意思が当該者に伝わることで十分であると解されている。）。

この場合、指定医の位置づけが地方公務員法における「特別職」か「一般職」かが問題となる。地方公務

員の職については、特に法律上の規定が置かれる場合を除き、基本的には、地方公共団体において判断できるものであるが、地方公務員法においては、特別職は限定列挙され、その他の職はすべて一般職とされている（同法第三条第二項及び第三項）ことから、特別職に該当する者については、特別職とすることが望ましいと考えられる。

同法第三条第三項第三号においては、特別職として「顧問」の職名が挙げられているが、これは学識又は経験に基づいて任用されるものであり、このような特定の要件に基づかない者を臨時又は非常勤に任用しようとするときは、特別職の臨時職員として任用すべきとの考え方によるものと解される。このことから、「公務員として職務を行う指定医」については、精神科医のうちいわゆる措置診断業務を行うに必要な実務経験を有し、かつ、人権に配慮できる者として指定された指定医のうちから任用するもの、すなわち「学識又は経験に基づいて任用」されるものであるという、その性質にかんがみ、「特別職」とすることが適当であると考えられる。

② したがって、このような指定医の取扱いについては、報酬については、地方自治法に基づく条例（地方自治法第二百三条）、災害補償については、地方公務員災害補償法に基づく条例に基づいて行われることとなり、また、服務については、各地方自治体が任用に当たって付す条件（一般職公務員と同様の条件とすることが望ましい）によるものと解される。

（参考）　職による処遇等の相違（根拠規定）

	一般職（常勤）	一般職（非常勤）	特別職（非常勤）
報酬等	給料・旅費等（地方自治法第二百四条）	報酬・費用弁償等（地方自治法第二百三条）	報酬・費用弁償等（地方自治法第二百三条）
服務	地方公務員法	地方公務員法	地方公務員法は適用されない（自治体が個々の任用の際に示す）
災害補償	地方公務員災害補償法（第三章）	地方公務員災害補償法（第六十九条）に基づく条例	地方公務員災害補償法（第六十九条）に基づく条例

（診療録の記載義務）

第十九条の四の二　指定医は、前条第一項に規定する職務[1]を行つたときは、遅滞なく[2]、当該指定医の氏名その他厚生労働省令で定める事項[3]を診療録に記載しなければならない。

〔要　旨〕

本条は、精神障害者の人権に配慮した精神科医療を担保する観点から、平成十一年改正で設けられた規定である。

〔解　釈〕

〔1〕　診療録に記載しなければならない職務は、法改正以前においても、任意入院者の退院制限（第二十二条の四（現

第二十一条））及び入院者の行動制限（第三十六条、第三十七条）を行った場合が規定されていたが、平成十一年の法改正によって、新たに、措置入院者の措置症状消失の判定（第二十九条の五）、医療保護入院の判定（第三十三条）、応急入院の判定（第三十三条の四（現第三十三条の七））、措置入院者の定期病状報告のための診察（第三十八条の二）、医療保護入院者の定期病状報告のための診察（第三十八条の二）、措置入院者の仮退院の判定（第四十条）を行った場合について規定を行った。

平成十一年改正前

・任意入院者の退院制限時（二十二条の四）
―記載事項
①退院の制限の開始の年月日
②時刻
③退院の制限時の症状
④診察した指定医の氏名

・入院者の行動制限時（三十六条、三十七条）
―記載事項
①行動の制限の内容
②行動制限時の症状
③行動制限開始年月日及び時刻

改　正　後（傍線部分が新規義務）

・任意入院者の退院制限時（二十二条の四（現二十一条））
・措置入院者の措置症状消失の判定時（二十九条の五）
・医療保護入院の判定時（三十三条）
・応急入院時の判定時（三十三条の四（現三十三条の七））
・入院者の行動制限時（三十六条、三十七条）
・措置入院者の定期病状報告（三十八条の二）
・医療保護入院者の定期病状報告（三十八条の二）
・措置入院者の仮退院の判定時（四十条）
○前記全ての場合において、指定医の氏名その他厚生労働省令で定める事項（当該判定を行った理由等）についての診療録記載義務を規定する。

〔2〕「遅滞なく」とは、一般的に行われ得る合理的範囲内にあることを示しており、通常の診療において認められる時間的範囲内であれば足りる。

〔3〕診療録に記載すべき指定医の氏名以外の事項は、施行規則第四条の二により、次のように定められている。

〔診療録の記載事項〕

第四条の二　法第十九条の四の二の厚生労働省令で定める事項は、次の各号に掲げる記載の区分に応じ、それぞれ当該各号に定める事項とする。

一　法第二十一条第三項の規定により入院を継続する必要があるかどうかの判定に係る記載

イ　法第二十一条第三項の規定による措置を採つた年月日及び時刻並びに解除した年月日及び時刻

ロ　当該措置を採つたときの症状

二　法第二十九条の五の規定により入院を継続する必要があるかどうかの判定に係る記載

イ　入院後の症状又は状態像の経過の概要

ロ　今後の治療方針

三　法第三十三条第一項又は第三項の規定による入院を必要とするかどうか及び法第二十条の規定による入院が行われる状態にないかどうかの判定に係る記載

イ　法第三十三条第一項又は第三項の規定による措置を採つたときの症状

ロ　法第二十条の規定による入院が行われる状態にないと判定した理由

四　法第三十三条の七第一項の規定による入院を必要とするかどうか及び法第二十条の規定による入院が行われる状態にないかどうかの判定に係る記載

イ　法第三十三条の七第一項の規定による措置を採つた年月日及び時刻並びに解除した年月日及び時刻
ロ　当該措置を採つたときの症状
ハ　法第二十条の規定による入院が行われる状態にないと判定した理由
五　法第三十六条第三項に規定する行動の制限を必要とするかどうかの判定に係る記載
イ　法第三十六条第三項の規定による指定医（法第十八条第一項に規定する指定医をいう。以下同じ。）が必要と認めて行つた行動の制限の内容
ロ　当該行動の制限を開始した年月日及び時刻並びに解除した年月日及び時刻
ハ　当該行動の制限を行つたときの症状
六　法第三十八条の二第一項に規定する報告事項に係る入院中の者の診察に係る記載
イ　症状
ロ　過去六月間の病状又は状態像の経過の概要
ハ　生活歴及び現病歴
ニ　今後の治療方針
七　法第三十八条の二第二項において準用する同条第一項に規定する報告事項に係る入院中の者の診察に係る記載
イ　過去十二月間の病状又は状態像の経過の概要
ロ　前号イ、ハ及びニに掲げる事項
八　法第四十条の規定により一時退院させて経過を見ることが適当かどうかの判定に係る記載　第二号に掲げる事項

（指定医の必置）

第十九条の五　第二十九条第一項、第二十九条の二第一項、第三十三条第一項、第三項若しくは第四項又は第三十三条の七第一項若しくは第二項の規定により精神障害者を入院させている精神科病院[1]（精神科病院以外の病院で精神病室が設けられているものを含む。[2]第十九条の十を除き、以下同じ。）の管理者は、厚生労働省令で定めるところにより、その精神科病院に常時勤務する指定医[3]（第十九条の二第二項の規定によりその職務を停止されている者を除く。第五十三条第一項を除き、以下同じ。）を置かなければならない。

〔要　旨〕

本条は、措置入院等を行う精神科病院においては、常勤の精神保健指定医を置かなければならないとする規定である。

より良い精神医療を行う上では、継続して診療又は治療に従事する常勤の指定医が置かれていることが必要であるという観点から、平成七年の改正により、追加されたものである。

〔解　釈〕

〔1〕常勤の精神保健指定医の必置義務が課されるのは、具体的には、措置入院、緊急措置入院、医療保護入院又は応急入院を行う精神科病院である。任意入院のみを行う精神科病院は、精神保健指定医の職務が想定されないため、必置義務が課されていない。

〔2〕本法では、精神科病院の定義について特に規定を設けていないが、精神科病院と精神病室を区別して用いている第十九条の十の規定を除き、本法で用いられる「精神科病院」には、精神科病院以外の病院で精神病室が設けられている場合も含まれる。

例えば、病床数二〇〇の病院に三〇床の精神病室が設けられているとすれば、その病院の管理者は本条の適用を受けることとなる。また、当然のことながら、これらの場合の精神科病院は、公私立の別なくまた第十九条の八に規定する指定病院でなくても、本条の適用を受ける。

〔3〕「常時勤務する指定医」とは、施行規則第四条の三により、一日に八時間以上、かつ、一週間に四日以上当該精神科病院において精神障害の診断又は治療に従事する者とされている。

なお、この場合、「一日に八時間以上、かつ、一週間に四日以上」とあるのは、医療法の人員配置基準の算定に当たっての常勤医師のとらえ方（週四十時間で算定）と異なり、週三十二時間でよいこととした上で、非常勤の常勤換算は行わないこととされている。また、これは、当該指定医の平均的な勤務形態についていうものであり、特定の月、週、日において長短があってもさしつかえない。また、「診療又は治療に従事」とは、直接の診療及び治療の業務のみならず、当該病院に勤務してこれに関連する業務を行う時間も含まれる。

（政令及び省令への委任）

第十九条の六　この法律に規定するもののほか、指定医の指定に関して必要な事項は政令[1]で、第十八条第一項第四号及び第十九条第一項の規定による研修に関して必要な事項は厚生労働省

令[2]で定める。

〔要　旨〕

本条は、政省令への委任規定である。

〔解　釈〕

〔1〕指定医の指定に関して必要な事項は、施行令第二条の二から第二条の二の五まで及び施行規則第一条から第一条の三を参照。

〔2〕指定医の研修に関して必要な事項は、施行規則第二条から第四条までを参照。

施行規則第一条の二及び別記様式第一号において、指定医の身分を示す証票（指定医証）の様式が定められているが、五年度ごとの研修と指定医証の更新、受講の延期及び指定医証の有効期限延長の申請、失効、指定医証の記載事項の変更届、指定医証の再交付、指定医の辞退届、指定医の死亡届、指定の取消など、その事務取扱については、「精神保健指定医の証の更新等に係る事務取扱要領について」（平成八年三月二十一日健医精発第二〇号　厚生省保健医療局精神保健課長通知）により定められている。

第二節　登録研修機関

（登録）

第十九条の六の二　第十八条第一項第四号又は第十九条第一項の登録（以下この節において「登録」という。）は、厚生労働省令で定めるところにより、第十八条第一項第四号又は第十九条第一項の研修（以下この節において「研修」という。）を行おうとする者の申請[1]により行う。

〔要　旨〕

本条は、精神保健指定医の研修を実施する機関の厚生労働大臣による登録については、研修を行おうとする者の申請により行うことを定めたものである。

「第四章第二節　登録研修機関（第十九条の六の二―第十九条の六の十七）」の規定は、公益法人に係る改革を推進するための厚生労働省関係法律の整備に関する法律（平成十五年法律第百二号）第一条に規定する精神保健福祉法の改正により新たに設けられた。その趣旨は、公益法人が国の代行機関として行う検査・検定等の事務・事業を官民の役割分担及び規制改革の観点から見直し、事業者に対する国の関与を最小限にするため、検査機関、研修等の指定制度を登録制度に変更するものであり、精神保健福祉法においては、精神保健指定医の研修を実施する機関が指定制から登録制に改められた。

〔解　釈〕

〔1〕　登録を申請する場合は、施行規則第四条の四第一項に規定する事項を記載した申請書に同条第二項に規定する書類を添付して行う。

（登録の申請）

第四条の四　法第十九条の六の二の登録の申請をしようとする者は、次に掲げる事項を記載した申請書を厚生労働大臣に提出しなければならない。

一　氏名及び住所（法人にあつては、その名称、主たる事務所の所在地及び代表者の氏名）

二　研修の業務を行おうとする事務所の名称及び所在地

三　研修の業務を開始しようとする年月日

四　研修の種類

2　前項の申請書には、次に掲げる書類を添付しなければならない。

一　申請者が法人である場合は、その定款又は寄附行為及び登記事項証明書

二　申請者が個人である場合は、その住民票の写し

三　申請者が法第十九条の六の三各号の規定に該当しないことを説明した書面

四　次の事項を記載した書面

イ　申請者が法人である場合は、その役員の氏名及び略歴

ロ　研修の業務を管理する者の氏名及び略歴

五　研修の業務を開始する初年度の研修計画（法第十九条の六の六第一項に規定する研修計画をいう。）を

（欠格条項）

第十九条の六の三　次の各号のいずれかに該当する者は、登録を受けることができない。

一　この法律若しくはこの法律に基づく命令又は障害者の日常生活及び社会生活を総合的に支援するための法律若しくは同法に基づく命令に違反し、罰金以上の刑に処せられ、その執行を終わり、又は執行を受けることがなくなつた日から二年を経過しない者〔1〕

二　第十九条の六の十三の規定により登録を取り消され、その取消しの日から二年を経過しない者

三　法人であつて、その業務を行う役員のうちに前二号のいずれかに該当する者があるもの

〔要　旨〕

本条は、指定医に係る指定前の研修や更新時の研修を実施する機関としての厚生労働大臣による登録を受けることができない欠格事由を定めるものである。

〔解　釈〕

〔1〕「刑に処せられ、その執行を終わり、又は執行を受けることがなくなつた日」とは、刑の執行が終わった日または恩赦や刑の時効により刑の執行を免除された日のことをいい、それから二年を経過した場合に登録を受ける

ことができる。また、執行猶予の場合は、刑に処せられることなく、猶予期間を過ぎれば、刑の言渡しの効力がなくなることから（刑法第二十七条）、執行猶予期間を経過したその日から、登録を受けることができる。

（登録基準）

第十九条の六の四　厚生労働大臣は、第十九条の六の二の規定により登録を申請した者が次に掲げる要件のすべてに適合しているときは、その登録をしなければならない。

一　別表(1)の第一欄に掲げる科目を教授し、その時間数が同表の第三欄又は第四欄に掲げる時間数以上であること。

二　別表の第二欄で定める条件に適合する学識経験を有する者が前号に規定する科目を教授するものであること。

2　登録は、研修機関登録簿に登録を受ける者の氏名又は名称、住所、登録の年月日及び登録番号を記載してするものとする。

〔要　旨〕

本条は、指定医に係る指定前の研修や更新時の研修を実施する機関として厚生労働大臣による登録を受けるための基準を定めており、登録を申請した者が、本条各号に規定する条件のすべてに適合する場合は、厚生労働大臣は登録しなければならない。

〔解　釈〕

〔１〕　別表は次のとおり定められており、登録研修機関が行う指定医の研修の科目、教授する者の資格等を規定している。

別表（第十九条の六の四関係）

科目	教授する者	第十八条第一項第四号に規定する研修の課程の時間数	第十九条第一項に規定する研修の課程の時間数
精神保健及び精神障害者福祉に関する法律及び障害者の日常生活及び社会生活を総合的に支援するための法律並びに精神保健福祉行政概論	この法律及び障害者の日常生活及び社会生活を総合的に支援するための法律並びに精神保健福祉行政に関し学識経験を有する者であること。	八時間	三時間
精神障害者の医療に関する法令及び実務	精神障害者の医療に関し学識経験を有する者として精神医療審査会の委員に任命されている者若しくはその職にあつた者又はこれらの者と同等以上の学識経験を有する者であること。		
精神障害者の人権に関する法令	法律に関し学識経験を有する者として精神医療審査会の委員に任命されている者若しくはその職にあつた者又はこれらの者と同等以上の学識経験を有する者であること。		
精神医学	学校教育法（昭和二十二年法律第二十六号）に基づく大学において精神医学の教授若しくは准教授の職にある者若しくはこれらの職にあつた者又はこれらの者と同等以上の学識経験を有する者であること。	四時間	

精神障害者の社会復帰及び精神障害者福祉	精神障害者福祉に関し学識経験を有する者であること。	二時間	一時間
精神障害者の医療に関する事例研究	次に掲げる者が共同して教授すること。 一　指定医として十年以上精神障害の診断又は治療に従事した経験を有する者 二　法律に関し学識経験を有する者として精神医療審査会の委員に任命されている者若しくはその職にあつた者又はこれらの者と同等以上の学識経験を有する者 三　精神保健福祉行政に関し学識経験を有する者	四時間	三時間

備考　第一欄に掲げる精神障害者の医療に関する事例研究は、最新の事例を用いて教授すること。

（登録の更新）

第十九条の六の五　登録は、五年ごとにその更新を受けなければ、その期間の経過によつて、その効力を失う。

2　前三条の規定は、前項の登録の更新について準用する。

〔要　旨〕

本条は、登録研修機関の業務の適正性を担保し、研修の質を維持するために、定期的に登録基準に適合していることを確認する必要があることから、登録研修機関に五年ごとの登録の更新を義務付けるものである。

（研修の実施義務）

第十九条の六の六　登録を受けた者（以下「登録研修機関」という。）は、正当な理由がある場合[1]を除き、毎事業年度、研修の実施に関する計画[2]（以下「研修計画」という。）を作成し、研修計画に従つて研修を行わなければならない。

2　登録研修機関は、公正に、かつ、第十八条第一項第四号又は第十九条第一項の厚生労働省令[3]で定めるところにより研修を行わなければならない。

3　登録研修機関は、毎事業年度の開始前に、第一項の規定により作成した研修計画を厚生労働大臣に届け出なければならない。これを変更しようとするときも、同様とする。

〔要　旨〕

本条は、年度を通じて適切かつ計画的に研修が行われるよう、登録研修機関は毎事業年度の研修計画を作成し、これに基づいて研修を実施するとともに、当該計画を厚生労働大臣に届け出なければならないことを定めるものである。

〔解　釈〕

〔1〕「正当な理由がある場合」とは、登録研修機関が業務を休止している場合等である。

〔2〕研修計画には、研修を的確かつ確実に実施するために最低限度必要な情報として、少なくとも次に掲げる事項は記載されるべきと考えられる。

・当該事業年度における研修の開催日程
・開催日ごとの研修実施会場の所在地
・その他必要な事項（研修受講申込みの手続等）

〔3〕精神保健福祉法第十八条第一項第四号及び第十九条第一項に規定する研修の課程は、法別表のとおりとなっている（施行規則第二条）（第十八条の解釈〔7〕を参照）。

（変更の届出）
第十九条の六の七　登録研修機関は、その氏名若しくは名称又は住所を変更しようとするときは、変更しようとする日の二週間前までに、その旨を厚生労働大臣に届け出なければならない。

〔要　旨〕

本条は、登録研修機関がその名称等や住所を変更しようとするときは、変更の旨を変更しようとする日の二週間前までに届け出なければならないことを規定したものである。

（業務規程）

第十九条の六の八　登録研修機関は、研修の業務に関する規程（以下「業務規程」という。）を定め、研修の業務の開始前に、厚生労働大臣に届け出なければならない。これを変更しようとするときも、同様とする。

2　業務規程には、研修の実施方法、研修に関する料金その他の厚生労働省令で定める事項(1)を定めておかなければならない。

〔要　旨〕

本条は、指定医の研修制度の円滑な運用を図るため、厚生労働大臣が登録研修機関の業務内容を把握する必要があることから、研修の実施方法や研修の料金等の事項について業務規程として定め、厚生労働大臣に届け出ることを登録研修機関に対して義務付けるものである。

〔解　釈〕

〔1〕　業務規程で定める事項は、施行規則第四条の六により、次のように定められている。

（業務規程）

第四条の六　法第十九条の六の八第二項の厚生労働省令で定める事項は、次のとおりとする。

一　研修の実施方法

二　研修に関する料金
三　前号の料金の収納の方法に関する事項
四　研修課程修了証の発行に関する事項
五　研修の業務に関して知り得た秘密の保持に関する事項
六　研修の業務に関する帳簿及び書類の保存に関する事項
七　法第十九条の六の十第二項第二号及び第四号の請求に係る費用に関する事項
八　その他研修の業務の実施に関し必要な事項

（業務の休廃止）
第十九条の六の九　登録研修機関は、研修の業務の全部又は一部を休止し、又は廃止しようとするときは、厚生労働省令で定めるところ(1)により、あらかじめ、その旨を厚生労働大臣に届け出なければならない。

〔要　旨〕
本条は、登録研修機関が研修を休廃止しようとする場合に厚生労働大臣にあらかじめ届け出なければならない旨を規定したものである。

〔解　釈〕

〔1〕　登録研修機関は、研修業務の休廃止の届出をしようとするときは、施行規則第四条の七により、次の事項を記載した書面を厚生労働大臣に提出しなければならない。

〔業務の休廃止の届出〕

第四条の七　法第十九条の六の六第一項に規定する登録研修機関（以下「登録研修機関」という。）は、法第十九条の六の九の届出をしようとするときは、次の事項を記載した書面を厚生労働大臣に提出しなければならない。

一　休止し、又は廃止しようとする研修の業務の範囲
二　休止し、又は廃止しようとする年月日
三　休止又は廃止の理由
四　休止しようとする場合にあつては、休止の予定期間

（財務諸表等の備付け及び閲覧等）

第十九条の六の十　登録研修機関は、毎事業年度経過後三月以内に、当該事業年度の財産目録、貸借対照表及び損益計算書又は収支計算書並びに事業報告書（その作成に代えて電磁的記録⑴（電子的方式、磁気的方式その他の人の知覚によつては認識することができない方式で作られる記録であつて、電子計算機による情報処理の用に供されるものをいう。以下同じ。）の作成

がされている場合における当該電磁的記録を含む。次項及び第五十七条において「財務諸表等」という。）を作成し、五年間事務所に備えて置かなければならない。

2　研修を受けようとする者その他の利害関係人は、登録研修機関の業務時間内は、いつでも、次に掲げる請求をすることができる。ただし、第二号又は第四号の請求をするには、登録研修機関の定めた費用を支払わなければならない。

一　財務諸表等が書面をもつて作成されているときは、当該書面の閲覧又は謄写の請求

二　前号の書面の謄本又は抄本の請求

三　財務諸表等が電磁的記録をもつて作成されているときは、当該電磁的記録に記録された事項を厚生労働省令で定める方法により表示[2]したものの閲覧又は謄写の請求

四　前号の電磁的記録に記録された事項を電磁的方法であつて厚生労働省令で定めるものにより提供[3]することの請求

〔要　旨〕

本条は、登録研修機関に対し、毎事業年度終了後三月以内に財務諸表等を作成し、五年間備え付けることを義務づけるとともに、研修を受けようとする者等は、いつでも財務諸表等の閲覧、謄写等を請求できる旨を定めたものである。

〔解　釈〕

〔1〕財務諸表等の作成は電磁的記録の作成によることも可能である旨を定めるものである。

〔2〕財務諸表等が電磁的記録により作成されているときの閲覧方法は、当該電磁的記録に記録された事項を紙面又は出力装置の映像面に表示する方法とされている（施行規則第四条の八）。

〔3〕電磁的記録に記録された事項を電磁的方法により提供する方法は、施行規則第四条の九により、次のように規定されている。

〔情報通信の技術を利用する方法〕

第四条の九　法第十九条の六の十第二項第四号の厚生労働省令で定める電磁的方法は、次に掲げるいずれかの方法とする。

一　送信者の使用に係る電子計算機と受信者の使用に係る電子計算機とを電気通信回線で接続した電子情報処理組織を使用する方法であつて、当該電気通信回線を通じて情報が送信され、受信者の使用に係る電子計算機に備えられたファイルに当該情報が記録されるもの

二　磁気ディスクその他これに準ずる方法により一定の情報を確実に記録しておくことができる物をもつて調製するファイルに情報を記録したものを交付する方法

2　前項各号に掲げる方法は、受信者がファイルへの記録を出力することによる書面を作成できるものでなければならない。

（適合命令）

第十九条の六の十一　厚生労働大臣は、登録研修機関が第十九条の六の四第一項各号のいずれかに適合しなくなつたと認めるときは、その登録研修機関に対し、これらの規定に適合するため必要な措置をとるべきことを命ずることができる。

〔要　旨〕

本条は、厚生労働大臣が登録研修機関が登録基準に適合しなくなったと認めるときは、登録研修機関に対して、登録基準に適合するよう必要な措置を講ずることを命ずることができる旨を規定するものである。

（改善命令）

第十九条の六の十二　厚生労働大臣は、登録研修機関が第十九条の六の六第一項又は第二項の規定に違反していると認めるときは、その登録研修機関に対し、研修を行うべきこと又は研修の実施方法その他の業務の方法の改善に関し必要な措置をとるべきことを命ずることができる。

〔要　旨〕

本条は、厚生労働大臣は、登録研修機関が研修の実施義務に違反していると認めるときは、改善命令を行うこと

ができる旨の規定である。

（登録の取消し等）

第十九条の六の十三　厚生労働大臣は、登録研修機関が次の各号のいずれかに該当するときは、その登録を取り消し、又は期間を定めて研修の業務の全部若しくは一部の停止を命ずることができる。

一　第十九条の六の三第一号又は第三号に該当するに至つたとき。

二　第十九条の六の六第三項、第十九条の六の七、第十九条の六の八、第十九条の六の九、第十九条の六の十第一項又は次条の規定に違反したとき。

三　正当な理由がないのに第十九条の六の十第二項各号の規定による請求を拒んだとき。

四　第十九条の六の十一又は前条の規定による命令に違反したとき。

五　不正の手段により登録を受けたとき。

〔要　旨〕

本条は、厚生労働大臣による登録研修機関に対する登録の取消しや業務の停止命令に関する規定である。

（帳簿の備付け）

第十九条の六の十四　登録研修機関は、厚生労働省令で定めるところにより、帳簿を備え、研修に関し厚生労働省令で定める事項を記載し[1]、これを保存しなければならない。

〔要　旨〕

本条は、登録研修機関に対し、帳簿の備付け、記載及び保存を登録研修機関に義務付ける規定である。

〔解　釈〕

〔1〕　登録研修機関が研修に関して帳簿に記載しなければならない事項は、施行規則第四条の十一により、次のように定められている。

（帳簿の備付け）

第四条の十一　登録研修機関は、研修を行つたときは、研修の修了者の氏名、生年月日、住所、勤務先の名称及び所在地、修了年月日、研修課程修了証の番号及び修了した研修の種類を記載した帳簿を作成し、研修の業務を廃止するまで保存しなければならない。

（厚生労働大臣による研修業務の実施）

第十九条の六の十五　厚生労働大臣は、登録を受ける者がいないとき、第十九条の六の九の規定

による研修の業務の全部又は一部の休止又は廃止の届出があつたとき、第十九条の六の十三の規定により登録を取り消し、又は登録研修機関に対し研修の業務の全部若しくは一部の停止を命じたとき、登録研修機関が天災その他の事由により研修の業務の全部又は一部を実施することが困難となつたときその他必要があると認めるときは、当該研修の業務の全部又は一部を自ら行うことができる。

2　前項の規定により厚生労働大臣が行う研修を受けようとする者は、実費を勘案して政令で定める金額の手数料を納付しなければならない。

3　厚生労働大臣が第一項の規定により研修の業務の全部又は一部を自ら行う場合における研修の業務の引継ぎその他の必要な事項[1]については、厚生労働省令で定める。

〔要　旨〕

本条は、登録研修機関による研修業務の実施が困難となるなど、厚生労働大臣が必要と認めるときは、厚生労働大臣が自ら研修業務の全部又は一部を行うことができる旨の規定である。

〔解　釈〕

〔1〕　厚生労働大臣が自ら研修の業務を行う場合における研修の業務の引継ぎその他の必要な事項は、施行規則第四条の十三により、次のように規定されている。

〔研修業務の引継ぎ等〕

第四条の十三　登録研修機関は、法第十九条の六の十五第一項の規定により厚生労働大臣が研修の業務の全部又は一部を自ら行う場合には、次に掲げる事項を行わなければならない。

一　研修の業務の厚生労働大臣への引継ぎ

二　研修の業務に関する帳簿及び書類の厚生労働大臣への引継ぎ

三　その他厚生労働大臣が必要と認める事項

（報告の徴収及び立入検査）

第十九条の六の十六　厚生労働大臣は、研修の業務の適正な運営を確保するために必要な限度において、登録研修機関に対し、必要と認める事項の報告を求め、又は当該職員に、その事務所に立ち入り、業務の状況若しくは帳簿書類その他の物件を検査させることができる。

2　前項の規定により立入検査を行う当該職員は、その身分を示す証票を携帯し、関係者の請求があつたときは、これを提示しなければならない。

3　第一項の規定による権限は、犯罪捜査のために認められたものと解釈してはならない。

〔要　旨〕

本条は、厚生労働大臣による登録研修機関に対する報告徴収及び立入検査に関する規定である。立入検査に当

たっては、当該職員はその身分を示す証票を携帯し、関係者の請求があるときは、これを提示しなければならない。

（公示）

第十九条の六の十七　厚生労働大臣は、次の場合には、その旨を公示しなければならない。

一　登録をしたとき。

二　第十九条の六の七の規定による届出があつたとき。

三　第十九条の六の九の規定による届出があつたとき。

四　第十九条の六の十三の規定により登録を取り消し、又は研修の業務の停止を命じたとき。

五　第十九条の六の十五の規定により厚生労働大臣が研修の業務の全部若しくは一部を自ら行うものとするとき、又は自ら行つていた研修の業務の全部若しくは一部を行わないこととするとき。

〔要　旨〕

本条は、登録研修機関の登録に関して厚生労働大臣が公示しなければならない事項を定めた規定である。なお、各登録研修機関について、具体的に公示されている内容としては、次のとおりである。

一　登録研修機関の名称及び住所

二　研修の業務を行う事務所の名称及び所在地

三　研修の業務を開始する年月日
四　研修の種類
五　登録期間

第三節　精神科病院

（都道府県立精神科病院）

第十九条の七　都道府県[1]は、精神科病院[2]を設置[3][4]しなければならない。ただし、次条の規定による指定病院がある場合においては、その設置を延期することができる。

2　都道府県又は都道府県及び都道府県以外の地方公共団体が設立した地方独立行政法人（地方独立行政法人法（平成十五年法律第百十八号）第二条第一項に規定する地方独立行政法人をいう。次条において同じ。）が精神科病院を設置している場合には、当該都道府県については、前項の規定は、適用しない[5]。

〔要　旨〕

本条は、都道府県に課せられた精神科病院設置義務に関する規定である。

昭和四十年の改正前は、①都道府県が精神科病院の設置を延期しようとする場合、②都道府県が精神科病院を設置し、廃止し、又はその施設を増築し、若しくは改築しようとする場合、③都道府県知事が指定病院を指定しようとする場合においては、それぞれ厚生大臣の承認を必要とすることとされていたが、同改正によりこれらの承認制度は廃止された。

なお、平成五年の改正により、いわゆる大都市特例の規定が創設され、都道府県等が処理する精神保健福祉に関する事務は、指定都市においては指定都市が処理することとされたが、本条による精神科病院設置の義務については、地方自治法施行令第百七十四条の三十六の規定により除外されている（第五十一条の十二の解説を参照）。

〔解　釈〕

〔1〕都道府県に精神科病院の設置を義務づけた本条の規定は、昭和二十五年の精神衛生法制定当時から置かれており、本条が規定された趣旨は、自己の症状に関し的確妥当な判断を下すことが困難な状態にある精神障害者（特に措置入院患者）は、できるだけ公的機関の管理経営に属する医療機関で医療及び保護を受けることが妥当であるとの考え方に基づいたものである。

本条の趣旨は、精神医療の特性にかんがみ、各都道府県に本来的に精神医療に向けられた専門的な病院の設置を義務づけた点にあり、各都道府県は、本条の定めるところにより、精神医療のあらゆるニーズに対応可能な機能を持つ総合的で専門的な病院を設置すべき責務を有しているのであって、次条の規定による指定病院があるからといって、本条が規定する責務を果たしたものとはいえないのである。

〔2〕本条でいう精神科病院は、第十九条の五で定められているように、精神科病院以外の病院で精神病室が設けられているものを含むが、機能の高い精神科病院の設置が求められていることには変わりはない。

〔3〕ここにいう「設置」の意味は、単に都道府県が、当該精神科病院の建物、敷地等を「所有」することのみでは足らず、医療法にいう「開設者」たる地位に立つことを要求しているものと解すべきである。

〔4〕本条で都道府県に義務づけられている精神科病院の設置という事務の性質は、地方自治法に規定するいわゆる「自治事務」である（同法第二条）。

なお、本来国が果たすべき事務であるが、法律又は政令で特に都道府県、市町村等が処理するものとして定め

たもの、又は本来都道府県が果たすべき事務であるが、法律又は政令で特に市町村等が処理するものとして定めたものを「法定受託事務」（精神保健福祉法に例をとれば、精神保健指定医に対して自傷他害のおそれのある患者を診察させ、その結果に基づいて措置入院させる等の事務）という。

〔5〕　本項は、地方独立行政法人制度創設に伴い、平成十五年に、地方独立行政法人法の施行に伴う関係法律の整備等に関する法律（平成十五年法律第百十九号）における精神保健福祉法の改正により、新たに設けられた。都道府県が設立した地方独立行政法人（都道府県が市町村等と共同で設立した場合を含む。）が精神科病院を設置する場合は、都道府県の精神科病院の設置義務が解除される。

（指定病院）

第十九条の八　都道府県知事は、国、都道府県並びに都道府県又は都道府県及び都道府県以外の地方公共団体が設立した地方独立行政法人（以下「国等」という。）以外の者が設置した精神科病院⑴であつて厚生労働大臣の定める基準⑵⑶に適合するものの全部又は一部⑷を、その設置者の同意⑸を得て、都道府県が設置する精神科病院に代わる施設⑹（以下「指定病院」という。）として指定することができる。

〔要　旨〕

本条は、都道府県立等の精神科病院が設置されているかどうかにかかわらず、国立・都道府県立（都道府県等が

設立した地方独立行政法人が設置する精神科病院を含む。）以外の精神科病院を指定して、措置入院患者の入院に対応しようとする規定である。

〔解　釈〕

〔1〕「国、都道府県並びに都道府県又は都道府県及び都道府県以外の地方公共団体が設立した地方独立行政法人（以下「国等」という。）以外の者が設置した精神科病院」には、一般の民間立の病院はもちろん、市町村又は市町村の一部事務組合が設置した病院も含まれる。医療法等に規定される公的医療機関の概念が、都道府県及び市町村のほか、日本赤十字社及び済生会等が開設した病院の範囲まで拡大されているのに対し、本法の場合は、市町村立等でも、本条による指定行為を経なければ、措置入院者を入院させることはできない。

〔2〕指定病院の指定基準については、昭和四十年の局長通知により定められていたところであるが、平成七年の改正により、指定基準を厚生大臣（現・厚生労働大臣）が定める旨を法律上に規定し、指定病院がその基準に適合しなくなったときは、都道府県知事（指定都市の市長）は、当該指定を取り消すことができることが明記された。

指定基準については、告示により次のとおり定められている。

なお、この基準は、解釈運用通知にも示されているとおり、医師及び看護職員の配置の基準は医療法の精神科病院における旧特例許可の基準と同一であったが、看護職員の配置の基準は、平成十八年の告示改正により引き上げられた。

精神保健及び精神障害者福祉に関する法律第十九条の八の規定に基づき厚生労働大臣の定める指定病院の基準

〔平成八年三月二十一日
厚生省告示第九十号〕

注　平成二〇年三月二七日厚生労働省告示第一三一号による改正現在

精神保健及び精神障害者福祉に関する法律（昭和二十五年法律第百二十三号。以下「法」という。）第十九条の八の規定に基づき、厚生大臣の定める指定病院の基準を次のように定め、平成八年四月一日から適用する。ただし、地域（医療法（昭和二十三年法律第二百五号）第三十条の三第二項第一号の区域をいう。）において次の基準に適合する複数の精神病院が無い場合にあっては、法第二十九条第一項の規定により入院する者（以下「措置入院者」という。）に対する医療及び保護のために指定する必要があると認められる精神病院については、第一号の基準を適用しないことができるものとし、平成八年三月三十一日において現に指定病院の指定を受けている精神病院については、平成十一年三月三十一日まで、同号の基準を適用しないことができる。

一　次に掲げる人員を有し、かつ、都道府県知事又は指定都市の市長の求めに応じて措置入院者を入院させて適切な治療を行える診療応需の態勢を整えていること。

1　医師の数が、入院患者の数を三、外来患者の数を二・五をもって除した数との和が五十二までは三とし、それ以上十六又はその端数を増すごとに一を加えた数以上であること。

2　医師のうち二名以上は、常時勤務する法第十八条第一項の規定により指定された精神保健指定医であること。

3　措置入院者を入院させる病棟において看護を行う看護師及び准看護師の数が、入院患者の数が三又はそ

の端数を増すごとに一以上であること。

二　精神病床の数が五十床以上であること。ただし、措置入院者に対して精神障害の医療以外の医療を提供するために十分な体制を有する病院であって二十床以上の精神病床を有するものについては、地域において指定する必要があると認められる場合は、この限りでない。

三　措置入院者の医療及び保護を行うにつき必要な設備を有していること。

〔3〕　指定基準の解釈運用については、「精神保健福祉法第十九条の八に基づく指定病院の指定について」（平成八年三月二十一日健医発第三三五号　厚生省保健医療局長通知）により定められている。

精神保健福祉法第十九条の八に基づく指定病院の指定について

〔平成八年三月二十一日　健医発第三三五号
各都道府県知事・各指定都市市長宛　厚生省保健医療局長通知〕

注　平成二六年三月一一日障発〇三一一第六号による改正現在

1　指定基準の第一号柱書（基本的事項）関係

第一号柱書中「都道府県知事又は指定都市の市長の求めに応じて措置入院者を入院させて適切な治療を行える診療応需の態勢を整えていること」については、措置入院者に対し適切な治療を行うための熱意と診療態勢により判断することとし、精神保健行政及び地域精神医療に対する協力と貢献、措置入院者の積極的な受け入れ、精神科救急や精神障害者の社会復帰の促進についての熱意、医師や看護職員の充実や作業療法士、精神保健福祉士、臨床心理技術者などのコメディカル職種の充実についての努力、入院患者の人権保護

や療養環境の向上についての努力などを考慮して、優先的な指定を行うこと。

このため、医療法等各種法令を遵守していない精神科病院は、この基準に適合しないものであること。従って、医療法の人員配置基準を下回っている病院及び超過収容など医療法による使用許可を受けた病床以外の病床に患者を入院させている精神科病院については、指定病院の指定を行わないものであること。

また、三年間にわたり新規又は継続の措置入院者を受け入れていない精神科病院は、この基準に適合しないものであること。

2　指定基準の第一号1及び3（医師及び看護職員の配置）関係

第一号1中、「入院患者の数」及び「外来患者の数」は、前年一年間の平均の精神病床入院数及び精神科外来数とし、「医師の数」については、非常勤の者は医療法の例により常勤換算し、精神病床と精神病床以外の病床を有する病院にあっては、精神病床及び精神科の外来に従事する人員（兼務の場合は業務割合に応じて按分）とする。

また、第一号3中、「入院患者の数」は、前年一年間の平均の措置入院者を入院させる病棟の精神病床入院数とし、「看護師及び准看護師の数」については、非常勤の者は医療法の例により常勤換算する。

3　指定基準の第一号2（常勤指定医の配置）関係

第一号2中「常時勤務する精神保健指定医」については、精神保健及び精神障害者福祉に関する法律施行規則第四条の三によること。

4　指定基準の第二号（精神障害の医療以外の医療の提供）

第二号中「精神障害の医療以外の医療を提供するために十分な体制を有する病院」については、以下の要件を満たすものとする。

(1)　当該病院に内科又は外科を専門とする医師が一名以上配置されていること。

(2)　一般病床を有しており、必要に応じて身体的合併症を有する措置入院患者の入院治療に対応可能な精神科以外の医療体制と連携が確保されていること。

(3)　当該病院に救急蘇生装置、除細動器、心電計、呼吸循環監視装置等の身体的医療に必要な機器を設置していること。

5　指定基準の第三号（設備要件）関係

第三号中「必要な設備」については、措置入院者を入院させるのに適切な病床、デイルーム、食堂、作業療法用施設等のほか、保護室（隔離室）を適宜の数有すること。

6　基準の特例

指定基準の特例として、地域（おおむね二次医療圏）において指定基準の各号の全てに適合する複数の精神科病院が無い場合にあっては、措置入院者に対する医療及び保護のために特に指定する必要がある精神科病院については、第一号の基準を適用しないことができる。

これは、二次医療圏を単位とした地域において、基準の本則に適合する指定病院の数と国立又は都道府県立の精神科病院の数との合計が、二病院に満たない場合に、その数が二病院になるまで基準の第一号を満たさない精神科病院の中から指定を行えることとしたものであること。

また、この場合においても、医療法の人員配置基準を満たしていない病院の指定は特に慎重に行うこととし、やむを得ず指定した場合においては、指定の期限の間に基準を遵守できるよう改善を指導すること。

7　指定病院数及び指定病床数

指定病院数については、地域における精神科病院数に比べて多すぎる地域や、少なすぎる地域があるが、

措置入院者数の状況や精神科病院の配置等の実情、精神科救急医療体制の整備に当たっての必要性等に応じ、過不足のない数とすること。

指定病院ごとの指定病床数については、各病院における措置入院者数の実情に比べて多すぎる地域があるが、地域における措置入院者の状況及び当該病院の実情に応じ、過不足のない数（一病院当たりおおむね一〇床から三〇床程度。ただし、指定基準の第二号ただし書により指定する場合においては、この限りでない。）とすること。

８　指定期限及び更新

指定病院の指定は、原則として三年の期限を付して指定し、三年ごとに見直しを行い、更新すること。この場合、更新時期は、平成八年四月一日以後の三年度ごととし、既指定のものや新規指定のものについては、指定期限を調整して、更新時期を合わせること。

〔４〕　本条では、指定病院の指定は、精神科病院（精神病室を含む。）の全部又は一部について行われると規定されているが、実際には、その一部について指定することが通例であり、病院ごとに特定の病床数（一つの病院につきおおむね十床から三十床程度）を定めて指定される。

精神科医療の特質にかんがみれば、精神科病院の入院患者は、その病状により、病棟や病室を移されたりするなど、そのときそのときの患者の病状に即した治療が加えられるのが通例であり、特定の病棟、病室あるいは病床を指定したのでは、不都合が生じ得る。本条の指定は、都道府県知事（指定都市の市長）が行政処分をなし得る措置患者数を特定するものと解すべきであり、病床数を定めて行われた指定の効果は、当該病院の全施設に及ぶものと解される。このため、指定基準の告示においても、単に指定を受けた一部の病床について要件を備える

だけでなく、当該病院全体について要件を備えることが必要とされている。

〔5〕　指定病院の指定は、相手方の病院の設置者の同意を得て行うこととされているが、この「設置者」とは、医療法上の「開設者」のことである。

指定の効果は、都道府県知事（指定都市の市長）が第二十九条又は第二十九条の二の規定に基づき、特定の精神障害者を措置入院又は緊急措置入院させようとする場合、これを適法に行い得ることである。この意味で、指定は、措置入院の受け入れ先として適切な施設であることを認定する行為であるといえる。したがって、指定の効果は、他の都道府県知事（指定都市の市長）に対しても及ぶものであり、必要な場合には他の都道府県知事（指定都市の市長）が指定した指定病院に措置することもできるのは、このためである。

〔6〕　本条では、指定病院について、「都道府県が設置する精神科病院に代わる施設」という表現がされているが、これは、昭和二十五年の精神衛生法制定当初は、措置入院は全て都道府県立精神科病院に集中させて入院させるべきであり、都道府県立精神科病院の病床数が十分整備されるまでの代わりとして、指定病院を指定するという考え方があったためであり、旧精神病院法第七条の「代用病院」の流れをくむものと考えられる。

しかしながら、第十九条の七の解釈〔1〕でも述べたとおり、医療法人立の精神科病院でも優れた医療内容をもつ精神科病院は多く、また、措置入院患者を特定の病院に集中して入院させるという考え方も適当でないことから、現在においては、本条を根拠に指定病院を都道府県立精神科病院の代替病院として性格づけて理解することは適当でないと考えるべきである。都道府県立精神科病院は、指定を行わなくても措置入院の受け入れ先となることが予定されているのに対し、指定病院は、指定によって初めて措置入院の受け入れ先となるということを意味していると理解すべきであろう。

このように、都道府県立精神科病院の設置義務と指定病院の指定の事務は、結びついたものではないという法

制的理解から、本法の大都市特例の扱いを定める地方自治法施行令第百七十四条の三十六では、精神保健福祉法第十九条の七の規定による精神科病院設置の義務は指定都市には課さず、一方、第十九条の八の規定による指定病院の指定の事務は、指定都市の事務としたものである。

なお、指定病院が指定を受けることは、ただちに患者入院の実態を伴うものではなく、いわば将来起こりうる措置入院の予約をすることといえるため、都道府県知事（指定都市の市長）が一定の条件の下に行う病院開設者との間の公法上の契約とみることもできよう。

（指定の取消し）

第十九条の九　都道府県知事は、指定病院が、前条の基準に適合しなくなつたとき、又はその運営方法がその目的遂行のために不適当であると認めたとき[1]は、その指定を取り消す[2]ことができる。

2　都道府県知事は、前項の規定によりその指定を取り消そうとするときは、あらかじめ、地方精神保健福祉審議会（地方精神保健福祉審議会が置かれていない都道府県にあつては、医療法（昭和二十三年法律第二百五号）第七十一条の二第一項に規定する都道府県医療審議会）の意見を聴かなければならない[3]。

3　厚生労働大臣は、第一項に規定する都道府県知事の権限に属する事務について、指定病院に入院中の者の処遇を確保する緊急の必要があると認めるときは、都道府県知事に対し同項の事

務を行うことを指示することができる。

〔要　旨〕

本条は、指定病院の指定の取消しに関する規定である。

平成十一年の改正により、厚生労働大臣は、緊急の必要があると認めるときは、都道府県知事に対して指定病院の指定の取消しを指示することができることを規定した。

〔解　釈〕

〔1〕　指定病院の「運営方法がその目的遂行のために不適当であると認め」られる場合とは、例えば、当該指定病院が精神保健福祉法に違反した場合や、当該指定病院の患者の治療方法、処遇方法等に著しい瑕疵があり、措置入院患者等を入院させるにはふさわしくないような場合が挙げられる。また、社会保険診療に関して不正不当の請求等を行い、その結果、社会保険各法による指定医療機関の指定の取消しが行われた場合も、取消しをすべきである。また、入院患者に対する治療方法、処遇方法に対する著しい瑕疵については、措置入院患者以外の任意入院患者や医療保護入院患者等に対するものであっても、このまま放置すれば措置入院患者に対して同様の治療方法、処遇方法が講ぜられるおそれがあるものと考えられることから、本条でいう「その目的遂行のために不適当である」と認められる場合に該当するものと解される。

〔2〕　行政庁の行った指定の取消しは、行政不服審査法にいう「行政庁の処分」に該当するものと解される。したがって、取消しを受けた病院側は、行政不服審査法の定めるところにより、当該処分に関して不服申立てを行うことができる。

〔3〕　指定病院の指定の取消しは、当該病院の期待権を一方的に消滅させるものであり、行政手続法にいう「不利益処分」に該当するものと解される。したがって、当該処分に当たっては、聴聞を行うとともに、当該処分の理由を示さなければならないこととされている。

（国の補助）
第十九条の十　国は、都道府県[1]が設置する精神科病院及び精神科病院以外の病院に設ける精神病室の設置及び運営に要する経費（第三十条第一項の規定により都道府県が負担する費用[2]を除く。次項において同じ。）に対し、政令[3]の定めるところにより、その二分の一を補助する。
2　国は、営利を目的としない法人が設置する精神科病院及び精神科病院以外の病院に設ける精神病室の設置及び運営に要する経費に対し、政令[4]の定めるところにより、その二分の一以内を補助することができる。

〔要　旨〕
本条は、都道府県立精神科病院及び営利を目的としない法人が設置する精神科病院の設置及び運営に要する経費の補助に関する規定である。

〔解　釈〕
〔1〕　本条第一項の規定による国の補助については、第十九条の七の規定により設置された都道府県立精神科病院を

対象とするものであり、同条の規定は大都市特例の適用除外とされていることから、指定都市が設置する精神科病院については、本条第一項ではなく第二項の規定により国の補助が行われることとなる。

ただし、実際には、市町村についても、都道府県に対してと同様、二分の一の補助率で運用されているので、補助の内容は同じである。

〔2〕 都道府県立及び非営利法人立の精神科病院に対する補助のうち、第三十条第一項の規定により都道府県が負担する措置入院者の入院に要する経費等については、別に第三十条第二項により規定されていることから、本条の補助対象から除外されている。

〔3〕 本条第一項に係る政令は、施行令第二条の三に規定がある。

（国庫の補助）

第二条の三　法第十九条の十第一項の規定による国庫の補助は、各年度において都道府県が精神科病院及び精神科病院以外の病院に設ける精神病室の設置及び運営のために支出した費用（法第三十条第一項の規定により都道府県が負担する費用を除く。）の額から、その年度における事業に伴う収入その他の収入の額を控除した精算額につき、厚生労働大臣が総務大臣及び財務大臣と協議して定める算定基準に従つて行うものとする。

2　第一条第二項の規定は、前項の場合に準用する。

なお、運営費補助については、昭和三十六年の法改正において、措置入院者の入院に要する費用の算定方法を人件費等運営に要する費用も含まれる健康保険の診療方針及び療養に要する費用の額の算定方法の例によること

とされ、更に運営費を補助する必要がなくなったため、それ以降は運営費補助は行われていない。

〔4〕本条第二項に係る政令は、現在までのところ制定されていないが、予算上の補助がされており、市町村等については、都道府県と同様の補助がされており、その他の非営利法人については、指定病院の作業・生活療法部門及び特殊病棟に限って補助が行われている。

〔5〕本条の運用は、厚生事務次官通知「保健衛生施設等施設・設備整備費国庫補助金交付要綱」（昭和六十二年七月三十日厚生省発健医第一七九号）により、次のように行われている。

設置主体	補助内容
都道府県、市町村等	精神科病院・精神病室の施設・設備の整備について、二分の一を国庫補助
その他の非営利法人	指定病院の指定を受けた場合に限り、作業・生活療法部門及び特殊病棟（老人、アルコール、薬物、児童・思春期、合併症、認知症治療）等に係る施設整備で厚生労働大臣が認めるものに限り、三分の一を国庫補助

＊「都道府県、市町村等」の「等」は、地方公共団体の組合及び国民健康保険組合

〔6〕なお、このほか、予算上の補助制度として、医療提供体制施設整備交付金による医療施設近代化施設整備事業も、精神科病院が対象となっており、これについては、病棟の種類の限定はない。

第四節　精神科救急医療の確保

第十九条の十一　都道府県は、精神障害の救急医療が適切かつ効率的に提供されるように、夜間又は休日において精神障害の医療を必要とする精神障害者又はその第三十三条第二項に規定する家族等その他の関係者からの相談に応ずること[1]、精神障害の救急医療を提供する医療施設相互間の連携を確保すること[2]その他の地域の実情に応じた体制の整備を図るよう努めるものとする。

2　都道府県知事は、前項の体制の整備に当たつては、精神科病院その他の精神障害の医療を提供する施設の管理者、当該施設の指定医その他の関係者に対し、必要な協力を求めることができる[3][4]。

〔要　旨〕

精神科救急医療については、夜間・休日の電話相談件数や受信件数、入院件数の増加傾向がみられ、必要性が高まっているが、一方で、精神科救急医療の提供のあり方は都道府県によって大きく異なっており、地域の実情を踏まえ、どの地域でも精神科救急医療が受けられる体制を整える必要がある。また、特に精神障害者の場合、地域生活へ移行した後においても、突発的に医療が必要となる事態が想定されることから、精神障害者が地域において生

活を営む上で、精神科救急医療が適切に提供されることが重要であり、「今後の精神保健医療福祉のあり方等に関する検討会」での議論を踏まえ、平成二十二年の改正において都道府県における精神科救急医療の確保についての規定を設けたものである。

〔解　釈〕

〔1〕　休日、夜間等において精神障害者やその家族等からの相談に応じ、必要に応じて医療機関の紹介や受診指導を行うような二十四時間の相談窓口を設けること等が想定される。

〔2〕　複数の病院による輪番制を設けることや、二十四時間三百六十五日、同一の医療機関において、医師・看護師を常時配置し、受入態勢を整備する常時対応施設を設けること等により、各医療施設が連携を図り、精神科救急医療を必要とする者に対して常時医療を提供できるようにすることが想定される。

〔3〕　近年、診療所等を開業する勤務医（精神保健指定医）が急増している一方、これらの診療所では精神科救急の受け入れを拒否されることが多く、精神科救急医療の現場においても、精神保健指定医を確保する必要性が高まっていることを踏まえ、平成二十二年改正において規定された。

〔4〕　精神科救急医療の体制の整備については、「精神科救急医療体制整備事業の実施について」（平成二十年五月二十六日障発第〇五二六〇〇一号　厚生労働省社会・援護局障害保健福祉部長通知）により示されている。

精神科救急医療体制整備事業の実施について

〔平成二十年五月二十六日　障発第〇五二六〇〇一号
各都道府県知事・各指定都市市長宛
厚生労働省社会・援護局障害保健福祉部長通知〕

注　平成二七年四月二四日障発〇四二四第八号による改正現在

精神科救急医療体制整備事業実施要綱

1　目的

精神科救急医療体制整備事業（以下「事業」という。）は、緊急な医療を必要とする全ての精神障害者等が、迅速かつ適正な医療を受けられるように、都道府県又は指定都市（以下「都道府県等」という。）が、精神科救急医療体制を確保することを目的とする。

精神科救急医療体制については、精神保健及び精神障害者福祉に関する法律（昭和二十五年法律第百二十三号）が一部改正され、精神保健指定医の精神科救急医療体制の確保に対する協力義務が規定されるとともに、都道府県に対しては精神科救急医療体制整備の努力義務が規定され、平成二十四年四月一日から施行されたところである。

そのため、都道府県等は、精神医療相談、精神科救急情報センター、搬送体制、精神科救急医療、身体合併症救急医療等を地域で確保できるように本事業を用いて整備を行うものとする。なお、体制整備に当たっては、精神科救急医療体制連絡調整委員会の意見を聞くこと等により、地域の実情に十分配慮するものとする。

2　事業の実施主体

本事業の実施主体は、都道府県等とする。ただし、事業の内容に応じて、その一部を都道府県等が適当と

認める団体に委託できるものとする。

なお、管内に指定都市のある道府県においては、当該市と有機的連携をもって本事業の実施に努めるものとする。

３　事業の内容

本事業は、一般の救急医療体制の中で実施することを原則とするが、精神科医療施設の分布状況等を勘案し、地域の実情に応じて実施できることとし、概ね以下の内容を有する精神科救急医療体制を構築するものとする。

また、医療計画等における救急医療の確保に関する事業に係る医療連携体制として、一般の救急医療機関や精神科以外の診療科を有する医療機関との連携を図るものとする。

(1)　精神科救急医療体制連絡調整委員会

精神科救急医療体制の円滑な運営を図るための精神科救急医療体制連絡調整委員会を必ず設けること。この委員会は、都道府県、指定都市、医師会、精神科病院協会、精神神経科診療所協会、消防機関、一般救急医療機関等の関係者によって行われるものである。

なお、この委員会は、医療計画等に基づく救急医療対策における関係機関による連絡会議等との間で、精神障害者等の移送の実施体制や身体科と精神科との連携体制の構築を含め、十分な連携及び調整を図ること。

また、適正な受診に関する周知及び事業の評価・検証を行い、精神科救急医療体制機能の整備を図ること。

(2)　精神医療相談事業

ア　二四時間精神医療相談窓口

都道府県等は、特に休日、夜間における精神障害者及び家族等からの相談に対応するため、地域の実情に合わせて、精神保健福祉センター、精神科救急情報センター、医療機関等に精神医療相談窓口の機能を設けるものとする。

精神医療相談窓口においては、精神障害者の疾病の重篤化を軽減する観点から、精神障害者等の症状の緩和が図れるよう適切に対応するとともに、必要に応じて医療機関の紹介や受診指導を行うものとする。

なお、当該窓口の整備に当たっては、既に整備されている相談窓口等の連携により、地域において二四時間の相談体制が確保されることを妨げるものではない。

イ　相談体制

相談窓口は、原則二四時間三六五日体制をとることとし、休日、夜間は確実に対応できるものとする。

相談窓口には、精神科の臨床経験を有する看護職員、精神保健福祉士、その他当該地域の精神保健福祉対策に精通した者を置くものとする。また、精神医療相談に、迅速かつ適切に対応できるような体制（精神科医のオンコール等による。）を整えるものとする。

ウ　精神医療相談窓口の周知

相談窓口は、管内の行政機関や医療機関等を通じて広報するものとし、内科、小児科等の休日・夜間診療案内等と併せて行うなど、精神障害者及び家族等が十分に活用できるよう効果的な周知に努めるものとする。

(3)　精神科救急情報センター

身体疾患を合併している者も含め、緊急な医療を必要とする精神障害者等の搬送先となる医療機関との円滑な連絡調整機能等を、「精神科救急情報センター」として精神保健福祉センター、医療機関など精神科救急医療体制の中核となる機関等に原則二四時間三六五日対応できるよう整備（ただし、時間帯により固定の担当機関を置き、適切に情報を引き継ぐ体制を整備することも可とする。）するものとする。

なお、当該センターには、以下の機能を的確に実施するため、精神科の臨床経験を有する看護職員、精神保健福祉士、その他当該地域の精神保健福祉対策に精通した者を置くものとする。

ア　搬送先医療機関の紹介、一般救急システムとの連絡調整

一般の救急情報センターや救急医療機関、消防機関等からの要請に対し、精神障害者等の状態に応じて外来受診又は入院可能な医療機関を紹介する。

イ　移送の実施のための連絡調整

精神保健及び精神障害者福祉に関する法律（昭和二十五年法律第百二十三号。以下「法」という。）に基づく移送の適正かつ円滑な実施について、保健所等を支援するために医療機関等との連絡調整を行う。

ウ　精神科救急情報センターの周知

精神科救急情報センターの機能が適切に発揮されるよう、救急医療機関及び消防機関等への周知を行う。

(4)　搬送体制

法第三十四条に関する搬送体制の整備を図るとともに、消防機関、精神科救急医療施設等の協力を得ながら、患者を速やかに搬送することが可能な体制を整備するものとする。

(5)　精神科救急医療確保事業

緊急な医療を必要とする全ての精神障害者等に対し医療の提供ができる体制（精神保健指定医のオンコール等による。）を整えるものとし、入院を必要とする場合には入院させることができるよう空床を確保することとする。

都道府県知事又は指定都市市長は、地域の実情に応じて本事業が実施可能な医療機関の中から、精神科救急医療施設として指定し実施することとする。

なお、法第三十三条の七の規定により都道府県知事又は指定都市市長が指定した応急入院指定病院については、本事業の趣旨に鑑み原則として精神科救急医療施設として指定を行い、本事業に積極的に参画させることとする。

さらに、精神科救急医療圏域（以下「圏域」という。）において外来診療による初期精神科救急患者への対応を行うための体制が充分ではない場合においては、外来対応施設を設置することが望ましい。

ア　精神科救急医療施設

都道府県が設定した圏域ごとに以下のような類型による精神科救急医療施設を確保すること等により、二四時間三六五日、緊急な医療を必要とする精神障害者等に精神科救急医療を提供できる体制を整備すること。

(ア)　病院群輪番型

各精神科救急医療圏域で、複数病院の輪番制により医師・看護師を常時配置（診療所を始めとした当該医療機関以外の医師が診療に一時的に協力することも含むものとする。）し、受入れ態勢を整備した病院を病院群輪番型施設として指定を行うものとする。また、一床以上の空床を確保するとともに

に、診療応需の体制を整えていること。

なお、保護室、診察室、面会室（ただし、場合により診察室と兼用とすることができる。）及び処置室（酸素吸入装置、吸引装置等身体的医療に必要な機器を設置しているものに限る。）を有していることを要件とする。

(イ)　常時対応型

二四時間三六五日、同一の医療機関において、重度の症状を呈する精神科急性期患者を中心に対応するため、医師・看護師を常時配置（診療所を始めとした当該医療機関以外の医師が診療に一時的に協力することも含むものとする。）し、受入れ体制を整備した病院を常時対応型施設として指定を行うものとする。ただし、診療報酬において、「精神科救急入院料」又は「精神科救急・合併症入院料」の算定を行っていること（同一都道府県等に前述の入院料を算定する病院が存在しない場合にあっては、当該入院料の算定を計画しており、当該都道府県等が地域の中核的なセンター機能を持つ精神科救急医療施設であると認めた場合に限り、暫定的に認めることができる。）。また、二床以上の空床を確保するとともに、診療応需の体制を整えていることを要件とする。

なお、保護室、診察室、面会室（ただし、場合により診察室と兼用とすることができる。）及び処置室（酸素吸入装置、吸引装置等身体的医療に必要な機器を設置しているものに限る。）を有するものとする。

イ　外来対応施設

外来対応施設においては、外来診療によって初期精神科救急患者の医療対応ができる体制を整えるものとする。診療所にあっては、精神病床を有する医療機関との連携により体制確保を図るものとする。

なお、外来対応施設のうち、夜間、休日、全時間帯を同一の医療機関において、対応する体制を整えている場合は、「常時型外来対応施設」として指定するものとする。

また、精神医療相談窓口と連携するとともに、精神障害者及び家族が十分活用できるよう、管内の行政機関や医療機関を通じて広報するものとする。

(6) 身体合併症救急医療確保事業

精神疾患を有しながら、身体合併症患者に対し医療を提供できる体制を有する医療機関を指定するものとする。

(少なくとも二つの圏域に一か所整備するよう努めること。)

また、本事業については、複数病院を指定し、輪番制で対応することもできるものとする。

当該施設における初期治療後の患者について、精神疾患又は身体合併症等の治療を行う医療機関への転院に当たっては、精神科救急情報センターを活用し、後方搬送のための調整機能を強化する。

ア　身体合併症対応施設

救命救急センター又はこれに準ずる医療機関(適切な人員・設備等を備え内科、外科、整形外科等を含む救急医療の体制を有すると都道府県が認める医療機関に限る。)であって、精神科医師による診療体制を有し、救急の身体合併症患者の受入れ及び入院治療が可能な病院を身体合併症対応施設として指定するものとする。

また、原則として二床以上の空床を確保するとともに、診療応需の体制を整えていること。(一般病床、精神病床の別を問わない。オンコール等による対応でも可とする。)

なお、診察室、面会室(ただし、場合により診察室と兼用とすることができる。)及び処置室(酸素

吸入装置、吸引装置等身体的医療に必要な機器を設置しているものに限る。）を有していることを要件とする。（診療報酬において、「精神科救急・合併症入院料」の算定を行っている医療機関については、積極的に指定すること。）

イ　地域搬送受入対応施設

消防法（昭和二十三年法律第百八十六号。）による傷病者の搬送及び受入れの実施に関する基準（以下「搬送実施基準」という。）に基づいて、身体合併症患者を積極的に受入れる病院を、地域搬送受入対応施設として指定を行うものとする。（搬送実施基準に当該医療機関が身体合併症患者を幅広く受入れることが明記され、搬送実施基準に基づいて搬送される身体合併症患者については、必ず受入れることを原則とする。）

なお、当該施設は、原則として二四時間三六五日、同一の医療機関において受入れ体制を整備することが望ましいが、搬送実施基準に基づいている場合は、病院群輪番制による体制整備も可能とする。また、アの身体合併症対応施設を、さらに当該施設として指定することは差し支えない。

(7)　支援病院の確保

本事業の円滑な運営を図るため、精神科救急医療を終了した者については転院させることができるよう、必要に応じ支援病院を指定するなどその確保に努めること。

なお、転院先となる医療機関において要する経費については、国庫補助の対象とならない。

４　報告

都道府県等により指定された精神科救急医療施設等は、月単位で都道府県等に別紙様式１により報告することとする。また、都道府県等は、報告内容に基づき各医療機関の稼働状況を把握するとともに、別紙様式

2及び3を用いて、精神科救急医療体制連絡調整委員会などに対して適宜提示すること。なお、各都道府県等は、翌年度四月末までに、都道府県等における精神科救急医療体制の年報を別紙様式4～7を用いて状況を厚生労働省に報告すること。

5　経費の負担

都道府県等がこの実施要綱に基づき実施する事業に要する経費については、厚生労働大臣が別に定める「精神保健費等国庫負担（補助）交付要綱」（以下「交付要綱」という。）に基づいて、予算の範囲内で国庫補助を行うものとする。

なお、管内に指定都市のある道府県と当該市が共同で本事業を実施する場合は、道府県と指定都市における経費の負担を明確にし、交付要綱に基づいて個別に補助を受けるものとする。

別紙様式　略

第五章　医療及び保護

第一節　任意入院(1)

第二十条　精神科病院の管理者(2)は、精神障害者を入院させる場合(3)においては、本人の同意(4)に基づいて入院が行われるように努めなければならない。(5)(6)(7)

〔要　旨〕

精神科病院の管理者が精神障害者を入院させる場合には、精神障害者本人の同意に基づいて入院が行われるよう努めるべき旨の努力義務を定めた規定である。

次条の規定とともに昭和六十二年の改正において創設された任意入院に関する規定であり、精神障害者本人の意思を尊重する形での入院を行うことが本人の人権尊重という観点から極めて重要であるとともに退院後の治療や再発時にも好ましい影響を与えるものと考えられること、あるいは、「家族により強制的に入院させられた」として

退院後の家族関係のトラブルを避けることができること、などの観点に立ったものであり、本条はそのような任意入院を促進するために設けられた規定である。

〔解　釈〕

〔1〕　昭和六十二年の改正前は、本人の意思による入院についての法律上の規定はなく、いわゆる「自由入院」と呼ばれ運用されていたが、同改正において、説明、説得により精神障害者本人が入院に納得する場合も含めて本人の同意に基づく入院については、その症状によっては行動制限や退院の制限も可能とした上で、法律上明記することとし、その呼称についても「自由」という表現を避け、非強制という意味で「任意入院」という呼称とされたものである。

〔2〕「管理者」とは、医療法第十条の管理者のことである。昭和四十年の改正前は、本法は全て「精神病院の長」という用語を用いていたが、病院長が管理者でない場合も実体上まれにあること、特別に別の用語を使用する実益もないことから、改正の際に医療法に合わせたものである。

ここで、例えば、総合病院における精神科病棟のように、管理者たる病院長は内科等の専門であって、精神科医療は精神科医長の職にある精神科専門医に実質的に委ねられているという場合にも、もちろん実体上はその病棟を管理している精神科医長等が行い、あるいはその専門的判断が基礎となるべきことは言うまでもないが、本法の各条に規定されている個々の行為は管理者たる病院長の責任において、あるいはその名義において行わなければならない。

医療機関に対する行政的規制を行う医療法では、病院の行政法上の代表者として開設者と管理者の二種類を法定しており、いわゆる各診療科に実体上置かれる医長については何ら触れるところがなく、行政法規たる医療法上は、医長は一般の病院勤務医と同様に扱われている。医療法第十五条第一項では、管理者はその病院又は診療

所に勤務する医師、歯科医師、薬剤師その他の従業者を監督し、その業務遂行に欠けるところがないよう必要な注意をしなければならないとされているが、管理者たる病院長はこの管理者としての責任を、法律的には、自らの名義をもって本条の届出を行うことによって果たすこととなるのである。したがって、管理者の監督権限は、いわば総括的な病院全体の運営に関する限り、医師、歯科医師等に対しても及ぶものと解される。

〔3〕　精神科病院の管理者が「精神障害者を入院させる場合」とは、精神科病院の管理者において入院医療を行うか否かの判断をすることができる場合を指しており、専ら医療保護入院との関係について規定したものである。したがって、都道府県知事（指定都市の市長）が入院措置を行う措置入院、緊急措置入院に係る患者については、精神科病院の管理者は、本条の規定の適用を受けないものと解される。

〔4〕　「同意」は任意入院の基本的要件であるが、その意味は精神科病院の管理者との入院契約のような民法上の法律行為としての同意と必ずしも一致するものでなく、患者が自らの入院について拒むことができるにもかかわらず、積極的に拒んでいない状態を含むものとされている。非強制という状態での入院を促進することに任意入院の中心的意義があるとする考え方に立つものである。したがって、未成年者又は成年被後見人である精神障害者が入院する場合であっても、入院契約とは異なり、親権者又は後見人の同意を更に必要とするものではない。

〔5〕　この規定の趣旨は、精神科病院の管理者に、精神障害者を入院させるに当たっては、まず本人に対して説明ないし説得を行うことを一般的に要請し、その結果、本人の同意が見込まれる者についてはできるだけ任意入院により入院させるように努めることによって、任意入院の促進を図ることにある。ただし、精神障害者については病識を有しない場合がある等の特殊性があり、このため、任意入院のほかにも措置入院、医療保護入院等が規定されており、患者の病状等に応じ、患者本人の医療及び保護を確保する観点に立って最も適切な形態での入院が行われるよう留意しなければならないことは言うまでもない。

〔6〕 本条は精神障害者が入院する場合の規定であるが、この規定が設けられた趣旨を踏まえ、医療保護入院等により入院した患者についてもできるだけ任意入院への移行が行われるよう運営上配慮されるべきである。

〔7〕 一般的に、精神科の入院医療においてはできるだけ開放的な治療環境での処遇が行われることが望ましく、特に任意入院によった場合には自らの同意による入院であることにかんがみ、原則、開放病棟で処遇することが望ましい。ただし、開放病棟に入ることのできなかった任意入院の患者が閉鎖病棟に入らざるを得ない場合は、個別的に開放的な処遇がなされなければならない。なお、任意入院者が閉鎖病棟に入ったという理由をもって入院形態を医療保護入院に変更することはあってはならない。

第二十一条 精神障害者①が自ら入院する場合においては、精神科病院②の管理者は、その入院に際し、当該精神障害者に対して第三十八条の四の規定による退院等の請求に関することその他厚生労働省令で定める事項③を書面④で知らせ、当該精神障害者から自ら入院する旨を記載した書面⑤を受けなければならない。

2 精神科病院の管理者は、自ら入院した精神障害者（以下「任意入院者」という。）から退院の申出⑥があつた場合においては、その者を退院させなければならない。

3 前項に規定する場合において、精神科病院の管理者は、指定医による診察の結果、当該任意入院者の医療及び保護のため入院を継続する必要があると認めたときは⑦、同項の規定にかかわらず、七十二時間を限り⑧、その者を退院させないことができる。

4　前項に規定する場合において、精神科病院（厚生労働省令で定める基準に適合すると都道府県知事が認めるものに限る。[9][10]）の管理者は、緊急その他やむを得ない理由があるときは、[11]指定医に代えて指定医以外の医師（医師法（昭和二十三年法律第二百一号）第十六条の四第一項の規定による登録を受けていることその他厚生労働省令で定める基準に該当する者に限る。[12]以下「特定医師」という。）に任意入院者の診察を行わせることができる。この場合において、診察の結果、当該任意入院者の医療及び保護のため入院を継続する必要があると認めたときは、前二項の規定にかかわらず、十二時間を限り、[13]その者を退院させないことができる。

5　第十九条の四の二の規定は、前項の規定により診察を行つた場合について準用する。[14]この場合において、同条中「指定医は、前条第一項」とあるのは「第二十一条第四項に規定する特定医師は、同項」と、「当該指定医」とあるのは「当該特定医師」と読み替えるものとする。

6　精神科病院の管理者は、第四項後段の規定による措置を採つたときは、遅滞なく、厚生労働省令で定めるところにより、[15]当該措置に関する記録を作成し、これを保存しなければならない。

7　精神科病院の管理者は、第三項又は第四項後段の規定による措置を採る場合においては、当該任意入院者に対し、当該措置を採る旨、第三十八条の四の規定による退院等の請求に関することその他厚生労働省令で定める事項を書面で[16]知らせなければならない。

〔要　旨〕

本条は、任意入院を行う場合の手続及び任意入院者の退院時の取扱いに関する規定である。具体的には、①入院に際して入院中の権利事項その他一定の事項について書面で説明を行い、患者から入院同意書を得ておく（第一項）、②任意入院者から退院の申出があった場合には退院させなければならない（第二項）、③任意入院者からの退院の申出があった場合においても、精神保健指定医（以下「指定医」という。）による診察の結果、入院継続の必要があると認められるときは、一定の事項を書面で告知した上で七十二時間の退院制限を行うことができる（第三項・第七項）、④任意入院者からの退院の申出があった場合において、緊急やむを得ない理由があるときは、一定の要件を満たすと認められる精神科病院の管理者が、指定医に代わり特定医師による診察に基づき、一定の事項を書面で告知した上で、十二時間以内に限り、退院制限を行うことができる（第四項・第七項）、⑤特定医師による退院制限を行った場合は、診療録に一定の事項を記載しなければならない（第五項・第十九条の四の二）、⑥特定医師による退院制限を行った場合は、その記録を作成し、保存しなければならない（第六項）、ことを規定している。

特定医師の診察による退院制限の特例措置制度については（前記④～⑥部分）、平成十七年の改正により、新たに創設された。なお、医療保護入院の際の診察（第三十三条第四項）、応急入院の際の診察（第三十三条の七第二項）においても同様に、指定医に代わり特定医師の診察により、十二時間を限り、特例措置を行うことが認められることとなった。

〔解　釈〕

〔1〕　任意入院として入院する者は「精神障害者」であり、第五条に規定する精神障害者（精神疾患を有する者）がこれに該当する。精神障害者が精神科病院に入院する場合は、すべからく本法に規定する任意入院をはじめとする各入院形態のいずれかに該当するものであり、これをどの入院形態でもない患者として、本法による告知等の

人権配慮規定を適用せずに入院させることは一切できない。

一方、第五条に規定する精神障害者に該当しない者については、そもそも本法の適用はなく、任意入院に関する規定をはじめとした本法の規定の適用を受けることはない。したがって、その者については、精神障害者に対して本法で認められている行動制限を行うこともできないことは当然である。

〔2〕本法には、「精神科病院」の定義は置かれていないが、第十九条の五で、「精神科病院（精神科病院以外の病院で精神病室が設けられているものを含む。第十九条の十を除き、以下同じ。）」と規定されている。すなわち、医療法第七条第二項に規定されている病床の種別としての「精神病床」を有する病院の全てが、本法でいう「精神科病院」である。

この意味では、精神科病院には、精神病床ではない一般病床がある場合も多く、一般病床には、精神障害者でない患者が入院していることは当然である。一方、精神病床については、精神病床に精神障害者以外の者を入院させてはいけないという法律上の規定はないが、病床の種別が区分されている趣旨からは適切でなく、現実的にもほとんどないものと考えられる。

平成五年の法改正の際に、第五条の精神障害者の定義は、国際疾病分類による精神障害の範囲であり、神経症やアルコール依存症なども当然含む広い概念であることが明確にされるまでは、一部の関係者の間では、精神障害者の定義のとらえ方に混乱があり、精神科病院の入院患者であっても、神経症やアルコール依存症などは本法の定義による精神障害者に該当しないから、任意入院とはできず、一般入院といった非法定の入院形態が残っているという誤解もあったようであるが、精神障害者の定義は、前述のとおりであるので、これらも全て任意入院の規定の適用を受けるものであり、本法の適用を受けない患者が精神病床に入院しているということは、ほとんどないものと考えるべきである。

〔3〕 入院の際に患者本人に知らせるべき事項は、第三十八条の四の規定による退院等の請求に関することのほか、施行規則第五条により次のとおり定められている。

〔任意入院に際しての告知事項〕

第五条 法第二十一条第一項の厚生労働省令で定める事項は、次のとおりとする。

一 患者の同意に基づく入院である旨

二 法第三十六条に規定する行動の制限に関する事項

三 処遇に関する事項

四 法第二十一条第二項に規定する退院の申出により退院できる旨並びに同条第三項及び第四項後段の規定による措置に関する事項

〔4〕 「書面で」とあるのは、告知を的確に実施し、告知を実施したか否かについて事後にトラブルを招くことがないようにするためのものである。さらに、告知文書を、いつ、誰が、誰に渡したかについて記録を残したり、あるいは本人又は家族のサインを得ておくなどの工夫をすることは、制度の円滑な運営に資する。なお、告知制度が設けられた趣旨が、権利事項等を患者本人に知らせて入院患者の人権を確保することにあることから、「書面」を渡しただけで説明もしないという行為は、法の趣旨に反するものと解される。

告知文書の様式例については、「精神科病院に入院する時の告知等に係る書面及び入退院の届出等について」(平成十二年三月三十日障精第二二号 厚生省大臣官房障害保健福祉部精神保健福祉課長通知) の様式1で、次のとおり示されている。

様式１

入院（任意入院）に際してのお知らせ

○　○　○　○　殿

平成　　年　　月　　日

1　あなたの入院は、あなたの同意に基づく、精神保健及び精神障害者福祉に関する法律第20条の規定による任意入院です。

2　あなたの入院中、手紙やはがきなどの発信や受信は制限されません。ただし、封書に異物が同封されていると判断される場合、病院の職員の立ち会いのもとで、あなたに開封してもらい、その異物は病院にあずかることがあります。

3　あなたの入院中、人権を擁護する行政機関の職員、あなたの代理人である弁護士との電話・面会や、あなた又はあなたのご家族等の依頼によりあなたの代理人となろうとする弁護士との面会は、制限されませんが、それら以外の人との電話・面接については、あなたの病状に応じて医師の指示で一時的に制限することがあります。

4　あなたの入院中、あなたの処遇は、原則として開放的な環境での処遇（夜間を除いて病院の出入りが自由に可能な処遇。）となります。しかし、治療上必要な場合には、あなたの開放処遇を制限することがあります。

5　あなたの入院中、治療上どうしても必要な場合には、あなたの行動を制限することがあります。

6　あなたの入院は任意入院でありますので、あなたの退院の申し出により、退院できます。ただし、精神保健指定医又は特定医師があなたを診察し、必要があると認めたときには、入院を継続していただくことがあります。その際には、入院継続の措置をとることについて、あなたに説明いたします。

7　もしもあなたに不明な点、納得のいかない点がありましたら、遠慮なく病院の職員に申し出て下さい。

それでもなお、あなたの入院や処遇に納得のいかない場合には、あなた又はあなたのご家族等は、退院や病院の処遇の改善を指示するよう、都道府県知事に請求することができます。この点について、詳しくお知りになりたいときは、病院の職員にお尋ねになるか又は下記にお問い合わせください。

都道府県の連絡先（電話番号を含む。）

8　病院の治療方針に従って療養に専念して下さい。

病　　院　　名

管理者の氏名

主治医の氏名

〔5〕精神障害者が自ら入院する旨を記載した書面（任意入院同意書）の様式は、「精神科病院に入院する時の告知等に係る書面及び入退院の届出等について」（平成十二年三月三十日障精第二二号　厚生省大臣官房障害保健福祉部精神保健福祉課長通知）の様式2により、次のとおり示されている。

なお、同通知において、任意入院後一年を経過時及び以後二年ごとに、精神障害者が自ら入院する旨を記載した書面（任意入院（継続）同意書）を求めることとされており、様式3で、次のとおり示されている。

〔6〕任意入院者が退院を申し出る相手方については、精神科病院の管理者のほか、主治医、看護師、事務職員等の病院の職員であればよく、特別な制限はない。看護師等が申出を受けた場合には、その旨を速やかに主治医に伝えるなどにより、精神科病院の管理者が退院又は退院制限の判断ができるように措置すべきである。

なお、退院の申出について、書面によるべきか口頭でも可能であるかという問題がある。一般に「申出」という場合には口頭による場合も含めて解すべきであることから、本条の規定による申出についても退院を希望する意思が明らかである場合には、書面によると口頭によるとを問わないものと解すべきである。

〔7〕任意入院者につき退院制限を行った場合でさらに入院を継続するケースは、通常は、医療保護入院に切り替えて入院が行われることとなる。したがって、「医療及び保護のため入院を継続する必要がある」場合とは、一般的には医療保護入院の要件である「医療及び保護のため入院の必要があると認めた」場合（第三十三条第一項）に相当するものとして取り扱われるべきであり、退院の申出があった場合、一律に退院制限を行うことは許されない。退院制限を行うことができる状態について一例を示せば、病識がなく、幻覚、妄想等の精神症状があり、入院の必要性が認められるような状態が該当しよう。

様式2

任　意　入　院　同　意　書

平成　　年　　月　　日

○　○　病院長　殿

入院者本人　氏　　名

生年月日

住　　所

私は、「入院に際してのお知らせ」（入院時告知事項）を了承のうえ、精神保健及び精神障害者福祉に関する法律第21条第1項の規定により、貴院に入院することに同意いたします。

様式3

任　意　入　院（継　続）同　意　書

平成　　年　　月　　日

○　○　病院長　殿

入院者本人　氏　　名

生年月日

住　　所

私は、「入院に際してのお知らせ」（入院時告知事項）を了承のうえ、精神保健及び精神障害者福祉に関する法律第21条第1項の規定により、貴院に引き続き入院することに同意いたします。

〔8〕「七十二時間」の起算点は、患者が現実に退院を希望する意思を明らかにした時点である。この時点が夜間又は休日等であっても、当該時点から七十二時間を起算すべきである。ただし、夜間に退院の申出があった場合であって指定医の診察が行えないときには、通常の診療開始前に退院についての指定医の診察を行うこととしてもやむを得ない。

〔9〕特定医師の診察により、退院の制限を行うことができる精神科病院（以下、「特定病院」という。）の基準としては、施行規則第五条の二により次のとおり定められている。

〔法第二十一条第四項の厚生労働省令で定める精神科病院の基準〕

第五条の二　法第二十一条第四項の厚生労働省令で定める精神科病院の基準は、次のとおりとする。

一　法第三十三条の七第一項の規定による都道府県知事の指定を受けていること又は受ける見込みが十分であること。

二　地方公共団体の救急医療（精神障害の医療に係るものに限る。）の確保に関する施策に協力して、休日診療及び夜間診療を行つていること。

三　二名以上の常時勤務する指定医を置いていること。

四　法第二十一条第四項後段の規定による措置について審議を行うため、事後審査委員会を設けていること。

五　精神科病院に入院中の者に対する行動の制限がその症状に応じて最も制限の少ない方法により行われているかどうかを審議するため、行動制限最小化委員会を設けていること。

〔10〕　特定病院の認定基準の考え方や運用等については、「特定病院の認定等について」（平成十八年九月二十九日障精発第〇九二九〇〇一号　厚生労働省社会・援護局障害保健福祉部精神・障害保健課長通知）により、次のとおり定められている。

特定病院の認定等について

（平成十八年九月二十九日　障精発第〇九二九〇〇一号
各都道府県・各指定都市精神保健福祉主管部(局)長宛　厚生労働省
社会・援護局障害保健福祉部精神・障害保健課長通知）

注　平成二六年一月二四日障精発〇一二四第二号による改正現在

特定病院の認定等に係る事務取扱要領

1　特定病院の認定について

法第二十一条第四項及び第三十三条第四項の規定により都道府県知事（指定都市にあってはその長。以下同じ。）が認める精神科病院の基準は、規則第五条の二各号に定めるところによるが、特定病院の認定に当たっては、特に次の事項について十分留意されたいこと。

(1)　認定基準の考え方について

ア　厚生労働大臣の定める基準について

規則第五条の二第一号中「受ける見込みが十分であること」とは、法第三十三条の七第一項の規定に基づき厚生労働大臣の定める基準（昭和六十三年四月厚生省告示第百二十七号。以下「指定基準」という。）を満たし、応急入院指定病院の指定を受けることを計画しており、当該都道府県知事がその必要性を認めている病院をいうこと。

なお、指定基準の第二号ただし書中「やむを得ない事情」については、当該地域（おおむね二次医療圏）において指定基準に適合する複数の精神科病院が無い場合とすること。

イ　救急医療の確保に関する施策について

規則第五条の二第二号中「地方公共団体の救急医療（精神障害の医療に係るものに限る。）の確保に関する施策に協力」とは「精神科救急医療体制整備事業実施要綱」（平成二十年五月二十六日障発第〇五二六〇〇一号厚生労働省社会・援護局障害保健福祉部長通知の別紙。以下「実施要綱」という。）による精神科救急医療施設その他これに類する入院治療を必要とする者を含む重症の精神科救急患者の医療対応ができる体制の整っている精神科病院であること。

ウ　事後審査委員会について

規則第五条の二第四号中「事後審査委員会」とは、任意入院患者の退院制限及び医療保護入院に係る診察の特例措置の判断の妥当性について検証する院内事後審査を行うための委員会（複数の職種により構成）をいうものであること。

エ　行動制限最小化委員会

規則第五条の二第五号中「行動制限最小化委員会」とは、院内に設置する行動制限のモニタリング及び最小化を促すための委員会であり、月一回以上開催していること。なお、診療報酬点数の医療保護入院等診療料を算定するために設置する「行動制限最小化委員会」を当該委員会と見なすことが可能である。

(2)　認定基準の運用等について

ア　人員配置の基準について

医療法（昭和二十三年法律第二百五号）第二十一条第一項第一号の規定に基づく人員配置基準を下回っている精神科病院については、指定基準の第二号ただし書中「やむを得ない事情」に拘わらず、特定病院の認定を行わないものであること。

イ　認定について

都道府県において、精神科病院の開設者からの別添様式１及び別添様式２による申出に基づき、次に掲げる事項を確認の上認定すること。

①　当該精神科病院が規則第五条の二各号の要件を満たすこと。

②　当該精神科病院に規則第五条の三各号の要件を満たす特定医師が配置されていること。

規則第五条の三第二号中「精神障害の診断又は治療に従事した経験」を算定するに当たっての考え方は、法第十八条第一項第二号において定める精神保健指定医におけるそれと同様とする。

規則第五条の三第三号中「精神障害の診断又は治療に従事する医師として著しく不適当と認められる者」とは、法第十九条の二第二項において定める精神保健指定医の取消し事由と同様の考え方とする。

都道府県知事は、認定を受けた精神科病院の開設者に対し、認定を受けた精神科病院名、認定を受けた年月日、所在地及び開設者名を記載した別添様式３に定める認定書を発行するものとする。

認定後、申出時に届け出た特定医師に変更が生じた場合は、一〇日以内に都道府県知事に別添様式２及び別添様式３の別添を届け出ること。

ウ　特定病院の認定に係る報告について

都道府県知事は、特定病院の認定を行った場合においては、別添様式４により本職に報告を行われたいこと。また、認定後については、当該精神科病院の名称及び所在地を都道府県公報等により公告し、

併せて関係機関に連絡するなど特例措置制度の適正かつ円滑な運営に必要な措置を講じられたいこと。

なお、指定基準の第二号ただし書の特例を適用して認定を行った場合は、その旨を別添様式4の特記事項の欄に記載されたいこと。

エ　特定病院の認定の見直しについて

特定病院の認定は、原則として三年の期限を付して認定し、三年ごとに見直しを行い、更新すること。

2　認定の取消しについて

都道府県知事は、特定病院の認定を受けた精神科病院が規則第五条の二各号の基準に適合しなくなったと認めたときは、その認定を取り消すことができる。

都道府県知事は、認定の取消しを行った場合においては、別添様式5により本職に報告を行われたいこと。また、取消し後については、当該精神科病院の名称及び所在地を都道府県公報等により公告し、併せて関係機関に連絡するなど特例措置制度の適正かつ円滑な運営に必要な措置を講じられたいこと。

3　その他について

特例措置制度については厳に適正な運用が要請されることにかんがみ、都道府県知事は、各特定病院からの法第三十三条第七項の規定による届出の状況に十分留意し、特例措置の実態の把握に努められたいこと。

（様式１）

平成　　年　　月　　日

知事　殿

病院名
所在地
開設者名　　　　　　　　　印

特定病院認定申請書

今般下記の精神科病院につき、精神保健及び精神障害者福祉に関する法律（昭和25年法律第123号）第21条第４項後段及び第33条第４項後段の規定による特例措置を採ることができる精神科病院として認定されるよう、精神科病院の概要を添えて申請します。

記

申請する精神科病院の概要

① 精神科病院名	
② 所在地	
③ 開設者名	
④ 管理者名	
⑤ 許可病床数 ⑥ うち措置指定病床数	（総　数）　床 （うち精神病床）　床 床
⑦ 勤務医師数 ⑧ うち精神保健指定医数 ⑨ うち特定医師数	（常　勤）　人 （非常勤）　人 （常　勤）　人 （非常勤）　人 （常　勤）　人 （非常勤）　人
⑩ 勤務看護師数	（常　勤）　人 （非常勤）　人
⑪ 勤務准看護師数	（常　勤）　人 （非常勤）　人
⑫ 勤務看護補助者数	（常　勤）　人 （非常勤）　人
⑬ 勤務精神保健福祉士数	（常　勤）　人 （非常勤）　人
⑭ 看護体制	(1)　看護師及び准看護師の合計 （　　人） (2)　入院患者に対する上記(1)の人員の比率 （　　対１）

第21条

⑮ 入院患者数 ⑯ うち措置入院者数 ⑰ うち医療保護入院者数	人 （平成　年　月　日現在） 人 人
⑱ 特例措置による入院者のために確保する病床数	床
⑲ 応急入院指定病院	指定（されている・されていない）
⑳ 精神科救急医療施設	精神科救急医療施設（である・ではない）
㉑ 夜間・救急受入件数	年間約　　　　件
㉒ 事後審査委員会	氏名　　　　（職種） ・ ・ ・ ・ ・
㉓ 行動制限最小化委員会	開催回数（　　）回／月 参加メンバー　　（職種） ・ ・ ・ ・ ・
	行動制限最小化基本指針の作成日時 平成　　年　　月　　日作成
	研修会の実施頻度 開催回数（　　）回／年
㉔ 特記事項	

（注）1　特定医師に該当するか否かを証する書類については、様式2を添付すること。

2　⑭看護体制については、当該特例措置による患者を受け入れる病棟について記述すること。

3　看護配置について、応急入院指定病院に係る指定基準第2号ただし書き中「やむを得ない事情」と同様の事情により申請する場合は、「㉔特記事項」の欄に、その旨を記載すること。

4　「㉓行動制限最小化委員会」中「行動制限最小化基本指針」とは、行動制限についての基本的考え方や、やむを得ず行動制限する場合の手順等を盛り込んだ基本指針をいうものであること。

5　「㉓行動制限最小化委員会」中「研修会」とは、当該精神科病院における精神科診療に携わる職員すべてを対象とした、精神保健及び精神障害者福祉に関する法律、隔離拘束の早期解除及び危機予防のための介入技術等に関する研修会をいうものであること。

（様式２）

特定医師実務経験証明書（本人用）

平成　　年　　月　　日

<table>
<tr><td>氏　　名</td><td colspan="2">㊞</td><td>本籍地</td><td colspan="4"></td></tr>
<tr><td>現 住 所</td><td colspan="7"></td></tr>
<tr><td>生年月日</td><td colspan="2">年　　月　　日</td><td>年　齢</td><td>歳</td><td>性　別</td><td colspan="2">男・女</td></tr>
<tr><td>最終学歴
及び年月</td><td colspan="2">年　　月　　卒業・中退</td><td>医籍登録年月日
及　び　番　号</td><td colspan="4">年　　月　　日
第　　　　　号</td></tr>
<tr><td rowspan="2">現 在 の
勤 務 先</td><td>所在地</td><td colspan="6"></td></tr>
<tr><td>名　称</td><td colspan="6"></td></tr>
<tr><td rowspan="7">精神障害者の診断治療に従事した期間及び病院等名</td><td colspan="2">従 事 し た 期 間</td><td colspan="5">従事した病院等の名称</td></tr>
<tr><td colspan="2">年　月　日～　年　月　日</td><td colspan="5"></td></tr>
<tr><td colspan="2">年　月　日～　年　月　日</td><td colspan="5"></td></tr>
<tr><td colspan="2">年　月　日～　年　月　日</td><td colspan="5"></td></tr>
<tr><td colspan="2">年　月　日～　年　月　日</td><td colspan="5"></td></tr>
<tr><td colspan="2">年　月　日～　年　月　日</td><td colspan="5"></td></tr>
<tr><td colspan="2">計　　年　か月</td><td colspan="5"></td></tr>
<tr><td rowspan="5">その他の診断治療に従事した期間及び病院等名</td><td colspan="2">従 事 し た 期 間</td><td colspan="5">従事した病院等の名称</td></tr>
<tr><td colspan="2">年　月　日～　年　月　日</td><td colspan="5"></td></tr>
<tr><td colspan="2">年　月　日～　年　月　日</td><td colspan="5"></td></tr>
<tr><td colspan="2">年　月　日～　年　月　日</td><td colspan="5"></td></tr>
<tr><td colspan="2">計　　年　か月</td><td colspan="5"></td></tr>
<tr><td colspan="3">合　計　　年　か月</td><td colspan="5"></td></tr>
</table>

（注）記載上の留意事項

1　氏名については、記名押印又は自筆による署名のいずれかとすること。

第21条

(様式3)

番　　　　　　　号
平成　　年　　月　　日

○　○　○　○　病院長　殿

（都道府県知事名）

特定病院認定書

今般下記の精神科病院につき、精神保健及び精神障害者福祉に関する法律（昭和25年法律第123号）第21条第4項後段及び第33条第4項後段の規定による特例措置を採ることができる精神科病院として認定する。

なお、本条の特例措置を採る特定医師については、別添のとおりとする。

記

① 精神科病院名	
② 指定年月日	平成　　年　　月　　日
③ 所在地	
④ 開設者名	

（別添）

特定医師一覧表

特定医師氏名

（注）記載事項に変更があった時は、届け出ること。

（様式４）

番　　　　　　号
平成　　年　　月　　日

厚生労働省社会・援護局障害保健福祉部長　殿

（都道府県知事名）

特定病院認定報告書

今般下記の精神科病院につき、精神保健及び精神障害者福祉に関する法律（昭和25年法律第123号）第21条第４項後段及び第33条第４項後段の規定による特例措置を採ることができる精神科病院として認定を行ったので、認定した精神科病院の概要を添えて報告します。

記

認定した精神科病院の概要

① 精神科病院名	
② 所在地	
③ 開設者名	
④ 管理者名	
⑤ 許可病床数 ⑥ うち措置指定病床数	（総　数）　床 （うち精神病床）　床 床
⑦ 勤務医師数 ⑧ うち精神保健指定医数 ⑨ うち特定医師数	（常　勤）　人 （非常勤）　人 （常　勤）　人 （非常勤）　人 （常　勤）　人 （非常勤）　人
⑩ 勤務看護師数	（常　勤）　人 （非常勤）　人
⑪ 勤務准看護師数	（常　勤）　人 （非常勤）　人
⑫ 勤務看護補助者数	（常　勤）　人 （非常勤）　人
⑬ 勤務精神保健福祉士数	（常　勤）　人 （非常勤）　人
⑭ 看護体制	(1)　看護師及び准看護師の合計 （　　人） (2)　入院患者に対する上記(1)の人員の比率 （　対１）

⑮ 入院患者数 ⑯ うち措置入院者数 ⑰ うち医療保護入院者数	人 （平成　年　月　日現在） 人 人
⑱ 特例措置による入院者のために確保する病床数	床
⑲ 応急入院指定病院	指定（されている・されていない）
⑳ 精神科救急医療施設	精神科救急医療施設（である・ではない）
㉑ 夜間・救急受入件数	年間約　　　　　件
㉒ 事後審査委員会	氏名　　　　　（職種） ・ ・ ・ ・ ・
㉓ 行動制限最小化委員会	開催回数（　　）回／月 参加メンバー　　（職種） ・ ・ ・ ・ ・
	行動制限最小化基本指針の作成日時 平成　年　月　日作成
	研修会の実施頻度 開催回数（　　）回／年
㉔ 認定年月日	平成　年　月　日
㉕ 特記事項	

（注）1　1病院につき1表を作成すること。

2　⑭看護体制については、当該特例措置による患者を受け入れる病棟について記述すること。

3　看護配置について、応急入院指定病院に係る指定基準第2号ただし書き中「やむを得ない事情」による認定の場合は、「㉕特記事項」の欄に、その旨を記載すること。

4　「㉓行動制限最小化委員会」中「行動制限最小化基本指針」とは、行動制限についての基本的考え方や、やむを得ず行動制限する場合の手順等を盛り込んだ基本指針をいうものであること。

5　「㉓行動制限最小化委員会」中「研修会」とは、当該精神科病院における精神科診療に携わる職員すべてを対象とした、精神保健及び精神障害者福祉に関する法律、隔離拘束の早期解除及び危機予防のための介入技術等に関する研修会をいうものであること。

（様式５）

番　　　　　　号

平成　　年　　月　　日

厚生労働省社会・援護局障害保健福祉部長　殿

（都道府県知事名）

特定病院認定取消報告書

今般下記の精神科病院につき、精神保健及び精神障害者福祉に関する法律（昭和25年法律第123号）第21条第４項後段及び第33条第４項後段の規定による特例措置を採ることができる精神科病院としての認定を取消したので報告します。

記

① 精神科病院名	
② 取消年月日	平成　　年　　月　　日
③ 取消の理由	
④ 摘　　　要	

〔11〕「緊急その他やむを得ない理由があるとき」とは、専ら夜間の場合であって、患者を直ちに診察する必要があるにもかかわらず、指定医が不在であるなど、速やかな診察が困難な状況である必要がある。

〔12〕特定医師の要件としては、施行規則第五条の三により次のとおり定められている。

〔法第二十一条第四項の厚生労働省令で定める医師の基準〕

第五条の三　法第二十一条第四項の厚生労働省令で定める医師の基準は、次のとおりとする。

一　四年以上診断又は治療に従事した経験を有すること。

二　二年以上精神障害の診断又は治療に従事した経験を有すること。

三　精神障害の診断又は治療に従事する医師として著しく不適当と認められる者でないこと。

〔13〕十二時間の起算点の考え方については、〔8〕を参照。なお、特例措置としての退院制限を行い、十二時間以内に指定医の診察を実施し、さらに退院制限を継続した場合であっても、特例措置時からの合計時間が、七十二時間を超えてはならないと解される。

〔14〕特定医師による診察により退院制限を行った場合は、診察録へ記載しなければならない。診察録への記載事項は、施行規則第五条の四により次のとおり定められている。

〔法第二十一条第五項において準用する厚生労働省令で定める事項〕

第五条の四　法第二十一条第五項において準用する法第十九条の四の二に規定する厚生労働省令で定める事項は、次の各号に掲げる事項とする。

一　法第二十一条第四項後段の規定による措置を採つた年月日及び時刻並びに解除した年月日及び時刻

二　当該措置を採つたときの症状

〔15〕　特例措置による退院制限を行った場合に、精神科病院の管理者が記録を作成、保存しなければならない事項は、施行規則第五条の五において定められているとおりであり、記録の様式は、「精神科病院に入院する時の告知等に係る書面及び入退院の届出等について」（平成十二年三月三十日障精第二二号　厚生省大臣官房障害保健福祉部精神保健福祉課長通知）様式５において次のとおり示されている。

〔16〕　任意入院者に対して退院制限を行う場合に精神科病院の管理者が当該精神障害者に対して告知しなければならない事項は、「第三十八条の四の規定による退院等の請求に関すること」のほか、施行規則第六条で引用する施行規則第五条第二号に掲げる事項であり、すなわち、「第三十六条に規定する行動の制限に関する事項」である。

告知文書の様式は、「精神科病院に入院する時の告知等に係る書面及び入退院の届出等について」（平成十二年三月三十日障精第二二号　厚生省大臣官房障害保健福祉部精神保健福祉課長通知）の様式４により次のとおり示されている。

様式5

任意入院患者を退院制限した場合の記録

平成　　年　　月　　日
病 院 名
所 在 地
管理者名　　　　　　　　印

<table>
<tr><td rowspan="3">任意入院患者</td><td>フリガナ</td><td></td><td rowspan="2">生年月日</td><td rowspan="2">明治
大正
昭和
平成　　年　　月　　日生
（満　　歳）</td></tr>
<tr><td>氏　　名</td><td>（男・女）</td></tr>
<tr><td>住　　所</td><td colspan="3">都道府県　　郡市区　　町村区</td></tr>
<tr><td rowspan="2">任意入院退院制限年　月　日</td><td colspan="2" rowspan="2">平成　　年　　月　　日
（午前・午後　　時）</td><td>今回の入院年月日</td><td>昭和
平成　　年　　月　　日</td></tr>
<tr><td>入　院　形　態</td><td></td></tr>
<tr><td>病　　　　名</td><td colspan="2">1主たる精神障害
ICDカテゴリー（　　）</td><td>2従たる精神障害
ICDカテゴリー（　　）</td><td>3身体合併症</td></tr>
<tr><td>生活歴及び現病歴
（推定発病年月、精神科受診歴等を記載すること。）</td><td colspan="4">（陳　述　者　氏　名　　　　　　　　続　柄　　　　）</td></tr>
<tr><td>初回入院期間</td><td colspan="4">昭和・平成　　年　　月　　日　～　昭和・平成　　年　　月　　日
（入院形態　　　　　　　　）</td></tr>
<tr><td>前回入院期間</td><td colspan="4">昭和・平成　　年　　月　　日　～　昭和・平成　　年　　月　　日
（入院形態　　　　　　　　）</td></tr>
<tr><td>初回から前回までの入院回数</td><td colspan="4">計　　　回</td></tr>
<tr><td>＜現在の精神症状＞</td><td colspan="4">Ⅰ　意識
1意識混濁　2せん妄　3もうろう　4その他（　　　　　）
Ⅱ　知能（軽度障害、中等度障害、重度障害）
Ⅲ　記憶
1記銘障害　2見当識障害　3健忘　4その他（　　　　　）
Ⅳ　知覚
1幻聴　2幻視　3その他（　　　　　　）
Ⅴ　思考
1妄想　2思考途絶　3連合弛緩　4滅裂思考　5思考奔逸　6思考制止
7強迫観念　8その他（　　　　　）
Ⅵ　感情・情動
1感情平板化　2抑うつ気分　3高揚気分　4感情失禁　5焦燥・激越
6易怒性・被刺激性亢進　7その他（　　　　　　）
Ⅶ　意欲
1衝動行為　2行為心迫　3興奮　4昏迷　5精神運動制止　6無為・無関心
7その他（　　　　　　）</td></tr>
</table>

	Ⅷ　自我意識 １離人感　２させられ体験　３解離　４その他（　　　　　） Ⅸ　食行動 １拒食　２過食　３異食　４その他（　　　　　）		
＜その他の重要な症状＞	１てんかん発作　２自殺念慮　３物質依存（　　　　　） ４その他（　　　　　）		
＜問題行動等＞	１暴言　２徘徊　３不潔行為　４その他（　　　　　）		
＜現在の状態像＞	１幻覚妄想状態　２精神運動興奮状態　３昏迷状態　４統合失調症等残遺状態 ５抑うつ状態　６躁状態　７せん妄状態　８もうろう状態　９認知症状態 10その他（　　　　　）		
任意入院継続の必要性			
入院の継続が必要と認めた特定医師氏名	署名		
確認した精神保健指定医氏名	署名	診察日時	平成　　年　　月　　日 （午前・午後　　時）
精神保健指定医が退院制限が妥当でないと判断した場合の理由			

事後審査委員会意見	

記載上の留意事項

1　▭内は、特定医師の診察に基づいて記載すること。
2　今回の入院年月日の欄は、今回貴病院に入院した年月日を記載し、入院形態の欄にそのときの入院形態を記載すること。（特定医師による入院を含む。その場合は「第33条第１項・第４項入院」、「第33条第３項・第４項入院」又は「第33条の７第２項入院」と記載すること。）なお、複数の入院形態を経ている場合には、順に記載すること。
3　生活歴及び現病歴の欄は、他診療所及び他病院での受診歴をも聴取して記載すること。
4　平成20年３月31日以前に広告している神経科における受診歴を精神科受診歴等に含むこととする。
5　初回及び前回入院期間の欄は、他病院での入院歴・入院形態をも聴取して記載すること。
6　現在の精神症状、その他の重要な症状、問題行動等、現在の状態像の欄は、一般にこの書類作成までの過去数か月間に認められたものとし、主として最近のそれに重点を置くこと。
7　診断した特定医師氏名の欄は、特定医師自身が署名すること。
8　確認した精神保健指定医氏名の欄は、精神保健指定医自身が署名すること。
9　選択肢の欄は、それぞれ該当する算用数字、ローマ数字等を○で囲むこと。

第21条

様式4

入院継続に際してのお知らせ

○ ○ ○ ○ 殿

平成　　年　　月　　日

1　あなたから退院の申し出がありましたが、（精神保健指定医・特定医師）の診察の結果、入院を継続する必要があると認めますので（午前・午後　　時）、精神保健及び精神障害者福祉に関する法律第21条第7項の規定により、お知らせします。

2　あなたの入院中、手紙やはがきなどの発信や受信は制限されません。ただし、封書に異物が同封されていると判断される場合、病院の職員の立ち会いのもとで、あなたに開封してもらい、その異物は病院にあずかることがあります。

3　あなたの入院中、人権を擁護する行政機関の職員、あなたの代理人である弁護士との電話・面会や、あなた又はあなたのご家族等の依頼によりあなたの代理人となろうとする弁護士との面会は、制限されませんが、それら以外の人との電話・面接については、あなたの病状に応じて医師の指示で一時的に制限することがあります。

4　あなたの入院中、治療上必要な場合には、あなたの行動を制限することがあります。

5　もしもあなたに不明な点、納得のいかない点がありましたら、遠慮なく病院の職員に申し出て下さい。

それでもなお、あなたの入院や処遇に納得のいかない場合には、あなた又はあなたのご家族等は、退院や病院の処遇の改善を指示するよう、都道府県知事に請求することができます。この点について、詳しくお知りになりたいときは、病院の職員にお尋ねになるか又は下記にお問い合わせください。

都道府県の連絡先（電話番号を含む。）

6　病院の治療方針に従って療養に専念して下さい。

病　　院　　名
管 理 者 の 氏 名
指定医・特定医師の氏名
主 治 医 の 氏 名

第二節　指定医の診察及び措置入院

（診察及び保護の申請）

第二十二条　精神障害者又はその疑いのある者[1]を知つた者は、誰でも[2]、その者について指定医の診察及び必要な保護を都道府県知事に申請することができる。

2　前項の申請をするには、次の事項を記載した申請書[3]を最寄りの保健所長を経て都道府県知事に提出しなければならない。

一　申請者の住所、氏名及び生年月日

二　本人の現在場所、居住地、氏名、性別及び生年月日

三　症状の概要[4]

四　現に本人の保護の任に当たつている者[5]があるときはその者の住所及び氏名

〔要　旨〕

本条は、精神障害者についての通報規定のうち、一般人の申請に関する規定である。

すなわち、精神障害者又はその疑いのある者のうち精神保健指定医の診察と必要な保護を要する状態にあるものの所在を知った者が、都道府県知事（指定都市の市長）に対して適宜の措置を採るよう申請することができること

としたものである。

〔解　釈〕

〔1〕「精神障害者又はその疑いのある者」については、文理上は、その症状、程度のいかんを問わず精神障害者又はその疑いのある者全てを指すものと解することもできようが、申請を受けた都道府県知事（指定都市の市長）は、必要があると認めれば、その指定する精神保健指定医に診察させ、場合によっては公権力をもって強制的に措置入院させることとなり、基本的人権に重大な影響のある行政処分の発動につながり得る通報であること、及び、第三者から一方的に通報される精神障害者又はその疑いのある者の名誉、人権に配慮すべきであることから、条理上は、第二十九条の自傷他害のおそれのある状態であることを要件とするものと解すべきであろう。なお、申請者は、通常、医学的判定には専門的知識を有しない、いわゆる素人であろうから、一般的に、通常人としての立場において、被申請者が自傷他害のおそれのある状態にあることの認識をもつことをもって足りると解するべきである。

〔2〕　本条の申請は、精神障害者又はその疑いのある者を知った者は「誰でも」行うことができるとされている。一方、刑法第百三十四条においては、「医師、薬剤師、医薬品販売業者、助産師、弁護士、弁護人、公証人又はこれらの職にあった者」及び「宗教、祈禱《とう》若しくは祭祀《し》の職にある者又はこれらの職にあった者」は「正当な理由がないのに」職務上知った秘密を漏らした場合には、罪に処せられることとされており、これらの者が本条の申請を行った場合、精神保健福祉法と刑法との調整が問題になる。これについては、結局、これらの者の行う申請が、同条にいう「正当な理由がないのに」に当たるのかどうかで、同条の罪の成否が決せられることとなる。すなわち、これらの者の行う申請が、全て一律に「正当な理由がないのに」行われたものと解釈することはおそらく無理であり、結局は、ケースごとに、当該申請行為が刑法第百三十四条に該当するかどうかを判断しなければ

ならないものと思われる。

また、警察官、検察官、保護観察所の長若しくは矯正施設の長である者については、第二十三条以下に当該職種ごとに規定が置かれており、それぞれの職務に基づいて申請をするのであれば、当該規定による通報を行うべきものであって、本条の規定によって私人の資格で申請することは許されないものと解される。勿論、警察官等の場合であっても、その職務に関係なく精神障害者を発見したときは、本条により申請することはできると解されるが、警察官等の場合は、自傷他害のおそれのある精神障害者を発見したようなときは、たとえ勤務中でないいわゆる非番のときであっても、まず第二十三条の規定による通報をなすべきものであろう。

〔3〕　本条の申請は、申請書を提出することによって行われる、いわゆる要式行為である。したがって、口頭、電話等の文書によらない申請は、本条に基づく申請とはみなされない。これは、前述したように、申請される対象の精神障害者等の人権、名誉に対する影響が大きいことにかんがみ、特に慎重な手続を課したものである。しかし、文書によらない申請であっても、都道府県知事（指定都市の市長）が、その申請内容からみて、自らの判断で第二十九条の二の規定によりその指定する精神保健指定医に診察させ、同条に基づく緊急措置入院を行うことはあり得よう。

〔4〕　〔1〕に述べたように、ここでいう「症状の概要」には、当該精神障害者の行状等が自傷他害のおそれに当たる旨の記載が必要とされる。単に精神障害者であること、又は将来そのおそれが生ずることが予想されることのみでは、都道府県知事（指定都市の市長）は、第二十七条の規定による精神保健指定医の診察を行わせる必要性を認めることはできないものと解される。

〔5〕　「現に本人の保護の任に当たっている者」とは、現実に当該精神障害者の保護に当たっている者を指す。

（警察官の通報）

第二十三条　警察官は、職務を執行する[1]に当たり、異常な挙動その他周囲の事情から判断[2]して、精神障害のために自身を傷つけ又は他人に害を及ぼすおそれがあると認められる者を発見したときは、直ちに、その旨を、最寄りの保健所長を経て都道府県知事に通報[3]しなければならない。

〔要　旨〕

本条は、職務執行中の警察官が自傷他害のおそれがある精神障害者を発見したときの通報義務を定めた規定である。昭和四十年の改正前は、警察官職務執行法第三条の規定によって保護された事例についてのみ通報することとされていた。しかし、現実には、警察官の職務を執行するに当たって逮捕等を行った者について通報されるケースも多く含まれていたことから、同改正により実体に即した形に改められた。

〔解　釈〕

〔1〕　本条にいう警察官の職務執行の範囲は、単に警察官職務執行法の規定に基づくものだけでなく、警察官が一面において行う司法警察職員（司法警察員又は司法巡査）としての職務執行についても、当然その範囲内にあるものである。

〔2〕　本条に基づく警察官の判断の基準は、警察官職務執行法第三条の判断基準と同様であると解すべきである。すなわち、通報すべきかどうかの判断について、警察官の一方的、主観的な判断を排斥し、社会通念による客観的判断によるべきことを求めたものである。

〔３〕ここでいう通報は、前条の申請とは異なり、文書等をもってする、いわゆる要式行為たることを要しない。口頭、電話など一切の通報手段を用いることを妨げない。

なお、本条の通報を受けた都道府県知事（指定都市の市長）は、これに基づいて第二十七条の精神保健指定医に診察させるなどの措置を採ることとなるが、通報対象者の引取義務を負うことはない。

警察官が逮捕等を行った者について通報するケースについては、調書の写しなど被通報者に関する資料が添えられることもある。通報を受けた都道府県知事（指定都市の市長）においては、第二十七条の精神保健指定医の診察や第二十九条の入院措置の要否を判断するに際して、そのような資料も参考とすることとなる。

（検察官の通報）

第二十四条　検察官は、精神障害者又はその疑いのある被疑者又は被告人について、不起訴処分(1)をしたとき、又は裁判（懲役、禁錮《こ》又は拘留の刑を言い渡し執行猶予の言渡しをしない裁判を除く。）が確定したとき(2)は、速やかに、その旨を都道府県知事に通報(3)しなければならない。ただし、当該不起訴処分をされ、又は裁判を受けた者について、心神喪失等の状態で重大な他害行為を行った者の医療及び観察等に関する法律（平成十五年法律第百十号）第三十三条第一項の申立てをしたときは、この限りでない(4)。

2　検察官は、前項本文に規定する場合のほか、精神障害者若しくはその疑いのある被疑者若しくは被告人又は心神喪失等の状態で重大な他害行為を行った者の医療及び観察等に関する法律

の対象者（同法第二条第二項に規定する対象者をいう。第二十六条の三及び第四十四条第一項において同じ。）について、特に必要があると認めたとき⑸は、速やかに、都道府県知事に通報しなければならない。

〔要　旨〕

本条は、検察官が職務を執行するに当たり、精神障害者又はその疑いのある被疑者又は被告人につき通報の義務を課した規定である。

〔解　釈〕

〔1〕　検察官が公訴を提起しない処分をいう。訴訟条件を欠く場合、事件が罪とならず又は有罪の見通しがない場合、訴追を必要としない場合（起訴猶予処分）がこれに当たる。

〔2〕　裁判の確定は、不服申立てを許さない裁判の場合は、外部的成立と同時に確定し、不服申立てを許す裁判の場合は、不服申立て期間の経過によって確定する。

〔3〕　被通報者のうち、刑事事件の被疑者又は被告人の場合には、通報に先立って、精神保健指定医による精神診断や精神鑑定が行われていることがある。この場合においても、都道府県知事（指定都市の市長）は、第二十七条の精神保健指定医に診察をさせるなどの措置を採ることができることは当然であるが、診察の必要性の判断や入院措置の要否の判断に当たって、通報前に行われた精神鑑定等の結果や、通報に際して調書等の資料が送られてきた場合にはその資料等を参考とすることが必要である。

〔4〕　心神喪失等の状態で重大な他害行為を行った者については、心神喪失等の状態で重大な他害行為を行った者の

医療及び観察等に関する法律（平成十五年法律第百十号。以下「医療観察法」という。）第三十三条第一項により、検察官がその処遇の要否及び内容を決定することを求めて裁判所に申立てをしなければならないこととされており、この検察官の申立て義務と、精神保健福祉法上の通報義務との重複を避けるために、検察官が医療観察法による申立てをした場合には、原則として精神保健福祉法に基づく検察官通報の対象とはしないこととされている。

〔5〕
「特に必要があると認めたとき」とは、不起訴処分をする以前、又は裁判が確定する以前であって速やかに精神保健福祉法による措置入院その他の方法により適切な医療及び保護を加える必要がある場合や、医療観察法の対象者について、審判の結果、同法による医療の必要性は認められないものの、その精神障害のために自傷のおそれがあると判断された場合のように、同法の対象者であっても精神保健福祉法に基づく措置入院等による入院医療を行う必要があると考えられる場合をいう。

（保護観察所の長の通報）
第二十五条　保護観察所の長は、保護観察[1]に付されている者が精神障害者又はその疑いのある者であることを知つたときは、速やかに、その旨を都道府県知事に通報しなければならない。

〔要　旨〕
本条は、保護観察所の長に対し、精神障害者又はその疑いのある者に関する通報の義務を課した規定であり、昭和四十年の改正によって設けられたものである。

〔解　釈〕

〔1〕保護観察は、少年法第二十四条第一項第一号の保護処分（家庭裁判所が審判を開始した少年に対して行う保護観察所の保護観察に付する旨の決定をいう。）を受けた者、少年院からの仮退院を許されている者若しくは仮釈放を許されている者又は執行猶予者で保護観察に付されている者に対して行われる（更生保護法第四十八条）。

保護観察における具体的な指導監督の方法が、①面接その他の適当な方法により保護観察対象者と接触を保ち、その行状を把握すること、②保護観察対象者が遵守事項を遵守し、並びに生活行動指針に即して生活し、及び行動するよう、必要な指示その他の措置をとること、③特定の犯罪的傾向を改善するための専門的処遇を実施すること、とされている（更生保護法第五十七条）関係上、保護観察所の長に本条の通報義務を課すこととしているものである。

（矯正施設の長の通報）

第二十六条　矯正施設（拘置所⑴、刑務所⑵、少年刑務所⑶、少年院⑷、少年鑑別所⑸及び婦人補導院⑹をいう。以下同じ。）の長は、精神障害者又はその疑のある収容者を釈放、退院又は退所させようとするときは、あらかじめ、左の事項を本人の帰住地（帰住地がない場合は当該矯正施設の所在地）の都道府県知事に通報しなければならない。

一　本人の帰住地、氏名、性別及び生年月日

二　症状の概要

三　釈放、退院又は退所の年月日
四　引取人の住所及び氏名

〔要　旨〕

本条は、矯正施設の長に対し、精神障害者又はその疑いのある収容者を釈放しようとする場合等における通報の義務を課した規定である。

〔解　釈〕

〔1〕「拘置所」とは、刑事施設の一種で、拘置（刑事被告人及び死刑の言渡しを受けた者を拘禁すること）のみを扱う施設をいう。

〔2〕「刑務所」とは、自由の剥奪を内容とするいわゆる自由刑に処せられた者を拘禁する刑事施設をいう。

〔3〕「少年刑務所」とは、自由刑に処せられた少年を拘禁する刑事施設をいう。

〔4〕「少年院」とは、家庭裁判所から保護処分として送致された者及び十六歳に満たない少年に対して十六歳に達するまでの間、少年院において刑の執行を受ける者を収容し、これに矯正教育を授ける施設をいう（法務省設置法第十条）。

〔5〕「少年鑑別所」とは、家庭裁判所の決定により送致された者を収容するとともに、家庭裁判所の行う少年に対する調査及び審判並びに保護処分及び懲役又は禁錮《こ》の言渡しを受けた十六歳未満の少年に対する刑の執行に資するため、医学、心理学、教育学、社会学その他の専門的知識に基づいて、少年の資質の鑑別を行う施設をいう（法務省設置法第十一条）。

〔6〕「婦人補導院」とは、売春防止法の規定により補導処分に付された者を収容して、これを更生させるために必要な補導を行う施設をいう（婦人補導院法第一条）。

なお、本条に基づく取扱いについては、法務省矯正局長通知により次のように示されている。

被収容者の釈放に関する訓令の運用について（依命通達）（抄）

〔平成十八年五月二十三日　法務省矯成第三三七三号
矯正管区長・矯正施設の長・矯正研修所長宛　法務省矯正局長通知〕

注　平成二三年五月二三日法務省矯成第三〇一八号による改正現在

4　釈放に伴う通知

(1)　麻薬中毒者等の通報

麻薬及び向精神薬取締法第五十八条の五の規定により矯正施設の長が行う通報は、別紙様式によること。

(2)　精神障害者の通報等

ア　精神保健及び精神障害者福祉に関する法律第二十六条に基づく通報が必要と思料される場合には、あらかじめ当該被収容者の帰住地（帰住地がない場合は当該矯正施設の所在地）の都道府県の担当部署、保護観察所、病院等と連絡を密にし、必要に応じて、出所又は出院の直前に帰住地最寄りの矯正施設に移送し、その矯正施設から出所又は出院させる方法を講じるなど、医療及び保護の便宜を図るよう留意すること。

イ　精神保健及び精神障害者福祉に関する法律第二十六条に基づく通報を行う場合には、同条に定める事

項のほか、指定医診察希望日及び希望診察場所も併せて通知すること。

ウ　精神保健及び精神障害者福祉に関する法律第二十六条第二号（症状の概要）の記載事項については、症状の軽重により次のとおりとすること。

(ア)　本人を入院させなければ、その精神障害のために自身を傷つけ又は他人に害を及ぼすおそれがあって、精神病院に入院させるか若しくは特別の保護指導が必要と認められた者については、できる限り症状を詳細に記載し、入院についての意見を付すること。

(イ)　右記(ア)以外の軽症度の者については、病名の記載にとどめ、特に参考となるべき事項があれば併記すること。

(3)　被害者等に対する受刑者の釈放に関する通知

平成十三年一月二十二日付け法務省刑総第七三号刑事局長、矯正局長、保護局長依命通達「被害者等に対する受刑者の釈放に関する通知について」、平成十三年八月一日付け法務省刑総第九四〇号刑事局長、矯正局長、保護局長依命通達「被害者等の保護を図るための受刑者の釈放等に関する情報の取扱いについて」及び平成二十三年一月二十七日付け法務省矯成第四三四号当職依命通達「子どもを対象とする暴力的性犯罪等に係る受刑者の釈放等に関する情報の警察への提供について」に定めるところによること。

（精神科病院の管理者の届出）

第二十六条の二　精神科病院の管理者は、入院中の精神障害者であつて、第二十九条第一項の要件に該当すると認められるもの(1)から退院の申出があつたときは、直ちに、その旨を、最寄り

の保健所長[2]を経て都道府県知事に届け出なければならない。

〔要　旨〕

本条は、精神科病院の管理者に対し、措置入院に該当する症状を有する精神障害者の退院の申出があったときの届出の義務を課した規定である。

〔解　釈〕

〔1〕本条により精神科病院の管理者が届出をすべき入院患者の入院形態は、当然に、措置入院でない場合に限られる。何故なら、措置入院者については、患者又はその家族の意思のいかんを問わず、公権力の発動によって強制的に精神科病院に入院させられているのであって、その強制力は、措置解除という新たな行政処分を行うのでなければ消滅しないのであり、措置入院者は、自らの意思により退院の申出をしたとしても、何の効果も生ぜず、管理者は届出の必要がないからである。

一方、任意入院や医療保護入院をしている患者の退院については、医学上の判断のほか、任意入院の場合は本人の退院の申出があればよく、また医療保護入院の場合も同意を行った家族を含む家族等からの申出に基づき、精神科病院の管理者の判断として退院させることもあり（一定の場合に退院制限があることは言うまでもない。）、公権力の介入は存在しない。しかし、一面では、入院時には患者の症状は第二十九条及び第二十九条の二にいう措置症状にはなかったが、その後措置症状を呈するに至るようなケースや、当初から措置症状にあったが、措置入院という行政処分がなされる以前に家族等の同意により医療保護入院となり、都道府県知事（指定都市の市長）が改めて行政処分を発動する必要がないことを認めてそのままにしておくケースも例外的に考えられ

る。このような事例では、退院することによって自傷他害のおそれのある患者が、その症状に適応した医療及び保護を受けることができないという点が問題となる。本条は、このような事態をあらかじめ防止するために設けられた規定である。したがって、この届出を受けた都道府県知事（指定都市の市長）は、必要があると認めるときは、指定医の診察を経て措置入院手続を採ることとなる。

〔２〕「最寄りの保健所」とは、入院患者の居住地に関係なく、患者の入院している病院の所在地を行政区域とする都道府県（指定都市）内の当該病院の最寄りの保健所である。したがって、訪問指導等のために必要な保健所管内の精神障害者の把握については、保健所相互間の事務連絡の強化等によって解決すべきこととなろう。

（心神喪失等の状態で重大な他害行為を行つた者に係る通報）

第二十六条の三　心神喪失等の状態で重大な他害行為を行った者の医療及び観察等に関する法律第二条第五項に規定する指定通院医療機関の管理者及び保護観察所の長は、同法の対象者であつて同条第四項に規定する指定入院医療機関に入院していないものがその精神障害のために自身を傷つけ又は他人に害を及ぼすおそれがあると認めたときは、直ちに、その旨を、最寄りの保健所長を経て都道府県知事に通報しなければならない。

〔要　旨〕

本条は、医療観察法における指定通院医療機関の管理者及び保護観察所の長は、同法により入院によらない医療

を受けている者がその精神障害のために自傷他害のおそれがあると認めた場合には、直ちに、都道府県知事に通報しなければならないこととすることにより、医療観察法に基づく通院患者についても、必要な場合には精神保健福祉法に基づく入院医療等を受ける機会を確保することとされているものである。

（申請等に基づき行われる指定医の診察等）

第二十七条　都道府県知事は、第二十二条から前条までの規定による申請、通報又は届出のあつた者について調査[1]の上必要があると認めるとき[2]は、その指定する指定医[3]をして診察[4][5]をさせなければならない。

2　都道府県知事は、入院させなければ精神障害のために自身を傷つけ又は他人に害を及ぼすおそれ[6]があることが明らかである者については、第二十二条から前条までの規定による申請、通報又は届出がない場合[7]においても、その指定する指定医をして診察をさせることができる。

3　都道府県知事は、前二項の規定により診察をさせる場合には、当該職員[8]を立ち会わせ[9]なければならない。

4　指定医及び前項の当該職員は、前三項の職務を行うに当たつて必要な限度においてその者の居住する場所[10]へ立ち入ることができる。

5　第十九条の六の十六第二項及び第三項の規定は、前項の規定による立入りについて準用す

る。この場合において、同条第二項中「前項」とあるのは「第二十七条第四項」と、「当該職員」とあるのは「指定医及び当該職員」と、同条第三項中「第一項」とあるのは「第二十七条第四項」と読み替えるものとする。(11)

〔要　旨〕

本条は、第二十二条から前条までの規定による申請、通報又は届出（以下「申請等」という。）のあった者について指定医に診察させること等に関する規定である。

なお、指定医に診察させることは、都道府県知事（指定都市の市長）に付与される権限であるとともに、都道府県知事（指定都市の市長）の義務であるとされている。

〔解　釈〕

〔1〕　ここでいう「調査」には、精神障害の有無に関する医学的診断に関する事項は含まれない。すなわち、申請等のあった者の存在、申請等の原因となった症状の概要などの事実の確認にとどまる。この意味からすれば、前七条の申請等につき、全く同様の調査をなすべきものとは言い難く、当然その内容に精粗の差があることとなる。すなわち、第二十二条の一般人からの申請については、一定の職務に基づくものではなく、通常は医学的に素養のある者による申請でもないことから、被申請者が実在するかどうか、被申請者の症状が通常人が判断して精神障害者と疑うに足りる程度に至っているかどうかなどについて、実地で、あるいは申請者に対して詳細に調査することを要するが、警察官等の職務にある者からの通報については、少なくとも症状の程度を調査すれば足りるものと考えられる。また、第二十六条の二の規定による精神科病院の管理者からの届出については、少なくとも

医師の診断があることから、通常は直ちに指定医の診察を行うものと考えられる。

〔2〕　都市の市長）の判断は、医学的以外の判断である。〔1〕で述べたような見地からすれば、指定医に診察させる必要性があるかどうかについての都道府県知事（指定

〔3〕　「その指定する指定医」とは、都道府県知事（指定都市の市長）が個別の事案ごとに診察を行うことを委嘱した指定医を意味する。ここにいう知事（市長）の「指定」はあくまでも個別的かつ具体的な事例を前提とした行為であり、「指定医」としての厚生労働大臣の指定行為（指定医としての地位の確認的な性格を有するものと解される。）とは性格を異にしている。実務的には、指定医の中から本条の診察を行うことをあらかじめ包括的に同意を得た上でその指定医を名簿に登載するなどにより特定化している例もあろうが、これはあくまでも知事（市長）の指定の準備行為であって、指定行為は具体的な職務を行うたびに行われるべきものである。
なお、知事（市長）の指定は、一般的には、文書により診察の日時、場所、診察すべき者等を具体的に示して行われることとなろうが、必ずしも要式行為ではなく、これらの事項が具体的である限り文書によらなくとも足りるものと解される。

また、知事（市長）の指定を受けた指定医は、当該職務に関しては、「公務員」（第十九条の四第二項参照）としての地位において職務を行うものとなる。本条においては都道府県知事（指定都市の市長）による指定であり、身分的には非常勤の特別職地方公務員に該当するものと解される（なお、第三十八条の六等の規定により厚生労働大臣に指定された指定医は非常勤の一般職国家公務員に該当するものと解される。）。

〔4〕　都道府県知事（指定都市の市長）は、個別の指定医に患者を診察させることとなる。この指定医は、知事（市長）の指定する日時、場所等において精神障害のおそれのある者を診断するが、この診断は、通常医師が患者の求めに応じて行う診断とは異なり、診断内容を患者又はその家族に知らせる義務を負うものではなく、命令者た

る知事（市長）に診断内容を報告することのみをもって足りる。

〔5〕例えば、本項に規定する申請・通報又は届出のあった者を指定医に診察させるため、当該指定医の下にその者を移送する場合においては、当該移送は診察をさせることの一環として本項に基づき実施することができる。

〔6〕ここにいう「自傷他害のおそれ」についての判断基準は、昭和六十二年の改正前においては、法規定上の基準はなく、運用上の基準にとどまっていたが、同改正により第二十八条の二が設けられ、厚生労働省告示により明定されることとなった。

「自身を傷つけ」とは、主として自己の生命、身体を害する行為を指す。浪費や自己の所有物の損壊等のように単に自己の財産に損害を及ぼすにとどまるような行為は、ここにいう自身を傷つけるものではない。

「他人に害を及ぼす」とは、他人の生命、身体、自由、貞操、名誉、財産等に害を及ぼすことを指す。ここにいう「他人」とは、自己以外の全ての者を指す。

なお、ここでは、必ずしも個人的法益の侵害のみならず、社会的法益等を害する場合も含まれることに留意すべきである。これらの法益侵害には種々の程度があり得るところであるが、入院措置が人身の自由を制限するものであることにかんがみ、その認定に当たっては実質的な法益侵害の性格と程度（原則として刑罰法令に触れる程度の行為をいうものと規定されている。）を慎重に配慮すべきである。

〔7〕「第二十二条から前条までの規定による申請、通報又は届出がない場合」とは、文書によらないで一般人から第二十二条の内容の申請、通報があった場合又は第二十三条から第二十六条の二までに定める特定の職にある警察官、検察官等以外の職にある者（例えば家庭裁判所の調査官など）から通報があった場合等を指す。

〔8〕「当該職員」とは、指定医に診察を行わせた都道府県知事（指定都市の市長）の監督下にある当該都道府県（指定都市）の職員であって、精神保健関係の事務に従事している者又は本条による立ち会いを命ぜられた者であ

る。したがって、保健所における保健師であっても、当該職員として都道府県知事（指定都市の市長）が任命することは差し支えない。

〔9〕　当該職員が指定医の診察に立ち会う理由は、指定医の診察が適法かつ確実に行われたかどうかを確認する必要があることと、診察に当たって被診察者の確認その他指定医の診察に伴う事務的介助を行う必要があることによる。

〔10〕「居住する場所」とは、第三十三条第三項にいう「居住地」の概念とは異なり、現に事実上居住する場所であれば居住地ほど固定的な関係がなくてもよい。したがって、居住する場所は単一であることを必要としない。二以上の場所で居住している実態があれば、そのいずれにも立ち入ることができるものと解する。また、第三十三条第三項に規定する居住地がない場合には、その者の滞留する場所も含まれる。

〔11〕　本項は、第十九条の六の十六第二項及び第三項の規定を準用することにより、第二十七条第四項の規定によってその者の居住する場所へ立ち入る場合には、指定医及び立ち会う都道府県の職員は、その身分を示す証票を携帯し、関係者の請求があるときはこれを提示しなければならないこととしている。この場合、関係者とは、本人、家族等その他本人を現に保護している者及び本人の居住の場所を管理する者など立入りについて利害関係を有する一切のものをいう。なお、身分を示す証票の様式については、施行規則第七条により、同規則別記様式第一号及び別記様式第二号とされている。

（診察の通知）

第二十八条　都道府県知事は、前条第一項の規定により診察をさせるに当つて現に本人の保護の任に当つている者(1)がある場合には、あらかじめ、診察の日時及び場所をその者に通知しなければならない。

2　後見人又は保佐人、親権を行う者、配偶者その他現に本人の保護の任に当たつている者(2)は、前条第一項の診察に立ち会うことができる。

〔要　旨〕

本条は、第二十七条の規定による診断に当たって、あらかじめ本人の保護の任に当たっている者に通知すべきこと、及びこれらの者に診察に立ち会う権利を保障する旨の規定であって、精神障害者の権利を実質的に保護しようとするものである。

したがって、本条の規定を無視して、通知をなさず、又は立ち会いを許さないで行った前条の診察の結果に基づく措置入院は、違法行為と解される。

〔解　釈〕

〔1〕　本条の規定による通知の相手方である「現に本人の保護の任に当っている者」とは、第一次的には、被診察者の家族等その他の日常において保護の任に当たっている者であろうが、警察署、刑務所等公的施設に収容されている者が被診察者である場合であって、右の第一次的な者がいないか、又は不明であるときは、当該施設の長が

現に保護の任に当たっている者として、通知の相手方とすることもやむを得ないであろう。

〔2〕　診察に立ち会うことができる「現に本人の保護の任に当たっている者」の解釈については、〔1〕と同様である。

（判定の基準）
第二十八条の二　第二十七条第一項又は第二項の規定により診察をした指定医は、厚生労働大臣の定める基準に従い、当該診察をした者が精神障害者であり、かつ、医療及び保護のために入院させなければその精神障害のために自身を傷つけ又は他人に害を及ぼすおそれがあるかどうかの判定を行わなければならない。

〔要　旨〕

本条は、措置入院の必要があるか否かの判定を行う場合の基準に関する規定である。

措置入院制度のより適正な運用を図るため昭和六十二年の改正により設けられたものであり、本条の規定による基準は、次のように定められている。

精神保健及び精神障害者福祉に関する法律第二十八条の二の規定に基づき厚生労働大臣の定める基準

〔昭和六十三年四月八日
厚生省告示第百二十五号〕

注　平成一八年一月一二日厚生労働省告示第四号による改正現在

精神保健法（昭和二十五年法律第百二十三号）第二十八条の二第一項（第二十九条の二第四項において準用する場合を含む。）の規定に基づき、厚生大臣の定める基準を次のように定め、昭和六十三年七月一日から適用する。

第一

一　精神保健及び精神障害者福祉に関する法律（昭和二十五年法律第百二十三号。以下「法」という。）第二十九条第一項の規定に基づく入院に係る精神障害者であり、かつ、医療及び保護のために入院させなければその精神障害のために自身を傷つけ又は他人に害を及ぼすおそれがある旨の法第十八条第一項の規定により指定された精神保健指定医による判定は、診察を実施した者について、入院させなければその精神障害のために、次の表に示した病状又は状態像により、自殺企図等、自己の生命、身体を害する行為（以下「自傷行為」という。）又は殺人、傷害、暴行、性的問題行動、侮辱、器物破損、強盗、恐喝、窃盗、詐欺、放火、弄火等他の者の生命、身体、貞操、名誉、財産等又は社会的法益等に害を及ぼす行為（以下「他害行為」といい、原則として刑罰法令に触れる程度の行為をいう。）を引き起こすおそれがあると認めた場合に行うものとすること。

二　自傷行為又は他害行為のおそれの認定に当たつては、当該者の既往歴、現病歴及びこれらに関連する事実行為等を考慮するものとすること。

病状又は状態像	自傷行為又は他害行為のおそれの認定に関する事項	原因となる主な精神障害の例示
抑うつ状態	悲哀感、焦燥感、絶望感等の一般的な抑うつ感情、思考面での集中困難、思考制止、行動面での運動制止等がみられ、これに抑うつ的な内容の錯覚、幻覚、妄《もう》想を伴うことがしばしばあることから、このような病状又は状態像にある精神障害者は、自殺念慮、自傷念慮、心中念慮等を抱く結果、自傷行為又は他害行為を行うことがある。	躁うつ病圏 統合失調症圏 症状性又は器質性精神障害 心因性精神障害 等
躁状態	爽快感、易怒的、刺激的な昂揚感等の躁的感情、自我感情の肥大、思考面での観念奔逸、行動面での運動興奮等がみられ、これに躁的な内容の誇大等の妄《もう》想を伴うことがしばしばあることから、このような病状又は状態像にある精神障害者は、思考及び運動の抑制が減弱又は欠如し、傲《ごう》慢不そんな態度が度を超す結果、自傷行為又は他害行為を行うことがある。	躁うつ病圏 統合失調症圏 症状性又は器質性精神障害 等
幻覚妄《もう》想状態	幻覚、妄《もう》想がみられ、これに幻覚、妄《もう》想に対する自覚、洞察の欠如を伴うことがしばしばあることから、このような病状又は状態像にある精神障害者は、現実検討能力に欠け、恐慌状態や興奮状態に陥りやすい結果、自傷行為又は他害行為を行うことがある。	統合失調症圏 中毒性精神障害 躁うつ病圏 症状性又は器質性精神障害 等
精神運動興奮状態	欲動や意志の昂進又は抑制の減弱がみられ、これに思考の滅裂傾向を伴うことがしばしばあることから、このような病状又は状態像にある精神障害者は、多動興奮状態に陥りやすい結果、突発的に自傷行為又は他害行為を行うことがある。	統合失調症圏 中毒性精神障害 躁うつ病圏 心因性精神障害 症状性又は器質性精神障害 等

昏迷状態	意志発動性が強く抑制されているために、精神的にも身体的にも外界にほとんど応答できない状態がみられ、このような病状又は状態像にある精神障害者は、対人接触等の日常社会活動のみならず、摂食、排泄《せつ》、睡眠等の生命維持に必要な活動を行うことができない結果、又は突発的な衝動行為を行う結果、自傷行為又は他害行為を行うことがある。	統合失調症圏 心因性精神障害 躁うつ病圏 中毒性精神障害 等
意識障害	周囲に対して適切な注意を払い、外界の刺激を的確に受けとつて対象を認知し、必要な思考及び判断を行つて行動に移し、それらのことの要点に記憶に留めておくという一連の能力の全般的な障害がみられ、このような病状又は状態像にある精神障害者は、見当識の障害を伴う結果、自傷行為又は他害行為を行うことがある。	中毒性精神障害 症状性又は器質性精神障害 心因性精神障害 等
知能障害	先天性若しくは幼少時発症の脳障害により知能の発達が障害された状態又は成人後に生ずる器質的脳障害により知能が低下している状態にあり、周囲との意志の疎通や外界に対する感情の表出等の障害がみられ、このような病状又は状態像にある精神障害者は、突発的な衝動行為等を伴う結果、自傷行為又は他害行為を行うことがある。	知的障害 症状性又は器質性精神障害 等
人格の病的状態	知能にほとんど欠陥はないが、人格構成要素の不均衡又は人格全体の異常等のために、本人が悩み又は他人が悩まされ、そのため個人あるいは社会に対し対立するに至るような人格の病的状態がみられ、このような病状又は状態像にある精神障害者は、周囲との意志の疎通や外界に対する感情の表出又は内的葛藤の処理が障害されやすいことに起因する適応障害が顕著な場合、自傷行為又は他害行為を行うことがある。	精神病質 統合失調症圏 症状性又は器質性精神障害に伴う人格変化 中毒性精神障害 けいれん発作後の人格変容 等

第二

法第二十九条の二第一項の規定に基づく入院に係る精神障害者であり、かつ、直ちに入院させなければその精神障害のために自身を傷つけ又は他人を害するおそれが著しい旨の法第十八条第一項の規定により指定された精神保健指定医による判定は、診察を実施した者について、第一の表に示した病状又は状態像により、自傷行為又は他害行為を引き起こすおそれが著しいと認めた場合に行うものとすること。

（都道府県知事による入院措置）

第二十九条　都道府県知事は、第二十七条の規定による診察の結果、その診察を受けた者が精神障害者であり、かつ、医療及び保護のために入院させなければその精神障害のために自身を傷つけ又は他人に害を及ぼすおそれがある[1]と認めたときは、その者を国等の設置した精神科病院又は指定病院に入院させることができる[2][3][4][5]。

2　前項の場合において都道府県知事がその者を入院させるには、その指定する二人以上[6]の指定医の診察[7]を経て、その者が精神障害者であり、かつ、医療及び保護のために入院させなければその精神障害のために自身を傷つけ又は他人に害を及ぼすおそれがあると認めることについて、各指定医の診察の結果が一致[8]した場合でなければならない。

3　都道府県知事は、第一項の規定による措置を採る場合においては、当該精神障害者に対し、当該入院措置を採る旨、第三十八条の四の規定による退院等の請求に関することその他厚生労

働省令で定める事項を書面で知らせなければならない。(9)

4　国等の設置した精神科病院及び指定病院の管理者は、病床（病院の一部について第十九条の八の指定を受けている指定病院にあつてはその指定に係る病床）に既に第一項又は次条第一項の規定により入院をさせた者がいるため余裕がない場合のほか(10)は、第一項の精神障害者を入院(11)させなければならない。

〔要　旨〕

本条は、医療及び保護のために入院させなければ自傷他害のおそれがあると認められた精神障害者を、都道府県知事（指定都市の市長）の権限により強制的に入院させる措置入院に関する規定である。

〔解　釈〕

〔1〕自傷他害の判定基準については、第二十七条の解釈〔6〕及び第二十八条の二の要旨を参照。

〔2〕都道府県知事（指定都市の市長）が患者を「入院させる」権限を行使する際は、直接患者の身体に強制力を加えることができる。ただし、その強制力は、患者を入院させるという行政上の必要性を満足させるための必要最小限度にとどめられるべきであることは言うまでもない。

〔3〕都道府県知事（指定都市の市長）が入院措置を行うに当たっては、既に措置入院以外の形式で精神科病院に入院している患者に対して第二十九条を発動することは、法律上の解釈としては可能である。当該精神障害者が一般社会生活を営んでいるか、精神科病院において治療を受けているかにかかわらず、自傷他害の病状又は状態像を呈していることが明らかであり、かつ、措置入院の権限を発動するための法律的要件（申請、通報、指定医の

診断等）が具備される場合には、権限行使を妨げる理由は見出せない。

しかし、本条の趣旨は、このような状態の患者を放置しておくことが、患者本人の医療保護の見地から望ましくないという点にあることから、既に当該精神障害について入院治療を受けており、一般社会に放置されている状態になければ、あえて必ずしも措置権を行使しなくても足りると解する。すなわち、入院中であれば、その入院期間中は措置権発動を留保することもあり得るのである。

なお、このような患者が措置症状を呈するに至り、退院の申出があった場合の取扱いについては、第二十六条の二の解釈〔1〕を参照。

〔4〕　措置権の行使は、文言上は、都道府県知事（指定都市の市長）の行政裁量に委ねられるようにみえるが、本条の趣旨からみて、知事（市長）の完全な自由裁量は認められないことは言うまでもない。指定医の診察結果が明白であるにもかかわらず、単に財政上の理由や病床不足の理由をもって、措置権の行使を怠ることは許されない。このような場合は、直ちに必要な予算措置を講じ、又は指定病院の指定病床数を増加し、さらに必要があれば、他県の公私立病院に措置入院させる等の措置を速やかに採るべきである。ただし、〔3〕で述べたケースや、措置入院命令を実行しようとする際、患者の家族等その他の関係者から直ちに他の病院に医療保護入院させる旨の申出があり、医療保護入院させる期待可能性が著しく高く、入院までのごく短期間の間は自傷他害行為の発生の危険性が全く予想されないようなケースでは、措置権の発動を留保することもあり得ようが、いずれにしても措置症状が認められる者については措置入院によることが原則であり、措置入院の手続が実施可能であるにもかかわらず、あえて家族の同意を求めるなど、ことさらに医療保護入院に誘導するような取扱いは避けるべきである。

〔5〕　都道府県知事（指定都市の市長）が行う本条の措置権の行使は、行政処分である（第二十九条の二のいわゆる緊急措置入院も同様である。）。措置権の行使は、まさに人の身体に直接手をかける事実上の行為であり、当該行

為を行うに当たり、法律上は別段相手方又はその関係者に措置入院命令書等を交付する必要はないが、実務上は、文書を相手方に交付することにより、措置入院させたという事実上の行為を措置入院者及び家族等その他の関係者に通知することが望ましい。

ここで、措置入院者又はその関係者が、措置入院処分を不服として行政不服審査法による不服申立てができるかどうかについては、行政不服審査法にいう「処分」には、公権力の行使に当たる事実上の行為で、人の収容、物の留置その他その内容が継続的性質を有するものが含まれると規定している（同法第二条）ことから、精神保健福祉法の規定による入院措置について行政庁に不服申立てをすることは、可能であると解される。

措置解除も同様に事実上の行為であるが、この行政処分は「人の収容」をやめることであり、それまで束縛されていた自由を回復するものであることから、家族等から患者が家へ帰ってくると迷惑であるとか、措置入院費用が公費負担されるのに措置解除の結果費用がかかるようになったといった理由で不服申立てをすることはできないものと解される。

〔６〕「二人以上」とは、同一の申請、通報又は届出に基づく診察の実施者が二人以上であることを要するという意味である。二人以上の指定医の診察は、同一の被診察者に対して複数の指定医が同時に診断をするいわゆる対診行為であってもよいし、被診察者の症状判定の基礎に変化のない程度の日時であれば、一人目の指定医の診察と二人目以下のそれとが若干間隔をおいてなされてもよいものと解される。

〔７〕強制的入院である措置入院の要否の判定は、患者の人権確保の上からも厳に適正でなければならないことは当然である。判定の基準が設けられていることもこの要請に沿うものであるが、最終的には個々の指定医の診断行為によるものであるだけに、他にも十分な配慮が行われなければならない。実際に診察を行う二人以上の指定医の選定に当たっては、地域的な事情等により他に指定医が確保できないなどのやむを得ない事情がある場合を除

き、原則として同一の医療機関に所属する指定医を選定しないこととするとともに、措置決定後の入院先は当該指定医の所属医療機関をできるだけ避けるように配慮することが必要である。

〔8〕都道府県知事（指定都市の市長）が措置入院させることができるのは、二人以上の指定医の診断結果が、措置入院要という点で一致したときに限る。したがって、第一の指定医の診断の結果が措置入院不要であれば、第二、第三の指定医の診断を待つまでもなく、同一の申請、通報又は届出に基づくものである限り、措置入院権限を行使することはできない。ただし、その後の被診察者の病状や症状が異なって新たな申請等が行われ、又は第二十九条の二第一項のいわゆる緊急措置入院が必要と認められるに至ったときは別であることは言うまでもない。

〔9〕本条第三項の規定は、いわゆる告知に関する規定であり、精神科病院への入院患者の人権保護のため、他の入院形態の場合の告知の規定と同様、昭和六十二年改正により設けられた。知事（市長）が告知すべき内容は、

①　当該措置入院を採る旨

②　第三十八条の四の規定による退院等の請求に関すること

③　その他厚生労働省令で定めること（施行規則第六条及び同第五条第二号により、「法第三十六条に規定する行動の制限に関する事項」とされている。）

である。

なお、措置入院決定に当たっての告知文の様式は、「精神科病院に入院する時の告知等に係る書面及び入退院の届出等について」（平成十二年三月三十日障精第二二号　厚生省大臣官房障害保健福祉部精神保健福祉課長通知）の様式7として示されている。

様式７

措置入院決定のお知らせ

○　○　○　○　殿

平成　　年　　月　　日
○　○　県知事

1　あなたは、精神保健指定医の診察の結果、入院措置が必要であると認めたので通知します。
2　あなたの入院は、【①精神保健及び精神障害者福祉に関する法律第29条の規定による措置入院　②精神保健及び精神障害者福祉に関する法律第29条の2の規定による緊急措置入院】です。
3　あなたの入院中、手紙やはがきなどの発信や受信は制限されません。ただし、封書に異物が同封されていると判断される場合、病院の職員の立ち会いのもとで、あなたに開封してもらい、その異物は病院にあずかることがあります。
4　あなたの入院中、人権を擁護する行政機関の職員、あなたの代理人である弁護士との電話・面会や、あなた又はあなたのご家族等の依頼によりあなたの代理人となろうとする弁護士との面会は、制限されませんが、それら以外の人との電話・面接については、あなたの病状に応じて医師の指示で一時的に制限することがあります。
5　あなたは、治療上の必要性から、行動制限を受けることがあります。
6　もしあなたに不明な点、納得のいかない点がありましたら、遠慮なく病院の職員に申し出て下さい。

それでもなお、あなたの入院や処遇に納得のいかない場合には、あなた又はあなたのご家族等は、退院や病院の処遇の改善を指示するよう、都道府県知事に請求することができます。この点について、詳しくお知りになりたいときは、病院の職員にお尋ねになるか又は下記にお問い合わせ下さい。

都道府県の連絡先（電話番号を含む。）

7　病院の治療方針に従って療養に専念して下さい。
8　この処分について不服がある場合は、この処分があったことを知った日の翌日から起算して60日以内に厚生労働大臣に対して審査請求をすることができます。
9　この処分の取消しを求める訴えは、この処分の通知を受けた日の翌日から起算して６か月以内に限り、都道府県を被告として（訴訟において都道府県を代表する者は都道府県知事となります。）提起することができます（なお、この処分の通知を受けた日の翌日から起算して６か月以内であっても、この処分の日の翌日から起算して１年を経過するとこの処分の取消しの訴えを提起することができなくなります。）。また、この処分の通知を受けた日の翌日から起算して60日以内に審査請求をした場合には、この処分の取消しの訴えは、その審査請求に対する裁決の送達を受けた日の翌日から起算して６か月以内であれば、提起することができます（なお、その審査請求に対する裁決の送達を受けた日の翌日から起算して６か月以内であっても、その審査請求に対する裁決の日の翌日から起算して１年を経過するとこの処分の取消しの訴えを提起することができなくなります。）。

〔10〕　本条第四項の規定は、いわゆる措置入院優先主義の規定である。国等が設置した精神科病院の管理者又は指定病院の管理者は、私的な医療保護を受けている患者に優先して、措置入院者を入院させなければならない義務を負う。

〔11〕　平成七年の改正前においては、本条第四項、第二十九条の二第四項、第二十九条の四第一項、第二十九条の五、第三十二条及び第三十八条の二において、精神科病院への「収容」の用語が用いられており、これは、医療法第一条の五第一項でも以前は「「病院」とは、医師又は歯科医師が、公衆又は特定多数人のため医業又は歯科医業を行う場所であつて、患者二十人以上の収容施設を有するものをいう。」としていたように、医療関係法規で一般的に用いられていた用語であるが、強制的な措置である精神保健福祉法の措置入院についてこの用語を用いると、いわゆる「強制収容」という言葉が持つ語感を想起させかねないとの指摘もあったため、同改正により「入院」という用語に改められた。

第二十九条の二　都道府県知事は、前条第一項の要件に該当すると認められる精神障害者又はその疑いのある者について、急速を要し、第二十七条、第二十八条及び前条の規定による手続を採ることができない場合[1]において、その指定する指定医[2]をして診察をさせた結果、その者が精神障害者であり、かつ、直ちに入院させなければその精神障害のために自身を傷つけ又は他人を害するおそれが著しい[3]と認めたときは、その者を前条第一項に規定する精神科病院又は指定病院に入院させる[4]ことができる。

2　都道府県知事は、前項の措置をとつたときは、すみやかに、その者につき、前条第一項の規定による入院措置をとるかどうかを決定しなければならない[5]。

3　第一項の規定による入院の期間は、七十二時間[6]を超えることができない[7]。

4　第二十七条第四項及び第五項並びに第二十八条の二の規定は第一項の規定による診察について、前条第三項の規定は第一項の規定による措置を採る場合について、同条第四項の規定は第一項の規定により入院する者の入院について準用する。

〔要　旨〕

本条は、いわゆる緊急措置入院に関する規定である。

〔解　釈〕

〔1〕 通常の措置入院の場合は、①都道府県知事（指定都市の市長）が派遣した二人以上の指定医が診察すること、②この診察に都道府県の当該職員が立ち会うこと、③この診察には家族等に通知をし、及び診察に立ち会わせること、といった手続を踏む必要がある。急速を要し、通常の措置入院の手続によることができない場合とは、これらの手続の全部又は一部を採ることができない場合をいう。

〔2〕 ここでいう指定医は、二人以上たることを要しない。一名の指定医に診察を依頼すれば足りる。

〔3〕 自傷他害のおそれのある程度の著しさは、個々には指定医の診断内容によって決まるが、通常の措置入院よりも簡略な手続で（一人の指定医に診察させ、当該指定医が要措置状態であるとするだけで）措置権限を行使するものであることから、第二十九条の通常の措置症状よりも自傷他害のおそれの程度が著しいと認められる場合でなければならない。症状が急迫し、自殺しようとして未遂に終わった場合や、他人を殺害した事実がある場合などは、「著しい」という要件を満たす場合に該当する。

〔4〕 右のような場合、精神保健福祉法の適用を待つまでもなく、まず警察官職務執行法が発動されて然るべきではないか、という疑問がある。確かに警察官職務執行法第三条によれば、警察官は、異常な挙動その他周囲の事情から合理的に判断して、精神錯乱のため自己又は他人の生命、身体又は財産に危害を及ぼすおそれのある者に該当することが明らかであり、かつ応急の救護を要すると信ずるに足りる相当な理由があるときは、とりあえず警察署、病院等に保護することができる。しかし、緊急を要する病状又は状態像にある精神障害者であれば、警察法規上の必要性だけでなく、医療保護を速やかに加える必要性も高いといえる。したがって、警察官の保護が行われる以前に、あるいは保護が行われようとする際に、都道府県知事が指定医の診察を経て、本条の要件に合致すると認めたときは、当然本人の医療保護に重点を置く緊急措置入院権限を発動すべきものである。

〔5〕 第二十九条の入院措置を採ろうとする場合、指定医二名の診断を要すべきところを、本条の緊急措置入院権発

動の根拠となった指定医の診察をそのまま第二十九条の諸要件の一つとして認め、新たに診断を要するのは残り一名の指定医の診察であるものと解してよいかどうかが問題となる。法律的には、同じ指定医の行う診察であっても、本条に基づくものと第二十九条の規定に基づくものとの相違があることから、第二十九条の規定による措置入院を行うためには、別途二名の指定医に診察させなければならない。ただし、二名の指定医を選ぶ際に、本条の規定により診察をさせた指定医を除外する必要はなく、再び当該指定医に診察を命ずることもありうる。

〔6〕　七十二時間の起算点は、緊急措置入院を行った時点である。

なお、緊急措置入院は、医療保護の観点から、患者の人権に大幅な制限を加える制度であることから、その運用には特に厳格な制約を加えるべきである。したがって、同一患者につき、本条の発動を連続して反復することは違法と解する。すなわち、七十二時間の期限切れの寸前に指定医に診察させ、さらに緊急措置入院を続けるようなことは、都道府県知事（指定都市の市長）に与えられた権限を超えるものである。七十二時間以内に、第二十九条の規定に基づく措置入院手続を完了すべきである。

〔7〕　精神症状の発生は突発的な場合が多く、都道府県（指定都市）の行政体制が整備されていても、第二十九条に規定されている手続を完全に採り終えるためにはやはり若干の日時が必要とされるが、その間に急迫症状が起こった場合の応急の措置として、本条は昭和四十年の改正により新設されたものである。

なお、昭和六十二年の法改正により、入院期間の限度が「四十八時間」から「七十二時間」に改正されている。

第二十九条の二の二　都道府県知事は、第二十九条第一項又は前条第一項の規定による入院措置を採ろうとする精神障害者[1]を、当該入院措置に係る病院に移送[2]しなければならない。

2　都道府県知事は、前項の規定により移送を行う場合においては、当該精神障害者に対し、当該移送を行う旨その他厚生労働省令で定める事項[3]を書面で知らせなければならない。
3　都道府県知事は、第一項の規定による移送を行うに当たつては、当該精神障害者を診察した指定医が必要と認めたときは、その者の医療又は保護に欠くことのできない限度[4]において、厚生労働大臣があらかじめ社会保障審議会の意見を聴いて定める行動の制限[5]を行うことができる。

〔要　旨〕

本条は、措置入院及び緊急措置入院のための移送に関する規定である。

この規定は、平成十一年の改正により、医療保護入院等のために緊急を要する患者の移送が法定化されることに伴い、措置入院に付随して従来から行われていた移送を法文上明確にしたものである。

〔解　釈〕

〔1〕　入院措置を採ろうとする精神障害者とは、第二十七条に規定する診察の第一回目又は第二十九条の二に規定する指定医の診察により、（緊急）措置入院が必要と判定されてから入院するまでの者を指す。したがって、本条の規定に基づく都道府県知事が行う移送の範囲は、指定医の診察以降である。

精神障害者が現に所在する場所から、指定医の診察場所までの移送については、本条で規定する移送の範囲には含まれないが、第二十七条第一項の「調査の上必要があると認めるときは、その指定する指定医をして診察をさせなければならない。」の規定に基づき必要に応じて都道府県知事が指定医の診察のための移送を行うことが

できるものである。なお、この移送においては、行動の制限を行うことはできない。

〔2〕この移送の制度については、移送に際して告知を義務づけ、行動の制限を明確にしたほか、基本的には従来どおりである。

なお、措置入院のための移送の手順は、「精神障害者の移送に関する事務処理基準について」（平成十二年三月三十一日障第二四三号　厚生省大臣官房障害保健福祉部長通知）において示されている（第三十四条の解釈〔6〕を参照）。

〔3〕移送の際に本人に知らせるべき事項は、当該移送を行う旨その他施行規則第八条により次のように定められている。

（移送の告知）

第八条　法第二十九条の二の二第二項の厚生労働省令で定める事項は、次のとおりとする。

一　移送先の精神科病院の名称及び所在地

二　移送の方法

三　法第二十九条の二の二第三項に規定する行動の制限に関する事項

〔4〕保護に欠くことのできない限度とは、指定医により専ら精神医学上の判断から、患者の症状に照らして個別具体的に決められる。行動制限という事柄の重大性にかんがみ、行動制限の理由、方法等が医療又は保護のために欠くことのできないものであったことを担保する意味においても、行動制限の措置を採った経緯等を「精神障害者の移送に関する事務処理基準について」（平成十二年三月三十一日障第二四三号　厚生省大臣官房障害保健福

祉部長通知）の様式2「措置入院のための移送に関する診察記録票」に記載しなければならない（第三十四条の解釈〔6〕を参照）。

〔5〕　移送を行う際にできる行動制限は、告示により次のように定められている。

精神保健及び精神障害者福祉に関する法律第二十九条の二の二第三項の規定に基づき厚生労働大臣が定める行動の制限

〔平成十二年三月二十八日
厚生省告示第九十六号〕

注　平成一二年一二月二八日厚生省告示第五三三号による改正現在

精神保健及び精神障害者福祉に関する法律（昭和二十五年法律第百二十三号）第二十九条の二の二第三項（同法第三十四条第四項において準用する場合を含む。）の規定に基づき、精神保健及び精神障害者福祉に関する法律第二十九条の二の二第三項の規定に基づき厚生大臣が定める行動の制限を次のように定め、平成十二年四月一日から適用する。

身体的拘束（衣類又は綿入り帯等を使用して、一時的に当該患者の身体を拘束し、その運動を抑制する行動の制限をいう。）

第二十九条の三　第二十九条第一項に規定する精神科病院又は指定病院の管理者は、第二十九条の二第一項の規定により入院した者について、都道府県知事から、第二十九条第一項の規定による入院措置を採らない旨の通知を受けたとき、又は第二十九条の二第三項の期間内に第二十

九条第一項の規定による入院措置を採る旨の通知がないときは、直ちに、その者を退院(1)させなければならない。

〔要　旨〕

本条は、緊急措置入院者の入院の終期に関する規定である。

〔解　釈〕

〔1〕　緊急措置入院は、第二十九条の二で述べたように、急迫な病状又は状態像にある精神障害者に対し簡略な手続により措置入院させるものであることから、その理由がなくなれば当然に措置を解除し、患者の身体に加えられている強制力を解かなければならない。したがって、本条に規定する要件に合致するに至ったときは、直ちに患者を退院させなければならない。

ただし、医学的に入院の必要性が認められ、患者の家族等も、医療保護入院による入院に同意する場合には、患者は引き続き精神科病院に入院したままとなることがあるが、その場合も、当該患者は第二十九条の二の規定により入院を強制されているわけではないことから、医療保護入院に切り替わった時点で、本条にいう「退院させ」たこととなる。

（入院措置の解除）

第二十九条の四　都道府県知事は、第二十九条第一項の規定により入院した者（以下「措置入院

者」という。）が、入院を継続しなくてもその精神障害のために自身を傷つけ又は他人に害を及ぼすおそれがないと認められるに至ったとき(1)は、直ちに、その者を退院(2)させなければならない。この場合においては、都道府県知事は、あらかじめ、その者を入院させている精神科病院又は指定病院の管理者の意見を聞く(3)ものとする。

2　前項の場合において都道府県知事がその者を退院させるには、その者が入院を継続しなくてもその精神障害のために自身を傷つけ又は他人に害を及ぼすおそれがないと認められることについて、その指定する指定医による診察の結果又は次条の規定による診察の結果に基づく場合でなければならない(4)。

〔要　旨〕

本条は、入院措置の解除に関する規定である。

〔解　釈〕

〔1〕措置入院を必要としない病状又は状態像の程度、すなわち措置解除時の病状又は状態像の程度と、措置開始時のそれとの間に、法律要件として、症状の程度に差異を認めるべきかどうかの問題がある。これについては、措置解除の要件として、入院医療を必要としない程度に至るまでは措置入院を継続すべきものとする明文の規定がない以上、措置入院、措置解除を行う必要十分な精神症状の程度は、当然に同程度であると解すべきである。したがって、入院措置の処分を行った場合、措置開始時の病状又は状態像が消滅したときは措置解除を行うべきで

あり、一般的に、精神障害のため入院医療を必要としなくなるまで措置入院を継続することは違法である。

〔2〕ここにいう「退院」とは「措置解除」と同義である（第二十九条の三の解釈〔1〕を参照。）。

〔3〕都道府県知事（指定都市の市長）は、措置解除を行う際、あらかじめ精神科病院の管理者の意見を聞かなければならないが、その意見には拘束されない。意見を聞いた結果、当該患者の症状がなお措置解除するには不適当であるという心証を得たときは措置を継続するが、精神科病院の管理者の意見がなお措置要という意見であっても、他の方法により措置解除が適当という判断（事実上、指定医に命じて診察させることになろう。）に立てば、病院の管理者の意見にかかわらず措置解除をなし得る。

なお、第二十九条の五の規定により、精神科病院の管理者から、もはや措置症状にない旨の届出を受けて結果措置解除を行う場合は、条理上、本条の規定による意見聴取を改めて行う必要はないものと解する。

〔4〕本条第二項は、措置入院制度のより適正な運用を図るため、昭和六十二年の法改正により加えられた規定である。都道府県知事（指定都市の市長）が自らの判断により措置解除を行う場合の要件として、指定医の診察を必須の要件とする規定であり、措置解除を行うことができるケースとして二つの場合を規定している。一つは「その指定する指定医による診察の結果」に基づいて措置解除を行う（第三十八条の六の規定によるいわゆる実地審査）場合と、もう一つは「次条の規定による診察の結果」に基づいて措置解除を行う（入院先の病院からの措置症状消退届）場合である。

第二十九条の五　措置入院者を入院させている精神科病院又は指定病院の管理者は、指定医による診察の結果[1]、措置入院者が、入院を継続しなくてもその精神障害のために自身を傷つけ又は

他人に害を及ぼすおそれがないと認められるに至つたときは、直ちに、その旨、その者の症状その他厚生労働省令で定める事項を最寄りの保健所長を経て都道府県知事に届け出なければならない。(2)

〔要 旨〕

本条は、措置入院者の措置症状が消失したときに、入院措置の処分が継続して行われることを防止する規定である。

〔解 釈〕

〔1〕 いわゆる措置症状の消退届については、必ず指定医の診察の結果に基づくものでなければならないものとする趣旨であり、前条第二項とともに昭和六十二年の法改正により設けられたものである。

なお、措置入院者の症状消退届の様式例については、「精神科病院に入院する時の告知等に係る書面及び入退院の届出等について」(平成十二年三月三十日障精第二二号 厚生省大臣官房障害保健福祉部精神保健福祉課長通知)の様式12として次のように示されている。

〔2〕 措置入院者の措置症状が消失した場合、都道府県知事(指定都市の市長)は措置を解除しなければならないが、措置症状の消失を第一次的に認知するのは通常病院であることから、本条は当該病院の管理者に、かかる場合に届け出る義務を課したものである。その趣旨は、措置入院者の人権尊重と適正な医療の確保にあることは言うまでもない。

様式 12

措置入院者の症状消退届

平成　　年　　月　　日

知事　殿

病 院 名
所 在 地
管理者名　　　　　　　　　　印

下記の措置入院者について措置症状が消退したと認められるので、精神保健及び精神障害者福祉に関する法律第 29 条の５の規定により届け出ます。

措置入院者	フリガナ		生年月日	明治 大正 昭和　　年　月　日生 平成　　（満　　歳）
	氏　　名	（男・女）		
	住　　所	都道　　郡市　　町村 府県　　区　　　区		
措置年月日	昭和 平成　　年　　月　　日			
病　　名	１主たる精神障害 ICD カテゴリー（　　）	２従たる精神障害 ICD カテゴリー（　　）	３身体合併症	
入院以降の病状又は状態像の経過 （措置症状消退と関連して記載すること。）				
措置症状の消退を認めた精神保健指定医氏名	署名			
措置解除後の処置に関する意見	１入院継続（任意入院・医療保護入院・他科）　２通院医療　３転医　４死亡 ５その他（　　　　　）			
退院後の帰住先	１自宅（ⅰ　家族と同居、ⅱ　単身）　２施設　３その他（　　　　　）			
帰住先の住所	都道　　郡市　　町村 府県　　区　　　区			
訪問指導等に関する意見				
障害福祉サービス等の活用に関する意見				
主治医氏名				

記載上の留意事項

1　□内は、精神保健指定医の診察に基づいて記載すること。
2　措置症状の消退を認めた精神保健指定医氏名の欄は、精神保健指定医自身が署名すること。
3　選択肢の欄は、それぞれ該当する算用数字、ローマ数字等を○で囲むこと。

（入院措置の場合の診療方針及び医療に要する費用の額）

第二十九条の六　第二十九条第一項及び第二十九条の二第一項の規定により入院する者について国等の設置した精神科病院又は指定病院が行う医療に関する診療方針及びその医療に要する費用の額の算定方法は、健康保険の診療方針及び療養に要する費用の額の算定方法の例[1]による。

2　前項に規定する診療方針及び療養に要する費用の額の算定方法の例によることができないとき、及びこれによることを適当としないときの診療方針及び医療に要する費用の額の算定方法は、厚生労働大臣の定めるところ[2]による。

〔要　旨〕

本条は、措置入院及び緊急措置入院に係る診療方針及び医療費の額に関する規定である。

〔解　釈〕

〔1〕　健康保険の診療方針としては、健康保険法第七十条第一項及び第七十二条第一項の規定に基づき、「保険医療機関及び保険医療養担当規則」（昭和三十二年厚生省令第十五号）及び「保険薬局及び保険薬剤師療養担当規則」（昭和三十二年厚生省令第十六号）が、また、診療報酬としては、同法第七十六条第二項の規定に基づき、「診療報酬の算定方法」（平成二十年厚生労働省告示第五十九号）が定められている。

〔2〕　七十五歳以上の者及び六十五歳以上七十五歳未満の者であって高齢者の医療の確保に関する法律施行令（平成十九年政令第三百十八号）別表に定める程度の障害の状態にあるものに係る本条に定める診療方針及び医療に要

する費用の額の算定方法については、「精神保健及び精神障害者福祉に関する法律第二十九条の六第二項の規定による診療方針及び医療に要する費用の額の算定方法」（昭和五十八年厚生省告示第三十二号）により、後期高齢者医療の診療方針及び療養の給付に要する費用の額の算定方法の例によることとされた。

（社会保険診療報酬支払基金への事務の委託）

第二十九条の七　都道府県は、第二十九条第一項及び第二十九条の二第一項の規定により入院する者について国等の設置した精神科病院又は指定病院が行つた医療が前条に規定する診療方針に適合するかどうかについての審査及びその医療に要する費用の額の算定並びに国等又は指定病院の設置者に対する診療報酬の支払に関する事務を社会保険診療報酬支払基金に委託[(1)(2)]することができる。

〔要　旨〕

本条は、都道府県（指定都市）が、社会保険診療報酬支払基金に対して、措置入院及び緊急措置入院に要した費用の支払等の事務を委託し得ることを定めた規定である。

〔解　釈〕

〔1〕　委託契約の締結については、「精神衛生法の一部を改正する法律等の施行について」（昭和三十六年九月十六日衛発第七二九号　厚生省公衆衛生局長通知）により定められており、各都道府県及び指定都市においては、例外

なく事務委託を行っている。

〔2〕　措置入院等に係る診療報酬請求書の審査及び支払いについては、従来は、国民健康保険法の被保険者が措置入院した場合についても、社会保険診療報酬支払基金への委託により行ってきたが、平成七年の法改正で本法の公費負担医療が公費優先から保険優先に改正されたため、医療保険の審査支払手続に併せて措置入院の公費負担の審査支払も行うこととなり、したがって、国民健康保険法の被保険者が措置入院した場合には、国民健康保険の審査支払事務を受託している国民健康保険団体連合会に対して、措置入院に係る審査支払事務を委託することが必要となった。本条の規定では、社会保険診療報酬支払基金への事務の委託しか規定されていないが、「精神保健法の一部を改正する法律の施行について」（平成七年六月十六日健医発第七八三号　厚生省保健医療局長通知）第三、2(3)に基づき、各都道府県及び指定都市において、国民健康保険団体連合会との委託契約もされている。

（費用の負担）

第三十条　第二十九条第一項及び第二十九条の二第一項の規定により都道府県知事が入院させた精神障害者の入院に要する費用は、都道府県が負担[1]する。

2　国は、都道府県が前項の規定により負担する費用を支弁したときは、政令[2]の定めるところにより、その四分の三を負担する。

〔要　旨〕
本条は、措置入院及び緊急措置入院に要する費用の公費負担に関する規定である。
〔解　釈〕
〔1〕入院措置は、精神障害者の医療保護を図るため、身体に直接の強制力を加えて精神科病院に入院させるという事実行為たる行政処分である。その限りにおいては、措置入院の効果は、患者を入院させ、かつその者につき医療保護を加えることをもって完結するものであり、当該措置を採ったことに伴う経費を当然に公費負担することにはならない。
しかし、①相手方の意思の如何にかかわらず強制措置を採ること、②自傷他害のおそれのある患者を入院させて医療保護を加えることは公益性が高いことから、本法では当該医療費を公費で負担する建前をとっている。ただし、次条の規定により、医療保険各法等による給付との調整が行われるほか、第三十一条の規定により、負担能力に応じて費用徴収が行われるものとされている。

なお、第二十九条の二の規定により緊急措置入院させた者が、その後急迫症状がなくなったため七十二時間の期限を待たずに措置解除した場合においても、公費負担される。
〔2〕施行令第三条参照。国庫負担は、各年度において都道府県が本条により負担した費用の額から、その年度における第三十一条の規定により徴収する費用の額の予定額（徴収した費用の額が予定額を超えたときは、徴収した額）及びその費用のための寄附金その他の収入の額を控除した額について行われる。

（他の法律による医療に関する給付との調整）

第三十条の二　前条第一項の規定により費用の負担を受ける精神障害者が、健康保険法（大正十一年法律第七十号）、国民健康保険法（昭和三十三年法律第百九十二号）、船員保険法（昭和十四年法律第七十三号）、労働者災害補償保険法（昭和二十二年法律第五十号）、国家公務員共済組合法（昭和三十三年法律第百二十八号。他の法律において準用し、又は例による場合を含む。）、地方公務員等共済組合法（昭和三十七年法律第百五十二号）、高齢者の医療の確保に関する法律（昭和五十七年法律第八十号）又は介護保険法（平成九年法律第百二十三号）の規定により医療に関する給付を受けることができる者であるとき(1)は、都道府県は、その限度において、同項の規定による負担をすることを要しない(2)。

〔要　旨〕

本条は、措置入院及び緊急措置入院に要する費用についての公費負担と医療保険等との調整方法に関する規定であり、平成七年の法改正で加えられたものである。

平成七年の改正前は、措置入院及び緊急措置入院に要する費用については、いわゆる「公費優先」の仕組みであり、一旦、全額公費負担とした上で、所得に応じた費用徴収を課し、その部分について医療保険制度を適用していた。その背景には、精神衛生法の公費負担医療が昭和二十五年という医療保険制度が脆弱な時期に制度化されたことがあり、公費優先としなければ、患者に確実に医療を受けさせることを期することが困難であったためである。

しかし、今日では、医療保険制度が、国民皆保険制度の整備、給付率の改善など普及充実して久しいことから、平成七年の法改正で、いわゆる「保険優先」の仕組みに改められた。すなわち、他の疾病の場合と同じように、医療給付の一般制度としての公的医療保険制度をまず適用し、その上で、医療保険の自己負担部分について公費負担をすることとしたものであり、法律の規定としては、公費負担を規定する第三十条は残し、引き続き公費負担を行うこととした上で、本条を設けて、医療保険等各法により給付される部分については、公費で負担することを要しないものとしたものである。なお、この改正は、従来の医療費の公費負担を中心とした施策から、精神障害者の社会復帰・福祉施策等の一層の充実に、限られた財源を重点化してより有効に活用しようとするものであり、これを機会に予算の大幅な充実が図られた。

〔解　釈〕

〔１〕「医療に関する給付を受けることができる者であるとき」とは、現に医療保険の被保険者証を有し、現に医療保険の給付を受けることができる者をいい、例えば、国民健康保険法第五条及び第六条の要件を満たし、同法第七条の定めるところにより、法律的には被保険者資格を取得しているが、同法第九条の届出を行っていないために被保険者証等の交付を受けていない者は、これに該当しない。したがって、このような医療保険未適用者については、精神保健福祉法の公費負担医療の側で十割給付が行われることとなる。

〔２〕保険優先化の取扱いについては、「精神保健福祉法の公費負担医療の保険優先化に伴う取扱いについて」（平成七年六月十六日健医精発第三〇号　厚生省保健医療局精神保健課長通知）に定められている。改正後の取扱いについては、図２－２のとおりである。

図2－2　措置入院の医療費公費負担制度の改正
（公費優先から保険優先へ）

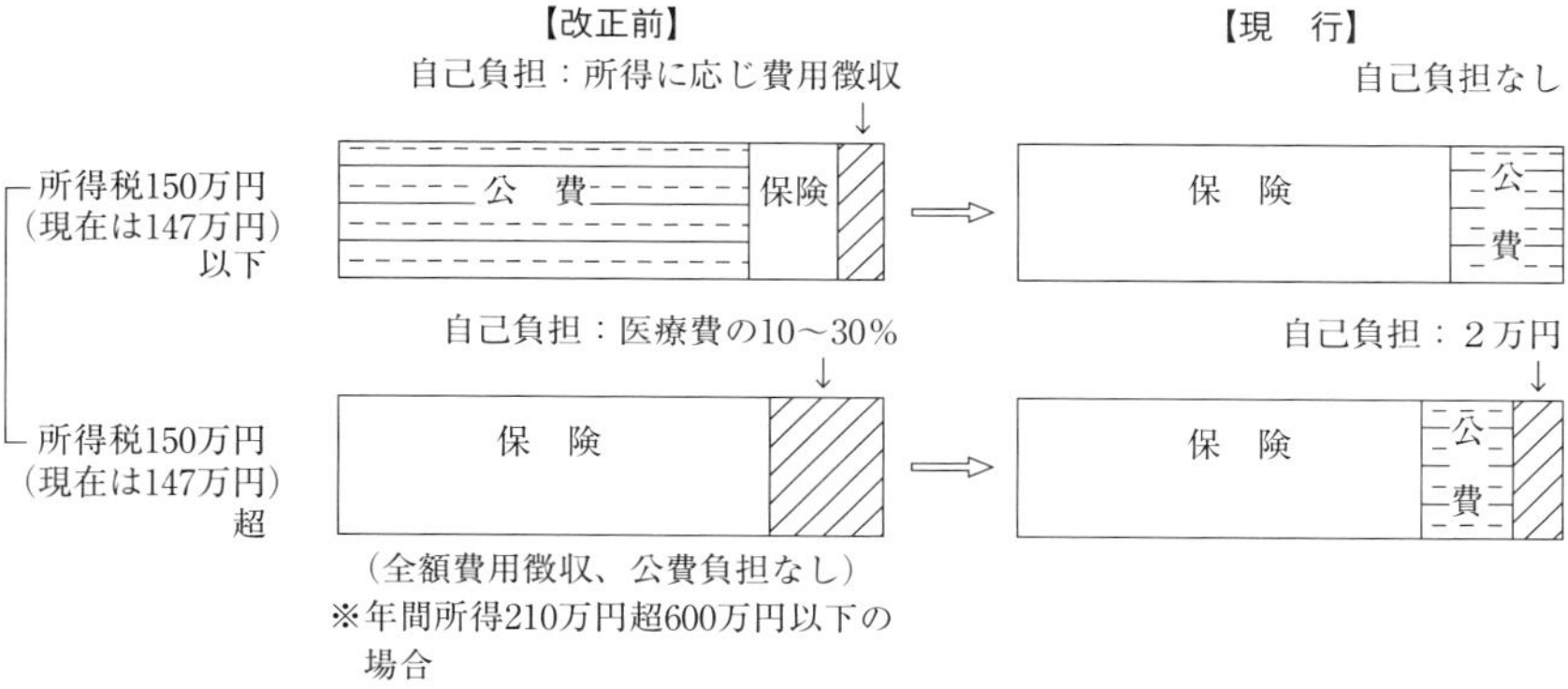

（注１）　高額療養費の取扱い（国保の例）
（例：医療費が月額30万円の場合）

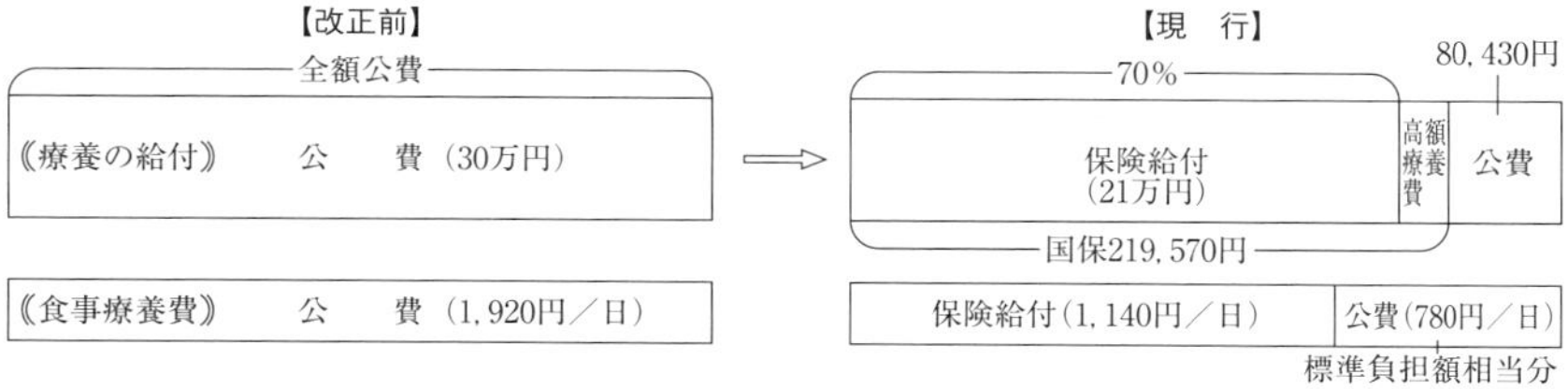

（注２）　後期高齢者医療制度における取扱い
※一般の所得区分の場合

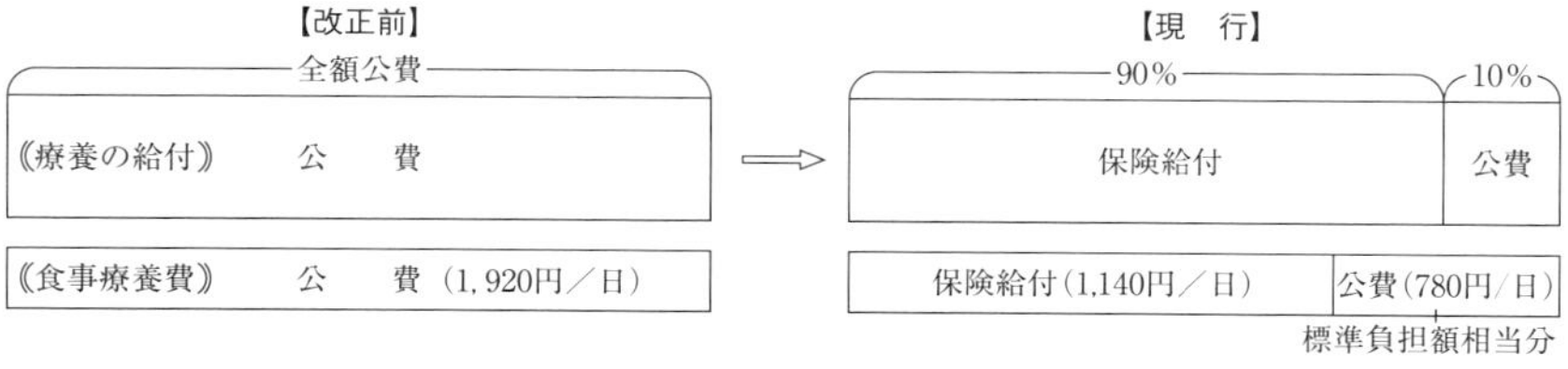

※平成27年10月現在。

（費用の徴収）

第三十一条　都道府県知事は、第二十九条第一項及び第二十九条の二第一項の規定により入院させた精神障害者又はその扶養義務者[1]が入院に要する費用を負担することができると認めたとき[2]は、その費用の全部又は一部を徴収する[3]ことができる。

〔要　旨〕

本条は、公費負担することとした措置入院費の一部を、精神障害者又はその扶養義務者から、その所得に応じて徴収する規定である。

この権限は措置権者たる都道府県知事（指定都市の市長）に付与されているが、その趣旨は直接的な強制を受けて措置されるにしても、その間、本人の疾病の治療のために必要な医療保護が加えられる以上、本人又はその親族は、その負担し得る範囲内で当該医療費を負担することが、衡平の原理にかなうものとする思想から出たものである。

なお、平成七年の改正により、医療費の公費負担が公費優先から保険優先に改められたことに伴い、費用徴収額の認定基準の改正が行われ、基準の簡素化と、患者の一部自己負担の軽減が図られた。

〔解　釈〕

〔1〕　都道府県知事（指定都市の市長）は、当該精神障害者又はその扶養義務者のいずれからでも費用徴収をすることができる。両者のいずれも費用負担に耐え得るときは、条理上、まず本人から費用徴収をなすべきものと解する。ここにいう「扶養義務者」は、患者と生計を一にする民法第八百七十七条に規定する扶養義務者のほか、配

偶者も含まれると解する。

〔2〕　措置入院者の費用徴収額の認定基準については、平成七年の改正に伴い、患者の一部自己負担の軽減を図る観点から改正が行われたが、その際、従来十七段階に細分化されていたものが二段階に簡素化されることとなった。

当該基準は、「精神保健及び精神障害者福祉に関する法律による措置入院患者の費用徴収額、麻薬及び向精神薬取締法による措置入院者の費用徴収額及び感染症の予防及び感染症の患者に対する医療に関する法律による入院患者の自己負担額の認定基準」（平成七年六月十六日厚生省発健医第一八九号　厚生事務次官通知）により定められており、当該患者並びにその配偶者及び当該患者と生計を一にする絶対的扶養義務者（直系血族及び兄弟姉妹）の前年の所得税額（前年の所得税額が確定していない場合には、前々年の所得税額）を合算した額が、年額一四七万円以下である場合には、費用徴収額は〇円とし、所得税額が年額一四七万円を超える場合には、費用徴収額は月額二万円（医療保険の自己負担額が二万円に満たない場合はその額）とされている。

なお、この所得税額一四七万円のラインは、改正前の費用徴収額表で、全額徴収となるラインを採ったものであり（当時は一五〇万円）、実質的に該当者はほとんどなく、費用徴収をほぼ撤廃するに近いものとなっている。また、二万円の費用徴収額は、平成七年の法改正当時、老人医療の入院の自己負担額が一日七〇〇円であり、一か月では約二万円となっていたことから、これを考慮して設定されたものである。

〔3〕　本条の規定に基づいて都道府県知事（指定都市の市長）が措置入院費を徴収しようとする際、相手方がこれに応じない場合でも、強制徴収することはできない。

地方自治法第二百三十一条の三第三項は、分担金、加入金、過料、又は法律で定める使用料その他の地方公共団体の歳入は、地方税の滞納処分の例により処分することを定めている。すなわち、地方税の滞納処分の例により強制徴収することができる「使用料その他の普通地方公共団体の歳入」は「法律で定める」ものに限られるの

であって、精神保健福祉法に基づく措置入院に係る費用の徴収額については、前記条項にいうところの法律が定められていないので、これを地方税法の滞納処分の例により強制徴収することはできない。

第三十二条　削除

第三節　医療保護入院等

（医療保護入院）

第三十三条　精神科病院の管理者は、次に掲げる者について、その家族等のうちいずれかの者の同意[1][2][3]があるときは、本人の同意がなくても[4]その者を入院させることができる[5][6]。

一　指定医による診察の結果、精神障害者であり、かつ、医療及び保護のため入院の必要がある者[7]であつて当該精神障害のために第二十条の規定による入院が行われる状態にない[8]と判定されたもの

二　第三十四条第一項の規定により移送された者[9]

2　前項の「家族等」とは、当該精神障害者の配偶者[10]、親権[11]を行う者、扶養義務者[12]及び後見人[13]又は保佐人[14]をいう。ただし、次の各号のいずれかに該当する者を除く。

一　行方の知れない者

二　当該精神障害者に対して訴訟をしている者[15]、又はした者並びにその配偶者及び直系血族

三　家庭裁判所で免ぜられた法定代理人、保佐人又は補助人

四　成年被後見人又は被保佐人

五　未成年者[16]

3　精神科病院の管理者は、第一項第一号に掲げる者について、その家族等（前項に規定する家族等をいう。以下同じ。）がない場合又はその家族等の全員がその意思を表示することができない場合[17]において、その者の居住地（居住地がないか、又は明らかでないときは、その者の現在地。第四十五条第一項を除き、以下同じ。）を管轄する市町村長（特別区の長を含む。以下同じ。）の同意[18]があるときは、本人の同意がなくてもその者を入院させることができる。第三十四条第二項の規定により移送された者について、その者の居住地を管轄する市町村長の同意があるときも、同様とする。

4　第一項又は前項に規定する場合において、精神科病院（厚生労働省令で定める基準[19]に適合すると都道府県知事が認めるものに限る。[20]）の管理者は、緊急その他やむを得ない理由があるときは、指定医に代えて特定医師[21]に診察を行わせることができる。この場合において、診察の結果、精神障害者であり、かつ、医療及び保護のため入院の必要がある者であつて当該精神障害のために第二十条の規定による入院が行われる状態にないと判定されたときは、第一項又は前項の規定にかかわらず、本人の同意がなくても、十二時間を限り、その者を入院させることができる。

5　第十九条の四の二の規定は、前項の規定により診察を行つた場合について準用する。[22]この場

合において、同条中「指定医は、前条第一項」とあるのは「第二十一条第四項に規定する特定医師は、第三十三条第四項」と、「当該指定医」とあるのは「当該特定医師」と読み替えるものとする。

6 精神科病院の管理者は、第四項後段の規定による措置を採つたときは、遅滞なく、厚生労働省令[23]で定めるところにより、当該措置に関する記録を作成し、これを保存しなければならない。

7 精神科病院の管理者は、第一項、第三項又は第四項後段の規定による措置を採つたとき[24]は、十日以内に、その者の症状その他厚生労働省令で定める事項を当該入院について同意をした者の同意書[25]を添え、最寄りの保健所長を経て都道府県知事に届け出なければならない[26]。

〔**要　旨**〕

本条は、医療保護入院に関する規定である。医療保護入院は、家族等の同意と指定医の診察を要件として、本人の同意を得ることなく精神科病院に入院させる制度である。

昭和六十二年の法改正以前は、本条の見出しは「保護義務者の同意による入院」と規定されており、一般的に「同意入院」と呼称されていたが、ややもすれば患者本人の同意がある入院と誤解されるきらいがあった。このため、本条による入院の基本的な要件が患者本人の「医療及び保護のため」という点にあることにかんがみ、「医療保護入院」という名称に改められた。

また、医療保護入院は、患者の同意を得ずして入院させるものであることから、昭和六十二年の改正により、措

置入院、応急入院等と同様に、その入院の必要性の判断に当たっては、指定医の診察結果に基づくことが必須の要件とされた。

さらに、昭和六十二年改正では、本条旧第二項の「扶養義務者の同意による医療保護入院」の規定が新設された。昭和六十二年の法改正前は、緊急を要するケースについて、その保護者が遠方に居住しているために連絡がつき難いとか、先順位の保護者であることの確認がにわかにできにくい、あるいは家庭裁判所の選任を受けていないなどの事情から、医療保護を早く加えようとするあまり、保護者の同意を得ないまま（事後同意は取り付けたにせよ）、精神障害者の入院が行われるケースがみられ、患者の人権尊重の観点から大きな問題とされてきた。このため、昭和六十二年の改正では、扶養義務者の同意による医療保護入院（本条旧第二項）及び応急入院（第三十三条の四（現第三十三条の七））の制度が新設され、入院手続の面から立法的手当が行われた。特に、保護者となる者のうち扶養義務者については、家庭裁判所での選任手続が必要であることを患者を入院させる段階で初めて知るケースも少なくなかったため、患者の早期治療の観点から、保護者未選任の場合においても、指定医の判断に基づき、扶養義務者の同意によって、四週間に限って入院を可能としたものである。

平成十一年改正においては、本人の同意に基づかない強制入院の一形態である医療保護入院が医学的な理由でなく社会的な理由等により適用されている不適切な事例も生じていたことから、医療保護入院の適切な運用を図るため、医療保護入院の要件として第二十二条の三（現第二十条）の規定による入院が行われる状態がないものとし、任意入院との区分を明確化した。

平成十七年の改正においては、精神保健指定医に代わり特定医師の診察により、十二時間を限り、医療保護入院を行うことができる特例措置制度が新たに設けられた。

平成二十五年改正においては、保護者制度を廃止し、医療保護入院の同意は家族等のうちいずれかの者が行うよ

う改められた。保護者については、精神障害者に必要な医療を受けさせ、財産上の保護を行うなど、精神障害者の生活行動一般における保護の任に当たらせるために、精神保健福祉法に設けられた制度であるが、当該制度については、

・一人の保護者のみが、法律上保護者に課せられた様々な義務を行うことは負担が大きいのではないか、
・本人と家族の関係が様々である中で、（画一的な順位で決定される）保護者が必ずしも本人の利益保護を行えるとは限らないのではないか、
・保護者制度の創設時と比較して、社会環境（精神科医療体制の充実等）や家族関係（高齢化の進行等）が変化していることに、対応しているか、

等の問題点が指摘され、平成五年改正で、その名称が「保護義務者」から「保護者」に改められ、平成十一年改正で、その義務の一部の削除等が行われていた。保護者制度は、精神障害者への偏見が色濃く存在し、医療や福祉サービスが貧弱であった昭和二十五年に精神障害者を適切に医療機関につなげるため創設された精神障害者特有の制度であり、当時と比べ現在では、精神科デイケアの普及、障害者自立支援法の制定等により、精神科医療や福祉サービスは相当程度整備・充実してきていること等の環境の変化を踏まえ、法律上、精神障害者の家族に特別の義務を課す必要性は乏しいことから、平成二十五年改正で廃止することとされた。なお、法改正による制度の廃止後も、一般の医療や他の障害と同様、実際上、家族が重要な役割を果たしていくことになる。

〔解　釈〕

〔1〕　本条の文言を単に通読すると、精神科病院の管理者が、一般社会に存在する精神障害者について、一般的に精神科病院へ入院させる権限をもち、ただ入院に際して家族等のうちいずれかの者の同意を要件とするだけのように誤読されるかもしれないが、当然のことながら、医療保護入院により入院を行うこと自体は、一般の疾病の場

合の入院と同様に民法上の契約を締結する行為であり、精神科病院の管理者は、入院契約の申し込みもないのに、これを入院させる権限を有するなどということはない。

本条は、患者の親族や友人などから入院契約の申込みがあった場合でも、本条の規定により家族等のうちいずれかの者の同意がなければ、当該入院契約に基づいて患者を病院へ入院させることはできないという点に意味がある。したがって、同意権限のない者が同意して入院させ、又は精神障害でないものを本条によるものと称して入院させ、結果的に患者の身体の自由を拘束した場合は、刑法第二百二十条の不法監禁罪の適用があり得るものと解される。

〔2〕　平成二十五年改正において、保護者に関する規定をすべて削除することとされたが、病識を欠き入院の必要性を適切に判断できない精神障害者について、保護者の同意を不要にし、指定医による判断だけで精神科病院の管理者による入院を認めることは、現在のインフォームド・コンセント（医師が医療を提供するに当たって患者やその家族に対して適切な説明を行い、その同意を得ること）の考え方からも問題があり、また、本人にとっては非自発的な入院となることから、その人権擁護等の観点も踏まえ、「保護者の同意」に替えて、当該精神障害者の「家族等のうちいずれかの者の同意」を新たに要件として設けることとしたものである。なお、この同意は当該医療保護入院に際しての一時の判断のみを行うものであって、保護者制度の廃止後においては、同意者に、入院中の医療保護入院者に係る精神保健福祉法に基づく法的義務は生じない。

〔3〕　平成二十五年改正前の保護者制度においては、保護者となりうる者が複数いた場合には類型的に保護者となる順位が定められていた。しかし、実際には、精神障害者とこれらの者との関係は様々であり、入院の必要性があるにもかかわらず保護者が同意をしないことで、精神障害者が適切な入院医療を受けられないといった問題が起こっていたところである。これを踏まえ、「家族等」については、同意する者の順位は設けないこととし、同意

の際の運用の在り方については「医療保護入院における家族等の同意に関する運用について」（平成二十六年一月二十四日障精発〇一二四第一号　厚生労働省社会・援護局障害保健福祉部精神・障害保健課長通知）で示されることとなった。

医療保護入院における家族等の同意に関する運用について

〔平成二十六年一月二十四日　障精発〇一二四第一号
各都道府県知事・各指定都市市長宛　厚生労働省社会・援護局障害保健福祉部精神・障害保健課長通知〕

今般、精神保健及び精神障害者福祉に関する法律の一部を改正する法律（平成二十五年法律第四十九号）により精神保健及び精神障害者福祉に関する法律（昭和二十五年法律第百二十三号。以下「法」という。）が改正され、一部を除き、平成二十六年四月一日から施行されることに伴い、医療保護入院の要件が精神保健指定医の判定と家族等のうちのいずれかの者の同意に改められたところである。精神科病院の管理者が家族等からの同意を得る際の運用の考え方については左記のとおりであるので、医療保護入院制度の円滑、適正な実施に遺憾なきを期されるとともに、貴管下市町村を含め関係者、関係団体に対する周知方につき配慮されたい。

記

1　今回の法改正においては、保護者制度の廃止に伴い、医療保護入院について精神保健指定医一名の判定とともに、家族等（配偶者、親権者、扶養義務者、後見人又は保佐人をいう。以下同じ。）のうちいずれかの者の同意を必要とすることとした。（法第三十三条第一項及び第二項）

2　当該改正の趣旨は、適切な入院医療へのアクセスを確保しつつ、医療保護入院における精神障害者の家族等に対する十分な説明とその合意の確保、精神障害者の権利擁護等を図るものである。

3　なお、医療保護入院は、本人の同意を得ることなく入院させる制度であることから、その運用には格別の慎重さが求められる。本人の同意が求められる状態である場合には、可能な限り、本人に対して入院医療の必要性等について十分な説明を行い、その同意を得て、任意入院となるように努めなければならない。

4　医療保護入院においては、その診察の際に付き添う家族等が、通例、当該精神障害者を身近で支える家族等であると考えられることから、精神科病院の管理者（以下「管理者」という。）は、原則として、診察の際に患者に付き添う家族等に対して入院医療の必要性等について十分な説明を行い、当該家族等から同意を得ることが適当である。

5　管理者が家族等の同意を得る際には、当該家族等の氏名、続柄等を書面で申告させて確認する。その際には、可能な範囲で運転免許証や各種医療保険の被保険者証等の提示による本人確認を行うことが望ましい。また、家族等の同意に関する書面の様式例を参考までに添付するので、適宜活用されたい。

6　管理者が家族等の同意を得る際に、後見人又は保佐人の存在を把握した場合には、これらの者の同意に関する判断を確認することが望ましい。

7　また、当該医療保護入院者に係る精神障害者が未成年である場合に管理者が親権者から同意を得る際には、民法（明治二十九年法律第八十九号）第八百十八条第三項の規定にしたがって、原則として父母双方の同意を要するものとする。

8　精神障害者に対する医療やその後の社会復帰には家族等の理解と協力が重要であることを踏まえると、医療保護入院は、より多くの家族等の同意の下で行われることが望ましい。
　このため、管理者が医療保護入院の同意についての家族等の間の判断の不一致を把握した場合においては、可能な限り、家族等の間の意見の調整が図られることが望ましく、管理者は、必要に応じて家族等に対

して医療保護入院の必要性等について説明することが望ましい。

9　管理者が家族等の間の判断の不一致を把握した場合であって、後見人又は保佐人の存在を把握し、これらの者が同意に反対しているときには、その意見は十分に配慮されるべきものと解する。

10　また、管理者が家族等の間の判断の不一致を把握した場合において、親権を行う者の同意に関する判断は、親権の趣旨に鑑みれば、特段の事情があると認める場合を除き、尊重されるべきものと解する。

11　医療保護入院後に管理者が当該入院に反対の意思を有する家族等（医療保護入院の同意を行った家族等であって、入院後に入院に反対することとなったものを含む。）の存在を把握した場合には、当該家族等に対して入院医療の必要性や手続の適法性等について説明することが望まれる。その上で、当該家族等が依然として反対の意思を有するときは、管理者は、都道府県知事（精神医療審査会）に対する退院請求を行うことができる旨を教示する。

様　式

同　意　書

１　医療保護入院の同意の対象となる精神障害者本人

住　　所	〒
フリガナ	
氏　　名	
生年月日	大正・昭和・平成　　年　　月　　日

２　医療保護入院の同意者の申告事項

住　　所	〒	（〒
フリガナ		
氏　　名		
生年月日	大正・昭和・平成　　年　　月　　日	大正・昭和・平成　　年　　月　　日）
本人との関係		

（１　配偶者　２　父母（親権者で　ある・ない）　３　祖父母等　４　子・孫等　５　兄弟姉妹
６　後見人又は保佐人　７　家庭裁判所が選任した扶養義務者（　　　　　　　　）
（選任年月日　昭和・平成　　年　　月　　日））

なお、以下のいずれにも該当しないことを申し添えます。
①本人と訴訟をした者、本人と訴訟をした者の配偶者又は直系血族、②家庭裁判所で免ぜられた法定代理人、保佐人、補助人、③成年被後見人又は被保佐人、④未成年者

※　親権者が両親の場合は、両親とも署名の上記載して下さい。

以上について、事実と相違ないことを確認した上で、１の者を貴病院に入院させることに同意します。

病院管理者　殿

年　　月　　日

○○　○○　㊞

（○○　○○　㊞）

〔4〕医療保護入院は、本人の同意を得ることなく精神科病院に入院させる制度であるから、その運用には格別の慎重さが求められると同時に、本人の同意が求められる症状であれば、まずできるだけ本人の同意を得るように努めなければならないことは言うまでもない（第二十条参照）。本人の同意があった場合においては、本条の適用はなく、任意入院の規定が適用される。

〔5〕本人の同意がない場合においては、精神科病院の管理者は、精神医学的にみて、また社会的にも妥当性を有する方法により（場合により必要最小限度の強制力を加えて）、患者を病院に入院させることができるものと考えられるが、患者にとっては強制的な側面を有するので十分に慎重な取扱いが必要である。

〔6〕患者本人にとって強制的な側面を伴う医療保護入院について、特に人権擁護の観点から、一定の入院期間を法定すべきではないかという点が議論となることがあるが、入院期間は個々の患者の疾病の類型、治療反応性（又は効果）の良否等に応じてそれぞれに異なってくることから、一律の期間を示して入院期間に限度を設けることは適当ではない。措置入院についても同様である。

なお、患者の人権擁護等の観点から、医療保護入院及び措置入院については、定期に指定医の診察結果に基づいて報告を行うことが義務づけられており、精神医療審査会における審査等を通じて、入院の必要性について公正かつ専門的なチェック機能が働く仕組みがとられている。

また、特に医療保護入院については、その退院促進を図るための措置が設けられている（第三十三条の四から第三十三条の六まで参照）。

〔7〕医療保護入院について、「医療及び保護のため入院の必要がある」と認められる場合とは、概念的には、自傷他害のおそれがあり入院医療の必要性が認められる場合を含むものであるが、このような場合には措置入院又は緊急措置入院の手続により入院させることが原則であることは、第二十九条の解釈〔4〕に述べたとおりである。

〔８〕「第二十条の規定による入院が行われる状態にない」とは、本人に病識がない等、入院の必要性について本人が適切な判断をすることができない状態である。

〔９〕第三十四条第一項の規定により移送された患者は、既に居宅等において指定医の診察が行われ、医療保護入院が必要な病状であると判定された者であるため、移送先の応急入院指定病院において、指定医による医療保護入院の要否の判定は不要である。したがって、第三十四条第一項により移送された患者を受け入れる応急入院指定病院において、居宅等において行われた指定医の診察記録票の写しを都道府県等の職員から受け取り、入院手続きを採ることとなる。

また、入院後の病状を観察する中で、医療保護入院の病状にないと判断し、退院手続きを採ろうとする場合、入院後七十二時間以内であれば、指定医による診察が必要である。

〔10〕ここでいう「配偶者」とは、婚姻届をした法律上の配偶者をいい、事実上婚姻関係にあるいわゆる内縁関係は含まれない。

〔11〕「親権」とは、父母が未成年の子に対してなす身分上及び財産上の監督保護を内容とする権利義務の総称であり、父母の婚姻中は父母が共同して親権を行う者となる。したがって、父母が婚姻中、子たる精神障害者につき医療保護入院をさせようとするときは、原則として父母双方の同意を必要とする。ただし、父母が婚姻中であっても、父母の一方が行方不明であるなど、親権を行うことができないときに該当し、他の一方が単独で親権を行使する場合等には（民法第八百十八条第三項ただし書）、父母双方の同意は要せず、単独で親権を行使する者等の同意のみで差し支えない。

〔12〕「扶養義務者」とは、直系血族及び兄弟姉妹のように法律上当然に扶養する義務を有する者、三親等内の親族のうち家庭裁判所が特別の事情がある場合に審判することによって扶養する義務が発生する者をいう（民法第八

百七十七条）。

〔13〕「後見人」とは、未成年者又は精神上の障害により事理を弁識する能力を欠く常況に在る者の日常生活に関する行為を除く全行為について取消権及び代理権を有し、これらの者の保護の任に当たる者である。未成年者の保護の任に当たるものを「未成年後見人」といい、精神上の障害により事理を弁識する能力を欠く常況に在る者の保護の任に当たる者を「成年後見人」という（民法第七条、第八条、第九条、第百二十条、第八百三十八条、第八百三十九条、第八百四十条、第八百四十三条）。

〔14〕「保佐人」とは、精神上の障害により判断能力が著しく不十分な者の民法第十三条第一項に規定する行為についての同意権及び取消権並びに当事者が申立てにより選択した特定の法律行為の代理権を有し、これらの者の保護の任に当たる者である（民法第十一条、第十二条、第十三条、第百二十条、第八百七十六条の二、第八百七十六条の四）。

〔15〕「精神障害者に対して訴訟をしている者」とは、実質的に訴訟当事者となって争っている者をいい、原告のみならず被告の場合も含まれる。本号の規定による欠格事由は、訴訟を提起した事実があって初めて生ずるものであり、訴訟に必要なすべての資料を収集し既に弁護人に事件を依頼した事実があっても、訴訟の提起を行っていない以上、欠格事由には該当しないものである。ただし、このような場合は、医療保護入院が適切かどうかその他の家族等の意見を聴くなどの対応を行うことが望ましい。また、「訴訟」の意義については、民法第八百四十七条の後見人の欠格事由における「訴訟」と同様に解する。

具体的には、民事訴訟における判決手続、強制執行手続、判決手続に入る準備行為としての証拠保全手続、執行保全手続である仮差押・仮処分のほか、家事審判の乙類審判事件が含まれ、家事調停、民事調停や甲類審判事件は含まれないと解される。

〔16〕「未成年者」とは、満二十歳に達しない者をいうが、未成年が婚姻によって成年に達したものとみなす民法第七百五十三条の規定は、本条の場合にも準用される。

〔17〕医療保護入院が必要と思われる症状があっても、家族等がない場合のほか、家族等が心神喪失等の状態にあるため、意思能力がなく医療保護入院の同意を行うことができない場合が想定される。そうした場合に、市町村長が家族等に替わって当該同意をすることができるようにする必要があることから、「その家族等の全員がその意思を表示することができない場合」を規定することとしたものである。「その意思を表示することができない」とは、心神喪失の場合、行方不明の場合等が該当するが、意思能力のないことが法的手続により確認されているときだけでなく、事実上その意思を表示することができない場合も含むものである。

〔18〕市町村長が医療保護入院の同意を行うに当たっては、精神障害者の人権保護のため、適正な運営を図ることが重要である。このため、市町村長同意事務処理要領が、「精神保健及び精神障害者福祉に関する法律第三十三条第三項に基づき医療保護入院に際して市町村長が行う入院同意について」（昭和六十三年六月二十二日健医発第七四三号　厚生省保健医療局長通知）により示されている。

精神保健及び精神障害者福祉に関する法律第三十三条第三項に基づき医療保護入院に際して市町村長が行う入院同意について

〔昭和六十三年六月二十二日　健医発第七四三号〕
〔各都道府県知事宛　厚生省保健医療局長通知〕

注　平成二六年一月二四日障発〇一二四第四号による改正現在

市町村長同意事務処理要領

精神保健及び精神障害者福祉に関する法律（昭和二十五年法律第百二十三号。以下「法」という。）第三十

三条第三項に基づき医療保護入院に必要な同意を市町村長が行う場合の事務処理については、以下の要領によること。

1　入院時に市町村長の同意の対象となる者

次のすべての要件を満たす者

(1)　精神保健指定医（以下「指定医」という。）の診察の結果、精神障害者であって、入院の必要があると認められること。

(2)　措置入院の要件に該当しないこと（措置入院の要件にあてはまるときには、措置入院とすること。）。

(3)　入院について本人の同意が得られないこと（本人の同意がある場合には任意入院となること。）。

(4)　病院側の調査の結果、当該精神障害者の家族等のいずれもいないか、又はその家族等の全員がその意思を表示することができないこと（これらの家族等のうちいずれかの者がおり、その同意が得られないときは、医療保護入院はできないこと。）。

注1）　応急入院で入院した者については、七二時間を超えても家族等のうちいずれかの者が判明しない場合で、引き続き入院が必要な場合には、市町村長の同意が必要であること。

2）　家族等のうちいずれかの者がおり、その同意が得られないときで、法第二十九条に基づく措置入院を行うべき病状にある場合は、法第二十二条に基づく申請を行うこと。

2　入院の同意を行う市町村長

(1)　本人の居住地を所管する市町村長とすること。

居住地とは、本人の生活の本拠が置かれている場所とすること。生活の本拠が置かれている場所が明らかでない場合においては、住民票に記載されている住所とすること。

(2)　居住地が不明な者については、その者の現在地を所管する市町村長とすること。

現在地とは、保護を要する者が警察官等によって最初に保護された場所等をいうこと。

(3)　市町村長が同意を行うに当たっては、あらかじめ、決裁権を市町村の職員に委任することができること。

3　病院からの連絡

病院は、入院する患者について、居住地、家族等のうちいずれかの者の有無等を調査し、当該患者が入院につき市町村長の同意が必要な者である場合には、速やかに市町村長の同意の依頼を行うこと。

なお、入院の同意の依頼の際には、市町村長の同意を行うために必要な事項が明らかになるように、次のような事項について連絡すること。

ア　患者の氏名、生年月日、性別

イ　患者の居住地又は現在地

ウ　患者の本籍地

エ　患者の病状（入院が必要かどうかの判断をする根拠となるもの）

オ　患者の家族構成及び家族に対する連絡先

カ　患者を診察した指定医の氏名

キ　その他参考となる事項

なお、市町村長の同意の依頼は迅速に行うこと。このため、同意の依頼は電話等口頭で行えるが、口頭依頼後に速やかに同意依頼書（様式１）を市町村長にあて送付すること。

4　市町村において行われる手続き

(1)　市町村の担当者は、病院から電話等で入院の同意の依頼を受けた際には、市町村長の同意を行うために

必要な次のような事項については聴取票（様式2）に記載して明らかにしておくこと。

ア　患者が入院する病院の名称・所在地

イ　患者の氏名、性別、生年月日

ウ　患者の居住地又は現在地

エ　患者の本籍地

オ　患者の病状（入院が必要かどうかの判断をする根拠となるもの）

カ　患者の家族構成及び家族に対する連絡先

キ　患者を診察した指定医の氏名

ク　聴取した日

(2)　病院から依頼を受けた後、市町村の担当者は、患者が市町村長の入院の同意の対象者であるかどうかを確認するため、以下のような手続きをとること。

ア　患者が居住地を申し出ている場合には、住民票等によりその確認を行うこと。

(注)　確認できない場合には、居住地が不明な者として2(2)のケースとして扱うこと。

イ　病院が把握していない家族等の存在を把握し、連絡がとれる場合には、その同意の意思の有無を確認すること。

(3)　(2)の手続きをとり、患者が市町村長の入院の同意の対象者であることを確認のうえ、市町村の担当者は速やかに同意の手続きを進めること。

(4)　市町村長の同意が行われた場合は、速やかにその旨を病院に連絡すること。このため、口頭で病院に連絡することが可能であるが、口頭で連絡した場合においても、その後速やかに同意書（様式3）を作成し

て病院に交付すること。この場合、同意書の日付は口頭で連絡を行った日とすること。

(5)　休日夜間等において市町村長の入院の同意の依頼を受けた場合においても、速やかに同意が行われるようにすること。

このため、休日夜間等においても迅速に対応できる体制を整えておくとともに、休日夜間等の緊急の場合の連絡方法については近くの病院にあらかじめ連絡しておくこと。

なお、聴取票の作成及び前記(2)の手続きをとることができなかった場合においては、その後速やかに手続きをとること。

5　同意後の事務

(1)　入院中の面会等

入院の同意後、市町村の担当者は、速やかに本人に面会し、その状態を把握するとともに市町村長が同意者であること及び市町村の担当者への連絡先、連絡方法を本人に伝えること。

なお、同意後も面会等を行うなどにより、本人の状態、動向の把握等に努めること。

(注)　本人が遠隔地の病院に入院した場合には、市町村間で連絡を取ってその状態動向等の把握に努めること。

様式　略

〔19〕　特定医師による診察により医療保護入院を行うことができる特定病院の基準としては、施行規則第十三条により、同規則第五条の二が準用されている（第二十一条の解釈〔9〕を参照）。

〔20〕　特定病院の認定基準の考え方や運用等については、「特定病院の認定等について」（平成十八年九月二十九日障

精発第〇九二九〇〇一号　厚生労働省社会・援護局障害保健福祉部精神・障害保健課長通知）により定められている（第二十一条の解釈〔10〕を参照）。

〔21〕特定医師の要件としては、施行規則第五条の三により定められている（第二十一条の解釈〔12〕を参照）。

〔22〕特定医師による診察により医療保護入院を行った場合は、診察録へ記載しなければならない。診察録への記載事項は、施行規則第十三条の二により次のとおり定められている。

〔法第三十三条第五項において準用する法第十九条の四の二に規定する厚生労働省令で定める事項〕

第十三条の二　法第三十三条第五項において準用する法第十九条の四の二に規定する厚生労働省令で定める事項は、次の各号に掲げる事項とする。

一　法第三十三条第四項後段の規定による措置を採つたときの症状

二　法第二十条の規定による入院が行われる状態にないと判定した理由

〔23〕特定医師による診察により医療保護入院を行った場合に、精神科病院の管理者が記録を作成、保存しなければならない事項は、施行規則第十三条の三において定められているとおりであり、記録の様式は、「精神科病院に入院する時の告知等に係る書面及び入退院の届出等について」（平成十二年三月三十日障精第二二号　厚生省大臣官房障害保健福祉部精神保健福祉課長通知）様式14において示されている。

〔24〕第一項又は第三項による入院を行った場合又は第四項後段による特例措置による医療保護入院のいずれの場合においても、第七項に規定する届出を行わなければならない（第三十三条の三の解釈〔1〕を参照）。

なお、第四項後段による特例措置による医療保護入院から第一項又は第三項による入院に移行するケースも当

然想定できるが、このようなケースにおいても改めて届出を行わなければならないことは言うまでもない。

〔25〕　同意書の様式については特に規定はなく、要は家族等の同意が入院に先立って真正に行われたことが明確に表現されているものであればよい。当該同意を行うこと自体は、法律的には書面によることを要しない非要式行為であるが、精神科病院の管理者は、本項によって入院後十日以内に同意書を都道府県知事（指定都市の市長）に届け出なければならない義務を課せられているので、入院に先立って同意書を徴しておくべきであろう。

　また、特定医師の診察による医療保護入院から指定医の診察による医療保護入院に移行した際には、改めて同意書を求める必要はなく、この場合、指定医の診察による医療保護入院の際の届出に添付する同意書は、特定医師の診察による医療保護入院の際の同意書の写しでも差し支えない。

〔26〕　第七項に規定する届出は、医療保護入院に係る患者の症状等を都道府県知事（指定都市の市長）に報告させ、精神医療審査会における審査（第一項による入院に係る届出に限る。）を通して、当該医療保護入院の適正さを担保しようとするものである。また、同時に、医療保護入院患者の処遇に関わる都道府県知事の監督権の行使の基礎となる情報を得せしめる趣旨も有する。本届出はこのような重要な性格を有することから、届出が義務づけられている事項については正確かつ詳細に記載されなければならない。また、患者の症状等指定医（特定医師）の診察に係る事項については、当然に指定医（特定医師）の診察の結果に基づいて記載しなければならない。

　なお、平成二十五年改正において、医療保護入院者の退院促進に係る措置が規定されたことに伴い、担当する退院後生活環境相談員や指定される入院期間を記入する欄が追加された。

　届出事項は、その者の症状のほか、施行規則第十三条の四に定めるとおりであり、届出の様式は、「精神科病院に入院する時の告知等に係る書面及び入退院の届出等について」（平成十二年三月三十日障精第二二号　厚生省大臣官房障害保健福祉部精神保健福祉課長通知）の様式13及び様式14により示されている。

第 33 条　医療保護入院

様式 13

医療保護入院者の入院届

平成　　年　　月　　日

知事　殿

病 院 名
所 在 地
管理者名　　　　　　　　　印

医療保護入院者	フリガナ		生年月日	明治 大正 昭和　　年　月　日生 平成　　（満　　歳）
	氏　名	（男・女）		
	住　所	都道府県　　郡市区　　町村区		
家族等の同意により入院した年月日	平成　　年　　月　　日		今回の入院年月日	昭和 平成　　年　　月　　日
			入　院　形　態	
第 34 条による移送の有無	有り　　　　なし			
病　名	1 主たる精神障害 ICD カテゴリー（　　）	2 従たる精神障害 ICD カテゴリー（　　）	3 身体合併症	
生活歴及び現病歴 〔推定発病年月、精神科受診歴等を記載すること。〕 （特定医師の診察により入院した場合には特定医師の採った措置の妥当性について記載すること。）	（陳　述　者　氏　名　　　　　　続　柄　　　　）			
初回入院期間	昭和・平成　　年　　月　　日　～　昭和・平成　　年　　月　　日 （入院形態　　　　　）			
前回入院期間	昭和・平成　　年　　月　　日　～　昭和・平成　　年　　月　　日 （入院形態　　　　　）			
初回から前回までの入院回数	計　　回			
<現在の精神症状>	Ⅰ　意識 1 意識混濁　2 せん妄　3 もうろう　4 その他（　　　） Ⅱ　知能（軽度障害、中等度障害、重度障害） Ⅲ　記憶 1 記銘障害　2 見当識障害　3 健忘　4 その他（　　　） Ⅳ　知覚 1 幻聴　2 幻視　3 その他（　　　） Ⅴ　思考 1 妄想　2 思考途絶　3 連合弛緩　4 滅裂思考　5 思考奔逸　6 思考制止 7 強迫観念　8 その他（　　　） Ⅵ　感情・情動 1 感情平板化　2 抑うつ気分　3 高揚気分　4 感情失禁　5 焦燥・激越 6 易怒性・被刺激性亢進　7 その他（　　　） Ⅶ　意欲 1 衝動行為　2 行為心迫　3 興奮　4 昏迷　5 精神運動制止　6 無為・無関心 7 その他（　　　） Ⅷ　自我意識 1 離人感　2 させられ体験　3 解離　4 その他（　　　） Ⅸ　食行動 1 拒食　2 過食　3 異食　4 その他（　　　）			

＜その他の重要な症状＞	１てんかん発作　２自殺念慮　３物質依存（　　　　　　） ４その他（　　　　　　）
＜問題行動等＞	１暴言　２徘徊　３不潔行為　４その他（　　　　　　）
＜現在の状態像＞	１幻覚妄想状態　２精神運動興奮状態　３昏迷状態　４統合失調症等残遺状態 ５抑うつ状態　６躁状態　７せん妄状態　８もうろう状態　９認知症状態 10その他（　　　　　　）
医療保護入院の必要性 （患者自身の病気に対する理解の程度を含め、任意入院が行われる状態にないと判断した理由について記載すること。）	
入院を必要と認めた精神保健指定医氏名	署名

<table>
<tr><td rowspan="5">同意をした家族等</td><td rowspan="2">氏名</td><td>（男・女）</td><td>続柄</td><td rowspan="2">生年月日</td><td>明・大
昭・平　　年　　月　　日生</td></tr>
<tr><td>（男・女）</td><td>続柄</td><td>明・大
昭・平　　年　　月　　日生</td></tr>
<tr><td rowspan="2">住所</td><td colspan="4">都道府県　　郡市区　　町村区</td></tr>
<tr><td colspan="4">都道府県　　郡市区　　町村区</td></tr>
<tr><td colspan="5">１　配偶者　２　父母（親権者で　ある・ない）　３　祖父母等　４　子・孫等
５　兄弟姉妹　６　後見人又は保佐人
７　家庭裁判所が選任した扶養義務者（選任年月日　昭和・平成　年　月　日）
８　市町村長</td></tr>
</table>

審査会意見	
都道府県の措置	

記載上の留意事項

1　［　　　　］内は、精神保健指定医の診察に基づいて記載すること。
　ただし、第34条による移送が行われた場合は、この欄は、記載する必要はないこと。

2　今回の入院年月日の欄は、今回貴病院に入院した年月日を記載し、入院形態の欄にそのときの入院形態を記載すること。（特定医師による入院を含む。その場合は「第33条第１項・第４項入院」、「第33条第３項・第４項入院」又は「第33条の７第２項入院」と記載すること。）なお、複数の入院形態を経ている場合には、順に記載すること。

3　生活歴及び現病歴の欄は、他診療所及び他病院での受診歴をも聴取して記載すること。

4　平成20年３月31日以前に広告している神経科における受診歴を精神科受診歴等に含むこととする。

5　初回及び前回入院期間の欄は、他病院での入院歴・入院形態をも聴取して記載すること。

6　現在の精神症状、その他の重要な症状、問題行動等、現在の状態像の欄は、一般にこの書類作成までの過去数か月間に認められたものとし、主として最近のそれに重点を置くこと。

7　入院を必要と認めた精神保健指定医氏名の欄は、精神保健指定医自身が署名すること。

8　家族等の氏名欄は、親権者が両親の場合は２人目を記載すること。

9　家族等の住所欄は、親権者が両親で住所が異なる場合に２つ目を記載すること。

10　提出に当たっては、推定される医療保護入院による入院期間及び選任された退院後生活環境相談員を記載した医療法施行規則第１条の５に規定する入院診療計画書の写しを添付すること。

11　選択肢の欄は、それぞれ該当する算用数字、ローマ数字等を○で囲むこと。

様式 14

特定医師による医療保護入院者（第 33 条第 1 項・第 4 項又は第 33 条第 3 項・第 4 項）の
入院届及び記録

平成　　年　　月　　日

知事　殿

病 院 名
所 在 地
管理者名　　　　　　　　印

医療保護入院者	フリガナ		生年月日	明治 大正 昭和　　年　月　日生 平成　　（満　歳）
	氏　名	（男・女）		
	住　所	都道府県　　郡市区　　町村区		
家族等の同意により入院した年月日	平成　　年　　月　　日 （午前・午後　　時）		今回の入院年月日	昭和 平成　　年　　月　　日
			入　院　形　態	
病　　名	1 主たる精神障害 ICD カテゴリー（　　）	2 従たる精神障害 ICD カテゴリー（　　）	3 身体合併症	
生活歴及び現病歴 （推定発病年月、精神科受診歴等を記載すること。）	（陳　述　者　氏　名　　　　　　続　柄　　　）			
初　回　入　院　期　間	昭和・平成　　年　　月　　日　～　昭和・平成　　年　　月　　日 （入院形態　　　　　）			
前　回　入　院　期　間	昭和・平成　　年　　月　　日　～　昭和・平成　　年　　月　　日 （入院形態　　　　　）			
初回から前回までの入　院　回　数	計　　回			
＜現在の精神症状＞	Ⅰ　意識 1 意識混濁　2 せん妄　3 もうろう　4 その他（　　　　）			
	Ⅱ　知能（軽度障害、中等度障害、重度障害）			
	Ⅲ　記憶 1 記銘障害　2 見当識障害　3 健忘　4 その他（　　　　）			
	Ⅳ　知覚 1 幻聴　2 幻視　3 その他（　　　　）			
	Ⅴ　思考 1 妄想　2 思考途絶　3 連合弛緩　4 滅裂思考　5 思考奔逸　6 思考制止 7 強迫観念　8 その他（　　　　）			
	Ⅵ　感情・情動 1 感情平板化　2 抑うつ気分　3 高揚気分　4 感情失禁　5 焦燥・激越 6 易怒性・被刺激性亢進　7 その他（　　　　）			
	Ⅶ　意欲 1 衝動行為　2 行為心迫　3 興奮　4 昏迷　5 精神運動制止　6 無為・無関心 7 その他（　　　　）			
	Ⅷ　自我意識 1 離人感　2 させられ体験　3 解離　4 その他（　　　　）			
	Ⅸ　食行動 1 拒食　2 過食　3 異食　4 その他（　　　　）			
＜その他の重要な症　状＞	1 てんかん発作　2 自殺念慮　3 物質依存（　　　　） 4 その他（　　　　）			
＜問 題 行 動 等＞	1 暴言　2 徘徊　3 不潔行為　4 その他（　　　　）			
＜現 在 の 状 態 像＞	1 幻覚妄想状態　2 精神運動興奮状態　3 昏迷状態　4 統合失調症等残遺状態			

<table>
<tr><td></td><td colspan="8">５抑うつ状態　６躁状態　７せん妄状態　８もうろう状態　９認知症状態
10その他（　　　　　　　）</td></tr>
<tr><td>医療保護入院の必要性
（患者自身の病気に対する理解の程度を含め、任意入院が行われる状態にないと判断した理由について記載すること。）</td><td colspan="8"></td></tr>
<tr><td>入院を必要と認めた特定医師氏名</td><td colspan="8">署名</td></tr>
<tr><td>確認した精神保健指定医氏名</td><td colspan="4">署名</td><td colspan="2">診察日時</td><td colspan="2">平成　　年　　月　　日
（午前・午後　　時）</td></tr>
<tr><td>精神保健指定医が入院妥当でないと判断した場合の理由</td><td colspan="8"></td></tr>
<tr><td rowspan="5">同意をした家族等</td><td rowspan="2">氏名</td><td>（男・女）</td><td>続柄</td><td rowspan="2">生年月日</td><td>明・大
昭・平</td><td colspan="3">年　　月　　日生</td></tr>
<tr><td>（男・女）</td><td>続柄</td><td>明・大
昭・平</td><td colspan="3">年　　月　　日生</td></tr>
<tr><td rowspan="2">住所</td><td colspan="7">都道　　郡市　　町村
府県　　区　　　区</td></tr>
<tr><td colspan="7">都道　　郡市　　町村
府県　　区　　　区</td></tr>
<tr><td colspan="8">１　配偶者　２　父母（親権者で　ある・ない）　３　祖父母等　４　子・孫等
５　兄弟姉妹　６　後見人又は保佐人
７　家庭裁判所が選任した扶養義務者（選任年月日　昭和・平成　年　月　日）
８　市町村長</td></tr>
</table>

事後審査委員会意見	

記載上の留意事項

1　▭内は、特定医師の診察に基づいて記載すること。

2　今回の入院年月日の欄は、今回貴病院に入院した年月日を記載し、入院形態の欄にそのときの入院形態を記載すること。（特定医師による入院を含む。その場合は「第33条の７第２項入院」と記載すること。）なお、複数の入院形態を経ている場合には、順に記載すること。

3　生活歴及び現病歴の欄は、他診療所及び他病院での受診歴をも聴取して記載すること。

4　平成20年３月31日以前に広告している神経科における受診歴を精神科受診歴等に含むこととする。

5　初回及び前回入院期間の欄は、他病院での入院歴・入院形態をも聴取して記載すること。

6　現在の精神症状、その他の重要な症状、問題行動等、現在の状態像の欄は、一般にこの書類作成までの過去数か月間に認められたものとし、主として最近のそれに重点を置くこと。

7　入院を必要と認めた特定医師氏名の欄は、特定医師自身が署名すること。

8　確認した精神保健指定医氏名の欄は、精神保健指定医自身が署名すること。

9　家族等の氏名欄は、親権者が両親の場合は２人目を記載すること。

10　家族等の住所欄は、親権者が両親で住所が異なる場合に２つ目を記載すること。

11　事後審査委員会意見は記録の場合について記載すること。

12　選択肢の欄は、それぞれ該当する算用数字、ローマ数字等を○で囲むこと。

第三十三条の二　精神科病院の管理者〔1〕は、前条第一項又は第三項の規定により入院した者（以下「医療保護入院者」という。）を退院させたとき〔2〕は、十日以内に、その旨及び厚生労働省令で定める事項を最寄りの保健所長を経て都道府県知事に届け出〔3〕なければならない。

〔要　旨〕

本条は、医療保護入院の退院届に関する規定である。昭和六十二年の改正前のいわゆる同意入院においては、入院時の届出が規定されていたものの、退院に関しては法的な規定がなかった（実務上、退院届を制度化していた都道府県も存在した。）。したがって、的確な同意入院患者の把握が難しく、いわゆる実地審査を行う場合に対象者の選定等の面において支障を生ずるなどの問題がみられ、患者の人権擁護の観点からも退院届についての規定の整備が求められていた。このため、同改正により新たに設けられたものである。

〔解　釈〕

〔1〕　医療保護入院を行う場合には、指定医による診察が要件の一つとなっているが、退院の判断については、それ自体は患者の人権の制限を伴うものではないこと等の理由から、指定医の診察は法律上は必要とされていない。

〔2〕「退院」とは、一般に入院の必要性が認められなくなって離院する場合のほか、任意入院等他の入院形態に変更して入院を継続する場合も含むものである。

〔3〕　届出事項は、退院させた旨のほか、施行規則第十四条に定めるとおりであり、届出の様式は、「精神科病院に入院する時の告知等に係る書面及び入退院の届出等について」（平成十二年三月三十日障精第二二号　厚生省大臣官房障害保健福祉部精神保健福祉課長通知）の様式15に定められている。

様式15

医療保護入院者の退院届

平成　　年　　月　　日

知事　殿

病 院 名
所 在 地
管理者名　　　　　　　印

下記の医療保護入院者が退院したので、精神保健及び精神障害者福祉に関する法律第33条の2の規定により届け出ます。

<table>
<tr><td rowspan="3">医療保護入院者</td><td>フリガナ</td><td colspan="2"></td><td rowspan="2">生年月日</td><td rowspan="2">明治
大正
昭和　　年　　月　　日生
平成　　　（満　　歳）</td></tr>
<tr><td>氏　　名</td><td colspan="2">（男・女）</td></tr>
<tr><td>住　　所</td><td colspan="4">都道　　郡市　　町村
府県　　区　　区</td></tr>
<tr><td>入院年月日
（医療保護入院）</td><td colspan="5">昭和
平成　　年　　月　　日</td></tr>
<tr><td>退院年月日</td><td colspan="5">平成　　年　　月　　日</td></tr>
<tr><td>病　　名</td><td colspan="2">1主たる精神障害

ICDカテゴリー（　　）</td><td colspan="2">2従たる精神障害

ICDカテゴリー（　　）</td><td>3身体合併症</td></tr>
<tr><td>退院後の処置</td><td colspan="5">1入院継続（任意入院・措置入院・他科）　2通院医療　3転医　4死亡
5その他（　　　　）</td></tr>
<tr><td>退院後の帰住先</td><td colspan="5">1自宅（i家族と同居、ii単身）　2施設　3その他（　　　　）</td></tr>
<tr><td>帰住先の住所</td><td colspan="5">都道　　郡市　　町村
府県　　区　　区</td></tr>
<tr><td>訪問指導等に関する意見</td><td colspan="5"></td></tr>
<tr><td>障害福祉サービス等の活用に関する意見</td><td colspan="5"></td></tr>
<tr><td>主治医氏名</td><td colspan="5"></td></tr>
</table>

記載上の留意事項

1　入院年月日の欄は、第33条第1項又は第3項による医療保護入院の年月日を記載すること。
2　選択肢の欄は、それぞれ該当する算用数字、ローマ数字等を○で囲むこと。

第三十三条の三　精神科病院の管理者は、第三十三条第一項、第三項又は第四項後段の規定による措置[①]を採る場合においては、当該精神障害者に対し、当該入院措置を採る旨、第三十八条の四の規定による退院等の請求に関することその他厚生労働省令で定める事項を書面[②]で知らせなければならない。ただし、当該入院措置を採つた日から四週間[③]を経過する日までの間であつて、当該精神障害者の症状に照らし、その者の医療及び保護を図る上で支障があると[④]認められる間においては、この限りでない。

2　精神科病院の管理者は、前項ただし書の規定により同項本文に規定する事項を書面で知らせなかつたとき[⑤]は、厚生労働省令で定めるところにより、厚生労働省令で定める事項を診療録に記載しなければならない。

〔要　旨〕

本条は、医療保護入院を行う場合の告知に関する規定である。

措置入院等の場合と異なるのは、患者の症状からみて入院時に告知を行うことが精神科医療上支障があると認められる場合は、四週間に限り告知を延期できる点である。

なお、告知の延期の規定は、昭和六十二年の改正法案の国会審議（衆議院）による修正で加えられたものであるが、平成七年の改正により、告知の徹底を図るため、四週間という期間制限が設けられたものである。

〔解　釈〕

〔１〕　第三十三条第一項又は第三項による入院又は第四項後段による特定医師の診察に基づく医療保護入院を行った場合のいずれの場合においても、告知を行わなければならない。特定医師の診察に基づく医療保護入院から第一項又は第三項に基づく入院に移行した際にも、改めて告知が必要である（第三十三条の解釈〔24〕を参照）。

〔２〕　医療保護入院の告知文書の様式については、「精神科病院に入院する時の告知等に係る書面及び入退院の届出等について」（平成十二年三月三十日障精第二二号　厚生省大臣官房障害保健福祉部精神保健福祉課長通知）の様式８により示されている。

〔３〕　告知については、人権保護の観点から、告知の延期の規定の運用は厳格であるべきであり、医学的判断から支障を認める場合であっても、慎重な判断が必要であるとともに、症状が落ちついて支障がなくなれば、直ちに告知を行わなければならない性格のものである。

平成七年の改正により、例外規定について四週間という絶対的な期間制限を設けて、より一層患者の人権の確保を図るものとされたが、四週間は最終的な期限であるので、できる限り早く告知すべきであることは言うまでもない。

〔４〕「医療及び保護を図る上で支障がある」とは、例えば、入院時において告知を行うことにより症状の悪化が予見される場合など、患者の症状に照らして精神科医療上の支障が認められる場合を指すものである。したがって、告知の延期は専ら精神医学的な見地から個々の患者の症状に応じて具体的に判断されなければならず、例えば、入院患者について一律に一週間経過後に告知を行うというような取扱いをすることは許されない。

〔５〕　医療保護入院に係る告知を行わなかった場合の診療録への記載事項については、施行規則第十五条により、①告知事項のうち知らせなかったもの、②告知事項を知らせることがその者の医療及び保護を図る上で支障があると認められた理由、③告知事項を知らせた年月日、とされている。

第33条の3

様式8

入院（医療保護入院）に際してのお知らせ

○　○　○　○　殿

平成　　年　　月　　日

1　あなたは、（精神保健指定医・特定医師）の診察の結果、入院が必要であると認められ、平成　　年　　月　　日（午前・午後　　時）、入院されました。

2　あなたの入院は、精神保健及び精神障害者福祉に関する法律第33条【①第1項　②第3項　③第4項後段】の規定による医療保護入院です。

3　あなたの入院中、手紙やはがきなどの発信や受信は制限されません。ただし、封書に異物が同封されていると判断される場合、病院の職員の立ち会いのもとで、あなたに開封してもらい、その異物は病院にあずかることがあります。

4　あなたの入院中、人権を擁護する行政機関の職員、あなたの代理人である弁護士との電話・面会や、あなた又はあなたのご家族等の依頼によりあなたの代理人となろうとする弁護士との面会は、制限されませんが、それら以外の人との電話・面接については、あなたの病状に応じて医師の指示で一時的に制限することがあります。

5　あなたの入院中、治療上必要な場合には、あなたの行動を制限することがあります。

6　もしもあなたに不明な点、納得のいかない点がありましたら、遠慮なく病院の職員に申し出て下さい。

それでもなお、あなたの入院や処遇に納得のいかない場合には、あなた又はあなたのご家族等は、退院や病院の処遇の改善を指示するよう、都道府県知事に請求することができます。この点について、詳しくお知りになりたいときは、病院の職員にお尋ねになるか又は下記にお問い合わせください。

都道府県の連絡先（電話番号を含む。）

7　病院の治療方針に従って療養に専念して下さい。

病　　院　　名
管理者の氏名
指定医・特定医師の氏名
主治医の氏名

（医療保護入院者の退院による地域における生活への移行を促進するための措置）

第三十三条の四　医療保護入院者を入院させている精神科病院の管理者は、精神保健福祉士その他厚生労働省令で定める資格を有する者[1]のうちから、厚生労働省令で定めるところにより[2]、退院後生活環境相談員を選任し、その者に医療保護入院者の退院後の生活環境に関し、医療保護入院者及びその家族等からの相談に応じさせ、及びこれらの者を指導させなければならない[3]。

〔要　旨〕

本条は、平成二十五年の改正により新設された医療保護入院者の退院による地域移行の促進を担う退院後生活環境相談員に関する規定である。

医療保護入院者の早期退院のためには、精神科病院内において、患者の治療だけでなく、その者の退院後の生活環境の調整も行われることが重要であることを踏まえ、医療保護入院者の退院による地域における生活への移行を促進するための措置の一つとして設けた規定である。

本条に基づき、医療保護入院者が入院している精神科病院の管理者に対し、医療保護入院者それぞれに担当する退院後生活環境相談員を選任し、医療保護入院者本人及びその家族等からの相談に応じる等の退院支援を行わせる義務が課せられている。

〔解　釈〕

〔1〕　退院後生活環境相談員の資格を有する者については、施行規則第十五条の二に定められており、①保健師、②

看護師、③准看護師、④作業療法士、⑤社会福祉士、であって精神障害者に関する業務に従事した経験を有する者、又は⑥三年以上退院後生活環境相談員が行うべき業務の実務に従事した経験を有する者とされている。

〔2〕退院後生活環境相談員の選任は、施行規則第十五条の三により、医療保護入院者の入院の日から七日以内に行わなければならないこととされている。

〔3〕退院後生活環境相談員の具体的な業務は、医療保護入院者のケースワーカーとして、

・医療保護入院者本人やその家族等から、入院に至った経緯、医療保護入院者本人を取り巻く生活環境等について聞き取った上で、医療保護入院者本人やその家族等と相談し、患者本人が退院後にどのような日常生活を送っていきたいか等について把握すること、

・医療保護入院者の退院に向けた意欲を喚起し、また、医療保護入院者の退院の希望を聞き取ること、

・患者の希望する退院後の日常生活の実現に向けて必要な調整、支援（退院後の住まいなど退院先についての相談・検討、家庭・職場・学校等との連絡調整、地域援助事業者等の福祉事業者の紹介や連絡調整等）を行うこと、

等が考えられる。

退院後生活環境相談員の選任手続や配置基準等、また、退院後生活環境相談員が主に行うこととなる地域援助事業者等の紹介（第三十三条の五を参照）、医療保護入院者退院支援委員会の運営（第三十三条の六を参照）等に関しては、「医療保護入院者の退院促進に関する措置について」（平成二十六年一月二十四日障発〇一二四第二号　厚生労働省社会・援護局障害保健福祉部長通知）において示されている。

医療保護入院者の退院促進に関する措置について

〔平成二十六年一月二十四日　障発〇一二四第二号　各都道府県知事・各指定都市市長宛　厚生労働省社会・援護局障害保健福祉部長通知〕

今般、精神保健及び精神障害者福祉に関する法律の一部を改正する法律（平成二十五年法律第四十九号）により改正された精神保健及び精神障害者福祉に関する法律（昭和二十五年法律第百二十三号。以下「法」という。）及び精神保健及び精神障害者福祉に関する法律施行規則の一部を改正する省令（平成二十六年厚生労働省令第四号）により改正された精神保健及び精神障害者福祉に関する法律施行規則（昭和二十五年厚生省令第三十一号）が、平成二十六年四月一日から施行されることに伴い、精神科病院の管理者に医療保護入院者の退院促進に関する措置を講ずる義務が新たに課されることとなった。当該措置の具体的な運用の在り方については左記のとおりであるので、適切な実施に努められるとともに、貴管下市町村並びに関係機関及び関係団体に対して周知徹底方お取り計らい願いたい。

記

第一　医療保護入院者の退院促進に関する措置の趣旨

医療保護入院者の退院促進に関する措置は、医療保護入院が本人の同意を得ることなく行われる入院であることを踏まえ、本人の人権擁護の観点から可能な限り早期治療・早期退院ができるよう講じるものであること。

第二　退院後生活環境相談員の選任

１　退院後生活環境相談員の責務・役割

(1)　退院後生活環境相談員は、医療保護入院者が可能な限り早期に退院できるよう、個々の医療保護入院

者の退院支援のための取組において中心的役割を果たすことが求められること。

(2) 退院に向けた取組に当たっては、医師の指導を受けつつ、多職種連携のための調整を図ることに努めるとともに、行政機関を含む院外の機関との調整に努めること。

(3) 医療保護入院者の支援に当たっては、当該医療保護入院者の意向に十分配慮するとともに、個人情報保護について遺漏なきよう十分留意すること。

(4) 以上の責務・役割を果たすため、退院後生活環境相談員は、その業務に必要な技術及び知識を得て、その資質の向上を図ること。

2 選任及び配置

(1) 退院に向けた相談を行うに当たっては、退院後生活環境相談員と医療保護入院者及びその家族等との間の信頼関係が構築されることが重要であることから、その選任に当たっては、医療保護入院者及び家族等の意向に配慮すること。

(2) 配置の目安としては、退院後生活環境相談員一人につき、概ね五〇人以下の医療保護入院者を担当すること（常勤換算としての目安）とし、医療保護入院者一人につき一人の退院後生活環境相談員を入院後七日以内に選任すること。兼務の場合等については、この目安を踏まえ、担当する医療保護入院者の人数を決めること。

3 資格

(1) 退院後生活環境相談員として有するべき資格は、

① 精神保健福祉士

② 保健師、看護師、准看護師、作業療法士又は社会福祉士として、精神障害者に関する業務に従事し

た経験を有する者

③　三年以上精神障害者及びその家族等との退院後の生活環境についての相談及び指導に関する業務に従事した経験を有する者であって、かつ、厚生労働大臣が定める研修を修了した者（ただし、平成二十九年三月三十一日までの間については、研修を修了していなくても、前段の要件を満たしていれば、資格を有することとしてよいこととする。）

のいずれかに該当することであること。

(2)　(1)③の厚生労働大臣が定める研修については、別途通知することとしているので、当該通知を参照されたいこと。

4　業務内容

(1)　入院時の業務

新たに医療保護入院者が入院し、退院後生活環境相談員が選任された場合は、当該医療保護入院者及びその家族等に対して以下についての説明を行うこと。

・退院後生活環境相談員として選任されたこと及びその役割

・本人及び家族等の退院促進の措置への関わり（地域援助事業者の紹介を受けることができること。また、本人においては、医療保護入院者退院支援委員会への出席及び退院後の生活環境に関わる者に委員会への出席の要請を行うことができること等）

(2)　退院に向けた相談支援業務

ア　退院後生活環境相談員は、医療保護入院者及びその家族等からの相談に応じるほか、退院に向けた意欲の喚起や具体的な取組の工程の相談等を積極的に行い、退院促進に努めること。

イ　医療保護入院者及びその家族等と相談を行った場合には、当該相談内容について相談記録又は看護記録等に記録をすること。

ウ　退院に向けた相談支援を行うに当たっては、主治医の指導を受けるとともに、その他当該医療保護入院者の治療に関わる者との連携を図ること。

(3)　地域援助事業者等の紹介に関する業務

ア　医療保護入院者及びその家族等から地域援助事業者の紹介の希望があった場合や、当該医療保護入院者との相談の内容から地域援助事業者を紹介すべき場合等に、必要に応じて地域援助事業者を紹介するよう努めること。

イ　地域援助事業者等の地域資源の情報を把握し、収集した情報を整理するよう努めること。

ウ　地域援助事業者に限らず、当該医療保護入院者の退院後の生活環境又は療養環境に関わる者の紹介や、これらの者との連絡調整を行い、退院後の環境調整に努めること。

(4)　医療保護入院者退院支援委員会に関する業務

ア　医療保護入院者退院支援委員会の開催に当たって、開催に向けた調整や運営の中心的役割を果たすこととし、充実した審議が行われるよう努めること。

イ　医療保護入院者退院支援委員会の記録の作成にも積極的に関わることが望ましいこと。

(5)　退院調整に関する業務

医療保護入院者の退院に向け、居住の場の確保等の退院後の環境に係る調整を行うとともに、適宜地域援助事業者等と連携する等、円滑な地域生活への移行を図ること。

(6)　その他

定期病状報告の退院に向けた取組欄については、その相談状況等を踏まえて退院後生活環境相談員が記載することが望ましいこと。

５　その他業務

（1）　医療保護入院者が退院する場合において、引き続き任意入院により当該病院に入院するときには、当該医療保護入院者が地域生活へ移行するまでは、継続して退院促進のための取組を行うことが望ましいこと。

（2）　医療保護入院者の退院促進に当たっての退院後生活環境相談員の役割の重要性に鑑み、施行後の選任状況等を踏まえて、退院後生活環境相談員として有するべき資格等の見直しを図ることも考えられるため、留意されたいこと。

第三　地域援助事業者の紹介及び地域援助事業者による相談援助

１　地域援助事業者の紹介の趣旨・目的

地域援助事業者の紹介は、医療保護入院者が退院後に利用する障害福祉サービス及び介護サービスについて退院前から相談し、医療保護入院者が円滑に地域生活に移行することができるよう、精神科病院の管理者の努力義務とされているものであり、必要に応じて紹介を行うよう努めること。

２　紹介の方法

（1）　地域援助事業者の紹介の方法については、書面の交付による紹介に限らず、例えば、面会による紹介（紹介する地域援助事業者の協力が得られる場合に限る。）やインターネット情報を活用しながらの紹介等により、医療保護入院者が地域援助事業者と積極的に相談し、退院に向けて前向きに取り組むことができるよう工夫されたいこと。

(2) 紹介を行う事業者については、必要に応じて当該医療保護入院者の退院先又はその候補となる市町村への照会を行うほか、精神保健福祉センター及び保健所等の知見も活用すること。

3 紹介後の対応

地域援助事業者の紹介を行った場合においては、退院後生活環境相談員を中心として、医療保護入院者と当該地域援助事業者の相談状況を把握し、連絡調整に努めること。

4 地域援助事業者による相談援助

(1) 地域援助事業者は、医療保護入院者が障害福祉サービスや介護サービスを退院後円滑に利用できるよう、当該地域援助事業者の行う特定相談支援事業等の事業やこれらの事業の利用に向けた相談援助を行うこと。

(2) 医療保護入院者との相談に当たっては、退院後生活環境相談員との連携に努め、連絡調整を図ること。

(3) 相談援助を行っている医療保護入院者に係る医療保護入院者退院支援委員会への出席の要請があった場合には、できる限り出席し、退院に向けた情報共有に努めること。

第四 医療保護入院者退院支援委員会の開催

1 医療保護入院者退院支援委員会の趣旨・目的

医療保護入院者退院支援委員会（以下「委員会」という。）は、病院において医療保護入院者の入院の必要性について審議する体制を整備するとともに、入院が必要とされる場合の推定される入院期間を明確化し、退院に向けた取組について審議を行う体制を整備することで、病院関係者の医療保護入院者の退院促進に向けた取組を推進するために設置することとするものであること。

2 対象者

(1)　委員会の審議の対象者は、以下の者であること。

①　在院期間が一年未満の医療保護入院者であって、入院時に入院届に添付する入院診療計画書に記載した推定される入院期間を経過するもの

②　在院期間が一年未満の医療保護入院者であって、委員会の審議で設定された推定される入院期間を経過するもの

③　在院期間が一年以上の医療保護入院者であって、病院の管理者が委員会での審議が必要と認めるもの

なお、当該推定される入院期間を経過する時期の前後概ね二週間以内に委員会での審議を行うこと。

また、入院時に入院届に添付する入院診療計画書に記載する推定される入院期間については、既に当該医療保護入院者の病状を把握しており、かつ、一年以上の入院期間が見込まれる場合（例えば措置入院の解除後すぐに医療保護入院する場合等）を除き、原則として一年未満の期間を設定すること。

(2)　入院から一年以上の医療保護入院者を委員会での審議の対象者としない場合は、具体的な理由（例えば精神症状が重症であって、かつ、慢性的な症状を呈することにより入院の継続が明らかに必要な病状であること等）を定期病状報告に記載すること。具体的な理由がない場合は、原則として委員会での審議を行うことが望ましいこと。

(3)　既に推定される入院期間経過時点から概ね一か月以内の退院が決まっている場合（入院形態を変更し、継続して任意入院する場合を除く。）については、委員会での審議を行う必要はないこと。

3　出席者

医療保護入院者退院支援委員会の出席者は、以下のとおりとすること。

①　当該医療保護入院者の主治医（主治医が精神保健指定医でない場合は、当該主治医に加え、主治医以外の精神保健指定医が出席すること）
②　看護職員（当該医療保護入院者を担当する看護職員が出席することが望ましい）
③　当該医療保護入院者について選任された退院後生活環境相談員
④　①～③以外の病院の管理者が出席を求める当該病院職員
⑤　当該医療保護入院者本人
⑥　当該医療保護入院者の家族等
⑦　地域援助事業者その他の当該精神障害者の退院後の生活環境に関わる者

なお、③が②にも該当する場合は、その双方を兼ねることも可能であるが、その場合には、④の者であって当該医療保護入院者の診療に関わるものを出席させることが望ましいこと。⑤が委員会に出席するのは、当該者が出席を希望する場合とし、⑥及び⑦が委員会に出席するのは、当該医療保護入院者が出席を求めた場合であって、当該出席を求められた者が出席要請に応じるときとすること。

また、⑦としては、入院前に当該医療保護入院者が通院していた診療所や退院後に当該医療保護入院者が診療を受けることを予定する医療機関等も想定されるところであり、当該医療保護入院者に対し退院後生活環境相談員がこれらの者に対し出席を要請しなくてよいか確認する等、当該医療保護入院者の退院後の生活環境を見据えた有意義な審議ができる出席者となるよう努めること。

4　開催方法

(1)　開催方法の例としては、月に一回委員会を開催することとし、当該開催日から前後二週間に推定される入院期間を経過する医療保護入院者を対象として、出席者を審議対象者ごとに入れ替えて開催するこ

とが考えられるが、当該病院における医療保護入院者数等の実情に応じて、推定される入院期間の経過する医療保護入院者がいる日に委員会での審議を行うこととする等その他の開催方法でも差し支えないこと。

(2)　開催に当たっては、十分な日時の余裕を持って審議対象となる医療保護入院者に別添様式１（医療保護入院者退院支援委員会開催のお知らせ）の例により通知し、通知を行った旨を診療録に記載すること。当該通知に基づき3中⑥及び⑦に掲げる者に対する出席要請の希望があった場合には、当該希望があった者に対し、以下の内容を通知すること。

・委員会の開催日時及び開催場所
・医療保護入院者本人から出席要請の希望があったこと
・出席が可能であれば委員会に出席されたいこと
・文書による意見提出も可能であること

5　審議内容

委員会においては、以下の三点その他必要な事項を審議すること。

①　医療保護入院者の入院継続の必要性の有無とその理由
②　入院継続が必要な場合の委員会開催時点からの推定される入院期間
③　②の推定される入院期間における退院に向けた取組

6　審議結果

(1)　委員会における審議の結果については、別添様式２（医療保護入院者退院支援委員会審議記録）に記載して記録するとともに、診療録には委員会の開催日の日付を記録することとすること。

(2)　病院の管理者（大学病院等においては、精神科診療部門の責任者）は、医療保護入院者退院支援委員会の審議状況を確認し、医療保護入院者退院支援委員会審議記録に署名すること。また、審議状況に不十分な点がみられる場合には、適切な指導を行うこと。

(3)　審議終了後できる限り速やかに、審議の結果を本人並びに当該委員会への出席要請を行った3⑥及び⑦に掲げる者に対して別添様式3により通知すること。

(4)　委員会における審議の結果、入院の必要性が認められない場合には、速やかに退院に向けた手続をとること。

(5)　医療保護入院者退院支援委員会審議記録については、定期病状報告の際に、当該報告から直近の審議時のものを定期病状報告書に添付すること。

7　経過措置

平成二十六年三月三十一日以前に医療保護入院した者に対しては、病院の管理者が必要と認める場合に限り、委員会を開催することが可能であること。

第五　その他

(1)　本措置は、法令上は医療保護入院者のみを対象として講じる義務が課されているものであるが、その他の入院形態の入院患者の早期退院のためにも有効な措置であることから、任意入院者等の医療保護入院以外の入院形態による入院者にも同様の措置を講じることにより退院促進に努められたいこと。

(2)　本措置は法施行後三年を目途として、施行の状況や精神保健及び精神障害者の福祉を取り巻く環境の変化を勘案して、その在り方について検討し、見直すものであること。

別添様式１

医療保護入院者退院支援委員会の開催のお知らせ

○○○○殿

平成　　年　　月　　日

1　あなたの入院時に入院診療計画書で説明をした推定される入院期間が、平成　　年　　月　　日に経過するため、精神保健及び精神障害者福祉に関する法律施行規則第15条の６に基づき、医療保護入院者退院支援委員会（以下「委員会」という。）を平成　　年　　月　　日に　　　　で開催いたします。

2　委員会では、①入院継続の必要性、②入院継続が必要な場合、更に入院が必要と推定される入院期間、③今後の退院に向けた取組、について審議を行います。

3　委員会には、主治医、看護職員、退院後生活環境相談員その他のあなたの診療に関わる方が出席するほか、あなた自身も出席することができます。出席を希望する場合は、あなたを担当する退院後生活環境相談員に伝えて下さい。なお、あなたが出席をしない場合も、委員会の審議の結果はお知らせいたします。

4　また、①あなたのご家族、②後見人又は保佐人がいる場合は後見人又は保佐人の方、③あなたが退院後の生活について相談している地域援助事業者の方や入院前に通っていた診療所の方等のあなたの地域での暮らしに関わる方に、委員会への出席の要請をすることができますので、委員会への出席の要請を希望する場合は、退院後生活環境相談員に伝えて下さい。ただし、要請を行った場合でも、都合がつかない等の事情により出席できない場合もあります。その場合、出席できなかった方には、審議後にその結果をお知らせします。

5　御不明な点などがありましたら、あなたを担当する退院後生活環境相談員にお尋ね下さい。

病院名
管理者の氏名
退院後生活環境相談員の氏名

別添様式2

医療保護入院者退院支援委員会審議記録

委員会開催年月日　　　　年　　月　　日

<table>
<tr><td>患者氏名</td><td colspan="3"></td><td>生年月日</td><td>大正
昭和　　年　　月　　日
平成</td></tr>
<tr><td>住所</td><td colspan="5"></td></tr>
<tr><td>担当退院後生活環境相談員の氏名</td><td colspan="5"></td></tr>
<tr><td>入院年月日
（医療保護入院）</td><td colspan="5"></td></tr>
<tr><td colspan="2">出席者</td><td colspan="4">主治医（　　　　　）、主治医以外の医師（　　　　）
看護職員（　　　　　　　　　　　　　　）
担当退院後生活環境相談員（　　　　　　　　）
本人（出席・欠席）、家族（　　　　（続柄）　）
その他（　　　　　　　　　　　　　　　）</td></tr>
<tr><td colspan="2">入院診療計画書に記載した推定される入院期間</td><td colspan="4"></td></tr>
<tr><td colspan="2">本人及び家族の意見</td><td colspan="4"></td></tr>
<tr><td colspan="2">入院継続の必要性</td><td colspan="4">有　・　無</td></tr>
<tr><td colspan="2" rowspan="2">入院継続が必要である場合</td><td>理由</td><td colspan="3"></td></tr>
<tr><td colspan="2">推定される入院期間</td><td colspan="2"></td></tr>
<tr><td colspan="2">退院に向けた取組</td><td colspan="4"></td></tr>
<tr><td colspan="2">その他</td><td colspan="4"></td></tr>
</table>

〔病院管理者の署名：　　　　　　　　　　　　　〕
〔記録者の署名：　　　　　　　　　　　　　〕

別添様式３

医療保護入院者退院支援委員会の結果のお知らせ

○○○○殿

平成　　年　　月　　日

医療保護入院者退院支援委員会での審議の結果について下記のとおりお知らせいたします。

記

１　開催日時　　平成　　　年　　　月　　　日（　　）　　　：　　　〜　　　：

２　出席者　主治医（　　　　　　　　）、主治医以外の医師（　　　　　　　）

看護職員（　　　　　　　　　　　　　　　　　　　　）

担当退院後生活環境相談員（　　　　　　　　　　　　　）

本人（出席・欠席）、家族（　　　　　　　　　　（続柄）　）

その他（　　　　　　　　　　　　　　　　　　　　　）

３　入院継続の必要性（　有　・　無　）

【有りの場合のその理由】

（　　　　　　　　　　　　　　　　　　　　　　　　　）

４　今後の推定される入院期間（　　　　　　　　　　）

５　今後の退院に向けた取組

（　　　　　　　　　　　　　　　　　　　　　　　　　）

病院名

管理者の氏名

退院後生活環境相談員の氏名

第三十三条の五　医療保護入院者を入院させている精神科病院の管理者は、医療保護入院者又はその家族等から求めがあつた場合その他医療保護入院者の退院による地域における生活への移行を促進するために必要があると認められる場合[1]には、これらの者に対して、厚生労働省令で定めるところにより[2]、一般相談支援事業若しくは障害者の日常生活及び社会生活を総合的に支援するための法律第五条第十六項に規定する特定相談支援事業（第四十九条第一項において「特定相談支援事業」という。）を行う者、介護保険法第八条第二十三項に規定する居宅介護支援事業を行う者その他の地域の精神障害者の保健又は福祉に関する各般の問題につき精神障害者又はその家族等からの相談に応じ必要な情報の提供、助言その他の援助を行う事業を行うことができると認められる者として厚生労働省令で定めるもの（次条において「地域援助事業者」という。）を紹介するよう努めなければならない。

〔要　旨〕

医療保護入院者の退院・地域生活への移行を促進するには、入院中又は退院後の福祉サービスの利用が重要な役割を果たすところであるが、精神科病院に入院している精神障害者やその家族等は、

・そもそも地域でどのような福祉サービスが利用可能なのか、どのようにサービス利用の申請を行うかなどについて情報を把握していないことが多いこと、

・サービスの利用についての情報の提供、助言その他の援助を行う事業者との関係を入院後早期から築くことが必

要なこと、

から、医療保護入院者又はその家族等に対して、これらの相談等を行うことができる地域援助事業者を紹介する努力義務を精神科病院の管理者に課すこととしたものである。

地域援助事業者としては、障害福祉サービスでは相談支援専門員、介護サービスでは介護支援専門員（ケアマネジャー）を位置づけ、これらの者を配置している一般相談支援事業者や居宅介護支援事業者等を「地域援助事業者」として位置付けている（施行規則第十五条の五）。

〔解　釈〕

〔1〕　医療保護入院者又はその家族等への地域援助事業者の紹介については、医療保護入院者の退院促進を目的とする措置であることから、本人又はその家族等の依頼があった場合が例示されているほか、退院に向けた環境調整の状況等に応じて積極的に行うことが望まれる（「医療保護入院者の退院促進に関する措置について」（平成二十六年一月二十四日障発〇一二四第二号　厚生労働省社会・援護局障害保健福祉部長通知）（第三十三条の四の解釈〔3〕を参照））。

なお、本条を根拠に、紹介先となる地域援助事業者が応じる義務が生じるものではなく、紹介を受けた上で、当該地域援助事業者の行う事業の範囲等に応じて、医療保護入院者との相談等に応じることを断ることも可能であるが、本条の趣旨からは、地域援助事業者側も積極的に相談等の対応を行うことが望まれる。

〔2〕　施行規則第十五条の四に地域援助事業者の紹介の方法として、紹介する地域援助事業者の連絡先を記載した書面の交付があげられているが、面会による紹介やインターネット情報を活用しながらの紹介等の工夫により紹介されることが望まれる（「医療保護入院者の退院促進に関する措置について」（平成二十六年一月二十四日障発〇一二四第二号　厚生労働省社会・援護局障害保健福祉部長通知）第三の２を参照）。

＊平成二十八年四月一日施行（罫線部分）

第三十三条の五　医療保護入院者を入院させている精神科病院の管理者は、医療保護入院者又はその家族等から求めがあつた場合その他医療保護入院者の退院による地域における生活への移行を促進するために必要があると認められる場合には、これらの者に対して、厚生労働省令で定めるところにより、一般相談支援事業若しくは障害者の日常生活及び社会生活を総合的に支援するための法律第五条第十六項に規定する特定相談支援事業（第四十九条第一項において「特定相談支援事業」という。）を行う者、介護保険法第八条第二十四項に規定する居宅介護支援事業を行う者その他の地域の精神障害者の保健又は福祉に関する各般の問題につき精神障害者又はその家族等からの相談に応じ必要な情報の提供、助言その他の援助を行う事業を行うことができると認められる者として厚生労働省令で定めるもの（次条において「地域援助事業者」という。）を紹介するよう努めなければならない。

第三十三条の六　精神科病院の管理者は、前二条に規定する措置のほか、厚生労働省令で定めるところにより、[1]必要に応じて地域援助事業者と連携を図りながら、医療保護入院者の退院による地域における生活への移行を促進するために必要な体制の整備その他の当該精神科病院における医療保護入院者の退院による地域における生活への移行を促進するための措置を講じなけ

ればならない。

〔要　旨〕

精神科病院の管理者が医療保護入院者の退院による地域における生活への移行を促進するための必要な体制の整備その他の措置を講じる義務を規定したものであり、その措置について具体的には施行規則第十五条の六から第十五条の八に定めることとしたものである。

〔解　釈〕

〔1〕　施行規則第十五条の六においては、医療保護入院者退院支援委員会の開催について定めている。新規の医療保護入院者については、原則として入院期間一年未満で退院することを基本的考え方とし、

①　在院期間が一年未満の医療保護入院者であって、入院時に入院届に添付する入院診療計画書に記載した推定される入院期間を経過するもの

②　在院期間が一年未満の医療保護入院者であって、委員会の審議で設定された推定される入院期間を経過するもの

③　在院期間が一年以上の医療保護入院者であって、病院の管理者が委員会での審議が必要と認めるもの

を対象に、推定される入院期間が経過する際（その前後概ね二週間）に医療保護入院者退院支援委員会を開催し、医療保護入院者の入院継続の必要性の有無とその理由や、入院継続が必要な場合の委員会開催時点からの推定される入院期間及びその入院期間における退院促進に向けた措置について審議を行うこととしている。

その具体的な開催方法は、施行規則第十五条の六から第十五条の八及び「医療保護入院者の退院促進に関する

措置について」（平成二十六年一月二十四日障発〇一二四第二号　厚生労働省社会・援護局障害保健福祉部長通知）（第三十三条の四の解釈〔3〕を参照）において定められている。

〔医療保護入院者退院支援委員会の開催〕

第十五条の六　精神科病院の管理者は、入院期間が一年未満である医療保護入院者の第十三条の四第一号トに規定する推定される入院期間又は次項に規定する入院期間が経過するごとに、当該医療保護入院者の入院を継続する必要があるかどうかの審議を行うため、医療保護入院者退院支援委員会（以下「委員会」という。）を開催しなければならない。

2　委員会は、前項の規定による審議の結果、当該審議に係る医療保護入院者の入院を継続する必要があると認めるときは、委員会が開催された日から当該医療保護入院者の退院までに必要と認められる入院期間（次項に規定する場合を除き、当該医療保護入院者の入院の日から一年未満の範囲内の期間に限る。）及び退院に向けた取組の方針を定めなければならない。

3　委員会は、第一項の規定による審議の結果、当該審議に係る医療保護入院者の医療及び保護のため当該医療保護入院者の入院の日から一年以上入院を継続する必要があると認めるときは、第二項に規定する入院期間として、当該入院の日から一年以上の期間を定めることができる。

4　第一項及び第二項の規定は、前項の規定による入院期間を定められた医療保護入院者に係る入院期間の経過について準用する。この場合において、第一項中「入院期間が一年未満である医療保護入院者」とあるのは「医療保護入院者」と、「第十三条の四第一号トに規定する推定される入院期間又は次項に規定する入院期間が経過するごとに」とあるのは「次項に規定する入院期間が経過するごとに」と、「医療保護入院者退

院支援委員会（以下「委員会」という。）を開催しなければならない」とあるのは「医療保護入院者退院支援委員会を開催することができる」と、第二項中「入院期間（次項に規定する場合を除き、当該医療保護入院者の入院の日から一年未満の範囲内の期間に限る。）」とあるのは「入院期間」と読み替えるものとする。

5　精神科病院の管理者は、第一項の規定による審議の結果を当該審議に係る医療保護入院者及び同条第三項各号に掲げる者（同項の規定による通知を受けた者に限る。）に通知しなければならない。

〔委員会〕

第十五条の七　委員会は、次に掲げる者をもつて構成する。

一　委員会の審議に係る医療保護入院者の主治医（当該主治医が指定医でない場合は、当該主治医及び当該医療保護入院者が入院している精神科病院に勤務する指定医）

二　当該医療保護入院者が入院している精神科病院に勤務する看護師又は准看護師

三　当該医療保護入院者について法第三十三条の四の規定により選任された退院後生活環境相談員（第二十条第一項第六号において「退院後生活環境相談員」という。）

四　前三号に掲げる者以外の当該精神科病院の職員で、当該精神科病院の管理者から出席を求められたもの

2　精神科病院の管理者は、委員会の審議に係る医療保護入院者が委員会の構成員となることを希望するときは、委員会に、当該医療保護入院者を構成員として加えるものとする。この場合において、当該医療保護入院者は、委員会に出席し、又は書面により意見を述べることができる。

3　精神科病院の管理者は、委員会の審議に係る医療保護入院者が次の各号に掲げる者を委員会の構成員とすることを希望するときは、あらかじめ、その旨をこれらの者に対し書面により通知するものとし、当該通知を受けた者が委員会の構成員となることを希望するときは、委員会に、当該希望する者を構成員として加え

るものとする。この場合において、当該希望する者は、委員会に出席し、又は書面により意見を述べることができる。

一　委員会の審議に係る医療保護入院者の家族等

二　地域援助事業者その他の当該医療保護入院者の退院後の生活環境に関わる者

（委員会の開催日の記録等）

第十五条の八　精神科病院の管理者は、委員会の開催日その他委員会における審議の過程を文書により記録し、これを当該開催日から五年間保存しなければならない。

2　委員会の審議に係る医療保護入院者の主治医は、委員会が開催されたときは、遅滞なく、当該委員会の開催日を診療録に記載しなければならない。

（応急入院）

第三十三条の七　厚生労働大臣の定める基準(1)に適合するものとして都道府県知事が指定する精神科病院(2)の管理者は、医療及び保護の依頼があつた者(3)について、急速を要し、その家族等の同意を得ることができない場合(4)において、その者が、次に該当する者であるとき(5)は、本人の同意がなくても、七十二時間を限り(6)、その者を入院させることができる。

一　指定医の診察の結果、精神障害者であり、かつ、直ちに入院させなければその者の医療及び保護を図る上で著しく支障がある者であつて当該精神障害のために第二十条の規定による

入院が行われる状態にないと判定されたもの(7)

二　第三十四条第三項の規定により移送された者(8)

2　前項に規定する場合において、同項に規定する精神科病院(9)の管理者は、緊急その他やむを得ない理由があるときは、指定医に代えて特定医師(10)に同項の医療及び保護の依頼があつた者の診察を行わせることができる。この場合において、診察の結果、その者が、精神障害者であり、かつ、直ちに入院させなければその者の医療及び保護を図る上で著しく支障がある者であつて当該精神障害のために第二十条の規定による入院が行われる状態にないと判定されたときは、同項の規定にかかわらず、本人の同意がなくても、十二時間(11)を限り、その者を入院させることができる。

3　第十九条の四の二の規定は、前項の規定により診察を行つた場合について準用する。(12)この場合において、同条中「指定医は、前条第一項」とあるのは「第二十一条第四項に規定する特定医師は、第三十三条の七第二項」と、「当該指定医」とあるのは「当該特定医師」と読み替えるものとする。

4　第一項に規定する精神科病院の管理者は、第二項後段の規定による措置を採つたときは、遅滞なく、厚生労働省令(13)で定めるところにより、当該措置に関する記録を作成し、これを保存しなければならない。

5　第一項に規定する精神科病院の管理者は、同項又は第二項後段の規定による措置を採つたときは、直ちに、当該措置を採つた理由その他厚生労働省令で定める事項を最寄りの保健所長を経て都道府県知事に届け出なければならない。[14]

6　都道府県知事は、第一項の指定を受けた精神科病院が同項の基準に適合しなくなつたと認めたときは、その指定を取り消すことができる。

7　厚生労働大臣は、前項に規定する都道府県知事の権限に属する事務について、第一項の指定を受けた精神科病院に入院中の者の処遇を確保する緊急の必要があると認めるときは、都道府県知事に対し前項の事務を行うことを指示することができる。

〔要　旨〕

本条は、応急入院に関する規定である。これは、急速を要し、その家族等の同意を得ることができない場合には、本人の同意がなくとも、指定医の診察により、七十二時間に限り、応急入院指定病院に入院させることができるという規定である。

昭和六十二年改正前の精神衛生法の下においては、措置症状はないがその症状からみてできるだけ早期に入院医療が必要であると認められる精神障害者については、原則としていわゆる同意入院（現在の医療保護入院）により入院させることにより対処していたが、単身者や昏迷状態等の状態にあり身元等が判明しない者等である場合は、家族等との連絡がつかないことも多く、保護者等の同意を得ることができず、入院を見合わせたり、あるいはやむ

を得ず入院を行った後に事後的に家族や市町村長の同意を得るような事態にならざるを得ず、精神科の救急医療を行う上で法律手続上の問題が大きな障害となっていた。このため、当該入院を行うことができる病院等に関して一定の条件を付して、応急入院として制度化したものである。

本制度は、入院に当たって、患者本人の同意はもとより家族等の同意が得られないような状況において、専ら医学的判断のみに基づいて入院が決められるものであるので、患者の人権擁護の観点から法律的に厳しい要件が規定されているところであるが、さらに、本制度の運用についても厳に適正であることが要請される。

なお、平成十七年の改正において、指定医に代わり特定医師の診察により、十二時間を限り、応急入院を行うことができる特例措置制度が新たに設けられた。

〔解　釈〕

〔1〕　応急入院を行うことが認められる精神科病院として都道府県知事（指定都市の市長）が指定する精神科病院の基準については、告示（昭和六十三年四月八日厚生省告示第百二十七号）により定められている。また、その運用基準については、「応急入院指定病院の指定等について」（平成十二年三月三十日障精第二三号　厚生省大臣官房障害保健福祉部精神保健福祉課長通知）において示されている。

なお、昭和六十二年の制度の創設以来、十分な指定が行われていない実態に対応するため、平成八年三月に本告示の改正が行われるとともに、「応急入院指定病院の指定の促進について」（平成八年三月二十一日健医精発第二二号　厚生省保健医療局精神保健課長通知）により、当時の運用基準の改正が行われ、その弾力化が図られており、平成十二年四月には医療保護入院等のための移送制度において、移送先の病院が応急入院指定病院とされたことに伴い具体的な告示等の改正が行われた。

さらに、特定医師の診察により応急入院をさせることができる特例措置が設けられたことに伴い、平成十八年

九月には当該措置を採ろうとする病院の基準を定めるための告示等の改正が行われた。

精神保健及び精神障害者福祉に関する法律第三十三条の七第一項の規定に基づき厚生労働大臣の定める基準

〔昭和六十三年四月八日
厚生省告示第百二十七号〕

注　平成二六年三月一四日厚生労働省告示第七八号による改正現在

精神保健法（昭和二十五年法律第百二十三号）第三十三条の四第一項の規定に基づき、厚生大臣の定める基準を次のように定め、昭和六十三年七月一日から適用する。

一　精神保健及び精神障害者福祉に関する法律（昭和二十五年法律第百二十三号。以下「法」という。）第十八条第一項の規定により指定された精神保健指定医一名以上及び看護師その他の者三名以上が、あらかじめ定められた日に、適時、法第三十三条の七第一項第一号に掲げる者及び法第三十四条第一項から第三項までの規定により移送される者（以下「応急入院者等」という。）に対して診療応需できる態勢を整えていること。

二　当該精神科病院の病棟において看護を行う看護師及び准看護師の数が当該病棟の入院患者の数が三又はその端数を増すごとに一を加えた数以上であること。ただし、地域における応急入院者等に係る医療及び保護を提供する体制の確保を図る上でやむを得ない事情がある場合にはこの限りでない。

三　応急入院者等のための病床として、第一号に規定する日に、一床以上確保していること。

四　応急入院者等の医療及び保護を行うにつき必要な検査が速やかに行われる体制にあること。

五　法第三十三条の七第二項後段の規定による措置を採ろうとする精神科病院にあっては、次に掲げる要件を満たしていること。

イ　当該措置について審議を行うため、事後審査委員会を設けていること。
ロ　当該精神科病院に入院中の者に対する行動の制限がその症状に応じて最も制限の少ない方法により行われているかどうかを審議するため、行動制限最小化委員会を設けていること。

応急入院指定病院の指定等について

（平成十二年三月三十日　障精第二三号
各都道府県・各指定都市精神保健福祉主管部（局）長宛
厚生省大臣官房障害保健福祉部精神保健福祉課長通知）

注　平成二六年一月二四日障精発〇一二四第二号による改正現在

応急入院指定病院の指定等に係る事務取扱要領

1　応急入院指定病院の指定について

精神保健及び精神障害者福祉に関する法律（昭和二十五年法律第百二十三号。以下「法」という。）第三十三条の七第一項の規定による都道府県知事（指定都市にあってはその長。以下同じ。）の指定（以下「応急入院指定病院の指定」という。）は、法第三十三条の七第一項の規定に基づき厚生労働大臣の定める基準（昭和六十三年四月厚生省告示第百二十七号。以下「指定基準」という。）に適合する精神科病院について行うこととされているところであるが、応急入院指定病院の指定に当たっては、特に次の事項について十分留意されたいこと。

(1)　指定基準の考え方について

ア　診療応需の体制について

指定基準の第一号中、法第十八条第一項の規定により指定された精神保健指定医（以下「指定医」と

いう。）一名以上及び看護師その他の者三名以上が法第三十三条の七第一項第一号に掲げる者及び法第三十四条第一項から第三項までの規定により移送される者（以下「応急入院者等」という。）に対して「診療応需の態勢を整えていること」とは、当該精神科病院の医療従事者のうち指定医一名以上及び看護師その他の者三名以上が応急入院者等の医療及び保護を行う体制（オンコールを含む。）にあり、かつ、それぞれの医療従事者が応急入院者等の診療に当たることが、他の入院患者の医療及び保護に支障をきたすようなことがないものをいうこと。

なお、看護師その他の者とは、看護師、准看護師及び精神保健福祉士を指すこととしていること。

イ　例外規定について

指定基準の第二号ただし書中「やむを得ない事情」については、当該地域（おおむね二次医療圏）において同号の基準の本則を満たす精神科病院がなく、かつ、応急入院制度及び移送制度を適用する必要性が高いと認められる場合をいうものであること。

ウ　空床の確保について

指定基準の第三号中「第一号に規定する日」については、都道府県における精神科救急医療体制及び法第三十四条による移送が円滑に行われる圏域において、複数の応急入院指定病院が指定されている場合、当該圏域において、年間を通じて終日、患者が受け入れられるよう体制を整備するための規定であること。なお、このことは当該圏域において同日に複数の病院が患者を受け入れられる体制の整備を妨げるものではないこと。

エ　必要な検査について

指定基準の第四号中「必要な検査」とは、頭部コンピューター断層撮影（ＣＴ）、脳波検査、基礎的

な血液検査等をいうものであること。なお、これら検査については、必要に応じて他の医療機関の協力が得られていて速やかに検査が行われる体制がある場合には、当該精神科病院において整備することを要しないものであること。

オ　特例措置について

法第三十三条の七第二項後段の規定による特例措置を採る精神科病院を指定する場合については、都道府県において、精神科病院からの別添様式１及び別添様式２による申出に基づき、事後審査委員会及び行動制限最小化委員会の設置、特定医師の配置を確認の上指定すること。

都道府県知事は、指定を受けた精神科病院の開設者に対し、指定を受けた精神科病院名、指定を受けた年月日、所在地及び開設者名を記載した別添様式３に定める指定書を発行するものとする。

１　事後審査委員会について

指定基準の第五号中「事後審査委員会」とは、特例措置を採る場合の診察の判断の妥当性について検証する院内事後審査を行うための委員会（複数の職種により構成）をいうものであること。

２　行動制限最小化委員会

指定基準の第五号中「行動制限最小化委員会」とは、院内に設置する行動制限のモニタリング及び最小化を促すための委員会であり、月一回以上開催していること。なお、診療報酬点数の医療保護入院等診療料を算定するために設置する「行動制限最小化委員会」を当該委員会と見なすことが可能である。

３　特定医師について

特定医師（法第二十一条第四項に規定する特定医師をいう。以下同じ。）が配置されていること。

精神保健及び精神障害者福祉に関する法律施行規則（昭和二十五年厚生省令第三十一号）（以下「規則」という。）第五条の三第二号中「精神障害の診断又は治療に従事した経験」を算定するに当たっての考え方は、法第十八条第一項第二号において定める精神保健指定医におけるそれと同様とする。規則第五条の三第三号中「精神障害の診断又は治療に従事する医師として著しく不適当と認められる者」とは、法第十九条の二において定める精神保健指定医の取消し事由と同様の考え方とする。

指定後、申出時に届け出た特定医師に変更が生じた場合は、一〇日以内に都道府県知事に別添様式2及び別添様式3の別添を届け出ること。

(2)　指定基準の運用等について

ア　人員配置の基準について

医療法（昭和二十三年法律第二百五号）第二十一条第一項第一号の規定に基づく人員配置基準を下回っている精神科病院については、指定基準の第二号ただし書中「やむを得ない事情」に拘わらず、応急入院指定病院の指定を行わないものであること。

イ　指定医の数

指定医二名以上が常勤で勤務している病院を指定すること。ただし、地域における応急入院者等に係る医療及び保護を提供する体制の確保を図る上でやむを得ない事情があるような場合には、この限りではない。

ウ　精神科救急医療体制との関連について

応急入院制度は、精神科救急医療体制を有効に運用することが必要となる入院形態であるから、「精神科救急医療体制整備事業実施要綱」（平成二十年五月二十六日障発第〇五二六〇〇一号厚生労働省社

会・援護局障害保健福祉部長通知の別紙）による精神科救急医療施設であって、指定基準の本則を満たしている病院に対しては、応急入院指定病院の指定を行うことが望ましいこと。

エ　計画的な指定について

応急入院指定病院の指定に当たっては、応急入院者等の受入れ及び法第三十四条による移送が円滑に行われるために、都道府県ごとに必要な圏域で計画的に指定を行うこと。

オ　応急病院指定病院の指定に係る報告について

都道府県知事は、応急入院指定病院の指定を行った場合においては、別添様式４により本職に報告を行われたいこと。また、指定後については、当該精神科病院の名称及び所在地を都道府県公報等により公告し、併せて関係機関に連絡するなど応急入院制度の適正かつ円滑な運営に必要な措置を講じられたいこと。なお、指定基準の第二号ただし書の特例を適用して指定を行った場合は、その旨を別添様式４の特記事項の欄に記載されたいこと。

カ　応急入院指定病院の指定の見直しについて

応急入院指定病院の指定は、原則として三年の期限を付して指定し、三年ごとに見直しを行い、更新すること。

２　指定の取消し等について

都道府県知事は、指定の取消しを行った場合においては、別添様式５により、特例措置を採ることができる応急入院指定病院の基準を満たさなくなった場合においては、別添様式６により本職に報告を行われたいこと。また、取消し等の後については、当該精神科病院の名称及び所在地を都道府県公報等により公告し、併せて関係機関に連絡するなど応急入院制度の適正かつ円滑な運営に必要な措置を講じられたいこと。

3　その他について

応急入院制度については厳に適正な運用が要請されることにかんがみ、都道府県知事は、各応急入院指定病院からの法第三十三条の七第五項の規定による届出の状況に十分留意し、応急入院の実態の把握に努められたいこと。

（様式1）

平成　　年　　月　　日

知事　殿

病 院 名
所 在 地
開設者名　　　　　　　　　　印

特例措置を採ることができる応急入院指定病院指定申請書

今般下記の精神科病院につき、精神保健及び精神障害者福祉に関する法律（昭和25年法律第123号）第33条の7第2項後段の規定による特例措置を採ることができる精神科病院として同条第1項の規定に基づき指定されるよう、精神科病院の概要を添えて申請します。

記

申請する精神科病院の概要

① 精神科病院名	
② 所在地	
③ 開設者名	
④ 管理者名	
⑤ 許可病床数 ⑥ うち措置指定病床数	（総　数）　床 （うち精神病床）　床 床
⑦ 勤務医師数 ⑧ うち精神保健指定医数 ⑨ うち特定医師数	（常　勤）　人 （非常勤）　人 （常　勤）　人 （非常勤）　人 （常　勤）　人 （非常勤）　人
⑩ 勤務看護師数	（常　勤）　人 （非常勤）　人
⑪ 勤務准看護師数	（常　勤）　人 （非常勤）　人
⑫ 勤務看護補助者数	（常　勤）　人 （非常勤）　人
⑬ 勤務精神保健福祉士数	（常　勤）　人 （非常勤）　人
⑭ 看護体制	(1) 看護師及び准看護師の合計 （　　人）

	⑵　入院患者に対する上記⑴の人員の比率 （　　対1）
⑮　入　院　患　者　数 ⑯　うち措置入院者数 ⑰　うち医療保護入院者数	人 （平成　年　月　日現在） 人 人
⑱　応急入院者のために確保する病床数	床
⑲　応急入院指定病院	指定（されている・されていない）
⑳　精神科救急医療施設	精神科救急医療施設（である・ではない）
㉑　夜間・救急受入件数	年間約　　　　件
㉒　事後審査委員会	氏名　　　　（職種） ・ ・ ・ ・ ・
㉓　行動制限最小化委員会	開催回数（　　）回／月 参加メンバー　　（職種） ・ ・ ・ ・ ・
	行動制限最小化基本指針の作成日時 平成　　年　　月　　日作成
	研修会の実施頻度 開催回数（　　）回／年
㉔　特記事項	

（注）1　特定医師に該当するか否かを証する書類については、様式2を添付すること。

2　⑭看護体制については、当該特例措置による患者を受け入れる病棟について記述すること。

3　「㉓行動制限最小化委員会」中「行動制限最小化基本指針」とは、行動制限についての基本的考え方や、やむを得ず行動制限する場合の手順等を盛り込んだ基本指針をいうものであること。

4　「㉓行動制限最小化委員会」中「研修会」とは、当該精神科病院における精神科診療に携わる職員すべてを対象とした、精神保健及び精神障害者福祉に関する法律、隔離拘束の早期解除及び危機予防のための介入技術等に関する研修会をいうものであること。

5　指定基準の第2号ただし書き中「やむを得ない事情」による指定の場合は、「㉔特記事項」の欄に、その旨を記載すること。

（様式２）

特定医師実務経験証明書（本人用）

平成　　年　　月　　日

<table>
<tr><td>氏　　名</td><td colspan="2">㊞</td><td>本籍地</td><td colspan="3"></td></tr>
<tr><td>現 住 所</td><td colspan="6"></td></tr>
<tr><td>生年月日</td><td colspan="2">年　　月　　日</td><td>年　齢</td><td>歳</td><td>性　別</td><td>男・女</td></tr>
<tr><td>最終学歴
及び年月</td><td colspan="2">年　　月　　卒業・中退</td><td>医籍登録年月日
及 び 番 号</td><td colspan="3">年　　月　　日
第　　　　号</td></tr>
<tr><td rowspan="2">現 在 の
勤 務 先</td><td>所在地</td><td colspan="5"></td></tr>
<tr><td>名　称</td><td colspan="5"></td></tr>
<tr><td rowspan="7">精神障害者の診断治療に従事した期間及び病院等名</td><td colspan="2">従 事 し た 期 間</td><td colspan="4">従事した病院等の名称</td></tr>
<tr><td colspan="2">年　月　日～　年　月　日</td><td colspan="4"></td></tr>
<tr><td colspan="2">年　月　日～　年　月　日</td><td colspan="4"></td></tr>
<tr><td colspan="2">年　月　日～　年　月　日</td><td colspan="4"></td></tr>
<tr><td colspan="2">年　月　日～　年　月　日</td><td colspan="4"></td></tr>
<tr><td colspan="2">年　月　日～　年　月　日</td><td colspan="4"></td></tr>
<tr><td colspan="2">計　　年　か月</td><td colspan="4"></td></tr>
<tr><td rowspan="5">その他の診断治療に従事した期間及び病院等名</td><td colspan="2">従 事 し た 期 間</td><td colspan="4">従事した病院等の名称</td></tr>
<tr><td colspan="2">年　月　日～　年　月　日</td><td colspan="4"></td></tr>
<tr><td colspan="2">年　月　日～　年　月　日</td><td colspan="4"></td></tr>
<tr><td colspan="2">年　月　日～　年　月　日</td><td colspan="4"></td></tr>
<tr><td colspan="2">計　　年　か月</td><td colspan="4"></td></tr>
<tr><td colspan="7">合　計　　年　か月</td></tr>
</table>

（注）記載上の留意事項

1　氏名については、記名押印又は自筆による署名のいずれかとすること。

第33条の7　応急入院

（様式3）

番　　　　　　　号
平成　　年　　月　　日

○　○　○　○　病院長　殿

（都道府県知事名）

特例措置を採ることができる応急入院指定病院指定書

今般下記の精神科病院につき、精神保健及び精神障害者福祉に関する法律（昭和25年法律第123号）第33条の7第1項の規定に基づき同条第2項後段の規定による特例措置を採ることができる精神科病院として指定する。

なお、本条の特例措置を採る特定医師については、別添のとおりとする。

記

① 精神科病院名	
② 指定年月日	平成　　年　　月　　日
③ 所在地	
④ 開設者名	

（別添）

特定医師一覧表

特定医師氏名

（注）記載事項に変更があった時は、届け出ること。

（様式４）

番　　　　　　　　号
平成　　年　　月　　日

厚生労働省社会・援護局障害保健福祉部長　殿

（都道府県知事名）

応急入院指定病院指定報告書

今般下記の精神科病院につき、精神保健及び精神障害者福祉に関する法律（昭和25年法律第123号）第33条の７第１項の規定に基づき指定を行ったので、指定した精神科病院の概要を添えて報告します。

記

指定した精神科病院の概要

①　精神科病院名	
②　所在地	
③　開設者名	
④　管理者名	
⑤　許可病床数 ⑥　うち措置指定病床数	（総　　数）　床 （うち精神病床）　床 床
⑦　勤務医師数 ⑧　うち精神保健指定医数 ⑨　うち特定医師数	（常　勤）　人 （非常勤）　人 （常　勤）　人 （非常勤）　人 （常　勤）　人 （非常勤）　人
⑩　勤務看護師数	（常　勤）　人 （非常勤）　人
⑪　勤務准看護師数	（常　勤）　人 （非常勤）　人
⑫　勤務看護補助者数	（常　勤）　人 （非常勤）　人
⑬　勤務精神保健福祉士数	（常　勤）　人 （非常勤）　人
⑭　看護体制	(1)　看護師及び准看護師の合計 （　　人） (2)　入院患者に対する上記(1)の人員の比率 （　　対１）
⑮　入院患者数	人 （平成　年　月　日現在）

⑯ うち措置入院者数 ⑰ うち医療保護入院者数	人 人
⑱ 応急入院者のために確保する病床数	床
⑲ 特例措置を採るための精神科病院としての指定	指定（されている・されていない）
⑳ 精神科救急医療施設	精神科救急医療施設（である・ではない）
㉑ 夜間・救急受入件数	年間約　　　　　　　件
㉒ 事後審査委員会	氏名　　　　　　　　（職種） ・ ・ ・ ・ ・
㉓ 行動制限最小化委員会	開催回数（　　　）回／月 参加メンバー　　　　（職種） ・ ・ ・ ・ ・
	行動制限最小化基本指針の作成日時 平成　　年　　月　　日作成
	研修会の実施頻度 開催回数（　　　）回／年
㉔ 指定年月日	平成　　年　　月　　日
㉕ 特記事項	

（注）1　1病院につき1表を作成すること。
2　⑨、⑲～㉓は特例措置を採る精神科病院のみ記載すること。
3　⑭看護体制については、当該特例措置による患者を受け入れる病棟について記述すること。
4　「㉓行動制限最小化委員会」中「行動制限最小化基本指針」とは、行動制限についての基本的考え方や、やむを得ず行動制限する場合の手順等を盛り込んだ基本指針をいうものであること。
5　「㉓行動制限最小化委員会」中「研修会」とは、当該精神科病院における精神科診療に携わる職員すべてを対象とした、精神保健及び精神障害者福祉に関する法律、隔離拘束の早期解除及び危機予防のための介入技術等に関する研修会をいうものであること。
6　指定基準の第2号ただし書き中「やむを得ない事情」による指定の場合は、「㉕特記事項」の欄に、その旨を記載すること。

（様式５）

番　　　　　　　号

平成　　年　　月　　日

厚生労働省社会・援護局障害保健福祉部長　殿

（都道府県知事名）

応急入院指定病院指定取消報告書

今般下記の精神科病院につき、精神保健及び精神障害者福祉に関する法律（昭和25年法律第123号）第33条の７第６項の規定に基づき指定の取消しを行ったので報告します。

記

①　精神科病院名	
②　取消年月日	平成　　年　　月　　日
③　取消の理由	
④　摘　　　要	

（様式６）

番　　　　　　　号

平成　　年　　月　　日

厚生労働省社会・援護局障害保健福祉部長　殿

（都道府県知事名）

特例措置を採ることができる応急入院指定病院の基準を満たさなくなったことについての報告書

今般下記の精神科病院につき、精神保健及び精神障害者福祉に関する法律（昭和25年法律第123号）第33条の７第２項後段の規定による特例措置を採るための基準を満たさなくなったので報告します。

記

①　精神科病院名	
②　基準を満たさなくなった年月日	平成　　年　　月　　日
③　基準を満たさなくなった事項	
④　摘　　　要	

〔2〕　応急入院については、患者本人や家族等の同意を得ずして専ら医学的判断のみに基づいて入院が決められるものであることから、患者の人権確保と的確な精神科救急医療の実施の観点から、これを行うことができるのは都道府県知事が指定する精神科病院に限られている。したがって、精神科救急で対応することが必要とされる者であって家族等による同意が得られない者について、指定された病院以外の病院に応急入院させることは、一般的に禁止されている。

しかし、これは一般的に行われている精神科の救急的対応についての規制であり、人命尊重という意味から緊急避難として例外的に行われる救命救急的なケース（例えば、種々の精神症状に基づく極度の呼吸困難など）まで禁止するものではない。このようなケースについては、精神保健福祉法の如何にかかわらず、応急入院指定病院として指定されていない精神科病院においても適法に行い得ると考えられる。

なお、応急入院制度の円滑かつ適正な運用を図る観点から、都道府県知事（指定都市の市長）が応急入院に係る指定病院を指定したときは、その名称及び所在地を都道府県広報等により公告し、併せて保健所、福祉事務所、警察機関等の関係機関に連絡するという取扱いがなされている。

〔3〕　応急入院の対象となる患者について「医療及び保護の依頼があった者」と規定されているが、これは精神障害者の人権保護の観点に立って、精神科病院の職員が院外に出て精神障害者を強制的に入院させてはならないという趣旨のものである。したがって、ここにいう「依頼」の主体は、親戚（患者本人の家族等を除く。）、知人のほか、保健所、福祉事務所、警察等の行政機関の職員であっても差し支えない。

〔4〕　ここにいう「急速を要し、その家族等の同意を得ることができない場合」とは、患者を直ちに入院させる必要があるにもかかわらず、そのための時間的余裕がなく、入院のために必要となる本人及び家族等の同意を得ることが難しいような場合をいう。したがって、例えば、単身者や身元等が判明しない者などであって、入院のため

の本人及び家族等の同意を直ちに得ることが難しいような場合には、本条の適用が認められるものである。

〔5〕応急入院の対象となる患者について「直ちに入院させなければその者の医療及び保護を図る上で著しく支障がある」と認めたときと規定されているが、一般的には、自傷他害のおそれはないが、昏迷状態、恐慌状態、興奮状態、意識障害等の状態にあるため、直ちに入院させなければ患者本人の予後に著しく悪影響を及ぼすおそれがあると判断される場合に適用が認められるものと考えられる。

なお、自傷他害のおそれがある場合には、措置入院又は緊急措置入院により対応することが原則であり、また、家族等の同意が得られる場合には、医療保護入院により対処することが原則である。

〔6〕応急入院が認められるのは、七十二時間に限られるものであるが、これを経過した後も入院の必要性が認められる場合においては、この期間内にあらかじめ家族等（家族等がない等の場合は市町村長）の同意を得て医療保護入院を行うなど、所要の手続を経た上で入院を継続することは差し支えないものである。

なお、警察官職務執行法（以下「警職法」という。）第三条には、

①　警察官は、異常な挙動その他周囲の事情から合理的に判断して、精神錯乱等のため自己又は他人の生命、身体又は財産に危害を及ぼすおそれのある者であることが明らかであり、かつ、応急の救護を要すると信ずるに足りる相当な理由のある者を発見したときは、とりあえず警察署、病院、救護施設等の適当な場所において保護しなければならない。

②　この場合には、家族等に通知するか、これらが見つからないときは、すみやかに適当な公衆保健・公共福祉のための機関等にこれを引き継がなければならない。

③　その保護は、簡易裁判所の裁判官の許可状がない限り、二十四時間を超えてはならない。

旨が規定されている。

このこととの比較において、応急入院制度の入院期間等についての考え方を示せば、次のとおりである。

①　警職法の保護の期間が二十四時間を限度とされているのは、

ア　その性格が一時的、暫定的なものであり、継続的な保護に適しないこと、

イ　本来的な保護を行う者に引き渡すためには、原則として、二十四時間あれば一般的には足りるものと考えられること、

ウ　警職法に基づく権限は、広範かつ一般的なものであり、かつ、警察の活動は社会公共の秩序の維持のために国民の権利、自由を制限することをその本質とするものであり、その権限の行使に当たってはできるだけ制約的であることが要請されること（警職法第一条第二項においても、「この法律に規定する手段は、前項の目的のため必要な最小の限度において用いるべきものであつて、いやしくもその濫用にわたるようなことがあつてはならない」と規定されている。）、

からである。

②　これに対し、応急入院は、

ア　専門的な見地から患者本人の医療及び保護を行うものであり、一時的、暫定的な性格のものではなく、本質的には継続的な性格を有しているものと考えられること、

イ　精神科医療の救急的な対応は、おおむね三日程度にわたっていること、

ウ　指定医の診察に基づいて入院させ、患者本人に必要な応急的な医療及び保護を行うことを内容とするものであり、権限としては具体的かつ限定的なものであること、

から、七十二時間を限度として制度が設けられたものである。

③　なお、一定の行政目的から身体の拘束を行う場合には、その権限の行使は行政主体に認められることが通例

であるが、応急入院については精神科医療を行うことが本質であり、身体の拘束はそれに伴って必要な限度で行われるに過ぎない。したがって、応急入院の主体については、精神科の応急的対応を行うに適した精神科病院であることの担保があれば足り、行政主体であることは必ずしも必要ではないと考えられるものである。

〔7〕「第二十条の規定による入院が行われる状態にない」とは、本人に病識がない等、入院の必要性について本人が適切な判断をすることができない状態である。

〔8〕第三十四条第三項の規定により移送された患者は、既に居宅等において指定医の診察が行われ、応急入院が必要な病状であると判定された者であるため、移送先の応急入院指定病院において、指定医による応急入院の要否の判定は不要である。したがって、第三十四条第三項により移送された患者を受け入れる応急入院指定病院において、居宅等において行われた指定医の診察記録票の写しを都道府県等の職員から受け取り、入院手続きを採ることとなる。また、入院後の病状を観察する中で、応急入院の病状にないと判断し、退院手続きを採ろうとする場合、指定医による診察が必要である。

〔9〕特定医師による診察により応急入院を行うことができる精神科病院の基準としては、精神保健及び精神障害者福祉に関する法律第三十三条の七第一項の規定に基づき厚生労働大臣の定める基準（昭和六十三年厚生省告示第百二十七号）により、一般の応急入院指定病院の基準に加え、①当該特例措置について審議を行うため、事後審査委員会を設けていること、②当該精神科病院に入院中の者に対する行動の制限がその症状に応じて最も制限の少ない方法により行われているかどうかを審議するため、行動制限最小化委員会を設けていることが要件とされている。

〔10〕特定医師の要件としては、施行規則第五条の三により定められている（第二十一条の解釈〔12〕を参照）。

〔11〕特例措置としての応急入院を行い、十二時間以内に指定医の診察を実施し、さらに応急入院を継続した場合で

あっても、特例措置時からの合計時間が、七十二時間を超えてはならないと解される。

〔12〕　特定医師による診察により応急入院を行った場合は、診察録へ記載しなければならない。診察録への記載事項は、施行規則第十六条により次のとおり定められている。

〔法第三十三条の七第三項において準用する法第十九条の四の二に規定する厚生労働省令で定める事項〕

第十六条　法第三十三条の七第三項において準用する法第十九条の四の二に規定する厚生労働省令で定める事項は、次の各号に掲げる事項とする。

一　法第三十三条の七第二項後段の規定による措置を採つた年月日及び時刻並びに解除した年月日及び時刻

二　当該措置を採つたときの症状

三　法第二十条の規定による入院が行われる状態にないと判定した理由

〔13〕　特定医師による診察により応急入院を行った場合に、精神科病院の管理者が記録を作成、保存しなければならない事項は、施行規則第十六条の二において定められているとおりであり、記録の様式は、「精神科病院に入院する時の告知等に係る書面及び入退院の届出等について」（平成十二年三月三十日障精第二二号　厚生省大臣官房障害保健福祉部精神保健福祉課長通知）様式17において示されている。

〔14〕　応急入院制度については、入院に当たっての指定医（特定医師）の診断、応急入院指定病院への入院の限定といった入院の要件のしばりがあるとともに、七十二時間（特定医師による診察の場合は十二時間）の期間制限が設けられているが、患者本人又は保護者等の同意を前提とせずに医療及び保護を行うものであることから、入院期間中の人権確保を図ることが必要である。このため、患者の病状又は状態像、入院年月日、時刻等を届け出る

ことにより、制度の適正な運用を図り、都道府県知事（指定都市の市長）が必要な指導を行うことができるよう、病院管理者に届出義務を課したものである。

応急入院届の様式は、「精神科病院に入院する時の告知等に係る書面及び入退院の届出等について」（平成十二年三月三十日障精第二二号　厚生省大臣官房障害保健福祉部精神保健福祉課長通知）の様式16及び様式17により示されている。

第33条の7　応急入院

様式16

応急入院届

平成　　年　　月　　日

知事　殿

病 院 名
所 在 地
管理者名　　　　　　　　印

<table>
<tr><td rowspan="3">応急入院者</td><td>フリガナ</td><td></td><td rowspan="2">生年月日</td><td rowspan="2">明治
大正
昭和　　年　月　日生
平成　　（満　歳）</td></tr>
<tr><td>氏　名</td><td>（男・女）</td></tr>
<tr><td>住　所</td><td colspan="3">都道府県　　郡市区　　町村区</td></tr>
<tr><td>依頼をした者の入院者との関係</td><td colspan="4"></td></tr>
<tr><td>入院年月日</td><td colspan="4">平成　　年　　月　　日（午前・午後　　時）</td></tr>
<tr><td>第34条による移送の有無</td><td colspan="4">有り　　　なし</td></tr>
<tr><td>病名</td><td colspan="2">1 主たる精神障害
ICD カテゴリー（　）</td><td colspan="2">2 従たる精神障害
ICD カテゴリー（　）</td></tr>
<tr><td></td><td colspan="4">3 身体合併症</td></tr>
<tr><td>応急入院の必要性
（患者自身の病気に対する理解の程度を含め、任意入院が行われる状態にないと判断した理由について記載すること。）
（特定医師の診察により入院した場合には特定医師の採った措置の妥当性について記載すること。）</td><td colspan="4"></td></tr>
<tr><td>病状または状態像の概要</td><td colspan="4"></td></tr>
<tr><td>応急入院を採った理由
（家族等の同意を得ることのできなかった理由を含め、応急入院を採った理由について記載すること。）</td><td colspan="4"></td></tr>
<tr><td>入院を必要と認めた精神保健指定医氏名</td><td colspan="4">署名</td></tr>
</table>

記載上の留意事項

1 ［太枠］内は、精神保健指定医の診察に基づいて記載すること。
ただし、第34条による移送が行われた場合は、この欄は、記載する必要はないこと。

2 入院を必要と認めた精神保健指定医氏名の欄は、精神保健指定医自身が署名すること。

様式 17

特定医師による応急入院（第 33 条の７第２項）届及び記録

平成　　年　　月　　日

知事　殿

病 院 名
所 在 地
管理者名　　　　　　　　印

応　急　入　院　者	フリガナ		生年月日	明治 大正 昭和　　年　月　日生 平成　　（満　　歳）
	氏　　名	（男・女）		
	住　　所	都道府県　　郡市区　　町村区		
依頼をした者の入院者との関係				
入　院　年　月　日	平成　　年　　月　　日（午前・午後　　時）			
病　　　名	１主たる精神障害 ICD カテゴリー（　　）	２従たる精神障害 ICD カテゴリー（　　）	３身体合併症	
生活歴及び現病歴 （推定発病年月、精神科受診歴等を記載すること。）	（陳　述　者　氏　名　　　　　　続　柄　　　）			
応急入院の必要性 （患者自身の病気に対する理解の程度を含め、任意入院が行われる状態にないと判断した理由について記載すること。）				
初　回　入　院　期　間	昭和・平成　　年　　月　　日　～　昭和・平成　　年　　月　　日 （入院形態　　　　　　）			
前　回　入　院　期　間	昭和・平成　　年　　月　　日　～　昭和・平成　　年　　月　　日 （入院形態　　　　　　）			
初回から前回までの入院回数	計　　　回			
＜現在の精神症状＞	Ⅰ　意識 　１意識混濁　２せん妄　３もうろう　４その他（　　　　） Ⅱ　知能（軽度障害、中等度障害、重度障害） Ⅲ　記憶 　１記銘障害　２見当識障害　３健忘　４その他（　　　　） Ⅳ　知覚 　１幻聴　２幻視　３その他（　　　　） Ⅴ　思考 　１妄想　２思考途絶　３連合弛緩　４滅裂思考　５思考奔逸　６思考制止 　７強迫観念　８その他（　　　　）			

	Ⅵ　感情・情動 1感情平板化　2抑うつ気分　3高揚気分　4感情失禁　5焦燥・激越 6易怒性・被刺激性亢進　7その他（　　　　　）
	Ⅶ　意欲 1衝動行為　2行為心迫　3興奮　4昏迷　5精神運動制止　6無為・無関心 7その他（　　　　　）
	Ⅷ　自我意識 1離人感　2させられ体験　3解離　4その他（　　　　　）
	Ⅸ　食行動 1拒食　2過食　3異食　4その他（　　　　　）
＜その他の重要な症状＞	1てんかん発作　2自殺念慮　3物質依存（　　　　　） 4その他（　　　　　）
＜問題行動等＞	1暴言　2徘徊　3不潔行為　4その他（　　　　　）
＜現在の状態像＞	1幻覚妄想状態　2精神運動興奮状態　3昏迷状態　4統合失調症等残遺状態 5抑うつ状態　6躁状態　7せん妄状態　8もうろう状態　9認知症状態 10その他（　　　　　）
応急入院を採った理由 （家族等の同意を得ることのできなかった理由を含め、応急入院を採った理由について記載すること。）	
入院を必要と認めた特定医師氏名	署名
確認した精神保健指定医氏名	署名　｜　診察日時　｜　平成　年　月　日（午前・午後　時）
精神保健指定医が入院妥当でないと判断した場合の理由	

事後審査委員会意見	

記載上の留意事項

1　□内は、特定医師の診察に基づいて記載すること。
2　生活歴及び現病歴の欄は、他診療所及び他病院での受診歴をも聴取して記載すること。
3　平成20年3月31日以前に広告している神経科における受診歴を精神科受診歴等に含むこととする。
4　初回及び前回入院期間の欄は、他病院での入院歴・入院形態をも聴取して記載すること。
5　現在の精神症状、その他の重要な症状、問題行動等、現在の状態像の欄は、一般にこの書類作成までの過去数か月間に認められたものとし、主として最近のそれに重点を置くこと。
6　入院を必要と認めた特定医師氏名の欄は、特定医師自身が署名すること。
7　確認した精神保健指定医氏名の欄は、精神保健指定医自身が署名すること。
8　事後審査委員会意見は記録の場合について記載すること。
9　選択肢の欄は、それぞれ該当する算用数字、ローマ数字等を○で囲むこと。

第三十三条の八　第十九条の九第二項の規定は前条第六項の規定による処分をする場合について、第二十九条第三項の規定は精神科病院の管理者が前条第一項又は第二項後段の規定による措置を採る場合[1]について準用する。

〔要　旨〕

応急入院指定病院の指定の取消しを行う場合の手続については、措置入院に係る指定病院の指定の取消し手続に関する規定を準用するとともに、応急入院を行う場合の告知については、措置入院の告知の規定を準用する旨を定めたものである。

〔解　釈〕

〔1〕　応急入院の告知文書の様式については、「精神科病院に入院する時の告知等に係る書面及び入退院の届出等について」（平成十二年三月三十日障精第二二号　厚生省大臣官房障害保健福祉部精神保健福祉課長通知）の様式9により示されている。

第33条の8

様式9

入院（応急入院）に際してのお知らせ

○ ○ ○ ○ 殿

平成　　年　　月　　日

1　あなたは、(精神保健指定医・特定医師）の診察の結果、入院が必要であると認められ、本日（午前・午後　　時）入院されました。

2　あなたの入院は、精神保健及び精神障害者福祉に関する法律第33条の7【①第1項　②第2項後段】の規定による応急入院です。

3　あなたの入院中、手紙やはがきなどの発信や受信は制限されません。ただし、封書に異物が同封されていると判断される場合、病院の職員の立ち会いのもとで、あなたに開封してもらい、その異物は病院にあずかることがあります。

4　あなたの入院中、人権を擁護する行政機関の職員、あなたの代理人である弁護士との電話・面会や、あなた又はあなたのご家族等の依頼によりあなたの代理人となろうとする弁護士との面会は、制限されませんが、それら以外の人との電話・面接については、あなたの病状に応じて医師の指示で一時的に制限することがあります。

5　あなたの入院中、治療上必要な場合には、あなたの行動を制限することがあります。

6　もしもあなたに不明な点、納得のいかない点がありましたら、遠慮なく病院の職員に申し出て下さい。

それでもなお、あなたの入院や処遇に納得のいかない場合には、あなた又はあなたのご家族等は、退院や病院の処遇の改善を指示するよう、都道府県知事に請求することができます。この点について、詳しくお知りになりたいときは、病院の職員にお尋ねになるか又は下記にお問い合わせください。

都道府県の連絡先（電話番号を含む。）

7　病院の治療方針に従って療養に専念して下さい。

病　　院　　名
管 理 者 の 氏 名
指定医・特定医師の氏名
主 治 医 の 氏 名

（医療保護入院等のための移送）

第三十四条　都道府県知事は、その指定する指定医[1]による診察の結果、精神障害者であり、かつ、直ちに入院させなければその者の医療及び保護を図る上で著しく支障がある者[2]であつて当該精神障害のために第二十条の規定による入院が行われる状態にない[3]と判定されたものにつき、その家族等のうちいずれかの者の同意があるときは、本人の同意がなくても[4]その者を第三十三条第一項の規定による入院をさせるため第三十三条の七第一項に規定する精神科病院[5]に移送[6]することができる。

2　都道府県知事は、前項に規定する精神障害者[7]の家族等がない場合又はその家族等の全員がその意思を表示することができない場合において、その者の居住地を管轄する市町村長の同意があるときは、本人の同意がなくてもその者を第三十三条第三項の規定[8]による入院をさせるため第三十三条の七第一項に規定する精神科病院に移送することができる。

3　都道府県知事は、急速を要し[9]、その者の家族等の同意を得ることができない場合において、その指定する指定医の診察の結果、その者が精神障害者であり、かつ、直ちに入院させなければその者の医療及び保護を図る上で著しく支障がある者であつて当該精神障害のために第二十条の規定による入院が行われる状態にないと判定されたときは、本人の同意がなくてもその者を第三十三条の七第一項の規定による入院をさせるため同項に規定する精神科病院に移送する

ことができる。

4　第二十九条の二の二第二項及び第三項の規定は、前三項の規定による移送を行う場合について準用(10)する。

〔要　旨〕

本条は、平成十一年の改正により新設された規定である。

従前の精神保健福祉法には、医療保護入院等のための患者の移送に関する特段の規定がなく、緊急に入院を必要とする状態にあるにもかかわらず患者本人が入院の必要性を理解できないために、結果的に入院が遅れ、自傷他害の事態に至る場合もあった。他方、家族等の依頼を受けた民間警備会社が強制的に精神障害者を移送する等患者の人権の観点から問題視される事例も発生していた。

このため、都道府県知事は、その指定する指定医による診察の結果、直ちに入院させなければ医療及び保護を図る上で著しく支障がある精神障害者であってその精神障害のため本人の同意に基づく入院が行われる状態にないと判断されたものを、保護者（現行規定においては家族等）の同意の有無に応じ、医療保護入院又は応急入院させるため、応急入院指定病院に移送することができることとしたものである。

〔解　釈〕

〔1〕　診察を行う指定医は、診察の公平性を担保するため、移送先となる応急入院指定病院の指定医以外とすることを原則とする。ただし、移送先の応急入院指定病院以外に所属する指定医を確保することが困難な場合、また、診察を受ける精神障害者の過去の受診状況から、移送先の応急入院指定病院の指定医により診察を行わせた方

が、より適切に診察が行われる特段の理由がある場合はこの限りでない。

〔２〕「直ちに入院させなければその者の医療及び保護を図る上で著しく支障がある者」とは、一般的には、自傷他害のおそれはないが、直ちに入院させなければ患者本人の病状に著しく悪影響を及ぼし自傷他害に至るおそれがあると判断される場合に適用が認められるものと考えられる。ただし、医療保護入院等のための移送は、家族等が説得の努力を尽くしても本人の理解が得られない場合に限り緊急避難的に行うものであるため、事前調査を十分行ったうえで、制度の適用について適切に判断することが重要である。

また、この判断は、専ら指定医により精神医学的側面から緊急に医療が必要であると判断されるものであり、医学的な判断にかかわらない家族等の意見に影響されてはならない。

〔３〕「第二十条の規定による入院が行われる状態にない」とは、本人に病識がない等、入院の必要性について本人が適切な判断をすることができない状態である。

〔４〕医療保護入院等のための移送は、本人の同意を得ることなく精神科病院まで移送し入院させる制度であるから、移送を行うに当たっては、できるだけ本人の同意を得るように説得をし、任意入院の規定を適用できるよう努めるべきである。

〔５〕医療保護入院等のための移送制度による精神障害者の移送先は、応急入院指定病院である（第三十三条の七の解釈〔１〕を参照）。

〔６〕移送の手順は、「精神障害者の移送に関する事務処理基準について」（平成十二年三月三十一日障第二四三号厚生省大臣官房障害保健福祉部長通知）において示されている。

精神障害者の移送に関する事務処理基準について

〔平成十二年三月三十一日　障第二四三号
各都道府県知事・各指定都市市長宛　厚生省大臣官房障害保健福祉部長通知〕

注　平成二六年三月一一日障発〇三一一第六号による改正現在

精神障害者の移送に関する事務処理基準

第一　措置入院のための移送について

1　移送制度の基本的考え方

精神保健及び精神障害者福祉に関する法律等の一部を改正する法律（平成十一年法律第六十五号）の施行に伴う精神保健及び精神障害者福祉に関する法律（昭和二十五年法律第百二十三号。以下「法」という。）の改正により、医療保護入院等のために緊急を要する患者の移送が法定化されるとともに、措置入院（緊急措置入院を含む。以下同じ。）に付随して従来から行われていた措置入院のための移送についても法文上明確にされた。この制度において、措置入院のための移送に際して告知を義務づけ、移送に際しての行動の制限が不可避な場合の手続を明確にしたところであるので、こうした患者の人権に配慮した主旨を踏まえて移送を行なうことが重要である。

2　指定医の診察に係る事前調査

(1)　職員の派遣

都道府県知事（地方自治法（昭和二十二年法律第六十七号）第二百五十二条の十九第一項の指定都市においては、その長。以下同じ。）は、法第二十七条又は第二十九条の二に規定する精神保健指定医（以下「指定医」という。）の診察を受けさせる必要があると判断した場合、当該職員を速やかに事前調査

の対象者の居宅等本人の現在場所に派遣することとする。

⑵　家族等又は現に保護の任に当たっている者への連絡

⑴により都道府県職員を派遣する場合には、事前に家族等（法第三十三条第二項に規定する家族等をいう。以下同じ。）又は現に事前調査の対象者の保護の任に当たっている者に対してあらかじめその旨を連絡するものとする。

⑶　事前調査の実施

派遣された都道府県職員は、速やかに以下のいずれの場合においても指定医の診察の必要性を判断するための事前調査を行い、状況を把握するとともに、できる限り家族等又は事前調査の対象者の支援を行っている者等及び事前調査の対象者に主治医がいる場合には当該主治医と連絡をとり、それまでの治療状況等について把握に努めるものとする。

①　都道府県職員が事前調査の対象者の居宅等本人の現在場所に出向いたとき

②　事前調査の対象者が指定医の診察を行おうとする場所に既に搬送されたとき

⑷　緊急の場合における事前調査の実施

法第二十九条の二第一項に規定する措置について、急速を要し、法第二十七条、第二十八条及び第二十九条の規定による手続を採ることができない場合においても、都道府県知事は、できる限り事前調査を行うように努めるものとする。

⑸　事前調査票の記載

都道府県職員は、事前調査を行ったときは、次に掲げる事項について、様式１による「措置入院のための移送に関する事前調査及び移送記録票」の事前調査票に記録するものとする。

① 措置入院のための診察が必要と考えられる者の氏名等
② 調査対象者の所在地
③ 調査時の状況
④ 主治医との連絡状況
⑤ 指定医の診察が必要であるか否かの判定結果
⑥ 調査年月日、担当者氏名及び所属

3　移送の実施

(1) 移送の手続の開始時期

都道府県知事が、前記2(3)の事前調査の上、指定医の診察及び移送が必要であると判断した時点から移送（指定医の診察等を含む一連の手続をいう。以下同じ。）の手続が始まるものとする。

(2) 移送に関する告知

派遣された都道府県職員は、移送の対象者を実際に搬送（車両等を用いて移動させることをいう。以下同じ。）する以前に、書面により、移送の対象者に対して、法第二十九条の二の二第二項に規定する事項を知らせなければならないものとする。

(3) 移送の記録

都道府県職員は、移送を行ったときは、次に掲げる事項について、様式1による「措置入院のための移送に関する事前調査及び移送記録票」の移送記録票に記録するものとする。

① 移送の対象者の氏名
② 指定医の第一回目の診察のための移送の有無

③　移送の手続の開始年月日及び時刻
④　補助者の氏名、職種及び所属
⑤　移送を行う旨等に関する告知の確認
⑥　搬送の概要（方法、経路、時刻等）
⑦　移送先である国若しくは都道府県の設置した精神科病院又は法第十九条の八に規定する指定病院等（以下「指定病院等」という。）の名称及び所在地
⑧　移送の手続の終了年月日及び時刻
⑨　同行者の氏名
⑩　行動の制限の有無
⑪　その他特記事項
⑫　記録者の氏名及び所属

(4)　移送に用いる車両等の用意
都道府県知事は、以下のいずれの場合においても、速やかに移送の対象者を本人の現在場所から必要な場所に搬送できるよう、車両等を用意するものとする。
①　事前調査の結果、指定医の診察のための搬送が必要と判断されたとき
②　指定医の診察の結果、次の指定医の診察が必要と判断されたとき
③　二人以上の指定医診察の結果、措置入院が必要と判断されたとき

(5)　都道府県職員の同行
移送は、都道府県知事の責務として行われることから、移送に当たっては、都道府県職員が移送の対

象者に同行するものとする。

(6)　搬送のための補助者

都道府県知事は、車両等を用いて移送の対象者を搬送する場合、必要に応じて補助者を同行させることができるものとする。

(7)　移送の体制の整備

具体的な移送の体制については、都道府県知事の責務として整備するものである。ただし、移送の対象者を車両等を用いて搬送する部分については委託することができる。

(8)　移送の手続の終了

措置入院のための移送の手続は、移送先の指定病院等に入院した時点又は措置入院が不要と判定された時点で終了する。

ただし、措置入院が不要と判定され、かつ、入院が不要と判断された場合、都道府県知事は、移送の対象であった者の求めがあったときに、移送を開始した場所まで搬送するよう努めるものとする。

(9)　他の入院形態による入院のための手続

措置入院のための指定医による診察の結果、措置入院は不要と判断されたが、医療保護入院又は応急入院のための移送が必要と判断される場合には、本通知第二の医療保護入院及び応急入院のための移送の手続を行うこととする。

(10)　移送できなかった場合の取扱い

移送の手続中であって、第二十九条第一項又は第二十九条の二第一項に規定する措置の決定前において移送の対象者の所在が不明となった場合、移送の手続は一旦終了とするが、都道府県は当該移送の対

象者の所在を確かめるよう努めなければならないこととする。当該入院措置の決定以後に移送の対象者の所在が不明となった場合には、当該入院措置は継続するものとする。

4　指定医の診察

(1)　指定医の診察の補助者の派遣

都道府県知事は、指定医の求めがあったときに、診察に必要な補助者を派遣するものとする。

(2)　診察記録票に記載する項目

指定医は、行動の制限その他の移送の手続に必要な診察を行ったときは、次に掲げる事項について、様式２による「措置入院のための移送に関する診察記録票」に記載するものとする。

①　指定医の診察を必要とする者の氏名

②　行動の制限を行った場合は、以下の項目

ア　行動の制限を行ったときの症状

イ　行動の制限を開始した年月日及び時刻

ウ　行動の制限を行う旨及びその理由に関する告知の確認

エ　指定医の氏名

③　その他の特記事項

(3)　行動の制限を行った場合の診察記録票への記載等

移送の手続において、指定医が法第二十九条の二の二第三項に規定する行動の制限を行うことが必要であると判断したときは、様式２による「措置入院のための移送に関する診察記録票」に記載しなければならない。

また、行動の制限を行うに当たっては、指定医は行動の制限を受ける者に対して行動の制限を行う旨及びその理由を知らせるよう努めなければならない。

5　記録の保管

都道府県知事は、移送に関する事前調査票、移送記録票及び診察記録票を五年間保管しなければならないものとする。

第二　医療保護入院及び応急入院のための移送について

1　移送制度の基本的考え方

医療保護入院及び応急入院のための移送は、緊急に入院を必要とする状態にあるにも関わらず、精神障害のために患者自身が入院の必要性を理解できず、家族や主治医等が説得の努力を尽くしても本人が病院に行くことを同意しないような場合に限り、本人に必要な医療を確保するため、都道府県知事が、公的責任において適切な医療機関まで移送するものである。したがって、この移送制度の対象とならない者に本制度が適用されることのないよう、事前調査その他の移送のための手続を適切に行うことが重要である。

2　移送に係る相談の受付

都道府県知事は、移送に係る相談を受け付ける体制を整備しなければならないものとする。また、移送制度及び相談の受付窓口について周知に努めるとともに、受付窓口は利用者が利用しやすい体制となるよう配慮するものとする。

3　指定医の診察に係る事前調査

(1)　職員の派遣

都道府県知事は、相談があった事例について法第三十四条に規定する移送に係る事前調査を行う必要

があると判断した場合、職員を速やかに事前調査の対象者の居宅等本人の現在場所に派遣するものとする。

(2)　家族等又は現に保護の任に当たっている者への連絡

措置入院の場合に準じるものとする。

(3)　事前調査の実施

措置入院の場合に準じるものとする。

なお、当該事前調査の対象者が事前調査を行うことができる状態にあることと、直ちに入院させなければ当該者の医療及び保護を図る上で著しく支障がある者であることは矛盾するものではなく、例えば、具体的には医療保護入院及び応急入院のための移送の対象者は以下のような病状のものであることと。

・当該精神障害による幻覚、妄想等の病状の程度が重篤であること

・自己の健康若しくは安全の保持に深刻な困難が生じていること又は直ちに入院治療を行わなければ状態が更に深刻な悪化をする可能性が高いこと

・入院治療によって当該精神障害による病状について一定以上の治療効果が期待できること

(4)　事前調査票の記載

都道府県職員は、事前調査を行ったときは、次に掲げる事項について様式３による「医療保護入院及び応急入院のための移送に関する事前調査及び移送記録票」の事前調査票に記録するものとする。

①　医療保護入院及び応急入院のための移送が必要と考えられる者の氏名等

②　調査対象者の所在地

③　調査時の状況（調査対象者への対応の内容を含む。）
④　主治医との連絡状況
⑤　法第二十条の規定による入院が行われる状態にあるか否かの判断
⑥　家族等のうちいずれかの者の氏名及び住所等
⑦　医療保護入院のための移送に係る家族等のうちいずれかの者の同意の確認
⑧　指定医の診察が必要であるか否かの判定結果
⑨　診察が不要の場合の対応方針
⑩　調査年月日、担当者の氏名及び所属
⑪　指定医への報告の確認

4　移送の実施
(1)　移送の手続の開始時期
措置入院の場合に準じるものとする。
(2)　移送に関する告知
派遣された都道府県職員は、移送の対象となる者を実際に車両等を用いて搬送する以前に、書面により、移送の対象者に対して法第三十四条第四項に規定する事項を知らせなければならないこととする。

また、家族等のうちいずれかの者等に対しても移送を行う旨等を知らせるよう努めるものとする。
(3)　移送の記録
都道府県職員は、移送を行ったときは、次に掲げる事項について、様式3による「医療保護入院及び応急入院のための移送に関する事前調査及び移送記録票」の移送記録票に記録するものとする。

①　移送の対象者の氏名
②　移送の手続の開始年月日及び時刻
③　指定医の氏名及び所属
④　指定医の診察の開始及び終了の年月日及び時刻
⑤　診察場所
⑥　診察の立会い者の氏名及び移送の対象者との続柄
⑦　診察の補助者の氏名、職種及び所属
⑧　指定医の診察結果
⑨　移送を行う旨等に関する告知の確認
⑩　搬送の概要（方法、発着の住所、時刻等）
⑪　移送先の応急入院指定病院の名称及び所在地
⑫　移送の手続の終了年月日及び時刻
⑬　移送の補助者の氏名
⑭　同行者の氏名
⑮　行動の制限の有無
⑯　その他特記事項
⑰　記録者の氏名及び所属

(4)　移送に用いる車両等の用意

都道府県知事は、指定医の診察の結果、医療保護入院又は応急入院が必要と判断したときには、速や

かに移送の対象者を本人の現在場所から応急入院指定病院に搬送できるよう、車両等を用意するものとする。

(5)　都道府県職員の同行

措置入院の場合に準じるものとする。

(6)　搬送のための補助者

措置入院の場合に準じるものとする。

(7)　移送体制の整備

措置入院の場合に準じるものとする。

(8)　移送の手続の終了

医療保護入院及び応急入院のための移送の手続は、移送先の応急入院指定病院に入院した時点又は医療保護入院等のための移送が不要と判定された時点で終了する。

(9)　移送ができなかった場合の取扱い

移送手続中において、移送の対象者の所在が不明となった場合、移送の手続は一旦終了するが、都道府県知事は移送の対象者の所在を確かめるよう努めなければならないものとする。

5　指定医の診察

(1)　指定医の選定

都道府県知事は、法第三十四条に規定する診察が必要であると判断した時、速やかに指定医の診察を行うために必要な手続を開始すること。なお、この診察は、移送の対象者が入院する応急入院指定病院の指定医以外によって行われることを原則とする。

(2) 事前調査結果の指定医への報告

事前調査を行った都道府県職員は、指定医の診察に当たって、指定医に事前調査結果の報告をするとともに、報告を行ったことについて指定医の確認を得るものとする。なお、指定医の確認は、様式３による「医療保護入院及び応急入院のための移送に関する事前調査及び移送記録票」の事前調査票にある「指定医への報告の確認」の欄に指定医が署名することによるものとする。

(3) 診察への立会い

医療保護入院及び応急入院のための移送に係る指定医の診察に当たっては、都道府県職員が立ち会うものとすること。

また、後見人、保佐人、親権を行う者、配偶者その他の現に本人の保護の任に当たっている者は指定医の診察に立ち会うことができるものとする。

(4) 指定医の診察の補助

措置入院の場合に準じるものとする。

(5) 診察記録票への記載

指定医は、行動の制限その他の移送の手続に必要な診察を行ったときは、次に掲げる事項について、様式４による「医療保護入院及び応急入院のための移送に関する診察記録票」に記載するものとする。

① 指定医の診察を必要とする者の氏名

② 病名

③ 生活歴及び現病歴

④ 現在の病状又は状態像の概要

⑤　緊急性の判定
⑥　判定理由（法第二十二条の三の規定による入院が行われる状態にないと判断した理由等）
⑦　判定結果
⑧　行動の制限を行った場合は、以下の項目
ア　行動の制限を行ったときの症状
イ　行動の制限を開始した年月日及び時刻
ウ　行動の制限を行う旨及びその理由に関する告知の確認
⑨　その他の特記事項
⑩　診察年月日及び指定医の氏名

(6)　行動の制限を行った場合の診察記録票への記載等

移送の手続において、指定医が法第三十四条第四項に規定する行動の制限を行うことが必要であると判断したときは、様式4による「医療保護入院及び応急入院のための移送に関する診察記録票」に記載しなければならない。

また、行動の制限を行うに当たっては、指定医は行動の制限を受ける者に対して行動の制限を行う旨及びその理由を知らせるよう努めなければならない。

(7)　居宅への立ち入り

医療保護入院及び応急入院のための移送に係る診察を居宅において行うことについて、家族等がいる場合には、それらの者の協力を得て居宅で診察を行うことができるものとする。

家族等が存在しない場合には、措置入院の手続をとる必要があると認められない限りは本人の了解を

得ないで居宅で診察することはできないものとする。

6　入院

(1)　応急入院指定病院への事前連絡

指定医による診察の結果、医療保護入院又は応急入院させるため、移送の対象者を応急入院指定病院に実際に搬送するに当たって、都道府県知事は、入院をさせる応急入院指定病院にあらかじめ指定医の診察結果の概要等について連絡するよう努めるものとする。

(2)　入院手続

医療保護入院及び応急入院のための移送が行われた場合、応急入院指定病院が、都道府県職員から、移送に関する診察記録票の写しを受け取ることにより、医療保護入院及び応急入院を行うものとする。また、移送の対象者の入院後七二時間以内に、応急入院指定病院において、医療保護入院及び応急入院の病状にないと判断し退院手続を採る場合は、指定医の診察によるものとする。

(3)　入院届

医療保護入院者の入院届及び応急入院届の記載項目のうち、病名等指定医が記載する項目については、別途、記載する必要はない。ただし、これらの届出書の「第三十四条による移送の有無」の欄に移送があったことを記載しておくものとする。なお、これらの入院届の届出に当たっては、移送に関する事前調査票、移送記録票及び診察記録票を当該入院届に添付するものとする。

7　記録の保管

措置入院の場合に準じることとする。

第三　その他の留意事項について

1　入院後に留意すべき事項

指定病院等及び応急入院指定病院において患者の治療方針を立てるに当たっては、入院以前の医療機関の主治医と十分な連絡をとるよう努めるものとする。

2　消防機関への協力要請

法に規定する移送を行おうとする場合、移送を要する者の状況及び地域における移送体制の実状から消防機関により移送することが適切と判断され、かつ、当該移送が救急業務と判断される場合については、この搬送を消防機関に協力を要請することができる。このため、都道府県知事は、事前に移送制度全般について、市町村の消防機関とあらかじめ協議しておく必要がある。

3　警察業務との関係

都道府県知事が法第二十七条又は第二十九条の二の規定による診察が必要であると認めた者に対し、法第二十七条の規定による一回目の診察又は第二十九条の二の規定による診察のために行う当該診察の場所までの移送は、都道府県知事の責務として行われるものである。

都道府県知事は、当該移送を適切に行うとともに、移送の安全を確保しなければならないものであるが、移送の対象者により現に犯罪が行われた場合又は犯罪がまさに行われようとしており、その行為により移送に係る事務に従事する者の生命又は身体に危険が及ぶおそれがあって、急を要する事態に陥った場合には、警察官に臨場要請を行うなどの措置に配意すること。

なお、臨場した警察官は移送用の車両の運転、対象者の乗降の補助その他の移送に係る事務に従事するものではないことに留意されたい。

4　書面による告知の様式

法第二十七条又は第二十九条の二に規定する指定医の診察のために搬送する場合に書面により告知する内容は様式５、措置入院のために指定病院等まで搬送する場合に書面により告知する内容は様式６、医療保護入院又は応急入院のために応急入院指定病院まで搬送する場合に書面により告知する内容は様式７によるものとする。

５　関係機関との連絡調整

都道府県知事は、法第二十九条の二の二及び法第三十四条に規定する移送を行う体制の整備に当たって、精神科救急医療体制連絡調整委員会の中で関係機関と連絡調整を行う等、円滑な移送が行われる体制を整備すること。また、実際に移送を行うに当たっても、精神科救急情報センター等を整備することによって、都道府県職員の派遣から入院まで、移送に係る情報を収集し、円滑な移送が行われるための連絡調整機能を整備すること。

６　その他

(1)　診察を行った指定医による医療

移送に係る診察を行った指定医が、移送の対象者の病状から緊急に医療を提供した場合、様式２又は様式４による診察記録票の特記事項の欄にその内容を記載すること。

この場合にあっては、記載する項目を以下のとおりとする。

ア　医療を提供した時の症状

イ　提供した医療の内容

ウ　医療を提供した年月日及び時刻

(2)　医療を提供した場合の指定医の同行

移送の手続において指定医が医療を提供した場合には、指定医が当該移送に同行しなければならないこと。

(3) 移送の手続上行った診療の医療費

医療保護入院及び応急入院のための移送の場合、移送の手続上行った医療に係る費用については、原則本人負担とする。

（様式１）

措置入院のための移送に関する事前調査及び移送記録票

<table>
<tr><td rowspan="4">措置入院のための診察が必要と考えられる者</td><td>フリガナ</td><td></td><td rowspan="2">生年月日</td><td rowspan="2">年　月　日
（満　歳）</td></tr>
<tr><td>氏　名</td><td>（男・女）</td></tr>
<tr><td>住　所</td><td colspan="3">都道府県　郡市区　町村区</td></tr>
<tr><td>職　業</td><td colspan="3"></td></tr>
</table>

◆　事前調査票

<table>
<tr><td>調査対象者の所在地</td><td colspan="4"></td></tr>
<tr><td>調査時の状況</td><td colspan="4"></td></tr>
<tr><td rowspan="2">主治医との連絡</td><td>氏　名</td><td></td><td>連絡先等</td><td></td></tr>
<tr><td>主治医意見</td><td colspan="3"></td></tr>
<tr><td>事前調査の総合判定</td><td colspan="4">1　措置入院に関する診察が必要　　2　不必要</td></tr>
<tr><td rowspan="2">調査年月日等</td><td>調査年月日</td><td colspan="3">年　月　日　時　分　～　時　分</td></tr>
<tr><td>職員氏名</td><td></td><td>所　属</td><td></td></tr>
</table>

◆　移送記録票

<table>
<tr><td>措置診察のための移送の有無</td><td colspan="6">1　措置診察のための移送を行った
2　措置診察の後に移送を行った</td></tr>
<tr><td>移送開始及び終了</td><td colspan="6">年　月　日　時　分　～　月　日　時　分</td></tr>
<tr><td>移送に関する告知</td><td colspan="6">1　告知を行った</td></tr>
<tr><td>搬送の概要（方法、経路、時刻等）</td><td colspan="6"></td></tr>
<tr><td>移送先の指定病院等</td><td>名　称</td><td colspan="2"></td><td>所在地</td><td colspan="2"></td></tr>
<tr><td>補助者</td><td>氏　名</td><td></td><td>職種</td><td></td><td>所属</td><td></td></tr>
<tr><td>同行者の氏名</td><td colspan="6"></td></tr>
<tr><td>行動制限の有無</td><td colspan="6">1　行動制限を行った　　2　行動制限を行わなかった</td></tr>
<tr><td>その他特記事項</td><td colspan="6"></td></tr>
<tr><td>記録者の氏名等</td><td colspan="3"></td><td>所属</td><td colspan="2"></td></tr>
</table>

第 34 条　医療保護入院等のための移送

（様式 2）

措置入院のための移送に関する診察記録票

<table>
<tr><td>フ　リ　ガ　ナ</td><td colspan="2"></td><td rowspan="2">生年月日</td><td rowspan="2">年　月　日
（満　歳）</td></tr>
<tr><td>氏　　名</td><td colspan="2">（男・女）</td></tr>
<tr><td rowspan="5">移送の手続における行動の制限</td><td>行動制限の有無</td><td colspan="3">1　行動制限を行った　　2　行わなかった</td></tr>
<tr><td>症　状</td><td colspan="3"></td></tr>
<tr><td>開 始 日 時</td><td colspan="3">年　月　日　時　分</td></tr>
<tr><td>告　　知</td><td colspan="3">1　告知を行った</td></tr>
<tr><td>指 定 医 の 氏 名</td><td colspan="3">署名</td></tr>
<tr><td rowspan="2">そ の 他 の 特 記 事 項</td><td colspan="4"></td></tr>
<tr><td>指 定 医 の 氏 名</td><td colspan="3">署名</td></tr>
</table>

（様式３）

医療保護入院及び応急入院のための移送に関する事前調査及び移送記録票

医療保護入院及び応急入院のための移送が必要と考えられる者	フリガナ		生年月日	年　月　日 （満　歳）
	氏　名	（男・女）		
	住　所	都道府県　郡市区　町村区		
	職　業			
相談者	1　家族等のうちいずれかの者　2　行政機関（　） 3　その他（　）			

◆　事前調査票

調査対象者の所在地				
調査時の状況				
主治医との連絡	氏　名		連絡先等	
	主治医意見			
本人の同意	1　可能　2　不可能			
家族等のうちいずれかの者の同意の有無	1　有　2　無			
事前調査の総合判定	1　移送を行うための診察が必要　2　不必要			
診察が不要の場合の対応方針				
調査年月日等	調査年月日	年　月　日　時　分～　時　分		
職員氏名		所属		指定医の確認

◆　移送記録票

移送開始及び終了	年　月　日　時　分～　月　日　時　分					
指定医の氏名所属	氏　名		所　属			
診察開始及び終了	年　月　日　時　分～　月　日　時　分					
診察場所						
診察の立会い者の氏名及び本人との続柄						
診察の補助者	氏　名		職種		所属	
指定医の診察結果						
移送に関する告知	1　告知を行った					
搬送の概要（方法、経路、時刻等）						
移送先の応急入院指定病院	名称		所在地			
移送の補助者						
搬送の同行者						
行動の制限の有無	1　行動制限を行った　2　行動制限を行わなかった					
その他特記事項						
記録者	氏　名		所属			

同意をした家族等	氏　名	（男・女）	続柄	生年月日	明・大 昭・平　年　月　日生
		（男・女）	続柄	生年月日	明・大 昭・平　年　月　日生
	住　所	都道府県　郡市区　町村区			
		都道府県　郡市区　町村区			
	1　配偶者　2　父母（親権者で　ある・ない）　3　祖父母等 4　子・孫等　5　兄弟姉妹　6　後見人又は保佐人 7　家庭裁判所が選任した扶養義務者（選任年月日　昭和・平成　年　月　日） 8　市町村長				

記載上の留意事項

1　家族等の氏名欄は、親権者が両親の場合は２人目を記載すること。
2　家族等の住所欄は、親権者が両親で住所が異なる場合に２つ目を記載すること。

（様式4）

医療保護入院及び応急入院のための移送
に関する診察記録票

<table>
<tr><td>フリガナ
氏　名</td><td colspan="3">（男・女）</td><td>生年
月日</td><td>年　月　日
（満　歳）</td></tr>
<tr><td>病　名</td><td colspan="2">1　主たる精神障害</td><td colspan="2">2　従たる精神障害</td><td>3　身体合併症</td></tr>
<tr><td>生活歴及び現病歴（推定発病年月、精神科又は神経科受診歴等を記載すること。）</td><td colspan="5">（陳述者氏名　　　　続柄　　　）</td></tr>
<tr><td>現在の病状又は状態像</td><td colspan="5">医療保護入院者の入院届の
「現在の病状又は状態像」の欄に準じる</td></tr>
<tr><td>緊急性の判定</td><td colspan="5">1　直ちに入院が必要　　2　緊急を要しない</td></tr>
<tr><td>本人の同意</td><td colspan="5">1　可能　　2　不可能</td></tr>
<tr><td>判定理由</td><td colspan="5"></td></tr>
<tr><td>判定結果</td><td colspan="5">1　医療保護入院又は応急入院が必要　　2　不必要</td></tr>
<tr><td rowspan="4">移送の手続における行動の制限</td><td>行動制限の有無</td><td colspan="4">1　行動制限を行った　　2　行わなかった</td></tr>
<tr><td>症状</td><td colspan="4"></td></tr>
<tr><td>開始日時</td><td colspan="4">月　日　時　分</td></tr>
<tr><td>告　知</td><td colspan="4">1　告知を行った</td></tr>
<tr><td>その他の特記事項</td><td colspan="5"></td></tr>
<tr><td colspan="6">以上のとおり診断する。　　年　月　日
精神保健指定医氏名　　署名</td></tr>
</table>

記載上の留意事項

平成20年3月31日以前に広告している神経科における受診歴を精神科受診歴等に含むこととする。

（様式5）

移送に際してのお知らせ

○○○○殿

平成　　年　　月　　日

1　あなたをこれから、措置入院が必要であるかどうかを判定するために○○○に移送します。

2　あなたの移送は、○○○（例：車）で行います。

3　この移送に不服のあるときは、この移送の日の翌日から起算して、60日以内に厚生労働大臣に対し、審査請求をすることができます。

4　この処分の取消しを求める訴えは、この処分の通知を受けた日の翌日から起算して6か月以内に限り、都道府県を被告として（訴訟において都道府県を代表する者は都道府県知事となります。）提起することができます（なお、この処分の通知を受けた日の翌日から起算して6か月以内であっても、この処分の日の翌日から起算して1年を経過するとこの処分の取消しの訴えを提起することができなくなります。）。また、この処分の通知を受けた日の翌日から起算して60日以内に審査請求をした場合には、この処分の取消しの訴えは、その審査請求に対する裁決の送達を受けた日の翌日から起算して6か月以内であれば、提起することができます（なお、その審査請求に対する裁決の送達を受けた日の翌日から起算して6か月以内であっても、その審査請求に対する裁決の日の翌日から起算して1年を経過するとこの処分の取消しの訴えを提起することができなくなります）。

○○県知事○○○○

第34条　医療保護入院等のための移送

（様式6）

移送に際してのお知らせ

○○○○殿

平成　　年　　月　　日

1　あなたをこれから、措置入院のために○○○病院に移送します。

2　あなたの移送は、○○○（例：車）で行います。

3　あなたの移送中、医療上必要な場合には、あなたの行動を制限することがあります。

4　この移送に不服のあるときは、この移送の日の翌日から起算して、60日以内に厚生労働大臣に対し、審査請求をすることができます。

5　この処分の取消しを求める訴えは、この処分の通知を受けた日の翌日から起算して6か月以内に限り、都道府県を被告として（訴訟において都道府県を代表する者は都道府県知事となります。）提起することができます（なお、この処分の通知を受けた日の翌日から起算して6か月以内であっても、この処分の日の翌日から起算して1年を経過するとこの処分の取消しの訴えを提起することができなくなります。）。また、この処分の通知を受けた日の翌日から起算して60日以内に審査請求をした場合には、この処分の取消しの訴えは、その審査請求に対する裁決の送達を受けた日の翌日から起算して6か月以内であれば、提起することができます（なお、その審査請求に対する裁決の送達を受けた日の翌日から起算して6か月以内であっても、その審査請求に対する裁決の日の翌日から起算して1年を経過するとこの処分の取消しの訴えを提起することができなくなります）。

○○県知事○○○○

（様式７）

移送に際してのお知らせ

○○○○殿

平成　　年　　月　　日

1　あなたをこれから、医療保護入院（応急入院）のために○○○病院に移送します。

2　あなたの移送は、○○○（例：車）で行います。

3　あなたの移送中、医療上必要な場合には、あなたの行動を制限することがあります。

4　この移送に不服のあるときは、この移送の日の翌日から起算して、60日以内に厚生労働大臣に対し、審査請求をすることができます。

5　この処分の取消しを求める訴えは、この処分の通知を受けた日の翌日から起算して６か月以内に限り、都道府県を被告として（訴訟において都道府県を代表する者は都道府県知事となります。）提起することができます（なお、この処分の通知を受けた日の翌日から起算して６か月以内であっても、この処分の日の翌日から起算して１年を経過するとこの処分の取消しの訴えを提起することができなくなります。）。また、この処分の通知を受けた日の翌日から起算して60日以内に審査請求をした場合には、この処分の取消しの訴えは、その審査請求に対する裁決の送達を受けた日の翌日から起算して６か月以内であれば、提起することができます（なお、その審査請求に対する裁決の送達を受けた日の翌日から起算して６か月以内であっても、その審査請求に対する裁決の日の翌日から起算して１年を経過するとこの処分の取消しの訴えを提起することができなくなります）。

○○県知事○○○○

〔7〕「前項に規定する精神障害者」とは、「指定医による診察の結果、精神障害者であり、かつ、直ちに入院させなければその者の医療及び保護を図る上で著しく支障のある者」をいう。

〔8〕家族等がない場合又はその家族等の全員がその意思を表示することができない場合において、その者の居住地を管轄する市町村長の同意があるときは、医療保護入院を行うことができる（第三十三条の解釈〔17〕を参照）。

〔9〕本条に規定する移送は、本人の同意を得ないで行われる強制的な移送であるため、家族等の同意を得て第一項による移送又は市町村長の同意を得て第二項による移送として行うべきである。しかし、医療を提供する緊急性が高く、急速を要すると判断される場合には、家族等の同意がなくても応急入院のための移送を行うことができる。この場合も都道府県等の職員は、できる限り家族等と連絡をとり、同意を得るよう努めなければならない。

〔10〕医療保護入院のための移送にあっても第二十九条の二の二第二項に規定する告知を行わなければならず、また、第三項に規定する行動制限についても措置入院のための移送の場合と同様に、告示（平成十二年三月二十八日厚生省告示第九十六号）により、「身体的拘束（衣類又は綿入り帯等を使用して、一時的に当該患者の身体を拘束し、その運動を抑制する行動の制限をいう。）」と定められている。

第三十五条　削除

第四節　精神科病院における処遇等

（処遇）

第三十六条　精神科病院の管理者[1]は、入院中の者[2]につき、その医療又は保護に欠くことのできない限度[3]において、その行動について必要な制限[4]を行うことができる。

2　精神科病院の管理者は、前項の規定にかかわらず、信書の発受の制限、都道府県その他の行政機関の職員との面会の制限その他の行動の制限であつて、厚生労働大臣があらかじめ社会保障審議会の意見を聴いて定める行動の制限[5]については、これを行うことができない。

3　第一項の規定による行動の制限のうち、厚生労働大臣があらかじめ社会保障審議会の意見を聴いて定める患者の隔離その他の行動の制限[6]は、指定医が必要と認める場合[7][8]でなければ行うことができない。

〔要　旨〕

本条は、精神科病院の管理者が、一定の条件の下に、入院患者に行動制限を加えることができる旨の規定である。

〔解　釈〕

〔1〕「精神科病院の管理者」には、第十九条の五の解釈〔2〕で述べたとおり、精神病床以外の病床も有する病院の管

理者も含まれる。行動制限の主体を管理者としているのは、行動制限の責任を明確にするためであり、具体的には主治医が診察の上、医療上の必要性から行うことになる。この場合、医師でないものの判断で行うことは許されない。

〔2〕 精神科病院の管理者が必要な行動制限を行うことができる「入院中の者」については、措置入院者、医療保護入院者、任意入院者等の入院形態を一切問わない。

ただし、任意入院者が行動制限を理由に退院を申し出た場合には、行動制限を行わずに入院を継続するか、退院させなければならず、継続して行動制限をする必要があれば、第二十一条第三項又は第四項の規定により退院制限を行った上でなければ行動制限を継続することはできない。

なお、精神保健福祉法上の精神障害者（第五条参照）に該当しない者で、精神科病院に入院している者があるとしても、その者に対して本条の行動制限を行うことは許されない。第三十六条第一項は、「入院中の者につき」と規定しており、一見、精神障害者等に該当しない者についても行動制限ができるかのように読めるが、本法の目的が、精神障害者等の医療及び保護にあることから、本条の行動制限を行うことはできないと解される。したがって、このような者が退院を申し出た場合は、入院を継続することは許されない。

〔3〕 行動制限は、「医療又は保護に欠くことのできない限度」においてのみ可能であり、専ら精神医学上の判断から、患者の症状に照らして個別具体的に決められる。行動制限という事柄の重大性にかんがみ、行動制限の理由、方法等が医療又は保護のために欠くことのできないものであったことを担保する意味においても、行動制限の内容等を診察録に記載しなければならない。また、行動制限を行う場合においては、当該患者に対してはもとより、その家族等や実質的な支援を行っている関係者（ケースワーカー等）に対しても、行動制限の内容、目的、理由等をできる限り詳細に告知し、説明するなどの方策を講ずることにより、行動制限についての十分な理解を

得るよう努める必要があろう。

また、過去の行動に対する制裁として行動の制限を行うことは絶対に許されるものでないことは言うまでもない。

なお、後述する第三十七条の病院の管理者が遵守しなければならない基準において、処遇に当たっての基本理念、通信・面会、隔離、身体的拘束及び任意入院者の開放処遇の制限について規定されている。

〔4〕行動制限の具体的態様は様々であるが、患者の病状又は状態像に応じて合理的と認められる必要最小限の範囲内で行われる必要がある。行動制限を行うに当たっては、患者にできる限り説明した上で制限を行うよう努めるとともに、病状又は状態像に応じて最も制限の少ない方法により行われなければならないことは言うまでもない。

〔5〕患者に対して、どのような場合でも行うことのできない行動制限は、告示により次のように定められている。

精神保健及び精神障害者福祉に関する法律第三十六条第二項の規定に基づき厚生労働大臣が定める行動の制限

〔昭和六十三年四月八日　厚生省告示第百二十八号〕

注　平成一二六年三月一四日厚生労働省告示第七八号による改正現在

精神保健法（昭和二十五年法律第百二十三号）第三十六条第二項の規定に基づき、厚生大臣が定める行動の制限を次のように定め、昭和六十三年七月一日から適用する。

一　信書の発受の制限（刃物、薬物等の異物が同封されていると判断される受信信書について、患者によりこれを開封させ、異物を取り出した上患者に当該受信信書を渡すことは、含まれない。）

二　都道府県及び地方法務局その他の人権擁護に関する行政機関の職員並びに患者の代理人である弁護士との電話の制限

三　都道府県及び地方法務局その他の人権擁護に関する行政機関の職員並びに患者の代理人である弁護士及び患者又はその家族等（精神保健及び精神障害者福祉に関する法律（昭和二十五年法律第百二十三号）第三十三条第二項に規定する家族等をいう。）その他の関係者の依頼により患者の代理人となろうとする弁護士との面会の制限

〔6〕　指定医が必要と認めなければ行うことができない行動制限については、告示により次のように定められている。

精神保健及び精神障害者福祉に関する法律第三十六条第三項の規定に基づき厚生労働大臣が定める行動の制限

〔昭和六十三年四月八日厚生省告示第百二十九号〕

注　平成一二年一二月二八日厚生省告示第五三六号による改正現在

精神保健法（昭和二十五年法律第百二十三号）第三十六条第三項の規定に基づき、厚生大臣が定める行動の制限を次のように定め、昭和六十三年七月一日から適用する。

一　患者の隔離（内側から患者本人の意思によつては出ることができない部屋の中へ一人だけ入室させることにより当該患者を他の患者から遮断する行動の制限をいい、十二時間を超えるものに限る。）

二　身体的拘束（衣類又は綿入り帯等を使用して、一時的に当該患者の身体を拘束し、その運動を抑制する行

動の制限をいう。）

〔7〕 指定医が、当該患者を直接診察して、必要と認めることを要する。この場合、当該精神科病院に勤務する指定医でも、外部の指定医でもよい。

〔8〕 厚生労働大臣が定める行動制限を指定医が行う場合に、診療録に記載しなければならない事項は、施行規則第四条の二第五号において定められており、次のとおりである。

① 行動の制限を必要と認めた指定医の氏名
② 必要と認めて行った行動制限の内容
③ 行動の制限を開始した年月日及び時刻並びに解除した年月日及び時刻
④ 行動の制限を行ったときの症状

本条第三項の規定に基づく行動の制限に係る記載事項のほか、第三十七条に基づく病院管理者が遵守しなければならない基準において、隔離及び身体的拘束を行った場合に診療録に記載しなければならない事項として、隔離の場合は「隔離を行った旨及びその理由並びに隔離を開始した日時及び解除した日時」を、身体的拘束の場合は「身体的拘束を行った旨及びその理由並びに身体的拘束を開始した日時及び解除した日時」を、診療録に記載しなければならないとしている。

ここで、第三十七条に基づく基準は、本条第三項の厚生労働大臣が定める行動制限に該当しない十二時間以内の患者の隔離等の場合にも適用されるものであるから、診療録の記載を怠ることのないよう留意する必要がある。

第三十七条　厚生労働大臣は、前条に定めるもののほか、精神科病院に入院中の者[1]の処遇について必要な基準を定めることができる[2]。

2　前項の基準が定められたときは、精神科病院の管理者[3]は、その基準を遵守しなければならない[4]。

3　厚生労働大臣は、第一項の基準を定めようとするときは、あらかじめ、社会保障審議会の意見を聴かなければならない。

〔要　旨〕

本条は、精神科病院に入院中の者の処遇について精神科病院の管理者が遵守しなければならない基準を、厚生労働大臣が定めることができることとした規定である。

〔解　釈〕

〔1〕　厚生労働大臣が処遇の基準を定めることができる「精神科病院に入院中の者」については、措置入院者、医療保護入院者、任意入院者等の入院形態を一切問わない。

〔2〕　定めることができる「必要な基準」は、第三十六条で定められた事項を除き、入院中の者の処遇に関わることであれば、どのようなものでも定めることができる。告示においては、入院患者の処遇に当たっての基本理念、通信・面会、患者の隔離、身体的拘束及び任意入院者の開放処遇の制限について、基準が定められている。

平成十一年の法改正に伴い、告示（昭和六十三年四月八日厚生省告示第百三十号）の改正が行われ、精神科病

院に入院中の者の処遇に関する基準として、本人の意思により入院した任意入院患者は、原則として開放的な環境で処遇（本人の求めに応じ、夜間を除いて病院の出入りが自由に可能な処遇をいう。以下「開放処遇」という。）とすることとされた。この任意入院患者の開放処遇に当たっての留意事項は、同告示の第五に示されている。

〔3〕「精神科病院の管理者」には、精神病床を有する病院の管理者も含まれる。

〔4〕精神科病院の管理者が遵守しなければならない規定であるが、医療法第十五条第一項により、管理者はその病院又は診療所に勤務する医師、歯科医師、薬剤師その他の従業員を監督し、その業務遂行に欠けることがないよう必要な注意をしなければならないこととされており、管理者は、この責任を、医師等の従業員に厚生労働大臣が定めた基準を守らせるよう監督することによって果たすこととなる。したがって、厚生労働大臣が定める基準は、主治医、看護師を問わず精神科病院に働くすべての職員に及ぶものと解される。

精神保健及び精神障害者福祉に関する法律第三十七条第一項の規定に基づき厚生労働大臣が定める基準

〔昭和六十三年四月八日
厚生省告示第百三十号〕

注　平成二六年三月一四日厚生労働省告示第七八号による改正現在

精神保健法（昭和二十五年法律第百二十三号）第三十七条第一項の規定に基づき、厚生大臣が定める処遇の基準を次のように定め、昭和六十三年七月一日から適用する。

第一　基本理念

入院患者の処遇は、患者の個人としての尊厳を尊重し、その人権に配慮しつつ、適切な精神医療の確保及

び社会復帰の促進に資するものでなければならないものとする。また、処遇に当たつて、患者の自由の制限が必要とされる場合においても、その旨を患者にできる限り説明して制限を行うよう努めるとともに、その制限は患者の症状に応じて最も制限の少ない方法により行われなければならないものとする。

第二　通信・面会について

一　基本的な考え方

(一)　精神科病院入院患者の院外にある者との通信及び来院者との面会（以下「通信・面会」という。）は、患者と家族、地域社会等との接触を保ち、医療上も重要な意義を有するとともに、患者の人権の観点からも重要な意義を有するものであり、原則として自由に行われることが必要である。

(二)　通信・面会は基本的に自由であることを、文書又は口頭により、患者及びその家族等（精神保健及び精神障害者福祉に関する法律（昭和二十五年法律第百二十三号）第三十三条第二項に規定する家族等をいう。以下同じ。）その他の関係者に伝えることが必要である。

(三)　電話及び面会に関しては患者の医療又は保護に欠くことのできない限度での制限が行われる場合があるが、これは、病状の悪化を招き、あるいは治療効果を妨げる等、医療又は保護の上で合理的な理由がある場合であつて、かつ、合理的な方法及び範囲における制限に限られるものであり、個々の患者の医療又は保護の上での必要性を慎重に判断して決定すべきものである。

二　信書に関する事項

(一)　患者の病状から判断して、家族等その他の関係者からの信書が患者の治療効果を妨げることが考えられる場合には、あらかじめ家族等その他の関係者と十分連絡を保つて信書を差し控えさせ、あるいは主治医あてに発信させ患者の病状をみて当該主治医から患者に連絡させる等の方法に努めるものとする。

(二)　刃物、薬物等の異物が同封されていると判断される受信信書について、患者によりこれを開封させ、異物を取り出した上、患者に当該受信信書を渡した場合においては、当該措置を採つた旨を診療録に記載するものとする。

三　電話に関する事項

(一)　制限を行つた場合は、その理由を診療録に記載し、かつ、適切な時点において制限をした旨及びその理由を患者及びその家族等その他の関係者に知らせるものとする。

(二)　電話機は、患者が自由に利用できるような場所に設置される必要があり、閉鎖病棟内にも公衆電話等を設置するものとする。また、都道府県精神保健福祉主管部局、地方法務局人権擁護主管部局等の電話番号を、見やすいところに掲げる等の措置を講ずるものとする。

四　面会に関する事項

(一)　制限を行つた場合は、その理由を診療録に記載し、かつ、適切な時点において制限をした旨及びその理由を患者及びその家族等その他の関係者に知らせるものとする。

(二)　入院後は患者の病状に応じできる限り早期に患者に面会の機会を与えるべきであり、入院直後一定期間一律に面会を禁止する措置を採らないものとする。

(三)　面会する場合、患者が立会いなく面会できるようにするものとする。ただし、患者若しくは面会者の希望のある場合又は医療若しくは保護のため特に必要がある場合には病院の職員が立ち会うことができるものとする。

第三　患者の隔離について

一　基本的な考え方

(一)　患者の隔離（以下「隔離」という。）は、患者の症状からみて、本人又は周囲の者に危険が及ぶ可能性が著しく高く、隔離以外の方法ではその危険を回避することが著しく困難であると判断される場合に、その危険を最小限に減らし、患者本人の医療又は保護を図ることを目的として行われるものとする。

(二)　隔離は、当該患者の症状からみて、その医療又は保護を図る上でやむを得ずなされるものであつて、制裁や懲罰あるいは見せしめのために行われるようなことは厳にあつてはならないものとする。

(三)　十二時間を超えない隔離については精神保健指定医の判断を要するものではないが、この場合にあつてもその要否の判断は医師によつて行われなければならないものとする。

(四)　なお、本人の意思により閉鎖的環境の部屋に入室させることもあり得るが、この場合には隔離には当たらないものとする。この場合においては、本人の意思による入室である旨の書面を得なければならないものとする。

二　対象となる患者に関する事項

隔離の対象となる患者は、主として次のような場合に該当すると認められる患者であり、隔離以外によい代替方法がない場合において行われるものとする。

ア　他の患者との人間関係を著しく損なうおそれがある等、その言動が患者の病状の経過や予後に著しく悪く影響する場合

イ　自殺企図又は自傷行為が切迫している場合

ウ　他の患者に対する暴力行為や著しい迷惑行為、器物破損行為が認められ、他の方法ではこれを防ぎきれない場合

エ　急性精神運動興奮等のため、不穏、多動、爆発性などが目立ち、一般の精神病室では医療又は保護を

図ることが著しく困難な場合

オ　身体的合併症を有する患者について、検査及び処置等のため、隔離が必要な場合

三　遵守事項

㈠　隔離を行つている閉鎖的環境の部屋に更に患者を入室させることはあつてはならないものとする。また、既に患者が入室している部屋に隔離のため他の患者を入室させることはあつてはならないものとする。

㈡　隔離を行うに当たつては、当該患者に対して隔離を行う理由を知らせるよう努めるとともに、隔離を行つた旨及びその理由並びに隔離を開始した日時及び解除した日時を診療録に記載するものとする。

㈢　隔離を行つている間においては、定期的な会話等による注意深い臨床的観察と適切な医療及び保護が確保されなければならないものとする。

㈣　隔離を行つている間においては、洗面、入浴、掃除等患者及び部屋の衛生の確保に配慮するものとする。

㈤　隔離が漫然と行われることがないように、医師は原則として少なくとも毎日一回診察を行うものとする。

第四　身体的拘束について

一　基本的な考え方

㈠　身体的拘束は、制限の程度が強く、また、二次的な身体的障害を生ぜしめる可能性もあるため、代替方法が見出されるまでの間のやむを得ない処置として行われる行動の制限であり、できる限り早期に他の方法に切り替えるよう努めなければならないものとする。

(二) 身体的拘束は、当該患者の生命を保護すること及び重大な身体損傷を防ぐことに重点を置いた行動の制限であり、制裁や懲罰あるいは見せしめのために行われるようなことは厳にあつてはならないものとする。

(三) 身体的拘束を行う場合は、身体的拘束を行う目的のために特別に配慮して作られた衣類又は綿入り帯等を使用するものとし、手錠等の刑具類や他の目的に使用される紐、縄その他の物は使用してはならないものとする。

二 対象となる患者に関する事項

身体的拘束の対象となる患者は、主として次のような場合に該当すると認められる患者であり、身体的拘束以外によい代替方法がない場合において行われるものとする。

ア 自殺企図又は自傷行為が著しく切迫している場合

イ 多動又は不穏が顕著である場合

ウ ア又はイのほか精神障害のために、そのまま放置すれば患者の生命にまで危険が及ぶおそれがある場合

三 遵守事項

(一) 身体的拘束に当たつては、当該患者に対して身体的拘束を行う理由を知らせるよう努めるとともに、身体的拘束を行つた旨及びその理由並びに身体的拘束を開始した日時及び解除した日時を診療録に記載するものとする。

(二) 身体的拘束を行つている間においては、原則として常時の臨床的観察を行い、適切な医療及び保護を確保しなければならないものとする。

(三)　身体的拘束が漫然と行われることがないように、医師は頻回に診察を行うものとする。

第五　任意入院者の開放処遇の制限について

一　基本的な考え方

(一)　任意入院者は、原則として、開放的な環境での処遇（本人の求めに応じ、夜間を除いて病院の出入りが自由に可能な処遇をいう。以下「開放処遇」という。）を受けるものとする。

(二)　任意入院者は開放処遇を受けることを、文書により、当該任意入院者に伝えるものとする。

(三)　任意入院者の開放処遇の制限は、当該任意入院者の症状からみて、その開放処遇を制限しなければその医療又は保護を図ることが著しく困難であると医師が判断する場合にのみ行われるものであって、制裁や懲罰あるいは見せしめのために行われるようなことは厳にあってはならないものとする。

(四)　任意入院者の開放処遇の制限は、医師の判断によって始められるが、その後おおむね七十二時間以内に、精神保健指定医は、当該任意入院者の診察を行うものとする。また、精神保健指定医は、必要に応じて、積極的に診察を行うよう努めるものとする。

(五)　なお、任意入院者本人の意思により開放処遇が制限される環境に入院させることもあり得るが、この場合には開放処遇の制限に当たらないものとする。この場合においては、本人の意思による開放処遇の制限である旨の書面を得なければならないものとする。

二　対象となる任意入院者に関する事項

開放処遇の制限の対象となる任意入院者は、主として次のような場合に該当すると認められる任意入院者とする。

ア　他の患者との人間関係を著しく損なうおそれがある等、その言動が患者の病状の経過や予後に悪く影

響する場合

イ　自殺企図又は自傷行為のおそれがある場合

ウ　ア又はイのほか、当該任意入院者の病状からみて、開放処遇を継続することが困難な場合

三　遵守事項

㈠　任意入院者の開放処遇の制限を行うに当たっては、当該任意入院者に対して開放処遇の制限を行う理由を文書で知らせるよう努めるとともに、開放処遇の制限を行った旨及びその理由並びに開放処遇の制限を始めた日時を診療録に記載するものとする。

㈡　任意入院者の開放処遇の制限が漫然と行われることがないように、任意入院者の処遇状況及び処遇方針について、病院内における周知に努めるものとする。

（指定医の精神科病院の管理者への報告等）

第三十七条の二　指定医は、その勤務する精神科病院に入院中の者[1]の処遇[2]が第三十六条の規定に違反していると思料するとき又は前条第一項の基準[3]に適合していないと認めるときその他精神科病院に入院中の者の処遇が著しく適当でない[4]と認めるときは、当該精神科病院の管理者にその旨を報告[5]すること等により、当該管理者において当該精神科病院に入院中の者の処遇の改善のために必要な措置が採られるよう努めなければならない[6]。

〔要　旨〕

本条は、平成十一年の法改正において新設された、指定医が入院患者の処遇改善のために精神科病院の管理者に対して行う報告等の努力義務に関する規定である。

指定医は、人権に配慮した医療を行う中心的存在であり、自らの医師としての職務、患者本人の意思によらない入院や行動制限の判定を行うだけでなく、病院に入院している全ての精神障害者の適正な処遇の確保について努力しなければならない。

〔解　釈〕

〔１〕「入院中の者」とは、措置入院者、医療保護入院者、任意入院者等の入院形態を問わない。

〔２〕この「処遇」とは、どのような場合も行うことのできない信書の発受の制限、人権擁護に関する行政機関の職員等との電話の制限及び当該職員等との面会の制限並びに第三十六条に規定する医療又は保護に欠くことのできない限度において行うことのできる患者の隔離及び身体的拘束をいう。

〔３〕この「基準」とは、「精神保健及び精神障害者福祉に関する法律第三十七条第一項の規定に基づき厚生労働大臣が定める基準」（昭和六十三年四月八日厚生省告示第百三十号）に規定する通信・面会、患者の隔離、身体的拘束及び任意入院患者の開放処遇の制限に関する基準である。

〔４〕「入院中の者の処遇が著しく適当でない」とは、本法に規定する隔離や身体的拘束等の処遇だけでなく、精神科病院における医療や療養環境等の入院患者に対する処遇全般について患者の人権擁護の観点からみて明らかに逸脱していることをいうものである。

〔５〕精神科病院の管理者が、入院中の者の処遇についての最終的な法律上の管理責任を有するが、指定医は、入院中の者の個別の適正な処遇の確保を直接担当し、勤務する病院内における入院中の者の不適切な処遇について、

最も把握しやすい立場にあることから、病院内における不適切な処遇について是正されるよう、病院管理者に対し報告するなどにより、積極的に関与すべきことを規定した。

〔6〕 指定医の職務として、入院中の者の医療の提供や保護といった、当然の職務に加えて、病院全体の入院患者の処遇の確保について努力することが求められていることを規定した。

（相談、援助等）

第三十八条　精神科病院その他の精神障害の医療を提供する施設の管理者は、当該施設において医療を受ける精神障害者の社会復帰の促進を図るため、当該施設の医師、看護師その他の医療従事者による有機的な連携の確保に配慮しつつ、その者の相談[1]に応じ、必要に応じて一般相談支援事業を行う者と連携を図りながら、その者に必要な援助[2]を行い、及びその家族等その他の関係者との連絡調整[3]を行うように努めなければならない。

〔要　旨〕

本条は、精神障害者の社会復帰の促進を図る観点から、昭和六十二年改正で設けられた規定である。昭和六十二年改正で本条を設けた際には、精神科病院の管理者に対し、入院中の者の社会復帰の促進を図るため、相談、援助及び連絡調整を行うように努めなければならないとした規定であったが、平成五年改正でさらに改正されている。

精神障害者の社会復帰については、昭和六十二年改正による社会復帰施設の法定化により、「精神科病院から社

会復帰施設へ」という一つの流れが形成されたが、平成五年改正では、さらにこれに加えて、「社会復帰施設から地域社会へ」という新しい流れを形成していくため、社会復帰の様々な段階にある精神障害者に対し、きめ細かく援助を行っていくというテーマが掲げられた。このため、第三十八条についても、相談、援助等の主体として、精神科病院だけでなく精神科の診療所も加える趣旨から、「その他の精神障害の医療を提供する施設」を加え、また、相談、援助等を受ける者として、入院中の者だけでなく通院者も加える趣旨から、「当該施設において医療を受ける精神障害者」に改められた。

平成二十二年改正においては、障害者自立支援法の改正で入院中から障害者の地域移行に向けた支援を実施するサービスを創設したことに伴い、特に入院中から精神障害者の地域移行をコーディネート（地域移行支援）し、また、地域移行後も継続的にサポートする（地域定着支援）を行う一般相談支援事業者との連携について規定を加えた。

〔解　釈〕

〔１〕「相談に応じ、その者に必要な援助」については、管理者自らが必ず行わなければならないという趣旨ではなく、管理者の指揮監督の下にある「精神保健福祉士」等に行わせることも可能という趣旨である。

〔２〕「必要な援助」とは、障害福祉サービス、精神障害者保健福祉手帳、障害年金、生活保護等の申請等の手続や、患者会等の指導・養成、レクリエーション活動に対する援助、住宅、就労等の斡旋が含まれる。これらの援助は、患者の症状や環境等に応じて行うものであることは言うまでもない。

〔３〕「連絡調整」については、家族等のほか、保健所等の精神保健福祉相談員、福祉事務所のケースワーカー、障害福祉サービス事業所の職員、教育関係者など患者の社会復帰に必要な全ての者を含む。

（定期の報告等）

第三十八条の二　措置入院者を入院させている精神科病院又は指定病院の管理者は、措置入院者の症状その他厚生労働省令で定める事項[1]（以下この項において「報告事項」という。）を、厚生労働省令で定めるところにより[2]、定期に、最寄りの保健所長を経て都道府県知事に報告[3]しなければならない。この場合においては、報告事項のうち厚生労働省令で定める事項[1]については、指定医による診察の結果に基づくものでなければならない。

2　前項の規定は、医療保護入院者を入院させている精神科病院の管理者について準用する。この場合において、同項中「措置入院者」とあるのは、「医療保護入院者」と読み替えるものとする。

3　都道府県知事は、条例で定めるところにより、精神科病院[4]の管理者（第三十八条の七第一項、第二項又は第四項の規定による命令を受けた者であつて、当該命令を受けた日から起算して厚生労働省令で定める期間を経過しないものその他これに準ずる者として厚生労働省令で定めるものに限る。）に対し、当該精神科病院に入院中の任意入院者（厚生労働省令で定める基準に該当する者[5]に限る。）の症状その他厚生労働省令で定める事項[1]について報告を求めることができる。

〔要　旨〕

本条は、精神科病院の管理者に対し、措置入院者及び医療保護入院者に係る定期の報告（定期病状報告）を義務づけるとともに、都道府県知事が、条例で定めるところにより、改善命令等を受けた精神科病院の管理者に対し、一定の基準に該当する任意入院者の病状等の報告を求めることができる旨の規定である。

本条の「定期の報告」及び次条の「定期の報告等による審査」の制度は、入院患者の人権保護を強化するため、昭和六十二年の法改正で新設された制度である。

また、任意入院者の病状等報告制度は、改善命令等を受けた精神科病院に入院する任意入院者の適切な処遇を確保するという観点から、平成十七年の法改正で新設された制度である。

〔解　釈〕

〔1〕措置入院者、医療保護入院者及び任意入院者に係る定期の報告等の報告事項として、施行規則により、次のように定められている（参考のため、第三十三条第七項に規定する医療保護入院者の入院時の届出の届出事項（第三十三条第一項の規定による入院の場合）も併せて示す。）。

措置入院者に係る六月（入院年月日から起算して六月を経過するまでの間は三月）ごとの定期の報告の報告事項（規則第十九条）	医療保護入院者に係る十二月ごとの定期の報告の報告事項（規則第二十条）	任意入院者に係る病状等の報告の報告事項（規則第二十条の五）	医療保護入院者の入院時の届出事項（規則第十三条の四）
①精神科病院の名称及び所在地	①（同上）	①（同上）	①（同上）
②患者の住所、氏名、性別及び生年月日	②（同上）	②（同上）	②（同上）

③入院年月日及び前回の法第三十八条の二第一項前段の規定による報告（定期病状報告）の年月日	④病名及び過去六月間（入院年月日から起算して六月を経過するまでの間は過去三月間）の病状又は状態像の経過の概要	⑤現在の症状	⑥生活歴及び現病歴	⑦今後の治療方針		⑧処遇に関する事項	⑨過去六月間の法第四十条による措置（仮退院）の状況	⑩診察年月日及び診察した指定医の氏名（本人の署名）
③入院年月日及び前回の法第三十八条の二第二項において準用する同条第一項前段の規定による報告（定期病状報告）の年月日	④病名及び過去十二月間の病状又は状態像の経過の概要	⑤（同上）	⑥（同上）	⑦（同上）	⑧任意入院が行われる状態にないかどうかの検討	⑨過去十二月間の外泊の状況		⑩（同上）
③入院年月日及び前回の法第三十八条の二第三項の規定による報告の年月日	④（同上）	⑤（同上）	⑥（同上）	⑦（同上）		⑧（同上）		⑨（同上）
③入院年月日 ④法第三十四条第一項の規定による移送の有無	⑤病名	⑥（同上）	⑦（同上）		⑧任意入院が行われる状態にないと判定した理由			⑨診察した指定医の氏名（本人の署名）

	⑪退院に向けた取組の状況		⑩推定される入院期間
	⑫退院後生活環境相談員の氏名		⑪退院後生活環境相談員の氏名
			⑫医療法施行規則第一条の五に規定する入院診療計画書に記載する事項
			⑬入院について同意した家族等の住所、氏名、性別、生年月日及び患者との続柄

（注１）　太線で囲んだ事項は、指定医の診察に基づくものでなければならない。（施行規則第十九条第二項、第二十条第二項及び第十三条の四）

（注２）　「現在の症状」は、施行規則でなく法律本文に規定されている報告事項

〔２〕　措置入院者に係る定期の報告は、第二十九条第一項の規定による入院措置が採られた日の属する月の翌月を初月とする同月以後の六か月（入院年月日から起算して六か月を経過するまでの間は三か月）ごとに行われなければならない。また、医療保護入院者に係る定期の報告は、第三十三条第一項の規定による入院措置が採られた日の属する月の翌月を初月とする同月以後の十二か月ごとに行われなければならない。

なお、第三十三条第二項の扶養義務者の同意による医療保護入院が行われた場合においても、保護者の選任が行われ第三十三条第一項による入院に移行した月の翌月を初月として同月以降の十二か月ごとに行うこととしている。

〔3〕　定期の報告の様式については、「精神科病院に入院する時の告知等に係る書面及び入退院の届出等について」（平成十二年三月三十日障精第二二号　厚生省大臣官房障害保健福祉部精神保健福祉課長通知）の様式18及び様式19により示されている。

〔4〕　任意入院者の病状報告を求めることができる病院の要件として、施行規則第二十条の二及び第二十条の三において、①改善命令等を受けてから五年間を経過しない病院であること又は②改善命令等を受けた後、相当の期間を経過してもなお当該精神科病院に入院中の者の処遇が改善されないと認められる病院であることが規定されている。

〔5〕　病状報告を求めることができる任意入院者の要件は、施行規則第二十条の四において、次のとおり定められている。

〔法第三十八条の二第三項の厚生労働省令で定める基準〕

第二十条の四　法第三十八条の二第三項の厚生労働省令で定める基準は、法第二十条の規定により入院している者が次に掲げる要件のいずれかを満たすこととする。

一　入院後一年以上経過していること。

二　入院後六月を経過するまでの間に法第三十六条第三項に規定する行動の制限を受けたこと又は夜間以外の時間帯に病院から自由に外出することを制限されたこと（前号に該当する場合を除く。）。

様式 18

措置入院者の定期病状報告書

平成　　年　　月　　日

知事　殿

病院名
所在地
管理者名　　　　　　　　　印

措置入院者	フリガナ		生年月日	明治 大正 昭和 平成　年　月　日生 （満　歳）
	氏名	（男・女）		
	住所	都道府県　郡市区　町村区		
措置年月日	昭和 平成　年　月　日		今回の入院年月日	昭和 平成　年　月　日
			入院形態	
前回の定期報告年月日	平成　年　月　日			
病名	１主たる精神障害 ICD カテゴリー（　）	２従たる精神障害 ICD カテゴリー（　）	３身体合併症	
生活歴及び現病歴（推定発病年月、精神科受診歴等を記載すること。）	（陳述者氏名　　　続柄　）			
初回入院期間	昭和・平成　年　月　日　～　昭和・平成　年　月　日 （入院形態　）			
前回入院期間	昭和・平成　年　月　日　～　昭和・平成　年　月　日 （入院形態　）			
初回から前回までの入院回数	計　回			
過去６か月間（措置入院後３か月の場合は過去３か月間）の仮退院の実績	計　回　　延日数　日			
過去６か月間（措置入院後３か月の場合は３か月間）の治療の内容とその結果（問題行動を中心として記載すること。）				
今後の治療方針（再発防止への対応を含む）				
処遇、看護及び指導の現状	隔離	ｉ多用　ⅱ時々　ⅲほとんど不要		
	注意必要度	ｉ常に厳重な注意　ⅱ随時一応の注意　ⅲほとんど不要		
	日常生活の介助指導必要性	ｉ極めて手間のかかる介助 ⅱ比較的簡単な介助と指導 ⅲ生活指導を要する　ⅳその他（　）		
重大な問題行動（Ａはこれまでの、Ｂは今後おそれある行動）	現在の精神症状、その他の重要な症状、問題行動等、現在の状態像（該当のローマ数字及び算用数字を○で囲むこと。）			

1　殺人	A	B	＜現在の精神症状＞
2　放火	A	B	Ⅰ　意識
3　強盗	A	B	1意識混濁　2せん妄　3もうろう　4その他（　　　　）
4　強姦	A	B	Ⅱ　知能（軽度障害、中等度障害、重度障害）
5　強制わいせつ	A	B	Ⅲ　記憶 1記銘障害　2見当識障害　3健忘　4その他（　　　　）
6　傷害	A	B	Ⅳ　知覚
7　暴行	A	B	1幻聴　2幻視　3その他（　　　　）
8　恐喝	A	B	Ⅴ　思考
9　脅迫	A	B	1妄想　2思考途絶　3連合弛緩　4滅裂思考　5思考奔逸　6思考制止
10　窃盗	A	B	7強迫観念　8その他（　　　　）
11　器物損壊	A	B	Ⅵ　感情・情動
12　弄火又は失火	A	B	1感情平板化　2抑うつ気分　3高揚気分　4感情失禁　5焦燥・激越 6易怒性・被刺激性亢進　7その他（　　　　）
13　家宅侵入	A	B	Ⅶ　意欲
14　詐欺等の経済的な問題行動	A	B	1衝動行為　2行為心迫　3興奮　4昏迷　5精神運動制止　6無為・無関心 7その他（　　　　） Ⅷ　自我意識
15　自殺企図	A	B	1離人感　2させられ体験　3解離　4その他（　　　　）
16　自傷	A	B	Ⅸ　食行動
17　その他（　　）	A	B	1拒食　2過食　3異食　4その他（　　　　） ＜その他の重要な症状＞ 1てんかん発作　2自殺念慮　3物質依存（　　　　） 4その他（　　　　） ＜問題行動等＞ 1暴言　2徘徊　3不潔行為　4その他（　　　　） ＜現在の状態像＞ 1幻覚妄想状態　2精神運動興奮状態　3昏迷状態　4統合失調症等残遺状態 5抑うつ状態　6躁状態　7せん妄状態　8もうろう状態　9認知症状態 10その他（　　　　）
診察時の特記事項			

本報告に係る診察年月日	平成　　年　　月　　日
診断した精神保健指定医氏名	署名

審査会意見	
都道府県の措置	

記載上の留意事項

1　［太枠］内は、精神保健指定医の診察に基づいて記載すること。

2　今回の入院年月日の欄は、今回貴病院に入院した年月日を記載し、入院形態の欄にそのときの入院形態を記載すること。（特定医師による入院を含む。その場合は「第33条第1項・第4項入院」、「第33条第3項・第4項入院」又は「第33条の7第2項入院」と記載すること。）なお、複数の入院形態を経ている場合には、順に記載すること。

3　生活歴及び現病歴の欄は、他診療所及び他病院での受診歴をも聴取して記載すること。

4　生活歴及び現病歴の欄は、前回報告のコピーの添付でもよいが、新たに判明した事実がある場合には追加記載すること。

5　平成20年3月31日以前に広告している神経科における受診歴を精神科受診歴等に含むこととする。

6　初回及び前回入院期間の欄は、他病院での入院歴・入院形態をも聴取して記載すること。

7　重大な問題行動の欄には、Aはこれまでに認められた問題行動を、Bは今後おそれのある問題行動を指し、該当する全ての算用数字、A及びBを○で囲むこと。

8　現在の精神症状、その他の重要な症状、問題行動等、現在の状態像の欄は、一般にこの書類作成までの過去数か月間に認められたものとし、主として最近のそれに重点を置くこと。

9　診察時の特記事項の欄は、被診察者の受診態度、表情、言語的及び非言語的なコミュニケーションの様子、診察者が受ける印象等について記載すること。

10　診断した精神保健指定医氏名の欄は、精神保健指定医自身が署名すること。

11　選択肢の欄は、それぞれ該当する算用数字、ローマ数字等を○で囲むこと。

様式 19

医療保護入院者の定期病状報告書

平成　　年　　月　　日

知事　殿

病 院 名
所 在 地
管理者名　　　　　　　　　印

医療保護入院者	フリガナ		生年月日	明治 大正 昭和 平成　　年　月　日生 （満　　歳）
	氏　　名	（男・女）		
	住　　所	都道府県　　郡市区　　町村区		
医療保護入院年月日（第33条第1項・第3項による入院）	昭和 平成　　年　　月　　日		今回の入院年月日	昭和 平成　　年　　月　　日
			入　院　形　態	
前回の定期報告年月日	平成　　年　　月　　日			
病　　　名	1主たる精神障害 ICDカテゴリー（　　）	2従たる精神障害 ICDカテゴリー（　　）	3身体合併症	
生活歴及び現病歴〔推定発病年月、精神科受診歴等を記載すること。〕	（陳　述　者　氏　名　　　　　　続　柄　　　）			
初回入院期間	昭和・平成　　年　　月　　日　～　昭和・平成　　年　　月　　日 （入院形態　　　　）			
前回入院期間	昭和・平成　　年　　月　　日　～　昭和・平成　　年　　月　　日 （入院形態　　　　）			
初回から前回までの入院回数	計　　回			
過去12か月間の外泊の実績	1不定期的　2定期的（i月単位、ii数か月単位、iii盆や正月）　3なし			
過去12か月間の治療の内容と、その結果及び通院又は任意入院に変更できなかった理由				
症状の経過	1　悪化傾向　　2　動揺傾向　　3　不変　　4　改善傾向			
今後の治療方針（患者本人の病識や治療への意欲を得るための取り組みについて）				
退院に向けた取組の状況（選任された退院後生活環境相談員との相談状況、地域援助事業者の紹介状況、医療保護入院者退院支援委員会で決定した推定される入院期間等について）	選任された退院後生活環境相談員			

＜現在の精神症状＞	Ⅰ　意識 1意識混濁　2せん妄　3もうろう　4その他（　　　　　） Ⅱ　知能（軽度障害、中等度障害、重度障害） Ⅲ　記憶 1記銘障害　2見当識障害　3健忘　4その他（　　　　　） Ⅳ　知覚 1幻聴　2幻視　3その他（　　　　　） Ⅴ　思考 1妄想　2思考途絶　3連合弛緩　4滅裂思考　5思考奔逸　6思考制止 7強迫観念　8その他（　　　　　） Ⅵ　感情・情動 1感情平板化　2抑うつ気分　3高揚気分　4感情失禁　5焦燥・激越 6易怒性・被刺激性亢進　7その他（　　　　　） Ⅶ　意欲 1衝動行為　2行為心迫　3興奮　4昏迷　5精神運動制止　6無為・無関心 7その他（　　　　　） Ⅷ　自我意識 1離人感　2させられ体験　3解離　4その他（　　　　　） Ⅸ　食行動 1拒食　2過食　3異食　4その他（　　　　　）
＜その他の重要な症状＞	1てんかん発作　2自殺念慮　3物質依存（　　　　　） 4その他（　　　　　）
＜問題行動等＞	1暴言　2徘徊　3不潔行為　4その他（　　　　　）
＜現在の状態像＞	1幻覚妄想状態　2精神運動興奮状態　3昏迷状態　4統合失調症等残遺状態 5抑うつ状態　6躁状態　7せん妄状態　8もうろう状態　9認知症状態 10その他（　　　　　）
本報告に係る診察年月日	平成　　年　　月　　日
診断した精神保健指定医氏名	署名

審査会意見	
都道府県の措置	

記載上の留意事項

1　▭内は、精神保健指定医の診察に基づいて記載すること。
2　今回の入院年月日の欄は、今回貴病院に入院した年月日を記載し、入院形態の欄にそのときの入院形態を記載すること。（特定医師による入院を含む。その場合は「第33条第1項・第4項入院」、「第33条第3項・第4項入院」又は「第33条の7第2項入院」と記載すること。）なお、複数の入院形態を経ている場合には、順に記載すること。
3　生活歴及び現病歴の欄は、他診療所及び他病院での受診歴をも聴取して記載すること。
4　生活歴及び現病歴の欄は、前回報告のコピーの添付でもよいが、新たに判明した事実がある場合には追加記載すること。
5　平成20年3月31日以前に広告している神経科における受診歴を精神科受診歴等に含むこととする。
6　初回及び前回入院期間の欄は、他病院での入院歴・入院形態をも聴取して記載すること。
7　入院後の診察により精神症状が重症であって、かつ、慢性的な症状を呈することにより入院の継続が明らかに必要な病状であること等により1年以上の入院が必要であると判断される場合には、「過去12か月間の治療の内容と、その結果及び通院又は任意入院に変更できなかった理由」の欄にその旨を記載すること。
8　「退院に向けた取組の状況」の欄については、
①　退院後生活環境相談員との最初の相談を行った時期やその後の相談の頻度等
②　地域援助事業者の紹介の有無や紹介した地域援助事業者との相談の状況等
③　医療保護入院者退院支援委員会での審議状況等
について記載することとし、③については、必要に応じて医療保護入院者退院支援委員会における審議結果記録の写しを添付した上で、その旨同欄に明記すること。
9　現在の精神症状、その他の重要な症状、問題行動等、現在の状態像の欄は、一般にこの書類作成までの過去数か月間に認められたものとし、主として最近のそれに重点を置くこと。
10　診断した精神保健指定医氏名の欄は、精神保健指定医自身が署名すること。
11　選択肢の欄は、それぞれ該当する算用数字、ローマ数字等を○で囲むこと。

（定期の報告等による審査）

第三十八条の三　都道府県知事は、前条第一項若しくは第二項の規定による報告又は第三十三条第七項の規定による届出（「同条第一項」又は第三項の規定による措置に係るものに限る。）があつたときは、当該報告又は届出に係る入院中の者の症状その他厚生労働省令で定める事項を精神医療審査会に通知し[1]、当該入院中の者についてその入院の必要があるかどうかに関し審査を求めなければならない。

２　精神医療審査会は、前項の規定により審査を求められたときは、当該審査に係る入院中の者についてその入院の必要があるかどうかに関し審査を行い、その結果を都道府県知事に通知しなければならない。

３　精神医療審査会は、前項の審査をするに当たつて必要があると認めるときは、当該審査に係る入院中の者に対して意見を求め、若しくはその者の同意を得て委員（指定医である者に限る。第三十八条の五第四項において同じ。）に診察させ、又はその者が入院している精神科病院の管理者その他関係者[2]に対して報告若しくは意見を求め、診療録その他の帳簿書類の提出を命じ、若しくは出頭を命じて審問することができる。

４　都道府県知事は、第二項の規定により通知された精神医療審査会の審査の結果に基づき、その入院が必要でないと認められた者を退院させ、又は精神科病院の管理者に対しその者を退院

させることを命じなければならない。[3][4][5]

5　都道府県知事は、第一項に定めるもののほか、前条第三項の規定による報告を受けたときは、当該報告に係る入院中の者の症状その他厚生労働省令で定める事項を精神医療審査会に通知[1]し、当該入院中の者についてその入院の必要があるかどうかに関し審査を求めることができる。

6　第二項及び第三項の規定は、前項の規定により都道府県知事が審査を求めた場合について準用する。[6]

〔要　旨〕

本条は、都道府県知事（指定都市の市長）が、精神科病院の管理者から、

①　措置入院者に係る六月（入院年月日から起算して六月を経過するまでの間は三月）ごとの定期の報告

②　医療保護入院者に係る入院時の届出

③　医療保護入院者に係る十二月ごとの定期の報告

④　任意入院者に係る病状等の報告

を受けたときに、その内容を精神医療審査会に通知し、当該入院中の者についてその入院の必要があるかどうかに関して審査を求め、その審査結果に基づき、措置入院の場合には、措置解除し、医療保護入院の場合には、精神科病院の管理者に対してその者を退院させることを命じる規定である。

平成十一年の法改正により、精神科病院の入院患者の人権に配慮した処遇の確保を図るため、精神医療審査会の調査権限として、従来の関係者からの意見聴取に加え、帳簿書類の提出命令を追加するなど、精神医療審査会の審査機能が強化された。

さらに、平成十七年の法改正により、都道府県知事が一定の要件を満たす任意入院者に関する病状等の報告を求めた場合において、措置入院や医療保護入院の場合と同様に精神医療審査会に通知し、当該入院中の者についてその入院の必要があるかどうかに関して審査を求めることができることとされた。

また、平成二十五年の法改正に伴い、新規の医療保護入院者については、原則として一年以内に退院することを基本的な考え方とし、入院届（又は入院届に添付される入院診療計画書）に記載される推定される入院期間が特段の理由なく一年以上の期間とされていないか、定期病状報告の際に添付される医療保護入院者退院支援委員会審議記録において特段の理由なく入院の継続が必要と判断されていないか等が、新たに精神医療審査会の審議事項に加えられた。

〔解　釈〕

〔1〕　都道府県知事（指定都市の市長）が精神医療審査会に通知する事項は、施行規則第二十一条に定められており、定期の報告等の報告事項及び入院時の届出の届出事項とされている（第三十八条の二の解釈〔1〕の表を参照）。

〔2〕　意見を聴く「関係者」としては、当該入院患者の主治医、当該病院に勤務する精神保健指定医及び看護師、精神保健福祉士などの退院後生活環境相談員、地域援助事業者、家族等が考えられる。

〔3〕　定期の報告等の審査の取扱いについては、平成十二年三月二十八日障第二〇九号厚生省大臣官房障害保健福祉部長通知で示されている「精神医療審査会運営マニュアル」に、次のように定められている。

精神保健及び精神障害者福祉に関する法律第十二条に規定する精神医療審査会について（抄）

〔平成十二年三月二十八日　障第二〇九号
各都道府県知事・各指定都市市長宛　厚生省大臣官房障害保健福祉部長通知〕

注　平成二六年一月二四日障発〇一二四第五号による改正現在

精神医療審査会運営マニュアル

Ⅵ　定期の報告等の審査について

1　合議体での審査等について

(1)　合議体が行う審査のための事前手続

ア　資料の送付

審査会は、当該審査を行う合議体の委員に対して事前に当該審査資料を送付する等により、検討を依頼することができる。また、必要事項の記載漏れ等を事前に点検しておくことが望ましい。

イ　委員による診察

Ⅴ退院の請求の場合の3(1)イに準じる。

ウ　診療録その他の帳簿書類の提出

Ⅴ退院の請求の場合の3(1)ウに準じる。

(2)　合議体の審査時における関係者からの意見聴取等

ア　関係者からの意見聴取等について

合議体は、審査をするに当たって、必要に応じて以下の関係者に対して意見を求めることができる。

①　当該患者

② 病院管理者又は代理人

③ 当該患者の主治医等

イ 審問

Ⅴ退院の請求の場合の３⑵イに準じる。

⑶ 合議体での審査に関するその他の事項

ア 入院時の審査の取扱について

入院時の届出の審査に当たっては直近の合議体で審査を行う等、迅速かつ適切な処理を行うよう留意するものとする。

また、入院時の届出に添付されている入院診療計画書に記載されている推定されている入院期間が、特段の理由なく一年以上の期間とされていないか確認する。

イ 定期病状報告の審査

定期病状報告の審査に当たっては、添付されている医療保護入院者退院支援委員会審議記録により、医療保護入院者退院支援委員会の審議において特段の理由なく入院の継続が必要と判断されていないか確認する。

また、任意入院者及び医療保護入院者については、特段の理由なく一年以上の入院が必要であると判断されていないか確認する。

ウ 都道府県知事に対する報告徴収等の要請について

審査会は、合議体の審査に当たって必要な場合、及び合議体の審査の結果から必要と認める場合には、都道府県知事に対し、法第三十八条の六の規定に基づく実地審査を行うよう要請すること、及び

その実地審査について指定医である合議体委員の同行を求めることができる。また、当該精神科病院に対して都道府県知事が行う実地指導に指定医である合議体委員の同行を求めることができる。

(4)　審査結果の都道府県知事への通知

審査会は、審査終了後速やかに都道府県知事に対して、次に示した内容の結果を通知するものとする。

①　現在の入院形態での入院が適当と認められること

②　他の入院形態への移行が適当と認められること

③　合議体が定める期間内に、他の入院形態へ移行することが適当と認められること

④　合議体の定める期間経過後に、当該患者の病状、処遇等について報告を求めることが適当であること

⑤　入院の継続は適当でないこと

⑥　当該患者の入院中の処遇について適当でない事項が認められるときはその処遇内容が適当でないこと

前記通知には理由の要旨を付すものとする。

なお、別途、合議体は、審査結果について、都道府県知事に対する参考意見、及び当該患者が入院する精神科病院の管理者又は当該患者の治療を担当する指定医に対する参考意見を述べることができる。

(5)　資料及び記録の保存

審査の資料及び議事内容の記録については、少なくとも五年間は保存するものとする。

2　都道府県知事からの病院管理者等への通知

(1)　審査会の判断が前項(4)①である場合は、病院管理者等に対して、その旨を通知するに及ばない。

(2)　審査会の判断が前項⑷②から⑥の場合は、都道府県知事は、審査結果に基づき必要な措置を行うとともに、請求者、当該患者及び病院管理者に対し、審査の結果及びこれに基づき採った措置を通知するものとする。

この場合、都道府県知事は、審査会に対し、審査結果に基づいて採った措置の内容及び結果を報告する。

〔4〕　審査会から措置入院者につきその入院が必要でない旨の審査結果が通知された場合には、都道府県知事は、本項又は第三十八条の五第五項の規定に基づき、当該患者の入院措置を解除しなければならないが、この場合においては、第二十九条の四第二項の規定にかかわらず、改めてその指定する指定医の診察を要しない。

〔5〕　措置入院は、通例、都道府県（指定都市）の区域内の精神科病院に措置することで行われるが、区域内の精神科病院で対応できない場合には、他の都道府県（指定都市）の区域の精神科病院に措置すること（いわゆる越境措置）もありうる。特に、平成八年四月からいわゆる大都市特例が施行されたことに伴い、その区域内に指定病院を十分に有しない指定都市が指定都市以外の区域の精神科病院に措置することや、道府県が指定都市の区域内の精神科病院に措置するなどの場合が必要となっている。

この場合の審査案件の取扱いを、精神科病院の所在の知事（市長）が行うのか、それとも、措置を行った知事（市長）が行うのかという問題については、措置入院者の病状については、常に措置を行った知事（市長）が責任を持って常時把握し、必要に応じて措置解除を行うことが必要であるので、定期病状報告の審査（第三十八条の三第一項）は、措置を行った知事（市長）が、措置を行った都道府県（指定都市）の精神医療審査会に通知して審査を受け、その結果、入院の必要なしとされた場合には、その知事（市長）が措置解除を行うこととされて

いる。ただし、精神科病院の管理者にとっては、所在地を管轄する保健所長にまとめて書類を提出することが便宜的であるので、措置入院者に係る定期病状報告（第三十八条の二）及び措置症状消退届（第二十九条の五）は、精神科病院の所在地を管轄する保健所長を経由して、措置を行った知事（市長）に対して提出することとされている。このような取扱いは、措置入院者の退院等の請求（第三十八条の四）や、当該請求についての精神医療審査会の審査（第三十八条の五）等についても同様である（第五十一条の十二の解説を参照）。

〔6〕任意入院者に関する病状等の報告を求め、さらに精神医療審査会に審査を求める場合において、精神医療審査会への審査及び審査結果の都道府県知事への通知に関する規定（本条第二項）及び診療録その他の帳簿書類の提出命令等の精神医療審査会の調査権限に関する規定（本条第三項）を準用している。なお、病状報告の対象となるのは任意入院者であり、自発的意思に基づき病院との契約を結び入院しているものであるから、都道府県知事が精神科病院の管理者に対し、その者を退院させることを命じなければならないなどとしている本条第四項は準用されていない。

（退院等の請求）

第三十八条の四　精神科病院に入院中の者又はその家族等[1]（その家族等がない場合又はその家族等の全員がその意思を表示することができない場合にあつては、その者の居住地を管轄する市町村長）は、厚生労働省令で定めるところにより[2][3]、都道府県知事に対し、当該入院中の者を退院させ、又は精神科病院の管理者に対し、その者を退院させることを命じ、若しくはその者の

処遇の改善のために必要な措置を採ることを命じることを求めることができる。(4)(5)(6)

〔要　旨〕

本条は、入院患者やその家族等は、都道府県知事（指定都市の市長）に対して、

① 措置入院者にあっては措置解除をし、その他の入院患者にあっては精神科病院の管理者に対して退院命令をすること、

② 精神科病院の管理者に対して処遇改善命令をすること、

を求めることができる旨の規定である。

本条の「退院等の請求」及び次条の「退院等の請求による審査」の制度は、入院患者の人権保護を強化するため、昭和六十二年の法改正により新設された制度である。

〔解　釈〕

〔1〕 退院等の請求は、本条に定める者のほか、その代理人である弁護士も行い得る。なお、請求を受理した都道府県知事（指定都市の市長）は、当該患者が当該病院に入院していること及び請求を行った者の意思を確認しなければならず、代理人による請求の場合には代理権を有することを証する書面を確認することとなる。

〔2〕 退院等の請求に当たって申し立てるべき事項については、施行規則第二十二条により、次のように定められている。

① 患者の住所、氏名、生年月日

② 請求人が患者本人でない場合にあっては、その者の住所、氏名及び患者との続柄

③　患者が入院している精神科病院の名称
④　請求の趣旨及び理由
⑤　請求年月日

〔3〕請求は書面をもって行うことを原則とするが、口頭（電話を含む。）による請求も認められる。なお、都道府県知事・指定都市の市長が受けた電話相談については、精神医療審査会に報告し、当該審査会が口頭による退院請求が適当と判断した場合は、退院請求として取り扱うこととする（「精神保健及び精神障害者福祉に関する法律第十二条に規定する精神医療審査会について」平成十二年三月二十八日障第二〇九号）。口頭等による請求を受けた都道府県知事・指定都市の市長（実際は、都道府県・指定都市の職員であろう。）は、右の①から⑤までの事項について確認の上、書面による請求ができない理由及び聴取者の氏名とともに書面を作成しておくことが、行政実務上求められる。

〔4〕処遇の改善に係る請求としては、懲罰的な閉鎖病棟の使用、患者の隔離及び身体的拘束の実施などに関する事項や医療保護入院者に関する退院後生活環境相談員による相談などの退院促進措置に関する事項が考えられる。適正な審査を行う観点から、都道府県知事（指定都市の市長）が、請求者に対し請求の意思を確認する際に、特に処遇改善請求についてその具体的な内容を明らかにしておくことが望ましい。

〔5〕本条については、手続違反を理由とする退院等の請求が認められるかという問題がある。

昭和六十二年の法改正において退院等の請求の規定が設けられた趣旨は、入院の必要性や処遇の適切さについて、広く入院患者等から都道府県知事（指定都市の市長）に対する調査請求を認めようとするものである。一般的には、医学的必要性についての調査を念頭に置いたものであるが、医療保護入院において家族等の同意がないなどの入院手続に違反がある場合についても、退院等の請求を排除するものではない。ただし、入院が必要であ

る患者につき、その手続に不備があることが判明した場合は、違法な入院とならないよう、まず必要な措置が行われなければならない。

〔6〕　本条に基づく退院等の請求は、精神科医療の分野の特殊性にかんがみ、人権確保の観点から入院の要否等に関し迅速かつ専門的に審査するために、特に、精神保健福祉法において制度化したものであり、行政不服審査法において行政処分（例えば、都道府県知事による措置入院）について一般的に認められている不服の申立てとは全く別のものである。したがって、退院等の請求、不服申立ての一方を行ったことを理由として他方が制約されることはなく、退院等の請求を行った措置入院者も、別途当該処分の審査請求を行うことができる。

（退院等の請求による審査）

第三十八条の五　都道府県知事は、前条の規定による請求を受けたときは、当該請求の内容を精神医療審査会に通知し、当該請求に係る入院中の者について、その入院の必要があるかどうか、又はその処遇が適当であるかどうかに関し審査を求めなければならない(1)。

2　精神医療審査会は、前項の規定により審査を求められたときは、当該審査に係る者について、その入院の必要があるかどうか、又はその処遇が適当であるかどうかに関し審査を行い(2)、その結果を都道府県知事に通知しなければならない。

3　精神医療審査会は、前項の審査をするに当たつては、当該審査に係る前条の規定による請求をした者及び当該審査に係る入院中の者が入院している精神科病院の管理者の意見を聴かなけ

ればならない。ただし、精神医療審査会がこれらの者の意見を聴く必要がないと特に認めたときは、この限りでない。[3]

4 精神医療審査会は、前項に定めるもののほか、第二項の審査をするに当たつて必要があると認めるときは、当該審査に係る入院中の者の同意を得て委員に診察させ、又はその者が入院している精神科病院の管理者その他関係者に対して報告を求め、診療録その他の帳簿書類の提出を命じ、若しくは出頭を命じて審問することができる。

5 都道府県知事は、第二項の規定により通知された精神医療審査会の審査の結果に基づき、その入院が必要でないと認められた者を退院させ、又は当該精神科病院の管理者に対しその者を退院させることを命じ若しくはその者の処遇の改善のために必要な措置を採ることを命じなければならない。[4][5]

6 都道府県知事は、前条の規定による請求をした者に対し、当該請求に係る精神医療審査会の審査の結果及びこれに基づき採つた措置を通知しなければならない。

〔要　旨〕

本条は、都道府県知事（指定都市の市長）が、入院患者又はその家族等から退院等の請求を受けたときに、その内容を精神医療審査会に通知して審査を求め、その審査結果に基づき、措置入院者にあっては措置解除をし、その他の入院患者にあっては精神科病院の管理者に対して退院命令をし、また、精神科病院の管理者に対して処遇改善

命令をする規定である。
　平成十一年の法改正により、精神医療審査会の定期報告等の審査と同様、退院等の請求の審査についても、精神科病院の入院患者の人権に配慮した処遇の確保を図るため、精神医療審査会の調査権限として、従来の関係者からの意見聴取に加え、帳簿書類の提出命令を追加するなど、精神医療審査会の機能強化が図られた。

〔解　釈〕

〔１〕　退院等の請求を受理した都道府県知事（指定都市の市長）は、審査会の審査を求めるに先立って、請求を受理したことの関係者への通知や、事前資料の準備を行うものとされている。
〔２〕　審査会による退院等の請求の審査に当たっては、人権擁護の徹底を図る観点から、請求者及び当該審査の対象となる入院患者の入院先の精神科病院管理者の意見を聴かなければならないが、請求の中には、頻回に同一内容の請求が行われるものや意味不明のものがあり得ると考えられる。これらについては、個々の全ての請求について必ずしも意見聴取を行う必要はないと考えられることから、審査会の判断により、これを省略することができるとされた。ただし、これらの請求についても、全件、審査会の審査に付さなければならない。
〔３〕　退院等の請求の受理、都道府県知事（指定都市の市長）の行う事前手続き、精神医療審査会における審査の取扱い、知事の行う事後処理については、平成十二年三月二十八日障第二〇九号厚生省大臣官房障害保健福祉部長通知で示されている「精神医療審査会運営マニュアル」に、次のように定められている。なお、平成十四年四月一日から、精神医療審査会の事務を精神保健福祉センターにおいて行うことに伴い、審査の客観性、独立性を確保するため、退院等の請求の受付についても精神保健福祉センターにおいて行うものとしている。

精神保健及び精神障害者福祉に関する法律第十二条に規定する精神医療審査会について（抄）

〔平成十二年三月二十八日　障第二〇九号
各都道府県知事・各指定都市市長宛　厚生省大臣官房障害保健福祉部長通知〕

注　平成二六年一月二四日障発〇一二四第五号による改正現在

精神医療審査会運営マニュアル

Ⅴ　退院等の請求の処理について

1　退院等の請求受理について

(1)　請求者

法第三十八条の四に定める者及びその代理人とする。ただし、代理人は弁護士とするが、精神科病院に入院中の者が請求する場合で、弁護士を代理人に選任することが困難な場合は、弁護士でない者を代理人とすることができる。

(2)　請求方法

書面を原則とする。ただし、精神科病院に入院中の患者が請求する場合で、当該患者が口頭（電話を含む。）による請求の受理を求めるときはそれを認めるものとする。

(3)　請求者に対する確認等

都道府県知事は、当該患者が当該病院に入院していること及び請求を行った者の意思を確認するものとする。ただし、その確認により請求者の請求の意思が制限を受けないよう配慮するものとする。また、代理人による請求の場合には、代理権を有することを証する書面を確認するものとする。

なお、請求者が家族等の場合は、入院に同意した家族等であるか確認することとする。

2　都道府県知事の行う事前手続きについて

(1)　当該請求を受理したことの関係者への通知

都道府県知事は、速やかに当該請求を受理した旨を請求者、当該患者及び病院管理者に対し、書面又は口頭により連絡するものとする。

(2)　都道府県知事の行う事前資料の準備

ア　都道府県知事は、当該患者に関する資料として、以下の書類のうち、請求受理の直近一年以内のものについては当該書類を合議体へ提出できるよう準備するものとする。

①　法第二十七条に基づく措置入院時の診断書

②　法第三十三条第四項に基づく届出

③　法第三十八条の二に基づく定期の報告

④　法第三十八条の四に基づく退院等の請求に関する資料

⑤　当該患者の入院する精神科病院に対してなされた実地指導に関する資料（実地指導結果及び当該患者に関して診断がなされたときは当該診断結果を示す資料など）

イ　都道府県知事は、法第二十条の規定による入院（任意入院）が行われる状態にないとの判定が適正に行われているか、法第三十三条第一項の同意が適正に行われているか、同条第四項に基づく届出が適正に行われているかなど手続的事項については、事前にチェックし、整理表を作成するなどにより、審査の便宜を図るものとする。

ウ　また、同一人から同一趣旨の請求が多数ある場合や、家族等（精神保健福祉法第三十三条第二項に規定する家族等をいう。以下同じ。）のうち複数から同一趣旨の請求がある場合には、審査の円滑な

運営ができるよう、事前に十分整理しておくものとする。

3　合議体での審査等について

(1)　合議体が行う審査のための事前手続

ア　意見聴取

①　基本的な考え方

審査会は、審査をするに当たって、請求の内容を適切に把握するため法第三十八条の五第三項に基づき、退院等の請求をした者及び当該審査に係る入院中の者が入院している精神科病院の管理者の意見（代理人を含む。）を聴かなければならないこととする。ただし、当該請求受理以前六か月以内に意見聴取を行っている場合及び同一案件について複数の者から請求があった場合等において、重ねて意見聴取を行う必要が乏しいと認められるときは、この限りでない。

②　実施時期

意見聴取は、審査を迅速に実施する観点から合議体での審査に先だって行うことが望ましい。

③　意見聴取を行う委員

意見聴取を行う委員は二名以上、少なくとも一名は精神医療に関して学識経験を有する委員とする。

なお、意見聴取を行う委員については、あらかじめ定めておくことができる。

④　意見聴取の方法

原則として面接の上、当該請求に関しての意見聴取を行うことが望ましいが、審査会の判断で、書面を提出させることにより意見聴取を行うことができる。なお、意見聴取した内容について、審

査の円滑な運営ができるよう事前に十分整理しておくこととする。

⑤　その他の対象

合議体は、必要があると認めるときは、同項ア①に規定する者以外の者であっても以下の関係者の意見を聴くことができる。

(ア)　当該患者

(イ)　当該患者の家族等

⑥　意見陳述の機会等についての告知

面接の際に審査を行う委員は意見聴取を受ける者に対して、合議体が実際の審査を行うときに意見陳述の機会のあることを知らせなければならない。なお、精神科病院に入院中の患者が退院等を請求した場合は、当該患者に弁護士による権利擁護をうける権利のあることを知らせなければならない。

⑦　代理人の場合の取扱

代理人から意見聴取を行う場合には、当該意見聴取に関して代理権を有することを確認するものとする。また、当該患者に代理人がいる場合で、代理人が当該患者の面接に立ち会うことを申し出たときは、その立ち会いを認めなければならないものとする。

⑧　事前の準備

意見聴取を行うに当たって、あらかじめ用紙を面接による意見聴取を受ける者に送付し、記載を求めることができるものとする。

イ　委員による診察について

審査会は、審査をするに当たって、必要に応じて、請求の対象となった入院中の患者の同意を得たうえで、指定医である委員により診察を行うことができる。

ウ　診療録その他の帳簿書類の提出

審査会は、審査をするに当たって、必要に応じて、精神科病院の管理者その他関係者に対して調査対象となった入院中の患者の診療録、医療保護入院者退院支援委員会審議記録その他の帳簿書類の提出を命じることができる。

(2)　合議体の審査時における関係者からの意見聴取等

ア　関係者からの意見聴取等について

合議体は、審査をするに当たって、必要に応じて以下の関係者に対して意見を求めることができる。

①　当該患者

②　請求者

③　病院管理者又はその代理人

④　当該患者の主治医等

⑤　当該患者の入院に同意した家族等

また、前記③及び④の者に対しては報告を求めることができる。

イ　審問

合議体は審査をするに当たって、必要に応じて以下の者に対して出頭を命じて審問することができる。

①　病院管理者又はその代理人

② 当該患者の主治医等

③ その他の関係者

ウ 関係者の意見陳述について

請求者、病院管理者若しくはその代理人及び合議体が認めたその他の者は、合議体の審査の場で意見を陳述することができる。なお、請求者が当該患者である場合には、⑴による意見聴取により十分意見が把握できており、合議体が意見聴取をする必要がないと認めた場合にはこの限りでないが、当該患者に弁護士である代理人がおり、当該患者が当該代理人による意見陳述を求めた場合には、合議体は当該代理人に審査の場で意見を述べる機会を与えなければならない。

⑶ 合議体での審査に関するその他の事項

ア 都道府県知事に対する報告徴収等の要請について

合議体は、審査をするに当たって、特に必要と認める場合には都道府県知事に対して、法第三十八条の六に基づく報告徴収等を行うことを要請すること、及び指定医である合議体委員の同行を求めることができる。また、その結果については、報告を求めることができる。なお、合議体が当該審査の後の一定期間経過後の当該患者の状態確認が必要と判断したときも同じこととする。

イ 合議体における資料の扱いについて

合議体における資料については、これを開示しないものとする。ただし、請求者が当該患者であって弁護士である代理人がいる場合に、その代理人が意見を述べるうえで必要とするときは資料を開示するものとする。

⑷ 都道府県知事への審査結果の通知

審査会は、審査終了後速やかに都道府県知事に対して、次に示した内容の結果を通知するものとする。

ア　退院の請求の場合

①　引き続き現在の入院形態での入院が適当と認められること

②　他の入院形態への移行が適当と認められること

③　合議体が定める期間内に、他の入院形態へ移行することが適当と認められること

④　入院の継続は適当でないこと

⑤　合議体が退院の請求を認めない場合であっても、当該請求の処遇に関し適当でない事項があるときは、その処遇内容が適当でないこと前記通知には理由の要旨を付すものとする。

なお、別途、審査会は審査結果について、都道府県知事、当該患者が入院する精神科病院の管理者、及び当該患者の治療を担当する指定医に対する参考意見を述べることができる。

イ　処遇の改善の請求の場合

①　処遇は適当と認めること

②　処遇は適当でないこと、及び合議体が求める処遇を行うべきこと

なお、別途、審査結果に付して、都道府県知事に対して参考意見を述べることができる。

4　都道府県知事の行う事後処理について

(1)　請求者等に対する結果通知

都道府県知事は、3(1)ア①及び⑤に規定する者に対して、速やかに審査の結果（請求者に対しては理由の要旨を付す。）及びこれに基づき採った措置を通知するものとする。

(2)　資料及び記録の保存

審査の資料及び議事内容の記録については、少なくとも五年間は保存するものとする。

(3)　その他の事項

合議体での審査の結果、退院等の請求が適当との判断がなされた場合、都道府県知事はおおむね一か月以内に、当該病院管理者が採った措置を確認するものとし、当該措置について審査会に報告することとする。

5　その他退院等の請求の審査に関して必要な事項

(1)　退院等の請求の審査中に、請求者から請求を取り下げたいとの申し出が書面又は口頭により都道府県知事になされた場合、又は当該患者が病院から退院した場合は、審査会はそれにより審査を終了する。ただし、特に審査会が取り下げ前または当該患者の退院前の入院等の適否の審査を行う必要があると認めた場合はこの限りではない。

(2)　退院等の請求が都道府県知事になされた場合、当該患者の入院形態が他の入院形態に変更された場合であっても、その請求は入院形態にかかわらず有効とみなして審査手続きを進めるものとする。また、退院の請求には現在受けている処遇の改善の請求を含むものとして取り扱うことができる。

(3)　都道府県知事は、請求を受理してからおおむね一か月、やむを得ない事情がある場合においてもおおむね三か月以内に請求者に対し、審査結果及び理由の要旨を通知するよう努めるものとする。

(4)　処遇の改善の請求のうち、当該請求が法第三十六条又は第三十七条に基づく厚生労働大臣の定める処遇の基準その他患者の人権に直接係わる処置に関する請求以外の請求である場合には、前記手続きのうち、２(2)、３(1)、(2)ア、イ、ウを省略し、直ちに審査を行うことができる。

(5)　退院の請求がなされた場合においても、合議体における審査の結果、当該患者の処遇、社会復帰への

指導方法、その他当該患者への適切な医療の提供のために合議体が必要と認める措置がある場合には、その旨を都道府県知事に通知するものとする。また、必要に応じて、当該患者が入院する精神科病院の管理者、当該患者の治療を担当する指定医、及び当該患者の家族等と協議することができる。

6　電話相談の取扱について

都道府県知事は、精神科病院に入院中の患者から電話相談を受けたときは、その内容及び対応を次の回の審査会に報告するものとする。合議体は、当該電話相談のうち口頭による退院等の請求として認めることが適当と判断される事例については、都道府県知事に対して当該電話相談を退院等の請求として受理するよう求めることができる。その場合、次の合議体の審査において当該請求を審査することとする。

〔4〕　退院等の請求の結果としての都道府県知事（指定都市の市長）の行為と行政不服審査法及び行政手続法に基づく手続きとの関係については、次のように整理される。

①　退院命令、処遇改善命令は不利益処分に該当するため、当該命令に対して、病院の管理者は行政不服審査法に基づく審査請求ができる。また、行政手続法第十三条第一項第二号により、当該処分に先立ち、原則弁明の機会を付与しなければならないこととなっているが、全ての退院命令及び処遇改善命令のうち、不当な隔離や身体的拘束等に係るものについては患者の身体及び自由に直接影響を及ぼす可能性が強く、緊急に対策を講じる必要があるため、行政手続法第十三条第二項第一号に該当することから、弁明の機会の付与の適用除外となっている。

②　現状を妥当とする都道府県知事（指定都市の市長）の請求者に対する通知については、単なる事実行為であって行政処分とは認められないので、これに対する不服申立てはできない。

〔5〕　措置入院者について入院が必要でない旨の審査結果が通知された場合の取扱い、及び審査に係る都道府県（指定都市）の管轄については、第三十八条の三の解釈〔4〕、〔5〕を参照。

（報告徴収等）

第三十八条の六　厚生労働大臣又は都道府県知事⑴は、必要があると認めるとき⑵は、精神科病院の管理者に対し、当該精神科病院に入院中の者の症状若しくは処遇に関し、報告を求め、若しくは診療録その他の帳簿書類の提出若しくは提示を命じ、当該職員若しくはその指定する指定医⑶に、精神科病院に立ち入り、これらの事項に関し、診療録その他の帳簿書類（その作成又は保存に代えて電磁的記録の作成又は保存がされている場合における当該電磁的記録を含む。）を検査させ、若しくは当該精神科病院に入院中の者その他の関係者に質問させ、又はその指定する指定医に、精神科病院に立ち入り、当該精神科病院に入院中の者を診察させることができる⑷。

2　厚生労働大臣又は都道府県知事は、必要があると認めるときは、精神科病院の管理者、精神科病院に入院中の者又は第三十三条第一項、第三項若しくは第四項の規定による入院について同意をした者に対し、この法律による入院に必要な手続に関し、報告を求め、又は帳簿書類の提出若しくは提示を命じることができる。

3　第十九条の六の十六第二項及び第三項の規定は、第一項の規定による立入検査、質問又は診察について準用する。この場合において、同条第二項中「前項」とあるのは「第三十八条の六第一項」と、「当該職員」とあるのは「当該職員及び指定医」と、同条第三項中「第一項」とあるのは「第三十八条の六第一項」と読み替えるものとする。

〔要　旨〕

本条は、厚生労働大臣又は都道府県知事（指定都市の市長）が行う報告徴収、立入検査等に関する規定である。昭和六十二年の法改正により設けられた規定であり、本法の制度の適正な運用を確保し、患者の人権に資するという観点から行うものである。

本条第一項は、精神科病院に入院中の者の症状又は処遇に関しての報告徴収等の規定であり、①精神科病院の管理者に対する報告徴収、帳簿書類の提出・提示命令、②職員又は指定医による精神科病院への立入調査、帳簿書類の検査、入院患者その他の関係者への質問、③指定医による入院患者の診察の権限を付与している。

本条第二項は、本法による入院に必要な手続に関する報告徴収等の規定であり、精神科病院の管理者、精神科病院に入院中の者、医療保護入院等について同意をした者に対する報告徴収及び帳簿書類の提出命令の権限を付与している。

〔解　釈〕

〔1〕　本条に規定されている報告徴収等の権限行使は、原則的には都道府県知事（指定都市の市長）によって行われるものであり、厚生労働大臣の監督権は、都道府県（指定都市）の枠を超えて生じた問題や重大な問題等特例的

な場合に発動されるものである。

〔２〕監督権発動の根拠となる「必要があると認めるとき」とは、

①　精神医療審査会から、合議体の審査の必要上報告徴収を行うよう要請されたとき（精神医療審査会運営マニュアルⅤ３⑶ア及びⅥ１⑶ウ参照）

②　第三十八条の二に基づいて行われる定期の報告に問題があるとき

③　局長通知「精神科病院に対する指導監督等の徹底について」（平成十年三月三日障第一一三号・健政発第二三二号・医薬発第一七六号・社援第四九一号）に基づいて原則一施設に対し年一回行われる実地指導や、措置入院者について実地指導の際に、年一回、医療保護入院者について医療監視等の結果等を踏まえ必要度が高いと考えられる病院から順次行うこととされている診察（実地審査）を行うとき

などが考えられるほか、さらに、これらに限らず、制度の適正な運用を期すため諸般の情況から判断して必要があると認められるときは、いつでも監督権を発動し得るものである。

精神科病院に対する指導監督等の徹底について

（平成十年三月三日　障第一一三号・健政発第二三二号・医薬発第一七六号・社援第四九一号　各都道府県知事・各指定都市市長宛　厚生省大臣官房障害保健福祉部長・健康政策・医薬安全・社会・援護局長連名通知）

注　平成二六年三月一一日障発第〇三一一第六号による改正現在

精神科病院に対する指導監督等については、従来から適正な実施をお願いしているところであるが、最近、精神科病院における不祥事が相次いで発生し、精神科病院に対する国民の不信を招き、今後の精神保健福祉施

策の推進を阻害しかねない事態となっている。

今般、精神科病院に対する指導監督等について見直しを行い、左記のとおりまとめたので、今後の指導監督等の実施に当たっては遺憾なきよう留意されたい。

また、本通知（2⑷から⑹まで、3⑶ア㈠第三段落（法第十九条の八に規定する指定病院である場合の措置に係る部分）及びオ、5並びに別紙様式1から3までを除く。）は、地方自治法（昭和二十二年法律第六十七号）第二百四十五条の九第一項及び第三項に規定する都道府県及び指定都市が法定受託事務を処理するに当たりよるべき基準であることを申し添える。

なお、昭和三十一年六月八日衛発第三五七号厚生省公衆衛生・医務局長連名通知、昭和四十三年三月二十五日衛発第二三〇号公衆衛生局長通知、昭和四十五年三月十四日衛発第一七〇号公衆衛生・医務局長連名通知、昭和五十九年六月二十二日衛発第四二五号・医発第五八三号・社保第六二号厚生省公衆衛生・医務・社会局長連名通知、昭和五十九年六月二十二日社保第六三号社会局長通知及び平成元年五月九日健医精発第二二号精神保健課長通知は廃止する。

記

1　適正な精神医療の確保等について
精神保健福祉施策の推進については、人権に配慮した適正な精神医療の確保、精神障害者の社会復帰・社会参加を促進するという観点から、地域において、障害者の日常生活及び社会生活を総合的に支援するための法律（平成十七年法律第百二十三号。以下「障害者総合支援法」という。）に規定する障害福祉サービスを行う施設等との連携を図りつつ、より良い精神医療を目指していくことが必要である。特に、入院患者の処遇については、精神保健及び精神障害者福祉に関する法律（以下「法」という。）等に基づき、行動制限、

面会、信書、電話、金銭管理等にかかる処遇が適切に行われ、社会復帰に向けた様々な環境整備を積極的に推進していく必要があることから、管下精神医療機関に対して指導の徹底を図られたい。

2　入院制度等の適正な運用について

都道府県及び指定都市においては、以下の点に留意し、適正な運用を図られるようお願いする。

(1)　措置入院制度について

ア　入院手続について

入院に当たっては、精神保健指定医二名以上の診察により適切に行い、その診察を行う際には、後見人又は保佐人、親権を行う者、配偶者その他現に本人の保護の任に当たっている者の立ち会いが可能であるので、これらの者に診察の通知を行うとともに、入院措置を採る場合には、法第二十九条第三項に基づく書面告知を患者に対して行うこと。

なお、精神保健指定医の選定に当たっては、原則として同一の医療機関に所属する者を選定しないこととするとともに、措置決定後の入院先については当該精神保健指定医の所属病院を避けるよう配慮すること。

また、都道府県立精神科病院については、法律の趣旨に照らし、進んで措置入院患者を受け入れること。

イ　通報申請等の取扱いについて

法第二十二条から第二十六条の二までの規定による通報申請等がなされた場合においては、速やかに法第二十七条の規定による所要の措置を講ずること。

ウ　病状報告について

各都道府県及び指定都市においては、精神科病院の管理者（以下「病院管理者」という。）に対し、常時措置入院患者の病状把握に努めるとともに、当該措置入院患者が自傷他害のおそれがないと認められるに至った場合には、直ちにその旨を最寄りの保健所長を経由して都道府県知事又は指定都市市長に届け出るよう指導するとともに、都道府県及び指定都市については、速やかに退院の手続をとること。

また、病状報告は、六か月（ただし、入院後六か月経過しない間については、三か月）の範囲内で定期的に求めるとともに、それ以外にも必要に応じ随時これを求めること。

なお、患者台帳等を作成するなどにより措置入院患者についての現状把握に努め、病状報告が確実に提出されているかどうかについても確認すること。

エ　仮退院について

仮退院は、精神保健指定医による診察の結果、入院患者の症状に照らし、その者を一時退院させて経過を見ることが適当であると認める場合に限り行えるものであり、決して目的外に仮退院させることのないようにすること。

オ　緊急措置入院について

緊急措置入院は、急速を要し、通常の措置入院の手続によることができない場合において、その指定する精神保健指定医をして診察をさせた結果、直ちに入院させなければならないと認めたときに行うものであり、七二時間を超えて入院させることのないようにすること。

カ　措置入院患者の診察について

措置入院患者については、入院後概ね三か月を経過した時に精神保健指定医による診察を行うこととする。

また、これ以外の場合にも必要に応じ積極的にこれを行うよう努めること。

キ　退院手続について

都道府県知事及び指定都市市長においては、措置入院患者が措置入院を継続しなくてもよいと認められたときは、直ちにその者を退院させること。

また、措置入院患者を退院させるに当たっては、医療機関、保健所、福祉事務所等との連携を密にし、その後の医療、保護及び社会復帰に支障が生じないよう十分配慮すること。

(2)　医療保護入院制度について

ア　入院手続について

病院管理者は、入院の要否について法第二十条の規定による入院が行われる状態にないことを必ず精神保健指定医に判断させるとともに、入院に際しての同意者に所定の様式に基づく同意書を提出させることにより、当該同意者が家族等（法第三十三条第二項に規定する家族等をいう。以下同じ。）のうちいずれかの者であることを確認するよう指導すること。

また、市町村長同意の場合において迅速な対応がなされるよう日頃から市町村長との連携を密にしておくこと。

なお、同意者となった市町村長においては、入院後面会して患者の病状を把握するとともに、市町村の担当者への連絡先、連絡方法を患者に伝えるよう指導すること。

イ　届出について

法第三十三条第七項の規定に基づく届出については、必ず法定の一〇日以内に行われるよう指導するとともに、選任された退院後生活環境相談員や医療保護入院による推定される入院期間について記載し

た入院診療計画書を添付させ、また、入院に際しての同意者が家庭裁判所により選任された者であるときは届出書に選任書の写しを添付させること。

また、届出内容から判断して入院手続、入院の要否等に疑問があると認められるときは、法第三十八条の六に基づく報告徴収等を行うなど必要な措置を講ずること。

ウ　退院促進措置について

法第三十三条の四に基づく退院後生活環境相談員については、その一覧を作成し、適切な資格を有する者が退院後生活環境相談員として選任されているか確認すること。

医療保護入院者退院支援委員会については、開催が必要な入院者に対して適切に委員会の審議が行われているかについて確認すること。

エ　病状報告について

病状報告については、入院が行われてから一年ごとに報告するよう病院管理者に対し指導するとともに、患者台帳等を作成するなどにより医療保護入院患者の現状把握に努め、病状報告が確実に提出されているかどうかについても確認すること。

また、平成二十六年四月一日以降の医療保護入院による入院者についての最初の定期病状報告時には、医療保護入院者退院支援委員会審議記録が添付されているか確認すること。

さらに、平成二十六年四月一日以降の入院者については、一年以上の入院の必要性について具体的な理由の記載があるか確認すること。

オ　退院手続について

病院管理者に対し、医療保護入院患者を退院させたときは、一〇日以内に最寄りの保健所長を経て都

道府県知事又は指定都市市長に届け出るよう指導すること。

また、医療保護入院患者の退院に当たっては、病院管理者が医療機関、保健所、福祉事務所等との連携を十分に行い、退院後の患者の医療、保護及び社会復帰に支障が生じないよう指導すること。

(3)　任意入院制度について

ア　入院手続きについて

人権に配慮しつつその適正な医療及び保護を確保するため、本人の同意に基づいた入院が行われるよう努めることは極めて重要なことであり、その旨を病院管理者に対して徹底させるとともに、その入院手続きについては、法に基づき適正に実施されているかどうかを確認すること。

イ　精神障害者が自ら入院する任意入院の場合においては、基本的に開放的な環境で処遇されるものである。これを制限する場合には、法第三十七条第一項の規定に基づく基準により適正に実施されているかどうかについても確認すること。

(4)　指定病院及び応急入院指定病院について

ア　厚生省告示に定める基準を満たす病院を三年の期限を付して指定することとし、三年ごとに見直しを行い更新すること。

イ　病床に余裕があるにもかかわらず、理由なく措置入院患者又は応急入院患者の受入の拒否を行っているような事実があった場合には、病院に対する指導を強化すること。

ウ　作業療法士、精神保健福祉士等の職種を配置し、入院患者の社会復帰に向けた努力を行うよう指導すること。

(5)　任意入院患者の退院制限、医療保護入院及び応急入院に係る特例措置について

ア　特定病院の認定について
精神保健及び精神障害者福祉に関する法律施行規則（昭和二十五年厚生省令第三十一号）第五条の二において定める基準を満たす病院を三年の期限を付して認定することとし、三年ごとに見直しを行い更新すること。
イ　入院手続について
病院管理者は、入院の要否について任意入院が行われる状態にないことを特定医師に判断させ、任意入院患者の退院制限、医療保護入院又は応急入院を一二時間以上継続する場合には、必ず精神保健指定医に判断させること。

また、特例措置についての事後審査委員会による審議を適切に行うよう指導すること。
ウ　届出及び記録について
医療保護入院の特例措置の届出については、必ず法定の一〇日以内に、応急入院の特例措置の届出については、直ちに行われるよう指導すること。

また、任意入院患者の退院制限、医療保護入院及び応急入院に係る特例措置の記録を作成し、保存するよう指導すること。

また、届出及び記録内容から判断して入院手続、入院の要否の判断等について適正を欠く疑いがあると認められるときは、法第三十八条の六に基づく報告徴収等を行うなど必要な措置を講ずること。
(6)　精神医療審査会について
ア　精神医療審査会は、精神障害者の人権に配慮しつつその適正な医療及び保護を確保するため、病状報告等については、必要と認める場合においては、病院管理者等に対し意見を聴くことに加え、委員によ

る診察、関係者に対して報告や意見を求めること、診療録その他の帳簿書類の提出、出頭を命じて審問するなど、慎重かつ速やかに審査を行うこと。

イ　都道府県知事及び指定都市市長は、病状報告の審査の過程、入院の必要性等につき問題があるという報告を受けた場合、法第三十八条の六による報告徴収等を行い、必要な調査・診察を行うこと。

ウ　精神科病院に入院中の者又はその家族等（その家族等がない場合又はその家族等の全員がその意思を表示することができない場合にあっては、その者の居住地を管轄する市町村長）から退院請求又は処遇改善請求があったときは、速やかに請求に関する審査を行い、都道府県知事及び指定都市市長においては、請求者に対し、遅滞なく審査結果を通知するようにすること。

エ　精神病床数、審査案件の数等地域の実情に応じて委員の増員等を行い、審査が迅速かつ適切に行われるよう所要の合議体数を整備すること。

オ　審査会の運営については、精神保健及び精神障害者福祉に関する法律第十二条に規定する精神医療審査会について（平成十二年三月二十八日障第二〇九号本職通知）の別添「精神医療審査会運営マニュアル」の考え方に沿って適切な運営を図ること。

3　実地指導等の実施方法について

(1)　実地指導の実施時期について

原則として一施設につき年一回行うこととするが、法律上適正を欠く等の疑いのある精神科病院については、数度にわたる実地指導を行うこと。

(2)　実地指導の方法について

ア　実地指導は、原則として都道府県及び指定都市精神保健福祉担当部局職員及び保健所の精神保健福祉

担当職員とともに、精神保健指定医を同行させ実施することとし、病院間で指摘内容に格差が生じないよう、都道府県及び指定都市において実地指導要領等を作成して実施するよう努めること。

また、法律上極めて適正を欠く等の疑いのある精神科病院に対しては、国が直接実地指導を実施することもあり得ること。

イ　法律上適正を欠く等の疑いのある精神科病院に対して実地指導を行う場合には、最長でも一週間から一〇日間の予告期間をもって行うこととするが、場合によっては予告期間なしに実施できること。

ウ　実地指導の際、措置入院患者については、原則として各患者に対して診察を行うものとする。また、医療保護入院患者については、病状報告や医療監視の結果等を踏まえるとともに、患者の入院期間、病名等に十分配慮して計画的、重点的に診察を行うようにすること。

エ　人権の保護に関する聞き取り調査については、病院職員に対するものだけでなく、入院患者に対しても適宜行うようにすること。

また、診療録を提出させ、内容を確認するとともに、定期病状報告と関係書類等の突合を行い、未提出の書類等がないかについても確認すること。

オ　医療監視を実施する際に併せて実地指導を行うなど医療監視との連携を十分に図ること。

また、生活保護法による指導等の実施との連携も図ること。

(3)　実地指導後の措置について

ア　実地指導の結果、入院中の者の処遇等の状況について次に掲げる度合いに応じて、法第三十八条の七に基づき病院管理者等に対して必要な措置を講じること。

(ア)　著しく適当でないと認められる場合

措置を講ずべき事項及び期限を示して、適切な処遇等を確保するための改善計画書の提出を求め、必要に応じ提出された改善計画書の変更を命じ、又は、その処遇の改善のために必要な措置を採ることを命じ、その改善結果報告を書面により求めるとともに、その結果を検証するものとする。

また、命令に従わない時は、適宜、①精神障害者の入院に係る医療の提供の全部又は一部を制限することを命じ又は②当該精神科病院の名称及び住所並びに改善命令等を行った年月日及びその内容等を公表すること。（ただし、①及び②の両方の措置を採ることを妨げない。）

さらに法第十九条の八に規定する指定病院である場合には「指定の取消し」、精神保健指定医に関して法第十九条の二第二項に該当すると思慮される場合には「その旨を厚生労働大臣あて速やかに通知」する等厳正なる措置をとること。

(イ)　適当でないと認められる場合

措置を講ずべき事項及び期限を示して、その改善結果報告を書面により求めるとともに、その結果を検証するものとする。

イ　当該精神科病院の構造設備・人員配置が医療法に定める基準に著しく違反し、又はその運営が著しく不適当であると認められる場合は、改善指導を行うとともに医療監視の実施機関や保険・福祉等関係部局に必ず連絡をとること。

ウ　公費負担医療費が不当に超過して支払われている事実を発見したときは、速やかに返還を命ずること。

エ　実地指導で指摘事項が多いか重大な問題があるような精神病院については、確認のため再度実地指導を行うこと。

オ　実地指導を行った際には、その都度別記様式1による報告書を作成すること。また、別記様式2及び3により四月一日から翌年三月三十一日までを一括して取りまとめ、同年四月末日までに厚生労働省社会・援護局障害保健福祉部精神・障害保健課長あてに報告すること。

ただし、法律上適正を欠く等の疑いが発見された場合には、速やかに連絡するとともに、別記様式1による報告書についても早急に提出すること。

4　実地指導の指導項目について

実地指導を行う際には、左記の項目について十分留意し実施すること。

(1)　過去の行政指導等に対する改善状況について
(2)　精神科病院内の設備等について
(3)　医療環境について
(4)　精神保健指定医について
(5)　指定病院について
(6)　措置入院について
(7)　医療保護入院について
(8)　応急入院について
(9)　任意入院について
(10)　特例措置について
(11)　入院患者の通信面会について
(12)　入院患者の隔離について

⒀　入院患者の身体拘束について
⒁　入院患者の隔離及び身体拘束等の行動制限に関する一覧性のある台帳の整備について
⒂　入院患者等のその他の処遇について
⒃　その他

5　医療法第二十五条の規定に基づく立入検査の実施に当たっての技術的助言について

医療監視については、従来から厳正な実施をお願いしているところであり、特に、医療法上適正を欠く等の疑いのある医療機関については、平成九年六月二十七日指第七二号厚生省健康政策局指導課長通知「医療監視の実施方法等の見直しについて」により厳正な対処が必要である旨通知しているところであるが、精神科病院についても同様とすることが適切であること。また、実施に際しては、①医療従事者の充足、②超過収容の解消、③無資格者の医療行為の防止といった事項について、特に留意すること。

6　生活保護指定医療機関に対する指導の強化徹底等について

⑴　一般指導等の活用について

生活保護の指定医療機関に対する指導は、昭和三十六年九月三十日付社発第七二七号社会局長通知に基づき行われているところであるが、一般指導、個別指導の機会を活用し、特に精神科病院に対しては、被保護者の適切な処遇の確保及び向上、自立助長並びに適正な医療の給付が行われるよう、生活保護制度の趣旨、医療扶助の事務取扱方法、適切な入院患者日用品費等の管理などについて周知徹底を図ること。

⑵　患者委託に当たっての留意事項について

保護の実施機関は、都道府県（市）衛生主管部局と連携を密にして、医療監視や実地指導の結果を参考にしながら、管下指定医療機関の状況について実態の把握に努め、医療従事者が著しく不足している場合

又は使用許可病床を著しく超過して患者を収容している場合には、医療扶助による患者委託は他の指定医療機関に対して行うこと。

7　障害者総合支援法に基づく通院公費負担について

自立支援医療機関に関する指導監査については、「指定障害福祉サービス事業者等の指導監査について」（平成十九年四月二十六日障発第〇四二六〇〇一号厚生労働省社会・援護局障害保健福祉部長通知）において、その対象を全ての自立支援医療機関とし、基本的に二年に一度実施指導することとしているので、精神科病院に対しては、本実地指導の機会を活用して「指定自立支援医療機関（精神通院医療）療養担当規程」（平成十八年厚生労働省告示第六十六号）に基づく医療の適正な実施について、効率的な指導に努めること。

8　精神医療に関する苦情等の適正な処理について

精神医療に関する苦情等については、精神保健福祉センター、保健所等において積極的に相談に応じるとともに、相談者と連携をとりながらそれぞれの事案の性質に応じた迅速、的確な処理を行い、その結果を相談者に通知すること。

様式　略

〔3〕　ここにいう「指定する指定医」とは、第十九条の四の解釈で説明したように、「公務員」の職務を行う指定医である。指定医に対し厚生労働大臣又は都道府県知事（指定都市の市長）が職務を指定する方法については、第二十七条に基づく指定医の診察の場合と同じ扱いによる。

〔4〕　本条の規定により求められた報告等を行わなかったり、拒んだり、あるいは虚偽の答弁を行った者に対しては罰則が課せられる（第五十五条第六号及び第七号）。

（改善命令等）

第三十八条の七　厚生労働大臣又は都道府県知事[1]は、精神科病院に入院中の者[2]の処遇が第三十六条の規定に違反していると認めるとき又は第三十七条第一項の基準に適合していないと認めるときその他精神科病院に入院中の者の処遇が著しく適当でない[3]と認めるときは、当該精神科病院の管理者に対し、措置を講ずべき事項及び期限を示して、処遇を確保するための改善計画の提出を求め、若しくは提出された改善計画の変更を命じ、又はその処遇の改善のために必要な措置[4]を採ることを命ずることができる[5]。

2　厚生労働大臣又は都道府県知事は、必要があると認めるとき[6]は、第二十一条第三項の規定により入院している者又は第三十三条第一項、第三項若しくは第四項若しくは第三十三条の七第一項若しくは第二項の規定により入院した者について、その指定する二人[7][8]以上の指定医に診察させ、各指定医の診察の結果がその入院を継続する必要があることに一致しない場合又はこれらの者の入院がこの法律若しくはこの法律に基づく命令に違反して行われた場合には、これらの者が入院している精神科病院の管理者に対し、その者を退院させることを命ずることができ[9]る[10]。

3　都道府県知事は、前二項の規定による命令をした場合において、その命令を受けた精神科病院の管理者がこれに従わなかつたときは、その旨を公表することができる。

4　厚生労働大臣又は都道府県知事は、精神科病院の管理者が第一項又は第二項の規定による命令に従わないときは[11]、当該精神科病院の管理者に対し、期間を定めて[12]第二十一条第一項、第三十三条第一項、第三項及び第四項並びに第三十三条の七第一項及び第二項の規定による精神障害者の入院に係る医療の提供の全部又は一部を制限することを命ずることができる。[13]

5　都道府県知事は、前項の規定による命令をした場合においては、その旨を公示しなければならない。

〔要　旨〕

本条は、厚生労働大臣又は都道府県知事（指定都市の市長）が行う入院患者の処遇改善命令及び退院命令に関する規定であり、昭和六十二年の法改正で設けられた。

第一項は、処遇改善命令の規定で、厚生労働大臣又は都道府県知事（指定都市の市長）は、入院患者の処遇が第三十六条又は第三十七条の処遇の基準に適合していないと認めるとき、その他処遇が著しく適当でないと認めるときは、精神科病院の管理者に、処遇改善命令をすることができる。

平成十一年の法改正により、新たに措置を講ずべき事項及び期限を示して、改善計画の提出又は提出された改善計画の変更を求めることができることを追加した。

第二項は、退院命令の規定で、厚生労働大臣又は都道府県知事（指定都市の市長）は、二人以上の指定医に診察させた結果がその入院を継続する必要があることに一致しない場合、又はその入院がこの法律若しくはこの法律に

基づく命令に違反して行われた場合には、精神科病院の管理者に対し、退院命令をすることができる。

第三項は、精神科病院の管理者が改善命令等に従わない場合において、厚生労働大臣又は都道府県知事（指定都市の市長）が、現行の入院医療の提供に関する制限措置に加え、当該精神科病院の名称等の情報を公表することができるものとした規定であり、平成十七年の障害者自立支援法の附則による精神保健福祉法の改正により追加された。なお、障害者自立支援法（現・障害者の日常生活及び社会生活を総合的に支援するための法律）第四十九条において、都道府県知事の勧告に従わない障害福祉サービス事業者等に対し、同様の公表制度が設けられている。

第四項は、平成十一年の法改正において加えられた医療の提供の制限命令の規定である。厚生労働大臣又は都道府県知事（指定都市の市長）は、精神科病院の管理者が改善命令及び退院命令に従わないときは、期間を定めて精神障害者に対する入院医療の提供の全部又は一部を制限することを命ずることができるものとした。

第五項は、都道府県知事（指定都市の市長）は第四項の規定による医療の提供の制限命令をしたときは、その旨を公示しなければならないものとする規定であり、平成十七年の障害者自立支援法の附則による精神保健福祉法の改正で設けられた。これについても第三項と同様、障害者自立支援法（現・障害者の日常生活及び社会生活を総合的に支援するための法律）第四十九条に類似の規定が設けられている。

〔解　釈〕

〔1〕　本条に規定されている改善命令等の権限行使は、原則的には都道府県知事（指定都市の市長）によって行われるものであり、厚生労働大臣の監督権は都道府県（指定都市）の枠を超えて生じた問題や重大な問題等特例的な場合に限り発動されるものである。

〔2〕　ここにいう「精神科病院に入院中の者」とは、入院形態を問わず精神科病院に入院しているすべての患者が含まれる。

〔3〕「処遇が著しく適当でない」との判断は、一般的には、法に定める通信・面会、患者の隔離、身体的拘束、開放処遇の制限の扱いに関する基準により行われ、具体的には、

① 第三十六条第二項に規定されている絶対的に禁止されている行動の制限の基準

② 第三十六条第三項に規定されている指定医が必要と認める場合でなければ行うことができない行動の制限の基準

③ 第三十七条第一項の規定に基づく精神科病院に入院中の者の処遇の基準に照らして判断する。

ただし、本条の趣旨としては、右に掲げたものに限らず、通常の精神科医療における取扱いや患者の人権擁護の観点からみて明らかに大きく逸脱する処遇がされている場合には、処遇改善命令を行うべきであると解される。

なお、精神医療審査会から患者の処遇を改善すべきである旨の審査結果（参考意見が付された場合にはその意見を含む。）の通知を受けた都道府県知事（指定都市の市長）は、第三十八条の五第五項の規定により、その審査結果に基づく処遇改善命令を発しなければならず、その場合には本条の適用はない。

〔4〕厚生労働大臣又は都道府県知事（指定都市の市長）が命ずる「処遇の改善のために必要な措置」の例としては、「当該患者の通信・面会の制限をやめること」「複数の患者を閉鎖的環境の部屋に入室させていることをやめること」等が考えられる。なお、処遇改善命令の内容はできる限り具体的であることが望ましい。

〔5〕平成十一年の法改正により、処遇改善命令に違反した精神科病院には、期間を定めて精神障害者に対する入院医療の提供の全部又は一部を制限することを命ずることができることとされた。

〔6〕退院命令発動の根拠となる「必要があると認めるとき」とは、前条第一項及び第二項の「必要があると認める

とき」と同様に解する。

〔7〕 二人以上の指定医の意見の一致の扱いは、入院措置を行う場合（第二十九条第二項）と同様である。入院措置の場合は、二人とも「要措置」の点で一致しなければ措置できず、本条の場合は二人とも「要継続入院」の点で一致しなければ入院継続が許されない。したがって、一番目の指定医の診断が「継続入院不可」であれば、都道府県知事（指定都市の市長）は二番目の指定医の診断を待つまでもなく、本条の規定に従って退院命令を発することとなる。

〔8〕 精神医療審査会から、定期の報告又は退院等の請求の審査の結果、当該患者の入院につき継続の必要が認められない旨の通知を受けた都道府県知事（指定都市の市長）は、第三十八条の三第四項又は第三十八条の五第五項の規定により、精神科病院の管理者に命じ、その者を退院させなければならない。この場合は、本条の適用はなく、改めて二人以上の指定医による診察を行わせる必要はない。

〔9〕 退院命令又は医療の提供に関する命令に違反した精神科病院の管理者は、第五十二条の規定により、三年以下の懲役又は一〇〇万円以下の罰金が課せられる。

〔10〕 本条に基づく都道府県知事（指定都市の市長）の命令処分と行政不服審査法及び行政手続法との関係については、第三十八条の五に基づく都道府県知事（指定都市の市長）の処分の場合と同じである。

〔11〕 入院医療の提供の制限は、原則として本条第一項による改善計画が遵守されないとき、又は本条第二項の退院命令に従わないときの措置である。

〔12〕 入院医療の提供の制限は、緊急の措置として、改善計画の達成が見込まれるまでの間、その改善を促す意味で、期間を定めて行われるものであり、恒久的に営業に制限を加えるものではない。

〔13〕 入院医療の提供の制限は、精神科病院の入院の処遇に問題があったため行われるものであり、外来診療にまで

制限を行うものではない。

（無断退去者に対する措置）

第三十九条　精神科病院の管理者は、入院中の者[1]で自身を傷つけ又は他人に害を及ぼすおそれのあるものが無断で退去しその行方が不明になつたときは、所轄の警察署長[2]に次の事項を通知してその探索を求めなければならない。

一　退去者の住所、氏名、性別及び生年月日

二　退去の年月日及び時刻

三　症状の概要

四　退去者を発見するために参考となるべき人相、服装その他の事項

五　入院年月日

六　退去者の家族等又はこれに準ずる者の住所、氏名その他厚生労働省令で定める事項[3]

2　警察官は、前項の探索を求められた者を発見したときは、直ちに、その旨を当該精神科病院の管理者に通知しなければならない。この場合において、警察官は、当該精神科病院の管理者がその者を引き取るまでの間、二十四時間を限り、その者を、警察署、病院、救護施設等の精神障害者を保護するのに適当な場所に、保護することができる。

〔要　旨〕

本条は、自傷他害のおそれのある入院患者が、精神科病院から無断退去し、行方不明になったときは、精神科病院の管理者は、所轄の警察署長に通知して探索を求めなければならないとする規定である。

〔解　釈〕

〔1〕　ここにいう「入院中の者」には、措置入院者だけでなく、医療保護入院、任意入院等の患者も含まれる。措置入院者については、措置入院の要件からすべて本条の適用があるが、措置入院以外の入院形態の者については、その者の無断退去時の病状が自傷他害のおそれのある場合は、すべて本条の適用がある。

〔2〕　警察官職務執行法第三条第一項の保護は、警察官の眼からみて「異常な挙動その他周囲の事情から合理的に判断して」精神錯乱のため自傷他害のおそれがある者であることが明らかであり「かつ、応急の救護を要すると信ずるに足りる相当な理由のある」ときに行うことができることとされている。精神科病院から無断退去した者を警察官が発見したときは、多くの場合同法第三条の保護を行い得るものと考えられるが、その者の状態が一見平静であって、同法に基づく保護が行い得るべき情況にないときでも、無断退去者と認める根拠が明らかであるときは、本条の規定により保護し得るものと解する。

〔3〕　施行規則第二十二条の二において、当該退去者が入院前に障害福祉サービスを利用していた場合における当該障害福祉サービスに係る事業を行う者の名称、所在地及び連絡先が規定されている。

（仮退院）

第四十条　第二十九条第一項に規定する精神科病院又は指定病院の管理者は、指定医〔1〕による診察

の結果、措置入院者の症状に照らしその者を一時退院させて経過を見ることが適当であると認めるときは、都道府県知事の許可を得て、六月[2]を超えない期間を限り仮に退院させることができる。[3][4]

〔要　旨〕

本条は、措置入院者の仮退院に関する規定である。

〔解　釈〕

〔1〕昭和六十二年の改正により、仮退院は指定医の診察の結果に基づいて行われなければならないこととなったが、この「指定医」は都道府県知事（指定都市の市長）に指定された指定医である必要はなく、当該措置患者が入院している病院の指定医など適切な診察及び判断ができる者であればよい。

〔2〕「六月を超えない期間」を満了したとき、なお継続して仮退院させ、経過をみる必要があるときは、都道府県知事（指定都市の市長）の許可を得て、最初の仮退院の期間と引き続き更新が予定されている仮退院の期間との累計が六か月以内である限り、仮退院を更新することができるものと解する。

〔3〕措置入院者が措置された病院から離れることが容認されるのは、措置解除（措置入院という状態を解くこと。したがって、医療保護入院など他の入院形態により入院が継続されない限り、当該病院から退院させることとなる。）又は仮退院のいずれかの方法によるべきであり、一般の入院患者のように一時外泊等は認められない。しかし、家族の不幸で一時家庭に帰す必要があるときなどは、看護師等を付き添わせるなど患者が事故を起こさないような配慮をした上で外泊させることはやむを得ないものと解する。

〔4〕措置入院者の措置症状が消退した場合は、当然に措置解除が行われなければならず、本条は、措置症状が消退したかどうかの診断が困難な場合に適用される規定と解する。

なお、仮退院中の者は措置継続中である。したがって、仮退院中に病状が悪化し、自傷他害のおそれが顕在化したときは、第二十二条以下の規定の発動を待つまでもなく、精神科病院の管理者は、即刻、その患者を社会的妥当性を有する必要最小限度の強制力をもって病院に連れ戻すことができる。

第五節　雑則

（指針）

第四十一条　厚生労働大臣は、精神障害者の障害の特性その他の心身の状態に応じた良質かつ適切な精神障害者に対する医療の提供を確保するための指針[1]（以下この条において「指針」という。）を定めなければならない。[2]

2　指針に定める事項は、次のとおりとする。

一　精神病床（病院の病床のうち、精神疾患を有する者を入院させるためのものをいう。）の機能分化に関する事項

二　精神障害者の居宅等（居宅その他の厚生労働省令で定める場所をいう。）における保健医療サービス及び福祉サービスの提供に関する事項

三　精神障害者に対する医療の提供に当たつての医師、看護師その他の医療従事者と精神保健福祉士その他の精神障害者の保健及び福祉に関する専門的知識を有する者との連携に関する事項

四　その他良質かつ適切な精神障害者に対する医療の提供の確保に関する重要事項

3　厚生労働大臣は、指針を定め、又はこれを変更したときは、遅滞なく、これを公表しなければならない。

〔要　旨〕

平成二十四年に開催された「精神科医療の機能分化と質の向上等に関する検討会」において、精神病床の機能分化についての意見がとりまとめられたことをはじめ、訪問医療やチーム医療の重要性が高まっていることを踏まえ、平成二十五年改正において、今後の精神科医療の方向性を定める指針（大臣告示）を定めることとしたものである。

〔解　釈〕

〔1〕　医療法第三十条の三に基づく医療提供体制の確保に関する基本方針においても精神科医療について触れられているが、これは、都道府県が医療計画を定め、医療の提供体制の確保を図るための基本的な方針である一方、本条に基づく指針は精神科病院等において、良質かつ適切な精神障害者に対する医療が提供されることを確保するために定めるものであり、医療法における基本方針とは目的及び内容が異なるものである。

〔2〕　本条に基づく指針は、「良質かつ適切な精神障害者に対する医療の提供を確保するための指針」（平成二十六年厚生労働省告示第六十五号）に定められている。

良質かつ適切な精神障害者に対する医療の提供を確保するための指針

〔平成二十六年三月七日
厚生労働省告示第六十五号〕

注　平成二六年三月一四日厚労告第七八号による改正現在

前文

精神疾患を発症して精神障害者となると、通院、入院又は退院後に地域生活を行う場面等様々な状況に応じて、精神障害者本人の精神疾患の状態や本人の置かれている状況が変化することとなるが、どのような場面においても、精神障害者が精神疾患の悪化や再発を予防しながら、地域社会の一員として安心して生活することができるようにすることが重要である。

そのような重要性に鑑み、精神障害者の社会復帰及び自立並びに社会経済活動への参加を促進し、精神障害者が社会貢献できるよう、精神障害者の障害の特性その他の心身の状態に応じた良質かつ適切な精神障害者に対する医療の提供を確保することが必要である。

これを踏まえ、本指針においては、入院医療中心の精神医療から精神障害者の地域生活を支えるための精神医療への改革の実現に向け、精神障害者に対する保健・医療・福祉に携わる全ての関係者（国、地方公共団体、精神障害者本人及びその家族、医療機関、保健医療サービス及び福祉サービスの従事者その他の精神障害者を支援する者をいう。）が目指すべき方向性を定める。

本指針は、次に掲げる事項を基本的な考え方とする。

①　精神医療においても、インフォームドコンセント（医師等が医療を提供するに当たり適切な説明を行い、患者が理解し同意することをいう。以下同じ。）の理念に基づき、精神障害者本位の医療を実現して

いくことが重要であり、精神障害者に対する適切な医療及び保護の確保の観点から、精神障害者本人の同意なく入院が行われる場合においても、精神障害者の人権に最大限配慮した医療を提供すること。

②　精神疾患の発生を予防し、発症した場合であっても早期に適切な医療を受けられるよう、精神疾患に関する知識の普及啓発や精神医療の体制の整備を図るとともに、精神障害者が地域の一員として安心して生活できるよう精神疾患に対する理解の促進を図ること。

③　精神障害者同士の支え合い等を行うピアサポートを促進するとともに、精神障害者を身近で支える家族を支援することにより、精神障害者及びその家族が、それぞれ自立した関係を構築することを促し、社会からの孤立を防止するための取組を推進すること。

国及び地方公共団体は、相互に連携を図りながら、必要な人材の確保と質の向上を推進するとともに、本指針の方向性を実現するため、必要な財源の確保を図る等の環境整備に努め、医療機関、保健医療サービス及び福祉サービスの従事者その他の精神障害者を支援する者は、本指針に沿った精神医療の提供を目指す。

第一　精神病床の機能分化に関する事項

一　基本的な方向性

1　精神医療のニーズの高まりに対応し、入院医療の質の向上を図るため、世界的な潮流も踏まえつつ、我が国の状況に応じて、精神障害者の精神疾患の状態や特性に応じた精神病床（病院の病床のうち、精神疾患を有する者を入院させるためのものをいう。以下同じ。）の機能分化を進める。

2　精神病床の機能分化に当たっては、精神障害者の退院後の地域生活支援を強化するため、外来医療等の入院外医療や、医師、看護職員、精神保健福祉士、作業療法士等の多職種による訪問支援その他の保健医療サービス及び福祉サービスの充実を推進する。

3　精神病床の機能分化は段階的に行い、精神医療に係る人材及び財源を効率的に配分するとともに、精神障害者の地域移行を更に進める。その結果として、精神病床は減少する。また、こうした方向性を更に進めるため、地域の受け皿づくりの在り方や病床を転換することの可否を含む具体的な方策の在り方について、精神障害者の意向を踏まえつつ、保健・医療・福祉に携わる様々な関係者で検討する。

二　入院医療から地域生活への移行の推進

1　精神病床の機能分化に当たっては、それぞれの病床の機能に応じて、精神障害者が早期に退院するための体制を確保し、精神障害者の状況に応じた医師、看護職員、精神保健福祉士、作業療法士等の多職種のチームによる質の高い医療を提供すること等により精神障害者の退院の促進に取り組む。

2　病院内で精神障害者の退院支援に関わる者は、精神障害者に必要な情報を提供した上で、精神障害者本人の希望等も踏まえながら、できる限り早い段階から地域の相談支援専門員や介護支援専門員等と連携しつつ、精神障害者に対する働きかけを行うとともに、精神障害者が地域で生活するための必要な環境整備を推進する。

3　退院後の生活環境の整備状況等を踏まえつつ、入院前に診療を行っていた地域の医療機関等とも連携し、精神障害者に対する入院医療の継続の必要性について、随時検討する体制を整備する。

三　急性期の精神障害者に対して医療を提供するための体制の確保等

1　新たに入院する急性期の精神障害者が早期に退院できるよう、手厚く密度の高い医療を提供するための体制を確保する。

2　当該体制の確保のため、急性期の精神障害者を対象とする精神病床においては、医師及び看護職員の配置を一般病床と同等とすることを目指し、精神障害者の状況に応じた医師、看護職員、精神保健福祉

士、作業療法士等の多職種のチームによる質の高い医療を提供し、退院支援等の取組を推進する。

３　救急の外来で受診し、入院した急性期の精神障害者に対して適切な医療を提供できる体制の確保を推進する。

四　入院期間が一年未満の精神障害者に対する医療を提供するための体制の確保

１　入院期間が長期化した場合、精神障害者の社会復帰が難しくなる傾向があることを踏まえ、入院期間が一年未満で退院できるよう、精神障害者の退院に向けた取組を行いつつ、必要な医療を提供するための体制を確保する。

２　当該体制の確保のため、入院期間が一年未満の精神障害者に対して医療を提供する場合においては、当該精神障害者の状況に応じた医師、看護職員、精神保健福祉士、作業療法士等の多職種のチームによる質の高い医療を提供し、退院支援等の取組を推進する。

五　重度かつ慢性の症状を有する精神障害者に対して医療を提供するための体制の確保

重度かつ慢性の症状を有する精神障害者について、その症状に関する十分な調査研究を行い、当該調査研究の結果を踏まえて、当該精神障害者の特性に応じた医療を提供するための機能を確保する。

六　重度かつ慢性の症状を有する精神障害者以外の、入院期間が一年以上の長期入院精神障害者に対する医療を提供するための体制の確保等

１　重度かつ慢性の症状を有する精神障害者以外の精神障害者であって、本指針の適用日時点で一年以上の長期入院をしているものについては、退院支援や生活支援等を通じて地域移行を推進し、併せて、当該長期入院精神障害者の状態に合わせた医療を提供するための体制を確保する。

２　当該体制の確保のため、重度かつ慢性の症状を有する精神障害者以外の精神障害者であって、本指針

の適用日時点で一年以上の長期入院をしているものに対して医療を提供する場合においては、医師、看護職員、精神保健福祉士、作業療法士等の多職種による退院支援等の退院の促進に向けた取組を推進する。

3　当該長期入院をしている者に対しては、原則として行動の制限は行わないこととし、精神科病院内での面会や外出支援等の支援を通じて、障害福祉サービスを行う事業者等の外部の支援者との関係を作りやすい環境や、社会とのつながりを深められるような開放的な環境を整備すること等により、地域生活に近い療養環境の整備を推進する。

七　身体疾患を合併する精神障害者に対する医療を提供するための体制の確保

1　身体疾患を合併する精神障害者については、身体疾患を優先して治療すべき場合や一般病床に入院しているときに精神症状を呈した場合等において、精神科以外の診療科と精神科リエゾンチーム（精神科医、専門性の高い看護師、薬剤師、作業療法士、精神保健福祉士、臨床心理技術者等の多職種からなるチームをいう。）等との連携を図りつつ、身体疾患を一般病床で治療することのできる体制を確保する。

2　総合病院における精神科の機能の確保及び充実を図りつつ、精神病床においても身体合併症に適切に対応できる体制を確保する。

第二　精神障害者の居宅等における保健医療サービス及び福祉サービスの提供に関する事項

一　基本的な方向性

精神障害者の地域生活への移行を促進するとともに、精神障害者が地域で安心して生活し続けることができるよう、地域における居住環境及び生活環境の一層の整備や精神障害者の主体性に応じた社会参加を促進するための支援を行い、入院医療のみに頼らず精神障害者が地域で生活しながら医療を受けられるよ

う、精神障害者の急性増悪等への対応や外来医療の充実等を推進することにより、精神障害者の精神疾患の状態やその家族の状況に応じていつでも必要な保健医療サービス及び福祉サービスを提供できる体制を確保する。

二　外来・デイケア等を利用する精神障害者に対する医療の在り方

１　精神障害者が、外来・デイケア等で適切な医療を受けながら地域で生活できるよう、病院及び診療所における外来医療の提供体制の整備・充実及び地域における医療機関間の連携を推進する。

２　精神障害者が地域で安心して生活し続けることができるよう、生活能力等の向上に向けた専門的かつ効果的なリハビリテーションを外来・デイケア等で行うことができる体制の確保を推進する。

三　居宅等における医療サービスの在り方

１　アウトリーチ

ア　病院及び診療所において、アウトリーチ（医師、看護職員、精神保健福祉士、作業療法士等の多職種のチームによる訪問支援をいう。以下同じ。）を行うことのできる体制を整備し、受療が必要であるにもかかわらず治療を中断している者（以下「受療中断者」という。）、長期間入院した後に退院したが、病状が不安定である者等が地域で生活するために必要な医療へのアクセスを確保する。

２　訪問診療・訪問看護

ア　精神障害者の地域生活を支えるため、通院が困難な精神障害者等に対する往診や訪問診療の充実を推進する。

イ　精神科訪問看護による地域生活支援を強化するため、病院、診療所及び訪問看護ステーションにおいては、看護職員、精神保健福祉士等の多職種による連携を図るとともに、その他の保健医療サービ

ス及び福祉サービスを担う職種の者との連携を図る。

四　精神科救急医療体制の整備

1　二十四時間三百六十五日対応できる医療体制の確保

ア　都道府県は、在宅の精神障害者の急性増悪等に対応できるよう、精神科病院と地域の精神科診療所との役割分担の下、地域の特性を活かしつつ、患者に二十四時間三百六十五日対応できる精神科救急医療のシステムの整備や精神医療に関する相談窓口の設置等の医療へアクセスするための体制の整備を推進する。

イ　地域の特性を活かしつつ、精神科診療所間又は精神科救急医療を行う病院間の輪番等に協力することにより夜間・休日における救急診療を行う等、精神科診療所の医師が救急医療に参画できる体制の整備を推進する。

2　身体疾患を合併する精神障害者の受入体制の確保

ア　身体疾患を合併する精神障害者に係る救急の対応については、当該精神障害者の身体疾患及び精神疾患の状態を評価した上で、両疾患のうち優先して治療すべき疾患に対応できる救急医療機関が患者を受け入れるとともに、身体疾患の治療を優先した場合には、精神科の医療機関が当該患者に係る精神疾患の治療の後方支援を行い、精神疾患の治療を優先した場合は、身体疾患の治療を行うことができる医療機関が当該患者に係る精神疾患の治療の後方支援を行う体制を構築する。

イ　都道府県は、精神科救急医療機関と他の医療機関の連携が円滑に行われるよう、両機関の関係者が参加する協議会の開催等の取組を推進する。

ウ　都道府県は、身体疾患を合併する精神障害者に対応するため、精神医療に関する相談窓口や精神科

救急医療に関する情報センターの整備等に加え、医療機関が当該患者を速やかに受け入れられるよう、身体疾患を合併する精神障害者の受入体制を確保する。

エ　精神科及び身体疾患に対応する内科等の診療科の両方を有する医療機関においても、身体疾患を合併する精神障害者に対応できる体制の充実を図る。

３　評価指標の導入

精神科救急医療機関は、他の医療機関との相互評価等を行い、提供する医療の質の向上を推進する。

五　他の診療科の医療機関との連携

１　精神科外来等において身体疾患に対する医療提供の必要性が認められた場合は、精神科の医療機関と他の診療科の医療機関の連携が円滑に行われるよう、両機関の関係者が参加する協議会の開催等の取組を推進する。

２　鬱病等の気分障害の患者、認知症の患者等は、内科医等のかかりつけ医が最初に診療する場合もあることから、鬱病等の気分障害の患者、認知症の患者等の早期発見・治療のため、かかりつけ医の診療技術等の向上に努め、また、かかりつけ医と精神科の医療機関の連携を強化する。

六　保健サービスの提供

保健所や精神保健福祉センター等における相談支援及び訪問支援を通して、地域の病院及び診療所が連携・協力しつつ、精神障害者が早期に必要な医療に適切にアクセスできる体制の整備を推進するとともに、関係機関の連携を進める。

七　福祉サービスの提供等

１　精神障害者が地域で福祉サービスを受けながら適切な医療を受けることができるよう、医療機関及び

障害福祉サービス事業を行う者、介護サービス事業を行う者等の連携を進める。

2　地域移行・地域定着支援サービス（障害者の日常生活及び社会生活を総合的に支援するための法律（平成十七年法律第百二十三号。以下「障害者総合支援法」という。）第五条第十八項に規定する地域移行支援及び同条第十九項に規定する地域定着支援をいう。）の充実を図るため、市町村が単独又は共同して設置する協議会（障害者総合支援法第八十九条の三第一項の協議会をいう。）における地域の関係機関等の連携及び支援体制の整備に関する機能を強化するとともに、市町村における基幹相談支援センター（障害者総合支援法第七十七条の二第一項の基幹相談支援センターをいう。）の整備を目指す。

3　精神障害者が地域で生活するために必要なグループホーム（障害者総合支援法第五条第十五項に規定する共同生活援助を行う住居をいう。）や賃貸住宅等の居住の場の確保・充実、家賃債務等保証（家賃や原状回復等に係る債務保証の仕組みをいう。）の活用等の居住支援に関する施策を推進する。

4　精神障害者の精神疾患の状態やその家族の状況等に応じ、短期入所（障害者総合支援法第五条第七項に規定する短期入所をいう。）による宿泊等の支援が受けられる体制の整備を推進する。

5　その他地域での相談支援、就労支援を含む日中活動支援、居住支援、ホームヘルパーの派遣等による訪問支援等の様々なサービスを地域において提供できる支援体制の整備を推進する。

第三　精神障害者に対する医療の提供に当たっての医師、看護師その他の医療従事者と精神保健福祉士その他の精神障害者の保健及び福祉に関する専門的知識を有する者との連携に関する事項

一　基本的な方向性

1　精神障害者に対する医療の提供、地域移行のための退院支援及び地域で生活するための生活支援においては、医師、看護職員、精神保健福祉士、作業療法士等の多職種のチームにより行うことが重要であ

り、当該多職種のチームで連携して医療を提供できる体制を確保する。

２　精神障害者本人のための支援を行えるよう、医師、看護職員、精神保健福祉士、作業療法士等の多職種間の連携や関係機関の連携に当たっては、個人情報の保護に十分に配慮しつつ、本人の意向を踏まえた支援を行う。

二　精神障害者に対する入院医療における医師、看護職員、精神保健福祉士、作業療法士等の多職種の連携の在り方

１　精神障害者に対する入院医療においては、精神障害者に対する医療の質の向上のため、医師、看護職員、精神保健福祉士、作業療法士等の多職種の適切な連携を確保し、当該多職種のチームによる医療を提供する。

２　精神障害者の退院支援等における医師、看護職員、精神保健福祉士、作業療法士等の多職種の連携に当たっては、精神障害者及びその家族の支援や医療機関及び関係機関の連携を推進する。

３　入院早期から退院に向けた取組が行えるよう、早期退院を目指した取組を推進する。

三　地域で生活する精神障害者に対する医療における医師、看護職員、精神保健福祉士、作業療法士等の多職種の連携の在り方

１　精神科の医療機関での外来・デイケア等においては、医師、看護職員、精神保健福祉士、作業療法士、薬剤師、臨床心理技術者等の多職種が連携し、精神障害者の精神疾患の状態に応じた医療を提供するとともに、必要な支援を行えるような体制の整備を推進する。

２　アウトリーチにおいては、受療中断者等に対し、医師、看護職員、作業療法士、精神保健福祉士、薬剤師、臨床心理技術者等の医療従事者を中心としつつ、必要に応じて、保健所及び市町村保健センター

の保健師及び精神保健福祉相談員（精神保健及び精神障害者福祉に関する法律（昭和二十五年法律第百二十三号。以下「法」という。）第四十八条に規定する精神保健福祉相談員をいう。）並びに相談支援専門員（障害者の日常生活及び社会生活を総合的に支援するための法律に基づく指定地域相談支援の事業の人員及び運営に関する基準（平成二十四年厚生労働省令第二十七号）第三条第二項に規定する相談支援専門員及び障害者の日常生活及び社会生活を総合的に支援するための法律に基づく指定計画相談支援の事業の人員及び運営に関する基準（平成二十四年厚生労働省令第二十八号）第三条に規定する相談支援専門員をいう。）等の多職種が連携し、必要な医療を確保する。

四　人材の養成と確保

1　精神障害者に対する質の高い医療の提供、精神障害者の退院の促進及び地域生活支援のため、精神障害者に対して保健医療サービス及び福祉サービスを提供するチームを構成する専門職種その他の精神障害者を支援する人材の育成と質の向上を推進する。

2　ピアサポーターは、精神障害者やその家族の気持ちを理解し支える支援者であることを踏まえ、ピアサポーターが適切に支援を行えるよう、必要な研修等の取組を推進する。

3　医療従事者が多様な精神疾患に関する一定の知識及び技術を持つことができるよう、医療機関において各専門職が精神科での研修を受けることを推進する等、精神疾患に関する正しい知識及び技術の普及啓発を推進する。

4　精神保健指定医（法第十八条第一項に規定する精神保健指定医をいう。以下同じ。）が行う業務に関するニーズの増大や多様化等を踏まえ、精神保健指定医の人材の確保及び効率的な活用並びに質の向上を推進する。

第四　その他良質かつ適切な精神障害者に対する医療の提供の確保に関する重要事項

一　関係行政機関等の役割

1　都道府県

ア　都道府県は、医療計画（医療法（昭和二十三年法律第二百五号）第三十条の四第一項に規定する医療計画をいう。七において同じ。）、障害福祉計画（障害者総合支援法第八十八条第一項に規定する市町村福祉計画及び同法第八十九条第一項に規定する都道府県障害福祉計画をいう。七において同じ。）、介護保険事業計画（介護保険法（平成九年法律第百二十三号）第百十七条第一項に規定する市町村介護保険事業計画及び同法第百十八条第一項に規定する都道府県介護保険事業支援計画をいう。七において同じ。）等を踏まえながら、必要な医療を提供できる体制を確保する。

イ　都道府県は、市町村と協力しつつ一次予防の観点から心の健康づくりを推進し、精神疾患の予防に努める。

ウ　都道府県は、特に重い精神疾患を有する精神障害者については、必要に応じて法第三十四条第一項の規定による移送を行い、法第三十三条第一項に基づき医療保護入院を行うことを検討し、当該入院のための調整を行う等、関係機関と連携して、精神障害者に対して適切な医療を提供する。

エ　都道府県は、措置入院者（法第二十九条第一項の規定により入院した者をいう。）の入院初期から積極的に支援に関与し、医療機関や障害福祉サービスの事業者等と協力して、措置入院者の退院に向けた支援の調整を行う。

2　市町村

市町村は、その実情に応じて、都道府県及び保健所と協力しながら、心の健康づくりや精神保健に関

する相談への対応に努める。また、障害福祉サービスや介護サービスの必要な提供体制を確保するとともに、地域包括支援センターで高齢者の相談に対応すること等によりこれらのサービスの利用に関する相談に対応する。

3　保健所

ア　保健所は、市町村と協力しつつ一次予防の観点から心の健康づくりを推進し、精神疾患の予防に努める。

イ　保健所は、保健師や精神保健福祉相談員等の職員等による相談支援や訪問支援等を通じ、精神障害者（その疑いのある未診断の者を含む。）やその家族等に対して治療の必要性を説明し、精神疾患に関する知識の普及を図ることにより、早期に適切な治療につなげることを目指す。

ウ　保健所は、精神障害者が適切な医療を受け、安心して地域生活を送ることができるよう、医療機関等と連携して、精神障害者の急性増悪や精神疾患の再発に迅速かつ適切に対応するための体制の整備に努める。

エ　保健所は、特に重い精神疾患を有する精神障害者については、必要に応じて法第三十四条第一項の規定による移送を行い、法第三十三条第一項に基づき医療保護入院を行うことを検討し、当該入院のための調整を行う等、関係機関と連携して、精神障害者に対して適切な医療を提供する。

オ　措置入院者（法第二十九条第一項の規定により入院した者をいう。）の入院初期から積極的に支援に関与し、医療機関や障害福祉サービスの事業者等と協力して、措置入院者の退院に向けた支援の調整を行う。

カ　精神障害者が適切な医療を継続的に受けることができるよう、精神障害者及びその家族に対する相

談支援、精神障害者に対する訪問支援並びに関係機関との調整等、保健所の有する機能を最大限有効に活用するための方策を、市町村等の他の関係機関の在り方も含めて様々な関係者で検討し、当該検討に基づく方策を推進する。

４　精神保健福祉センター

ア　精神保健福祉センターは、精神保健の向上及び精神障害者の福祉の増進を図るための総合的な対策を行う機関として、自殺対策、災害時のこころのケア活動等メンタルヘルスの課題に対する取組に関して地域における推進役となるとともに、関係機関への技術指導及び援助、研修の実施等による人材育成、専門的な相談支援並びに保健所と協力した訪問支援等を行う。

イ　精神疾患の患者像の多様化に伴い、アルコール・薬物の依存症や発達障害等に関する専門的な相談支援及び精神障害者の家族に対する支援に対応できるよう、相談員の質の向上や体制の整備を推進する。

５　精神医療審査会

精神医療審査会（法第十二条に規定する精神医療審査会をいう。）は、精神障害者の人権に配慮しつつ、その適正な医療及び保護を行うため、専門的かつ独立的な機関として、精神科病院に入院している精神障害者の処遇等について適切な審査を行うことを推進する。

二　人権に配慮した精神医療の提供

１　精神障害者の医療及び保護の観点から、本人の同意なく入院が行われる場合でも、行動の制限は最小限の範囲とし、併せて、インフォームドコンセントに努める等、精神障害者の人権擁護に関する障害者の権利に関する条約（平成二十六年条約第一号）その他の国際的な取決め並びに精神障害者の意思決定

及び意思表明の支援に係る検討も踏まえつつ、精神障害者の人権に最大限配慮して、その心身の状態に応じた医療を確保する。

2　精神保健指定医については、医療保護入院に係る診断等において、精神障害者の人権に配慮した判断を行うものであるが、精神医療における急性期医療のニーズの増加に伴い、病院における精神保健指定医の数が不足していること等を踏まえ、診療所の精神保健指定医が積極的に精神保健指定医としての業務を行う体制の整備を推進する。

三　多様な精神疾患・患者像への医療の提供

1　児童・思春期精神疾患

子どもに対する心の診療（発達障害に係る診療を含む。）に対応できる体制を確保する観点から、都道府県の拠点病院を中心とした診療ネットワークの整備等を推進する。また、児童・思春期精神疾患に関する医療を担う人材の確保を図る。

2　老年期精神障害等

ア　認知症（若年性認知症を含む。以下同じ。）をはじめとする老年期精神障害等については、生活能力が低下しやすい、服薬による副作用が生じやすい等の高齢者の特性等を考慮しつつ、介護サービスとも連携しながら、精神障害者本人の意思が尊重され、できる限り住み慣れた地域で生活し続けられるよう支援を行う。

イ　認知症による行動及び心理症状の治療のために入院が必要な場合でも、できる限り早期に退院できるよう、必要な体制の整備を推進し、適切な療養環境の確保を図る。

ウ　認知症については、まずは、早期診断・早期対応が重要であることから、鑑別診断や専門医療相談

等を行うことができる医療機関（認知症疾患医療センター等）を整備する。

3　自殺対策

ア　鬱病等の精神疾患は自殺の主な要因の一つであることから、その多様な類型に留意しつつ、自殺予防の観点からの精神医療の質の向上を図る。

イ　自殺未遂者や自殺者の遺族に対しては十分なケアを行うことが求められることから、保健所、精神保健福祉センター等での相談支援、自助グループによる相互支援等の適切な支援につなげるとともに、自殺予防の観点から、精神科救急医療機関及び他の医療機関間における連携を図る。

ウ　医師、薬剤師等の連携の下、過量服薬の防止を図るとともに、自殺のリスクが疑われる者に対しては、必要な受診勧奨を行う等適切な医療へのアクセスの向上の取組を推進する。

4　依存症

アルコール、薬物等による依存症患者については、自助グループにおける取組の促進や家族への支援等を通して支援を行うとともに、依存症の治療を行う医療機関が少ないことから、依存症の治療拠点となる医療機関の整備、重度依存症入院患者に対する医療提供体制の確保等、適切な依存症の治療を行うことができる体制の整備を推進する。

5　てんかん

ア　てんかん患者は、適切な診断、手術や服薬等の治療によって症状を抑えることができる又は治癒する場合もあり、社会で活動しながら生活することができる場合も多いことから、てんかん患者が適切な服薬等を行うことができるよう、てんかんに関する正しい知識や理解の普及啓発を推進する。

イ　てんかんの診療を行うことができる医療機関間の連携を図るため、専門的な診療を行うことができ

る体制を整備し、てんかんの診療ネットワークを整備する。

6　高次脳機能障害

高次脳機能障害の患者に対する支援の在り方は様々であることから、支援拠点機関において専門的な相談支援を行うとともに、高次脳機能障害の支援に関する普及啓発を推進する。

7　摂食障害

ア　摂食障害は、適切な治療と支援によって回復が可能な疾患である一方、専門とする医療機関が少ないことから、摂食障害の患者に対する治療や支援方法の確立を行うための体制を整備する。

イ　摂食障害の特性として極度の脱水症状等の身体合併症状があり、生命の危険を伴う場合があることから、摂食障害の患者に対して身体合併症の治療や栄養管理等を行いながら精神医療を提供できる体制の整備を推進する。

8　その他必要な医療

ア　災害医療

(一)　平時から情報連携体制の構築に努め、災害発生時には早期に被災地域で精神医療及び精神保健に関する活動による支援を効率的に行える体制を確保する。

(二)　大規模災害が発生した場合には、被災の状況に応じて中長期的に被災者の精神的な治療や心理的ケアを行うための体制を整備する。

イ　心神喪失等の状態で重大な他害行為を行った者に対する医療

指定医療機関（心神喪失等の状態で重大な他害行為を行った者の医療及び観察等に関する法律（平成十五年法律第百十号）第二条第三項に規定する指定医療機関をいう。）における心神喪失等の状態

で重大な他害行為を行った者に対する医療が、最新の司法精神医学の知見を踏まえた専門的なものとなるよう、個人情報の保護に配慮しつつ、その運用の実態を公開及び検証し、その水準の向上を推進する。また、当該医療を担う人材の育成及び確保を図る。

四　精神医療の診療方法の標準化

１　精神疾患の特性を踏まえ、多様な疾患や患者像に対応するためのガイドラインの整備等を通じて、精神医療の診療方法の標準化を図る。

２　向精神薬は依存症状を生じやすく、過量服薬が行われやすいことを踏まえ、適正な向精神薬の処方の在り方を確立する。

３　認知行動療法等の薬物療法以外の治療法の普及を図る。

４　難治性患者に対して、適切な診断の下、地域の医療機関と連携しつつ、高度な医療を提供する等先進的な医療の普及を進める。

五　心の健康づくりの推進及び知識の普及啓発

１　社会生活環境の変化等に伴う国民の精神的ストレスの増大に鑑み、精神疾患の予防を図るため、国民の健康の保持増進等の健康づくりの一環として、心の健康づくりのための取組を推進する。

２　精神疾患の早期発見・治療を促進し、また、精神障害者が必要な保健医療サービス及び福祉サービスの提供を受け、その疾患について周囲の理解を得ながら地域の一員として安心して生活することができるよう、学校、企業及び地域社会と連携しながら精神保健医療福祉に関する知識の普及啓発を推進する。

六　精神医療に関する研究の推進

１　精神疾患の治療に有効な薬剤の開発の推進を図るとともに、薬物治療以外の治療法の研究を推進す

る。

2　脳科学、ゲノム科学、情報科学等の進歩を踏まえ、精神疾患の病態の解明、バイオマーカー（生体内の生物学的変化を主に定量的に把握するための指標をいう。）の確立を含む早期診断及び予防の方法並びに革新的な治療法の開発に向けた研究等を推進する。

七　他の指針等との関係の整理

この指針に基づく具体的な施策を実施するに当たっては、医療計画、障害福祉計画、介護保険事業計画その他の分野の計画等に配慮することとする。

八　推進体制

1　本指針で示す方向性に従い、国は、関係者の協力を得ながら、各種施策を講じていくこととする。

2　本指針は、公表後五年を目途として必要な見直しを行うこととする。

第四十二条　削除

（刑事事件に関する手続等との関係）

第四十三条　この章の規定は、精神障害者又はその疑いのある者について、刑事事件若しくは少年の保護事件の処理に関する法令の規定による手続を行ない[1]、又は刑若しくは補導処分若しくは保護処分の執行のためこれらの者を矯正施設[2]に収容することを妨げるものではない。

2　第二十四条、第二十六条及び第二十七条の規定を除くほか、この章の規定は矯正施設に収容中の者には適用しない。

〔要　旨〕

本条は、本法と刑事事件に関する手続等との関係につき、刑事事件に関する手続等をとる必要がある場合には、本法の諸措置にかかわらずそれらが優先する旨の規定である。

〔解　釈〕

〔1〕　不起訴処分又は裁判の確定以前において、第二十四条の検察官の通報が行われることがあるが、このような場合には、検察官が矯正施設に収容されていない被疑者又は被告人を本法による入院により適切な医療及び保護を加える必要があると判断した場合であることから、本法の適用は通報のあった時点から始まる。被通報者が精神科病院に入院するほどの病状又は状態像を呈していれば、当然刑事処分も留保されるであろうことから、精神保健福祉関係行政機関と司法当局との間に十分な連絡が保たれることが望ましい。

〔2〕　ここにいう「矯正施設」とは、第二十六条に定める拘置所、刑務所、少年刑務所、少年院、少年鑑別所及び婦人補導院をいう。これらの矯正施設に収容中の者については、第二十四条（検察官の通報に関する規定）、第二十六条（矯正施設の長の通報に関する規定）及び第二十七条（申請等に基づき行われる指定医の診察等に関する規定）の規定を除いては、本法第五章の規定は適用されない。

（心神喪失等の状態で重大な他害行為を行つた者に係る手続等との関係）

第四十四条　この章の規定は、心神喪失等の状態で重大な他害行為を行った者の医療及び観察等に関する法律の対象者について、同法又は同法に基づく命令の規定による手続又は処分をすることを妨げるものではない。

2　前各節の規定は、心神喪失等の状態で重大な他害行為を行った者の医療及び観察等に関する法律第三十四条第一項前段若しくは第六十条第一項前段の命令若しくは第三十七条第五項前段若しくは第六十二条第二項前段の決定により入院している者又は同法第四十二条第一項第一号若しくは第六十一条第一項第一号の決定により指定入院医療機関に入院している者については、適用しない。

〔要　旨〕

本条は、本法に基づき措置入院、医療保護入院又は任意入院等となっている者に対しても、医療観察法による医療が必要と認められる場合には、これを受ける機会を確保することが相当であると考えられることから、このような者についても、医療観察法による手続又は処分を妨げないこととする（本条第一項）とともに、医療観察法により指定入院医療機関に入院している者等に対しては、精神保健福祉法に基づく措置入院、医療保護入院又は任意入院等を行う必要はないことから、このような者については、精神保健福祉法の措置入院等に関する規定は適用しないこととされた（本条第二項）ものである。

第六章　保健及び福祉

第一節　精神障害者保健福祉手帳

（精神障害者保健福祉手帳）

第四十五条　精神障害者（知的障害者[1]を除く。以下この章及び次章において同じ。）は、厚生労働省令で定める書類を添えて、その居住地（居住地を有しないときは、その現在地）の都道府県知事に精神障害者保健福祉手帳[2]の交付を申請[3][4]することができる。

2　都道府県知事は、前項の申請に基づいて審査し、申請者が政令で定める精神障害の状態[5][6]にあると認めたときは、申請者に精神障害者保健福祉手帳を交付しなければならない。

3　前項の規定による審査の結果、申請者が同項の政令で定める精神障害の状態にないと認めたときは、都道府県知事は、理由を付して、その旨を申請者に通知しなければならない。

4　精神障害者保健福祉手帳の交付を受けた者は、厚生労働省令で定めるところにより、二年(7)ごとに、第二項の政令で定める精神障害の状態にあることについて、都道府県知事の認定を受けなければならない。

5　第三項の規定は、前項の認定について準用する。

6　前各項に定めるもののほか、精神障害者保健福祉手帳に関し必要な事項は、政令で定める。(8)(9)(10)(11)(12)

〔要　旨〕

本条は、精神障害者保健福祉手帳（以下「手帳」という。）に関する規定である。

従来より、身体障害者には身体障害者手帳が、知的障害者には療育手帳の制度があり、これに基づいて様々な支援策が講じられていることから、精神障害者についても、一定の精神障害の状態にあることを証する手段となることにより、手帳の交付を受けた者に対して各方面の協力を得て各種の支援策を講じやすくし、精神障害者の自立と社会参加の促進を図ることを目的として、平成七年の改正により創設されたものである。

手帳の交付により、

① 各種の精神保健福祉施策のサービスを受けるに当たっての参考資料となる。

② 所得税や住民税の障害者控除等が、手帳の交付を受けた者について行われる。

③ 生活保護の障害者加算の障害の程度の判定を、手帳によって行うことができるようになる。

④ 公共施設の入場料や公共交通機関の運賃等の割引が、その運営主体の判断によって行われるようになる。

などの効果が実現されることとなる。

〔解　釈〕

〔１〕　第五条の解釈で述べたとおり、知的障害者については知的障害者福祉法に基づく福祉の措置が講じられていることから、本章（保健及び福祉）及び次章（精神障害者社会復帰促進センター）において対象から除くこととしたものである。

〔２〕　手帳の様式は、施行規則別記様式第三号で、次のとおり定められている。

なお、手帳の法律上の名称は「精神障害者保健福祉手帳」であるが、手帳の表紙は、単に「障害者手帳」とし、内面右に「精神保健及び精神障害者福祉に関する法律第四十五条の保健福祉手帳」という表記があるのみであるが、これは、表紙に大きく「精神障害者」と記されていたのでは、携帯しづらいという当事者等からの意見を考慮したものである。

また、制度発足当初は、当事者等の意見を踏まえ、本人の写真を貼付する欄はなかったが、その後の利用状況によると、写真がないことにより本人確認が困難であるため、公共施設の入場料や公共交通機関の運賃に対する割引等の支援の協力を得にくいという実態があったことから、このような実態を改善し、手帳に係るサービスの充実に資するために施行規則別記様式第三号を改正して、平成十八年十月から写真貼付欄が設けられた。

平成二十六年四月には、性同一性障害を有する方への配慮のため、性別欄が削除された。

第45条　精神障害者保健福祉手帳

（裏表紙）

備　　考

1．医療や生活などのことで相談したいときは、市町村役場、保健所、精神保健福祉センター、福祉事務所などに御相談下さい。
2．住所や氏名が変わったときは、変更届を出してください。
3．この手帳を万一なくしたりしたときは、再交付を申請してください。
4．この手帳は、他人に譲ったり、貸したりすることはできません。
5．更新の申請は、有効期限の3か月前から市町村役場で行うことができます。

（表表紙）

障　害　者　手　帳

都道府県（指定都市）名

（内面左）

3 cm

写真　ベスト半截

4 cm

氏名
住所
生年月日
障害等級
手帳番号　　　　　　号

（内面右）

交付日　　　年　　月　　日
有効期限　　年　　月　　日
（更新）
（更新）
（更新）
（更新）
都道府県（指定都市）名　印

（精神保健及び精神障害者福祉に関する法律第45条の保健福祉手帳）

（注意）縦9 cm×横6 cmを標準とすること。

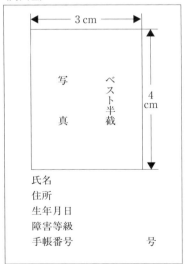

〔3〕　手帳の交付に係る事務手続については、「精神障害者保健福祉手帳制度実施要領について」（平成七年九月十二日健医発第一一三二号　厚生省保健医療局長通知）により定められている。

手帳の交付申請書の様式は、同局長通知の別紙様式１に定められている。また、手帳の申請に当たっての添付書類は、施行規則第二十三条に定められており、①「精神保健指定医その他精神障害の診断又は治療に従事する医師の診断書（初めて医師の診療を受けた日から起算して六か月を経過した日以後における診断書に限る。）」、又は②「精神障害を支給事由とする給付を現に受けていることを証する書類の写し」のいずれか一方と、③「精神障害者の写真」を添えることとされている。これは、手帳の発行手続を簡素化するために、障害年金を受けている場合は、年金証書の写し等を提出することにより、医師の診断書の提出を省略できることにしたものである。

なお、①の診断書を作成する医師は、精神保健指定医を中心とし、精神科医を原則とするが、てんかんの患者について内科医等が主治医となっている場合のように、他科の医師であっても、精神障害の診断又は治療に従事する医師は含まれる。手帳の診断書の様式は、前記局長通知別紙様式２に定められている。また、②については、年金証書及び直近の年金振込通知書若しくは年金支払通知書又は特別障害給付金受給資格者証（支給決定通知書）及び直近の国庫金振込通知書又は国庫金送金通知書の写しとされている。

精神障害者保健福祉手帳制度実施要領について

〔平成七年九月十二日　健医発第一一三二号
各都道府県知事宛　厚生省保健医療局長通知〕

注　平成二七年一一月一二日障発一一一二第七号による改正現在

精神障害者保健福祉手帳制度実施要領

第一　目的

精神障害者保健福祉手帳（以下「手帳」という。）は、一定の精神障害の状態にあることを認定して交付することにより、手帳の交付を受けた者に対し、各方面の協力により各種の支援策が講じられることを促進し、精神障害者の社会復帰の促進と自立と社会参加の促進を図ることを目的とする。

これは、これまで身体障害者については身体障害者手帳が、知的障害者については療育手帳があり、様々な福祉的な配慮が行われていることにかんがみ、障害者基本法が成立して精神障害者が障害者として明確に位置付けられたことを契機に、精神保健法を「精神保健及び精神障害者福祉に関する法律（以下「法」という。）」に改め、同法第四十五条により、手帳制度を創設することとしたものである。

第二　手帳の交付手続き

1　交付申請

(1)　精神障害者（知的障害者を除く。以下同じ。）は、その居住地（居住地を有しないときは、その現在地とする。以下同じ。）の都道府県知事に、精神障害者保健福祉手帳の交付を申請することができる。（法四五①）

(2)　手帳の申請は、別紙様式1による申請書に、次の①又は②と③の書類等を添えて、申請者の居住地を

管轄する市町村長を経て、都道府県知事（指定都市市長も含む。以下同じ。）に提出することにより行う。（精神保健及び精神障害者福祉に関する法律施行令（以下「令」という。）五の三）

①　精神保健指定医その他精神障害の診断又は治療に従事する医師の診断書（精神障害に係る初診日から六か月を経過した日以後における診断書に限る。）

②　精神障害を支給事由とする次の給付を現に受けていることを証する書類の写し

ア　国民年金法による障害基礎年金及び国民年金法等の一部を改正する法律（昭和六十年法律第三十四号。以下「昭和六十年改正法」という。）による改正前の国民年金法による障害年金

イ　厚生年金保険法による障害厚生年金及び昭和六十年改正法による改正前の厚生年金保険法による障害年金

ウ　昭和六十年改正法による改正前の船員保険法による障害年金

エ　国家公務員等共済組合法による障害共済年金及び昭和六十年改正法による改正前の国家公務員等共済組合法による障害年金

オ　地方公務員等共済組合法による障害共済年金及び昭和六十年改正法による改正前の地方公務員等共済組合法による障害年金

カ　私立学校教職員共済組合法による障害共済年金及び昭和六十年改正法による改正前の私立学校教職員共済組合法による障害年金

キ　厚生年金保険制度及び農林漁業団体職員共済組合制度の統合を図るための農林漁業団体職員共済組合法等を廃止する等の法律（平成十三年法律第百一号。以下「平成十三年統合法」という。）附則第十六条第一項の規定によりなおその効力を有するものとされた同法附則第二条第一項第一号に

規定する廃止前農林共済法による障害共済年金及び平成十三年統合法附則第十六条第二項の規定によりなおその効力を有するものとされた同法附則第二条第一項第五号に規定する旧制度農林共済法による障害年金並びに平成十三年統合法附則第二十五条第四項第十一号に規定する特例障害農林年金

ク　特定障害者に対する特別障害給付金の支給に関する法律による特別障害給付金

③　精神障害者の写真

ア　写真（縦4cm×横3cm）は脱帽して上半身を写したものであること。

イ　手帳の申請のときから一年以内に撮影したものであること。

(3)　(2)①の医師の診断書は、別紙様式2による。

この診断書は、精神障害の診断又は治療に従事する医師によるものであり、これは、精神保健指定医を中心とし、精神科医を原則とするが、てんかんの患者について内科医などが主治医となっている場合のように、他科の医師であっても、精神障害の診断又は治療に従事する医師は含まれる。

(4)　(2)②の「精神障害を支給事由とする給付を現に受けていることを証する書類の写し」は、次のアの書類の写し又はイの書類の写しとする。

ア　年金証書（年金裁定通知書と一体となっている証書についてはその部分を含む。）及び直近の年金振込通知書又は年金支払通知書

イ　特別障害給付金受給資格者証（特別障害者給付金支給決定通知書）及び直近の国庫金振込通知書（国庫金送金通知書）

(5)　手帳の交付は、申請主義によるものとし、精神障害者本人が申請するものとするが、家族、医療機関

職員等が手帳の申請手続の代行をすることはさしつかえない。

2　障害等級

(1)　手帳には、障害等級を記載するものとする。障害等級は、障害の程度に応じて重度のものから一級、二級及び三級とし、各級の障害の状態は、それぞれ次に定めるとおりである。（令六）

一級　日常生活の用を弁ずることを不能ならしめる程度のもの

二級　日常生活が著しい制限を受けるか、又は日常生活に著しい制限を加えることを必要とする程度のもの

三級　日常生活若しくは社会生活が制限を受けるか、又は日常生活若しくは社会生活に制限を加えることを必要とする程度のもの

(2)　障害等級の判定に当たっては、精神疾患（機能障害）の状態とそれに伴う生活能力障害の状態の両面から総合的に判定を行うものとし、その基準については、別に通知するところによる。

3　審査及び判定

(1)　都道府県知事は、1の申請に基づいて審査し、申請者が2(1)の障害等級で定める精神障害の状態にあると認めたときは、申請者に手帳を交付しなければならない。（法四五②）

(2)　都道府県知事は、1(2)①の医師の診断書が添付された申請について手帳の交付の可否及び障害等級の判定を、当該都道府県（指定都市を含む。）に置かれている精神保健福祉センターに行わせるものとする。（法六②四）

(3)　1(2)②の年金証書等の写しが添付された申請については、精神保健福祉センターによる判定を要することなく、手帳の交付を行うものとする。

この場合、年金一級であれば手帳一級、年金二級であれば手帳二級、年金三級であれば手帳三級であるものとする。

交付の可否の決定に当たっては、必要に応じ、申請者から同意書の提出を求め、年金事務所又は共済組合に精神障害の状態について該当する等級を照会する。

なお、年金証書を有する者であっても、医師の診断書により申請を行い、精神保健福祉センターの判定により手帳の交付を受けることができるものとする。

(4) 都道府県知事は、市町村長が申請書を受理したときは、交付の可否の決定を、概ね一か月以内に行うことが望ましい。

(5) 都道府県知事は、手帳を交付しない旨の決定をしたときは、速やかにその旨を申請者に通知しなければならない。（法四五③）

通知の様式は、別紙様式3とし、居住地の市町村長を経由して通知する。

4　手帳の様式及び記載事項

(1) 手帳は、表紙に「障害者手帳」と標記し、その記載事項は、氏名、住所、生年月日、障害等級、手帳の交付番号、交付年月日及び有効期限とし、様式は、精神保健及び精神障害者福祉に関する法律施行規則（以下「規則」という。）別記様式第三号によるものとする。（規則二五）

(2) 手帳に記載する手帳の交付日は、市町村長が申請を受理した日とし、手帳に記載する手帳の有効期限は、交付日から二年が経過する日の属する月の末日とする。

(3) 各都道府県において、精神保健福祉センター、保健所をはじめ各種の施設の所在地・電話番号や、手帳に関連して享受できる利益等について記載した資料を手帳に付加して交付することが望ましい。

(4) 手帳番号は、各都道府県ごとの一連の番号とすること。

５ 手帳の交付

(1) 手帳の交付は、その申請を受理した市町村長を経て申請者に対して交付する。(令六の二)

なお、家族、医療機関職員等が受領の代行をすることはさしつかえない。

(2) 手帳の申請を受理する際に、申請書控えや、交付が可能となる予定日を記入した申請受理書を交付しておき、手帳の交付に当たっては、それと引換えに交付するなどの方法により、受領者の身分確認に配慮する。

６ 手帳の交付台帳

(1) 都道府県知事は、精神障害者保健福祉手帳交付台帳(以下「手帳交付台帳」という。)を備え、次の事項を記載するものとする。(令七①、規則二六)

ア 精神障害者の氏名、住所及び生年月日、個人番号

イ 障害等級

ウ 手帳の交付番号、交付年月日及び有効期限

エ 手帳の再交付をしたときはその年月日及び理由

オ その他必要な事項

(2) 台帳の標準的な様式は、別紙様式７とする。

第三 手帳の更新、変更等

１ 手帳の更新

(1) 手帳の有効期限は二年間であって、有効期間の延長を希望する者は、手帳の更新の手続を行うことが

必要である。すなわち、精神障害者保健福祉手帳の交付を受けた者は、二年ごとに、障害等級に定める精神障害の状態にあることについて、都道府県知事の認定を受けなければならない。（法四五②）

(2)　更新の手続きについては、「第二　1　手帳の交付申請」に準ずる。（法四五⑥、規則二八①）

すなわち、手帳の更新の申請は、別紙様式1による申請書の所定欄に更新である旨を記載し、第二の1(2)の①又は②の書類、必要に応じ③（障害等級の変更の申請をする場合及び有効期限の更新欄がなくなった場合）を添えて、申請者の居住地を管轄する市町村長を経て、都道府県知事に提出することにより行う。

この場合に、医師の診断書を添えた申請については、精神保健福祉センターで判定を行い、年金証書等の写しを添えた申請については、精神保健福祉センターにおける判定が不要である。

(3)　(1)の認定を受けるに当たっては、手帳の有効期限の日の三か月前から申請を行うことができる。（規則二八②）

なお、有効期限の経過後であっても、更新の申請を行うことができる。

(4)　都道府県知事は、更新の申請を行った者が、障害等級に定める精神障害の状態にあると認めたときは、市町村長を経由して、次のいずれかにより、手帳の更新を行う。（令八②、③）

①　その者の精神障害者保健福祉手帳に記載した有効期限を訂正の上、その者に返還する。

②　障害等級が変更した場合及び有効期限の更新欄がなくなった場合には、その者の精神障害者保健福祉手帳と引換えに新たに精神障害者保健福祉手帳を交付する。この場合において、手帳番号及び手帳交付日は、旧手帳と同一とする。

(5)　なお、申請の際においては、あらかじめ手帳を添付させる必要は無く、更新を認める決定をした後

に、市町村において(4)①又は②の取り扱いをする際に手帳を提出させることで足りるものであり、申請者が手元に手帳を有しない期間が長く生じないよう配慮する。

(6)　都道府県知事は、障害等級に該当しない（手帳を更新しない）旨の決定をしたときは、速やかにその旨を申請者に通知しなければならない。（法四五⑥）

(7)　更新後の有効期限は、更新前の有効期限の二年後の日とする。

２　都道府県の区域を越える住所変更の届出

(1)　手帳の交付を受けた者は、他の都道府県の区域に居住地を移したときは、三〇日以内に、新居住地を管轄する市町村長を経て、新居住地の都道府県知事にその旨を届け出なければならない。（令七④）

届出に当たっては、別紙様式４による届出を行うとともに、別紙様式１による手帳の交付申請（都道府県間の居住地変更による手帳交付の申請）を行う。

(2)　都道府県知事は、(1)の届出を受理したときは、手帳交付台帳に必要な事項を記載した上、その届出書を受理した市町村長を経由して、旧手帳と引換えに、新たな手帳を当該者に交付するものとする。（令七⑤）

この場合、手帳の障害等級及び有効期限は、旧手帳と同一のものとし、精神障害者の写真、手帳番号及び手帳の交付日は、新たなものとする。

(3)　都道府県知事は、(1)の届出を受理したときは、旧居住地の都道府県知事にその旨を通知しなければならない。（令七⑤）

３　氏名の変更及び都道府県の区域内の住所変更の届出

(1)　手帳の交付を受けた者は、氏名を変更したとき、又は同一都道府県の区域内において居住地を変更し

たときは、三〇日以内に、その居住地を管轄する市町村長を経て、都道府県知事にその旨を届け出なければならない。（令七②）

届出の様式は、別紙様式4とする。

(2) 市町村長は、(1)の届出を受理したときは、手帳に変更内容を記載した上で、当該者に返還し、かつ、届出書にその旨を付記して、都道府県知事に送付する。（令七③）

また、都道府県知事は、台帳に必要な事項を記載する。

4 障害等級の変更申請

(1) 手帳の交付を受けた者は、手帳の有効期限の期間内においても、その精神障害の状態が重くなった（又は軽くなった）ことにより、手帳に記載された障害等級以外の障害等級に該当するに至ったと考えるときは、障害等級の変更の申請を行い、判定を求めることができる。（令九①）

(2) 障害等級の変更申請の手続きについては、「第三　1　手帳の更新」に準ずる。（規則二九）

すなわち、障害等級の変更申請は、別紙様式1による申請書の所定欄に障害等級の変更の申請である旨を記載し、第二の1(2)の①又は②と③の書類を添えて、申請者の居住地を管轄する市町村長を経て、都道府県知事に提出することにより行う。

この場合に、医師の診断書を添えた申請については、精神保健福祉センターで判定を行い、年金証書等の写しを添えた申請については、精神保健福祉センターにおける判定が不要である。

(3) 都道府県知事は、障害等級の変更を認めたときは、手帳交付台帳に必要な事項を記載するとともに、さきに交付した精神障害者保健福祉手帳と引換えに新たに手帳を交付する。（令九②）

この場合において、手帳番号及び手帳交付日は、旧手帳と同一とし、写真は提出されたものを貼付す

る。手帳の有効期限は、変更決定を行った日から二年が経過する日の属する月の末日とする。

5　手帳の再交付

(1)　都道府県知事は、手帳を破り、汚し、又は失った（紛失した）者から手帳の再交付の申請があったときは、手帳を交付しなければならない。（令一〇①）

申請の様式は別紙様式4とする。

(2)　再交付の申請は、その居住地を管轄する市町村長を経て、居住地の都道府県知事に申請しなければならない。（令一〇③）

(3)　手帳を破り、又は汚した者から再交付の申請があったときは、都道府県知事は、その居住地を管轄する市町村長を経て、その手帳と引換えに新たな手帳を交付するものとする。

(4)　手帳の再交付を受けた者が、失った手帳を発見したときは、速やかに、これを、その居住地を管轄する市町村長を経て、都道府県知事に返還しなければならない。（令一〇②）

(5)　有効期限が残存している旧様式（写真貼付無し）の手帳（平成十八年九月三十日以前に市町村が受理したもの）から新様式（写真貼付有り）の手帳へ変更を希望する者は、別紙様式4に写真を添えて、居住地を管轄する市町村長を経て、居住地の都道府県知事に申請を行う。この場合において、手帳番号、手帳交付日、有効期限は旧手帳と同一とする。

6　手帳の返還等

(1)　手帳の交付を受けた者は、政令で定める精神障害の状態がなくなったときは、速やかに都道府県に返還しなければならない。（法四五の二①）

手帳の返還は、当該精神障害者保健福祉手帳に記載された居住地を管轄する市町村長を経て行わなけ

ればならない。（令一〇の二②）

(2)　都道府県知事は、手帳の交付を受けた者について、政令で定める精神障害の状態がなくなったと認めるときは、その者に対し手帳の返還を命ずることができる。（法四五の二③）

(3)　都道府県知事が手帳の返還を命じようとするときは、あらかじめ精神保健指定医による診察を行わなければならない。（法四五の二④）

なお、この場合における取り扱いは以下によること。

ア　都道府県知事が、精神科病院への立ち入りを行い、指定医の診察の結果、入院中の者が政令で定める精神障害の状態でないことが判明し、手帳を所持していた場合には、6の(4)の手続きにより手帳の返還を命ずること。

イ　精神障害の状態でないことが著しく疑われる者、又は偽りその他不正の行為によって手帳を取得したことが著しく疑われる者にあっては、あらかじめ別紙様式5により診察を行う日時等を本人に通知したうえで、指定医による診察を実施すること。なお、診断書の様式は別紙様式2とする。

ウ　イにより診察を行う旨を通知したにもかかわらず、これに応じない場合には、期限を定めて再度診察を受けるように督促すること。

(4)　都道府県知事は、指定医の診察の結果、その者が政令で定める精神障害の状態でないと診断された場合には、あらかじめ精神保健福祉センターの意見を聴き、理由を付して手帳の返還を命ずる旨を通知しなければならない。（法四五の二⑤）

なお、通知の様式は別紙様式6とする。

7　その他

(1)　手帳の交付を受けた者が死亡したときは、戸籍法第八十七条の規定による届出義務者は、速やかにその手帳を、手帳に記載された居住地の市町村長を経て、都道府県知事に返還しなければならない。(令一〇の二①)

(2)　都道府県知事は、次の場合には、手帳交付台帳からその手帳に関する記載事項を消除するものとする。(令七⑥)

①　障害等級に該当する精神障害の状態がなくなったために、手帳を都道府県に返還したとき。
②　手帳の交付を受けた者が死亡したために、手帳を都道府県に返還したとき。
③　手帳の返還が無いが、手帳の交付を受けた者の死亡が判明したとき。
④　他の都道府県から、都道府県の区域を越える住所地の変更の通知を受けたとき。
⑤　法第四十五条の二第三項の規定により、都道府県知事が手帳の返還を命じたとき。

(3)　手帳の交付を受けた者は、手帳を譲渡し、又は貸与してはならない。(法四五の二②)

第四　手帳に基づく各種の援助施策の拡充について

1　税制との関係

地方税法施行令、所得税法施行令及び法人税法施行令について、障害者控除等の税制措置の対象となる精神障害者の範囲は、手帳の交付を受けている者(特別障害者にあっては手帳に障害等級が一級である者として記載されている者)とする。

なお、税制との関係については、別に通知する。

2　生活保護との関係

(1)　生活保護法の障害者加算の認定に係る障害の程度の判定については、従来の障害年金証書の写し又は

医師の診断書による判定に加えて、手帳の交付又は更新の年月日が当該障害の原因となった傷病について初めて医師の診療を受けて一年六月を経過している者については、精神障害者保健福祉手帳（一級又は二級）による判定もできることとなる。

(2)　なお、生活保護法の障害者加算の認定に当たっての精神障害者保健福祉手帳の利用については、別に通達される予定である。

3　各種の援助施策の拡充について

このほか、身体障害者手帳や療育手帳の交付を受けた者については、公共交通機関の運賃割引、公共施設の利用料割引、公営住宅に係る優遇等の各種の支援策が行われているところである。

手帳制度は、身体障害者手帳や療育手帳と同様、関係各方面の協力により各種の支援策を促進し、もって精神障害者の社会復帰及び自立と社会参加の促進を図ることを目的とするものであるので、各地方自治体においても、その趣旨を踏まえ、関係各方面の協力を得て、手帳に基づく各種の援助施策の拡充に努めるよう、特段のご尽力を図られたい。

(別紙様式１)

※市町村名	
※受理年月日	年　月　日

障害者手帳申請書

○○知事　殿

平成　年　月　日

私は、次の事項（○印）について申請します。

精神保健及び精神障害者福祉に関する法律第45条に基づく精神障害者保健福祉手帳の〔新規交付・更新・障害等級変更・都道府県間の住所変更による手帳交付〕(申請項目を○で囲んでください)

<table>
<tr><td rowspan="3">申請者（精神障害者本人）</td><td colspan="4">フリガナ
氏　名　　　　印</td><td>生年月日</td><td colspan="2">明・大・昭・平
年　月　日</td></tr>
<tr><td colspan="7">住所　　　　電話　（　）</td></tr>
<tr><td colspan="7">個人番号</td></tr>
<tr><td rowspan="2">家族の連絡先（申請者が18歳未満の場合記入）</td><td colspan="4">フリガナ
氏　名</td><td>本人との続柄（○印）</td><td colspan="2">父　母　兄弟姉妹
祖父母
その他（　）</td></tr>
<tr><td colspan="7">住所　　　　電話　（　）</td></tr>
<tr><td>添付書類（○印）</td><td colspan="7">医師の診断書（手帳用）
年金証書等の写し（　級）・　同意書
特別障害給付金受給資格者証等の写しの（　級）・　同意書
写真（縦４㎝×横３㎝）</td></tr>
<tr><td>既存の手帳</td><td>※有効期限</td><td colspan="3">平成　年　月　末日</td><td>※手帳番号</td><td colspan="2"></td></tr>
<tr><td>申請書を提出した者</td><td>氏名</td><td>印</td><td>本人との関係</td><td></td><td>住所</td><td colspan="2">電話　（　）</td></tr>
</table>

（注）１　手帳の新規交付、更新又は障害等級変更の申請を行うためには、添付書類として、「医師の診断書」又は「障害年金の年金証書、年金裁定通知書及び直近の振込（支払）通知書の写し」又は「特別障害給付金受給資格者証」（特別障害者給付金支給決定通知書）及び国庫金振込通知書（国庫金送金通知書）の写しが必要です。

２　年金証書等の写し又は特別障害給付金受給者資格者証等の写しによる申請の場合は、障害等級の判定のために年金事務所又は各共済組合等に対し、年金の障害等級を照会することがあります。

３　写真（縦４㎝×横３㎝）は、脱帽して上半身を写したもので、１年以内に撮影したものであること。

４　※の欄は記入しないでください。

（別紙様式２）

診断書（精神障害者保健福祉手帳用）

氏　　　　名		明治・大正・昭和・平成 年　月　日生（　歳）
住　　　　所		
①　病名 （ICDコードは、右の病名と対応するF00～F99、G40のいずれかを記載）	(1)　主たる精神障害＿＿＿＿＿ICDコード（　　） (2)　従たる精神障害＿＿＿＿＿ICDコード（　　） (3)　身体合併症 身体障害者手帳（有・無、種別　　　級）	
②　初診年月日	主たる精神障害の初診年月日 昭和・平成　　年　　月　　日 診断書作成医療機関の初診年月日 昭和・平成　　年　　月　　日	
③　発病から現在までの病歴及び治療の経過、内容（推定発病年月、発病状況、初発症状、治療の経過、治療内容などを記載する）	（推定発病時期　　　年　　　月頃） ＊器質性精神障害（認知症を除く）の場合、発症の原因となった疾患名とその発症日 （疾患名　　　　　　　年　　月　　日）	

④　現在の病状、状態像等（該当する項目を○で囲む）

(1)　抑うつ状態
1思考・運動抑制　　2易刺激性、興奮　　3憂うつ気分　　4その他（　　　）

(2)　躁状態
1行為心拍　　2多弁　　3感情高揚・易刺激性　　4その他（　　　　）

(3)　幻覚妄想状態
1幻覚　　2妄想　　3その他（　　　　）

(4)　精神運動興奮及び昏迷の状態
1興奮　　2混迷　　3拒絶　　4その他（　　　　）

(5)　統合失調症等残遺状態
1自閉　2感情平板化　　3意欲の減退　4その他（　　　　）

(6)　情動及び行動の障害
1爆発性　　2暴力・衝動行為　　3多動　　4食行動の異常　　5チック・汚言
6その他（　　　　）

(7)　不安及び不穏
1強度の不安・恐怖感　　2強迫体験　　3心的外傷に関連する症状
4解離・転換症状　　5その他（　　　　）

(8)　てんかん発作等（けいれんおよび意識障害）
1てんかん発作　発作型（　　　）　頻度（　　　）　最終発作（　年　月　日）

２意識障害　　３その他（　　　　　）

⑼　精神作用物質の乱用及び依存等

１アルコール　　２覚せい剤　　３有機溶剤　　４その他（　　　　　）

ア乱用　　イ依存　　ウ残遺性・遅発性精神病性障害（状態像を該当項目に再掲すること）

エその他（　　　　　）

現在の精神作用物質の使用　有・無（不使用の場合、その期間　年　月から）

⑽　知能・記憶・学習・注意の障害

１知的障害（精神遅滞）

ア軽度　　イ中等度　　ウ重度療育手帳（有・無、等級等　　　）

２認知症　　３その他の記憶障害（　　　　　）

４学習の困難　ア読み　　イ書き　　ウ算数　　エその他（　　　　　）

５遂行機能障害　　６注意障害　　７その他（　　　　　）

⑾　広汎性発達障害関連症状

１相互的な社会関係の質的障害

２コミュニケーションのパターンにおける質的障害

３限定した常同的で反復的な関心と活動　　４その他（　　　　　）

⑿　その他（　　　　　）

⑤　④の病状・状態像等の具体的程度、症状、検査所見　等

［検査所見：検査名、検査結果、検査時期　　　　　　　　　　　　　　　　］

⑥　生活能力の状態（保護的環境ではない場合を想定して判断する。児童では年齢相応の能力と比較の上で判断する）

１　現在の生活環境

入院・入所（施設名　　　　　　　　）・在宅（ア　単身・イ　家族等と同居）

・その他（　　　　　）

２　日常生活能力の判定（該当するもの一つを○で囲む）

(1)　適切な食事摂取

自発的にできる・自発的にできるが援助が必要・援助があればできる・できない

(2)　身辺の清潔保持、規則正しい生活

自発的にできる・自発的にできるが援助が必要・援助があればできる・できない

(3)　金銭管理と買物

適切にできる・おおむねできるが援助が必要・援助があればできる・できない

(4)　通院と服薬（要・不要）

適切にできる・おおむねできるが援助が必要・援助があればできる・できない

(5)　他人との意思伝達・対人関係

適切にできる・おおむねできるが援助が必要・援助があればできる・できない

(6)　身辺の安全保持・危機対応

適切にできる・おおむねできるが援助が必要・援助があればできる・できない

(7)　社会的手続や公共施設の利用

適切にできる・おおむねできるが援助が必要・援助があればできる・できない

(8) 趣味・娯楽への関心、文化的社会的活動への参加
適切にできる・おおむねできるが援助が必要・援助があればできる・できない
3　日常生活能力の程度
(該当する番号を選んで、どれか一つを○で囲む)
(1) 精神障害を認めるが、日常生活及び社会生活は普通にできる。
(2) 精神障害を認め、日常生活又は社会生活に一定の制限を受ける。
(3) 精神障害を認め、日常生活に著しい制限を受けており、時に応じて援助を必要とする。
(4) 精神障害を認め、日常生活に著しい制限を受けており、常時援助を必要とする。
(5) 精神障害を認め、身の回りのことはほとんどできない。

⑦　⑥の具体的程度、状態等

⑧　現在の障害福祉等のサービスの利用状況
(障害者の日常生活及び社会生活を総合的に支援するための法律（平成17年法律第123号）に規定する自立訓練（生活訓練）、共同生活援助（グループホーム）、居宅介護（ホームヘルプ）、その他の障害福祉サービス、訪問指導、生活保護の有無等)

⑨　備考

上記のとおり、診断します。　平成　年　月　日
医療機関の名称
医療機関所在地
電話番号
診療科担当科名
医師氏名（自署又は記名捺印）　印

（別紙様式３）

番　　　　号
年　　月　　日

通　　　　　　知　　　　　　書

（申請者）　　殿

都道府県知事名　　㊞

精神保健及び精神障害者福祉に関する法律第45条の規定による精神障害者保健福祉手帳の申請は、次により承認されませんでしたので通知します。

1　精神保健及び精神障害者福祉に関する法律施行令第６条の規定による精神障害者保健福祉手帳の障害等級に定める精神障害の状態に該当しないこと

2　その他の理由

（別紙様式４）

※市町村名	
※受理年月日　　年　　月　　日	

障害者手帳記載事項変更届・再発行申請書

○○○知事殿

平成　　年　　月　　日

私は、精神保健及び精神障害者福祉に関する法律第45条に基づく精神障害者保健福祉手帳について、次の事項（○印）の届出・申請をします。

1　［①都道府県内における住所変更、②都道府県を越える住所変更、③氏名の変更］の届出

（変更内容）

旧	
新	

2　［①汚れ、②破り、③紛失］したため再交付の申請

3　写真貼付無しから写真貼付有りへ変更するための再交付申請

申請者　氏名　　　　　　　　　　㊞

住所

個人番号

現行の手帳番号

（注）　都道府県の区域を越える住所変更をしたときは、本届書のほかに、手帳交付の申請書を提出して下さい。

（別紙様式５）

第　　　　号
年　　月　　日

診　察　通　知　書

殿

都道府県知事　　　　　　印

精神保健及び精神障害者福祉に関する法律第45条の２第４項の規定に基づく精神保健指定医による診察を、下記のとおり実施することとなりましたので通知します。

なお、診察を受けられない理由がある場合は、あらかじめ下記の連絡先へ申し出て下さい。また、当日は本書を持参し提示して下さい。

記

1　診察を行う理由
2　診察予定日時
3　場　　　所
（備考）案内図等を表記
4　連　絡　先

（別紙様式６）

番　　　　号
年　　月　　日

障害者手帳返還通知書

殿

都道府県知事名　　　　　印

平成　　年　　月　　日に実施された、精神保健及び精神障害者福祉に関する法律第45条の２第４項の規定に基づく診察の結果、施行令第６条の規定による精神障害者保健福祉手帳の障害等級に定める精神障害の状態に該当しなかったので、同法第45条の２第３項の規定により速やかに○○○保健所長に返還することを命ずる。

（別紙様式７）

精神障害者保健福祉手帳交付台帳

手帳番号	氏　　名	生年月日	個人番号	等級	交付日	有効期限（更新）	現　住　所	備　考

〔４〕　手帳の交付は申請主義であり、障害者本人が申請するものであるが、家族や医療機関職員等が手帳の申請手続を代行することはさしつかえない。なお、この場合は、申請の代理ではなく、あくまで申請書の市町村への提出を代行するものであることから、委任状は不要である。

〔５〕　手帳に記載される障害等級は、障害の程度に応じて重度のものから一級、二級及び三級とされており、施行令第六条で、次のとおり定められている。

障害等級	精神障害の状態
一級	日常生活の用を弁ずることを不能ならしめる程度のもの
二級	日常生活が著しい制限を受けるか、又は日常生活に著しい制限を加えることを必要とする程度のもの
三級	日常生活若しくは社会生活が制限を受けるか、又は日常生活若しくは社会生活に制限を加えることを必要とする程度のもの

この等級の基準は、一級及び二級については国民年金の障害年金（厚生年金も同じ）の一級・二級と全く同じ表現とし、同じ程度の障害としたものである（図２－３参照）。

一方、三級については、国民年金には三級の制度はなく、厚生年金の三級は被用者保険の制度であるから、労働に着目して「労働が著しい制限を受けるか、又は労働に著しい制限を加えることを必要とする程度のもの」という表現がされており、さらに、厚生年金三級よりも低い障害程度の場合に一時金として支給される障害手当金では、厚生年金の三級から「著しい」を削った「労働が制限を受けるか、又は労働に制限を加えることを必要とする程度のもの」という表現がされている。これに対して、精神障害者保健福祉手帳の三級については、厚生年金の三級や障害手当金の基準よりも範囲が広いもの（より低い障害程度も含むもの）という水準に設定したもの

図 2－3　精神障害者保健福祉手帳と年金の障害程度の比較

〈精神障害者〉	〈精神障害者保健福祉手帳〉	〈障害年金等〉
精神障害者 （精神保健福祉法第5条の定義） 統合失調症，精神作用物質による急性中毒又はその依存症，知的障害，精神病質その他の精神疾患を有する者	1級 日常生活の用を弁ずることを不能ならしめる程度のもの	1級（国年・厚年・特別障害給付金） 日常生活の用を弁ずることを不能ならしめる程度のもの
	2級 日常生活が著しい制限を受けるか，又は日常生活に著しい制限を加えることを必要とする程度のもの	2級（国年・厚年・特別障害給付金） 日常生活が著しい制限を受けるか，又は日常生活に著しい制限を加えることを必要とする程度のもの
	3級 日常生活若しくは社会生活が制限を受けるか，又は日常生活若しくは社会生活に制限を加えることを必要とする程度のもの	3級（厚年） 労働が著しい制限を受けるか，又は労働に著しい制限を加えることを必要とする程度のもの
		障害手当金（厚年の一時金） 労働が制限を受けるか，又は労働に制限を加えることを必要とする程度のもの

注）本図及び次の図 2－4 は，あくまでも概念的なものであり，厳密に区分されているものではない。

図２－４　等級の程度の比較

<table>
<tr><th>〈身体障害者手帳〉</th><th>〈療育手帳〉
（知的障害）</th><th>〈障害年金等〉
（身体障害，知的障害，精神障害）</th><th>〈精神障害者保健福祉手帳〉</th></tr>
<tr><td>身障手帳１級</td><td>療育手帳
最重度</td><td rowspan="2">年金１級
（国年，厚年・特別障害給付金）</td><td rowspan="2">精神障害者
手帳１級</td></tr>
<tr><td>身障手帳２級</td><td>療育手帳
重度</td></tr>
<tr><td>身障手帳３級</td><td>療育手帳
中度</td><td>年金２級
（国年，厚年・特別障害給付金）</td><td>精神障害者
手帳２級</td></tr>
<tr><td>身障手帳４級</td><td rowspan="4">療育手帳
軽度</td><td rowspan="2">年金３級
（厚年）</td><td rowspan="4">精神障害者
手帳３級</td></tr>
<tr><td>身障手帳５級</td></tr>
<tr><td>身障手帳６級</td><td rowspan="2">障害手当金
（厚年）（一時金）</td></tr>
<tr><td>身障手帳７級</td></tr>
</table>

であり、これは、身体障害者手帳や療育手帳が、同様に広い範囲で交付されていることを考慮したものである（図2－4参照）。この点で、二級の基準から「著しい」を削ったものであるが、二級と異なり「日常生活若しくは社会生活」としたのは、日常生活は概ねできるが、社会生活の中では支障がある場合があるからである。

〔6〕障害等級の判定に当たっては、精神疾患（機能障害）の状態とそれに伴う生活能力障害の状態の両面から総合的に判定を行うものとし、その判定基準については、「精神障害者保健福祉手帳の障害等級の判定基準について」（平成七年九月十二日健医発第一一三三号　厚生省保健医療局長通知）により、次のとおり定められている。

なお、この判定基準の運用については、「精神障害者保健福祉手帳の障害等級の判定基準の運用に当たって留意すべき事項について」（平成七年九月十二日健医精発第四六号　厚生省保健医療局精神保健課長通知）が定められており、また、判定に当たっては、医師の診断書の記入が適切になされることが重要であることから、「精神障害者保健福祉手帳の診断書の記入に当たって留意すべき事項について」（平成七年九月十二日健医精発第四五号　厚生省保健医療局精神保健課長通知）が定められている。

精神障害者保健福祉手帳の障害等級の判定基準について

〔平成七年九月十二日　健医発第一一三三号
各都道府県知事宛　厚生省保健医療局長通知〕

注　平成二五年四月二六日障発〇四二六第五号による改正現在

精神障害者保健福祉手帳障害等級判定基準

精神障害者保健福祉手帳の障害等級の判定は、⑴精神疾患の存在の確認、⑵精神疾患（機能障害）の状態の確認、⑶能力障害（活動制限）の状態の確認、⑷精神障害の程度の総合判定という順を追って行われる。障害

の状態の判定に当たっての障害等級の判定基準を左表に示す。

なお、判定に際しては、診断書に記載された精神疾患（機能障害）の状態及び能力障害（活動制限）の状態について十分な審査を行い、対応すること。

また、精神障害者保健福祉手帳障害等級判定基準の説明（別添１）、障害等級の基本的な考え方（別添２）を参照のこと。

障害等級	障害の状態	
	精神疾患（機能障害）の状態	能力障害（活動制限）の状態
１級 （精神障害であって、日常生活の用を弁ずることを不能ならしめる程度のもの）	１　統合失調症によるものにあっては、高度の残遺状態又は高度の病状があるため、高度の人格変化、思考障害、その他妄想・幻覚等の異常体験があるもの ２　気分（感情）障害によるものにあっては、高度の気分、意欲・行動及び思考の障害の病相期があり、かつ、これらが持続したり、ひんぱんに繰り返したりするもの ３　非定型精神病によるものにあっては、残遺状態又は病状が前記１、２に準ずるもの ４　てんかんによるものにあっては、ひんぱんに繰り返す発作又は知能障害その他の精神神経症状が高度であるもの	１　調和のとれた適切な食事摂取ができない。 ２　洗面、入浴、更衣、清掃等の身辺の清潔保持ができない。 ３　金銭管理能力がなく、計画的で適切な買物ができない。 ４　通院・服薬を必要とするが、規則的に行うことができない。 ５　家族や知人・近隣等と適切な意思伝達ができない。協調的な対人関係を作れない。 ６　身辺の安全を保持したり、危機的状況に適切に対応できない。 ７　社会的手続をしたり、一般の公共施設を利用することができない。

	5　中毒精神病によるものにあっては、認知症その他の精神神経症状が高度のもの 6　器質性精神障害によるものにあっては、記憶障害、遂行機能障害、注意障害、社会的行動障害のいずれかがあり、そのうちひとつ以上が高度のもの 7　発達障害によるものにあっては、その主症状とその他の精神神経症状が高度のもの 8　その他の精神疾患によるものにあっては、前記の1～7に準ずるもの	8　社会情勢や趣味・娯楽に関心がなく、文化的社会的活動に参加できない。 （前記1～8のうちいくつかに該当するもの）
2級 （精神障害であって、日常生活が著しい制限を受けるか、又は日常生活に著しい制限を加えることを必要とする程度のもの）	1　統合失調症によるものにあっては、残遺状態又は病状があるため、人格変化、思考障害、その他の妄想・幻覚等の異常体験があるもの 2　気分（感情）障害によるものにあっては、気分、意欲・行動及び思考の障害の病相期があり、かつ、これらが持続したり、ひんぱんに繰り返したりするもの 3　非定型精神病によるものにあっては、残遺状態又は病状が前記1、2に準ずるもの 4　てんかんによるものにあっては、ひんぱんに繰り返す発作又は知能障害その他	1　調和のとれた適切な食事摂取は援助なしにはできない。 2　洗面、入浴、更衣、清掃等の身辺の清潔保持は援助なしにはできない。 3　金銭管理や計画的で適切な買物は援助なしにはできない。 4　通院・服薬を必要とし、規則的に行うことは援助なしにはできない。 5　家族や知人・近隣等と適切な意思伝達や協調的な対人関係づくりは援助なしにはできない。 6　身辺の安全保持や危機的状況での適切な対応は援助なしにはできない。

	３級 （精神障害であって、日常生活若しくは社会生活が制限を受けるか、又は日常生活若しくは社会生活に制限を加えることを必要とする程度のもの）
の精神神経症状があるもの ５　中毒精神病によるものにあっては、認知症その他の精神神経症状があるもの ６　器質性精神障害によるものにあっては、記憶障害、遂行機能障害、注意障害、社会的行動障害のいずれかがあり、そのうちひとつ以上が中等度のもの ７　発達障害によるものにあっては、その主症状が高度であり、その他の精神神経症状があるもの ８　その他の精神疾患によるものにあっては、前記の１～７に準ずるもの	１　統合失調症によるものにあっては、残遺状態又は病状があり、人格変化の程度は著しくはないが、思考障害、その他の妄想・幻覚等の異常体験があるもの ２　気分（感情）障害によるものにあっては、気分、意欲・行動及び思考の障害の病相期があり、その症状は著しくはないが、これを持続したり、ひんぱんに繰り返すもの ３　非定型精神病によるものにあっては、残遺状態又は病状が前記１、２に準ずるもの
７　社会的手続や一般の公共施設の利用は援助なしにはできない。 ８　社会情勢や趣味・娯楽に関心が薄く、文化的社会的活動への参加は援助なしにはできない。 （前記１～８のうちいくつかに該当するもの）	１　調和のとれた適切な食事摂取は自発的に行うことができるがなお援助を必要とする。 ２　洗面、入浴、更衣、清掃等の身辺の清潔保持は自発的に行うことができるがなお援助を必要とする。 ３　金銭管理や計画的で適切な買物はおおむねできるがなお援助を必要とする。 ４　規則的な通院・服薬はおおむねできるがなお援助を必要とする。 ５　家族や知人・近隣等と適切な意思伝達や協調的な対人関係づくりはなお十分と

	4　てんかんによるものにあっては、発作又は知能障害その他の精神神経症状があるもの 5　中毒精神病によるものにあっては、認知症は著しくないが、その他の精神神経症状があるもの 6　器質性精神障害によるものにあっては、記憶障害、遂行機能障害、注意障害、社会的行動障害のいずれかがあり、いずれも軽度のもの 7　発達障害によるものにあっては、その主症状とその他の精神神経症状があるもの 8　その他の精神疾患によるものにあっては、前記の1～7に準ずるもの	はいえず不安定である。 6　身辺の安全保持や危機的状況での対応はおおむね適切であるが、なお援助を必要とする。 7　社会的手続や一般の公共施設の利用はおおむねできるが、なお援助を必要とする。 8　社会情勢や趣味・娯楽に関心はあり、文化的社会的活動にも参加するが、なお十分とはいえず援助を必要とする。 （前記1～8のうちいくつかに該当するもの）

（別添1）

精神障害者保健福祉手帳等級判定基準の説明

精神障害の判定基準は、「精神疾患（機能障害）の状態」及び「能力障害（活動制限）の状態」により構成しており、その適用に当たっては、総合判定により等級を判定する。

(1)　精神疾患（機能障害）の状態

精神疾患（機能障害）の状態は、「統合失調症」、「気分（感情）障害」、「非定型精神病」、「てんかん」、「中

毒精神病」、「器質性精神障害」、「発達障害」及び「その他の精神疾患」のそれぞれについて精神疾患（機能障害）の状態について判断するためのものであって、「能力障害（活動制限）の状態」とともに「障害の程度」を判断するための指標として用いる。

① 統合失調症

統合失調症は、障害状態をもたらす精神疾患の中で頻度が高く、多くの場合思春期前後に発症する疾患である。幻覚等の知覚障害、妄想や思考伝播等の思考の障害、感情の平板化等の感情の障害、無関心等の意志の障害、興奮や昏迷等の精神運動性の障害等が見られる。意識の障害、知能の障害は通常見られない。急激に発症するものから、緩徐な発症のために発病の時期が不明確なものまである。経過も変化に富み、慢性化しない経過をとる場合もあり、障害状態も変化することがある。しかしながら、統合失調症の障害は外見や行動や固定的な一場面だけからでは捉えられないことも多く、障害状態の判断は主観症状や多様な生活場面を考慮して注意深く行う必要がある。

なお、「精神疾患（機能障害）の状態」欄の状態像及び症状については、それぞれ以下のとおりである。

(a) 残遺状態

興奮や昏迷を伴う症状は一過性に経過することが多く急性期症状と呼ばれる。これに対し、急性期を経過した後に、精神運動の緩慢、活動性の低下（無為）、感情平板化、受動性と自発性欠如、会話量とその内容の貧困、非言語的コミュニケーションの乏しさ、自己管理と社会的役割遂行能力の低下といった症状からなる陰性症状が支配的になった状態を残遺状態という。これらは決して非可逆的というわけではないが、長期間持続する。

(b) 病状

「精神疾患（機能障害）の状態」の記述中に使用されている「病状」という用語は残遺状態に現れる陰性症状と対比的に使用される陽性症状を指している。陽性症状は、幻覚等の知覚の障害、妄想や思考伝播、思考奪取等の思考の障害、興奮や昏迷、緊張等の精神運動性の障害等のように目立ちやすい症状からなる。陽性症状は残遺状態や陰性症状に伴って生じる場合もある。

(c)　人格変化

陰性症状や陽性症状が慢性的に持続すると、連合弛緩のような持続的な思考過程の障害や言語的コミュニケーションの障害が生じ、その人らしさが失われたり変化したりする場合がある。これを統合失調症性人格変化という。

(d)　思考障害

思考の障害は、思考の様式や思路の障害と内容の障害に分けられる。様式の障害には、思考伝播、思考奪取、思考吹入、思考化声等の統合失調症に特有な障害の他に強迫思考等がある。思路の障害には、観念奔逸、思考制止、粘着思考、思考保続、滅裂思考、連合弛緩等がある。内容の障害は、主に妄想を指すが、その他に思考内容の貧困、支配観念等も含まれる。単に思考障害といった場合は妄想等の思考内容の障害は含まず、主に思考様式の障害を指す。

(e)　異常体験

幻覚、妄想、思考伝播、思考奪取、思考吹入、思考化声等の陽性症状を指している。

②　気分（感情）障害

ＩＣＤ—10（疾病及び関連保健問題の国際統計分類第一〇回改正）では気分（感情）障害と呼ばれ、気分及び感情の変動によって特徴づけられる疾患である。主な病相期がそう状態のみであるものをそう病、

うつ状態のみであるものをうつ病、そう状態とうつ状態の二つの病相期を持つものをそううつ病という。病相期以外の期間は精神症状が無いことが多いが、頻回の病相期を繰り返す場合には人格変化を来す場合もある。病相期は数か月で終了するものが多い。病相期を繰り返す頻度は様々で、一生に一回しかない場合から、年間に十数回繰り返す場合もある。

なお、「精神疾患（機能障害）の状態」欄の状態像及び症状については、それぞれ以下のとおりである。

(a)　気分の障害

気分とは持続的な基底をなす感情のことであり、情動のような強い短期的感情とは区別する。気分の障害には、病的爽快さである爽快気分と、抑うつ気分がある。

(b)　意欲・行動の障害

そう状態では、自我感情の亢進のため行動の抑制ができない状態（行為心迫）、うつ状態では、おっくうで何も手につかず、何もできない状態（行動抑制）である。

(c)　思考の障害

思考の障害については統合失調症の記載を参照のこと。そうやうつの場合には、観念奔逸や思考制止等の思考過程の障害や、思考内容の障害である妄想が出現しやすい。

また、そうまたはうつの病状がある病相期は、長期にわたる場合もあれば短期間で回復し、安定化する場合もある。病相期の持続期間は、間欠期に障害を残さないことが多いそううつ病の障害状態の持続期間である。間欠期にも障害状態を持つ場合は病相期の持続期間のみが障害状態であることにはならない。一般にそううつ病の病相期は数か月で軽快することが多い。

病相期が短期間であっても、頻回に繰り返せば、障害状態がより重くなる。一年間に一回以上の病相期

が存在すれば、病相期がひんぱんに繰り返し、通常の社会生活は送りにくいというべきだろう。

③　非定型精神病

非定型精神病の発病は急激で、多くは周期性の経過を示し、予後が良い。病像は意識障害（錯乱状態、夢幻状態）、情動障害、精神運動性障害を主とし、幻覚は感覚性が著しく妄想は浮動的、非体系的なものが多い。発病にさいして精神的あるいは身体的誘因が認められることが多い。経過が周期的で欠陥を残す傾向が少ない点は、統合失調症よりもそううつ病に近い。

なお、ＩＣＤ－10ではＦ25統合失調感情障害にほぼあたる。この統合失調感情障害とは、統合失調性の症状とそううつの気分障害の症状の両者が同程度に同時に存在する疾患群を指す。

④　てんかん

てんかんは反復する発作を主徴とする慢性の大脳疾患であり、特発性および症候性てんかんに二大分される。症候性てんかんの発作ならびに精神神経学的予後は、特発性てんかんにくらべて不良のことが多い。てんかんの大半は小児期に年齢依存性に発病し、発作をもったまま青年・成人期をむかえる。

てんかん発作は一般に激烈な精神神経症状を呈する。多くの場合、発作の持続時間は短いが、時に反復・遷延することがある。発作は予期せずに突然起き、患者自身は発作中の出来事を想起できないことが多い。姿勢が保てなくなる発作、意識が曇る発作では、身体的外傷の危険をともなう。

発作に加えててんかんには、発作間欠期の精神神経症状を伴うことがある。脳器質性障害としての知的機能の障害や、知覚・注意・情動・気分・思考・言語等の精神機能、および行為や運動の障害がみられる。発作間欠期の障害は小児から成人に至る発達の途上で深甚な修飾をこうむる。それは精神生活の脆弱性や社会適応能力の劣化を引き起こし、学習・作業能力さらに行動のコントロールや日常生活の管理にも障害

が現れる。てんかん患者は発作寛解に至るまで長期にわたり薬物治療を継続する必要がある。なお、「精神疾患（機能障害）の状態」欄の状態像及び症状については、それぞれ以下のとおりである。

(a)　発作

てんかんにおける障害の程度を判定する観点から、てんかんの発作を次のように分類する。

イ　意識障害はないが、随意運動が失われる発作

ロ　意識を失い、行為が途絶するが、倒れない発作

ハ　意識障害の有無を問わず、転倒する発作

ニ　意識障害を呈し、状況にそぐわない行為を示す発作

(b)　知能障害

知能や記憶等の知的機能の障害の程度は、器質性精神障害の認知症の判定基準に準じて判定する。

(c)　その他の精神神経症状

その他の精神神経症状とは、注意障害、情動制御の障害、気分障害、思考障害（緩慢・迂遠等）、幻覚・妄想等の病的体験、知覚や言語の障害、対人関係・行動パターンの障害、あるいは脳器質症状としての行為や運動の障害（たとえば高度の不器用、失調等）を指す。

⑤　中毒精神病

精神作用物質の摂取によって引き起こされる精神および行動の障害を指す。有機溶剤等の産業化合物、アルコール等の嗜好品、麻薬、覚醒剤、コカイン、向精神薬等の医薬品が含まれる。これらの中には依存を生じる化学物質が含まれ、また法的に使用が制限されている物質も含まれる。

なお、「精神疾患（機能障害）の状態」欄の状態像及び症状については、以下のとおりである。

(a)　認知症、その他の精神神経症状

中毒精神病に現れる残遺及び遅発性精神病性障害には、フラッシュバック、パーソナリティ障害、気分障害、認知症等がある。

⑥　器質性精神障害（高次脳機能障害を含む）

器質性精神障害とは、先天異常、頭部外傷、変性疾患、新生物、中毒（一酸化炭素中毒、有機水銀中毒）、中枢神経の感染症、膠原病や内分泌疾患を含む全身疾患による中枢神経障害等を原因として生じる精神疾患であって、従来、症状精神病として区別されていた疾患を含む概念である。ただしここでは、中毒精神病、精神遅滞を除外する。

脳に急性の器質性異常が生じると、その病因によらず、急性器質性症状群（AOS）と呼ばれる一群の神経症状が見られる。AOSは多彩な意識障害を主体とし、可逆的な症状である場合が多い。AOSの消退後、または、潜在性が進行した器質異常の結果生じるのが慢性器質性症状群（COS）である。COSは、知的能力の低下（認知症）と性格変化に代表され、多くの場合非可逆的である。COSには、病因によらず、脳の広範な障害によって生じる非特異的な症状と、病因や障害部位によって異なる特異的症状とがある。巣症状等の神経症状、幻覚、妄想、気分の障害等、多彩な精神症状が合併しうる。

初老期、老年期に発症する認知症も器質性精神症状として理解される。これらのうち代表的なアルツハイマー型認知症と血管性認知症を例にとると、血管性認知症は、様々な原因でAOS（せん妄等）を起こし、そのたびにCOSの一症状としての認知症が段階的に進行する。アルツハイマー型認知症では、急性に器質性変化が起こることはないので、AOSを見る頻度は比較的少なく、COSとしての認知症が潜在的に発現し、スロープを降りるように徐々に進行する。

なお、「精神疾患（機能障害）の状態」欄の状態像及び症状については、それぞれ以下のとおりである。

(a)　認知症

慢性器質性精神症状の代表的な症状の一つは、記憶、記銘力、知能等の知的機能の障害である。これらは記憶、記銘力検査、知能検査等で量的評価が可能である。

(b)　高次脳機能障害

高次脳機能障害とは、1)脳の器質的病変の原因となる事故による受傷や疾病の発症の事実が確認され、2)日常生活または社会生活に制約があり、その主たる原因が記憶障害、注意障害、遂行機能障害、社会的行動障害等の認知障害であるものをいう。ＩＣＤ―10コードでＦ04、Ｆ06、Ｆ07に該当する。

Ｆ04：器質性健忘症候群（記憶障害が主体となる病態を呈する症例）

Ｆ06：他の器質性精神障害（記憶障害が主体でない症例、遂行機能障害、注意障害が主体となる病態を呈する症例）

Ｆ07：器質性パーソナリティおよび行動の障害（人格や行動の障害が主体となる病態を呈する症例）

⑦　発達障害（心理的発達の障害、小児（児童）期及び青年期に生じる行動及び情緒の障害）

発達障害とは、自閉症、アスペルガー症候群その他の広汎性発達障害、学習障害、注意欠陥多動性障害その他これに類する脳機能の障害であって、その症状が、通常低年齢において発現するものである。ＩＣＤ―10ではＦ80からＦ89、Ｆ90からＦ98に当たる。「精神疾患（機能障害）の状態」欄の状態像及び症状については以下の通りである。

(a)　知能・記憶・学習・注意の障害

〈学習の困難、遂行機能障害、注意障害〉

知的障害や認知症、意識障害及びその他の記憶障害、過去の学習の機会欠如を原因としない学習（読みや書き、算数に関すること）に関する著しい困難さ、遂行機能（計画を立てる、見通しを持つ、実行する、計画を変更する柔軟性を持つこと）に関する著しい困難さ、注意保持（注意の時間的な持続、注意を安定的に対象に向ける）に関する著しい困難さを持つ場合が該当する。

(b)　広汎性発達障害関連症状

〈相互的な社会関係の質的障害〉

社会的場面で発達水準にふさわしい他者との関わり方ができず孤立しがちである、本人は意図していないが周囲に気まずい思いをさせてしまうことが多い、特に同年代の仲間関係が持てない等の特性が顕著に見られる場合が該当する。

〈コミュニケーションのパターンにおける質的障害〉

一方通行の会話が目立つ、冗談や皮肉の理解ができない、身振りや視線等によるコミュニケーションが苦手等の特性が顕著に見られる場合が該当する。

〈限定した常同的で反復的な関心と活動〉

決まったおもちゃや道具等以外を使うように促しても拒否する、他者と共有しない個人収集に没頭する等の限定的な関心や、おもちゃを一列に並べる、映像の同じ場面だけを繰り返し見る等の反復的な活動が顕著に見られる場合が該当する。

(c)　その他の精神神経症状

周囲からはわからないが、本人の感じている知覚過敏や知覚平板化、手先の不器用があるために、著しく生活範囲が狭められている場合も該当する。また、軽度の瞬目、咳払い等の一般的なチックではな

く、より重症な多発性チックを伴う場合（トゥレット症候群）も該当する。

⑧　その他の精神疾患

その他の精神疾患にはＩＣＤ―10に従えば、「神経症性障害、ストレス関連障害及び身体表現性障害」、「成人のパーソナリティおよび行動の障害」、「生理的障害および身体的要因に関連した行動症候群」等を含んでいる。

(2)　能力障害（活動制限）の状態

「能力障害（活動制限）の状態」は、精神疾患（機能障害）による日常生活あるいは社会生活の支障の程度について判断するものであって、「精神疾患（機能障害）の状態」とともに「障害の程度」を判断するための指標として用いる。なお、年齢相応の能力と比較の上で判断する。

この場合、日常生活あるいは社会生活において必要な「援助」とは、助言、指導、介助等をいう。

①　適切な食事摂取や身辺の清潔保持、規則正しい生活

洗面、洗髪、排泄後の衛生、入浴等身体の衛生の保持、更衣（清潔な身なりをする）、清掃等の清潔の保持について、あるいは、食物摂取（栄養のバランスを考え、自ら準備して食べる）の判断等についての能力障害（活動制限）の有無を判断する。これらについて、意志の発動性という観点から、自発的に適切に行うことができるかどうか、援助が必要であるかどうか判断する。

②　金銭管理と買い物

金銭を独力で適切に管理し、自発的に適切な買い物ができるか、援助が必要であるかどうか判断する。

（金銭の認知、買い物への意欲、買い物に伴う対人関係処理能力に着目する。）

③　通院と服薬

自発的に規則的に通院と（服薬が必要な場合は）服薬を行い、病状や副作用等についてうまく主治医に伝えることができるか、援助が必要であるか判断する。

④　他人との意思伝達・対人関係

他人の話を聞き取り、自分の意思を相手に伝えるコミュニケーション能力、他人と適切につきあう能力に着目する。

⑤　身辺の安全保持・危機対応

自傷や危険から身を守る能力があるか、危機的状況でパニックにならずに他人に援助を求める等適切に対応ができるかどうか判断する。

⑥　社会的手続や公共施設の利用

各種の申請等社会的手続を行ったり、銀行や福祉事務所、保健所等の公共施設を適切に利用できるかどうか判断する。

⑦　趣味・娯楽等への関心、文化的社会的活動への参加

新聞、テレビ、趣味、娯楽、余暇活動に関心を持ち、地域の講演会やイベント等に参加しているか、これらが適切であって援助を必要としないかどうか判断する。

（別添2）

障害等級の基本的なとらえ方

障害等級を判定基準に照らして判定する際の各障害等級の基本的なとらえ方を参考として示すと、おおむね以下のとおりである。

(1)　一級

精神障害が日常生活の用を弁ずることを不能ならしめる程度のもの。この日常生活の用を弁ずることを不能ならしめる程度とは、他人の援助を受けなければ、ほとんど自分の用を弁ずることができない程度のものである。

例えば、入院患者においては、院内での生活に常時援助を必要とする。在宅患者においては、医療機関等への外出を自発的にできず、付き添いが必要である。家庭生活においても、適切な食事を用意したり、後片付け等の家事や身辺の清潔保持も自発的には行えず、常時援助を必要とする。

親しい人との交流も乏しく引きこもりがちである。自発性が著しく乏しい。自発的な発言が少なく発言内容が不適切であったり不明瞭であったりする。日常生活において行動のテンポが他の人のペースと大きく隔たってしまう。些細な出来事で、病状の再燃や悪化を来しやすい。金銭管理は困難である。日常生活の中でその場に適さない行動をとってしまいがちである。

(2)　二級

精神障害の状態が、日常生活が著しい制限を受けるか、又は日常生活に著しい制限を加えることを必要とする程度のものである。この日常生活が著しい制限を受けるか、又は日常生活に著しい制限を加えることを必要とする程度とは、必ずしも他人の助けを借りる必要はないが、日常生活は困難な程度のものである。

例えば、付き添われなくても自ら外出できるものの、ストレスがかかる状況が生じた場合に対処することが困難である。医療機関等に行く等の習慣化された外出はできる。また、デイケア、障害者の日常生活及び社会生活を総合的に支援するための法律（平成十七年法律第百二十三号。以下「障害者総合支援法」という。）に基づく自立訓練（生活訓練）、就労移行支援事業や就労継続支援事業等を利用することができる。食

事をバランス良く用意する等の家事をこなすために、助言や援助を必要とする。清潔保持が自発的かつ適切にはできない。社会的な対人交流は乏しいが引きこもりは顕著ではない。自発的な行動に困難がある。日常生活の中での発言が適切にできないことがある。行動のテンポが他の人と隔たってしまうことがある。ストレスが大きいと病状の再燃や悪化を来しやすい。金銭管理ができない場合がある。社会生活の中でその場に適さない行動をとってしまうことがある。

(3)　三級

精神障害の状態が、日常生活又は社会生活に制限を受けるか、日常生活又は社会生活に制限を加えることを必要とする程度のものである。

例えば、一人で外出できるが、過大なストレスがかかる状況が生じた場合に対処が困難である。デイケア、障害者総合支援法に基づく自立訓練（生活訓練）、就労移行支援事業や就労継続支援事業等を利用する者、あるいは保護的配慮のある事業所で、雇用契約による一般就労をしている者も含まれる。日常的な家事をこなすことはできるが、状況や手順が変化したりすると困難が生じてくることもある。清潔保持は困難が少ない。対人交流は乏しくない。引きこもりがちではない。自主的な行動や、社会生活の中で発言が適切にできないことがある。行動のテンポはほぼ他の人に合わせることができる。普通のストレスでは症状の再燃や悪化が起きにくい。金銭管理はおおむねできる。社会生活の中で不適当な行動をとってしまうことは少ない。

〔7〕　手帳の有効期間は二年間であり、有効期間の延長を希望する者は、二年ごとに手帳の更新の手続を行い、手帳に記載された有効期限の更新を受けなければならない（施行規則第二十八条）。

手帳の更新は、障害等級に定める精神障害の状態にあることについて改めて認定するものであり、医師の診断書を提出して判定を受けるか、年金証書等の写しを提出してこれに代えることができる点は、最初の手帳交付の際と同様である。手帳の更新については、有効期限の三か月前から申請を行うことができるとともに、有効期限の経過後であっても更新の申請を行うことができる。

身体障害者手帳や療育手帳には有効期限はないが、精神障害者保健福祉手帳において有効期限を設けたのは、精神障害は、治癒したり軽快したり、あるいは、逆に症状が重くなるなど、症状に変動がある患者も多いからである。また、手帳制度創設以前にも、平成元年から所得税や住民税等の税制の優遇措置との関係で、保健所長が精神障害の程度を証明する証明書の制度があったが、ここでも証明書の有効期限は二年とされ、また、証明書の交付に当たって必要な医師の診断書は、初診日より六か月以上経過した時点の診断書とされていたものであり、手帳についてもこれに合わせ、有効期限は二年、医師の診断書は初診日より六か月以上経過した時点のものとされたものである。

〔８〕　都道府県（指定都市）は、精神障害者保健福祉手帳交付台帳を備え、必要な事項を記載して、手帳交付事務を円滑に実施することとされている（施行令第七条第一項、施行規則第二十六条）。

〔９〕　手帳の交付を受けた者は、氏名又は住所を変更したときは届け出なければならない（施行令第七条第二項、同条第四項）。

〔10〕　手帳の交付を受けた者は、その精神障害の状態が手帳に記載された障害等級から変わったと思われるときは、障害等級の変更の申請を行うことができる（施行令第九条、施行規則第二十九条）。

〔11〕　手帳を汚損したり、紛失した場合には、手帳の再交付の申請をすることができる（施行令第十条、施行規則第三十条）。

〔12〕手帳関係の申請や交付は、居住地の市町村長を経由して行うこととされている（施行令第五条、第六条の二等）。

なお、地域における精神保健福祉施策の充実が求められていることや、市町村の方がよりきめ細やかなサービス提供に適していることから、精神障害者の身近な機関において行うことが望ましく、かつ、専門性を必要としない事務である精神障害者保健福祉手帳の申請等に係る経由事務については、平成十四年四月一日から、従来の保健所に代えて、市町村が担当することとしたところである。

〔13〕手帳による税制上の優遇措置については、「精神障害者保健福祉手帳による税制上の優遇措置について」（平成七年九月十八日健医発第一一五四号　厚生省保健医療局長通知）で説明されているが、その概要は次頁の表2－1のとおりである（同表中の金額については、現行のものに訂正した上で収載）。

〔14〕また、手帳による生活保護の障害者加算の障害の程度の判定については、「精神障害者保健福祉手帳による生活保護の障害者加算の障害の程度の判定について」（平成七年九月二十八日健医精発第六四号　厚生省保健医療局精神保健課長通知）で説明されている。

表２－１　精神障害者保健福祉手帳制度に基づく税制措置一覧

所得税	障害者控除，特別障害者控除	居住者又はその控除対象配偶者若しくは扶養親族が障害者である場合には，27万円（特別障害者は40万円）を所得金額から控除する
	同居の特別障害者に係る扶養控除等の特例	特別障害者である控除対象配偶者又は扶養親族が居住者やその配偶者若しくは居住者と生計を一にするその他の親族のいずれかとの同居を常況としている者である場合には，75万円を所得金額から控除する
	小額貯蓄の利子所得等の非課税	障害者の①元本350万円以下の預貯金，②額面350万円以下の国債及び地方債に係る利子等については，所得税を課さない。（①②それぞれ上記の額を限度とするので，合計700万円まで非課税）
法人税	障害者を多数雇用する公益法人等の収益事業の非課税	公益法人，社会福祉法人等が行う事業のうち，その事業に従事する者の半数以上が障害者等であり，これらの者の生活の保護に寄与している事業については，課税対象の収益事業に含まれない
相続税	相続税の障害者控除	障害者が相続により財産を取得した場合，当該障害者が85歳に達するまでの年数に10万円（特別障害者については20万円）を乗じた金額を税額から控除する
贈与税	特定障害者に対する贈与税の非課税	特定障害者を受益者とする特定障害者扶養信託契約に係る信託受益権のうち，重度の身体・知的・精神障害者である場合には6000万円まで，中軽度の知的・精神障害者である場合には3000万円まで，贈与税を課さない
住民税	障害者控除，特別障害者控除	納税義務者又はその控除対象配偶者若しくは扶養親族が障害者に該当する場合には所得金額から次の金額を控除する ・一般の障害者の場合（１人につき）26万円 ・特別障害者の場合（１人につき）30万円 ・同居特別障害者の場合（１人につき）53万円
	障害者の非課税限度額	障害者であって前年中の合計所得金額が125万円以下の者については，住民税を課さない
自動車税等	自動車税，軽自動車税，自動車取得税の減免	特別障害者又はその生計同一者が取得し，又は所有する自動車等で，当該特別障害者の通院等のためにその生計同一者が運転するもの，障害者のみで構成される世帯で特別障害者の通院等のために常時介護する人が運転するものについては，自動車税，軽自動車税及び自動車取得税を適宜免除又は軽減する

注）本表中「障害者」とは手帳１級から３級まで,「特別障害者」とは手帳１級の者をいう。
資料：内閣府「平成26年度障害者施策に関する基礎データ集」を一部改変

（精神障害者保健福祉手帳の返還等）

第四十五条の二　精神障害者保健福祉手帳の交付を受けた者は、前条第二項の政令で定める精神障害の状態がなくなつたときは、速やかに精神障害者保健福祉手帳を都道府県に返還しなければならない。

2　精神障害者保健福祉手帳の交付を受けた者は、精神障害者保健福祉手帳を譲渡し、又は貸与してはならない。

3　都道府県知事は、精神障害者保健福祉手帳の交付を受けた者について、前条第二項の政令で定める状態がなくなつたと認めるときは、その者に対し精神障害者保健福祉手帳の返還を命ずることができる。[1]

4　都道府県知事は、前項の規定により、精神障害者保健福祉手帳の返還を命じようとするときは、あらかじめその指定する指定医をして診察させなければならない。

5　前条第三項の規定は、第三項の認定について準用する。

〔要　旨〕

本条は、手帳の返還、譲渡等の禁止及び返還命令に関する規定である。

平成十一年の改正により、政令で定める状態がなくなったと認めるとき、都道府県知事（指定都市の市長）は精

神障害者保健福祉手帳の返還を命じることができることとした。

〔解　釈〕

〔1〕　都道府県知事が、精神障害者保健福祉手帳の交付を受けた者が政令で定める精神障害の状態にないことが確認できた場合には、税制等といった精神保健福祉法以外の優遇制度の適正な運営を確保し、精神障害者保健福祉手帳の対外的な信頼性を担保するため、精神障害者保健福祉手帳の返還を命じることができることを規定したものである。

返還の取扱いについては、「精神障害者保健福祉手帳制度実施要領について」（平成七年九月十二日健医発第一一三二号　厚生省保健医療局長通知）において定められている。

第二節　相談指導等

（正しい知識の普及）

第四十六条　都道府県及び市町村[1]は、精神障害についての正しい知識の普及のための広報活動等を通じて、精神障害者の社会復帰及びその自立と社会経済活動への参加に対する地域住民の関心と理解を深めるように努めなければならない。

〔要　旨〕

本条は、地域精神保健福祉施策の一環として、都道府県及び市町村に、精神障害についての正しい知識の普及に努めるよう定めた規定である。

精神障害者の社会復帰及びその自立と社会参加を促進していくためには、地域住民の関心と理解を深めていくことが極めて重要であり、そのためには、精神障害についての正しい知識を普及し、精神障害者に対する社会的な誤解や偏見を取り除いていくことが必要である。このことから、平成七年の改正により加えられた規定である。

〔解　釈〕

〔1〕　市町村について精神保健福祉行政の役割を明記したのは、平成七年改正で、本条と次条第三項が設けられたのが初めてである。これまでも、国及び地方公共団体の義務を定めた第二条中の「地方公共団体」には、市町村が

含まれると解釈されていたし、昭和六十二年改正で新設された精神障害者社会復帰施設の規定には、その設置主体として、都道府県、市町村、社会福祉法人その他の者とされ、市町村の役割も期待されるようになった。しかし、これまでの精神保健行政は、大部分が都道府県及び保健所を設置する市によって行われてきたと言わざるを得ない。

しかしながら、精神保健行政が、医療中心の行政から社会復帰や福祉施策にその幅を広げるにつれて、身近な市町村の役割が大きくなり、平成六年十二月の地域保健法に基づく基本指針においても、精神障害者の社会復帰対策のうち身近で利用頻度の高いサービスは、保健所の協力の下に、市町村保健センター等において実施することが望ましいこととされた。

このため、平成七年の法改正により、本条の規定を創設し、都道府県とともに市町村についても、精神障害者についての正しい知識の普及に努めなければならないこととしたほか、次条により、都道府県と保健所設置市には相談指導等の実施を義務づけるとともに、その他の市町村についても、その実施についての努力義務を課し、市町村の役割を法律上明確に位置づけたものである。

また、平成十四年四月一日から、市町村が社会復帰施設又は居宅生活支援事業若しくは社会適応訓練事業に関する相談、調整等を行うとともに、精神障害者保健福祉手帳及び通院医療費公費負担に関する手続きの窓口となることとされたほか、居宅生活支援事業について、市町村を中心として事業を行うこととされたこと、さらに平成十八年からは障害種別にかかわらず市町村で一元的に福祉サービスを提供することとされた障害者自立支援法が施行され、また、平成二十五年改正において精神科病院の管理者が紹介することとされた地域援助事業者を市町村が所管するなど、市町村に期待される役割は一層高まっている。

なお、保健所及び市町村における業務については、「保健所及び市町村における精神保健福祉業務について」（平

成十二年三月三十一日障第二五一号　厚生省大臣官房障害保健福祉部長通知）により定められている。

保健所及び市町村における精神保健福祉業務について

〔平成十二年三月三十一日　障第二五一号
各都道府県知事・各指定都市市長宛　厚生省大臣官房障害保健福祉部長通知〕

注　平成二六年一月二四日障発〇一二四第四号による改正現在

保健所及び市町村における精神保健福祉業務運営要領

第一部　保健所

第一　地域精神保健福祉における保健所の役割

保健所は、地域精神保健福祉業務（精神保健及び精神障害者福祉の業務をいう。以下同じ。）の中心的な行政機関として、精神保健福祉センター、福祉事務所、児童相談所、市町村、医療機関、障害福祉サービス事業所等の諸機関及び当事者団体、事業所、教育機関等を含めた地域社会との緊密な連絡協調のもとに、入院中心のケアから地域社会でのケアに福祉の理念を加えつつ、精神障害者の早期治療の促進並びに精神障害者の社会復帰及び自立と社会経済活動への参加の促進を図るとともに、地域住民の精神的健康の保持増進を図るための諸活動を行うものとする。

なお、平成十一年の精神保健福祉法改正においては、緊急に入院を必要とするにもかかわらず、精神障害のため同意に基づいた入院を行う状態にないと判定された精神障害者を都道府県知事の責任により適切な病院に移送する移送制度の創設、精神科病院に対する指導監督の強化等の改正が行われ、保健所の積極的な関わりが期待されている。

さらに、地域で生活する精神障害者をより身近な地域できめ細かく支援していく体制を整備する観点から、地域の精神障害者に対する支援施策を実施することとしており、保健所においては、市町村がこれらの事務を円滑に実施できるよう、専門性や広域性が必要な事項について支援していくことが必要である。

第二　実施体制

１　体制

精神保健福祉に関する業務は、原則として、単一の課において取り扱うものとし、精神保健福祉課あるいは少なくとも精神保健福祉係を設ける等、その業務推進体制の確立を図るものとする。

２　職員の配置等

精神保健福祉業務を遂行するには、保健所全職員のチームワークが必要である。この業務を担当するため、医師（精神科嘱託医を含む。）、精神保健福祉士、保健師、看護師、臨床心理技術者、作業療法士、医療社会事業員、事務職等の必要な職員を、管内の人口や面積等を勘案して必要数置くとともに、その職務能力の向上と相互の協力体制の確保に努めること。

なお、精神保健福祉法第四十八条の規定に基づき、資格のある職員を精神保健福祉相談員として任命し、積極的にその職務に当たらせることが必要である。この場合、精神保健福祉士に加え、臨床心理技術者や保健師で精神保健福祉の知識経験を有する者を含めたチームアプローチにも配慮した配置が必要である。なお、精神保健福祉相談員は、精神保健福祉業務に専念できるよう、専任の相談員を複数置くとともに、その他の職員により、体制の充実を図るよう努めるものとする。

３　会議等

(1)　精神保健福祉企画会議など企画に関する所内の連絡調整

管内の精神保健福祉事業の推進計画、月別業務計画等の策定のため、所長及び精神保健福祉業務関係者により構成される所内精神保健福祉企画会議を開催する等の方法を講ずる。

(2)　ケース会議など相談指導等に関する所内の連絡調整

相談指導業務等の適正かつ円滑な遂行を図るため精神保健福祉相談指導業務担当者会議又は関係者連絡会議を開催し、ケースの総合的な支援内容の検討及び役割の分担、相互連絡協力等について協議する。

(3)　市町村、関係機関、団体との連絡調整

管内の市町村、福祉事務所、児童相談所、社会福祉協議会、職業安定所、教育委員会、警察、消防等の関係機関や、病院、診療所、障害福祉サービス事業所、医療団体、家族会等の各種団体、あるいは、産業、報道関係等との連絡調整を図る。

精神保健相談、社会復帰、社会参加、就労援助、精神科救急、啓発普及等において、これらの機関等の協力を円滑に行うため、平常より、技術的援助、協力、助言、指導等を積極的に行うほか、精神保健福祉に関する資料等の提供や、打合会を行うなど連絡調整に努める。

(4)　地域精神保健福祉連絡協議会及び地域精神保健福祉担当者連絡会議等

地域精神保健福祉連絡協議会を設置する等により、関係機関、市町村、施設、団体の代表者による連絡会議を定期的に行う。また、これと併せて、地域精神保健福祉担当者連絡会議を設ける等により、関係機関、市町村、施設、団体の実務者による連絡会議を定期的に行う。

第三　業務の実施

1　企画調整

(1)　現状把握及び情報提供

住民の精神的健康に関する諸資料の収集、精神障害者の実態（有病率、分布状況、入退院の状況、在宅患者の受療状況、地域における生活状況、福祉ニーズ、就労状況等）及び医療機関、障害福祉サービス事業所、障害者の日常生活及び社会生活を総合的に支援するための法律（平成十七年法律第百二十三号。以下「障害者総合支援法」という。）の障害福祉サービスや地域生活支援事業など、精神保健福祉に関係ある諸社会資源等についての基礎調査又は臨時特別調査を行い、地区の事情、問題等に関する資料を整備し、管内の精神保健福祉の実態を把握する。

また、これらの資料の活用を図り、精神保健福祉に関する事業の企画、実施、効果の判定を行うとともに、一般的な統計資料についての情報提供を行う。

(2)　保健医療福祉に係る計画の策定・実施・評価の推進

障害者基本法に基づく障害者計画や、医療法に基づく医療計画などの策定・実施の推進に当たっては、保健所は、地域における精神保健福祉業務の中心的な行政機関という立場から、その企画立案や、業務の実施、評価及び市町村への協力を積極的に行う。

2　普及啓発

(1)　心の健康づくりに関する知識の普及、啓発

地域住民が心の健康に関心を持ち、精神疾患やその初期症状や前兆に対処することができるよう、また、精神的健康の保持増進が保たれるよう、心の健康づくりに関する知識の普及、啓発を行う。

(2)　精神障害に対する正しい知識の普及

精神障害者に対する誤解や社会的偏見をなくし、精神障害者の社会復帰及びその自立と社会経済活動への参加に対する地域住民の関心と理解を深めるため、講演会、地域交流会等の開催や、各種広報媒体

の作成、活用などにより、地域住民に対して精神障害についての正しい知識の普及を図る。

(3)　家族や障害者本人に対する教室等

統合失調症、アルコール、薬物、思春期、青年期、認知症等について、その家族や障害者本人に対する教室等を行い、疾患等についての正しい知識や社会資源の活用等について学習する機会を設ける。

3　研修

市町村、関係機関、施設等の職員に対する研修を行う。

4　組織育成

患者会、家族会、断酒会等の自助グループや、職親会、ボランティア団体等の諸活動に対して必要な助言や支援等を行う。

5　相談

(1)　所内又は所外の面接相談あるいは電話相談の形で行い、相談は随時応じる。従事者としては、医師（精神科嘱託医を含む。）、精神保健福祉相談員、保健師、臨床心理技術者その他必要な職員を配置する。

(2)　相談の内容は、心の健康相談から、診療を受けるに当たっての相談、社会復帰相談、アルコール、思春期、青年期、認知症等の相談など、保健、医療、福祉の広範にわたる。相談の結果に基づき、病院、診療所、障害福祉サービス事業所や、自助グループ等への紹介、福祉事務所、児童相談所、職業安定所その他の関係機関への紹介、医学的指導、ケースワーク等を行う。また、複雑困難なケースについては、精神保健福祉センター等に紹介し、又はその協力を得て対応することができる。

なお、障害者総合支援法による障害福祉サービス等の利用を希望する者に対しては、市町村と密接に連携を図り、円滑な利用が行えるようにすること。

６　訪問指導

（１）訪問指導は、本人の状況、家庭環境、社会環境等の実情を把握し、これらに適応した支援を行う。原則として本人、家族に対する十分な説明と同意の下に行うが、危機介入的な訪問など所長等が必要と認めた場合にも行うことができる。

（２）訪問支援は、医療の継続又は受診についての相談援助や勧奨のほか、日常生活への支援、家庭内暴力、いわゆるひきこもりの相談やその他家族がかかえる問題等についての相談指導を行う。

７　社会復帰及び自立と社会参加への支援

（１）保健所デイケアその他の支援の実施

レクリエーション活動、創作活動、生活指導等を行い社会復帰の促進、地域における自立と社会参加の促進のための支援を行う。

なお、この場合においては、医療機関のデイケアや障害福祉サービスの利用との関係に留意する。

（２）関係機関の紹介

医療機関で行っている精神科デイケアや、障害福祉サービスなどの利用の紹介等を行う。

また、社会的自立をめざし訓練から雇用へつながるよう、公共職業安定所等における雇用施策との連携を図る。

（３）各種社会資源の整備促進及び運営支援

障害福祉サービス事業所等の整備に当たって、地域住民の理解の促進や、整備運営のための技術支援などの協力を行い、保健所が中心となって、市町村、関連機関等との調整を図り、整備の促進を図るとともに、就労援助活動を行う。

(4)　精神障害者保健福祉手帳の普及

精神障害者保健福祉手帳関係の申請方法についての周知を図る。

また、精神障害者保健福祉手帳の交付を受けている者をはじめとする精神障害者の福祉サービスの拡充のため、市町村、関係機関、事業者等に協力を求める。

8　入院等関係事務

(1)　関係事務の実施

精神保健福祉法では、保健所を地域における精神保健業務の中心的行政機関として、以下のような手続事務を委ねている。

ア　措置入院関係（一般人からの診察及び保護の申請、警察官通報、精神科病院の管理者の届出の受理とその対応、申請等に基づき行われる指定医の診察等への立ち合い）

イ　医療保護入院等関係（医療保護入院届及び退院届の受理と進達、応急入院届の受理と進達）

ウ　定期病状報告等関係（医療保護入院、措置入院）

エ　その他関係業務

(2)　移送に関する手続きへの参画

都道府県知事等は、移送を適切に行うため、事前調査、移送の立ち会い等の事務を行うが、これらの事務の実施に当たっては対象者の人権に十分配慮することが必要である。

特に、事前調査における対象者の状況の把握に当たっては、保健所の積極的な関与が求められることから、相談、訪問支援等日常の地域精神保健福祉活動の成果を活用し、迅速かつ的確に行う必要があること。

(3)　関係機関との連携

関係事務を処理するに当たっては、医師、精神保健福祉相談員、保健師等における連携を図ることはもとより、医療関係、社会福祉関係等の行政機関、医療機関、障害福祉サービス事業所等と密接な連携を保つ必要がある。

特に医療機関から精神保健福祉法に基づく地域援助事業者の紹介のための照会先となる事業者に係る問い合わせがあった場合には、問い合わせ元の医療機関と照会先となる事業者との間の調整等を積極的に行うこと。また、要請があった場合には、必要に応じて医療保護入院者退院支援委員会への出席も検討すること。

(4)　人権保護の推進

医療及び保護の関連事務は、精神障害者の人権に配慮されたよりよい医療を確保するために重要な事務であるから、適切確実に行うことが必要である。

(5)　精神科病院に対する指導監督

精神障害者の人権に配意した適正な精神医療の確保や社会復帰の一層の促進を図るため、精神科病院に対する指導監督の徹底を図る。都道府県知事、指定都市市長が精神科病院に対する指導監督を行う際には、保健所においても、都道府県知事、指定都市市長の行う指導監査に必要に応じて参画すること。

9　ケース記録の整理及び秘密の保持等

(1)　ケース対応に当たっては、対象者ごとの記録を整理保管し、継続的な支援のために活用する。

本人が管轄区域外に移転した場合は、必要に応じ、移転先を管轄する保健所に当該資料等を送付して、支援の継続性を確保する。

また、主治医からの訪問支援の依頼に対し、訪問先が当該保健所の管轄区域外であるときは、必要に応じて住所地の保健所に連絡するなど、適切な支援が確保されるよう配慮する。

(2)　ケースの対応については、患者及び家族の秘密に関する事項の取扱いに十分注意する。

(3)　なお、相談に当たっては、市町村、関係機関その他の関係者との連携に留意する。

10　市町村への協力及び連携

地域で生活する精神障害者をより身近な地域できめ細かく支援していく体制を整備する観点から、在宅の精神障害者に対する支援施策を市町村が実施することとしている。保健所においては、市町村がこれらの事務を円滑にできるよう、専門性や広域性が必要な事項について支援していくことが必要である。

平成二十年度より、精神障害者の地域移行に必要な体制の総合調整役を担う地域体制整備コーディネーターや利用対象者の個別指導等に当たる地域移行推進員の配置を柱とした精神障害者地域移行支援特別対策事業を実施し、平成二十二年度からは、精神障害者地域移行・地域定着支援事業として、未受診・受療中断等の精神障害者に対する支援体制の構築と精神疾患への早期対応を行うための事業内容を加え、ピアサポーターの活動費用を計上するなど、精神障害者の地域移行のための取組を進めているところであるが、平成二十二年の障害者自立支援法の改正により、地域移行支援・地域定着支援の個別給付化が行われた。また、平成二十三年度からは精神障害者アウトリーチ推進事業が開始され、在宅精神障害者の生活を、医療を含む多職種チームによる訪問で支える取組が行われているところであり、精神障害者に対する障害福祉サービスや相談支援事業の実施に当たり、保健所は、市町村への情報提供、技術的協力、支援を行うことが必要である。

なお、保健所の管轄区域が広い場合に、保健所から遠隔な区域で市町村の役割分担を充実させる等の連

携方策をとることも考慮する。

第二部　市町村

第一　地域精神保健福祉における市町村の役割

これまでの精神保健福祉行政は、都道府県及び保健所を中心に行われてきたが、入院医療中心の施策から、社会復帰や福祉施策にその幅が広がるにつれて、身近な市町村の役割が大きい。

市町村における精神保健福祉業務の実施方法については、保健所の協力と連携の下で、その地域の実情に応じて第一部の第二及び第三に準じてその業務を行うよう努めるものとする。

なお、保健所を設置する市及び特別区においては第一部によるものとする。

平成十七年には、医療観察法が施行されたが、医療観察法による地域社会における処遇は、保護観察所長が定める処遇の実施計画に基づき、精神保健福祉業務の一環として実施されるものであり、市町村においても保護観察所や保健所等関係機関相互の連携により必要な対応を行うことが求められる。

平成十八年には障害の種類によって異なっていた各種福祉サービスについて市町村を実施主体として一元化し、障害者が地域で自立して安心して生活できる体制を整備することを目的とする障害者自立支援法が施行された。

平成二十二年度には、障害者自立支援法の改正法案が成立し、平成二十四年度からは、相談支援の充実として、地域移行・地域定着支援の個別給付化等が加わった。

第二　実施体制

1　体制

市町村においては、その実情に応じて、精神保健福祉業務の推進体制を確保する。身体障害者など他の

障害者行政との連携や、社会福祉及び保健衛生行政の総合的推進等を勘案し、市町村の特性を活かした体制に配慮する。

2　職員の配置等

精神保健福祉業務を担当する職員については、都道府県等が行う相談支援従事者養成研修を受講した者が望ましい。また、職員が研修を受講できるような配慮が必要である。

なお、精神保健福祉法第四十八条の規定に基づき、資格のある職員を精神保健福祉相談員として任命し、積極的にその職務に当たらせることが必要である。この場合、精神保健福祉士に加え、保健師や臨床心理技術者で精神保健福祉の知識経験を有する者を含めたチームアプローチにも配慮した配置が必要である。なお、精神保健福祉相談員は、精神保健福祉業務に専念できるよう、専任の相談員を複数置くとともに、その他の職員により、体制の充実を図るよう努めるものとする。

3　会議等

企画、相談指導等に関する所内の会議や、市町村内の連絡会議の実施など、市町村の特性を活かした体制に配慮する。

第三　業務の実施

1　企画調整

地域の実態把握に当たっては、保健所に協力して調査等を行うとともに、保健所の有する資料の提供を受ける。地域の実態に合わせて精神保健福祉業務の推進を図る。

2　普及啓発

普及啓発については、他の地域保健施策の中における精神保健福祉的配慮を含め、関係部局との連携に

より、きめ細かな対応を図る。

3　相談指導

障害者総合支援法の障害福祉サービスの利用に関する相談を中心に、精神保健福祉に関する基本的な相談を行う。

4　社会復帰及び自立と社会参加への支援

（1）障害者総合支援法の障害福祉サービスの実施

障害者総合支援法の障害福祉サービス等は、地域における精神障害者の日常生活を支援することにより、精神障害者の自立と社会参加を促進する観点から実施する。市町村においては、事業を円滑に実施するため、利用者のニーズに十分に対応できるよう、サービス提供体制を構築する。

（2）障害福祉サービス等の利用の調整等

精神障害者の希望に応じ、その精神障害の状態、社会復帰の促進及び自立と社会経済活動への参加の促進のために必要な指導及び訓練その他の援助の内容等を勘案し、当該精神障害者が最も適切な障害者総合支援法の障害福祉サービス等の利用ができるよう、相談に応じ、必要な助言を行う。

また、市町村は、助言を受けた精神障害者から求めがあった場合や、医療機関から地域援助事業者の紹介に係る問い合わせがあった場合には、必要に応じて障害者総合支援法による障害福祉サービス等の利用についてのあっせん又は、調整を行うとともに、必要に応じて、障害者総合支援法による障害福祉サービス事業者に対し、当該精神障害者の利用の要請等を行う。

（3）市町村障害福祉計画の策定

障害者総合支援法第八十八条に基づく市町村障害福祉計画については、都道府県、精神保健福祉セン

ター、保健所及び地域の医療機関、その他の関係機関の協力を得て、その策定及び推進を図る。

(4)　各種社会資源の整備

社会復帰の促進や生活支援のための施設や事業の整備のためには地域住民の理解と協力が重要であることから、市町村が積極的にその推進を図るとともに、自ら主体的にその整備を図る。

(5)　精神障害者保健福祉手帳関係事務

精神障害者保健福祉手帳関係の申請方法の周知を図るとともに、申請の受理と手帳の交付などの事務処理の手続を円滑に実施する。

また、精神障害者保健福祉手帳の交付を受けている者をはじめとする精神障害者の福祉サービスの拡充のため、関係機関、事業者等に協力を求めるなど積極的支援を行い、諸福祉サービスの充実を図る。

5　入院及び自立支援医療費（精神通院医療）関係事務

(1)　障害者総合支援法の自立支援医療費（精神通院医療）の支給認定の申請の受理と進達を行う。

(2)　医療保護入院が必要な精神障害者に家族等がないとき等においては、精神障害者の居住地の市町村長が医療保護入院の同意を行い、また、家族等がないとき等における医療保護入院者の退院請求等の権利者となるが、医療保護入院の同意を市町村長が行う際には、人権保護上の十分な配慮が必要である。

6　ケース記録の整理及び秘密の保持

(1)　相談支援その他のケースの対応に当たっては、対象者ごとに、相談等の記録を整理保管し、継続的な支援のために活用する。

(2)　精神障害者やその家族のプライバシーの保護については、市町村が地域に密着した行政主体であるがゆえに一層の配慮が必要である。

(3)　なお、相談に際しては、保健所、関係機関その他の関係者との連携に留意する。

7　その他

(1)　障害者基本法第十一条第三項に基づく市町村障害者計画については、都道府県、精神保健福祉センター、保健所及び地域の医療機関、障害福祉サービス事業所その他の関係機関の協力を得て、その策定及び推進に努める。

(2)　その他、地域の実情に応じて、創意工夫により施策の推進を図る。

〔2〕　本条及び次条の規定による地域精神保健福祉対策の重要性にかんがみ、平成七年の法改正に併せ、「地域精神保健福祉対策促進事業」が平成七年度の国の予算で新たに設けられた。これは、都道府県及び市町村が、地域の実情に合わせて独自の創意工夫を凝らして地域精神保健福祉活動を実施する場合に国が補助する制度で、①地域精神保健福祉連絡協議会の設置、②正しい知識の普及啓発事業、③地域住民の理解を深めるための講演会・学習会等の事業、④精神障害者及びその家族を対象とした社会復帰促進等のための教室等の事業、⑤文化活動、レクリエーション、スポーツなど精神障害者同士及び精神障害者と地域住民との地域交流活動、⑥精神障害者及びその家族等の団体やボランティア団体の育成を図る地域組織など活動支援事業、⑦情報提供事業、⑧調査研究事業、⑨その他地域の特性に応じた事業に対し、国が補助を行う制度である。

なお、これらの事業については一部を除き、障害者自立支援法（現・障害者の日常生活及び社会生活を総合的に支援するための法律）制定後は同法に基づき、地域の特性や利用者の状況に応じた柔軟な事業形態による事業を効率的・効果的に実施する「地域生活支援事業」において実施されている。

（相談指導等）

第四十七条　都道府県、保健所を設置する市又は特別区（以下「都道府県等」という。）は、必要に応じて、次条第一項に規定する精神保健福祉相談員その他の職員又は都道府県知事若しくは保健所を設置する市若しくは特別区の長（以下「都道府県知事等」という。）が指定した医師をして、精神保健及び精神障害者の福祉に関し、精神障害者及びその家族等その他の関係者からの相談に応じさせ、及びこれらの者を指導させなければならない。(1)(2)

2　都道府県等は、必要に応じて、医療を必要とする精神障害者に対し、その精神障害の状態に応じた適切な医療施設を紹介しなければならない。(3)

3　市町村（保健所を設置する市を除く。次項において同じ。）は、前二項の規定により都道府県が行う精神障害者に関する事務に必要な協力をするとともに、必要に応じて、精神障害者の福祉に関し、精神障害者及びその家族等その他の関係者からの相談に応じ、及びこれらの者を指導しなければならない。(4)

4　市町村は、前項に定めるもののほか、必要に応じて、精神保健に関し、精神障害者及びその家族等その他の関係者からの相談に応じ、及びこれらの者を指導するように努めなければならない。(5)

5　市町村、精神保健福祉センター及び保健所は、精神保健及び精神障害者の福祉に関し、精神

障害者及びその家族等その他の関係者からの相談に応じ、又はこれらの者へ指導を行うに当たっては、相互に、及び福祉事務所（社会福祉法（昭和二十六年法律第四十五号）に定める福祉に関する事務所をいう。）その他の関係行政機関と密接な連携を図るよう努めなければならない。[6]

〔要　旨〕

本条は、精神障害者に係る相談指導等に関する規定である。

本条第一項は、旧第四十三条で定められていたものを改正したものであるが、第二項・第三項は平成七年改正で、第四項は平成十七年改正で新たに設けられた規定、第五項は平成二十五年改正で旧第三項が見直された規定であり、

①　第一項は、精神保健及び精神障害者福祉に関する相談指導

②　第二項は、医療を必要とする精神障害者に対する適切な医療施設の紹介

③　第三項は、市町村についての都道府県への協力、精神障害者福祉に関する相談指導

④　第四項は、市町村についての精神保健に関する相談指導

⑤　第五項は、市町村、精神保健福祉センターや保健所が家族等その他の関係者への相談や指導をするに当たっての福祉事務所その他の関係行政機関との連携

を定めたものである。

〔解　釈〕

〔1〕　相談や指導は、保健所等への来所を受けて、あるいは自宅等を訪問して、あるいは電話で行われる。相談従事者としては、医師、精神保健福祉相談員、保健師、臨床心理技術者その他の職員が想定される。相談指導の内容は、心の健康についての相談指導から、診療を受けるに当たっての相談指導、社会復帰のための相談指導など、保健、医療、福祉の広範にわたり行われる。相談の結果に基づき、病院、診療所、障害福祉サービスを行う事業所等の施設や、自助グループへの紹介、福祉事務所、児童相談所、職業安定所その他関係機関への紹介、医学的指導、ケースワーク等が行われる。また、複雑困難なケースについては、精神保健福祉センター等に紹介し、又はその協力を得て対応することができる。

〔2〕　相談指導には、大きく分けて二つの局面がある。一つは、急性期の精神症状が現れている時の相談指導であり、精神障害の場合は、本人が精神疾患であるという認識がない場合が多く、また、精神疾患や精神科医療についての悪いイメージから、恐れを抱いている場合も多く、家族がその扱いに苦慮している場合も多い。そのため、精神疾患やその治療についての相談指導に応じるとともに、家族問題の調整を図ることが重要となる。

また、二つ目は、社会復帰の促進及び自立と社会参加の促進のための相談指導である。退院後の相談指導、訪問指導、保健所のデイケアなど地域の受け皿を整えることにより、退院を促進するとともに、地域で生活する精神障害者について、住む場所、働く場所、日常生活上のトラブルや悩みなどについて相談指導や訪問指導に応じ、地域での生活をサポートすることが重要である。

〔3〕　第二項は、医療施設の紹介の規定である。精神科医療は、他の診療科目と比べ、一般にはあまり受診経験のない診療科目であり、はじめての患者や家族にとっては心理的抵抗感が強い場合もある。また、著しい精神症状が現れた場合に、いつでも適切に応じてくれる医療機関は少なく、夜間や日曜を含め、その症状に応じて適切な医療機関を紹介できる体制を整備することが必要である。

〔4〕第三項は、市町村は精神障害者の福祉に関する相談等に応じなければならないものとする規定である。従来は努力義務であったが、障害者自立支援法において、障害者福祉施策については、精神障害者福祉も含め一元的に市町村が担うこととし、相談支援事業が市町村の必須事業とされたことに伴い、精神保健福祉法においても、住民に身近な市町村における相談体制を強化するため、平成十七年の改正において義務化された。

〔5〕第三項と第四項を書き分けているのは、福祉については、精神障害者福祉を含め、障害者総合支援法により市町村が一元的に実施主体となっていることに対して、精神科医療や精神保健については都道府県が中心的な役割を担うことから、第四項において、市町村に相談等に応ずる努力義務を課したものである。

〔6〕第五項は、市町村や精神保健福祉センター、保健所が相談指導をするに当たっての相互連携及び福祉事務所その他の関係行政機関との連携の規定である。精神保健に加えて、精神障害者福祉の施策を充実させる場合、精神障害者の福祉施策は保健医療施策と密接な関係を有していることから、保健医療の業務は保健所で、福祉の業務は福祉事務所で、という縦割では適切な運営はできず、行政機関が相互に連携の上で福祉的業務を一体的に行うことが必要であるが、業務の内容によっては福祉事務所等の機関で行っているものもあり、保健所や精神保健福祉センターも、生活保護、年金、手当、介護保険、公営住宅の斡旋などの各種の福祉施策との連携、あるいは、身体障害者等の他の障害者の福祉施策との連携を図ることが重要である。

また、ハローワーク（公共職業安定所）その他の労働関係の行政機関との連携も重要である。精神障害者の自立と社会参加を促進するためには一般の就労の促進が重要であり、作業能力が低い者やある程度の作業能力はあるが対人関係等の面で一般の事業所に雇用されることが困難な場合には、障害福祉サービス（就労継続支援等）により指導又は訓練を行うなど、福祉サイドでの対応となるが、一般就労が可能な程度の能力がある場合には、労働行政サイドでの対応が行われる。

（精神保健福祉相談員）

第四十八条　都道府県及び市町村[1]は、精神保健福祉センター及び保健所その他これらに準ずる施設に、精神保健及び精神障害者の福祉に関する相談に応じ、並びに精神障害者及びその家族等その他の関係者を訪問して必要な指導を行うための職員（次項において「精神保健福祉相談員」という。）を置くことができる。

2　精神保健福祉相談員は、精神保健福祉士その他政令で定める資格を有する者のうち[2][3][4][5]から、都道府県知事又は市町村長が任命する。

〔要　旨〕

本条は、精神保健福祉センター及び保健所に置かれる精神保健福祉相談員に関する規定である。

昭和四十年の改正前は、精神障害者の訪問指導については、単に都道府県知事が必要に応じ、当該職員又は指定医師をしてこれを担当させることを規定していたにすぎず、訪問指導業務を担当する職員の資質、配置基準等については何ら触れるところがなかった。そのため、同改正により、精神障害者に関する相談、訪問指導業務を第一線機関たる保健所の業務として明定するとともに、本条により特に精神保健に関する業務に従事する職員の規定を設けて、その指導体制の強化が図られた。

また、平成七年の改正により、本条に規定する職員を「精神保健福祉相談員」に改称するとともに、新たに精神障害者の福祉に関する相談及び指導を業務に加えた。

さらに、平成十一年の改正においては、平成十年に精神保健福祉士法が施行されたことを受け、精神保健福祉相談員の任用資格の法律上の例示が精神保健福祉士とされた。

平成十七年の改正においては、それまで都道府県等にのみ置くことができることとされていた精神保健相談員について、市町村においても置くことができるものとされた。

〔解　釈〕

〔1〕　市町村における精神障害者に対する相談体制については、障害者自立支援法において、相談支援事業が必須事業とされた（平成二十二年改正により障害者自立支援法に基づく相談支援の強化が図られ、地域移行支援・地域定着支援が個別給付化された）ことに加え、精神保健福祉法においても、平成十七年改正において、市町村における「精神障害者の福祉に関する相談等」を義務化することにより、その強化を図ることとされた。精神保健福祉相談員についても、市町村の状況に応じた相談体制の構築という観点から、都道府県等と同様に必置ではないが、置くことができることとされた。

〔2〕　精神保健福祉相談員は、都道府県知事又は市町村長（特別区の区長）が、その職員の中から任命するものであるが、その任用資格は、本条第二項と施行令第十二条において、次のとおり定められている。

①　精神保健福祉士

②　大学において社会福祉に関する科目を修めて卒業した者であって、精神保健及び精神障害者の福祉に関する知識及び経験を有するもの

③　大学において心理学の課程を修めて卒業した者であって、精神保健及び精神障害者の福祉に関する知識及び経験を有するもの

④　医師

⑤　厚生労働大臣が指定した講習会の課程を修了した保健師であって、精神保健及び精神障害者の福祉に関する経験を有するもの

⑥　これらに準ずる者であって、精神保健福祉相談員として必要な知識及び経験を有するもの

〔3〕「精神保健及び精神障害者の福祉に関する経験」とは、おおむね精神保健福祉センター、保健所、精神科病院等において、精神障害者に係る相談指導、看護等に関して行った実務経験を指すものとして解釈運用されている。

〔4〕保健師が精神保健福祉相談員の任用資格を得るために必要な講習会（施行令第十二条第三号に規定する講習会）を厚生労働大臣が指定する際の指定基準等については、「精神保健法施行令第六条第三号に規定する講習会の指定基準等について」（昭和四十一年二月四日衛発第五四号　厚生省公衆衛生局長通知）により定められており、①社会福祉、臨床心理学、②精神保健福祉行政及び関連行政、③精神医学概論、④精神保健、⑤実習の合計二百四時間以上の講習とされている。

〔5〕平成九年十二月の精神保健福祉士法の成立により、精神科ソーシャルワーカーの国家資格が「精神保健福祉士」として制度化されたので、精神保健福祉士の資格を有する者を、保健所の精神保健福祉相談員として多く任用していくことが期待されている。

（事業の利用の調整等）

第四十九条　市町村は、[1]精神障害者から求めがあつたときは、当該精神障害者の希望、精神障害の状態、社会復帰の促進及び自立と社会経済活動への参加の促進のために必要な指導及び訓練その他の援助の内容等を勘案し、[2]当該精神障害者が最も適切な障害福祉サービス事業の利用が

できるよう、相談に応じ、必要な助言を行うものとする。この場合において、市町村は、当該事務を一般相談支援事業又は特定相談支援事業を行う者に委託することができる。

２　市町村は、前項の助言を受けた精神障害者から求めがあつた場合には、必要に応じて、障害福祉サービス事業の利用についてあつせん[3]又は調整[4]を行うとともに、必要に応じて、障害福祉サービス事業を行う者に対し、当該精神障害者の利用についての要請を行うものとする。

３　都道府県は、前項の規定により市町村が行うあつせん、調整及び要請に関し、その設置する保健所による技術的事項についての協力その他市町村に対する必要な援助及び市町村相互間の連絡調整を行う。[5]

４　障害福祉サービス事業を行う者は、第二項のあつせん、調整及び要請に対し、できる限り協力[6]しなければならない。

〔要　旨〕

本条は、市町村が、障害福祉サービス事業について、精神障害者からの相談に応じ、必要な助言を行うほか、利用の調整を行うとともに、障害福祉サービス事業を行う者に対し、その調整等に対しできる限り協力しなければならないことを定めた規定であり、平成七年改正で新たに設けられた規定である。

また、平成十一年改正において、相談・助言の事務を精神障害者地域生活支援センターに委託できることとされ、平成十二年四月一日から施行された。さらに、本条の事務の実施主体が保健所長から市町村に移行され、平成

十四年四月一日から施行された。

本条の事務の実施主体を保健所長から市町村に移すこととされたのは、①福祉サービスの利用の援助は身近な地域で行われることが望ましいが、統廃合による保健所数の減少により、身近な行政機関とは言い難くなっていること、②保健所は、福祉サービスの主たる提供主体である社会福祉法人との密接な関係がなく、今後在宅福祉サービスを拡充していく中で、高齢者等の福祉サービスを担当し、社会福祉法人その他の福祉サービス事業者との密接な関係がある市町村の方が適していると考えられること、が理由である。

さらに、平成十七年改正において、障害者自立支援法における新たな事業体系が施行されることに伴い、精神保健福祉法に基づく「居宅生活支援事業」、「精神障害者社会復帰施設」を障害者自立支援法に基づく「障害福祉サービス事業」に改めたほか、市町村が行う障害福祉サービス事業の利用の調整業務を委託することができるものとして、それまでの「精神障害者地域生活支援センター」から「障害者自立支援法に規定する相談支援事業者」に改められ、その後、平成二十二年の障害者自立支援法等の改正による相談支援体制の強化に伴い、「一般相談支援事業又は特定相談支援事業を行う者」に改められた。

〔解　釈〕

〔1〕　本条の規定は、市町村が、精神障害者から求めがあったときには、その者の希望、精神障害の状態、社会復帰の促進及び自立と社会参加の促進のためにその者が必要としている指導、訓練その他の援助の内容等を勘案し、その者が最も適切な事業の利用ができるよう、①当該精神障害者の相談に応じ、必要な助言を行うほか、②これらの事業についての利用の状況を調査するとともに、③利用の斡旋及び調整を行い、④事業を行う者に対して利用の要請を行う、という利用調整の仕組みを規定し、事業を行う者は、この利用調整に協力しなければならない責務を課したものである。本条の趣旨にかんがみ、市町村が、一層、関係事業者との連携を深め、各種の社会資

源の間に立って調整していく機能を高めることが必要である。

〔2〕　市町村が、事業の利用調整を行うためには、日頃から、各事業の指導訓練の内容（施設設備、指導員の体制、授産項目を含めて訓練や作業の内容、助言指導の内容、利用料の額等）について把握するとともに、各事業の現在の利用者の状況（定員に対する利用者数の状況、利用中の精神障害者の精神障害の程度等）などを把握するための調査を行っておくことが必要であろう。

〔3〕　手帳の交付を受けた精神障害者から申請があったときは、その者の手帳の障害等級を参考にするとともに、相談、指導を行い、本人の希望、その者の精神障害の状態、社会復帰の促進及び自立と社会参加の促進のためにその者が必要としている指導、訓練その他の援助の内容等を把握する。その上で、具体的にどのような事業の類型が最も適当か、また、さらに、個々のどの事業における訓練、指導や援助が適当であるかの判断を行い、それについて、事業の実施者に対して空き状況を確かめるとともに、精神障害者本人の意向を確かめ、「利用の斡旋」を行う。なお、障害福祉サービスを利用する場合には、利用申請を受け、支給決定を行うこととなる。

〔4〕　利用の斡旋を行う過程で、事業所等の利用の余地がない場合には、他の事業所等への斡旋を検討するほか、待機者リストに載せて定員に余裕が生じるのを待つこととなるが、事業の中には、自立訓練や就労移行支援など、訓練的要素の高いものから、居宅介護、行動援護など、介護的な支援を行うもの、また、福祉ホームやグループホームといった生活の場、あるいは一般の住む場所、働く場所の斡旋など様々な形態の社会資源があるので、相互間の「利用の調整」を行っていくことが必要となる。

〔5〕　平成十八年十月まで精神障害者社会復帰施設の利用等については、障害保健福祉圏域単位でその整備を図ることとしていたことも踏まえ、広域的な調整が必要となる場合には、保健所が当該調整を行うこととしたものである。

〔6〕 このような経過により、利用関係をとりまとめることができた時点で、事業を行う者に対して「利用の要請」を行う。そして精神障害者は事業を行う者に対して利用契約の申請を行うこととなる。

第五十条及び第五十一条　削除

第七章　精神障害者社会復帰促進センター

（指定等）

第五十一条の二　厚生労働大臣は、精神障害者の社会復帰の促進を図るための訓練及び指導等に関する研究開発を行うこと等により精神障害者の社会復帰を促進することを目的とする一般社団法人又は一般財団法人であつて、次条に規定する業務を適正かつ確実に行うことができると認められるものを、その申請により、全国を通じて一個に限り、精神障害者社会復帰促進センター（以下「センター」という。）として指定する[1][2]ことができる。

2　厚生労働大臣は、前項の規定による指定をしたときは、センターの名称、住所及び事務所の所在地を公示しなければならない。

3　センターは、その名称、住所又は事務所の所在地を変更しようとするときは、あらかじめ、その旨を厚生労働大臣に届け出なければならない。

4　厚生労働大臣は、前項の規定による届出があつたときは、当該届出に係る事項を公示しなければならない。

〔要　旨〕

本条は、精神障害者社会復帰促進センター（以下「センター」という。）の指定等に関する規定であり、本章は、平成五年の改正により新設された規定である。

精神障害者施策については、従来、国や地方公共団体において所要の施策を推進してきたが、一層きめ細かく推進し充実させていくためには、行政による施策に加え、精神障害者の置かれている状況を最も理解する家族等が関与する民間法人において行うことが効果的である。このような点を踏まえ、家族等の関与する民間法人が、社会復帰施設等における処遇ノウハウの研究開発をはじめ、社会復帰施設職員等の研修、啓発広報活動等を、円滑に、また継続的、安定的に実施できる体制を確保するため、当該法人を厚生労働大臣がセンターとして指定する制度を設け、センターがこれらの業務を推進することにより、精神障害者の社会復帰の一層の促進を図ることとしたものである。

〔解　釈〕

〔1〕　平成六年七月一日付けで財団法人全国精神障害者家族会連合会が指定されていたが、財団の解散に伴い、平成十九年六月一日付けで指定が取り消されており、現在は指定されている法人はない。

〔2〕　センターは、既存の一般社団法人又は一般財団法人を指定するものであるから、「センターの業務」は当該法人の業務の一部に包含されることとなる。すなわち、センターの業務は当該法人の業務でもあるわけで、いわば

二枚看板となる。なお、その法人には、センターの業務に該当しない当該法人特有の業務もあるわけであり、この意味で、第五十一条の八によるセンターの事業計画書や予算書は、法人の事業計画書や予算書のうちの一部分で、センター業務とされているものを抜き出したものとなることが考えられる。また、一般社団法人又は一般財団法人は定義上公益社団法人又は公益財団法人を包含するものであり、公益社団法人又は公益財団法人も想定しうる。

（業務）

第五十一条の三　センターは、次に掲げる業務を行うものとする。

一　精神障害者の社会復帰の促進に資するための啓発活動及び広報活動を行うこと。

二　精神障害者の社会復帰の実例に即して、精神障害者の社会復帰の促進を図るための訓練及び指導等に関する研究開発を行うこと。

三　前号に掲げるもののほか、精神障害者の社会復帰の促進に関する研究を行うこと。

四　精神障害者の社会復帰の促進を図るため、第二号の規定による研究開発の成果又は前号の規定による研究の成果を、定期的に又は時宜に応じて提供すること。

五　精神障害者の社会復帰の促進を図るための事業の業務に関し、当該事業に従事する者及び当該事業に従事しようとする者に対して研修を行うこと。

六　前各号に掲げるもののほか、精神障害者の社会復帰を促進するために必要な業務を行うこと。

〔要　旨〕

本条は、センターの業務に関する規定である。センターは、精神障害者の社会復帰の促進のため、①啓発活動、広報活動、②訓練及び指導等に関する研究開発、③その他社会復帰の促進に関する研究、④研究成果の提供、⑤研修、⑥その他の必要な業務を行う。

センターが本条に規定する業務を行うに当たっては、関係各方面の意見を広く集め、連絡、調整を図っていくことが重要であることから、センターに「精神障害者社会復帰促進センター運営委員会」を設置して、センターの運営に関する事項について調査審議してもらうこととされている。この委員会には、家族や大学の研究者、全国精神保健福祉センター長会、日本精神科病院協会、日本精神神経科診療所協会、日本医師会、日本看護協会、ＰＳＷ協会、日本作業療法士協会等の精神保健福祉サービスの各方面の代表者の参加を得て、単に当該法人にとどまらず、広い観点から業務運営がされる仕組みがとられていることが求められる。

（センターへの協力）

第五十一条の四　精神科病院その他の精神障害の医療を提供する施設の設置者及び障害福祉サービス事業を行う者は、センターの求めに応じ、センターが前条第二号及び第三号に掲げる業務

を行うために必要な限度において、センターに対し、精神障害者の社会復帰の促進を図るための訓練及び指導に関する情報又は資料その他の必要な情報又は資料で厚生労働省令[1]で定めるものを提供することができる。

〔要　旨〕

本条は、センターに対する精神科病院や障害福祉サービス事業を行う者の協力に関する規定である。

例えば、センターが精神障害者の社会復帰の実例に即して、精神障害者の社会復帰の促進を図るための訓練及び指導等に関する研究開発を行うためには、社会復帰をした精神障害者が精神科病院や障害福祉サービス事業において受けた訓練指導等の内容や効果について分析することが必要であり、精神科病院や障害福祉サービス事業を行う者の協力を得ることが必要である。一方、センターが精神科病院や障害福祉サービス事業を行う者に対し、訓練、指導に関する情報提供を求めた場合に、精神障害に係る情報の特殊性から、その提供に躊躇する場合も多いと考えられる。

このような問題を踏まえ、障害福祉サービス事業等を行う者がセンターに協力しやすい環境を整備するため、厚生労働省令においてプライバシーに十分配慮し、守秘義務に反しない範囲において提供できる情報等を明記することとしたものである。

〔解　釈〕

〔1〕施行規則第三十七条により、次のように定められている。この情報は、特定の個人が識別できないものに限られており、精神障害者に対するプライバシーに関わる個人情報は含まれない。

〔センターへの協力〕

第三十七条　法第五十一条の四の厚生労働省令で定める情報又は資料は、次のとおりとする。

一　精神障害者の社会復帰の促進を図るための相談並びに訓練及び指導に関する情報又は資料

二　前号に掲げる相談並びに訓練及び指導を受けた精神障害者の性別、生年月日及び家族構成並びに状態像の経過に関する情報又は資料（当該精神障害者を識別できるものを除く。）

（特定情報管理規程）

第五十一条の五　センターは、第五十一条の三第二号及び第三号に掲げる業務に係る情報及び資料（以下この条及び第五十一条の七において「特定情報」という。）の管理並びに使用に関する規程（以下この条及び第五十一条の七において「特定情報管理規程」(1)という。）を作成し、厚生労働大臣の認可を受けなければならない。これを変更しようとするときも、同様とする。

2　厚生労働大臣は、前項の認可をした特定情報管理規程が特定情報の適正な管理又は使用を図る上で不適当となつたと認めるときは、センターに対し、当該特定情報管理規程を変更すべきことを命ずることができる。

3　特定情報管理規程に記載すべき事項は、厚生労働省令で定める。

〔要　旨〕

本条は、特定情報管理規程の作成等に関する規定である。

センターが前条の規定により収集できる情報は、特定の個人が識別できないものに限定されているが、その他の独自に取得した情報も含めて、精神障害者の権利利益の保護を徹底する観点から、その管理及び使用は適正に行っていく必要がある。このため、次条によりセンターの職員等の守秘義務の規定を設けるとともに、センターは、あらかじめ特定情報管理規程を作成し、これに従って適正な情報の管理及び使用を図っていくこととしたものである。

〔解　釈〕

〔1〕　特定情報管理規程に記載すべき事項は、施行規則第三十九条において次のように定められている。なお、現在はセンターとして指定されている法人がないことから、特定情報管理規程は定められていない。

（特定情報管理規程記載事項）

第三十九条　法第五十一条の五第三項の規定により特定情報管理規程に記載すべき事項は、次のとおりとする。

一　特定情報（法第五十一条の五第一項に規定する特定情報をいう。以下この条において同じ。）の適正な管理及び使用に関する職員の意識の啓発及び教育に関する事項

二　特定情報の適正な管理及び使用に係る事務を統括管理する者に関する事項

三　特定情報の記録された物の紛失、盗難及びき損を防止するための措置に関する事項

四　特定情報の使用及びその制限に関する事項

五　特定情報の処理に関し電子計算機を用いる場合には、当該電子計算機及び端末装置を設置する場所の入

出場の管理その他これらの施設への不正なアクセスを予防するための措置に関する事項
六　その他特定情報の適正な管理又は使用を図るための必要な措置に関する事項

（秘密保持義務）
第五十一条の六　センターの役員若しくは職員又はこれらの職にあつた者は、第五十一条の三第二号又は第三号に掲げる業務に関して知り得た秘密を漏らしてはならない。

〔**要　旨**〕
本条は、センターの職員等の秘密保持義務に関する規定である。

（解任命令）
第五十一条の七　厚生労働大臣は、センターの役員又は職員が第五十一条の五第一項の認可を受けた特定情報管理規程によらないで特定情報の管理若しくは使用を行つたとき、又は前条の規定に違反したときは、センターに対し、当該役員又は職員を解任すべきことを命ずることができる。

〔要　旨〕

本条は、特定情報管理規程や秘密保持義務に違反した職員等に対する解任命令に関する規定である。

（事業計画等）

第五十一条の八　センターは、毎事業年度の事業計画書及び収支予算書を作成し、当該事業年度の開始前に厚生労働大臣に提出しなければならない。これを変更しようとするときも、同様とする。

2　センターは、毎事業年度の事業報告書及び収支決算書を作成し、当該事業年度経過後三月以内に厚生労働大臣に提出しなければならない。

〔要　旨〕

本条は、センターは、毎事業年度ごとに、事業計画書等を厚生労働大臣に提出しなければならない旨を規定したものである。

（報告及び検査）

第五十一条の九　厚生労働大臣は、第五十一条の三に規定する業務の適正な運営を確保するため

に必要な限度において、センターに対し、必要と認める事項の報告を求め、又は当該職員に、その事務所に立ち入り、業務の状況若しくは帳簿書類その他の物件を検査させることができる。

2　第十九条の六の十六第二項及び第三項の規定は、前項の規定による立入検査について準用する。この場合において、同条第二項中「前項」とあるのは「第五十一条の九第一項」と、同条第三項中「第一項」とあるのは「第五十一条の九第一項」と読み替えるものとする。

〔要　旨〕

本条は、厚生労働大臣によるセンターに対する報告徴収及び立入検査に関する規定である。立入検査に当たっては、当該職員はその身分を示す証票を携帯し、関係人の請求があるときはこれを提示しなければならない。

（監督命令）

第五十一条の十　厚生労働大臣は、この章の規定を施行するため必要な限度において、センターに対し、第五十一条の三に規定する業務に関し、監督上必要な命令をすることができる。

〔要　旨〕

本条は、厚生労働大臣によるセンターに対する監督命令に関する規定である。

（指定の取消し等）

第五十一条の十一　厚生労働大臣は、センターが次の各号のいずれかに該当するときは、第五十一条の二第一項の規定による指定を取り消すことができる。

一　第五十一条の三に規定する業務を適正かつ確実に実施することができないと認められるとき。

二　指定に関し不正な行為があつたとき。

三　この章の規定又は当該規定による命令若しくは処分に違反したとき。

2　厚生労働大臣は、前項の規定により指定を取り消したときは、その旨を公示しなければならない。

〔**要　旨**〕

本条は、厚生労働大臣によるセンターの指定の取消しに関する規定である。

第八章　雑　則

（審判の請求）

第五十一条の十一の二　市町村長は、精神障害者につき、その福祉を図るため特に必要があると認めるときは、民法（明治二十九年法律第八十九号）第七条、第十一条、第十三条第二項、第十五条第一項、第十七条第一項、第八百七十六条の四第一項又は第八百七十六条の九第一項に規定する審判の請求をすることができる。

〔要　旨〕

本条は、後見・保佐・補助制度の導入等に伴い、成年後見制度を柔軟かつ弾力的な利用しやすい制度とするため、精神障害者について、市町村長が家庭裁判所に対し、後見・保佐・補助の開始等の審判を請求することができる旨の規定を設けたものである。

成年後見制度は、私法上の法律関係を規律するものであり、本人、配偶者、四親等内の親族等の当事者による申

立に基づく利用に委ねることが基本となるが、判断能力が不十分な精神障害者のうち、身寄りがない場合など当事者による申立が期待できない状況にあるものについて、当事者による審判の請求を補完し、成年後見制度の利用を確保するため、これらの者に対する相談、援助等のサービス提供の過程において、その実状を把握しうる立場にある市町村長に対し、審判の請求権を付与することとしたものである。

なお、市町村長が行うことができる審判の請求は、以下の通りである。

① 後見開始の審判（民法第七条）
② 保佐開始の審判（民法第十一条）
③ 保佐人の同意を要する行為の範囲の拡張の審判（民法第十三条第二項）
④ 補助開始の審判（民法第十五条第一項）
⑤ 補助人の同意権の付与の審判（民法第十七条第一項）
⑥ 保佐人の代理権の付与の審判（民法第八百七十六条の四第一項）
⑦ 補助人の代理権の付与の審判（民法第八百七十六条の九第一項）

（後見等を行う者の推薦等）

第五十一条の十一の三　市町村は、前条の規定による審判の請求の円滑な実施に資するよう、民法に規定する後見、保佐及び補助（以下この条において「後見等」という。）の業務を適正に行うことができる人材の活用を図るため、後見等の業務を適正に行うことができる者の家庭裁

判所への推薦その他の必要な措置を講ずるよう努めなければならない。(1)
2　都道府県は、市町村と協力して後見等の業務を適正に行うことができる人材の活用を図るため、前項に規定する措置の実施に関し助言その他の援助を行うように努めなければならない。

〔要　旨〕

障害者を支援する者の高齢化等に伴い、地域で暮らす精神障害者の単身世帯の数が増加していくことが見込まれる中で、市町村長による審判の請求及び家庭裁判所による後見人等の選任が適切に実施されるためには、弁護士・司法書士等の専門的な後見人等のほか、一般の市民が担う後見人等をこれまで以上に養成する（障害者総合支援法第七十七条第一項第五号等）とともに、養成した人材を家庭裁判所に対して推薦し、これを支援しながら積極的に活用していくことが重要である。このため、市町村は、後見等の業務を適正に行うことができる者の家庭裁判所への推薦その他の必要な措置の実施に努めることとするとともに、都道府県においても、市町村に対する必要な助言その他の援助を行うよう努めることを規定したものである。

〔解　釈〕

〔1〕　老人福祉法（昭和三十八年法律第百三十三号）や知的障害者福祉法（昭和三十五年法律第三十七号）においても同様に、市町村による審判の請求を規定している後見等の体制整備等に関する規定が設けられている。

（大都市の特例）

第五十一条の十二　この法律の規定中都道府県が処理することとされている事務で政令で定めるものは、地方自治法（昭和二十二年法律第六十七号）第二百五十二条の十九第一項の指定都市（以下「指定都市」という。）においては、政令[1]の定めるところにより、指定都市が処理するものとする。この場合においては、この法律の規定中都道府県に関する規定は、指定都市に関する規定として指定都市に適用があるものとする。

2　前項の規定により指定都市の長がした処分（地方自治法第二条第九項第一号に規定する第一号法定受託事務に係るものに限る。）に係る審査請求についての都道府県知事の裁決に不服がある者は、厚生労働大臣に対し再審査請求をすることができる。

〔要　旨〕

本条は、いわゆる大都市特例の規定であり、本法により都道府県が処理することとされている事務については、地方自治法第二百五十二条の十九第一項の指定都市においては、一部を除いて指定都市が処理することとする規定である。

大都市においては、社会経済環境の急激な変化、核家族化の進展等に伴い、住民の精神的健康を取り巻く環境が大きく変化していることから、大都市における精神保健福祉施策は、地域の実情に応じてきめ細かく実施することが必要であり、さらに、今日における大都市の行財政能力の向上を踏まえ、平成五年の改正により設けられ、平成

八年四月一日から施行されたものである。

〔解　釈〕

〔1〕　大都市特例により委譲する事務の内容等については、施行令第十三条に基づき、地方自治法施行令第百七十四条の三十六（以下「自治令の条文」という。）で定められている。

地方自治法施行令

（精神保健及び精神障害者の福祉に関する事務）

第百七十四条の三十六　地方自治法第二百五十二条の十九第一項の規定により、指定都市が処理する精神保健及び精神障害者の福祉に関する事務は、精神保健及び精神障害者福祉に関する法律（昭和二十五年法律第百二十三号）及び精神保健及び精神障害者福祉に関する法律施行令（昭和二十五年政令第百五十五号）並びに発達障害者支援法（平成十六年法律第百六十七号）の規定により、都道府県が処理することとされている事務[2]（精神保健及び精神障害者福祉に関する法律第十九条の七の規定による精神科病院の設置、同法第十九条の十一の規定による精神科救急医療の確保及び同法第四十九条第三項の規定による技術的事項についての協力等並びに発達障害者支援法第十条第二項の規定による就労のための準備に係る措置に関する事務を除く。）とする。この場合においては、第四項から第六項までにおいて特別の定めがあるものを除き、精神保健及び精神障害者福祉に関する法律及び同令並びに発達障害者支援法中都道府県に関する規定（前段括弧内に掲げる事務に係る規定を除く。）は、指定都市に関する規定として指定都市に適用があるものとする。[3]

2　前項の場合においては、指定都市は、条例で精神保健及び精神障害者福祉に関する法律第九条第一項に規定する地方精神保健福祉審議会（以下この条において「地方精神保健福祉審議会」という。）を置くことが

でき、又は精神医療審査会を置くものとする。(4)

3　精神保健及び精神障害者福祉に関する法律第九条第二項の規定は、前項の規定により指定都市に置かれる地方精神保健福祉審議会に、同法第十三条及び第十四条並びに精神保健及び精神障害者福祉に関する法律施行令第二条の規定は、同項の規定により指定都市に置かれる精神医療審査会にこれを準用する。(5)この場合においては、同法第九条第二項及び第十三条第一項中「都道府県知事」とあるのは、「指定都市の市長」と読み替えるものとする。

4　第一項の場合においては、精神保健及び精神障害者福祉に関する法律第二十九条の四第一項に規定する措置入院者について同法第二十九条の五、第三十八条の二第一項、第三十八条の四及び第四十条の規定を適用するときは、これらの規定中「都道府県知事」とあるのは、「その入院措置を採つた都道府県知事又は指定都市の市長」と読み替えるものとする。(6)

5　第一項の場合においては、精神保健及び精神障害者福祉に関する法律施行令第五条、第六条の二、第八条第一項及び第三項、第九条第三項、第十条第三項並びに第十条の二第二項並びに発達障害者支援法第五条第五項の規定は、これを適用しない。(7)

6　第一項の場合においては、精神保健及び精神障害者福祉に関する法律第十九条の九第二項（同法第三十三条の八において準用する場合を含む。）及び第五十三条第一項中「地方精神保健福祉審議会」とあるのは「指定都市に置かれる地方精神保健福祉審議会」と、同法第三十八条の三、第三十八条の五及び第五十三条第一項中「精神医療審査会」とあるのは「指定都市に置かれる精神医療審査会」と、精神保健及び精神障害者福祉に関する法律施行令第七条第二項中「市町村長を経由して、都道府県知事」とあるのは「指定都市の市長」と、同条第三項中「市町村長」とあるのは「指定都市の市長」と、同条第四項中「他の都道府県の区域に」

とあるのは「指定都市の区域から当該指定都市の区域外に、又は指定都市の区域外から指定都市の区域に」と、「新居住地を管轄する市町村長を経由して」とあるのは「新居住地を管轄する市町村長を経由して（新居住地が指定都市の区域にあるときは、直接）」と、「都道府県知事」とあるのは「都道府県知事（新居住地が指定都市の区域にあるときは、当該指定都市の市長）」と、同条第五項中「都道府県知事は」とあるのは「都道府県知事又は指定都市の市長は」と、「旧居住地の都道府県知事」とあるのは「旧居住地の都道府県知事（旧居住地が指定都市の区域にあつたときは、当該指定都市の市長）」と、「新居住地を管轄する市町村長を経由して」とあるのは「新居住地を管轄する市町村長を経由して（新居住地が指定都市の区域にあるときは、直接）」と、同令第八条第二項中「その申請を受理した市町村長においてその者の」とあるのは「その者の」と読み替えるものとする。

〔2〕自治令の条文の第一項前段は、大都市特例の規定により指定都市が行う精神保健福祉に関する事務は、精神保健福祉法及び同法施行令並びに発達障害者支援法の規定により都道府県が行うこととされている事務とすると定めており、ただし、かっこ書きで、精神保健福祉法第十九条の七の規定による精神科病院の設置に関する事務を除いている。

すなわち、精神保健福祉法及び同法施行令中、都道府県の事務は、精神科病院の設置義務を除いて、全て指定都市に委譲することとしたものである。精神科病院の設置義務を除いた理由は、医療法の医療計画で精神科病院の病床数の規制は都道府県単位で行われており、指定都市が新たに精神科病院を設置しなければならないとすることは、精神病床が全国的に過剰となっている現状に照らして適切でないからである。

また、かっこ書きに記載されているその他の事務として、都道府県による市町村に対する技術的協力の規定に

ついては、指定都市に事務を委譲すると、指定都市は技術的協力を行う立場と行われる立場を兼ねることとなる。このような場合など、指定都市に委譲する事務から除くこととしたものが列挙されている。

〔3〕　自治令の条文の第一項後段（「この場合において」以下の規定）は、精神保健福祉法及び同法施行令並びに発達障害者支援法の規定中、都道府県の事務を直接定めた規定以外の都道府県に関する規定も、一部の例外を除いて指定都市に適用することとしたものである。

すなわち、国が都道府県に対して費用の負担や補助をする旨の規定や、精神科病院の管理者等が都道府県知事に対して届出等を提出する旨の規定等は、この規定により指定都市にも適用されることとなる。

なお、かっこ書きで、「（前段括弧内に掲げる事務に係る規定を除く。）」としていることにより、精神科病院の設置義務等は指定都市には課さないため、都道府県が精神科病院を設置する場合の国の補助規定である法第十九条の十第一項の規定も指定都市には適用しないこととなる。

〔4〕　自治令の条文の第二項は、指定都市に対し、精神保健福祉に関する審議会その他合議制の機関（以下「地方精神保健福祉審議会」という。）を置くことができることとし、又は精神医療審査会の設置を義務づけた規定である。これは、精神保健福祉法でこれらの設置を定めた第九条及び第十二条の規定が「都道府県に○○を置く（ことができる）」という規定となっており、都道府県の事務を直接定めた規定ではないため、自治令の条文の第一項の規定だけでは指定都市に適用されないことから、別途設けられている規定である。

なお、精神保健福祉センターについて規定する法第六条のように、「都道府県は、○○を設置する」としているものは、都道府県の事務として規定されているので、これについては、自治令の条文の第一項で指定都市に適用されることとなる。

〔5〕　自治令の条文の第三項は、同第二項で指定都市に置くこととした地方精神保健福祉審議会及び精神医療審査会

に関する規定を、指定都市にも準用することとする規定である。

〔6〕　自治令の条文の第四項は、いわゆる越境措置が行われた場合の読み替え規定である（表2－2参照）。大都市特例の施行に伴い、その区域内に指定病院を十分に有しない指定都市が、指定都市以外の区域（当該指定都市が属する道府県のみならず他の都道府県の区域も含む。）の精神科病院に措置することや、都道府県が、指定都市の区域内の精神科病院に措置するなど、いわゆる越境措置が行われることが想定される。この場合、措置症状消退届、定期病状報告、退院請求、処遇改善請求、審査会における審査、審査結果による措置解除、退院命令、処遇改善命令等は、入院措置に伴う一連のものであることから、措置を行った都道府県知事（指定都市の市長）の事務とするものである。

なお、報告徴収及び職権による改善命令は、病院に対する一般的な指導監督によるものであるから、病院所在地を管轄する知事・市長の事務とするものである。

また、越境措置が行われた場合の取扱いは、都道府県と指定都市との間だけではなく、都道府県間においてもこれと同様である。この場合は、法令上の読み替え規定は特に設けられていないが、これは、条文中の「都道府県知事」とあるのを、所在地を管轄する都道府県知事ではなく、入院措置を行った都道府県知事と解釈して、同様の運用を行えば足りるからである。

〔7〕　自治令の条文の第五項は、都道府県知事に対する精神障害者保健福祉手帳の申請等に当たって市町村長を経由する規定等、指定都市に事務を委譲する場合に不要となる条文について、技術的に適用しないこととしたものである。

表２－２　越境措置入院の場合の道府県と指定都市との関係

	精神科病院所在地の知事・市長	措置を行った知事・市長
指定病院の指定（19の８）	○	
入院の措置（29①）		○
入院措置の解除（29の４）		○
措置症状消退届（29の５）	（最寄りの保健所長経由）→	◎
定期病状報告（38の２）	（最寄りの保健所長経由）→	◎
審査会の審査（38の３①）		↓ ○
審査会からの結果通知（38の３②）		↓ ○
通知を受けた措置解除（38の３④）		↓ ○
退院等の請求（38の４）		◎（退院請求・処遇改善請求）
審査会の審査（38の５①）		↓ ○
審査会からの結果通知（38の５②）		↓ ○（入院不要・処遇不適当）
通知を受けた命令（38の５⑤）		↓ ○（措置解除・改善命令）
報告徴収等（38の６）	○	
職権による改善命令（38の７①）	○	
仮退院の許可（40）		◎
措置患者実地審査（通知）		○

＊読替規定（地方自治法施行令第174条の36第４項）（上の表の◎が読替条文）

『措置入院者について精神保健及び精神障害者福祉に関する法律第29条の５，第38条の２第１項，第38条の４及び第40条の規定を適用するときは，これらの規定中「都道府県知事」とあるのは，「その入院措置を採つた都道府県知事又は指定都市の市長」と読み替えるものとする。』

＊平成二十八年四月一日施行（罫線部分）

（大都市の特例）

第五十一条の十二　（略）

2　前項の規定により指定都市の長がした処分（地方自治法第二条第九項第一号に規定する第一号法定受託事務（以下「第一号法定受託事務」という。）に係るものに限る。）に係る審査請求についての都道府県知事の裁決に不服がある者は、厚生労働大臣に対し再審査請求をすることができる。

3　指定都市の長が第一項の規定によりその処理することとされた事務のうち第一号法定受託事務に係る処分をする権限をその補助機関である職員又はその管理に属する行政機関の長に委任した場合において、委任を受けた職員又は行政機関の長がその委任に基づいてした処分につき、地方自治法第二百五十五条の二第二項の再審査請求の裁決があつたときは、当該裁決に不服がある者は、同法第二百五十二条の十七の四第五項から第七項までの規定の例により、厚生労働大臣に対して再々審査請求をすることができる。

（事務の区分）

第五十一条の十三　この法律（第一章から第三章まで、第十九条の二第四項、第十九条の七、第十九条の八、第十九条の九第一項、同条第二項（第三十三条の八において準用する場合を含む。）、第十九条の十一、第二十九条の七、第三十条第一項及び第三十一条、第三十三条の七第一項及び第六項、第六章並びに第五十一条の十一の三第二項を除く。）の規定により都道府県が処理することとされている事務は、地方自治法第二条第九項第一号に規定する第一号法定受託事務（次項及び第三項において「第一号法定受託事務」という。）とする。

2　この法律（第六章第二節を除く。）の規定により保健所を設置する市又は特別区が処理することとされている事務（保健所長に係るものに限る。）は、第一号法定受託事務とする。

3　第三十三条第三項及び第三十四条第二項の規定により市町村が処理することとされている事務は、第一号法定受託事務とする。

〔要　旨〕

本条は、精神保健及び精神障害者福祉に関する法律における事務の区分に関する規定である。

第51条の13　事務の区分

表2－3　精神保健福祉法における事務の区分

条　　項	事務の内容	主　　体	事務の区分
第6条第1項	精神保健福祉センターの設置	知事	自治事務
第6条第2項	精神保健福祉センターの業務：知識普及・調査研究・相談指導・専門的判定	知事	自治事務
第9条第1項	地方精神保健福祉審議会の設置	知事	自治事務
第12条第1項	精神医療審査会の設置	知事	自治事務
第13条第1項	精神医療審査会の委員の任命	知事	自治事務
第19条の2第4項	指定医取消に係る厚生労働大臣への通知	知事	自治事務
第19条の7	都道府県立精神科病院の設置	知事	自治事務
第19条の8	指定病院の指定	知事	自治事務
第19条の9	指定病院の指定の取消	知事	自治事務
第19条の11	精神科救急医療の確保	知事	自治事務
第22条	精神障害者に関する申請の受理	知事	法定受託事務
第23条	警察官の通報の受理	知事	法定受託事務
第24条	検察官の通報の受理	知事	法定受託事務
第25条	保護観察所の長の通報の受理	知事	法定受託事務
第26条	矯正施設の長の通報の受理	知事	法定受託事務
第26条の2	退院の申出の受理	知事	法定受託事務
第26条の3	指定通院医療機関の管理者及び保護観察所の長の通報の受理	知事	法定受託事務
第27条第1項及び第2項	指定する指定医による診察	知事	法定受託事務
第28条第1項	診察の通知	知事	法定受託事務
第29条	措置入院	知事	法定受託事務

条　　項	事務の内容	主　　体	事務の区分
第29条の２	緊急措置入院	知事	法定受託事務
第29条の２の２	措置入院のための移送	知事	法定受託事務
第29条の４	入院措置の解除	知事	法定受託事務
第29条の５	措置入院非該当診察結果の届出の受理	知事	法定受託事務
第29条の７	支払基金への事務委託	知事	自治事務
第30条第１項	措置入院費用の負担	知事	自治事務
第31条	措置入院の費用徴収	知事	自治事務
第33条第３項	医療保護入院における同意	市町村長	法定受託事務
第33条第７項	医療保護入院の届出の受理	知事	法定受託事務
第33条の２	医療保護入院の退院の届出の受理	知事	法定受託事務
第33条の７第１項及び第６項	応急入院を行う指定病院の指定及びその取消	知事	自治事務
第33条の７第５項	応急入院の届出の受理	知事	法定受託事務
第33条の８	応急入院者への通知	知事	法定受託事務
第34条第１項	医療保護入院のための移送	知事	法定受託事務
第34条第２項	市町村長同意による医療保護入院のための移送	知事	法定受託事務
第34条第２項	医療保護入院のための移送における同意	市町村長	法定受託事務
第34条第３項	応急入院のための移送	知事	法定受託事務
第38条の２	入院定期報告等の受理	知事	法定受託事務
第38条の３	定期報告等による審査	知事	法定受託事務
第38条の４	退院等の請求	市町村長	自治事務
第38条の４	退院等の請求の受理	知事	法定受託事務
第38条の５	退院等の請求による審査等	知事	法定受託事務
第38条の６	報告徴収等	知事	法定受託事務

第51条の13　事務の区分

条　　項	事務の内容	主　　体	事務の区分
第38条の７	改善命令等	知事	法定受託事務
第40条	措置入院者の仮退院の許可	知事	法定受託事務
第45条第１項	手帳の申請受理	知事	自治事務
第45条第２項	手帳の交付	知事	自治事務
第45条第３項	手帳申請の却下の通知	知事	自治事務
第45条第４項	手帳の更新認定	知事	自治事務
第45条の２	手帳の返還等	知事	自治事務
第46条	正しい知識の普及	知事，市町村長	自治事務
第47条	相談指導等	知事，市町村長	自治事務
第48条第１項	精神保健福祉相談員の配置	知事，市町村長	自治事務
第48条第２項	精神保健福祉相談員の任命	知事，市町村長	自治事務
第49条第１項	福祉サービスの利用に係る相談助言	市町村長	自治事務
第49条第２項	福祉サービスのあっせん調整等	市町村長	自治事務
第49条第３項	市町村間の連絡調整等	知事	自治事務
第51条の11の２	審判の請求	市町村長	自治事務
第51条の11の３第１項	後見等を行う者の推薦等	市町村長	自治事務
第51条の11の３第２項	後見等を行う者の推薦等に係る助言等	知事	自治事務

【参考】

精神医療審査会で入院の必要性等を審査するに当たっては、医療的・法律的な観点とともに、精神障害者の保健や福祉の観点も必要不可欠になってきていることを踏まえ、平成25年改正において、精神医療審査会の委員として、「その他の学識経験を有する者」に替えて「精神障害者の保健又は福祉に関し学識経験を有する者」を明示的に規定することとしたものである。法律上、委員の任期は２年と決まっている（条例により、２～３年の間で期間を定めることも可能）ことから、都道府県における準備期間を踏まえ、これらの規定の施行については平成28年４月１日としている。

精神医療審査会の委員の任命は自治事務であり、「精神障害者の保健又は福祉に関し学識経験を有する者」としてどのような者を任命するかは都道府県知事の裁量に委ねられることになるが、具体的には、精神保健福祉士や保健師等が想定される。

＊平成二十八年四月一日施行（罫線部分）

（事務の区分）

第五十一条の十三　この法律（第一章から第三章まで、第十九条の二第四項、第十九条の七、第十九条の八、第十九条の九第一項、同条第二項（第三十三条の八において準用する場合を含む。）、第十九条の十一、第二十九条の七、第三十条第一項及び第三十一条、第三十三条の七第一項及び第六項、第六章並びに第五十一条の十一の三第二項を除く。）の規定により都道府県が処理することとされている事務は、第一号法定受託事務とする。

２・３　（略）

（権限の委任）

第五十一条の十四　この法律に規定する厚生労働大臣の権限は、厚生労働省令で定めるところにより、地方厚生局長に委任することができる。(1)

２　前項の規定により地方厚生局長に委任された権限は、厚生労働省令で定めるところにより、地方厚生支局長に委任することができる。(2)

〔要　旨〕

本条は、精神保健福祉法に規定された厚生労働大臣の権限に関する委任規定であり、平成十三年に地方厚生局が設置されたことに伴い、設けられたものである。

〔解　釈〕

〔1〕　精神保健福祉法に規定された厚生労働大臣の権限の委任は行われていない。施行令に規定された厚生労働大臣の権限のうち、精神保健指定医の指定申請書等の受理等については、地方厚生局長にその権限が委任されていたが、平成二十五年十二月二十日閣議決定「事務・権限の移譲等に関する見直し方針について」に基づき、「地域の自主性及び自立性を高めるための改革の推進を図るための関係法律の整備に関する法律の施行に伴う厚生労働省関係省令の整備に関する省令」（平成二十七年厚生労働省令第五十五号）によりこれらの権限を都道府県に移譲することとされ、現在は、地方厚生局長に委任されている権限はない。

〔2〕　地方厚生支局長に対する厚生労働大臣の権限の委任は、精神保健指定医の指定申請書等の受理等の権限のいずれも行われず、委任された権限はない。

（経過措置）

第五十一条の十五　この法律の規定に基づき命令を制定し、又は改廃する場合においては、その命令で、その制定又は改廃に伴い合理的に必要と判断される範囲内において、所要の経過措置（罰則に関する経過措置を含む。）を定めることができる。

〔要　旨〕

本条は、この法律の規定に基づいて命令を制定し、又は改廃する場合には、必要な経過措置を定めることができることを規定するものである。このような規定が無くとも、ある程度の経過措置を関係政省令の政令又は改廃に際し規定することができることは当然であるが、その法律上の根拠を入念的に明らかにするため、最近の立法例に倣い、平成十五年改正時に設けられた。

第九章　罰　則

第五十二条　次の各号のいずれかに該当する者は、三年以下の懲役又は百万円以下の罰金に処する。
一　第三十八条の三第四項の規定による命令に違反した者
二　第三十八条の五第五項の規定による退院の命令に違反した者
三　第三十八条の七第二項の規定による命令に違反した者
四　第三十八条の七第四項の規定による命令に違反した者

〔要　旨〕

本条は、精神医療審査会の審査結果に基づき都道府県知事及び指定都市の市長が行う退院命令並びに任意入院者、医療保護入院者又は応急入院者について厚生労働大臣又は都道府県知事又は指定都市の市長の実地審査に基づく退院命令又は入院制限命令に違反した精神科病院の管理者に対する罰則を定めた規定である。

第五十三条　精神科病院の管理者、指定医、地方精神保健福祉審議会の委員、精神医療審査会の委員、第二十一条第四項、第三十三条第四項若しくは第三十三条の七第二項の規定により診察を行つた特定医師若しくは第四十七条第一項の規定により都道府県知事等が指定した医師又はこれらの職にあつた者が、この法律の規定に基づく職務の執行に関して知り得た人の秘密を正当な理由がなく漏らしたときは、一年以下の懲役又は百万円以下の罰金に処する。

2　精神科病院の職員又はその職にあつた者が、この法律の規定に基づく精神科病院の管理者の職務の執行を補助するに際して知り得た人の秘密を正当な理由がなく漏らしたときも、前項と同様とする。

〔要　旨〕

本条は、精神科病院の管理者、精神保健指定医、地方精神保健福祉審議会の委員、精神医療審査会の委員、特定医師等、職務上精神障害者に関する秘密を知り得る職にある者に対し、秘密保持の義務を課した規定である。

なお、地方公共団体の職員が職務上知り得た秘密を漏らした場合については、地方公務員法（地方公務員法第三十四条及び第六十条）に、国家公務員の場合は国家公務員法（国家公務員法第百条及び第百九条）に、それぞれ同様の処罰規定が定められている。

第五十三条の二　第五十一条の六の規定に違反した者は、一年以下の懲役又は百万円以下の罰金に処する。

〔要　旨〕
本条は、センターの職員等が秘密保持義務に違反した場合の罰則を定めた規定である。

第五十四条　次の各号のいずれかに該当する者は、六月以下の懲役又は五十万円以下の罰金に処する。
一　第十九条の六の十三の規定による停止の命令に違反した者
二　虚偽の事実を記載して第二十二条第一項の申請をした者

〔要　旨〕
精神障害者又はその疑いのある者を知った者は、第二十二条により、誰でも都道府県知事及び指定都市の市長に対して適宜の措置を採るよう申請することができるが、本条は、精神障害者又はその疑いのある者の名誉、人権保護の観点から、虚偽の事実により申請した者を罰するとともに、登録研修機関に対する研修の業務の停止に違反した者を罰する規定である。

第五十五条　次の各号のいずれかに該当する者は、三十万円以下の罰金に処する。

一　第十九条の六の十六第一項の規定による報告をせず、若しくは虚偽の報告をし、又は同項の規定による検査を拒み、妨げ、若しくは忌避した者

二　第二十七条第一項又は第二項の規定による診察を拒み、妨げ、若しくは忌避した者又は同条第四項の規定による立入りを拒み、若しくは妨げた者

三　第二十九条の二第一項の規定による診察を拒み、妨げ、若しくは忌避した者又は同条第四項において準用する第二十七条第四項の規定による立入りを拒み、若しくは妨げた者

四　第三十八条の三第三項（同条第六項において準用する場合を含む。以下この号において同じ。）の規定による報告若しくは提出をせず、若しくは虚偽の報告をし、同条第三項の規定による診察を妨げ、又は同項の規定による出頭をせず、若しくは同項の規定による審問に対して、正当な理由がなく答弁せず、若しくは虚偽の答弁をした者

五　第三十八条の五第四項の規定による報告若しくは提出をせず、若しくは虚偽の報告をし、同項の規定による診察を妨げ、又は同項の規定による出頭をせず、若しくは同項の規定による審問に対して、正当な理由がなく答弁せず、若しくは虚偽の答弁をした者

六　第三十八条の六第一項の規定による報告若しくは提出若しくは提示をせず、若しくは虚偽の報告をし、同項の規定による検査若しくは診察を拒み、妨げ、若しくは忌避し、又は同項

の規定による質問に対して、正当な理由がなく答弁せず、若しくは虚偽の答弁をした者
七　第三十八条の六第二項の規定による報告若しくは提出若しくは提示をせず、又は虚偽の報告をした精神科病院の管理者
八　第五十一条の九第一項の規定による報告をせず、若しくは虚偽の報告をし、又は同項の規定による検査を拒み、妨げ、若しくは忌避した者

〔要　旨〕

本条は、厚生労働大臣、都道府県知事又は指定都市の市長が行う、その指定する精神保健指定医に行わせる診察並びに精神科病院に入院中の者の症状・処遇及び入院手続きについての報告徴収、立入検査、精神医療審査会が行う報告徴収、審問等の実効を期すため、診察を拒み、妨げ、若しくは忌避した者、報告徴収等に応じず、若しくは虚偽の報告をした者又は正当な理由がなく答弁せず、若しくは虚偽の答弁をした者、及び厚生労働大臣が行うセンターに対する報告徴収等に応じなかった者等に対する罰則を定めた規定である。

第五十六条　法人の代表者又は法人若しくは人の代理人、使用人その他の従業者が、その法人又は人の業務に関して第五十二条、第五十四条第一号又は前条の違反行為をしたときは、行為者を罰するほか、その法人又は人に対しても各本条の罰金刑を科する。

〔要　旨〕

本条は、退院命令や報告徴収等に基づく義務違反が病院等の業務の中で行われることから、その義務履行の実効を期すため、違反行為者のほかに、業務主体である法人又は個人に対しても罰則を科すもので、いわゆる両罰規定である。

第五十七条　次の各号のいずれかに該当する者は、十万円以下の過料に処する。

一　第十九条の四の二（第二十一条第五項、第三十三条第五項及び第三十三条の七第三項において準用する場合を含む。）の規定に違反した者

二　第十九条の六の九の規定による届出をせず、又は虚偽の届出をした者

三　第十九条の六の十第一項の規定に違反して財務諸表等を備えて置かず、財務諸表等に記載すべき事項を記載せず、若しくは虚偽の記載をし、又は正当な理由がないのに同条第二項各号の規定による請求を拒んだ者

四　第十九条の六の十四の規定に違反して同条に規定する事項の記載をせず、若しくは虚偽の記載をし、又は帳簿を保存しなかつた者

五　第二十一条第七項の規定に違反した者

六　第三十三条第七項の規定に違反した者

七　第三十三条の七第五項の規定に違反した者

八　第三十八条の二第一項又は同条第二項において準用する同条第一項の規定に違反した者

〔要　旨〕

本条は、登録研修機関の業務の休廃止の届出、財務諸表等の備付け・閲覧等の義務、任意入院者の退院制限等を行う場合の診療録記載・患者に対する書面告知の義務、医療保護入院の入院届出義務、応急入院の入院届出義務、仮入院の入院届出義務、措置入院の定期病状報告義務及び医療保護入院の定期病状報告義務の履行を怠った者に対する過料を定めた規定である。

附　則

（施行期日）

1　この法律は、公布の日〔昭和二十五年五月一日〕から施行する。

（精神病者監護法及び精神病院法の廃止）

2　精神病者監護法（明治三十三年法律第三十八号）及び精神病院法（大正八年法律第二十五号）は廃止する。但し、この法律施行前にした行為に対する罰則の適用については、なお従前の例による。

〔要　旨〕

精神衛生法の施行日を定めるとともに、従前の精神病者監護法及び精神病院法を廃止し、これに伴って、民法、家事審判法の所要の改正を行ったものである。

附　則（昭和二十六年三月三十日法律第五十五号）

この法律は、公布の日から施行する。

附　則（昭和二十七年七月三十一日法律第二百六十八号）抄

1　この法律は、昭和二十七年八月一日から施行する。

附　則（昭和二十八年八月十五日法律第二百十三号）抄

1　この法律は、昭和二十八年九月一日から施行する。〔以下略〕

2　この法律施行前従前の法令の規定によりなされた許可、認可その他の処分又は申請、届出その他の手続は、それぞれ改正後の相当規定に基いてなされた処分又は手続とみなす。

3　この法律施行の際従前の法令の規定により置かれている機関又は職員は、それぞれ改正後の相当規定に基いて置かれたものとみなす。

附　則〔昭和二十九年六月一日法律第百三十六号〕抄

（施行期日）

1　この法律は、公布の日から施行する。〔以下略〕

（罰則に関する経過規定）

4　この法律の施行前になした行為に対する罰則の適用については、なお従前の例による。

附　則〔昭和二十九年六月八日法律第百六十三号〕抄

（施行期日）

1　この法律〔中略〕は、警察法（昭和二十九年法律第百六十二号。同法附則第一項但書に係る部分を除く。）の施行の日〔昭和二十九年七月一日〕から施行する。

附　則〔昭和二十九年六月十四日法律第百七十九号〕

この法律は、公布の日から施行する。

附　則（昭和三十三年三月二十五日法律第十七号）抄

（施行期日）

1　この法律は、昭和三十三年四月一日から施行する。

附　則（昭和三十四年三月三十一日法律第七十五号）抄

1　この法律は、公布の日から施行する。ただし、〔中略〕第一条中補助金等の臨時特例等に関する法律第十条の改正規定並びに第二条及び附則第二項の規定は、昭和三十四年四月一日から施行する。

2　昭和二十九年度分から昭和三十三年度分までの予算に係る精神衛生相談所の運営に要する経費に対する補助金については、なお従前の例による。

附　則（昭和三十六年四月十八日法律第六十六号）

（施行期日）

1　この法律は、昭和三十六年十月一日から施行する。

（経過規定）

2　第二十九条の規定により入院する者の入院に要する費用でこの法律の施行前の期間に係るものに関する国の補助については、なお従前の例による。

（社会保険診療報酬支払基金法の一部改正）

3　社会保険診療報酬支払基金法（昭和二十三年法律第百二十九号）の一部を次のように改正する。

第十三条第二項中「委託されたときにおいても、」を「委託されたとき、並びに精神衛生法（昭和二十五年法律第百二十三号）第二十九条の三の規定により、同条に規定する審査、額の算定又は診療報酬の支払に関する事務を委託されたときにおいても、」に改める。

〔要　旨〕

第三項は、昭和三十六年の法改正により、措置入院について、都道府県は、医療費の審査、額の算定及び支払に関する事務を、社会保険診療報酬支払基金に委託することができることとされたことに伴い、社会保険診療報酬支払基金法を改正して、所要の手当を行ったものである。

附　則（昭和三十七年九月十五日法律第百六十一号）抄

1　この法律は、昭和三十七年十月一日から施行する。

2　この法律による改正後の規定は、この附則に特別の定めがある場合を除き、この法律の施行前にされた行政庁の処分、この法律の施行前にされた申請に係る行政庁の不作為その他この法律の施行前に生じた事項についても適用する。ただし、この法律による改正前の規定によつて生じた効力を妨げない。

3　この法律の施行前に提起された訴願、審査の請求、異議の申立てその他の不服申立て（以下「訴願等」という。）については、この法律の施行後も、なお従前の例による。この法律の施行前にされた訴願等の裁決、決定その他の処分（以下「裁決等」という。）又はこの法律の施行前に提起された訴願等につきこの法律の施行後にされる裁決等にさらに不服がある場合の訴願等についても、同様とする。

5　第三項の規定によりこの法律の施行後にされる審査の請求、異議の申立てその他の不服申立ての裁決等については、行政不服審査法による不服申立てをすることができない。

6　この法律の施行前にされた行政庁の処分で、この法律による改正前の規定により訴願等をすることができるものとされ、かつ、その提起期間が定められていなかつたものについて、行政不服審査法による不服申立てをすることができる期間は、この法律の施行の日から起算する。

8　この法律の施行前にした行為に対する罰則の適用については、なお従前の例による。

9　前八項に定めるもののほか、この法律の施行に関して必要な経過措置は、政令で定める。

附　則（昭和三十八年六月二十一日法律第百八号）抄

（施行期日）

1　この法律は、公布の日から起算して二十日を経過した日から施行する。

（経過規定）

2　この法律の施行前にした行為に対する罰則の適用については、なお従前の例による。

附　則（昭和四十年六月三十日法律第百三十九号）

（施行期日）

1　この法律は、公布の日から施行する。ただし、第五十条の次に一条を加える改正規定は公布の日から起算して二十日を経過した日から、第三十二条の改正規定及び同条の次に三条を加える改正規定は昭和四十年十月一日から施行する。

（厚生省設置法の一部改正）

2　厚生省設置法（昭和二十四年法律第百五十一号）の一部を次のように改正する。

第五条第二十六号を次のように改める。

二十六　削除

第五条第二十七号を削り、同条第二十七号の二中「精神衛生法」の下に「（昭和二十五年法律第百二十三号）」を加え、同号を同条第二十七号とする。
第二十九条第一項の表の上欄中「精神衛生審議会」を「中央精神衛生審議会」に改める。

（保健所法の一部改正）

3　保健所法（昭和二十二年法律第百一号）の一部を次のように改正する。
第二条第九号の次に次の一号を加える。
九の二　精神衛生に関する事項

（社会保険診療報酬支払基金法の一部改正）

4　社会保険診療報酬支払基金法（昭和二十三年法律第百二十九号）の一部を次のように改正する。
第十三条第二項中「精神衛生法（昭和二十五年法律第百二十三号）第二十九条の三」を「精神衛生法（昭和二十五年法律第百二十三号）第二十九条の七若しくは第三十二条の二第三項」に改める。

〔要　旨〕

第二項は、昭和四十年の改正により、地方精神衛生審議会が設けられ、従来の精神衛生審議会が中央精神衛生審議会と名称変更されたことに伴い、厚生省設置法においても所要の改正を行ったものである。

第三項は、同改正により、都道府県は精神衛生センターを設置することができることとされ、従来、都道府県及び保健所設置市に設けられていた精神衛生相談所が廃止されて、精神衛生に関する相談、指導を保健所において行うこととされたことに伴う保健所法の改正である。

附　則（昭和五十三年五月二十三日法律第五十五号）抄

（施行期日等）

1　この法律は、公布の日から施行する。ただし、次の各号に掲げる規定は、当該各号に定める日から施行する。

一　第四十九条中精神衛生法第十六条の三第三項及び第四項の改正規定並びに第五十九条中森林法第七十条の改正規定　公布の日から起算して六月を経過した日

附　則（昭和五十七年八月十七日法律第八十号）抄

（施行期日）

第一条　この法律は、公布の日から起算して一年六月を超えない範囲内において政令で定める日〔昭和五十八年二月一日〕から施行する。〔以下略〕

附　則（昭和五十八年十二月三日法律第八十二号）抄

（施行期日）

第一条　この法律は、昭和五十九年四月一日から施行する。〔以下略〕

附　則（昭和五十九年八月十四日法律第七十七号）抄

（施行期日）

第一条　この法律は、公布の日から起算して三月を超えない範囲内において政令で定める日〔昭和五十九年十月一日〕から施行する。〔以下略〕

附　則（昭和六十年五月十八日法律第三十七号）抄

（施行期日等）

1　この法律は、公布の日から施行する。

3　この法律による改正後の法律の昭和六十年度の特例に係る規定は、同年度の予算に係る国の負担又は補助（昭和五十九年度以前の年度における事務又は事業の実施により昭和六十年度に

支出される国の負担又は補助及び昭和五十九年度以前の年度の国庫債務負担行為に基づき昭和六十年度に支出すべきものとされた国の負担又は補助を除く。）並びに同年度における事務又は事業の実施により昭和六十一年度以降の年度に支出される国の負担又は補助、昭和六十年度の国庫債務負担行為に基づき昭和六十一年度以降の年度に支出すべきものとされる国の負担又は補助及び昭和六十年度の歳出予算に係る国の負担又は補助で昭和六十一年度以降の年度に繰り越されるものについて適用し、昭和五十九年度以前の年度における事務又は事業の実施により昭和六十年度に支出される国の負担又は補助、昭和五十九年度以前の年度の国庫債務負担行為に基づき昭和六十年度に支出すべきものとされた国の負担又は補助及び昭和五十九年度以前の年度の歳出予算に係る国の負担又は補助で昭和六十年度に繰り越されたものについては、なお従前の例による。

附則（昭和六十一年五月八日法律第四十六号）抄

１　この法律は、公布の日から施行する。

２　この法律（第十一条、第十二条及び第三十四条の規定を除く。）による改正後の法律の昭和六十一年度から昭和六十三年度までの各年度の特例に係る規定並びに昭和六十一年度及び昭和六十二年度の特例に係る規定は、昭和六十一年度から昭和六十三年度までの各年度（昭和六十

一年度及び昭和六十二年度の特例に係るものにあつては、昭和六十一年度及び昭和六十二年度。以下この項において同じ。）の予算に係る国の負担（当該国の負担に係る都道府県又は市町村の負担を含む。以下この項において同じ。）又は補助（昭和六十年度以前の年度における事務又は事業の実施により昭和六十一年度以降の年度に支出される国の負担又は補助及び昭和六十年度以前の年度の国庫債務負担行為に基づき昭和六十一年度以降の年度に支出すべきものとされた国の負担又は補助を除く。）並びに昭和六十一年度から昭和六十三年度までの各年度における事務又は事業の実施により昭和六十四年度（昭和六十一年度及び昭和六十二年度の特例に係るものにあつては、昭和六十三年度。以下この項において同じ。）以降の年度に支出される国の負担又は補助、昭和六十一年度から昭和六十三年度までの各年度の国庫債務負担行為に基づき昭和六十四年度以降の年度に支出すべきものとされる国の負担又は補助及び昭和六十一年度から昭和六十三年度までの各年度の歳出予算に係る国の負担又は補助で昭和六十四年度以降の年度に繰り越されるものについて適用し、昭和六十年度以前の年度における事務又は事業の実施により昭和六十一年度以降の年度に支出される国の負担又は補助、昭和六十年度以前の年度の国庫債務負担行為に基づき昭和六十一年度以降の年度に支出すべきものとされた国の負担又は補助及び昭和六十年度以前の年度の歳出予算に係る国の負担又は補助で昭和六十一年度以降の年度に繰り越されたものについては、なお従前の例による。

附　則（昭和六十二年九月二十六日法律第九十八号）抄

（施行期日）

第一条　この法律は、公布の日から起算して一年を超えない範囲内において政令で定める日（昭和六十三年七月一日）から施行する。ただし、次条の規定は、公布の日から施行する。

（施行前の準備）

第二条　第一条の規定による改正後の精神保健法（以下「新法」という。）第十八条第一項第三号の精神障害及びその診断又は治療に従事した経験の程度、新法第二十八条の二第一項（新法第五十一条において準用する場合を含む。）及び新法第二十九条の二第四項（新法第五十一条において準用する場合を含む。）において準用する新法第二十八条の二第一項の基準、新法第三十六条第二項及び第三項（これらの規定を新法第五十一条において準用する場合を含む。）の行動の制限並びに新法第三十七条第一項（新法第五十一条において準用する場合を含む。）の基準の設定については、厚生大臣は、この法律の施行前においても公衆衛生審議会の意見を聴くことができる。

（経過措置）

第三条　この法律の施行の際現に第一条の規定による改正前の精神衛生法（以下「旧法」という。）第十八条第一項の規定による指定を受けている者は、この法律の施行の日（以下「施行

日」という。）において、新法第十八条第一項の規定により指定を受けたものとみなす。

第四条　この法律の施行の際現に、旧法第二十九条第一項、第二十九条の二第一項、第三十三条若しくは第三十四条（これらの規定を旧法第五十一条において準用する場合を含む。）の規定により精神科病院（精神科病院以外の病院で精神病室が設けられているものを含む。）に入院し、又は旧法第四十条（旧法第五十一条において準用する場合を含む。）の規定により仮に退院している者は、それぞれ、新法第二十九条第一項、第二十九条の二第一項、第三十三条第一項若しくは第三十四条第一項（これらの規定を新法第五十一条において準用する場合を含む。）の規定により入院し、又は新法第四十条（新法第五十一条において準用する場合を含む。）の規定により仮に退院したものとみなす。

第五条　前条の規定により新法第二十九条の二第一項（新法第五十一条において準用する場合を含む。）の規定により入院したものとみなされた者についての新法第二十九条の二第三項（新法第五十一条において準用する場合を含む。）の規定の適用については、同項中「七十二時間」とあるのは、「四十八時間」とする。

第六条　附則第四条の規定により新法第三十三条第一項又は第三十四条第一項（これらの規定を新法第五十一条において準用する場合を含む。）の規定により入院したものとみなされた者については、新法第三十三条第四項及び新法第三十四条の二において準用する新法第三十三条第

四項（これらの規定を新法第五十一条において準用する場合を含む。）の規定を適用せず、旧法第三十六条第一項（旧法第五十一条において準用する場合を含む。）の規定は、なおその効力を有する。

第七条　この法律の施行前にした行為及び前条の規定によりなおその効力を有することとされる場合におけるこの法律の施行後にした行為に対する罰則の適用については、なお従前の例による。

第八条　この附則に定めるもののほか、この法律の施行に伴い必要な経過措置は、政令で定める。

注　昭和六十二年改正法の附則には、「第九条（検討）」として次のように規定されていたが、平成十一年改正において削除された。

（検討）

第九条　政府は、この法律の施行後五年を目途として、新法の規定の施行の状況を勘案し、必要があると認めるときは、新法の規定について検討を加え、その結果に基づいて所要の措置を講ずるものとする。

附　則（平成元年四月十日法律第二十二号）抄

（施行期日等）

1　この法律は、公布の日から施行する。

2　この法律（第十一条、第十二条及び第三十四条の規定を除く。）による改正後の法律の平成元年度及び平成二年度の特例に係る規定並びに平成元年度の特例に係る規定は、平成元年度及び平成二年度（平成元年度の特例に係るものにあっては、平成元年度。以下この項において同じ。）の予算に係る国の負担（当該国の負担に係る都道府県又は市町村の負担を含む。以下この項及び次項において同じ。）又は補助（昭和六十三年度以前の年度における事務又は事業の実施により平成元年度以降の年度に支出される国の負担及び昭和六十三年度以前の年度の国庫債務負担行為に基づき平成元年度以降の年度に支出すべきものとされた国の負担又は補助を除く。）並びに平成元年度及び平成二年度における事務又は事業の実施により平成三年度（平成元年度の特例に係るものにあっては、平成二年度。以下この項において同じ。）以降の年度に支出される国の負担、平成元年度及び平成二年度の国庫債務負担行為に基づき平成三年度以降の年度に支出すべきものとされる国の負担又は補助並びに平成元年度及び平成二年度の歳出予算に係る国の負担又は補助で平成三年度以降の年度に繰り越されるものについて適用し、昭和六十三年度以前の年度における事務又は事業の実施により平成元年度以降の年度に支出される国の負担、昭和六十三年度以前の年度の国庫債務負担行為に基づき平成元年度以降の年度に支出すべきものとされた国の負担又は補助及び昭和六十三年度以前の年度の歳出予算に係る国の負担又は補助で平成元年度以降の年度に繰り越されたものについては、なお従前の例による。

３　第十三条（義務教育費国庫負担法第二条の改正規定に限る。）、第十四条（公立養護学校整備特別措置法第五条の改正規定に限る。）及び第十六条から第二十八条までの規定による改正後の法律の規定は、平成元年度以降の年度の予算に係る国の負担又は補助（昭和六十三年度以前の年度における事務又は事業の実施により平成元年度以降の年度に支出される国の負担又は補助を除く。）について適用し、昭和六十三年度以前の年度における事務又は事業の実施により平成元年度以降の年度に支出される国の負担又は補助及び昭和六十三年度以前の年度の歳出予算に係る国の負担又は補助で平成元年度以降の年度に繰り越されたものについては、なお従前の例による。

附　則（平成五年六月十八日法律第七十四号）抄

（施行期日）

第一条　この法律は、公布の日から起算して一年を超えない範囲内において政令で定める日〔平成六年四月一日〕から施行する。ただし、第一条中精神保健法の目次の改正規定（「第五章　医療及び保護（第二十条—第五十一条）」を「第八章　雑則（第五十一条の十二）」に改める部分に限る。）及び第五章の次に二章を加える改正規定（第八章に係る部分に限る。）〔中略〕は、平成八年四月一日から施行する。

第二条　削除

（経過措置）

第三条　この法律の施行の際現に第一条の規定による改正後の精神保健法第十条の二第一項に規定する精神障害者地域生活援助事業を行っている国及び都道府県以外の者について社会福祉事業法第六十四条第一項の規定を適用する場合においては、同項中「事業開始の日から一月」とあるのは、「精神保健法等の一部を改正する法律（平成五年法律第七十四号）の施行の日から起算して三月」とする。

注　平成五年改正法の附則には、「第二条（検討）」として次のように規定されていたが、平成十一年改正において削除された。

（検討）

第二条　政府は、この法律の施行後五年を目途として、第一条の規定による改正後の精神保健法（以下この条及び次条において「新法」という。）の規定の施行の状況及び精神保健を取り巻く環境の変化を勘案し、必要があると認めるときは、新法の規定について検討を加え、その結果に基づいて所要の措置を講ずるものとする。

附　則（平成五年十一月十二日法律第八十九号）抄

（施行期日）

第一条　この法律は、行政手続法（平成五年法律第八十八号）の施行の日〔平成六年十月一日〕から施行する。

（諮問等がされた不利益処分に関する経過措置）

第二条　この法律の施行前に法令に基づき審議会その他の合議制の機関に対し行政手続法第十三条に規定する聴聞又は弁明の機会の付与の手続その他の意見陳述のための手続に相当する手続を執るべきことの諮問その他の求めがされた場合においては、当該諮問その他の求めに係る不利益処分の手続に関しては、この法律による改正後の関係法律の規定にかかわらず、なお従前の例による。

（罰則に関する経過措置）

第十三条　この法律の施行前にした行為に対する罰則の適用については、なお従前の例による。

（聴聞に関する規定の整理に伴う経過措置）

第十四条　この法律の施行前に法律の規定により行われた聴聞、聴問若しくは聴聞会（不利益処分に係るものを除く。）又はこれらのための手続は、この法律による改正後の関係法律の相当規定により行われたものとみなす。

（政令への委任）

第十五条　附則第二条から前条までに定めるもののほか、この法律の施行に関して必要な経過措置は、政令で定める。

附　則（平成六年六月二十九日法律第五十六号）抄

（施行期日）

第一条　この法律は、平成六年十月一日から施行する。〔以下略〕

（罰則に関する経過措置）

第六十五条　この法律の施行前にした行為に対する罰則の適用については、なお従前の例による。

2　旧国保法第三十六条第四項に規定する療養取扱機関又は旧国保法第五十三条第一項に規定する特定承認療養取扱機関の開設者の業務上の秘密に関しては、旧国保法第百二十一条各項の規定は、施行日以後も、なおその効力を有する。

（検討）

第六十六条　医療保険各法による医療保険制度及び老人保健法による老人保健制度については、この法律の施行後三年を目途として、これらの制度の目的を踏まえ、この法律の施行後におけ

るこれらの制度の実施状況、国民医療費の動向、社会経済情勢の推移等を勘案し、入院時食事療養費に係る患者負担の在り方を含め、給付及び費用負担の在り方等に関して検討が加えられるべきものとする。

（その他の経過措置の政令への委任）
第六十七条　この附則に規定するもののほか、この法律の施行に伴い必要な経過措置は、政令で定める。

附　則（平成六年七月一日法律第八十四号）抄

（施行期日）
第一条　この法律は、公布の日から施行する。〔以下略〕

（その他の処分、申請等に係る経過措置）
第十三条　この法律（附則第一条ただし書に規定する規定については、当該規定。以下この条及び次条において同じ。）の施行前に改正前のそれぞれの法律の規定によりされた許可等の処分その他の行為（以下この条において「処分等の行為」という。）又はこの法律の施行の際現に改正前のそれぞれの法律の規定によりされている許可等の申請その他の行為（以下この条において「申請等の行為」という。）に対するこの法律の施行の日以後における改正後のそれぞれ

の法律の適用については、附則第五条から第十条までの規定又は改正後のそれぞれの法律（これに基づく命令を含む。）の経過措置に関する規定に定めるものを除き、改正後のそれぞれの法律の相当規定によりされた処分等の行為又は申請等の行為とみなす。

（罰則に関する経過措置）

第十四条　この法律の施行前にした行為及びこの法律の附則において従前の例によることとされる場合におけるこの法律の施行後にした行為に対する罰則の適用については、なお従前の例による。

（その他の経過措置の政令への委任）

第十五条　この附則に規定するもののほか、この法律の施行に伴い必要な経過措置は政令で定める。

附　則（平成七年五月十九日法律第九十四号）抄

（施行期日）

第一条　この法律は、平成七年七月一日から施行する。ただし、第十九条の改正規定及び同条に一項を加える改正規定並びに第十九条の四の次に一条を加える改正規定は、平成八年四月一日から施行する。

（経過措置）

第二条　この法律の施行の際現に改正前の第五条の規定による指定を受けている精神科病院（精神科病院以外の病院に設けられている精神病室を含む。）についての改正後の第十九条の九第一項の規定の適用については、平成七年七月一日から平成八年三月三十一日までの間は、同項中「指定病院が、前条の基準に適合しなくなつたとき、又はその」とあるのは、「指定病院の」とする。

第三条　前条に規定するもののほか、この法律の施行に伴い必要な経過措置は、政令で定める。

附　則（平成八年六月十四日法律第八十二号）抄

（施行期日）

第一条　この法律は、平成九年四月一日から施行する。〔以下略〕

附　則（平成九年十二月十七日法律第百二十四号）抄

この法律は、介護保険法の施行の日〔平成十二年四月一日〕から施行する。〔以下略〕

附　則（平成十年九月二十八日法律第百十号）

この法律は、平成十一年四月一日から施行する。

附　則（平成十一年六月四日法律第六十五号）抄

（施行期日）

第一条　この法律は、公布の日から起算して一年を超えない範囲内において政令で定める日〔平成十二年四月一日〕から、施行する。ただし、第二条から第四条までの規定並びに附則第四条〔中略〕の規定は、平成十四年四月一日から施行する。

（第一条の規定による改正に伴う経過措置）

第二条　この法律の施行の際現に第一条の規定による改正後の精神保健及び精神障害者福祉に関する法律（以下この条及び次条において「新法」という。）第五十条の二に規定する精神障害者社会復帰施設（同条第六項に規定する精神障害者地域生活支援センターを除く。）を設置している市町村、社会福祉法人その他の者であつて、社会福祉事業法第六十四条第一項の規定による届出をしている者は、新法第五十条第二項の規定による届出をしたものとみなす。

2　この法律の施行の際現に新法第五十条の二第六項に規定する精神障害者地域生活支援セン

ターを設置している市町村、社会福祉法人その他の者について、新法第五十条第二項の規定を適用する場合においては、同項中「あらかじめ」とあるのは、「精神保健及び精神障害者福祉に関する法律等の一部を改正する法律（平成十一年法律第六十五号）の施行の日から起算して三月以内に」とする。

第三条　この法律の施行の際現に第一条の規定による改正前の精神保健及び精神障害者福祉に関する法律（以下この条において「旧法」という。）第四十四条において準用する旧法第十九条の四、第二十条から第四十三条まで及び第四十七条第一項の規定の適用を受けている者は、それぞれ新法第十九条の四、第二十条から第四十三条まで及び第四十七条第一項の規定の適用を受けているものとみなす。

（第二条の規定による改正に伴う経過措置）

第四条　この法律の施行の際現に第二条の規定による改正後の精神保健及び精神障害者福祉に関する法律（以下この条において「新法」という。）第五十条の三の二第四項に規定する精神障害者地域生活援助事業を行っている国及び都道府県以外の者であって、社会福祉法第六十九条第一項の規定による届出をしている者は、新法第五十条の三第一項の規定による届出をしたものとみなす。

2　この法律の施行の際現に新法第五十条の三の二に規定する精神障害者居宅生活支援事業（同

条第四項に規定する精神障害者地域生活援助事業を除く。）を行っている国及び都道府県以外の者について新法第五十条の三第一項の規定を適用する場合においては、同項中「あらかじめ」とあるのは、「精神保健及び精神障害者福祉に関する法律等の一部を改正する法律（平成十一年法律第六十五号）附則第一条ただし書に規定する規定の施行の日から起算して三月以内に」とする。

（罰則に関する経過措置）

第五条　この法律の施行前にした行為に対する罰則の適用については、なお従前の例による。

（検討）

第六条　政府は、この法律の施行後五年を目途として、この法律による改正後の精神保健及び精神障害者福祉に関する法律（以下この条において「新法」という。）の施行の状況並びに精神保健及び精神障害者の福祉を取り巻く環境の変化を勘案し、必要があると認めるときは、新法の規定について検討を加え、その結果に基づいて所要の措置を講ずるものとする。

附　則（平成十一年七月十六日法律第八十七号）抄

（施行期日）

第一条　この法律は、平成十二年四月一日から施行する。ただし、次の各号に掲げる規定は、当

該各号に定める日から施行する。

一　〔前略〕附則第百六十条、第百六十三条、第百六十四条〔中略〕の規定　公布の日

六　附則第二百四十三条の規定　公布の日から起算して一年を超えない範囲内において政令で定める日〔平成十二年三月三十一日〕

（厚生大臣に対する再審査請求に係る経過措置）

第七十四条　施行日前にされた行政庁の処分に係る第百四十九条から第百五十一条まで、第百五十七条、第百五十八条、第百六十五条、第百六十八条、第百七十条、第百七十二条、第百七十三条、第百七十五条、第百七十六条、第百八十三条、第百八十八条、第百九十五条、第二百一条、第二百八条、第二百十四条、第二百十九条から第二百二十一条まで、第二百二十九条又は第二百三十八条の規定による改正前の児童福祉法第五十九条の四第二項、あん摩マッサージ指圧師、はり師、きゆう師等に関する法律第十二条の四、食品衛生法第二十九条の四、旅館業法第九条の三、公衆浴場法第七条の三、医療法第七十一条の三、身体障害者福祉法第四十三条の二第二項、精神保健及び精神障害者福祉に関する法律第五十一条の十二第二項、クリーニング業法第十四条の二第二項、狂犬病予防法第二十五条の二、社会福祉事業法第八十三条の二第二項、結核予防法第六十九条、と畜場法第二十条、歯科技工士法第二十七条の二、臨床検査技師、衛生検査技師等に関する法律第二十条の八の二、知的障害者福祉法第三十条第二項、老人福祉

法第三十四条第二項、母子保健法第二十六条第二項、柔道整復師法第二十三条、建築物における衛生的環境の確保に関する法律第十四条第二項、廃棄物の処理及び清掃に関する法律第二十四条、食鳥処理の事業の規制及び食鳥検査に関する法律第四十一条第三項又は感染症の予防及び感染症の患者に対する医療に関する法律第六十五条の規定に基づく再審査請求については、なお従前の例による。

（国等の事務）

第百五十九条　この法律による改正前のそれぞれの法律に規定するもののほか、この法律の施行前において、地方公共団体の機関が法律又はこれに基づく政令により管理し又は執行する国、他の地方公共団体その他公共団体の事務（附則第百六十一条において「国等の事務」という。）は、この法律の施行後は、地方公共団体が法律又はこれに基づく政令により当該地方公共団体の事務として処理するものとする。

（処分、申請等に関する経過措置）

第百六十条　この法律（附則第一条各号に掲げる規定については、当該各規定。以下この条及び附則第百六十三条において同じ。）の施行前に改正前のそれぞれの法律の規定によりされた許可等の処分その他の行為（以下この条において「処分等の行為」という。）又はこの法律の施行の際現に改正前のそれぞれの法律の規定によりされている許可等の申請その他の行為（以下

この条において「申請等の行為」という。）で、この法律の施行の日においてこれらの行為に係る行政事務を行うべき者が異なることとなるものは、附則第二条から前条までの規定又は改正後のそれぞれの法律（これに基づく命令を含む。）の経過措置に関する規定に定めるものを除き、この法律の施行の日以後における改正後のそれぞれの法律の適用については、改正後のそれぞれの法律の相当規定によりされた処分等の行為又は申請等の行為とみなす。

2　この法律の施行前に改正前のそれぞれの法律の規定により国又は地方公共団体の機関に対し報告、届出、提出その他の手続をしなければならない事項で、この法律の施行の日前にその手続がされていないものについては、この法律及びこれに基づく政令に別段の定めがあるもののほか、これを、改正後のそれぞれの法律の相当規定により国又は地方公共団体の相当の機関に対して報告、届出、提出その他の手続をしなければならない事項についてその手続がされていないものとみなして、この法律による改正後のそれぞれの法律の規定を適用する。

（不服申立てに関する経過措置）

第百六十一条　施行日前にされた国等の事務に係る処分であって、当該処分をした行政庁（以下この条において「処分庁」という。）に施行日前に行政不服審査法に規定する上級行政庁（以下この条において「上級行政庁」という。）があったものについての同法による不服申立てについては、施行日以後においても、当該処分庁に引き続き上級行政庁があるものとみなして、

行政不服審査法の規定を適用する。この場合において、当該処分庁の上級行政庁とみなされる行政庁は、施行日前に当該処分庁の上級行政庁であった行政庁とする。

2　前項の場合において、上級行政庁とみなされる行政庁が地方公共団体の機関であるときは、当該機関が行政不服審査法の規定により処理することとされる事務は、新地方自治法第二条第九項第一号に規定する第一号法定受託事務とする。

（罰則に関する経過措置）

第百六十三条　この法律の施行前にした行為に対する罰則の適用については、なお従前の例による。

（その他の経過措置の政令への委任）

第百六十四条　この附則に規定するもののほか、この法律の施行に伴い必要な経過措置（罰則に関する経過措置を含む。）は、政令で定める。

附　則（平成十一年十二月八日法律第百五十一号）抄

（施行期日）

第一条　この法律は、平成十二年四月一日から施行する。〔以下略〕

（経過措置）

第三条　民法の一部を改正する法律（平成十一年法律第百四十九号）附則第三条第三項の規定により従前の例によることとされる準禁治産者及びその保佐人に関するこの法律による改正規定の適用については、次に掲げる改正規定を除き、なお従前の例による。

一　第四条の規定による非訟事件手続法第百三十八条の改正規定

二　第七条中公証人法第十四条及び第十六条の改正規定

三　第十四条の規定による帝都高速度交通営団法第十四条ノ六の改正規定

四　第十七条の規定による私的独占の禁止及び公正取引の確保に関する法律第三十一条の改正規定

五　第二十条中国家公務員法第五条第三項の改正規定

六　第二十八条の規定による競馬法第二十三条の十三、日本中央競馬会法第十三条、原子力委員会及び原子力安全委員会設置法第五条第四項、科学技術会議設置法第七条第四項、宇宙開発委員会設置法第七条第四項、都市計画法第七十八条第四項、北方領土問題対策協会法第十一条、地価公示法第十五条第四項、航空事故調査委員会設置法第六条第四項及び国土利用計画法第三十九条第五項の改正規定

七　第三十一条中建設業法第二十五条の四の改正規定

八　第三十二条の規定による人権擁護委員法第七条第一項の改正規定

九　第三十三条の規定による犯罪者予防更生法第八条第一項の改正規定
十　第三十五条中労働組合法第十九条の四第一項及び第十九条の七第一項の改正規定
十一　第四十四条中公職選挙法第五条の二第四項の改正規定
十二　第五十条中建築基準法第八十条の二の改正規定
十三　第五十四条中地方税法第四百二十六条の改正規定
十四　第五十五条中商品取引所法第百四十一条第一項の改正規定
十五　第五十六条中地方公務員法第九条第三項及び第八項の改正規定
十六　第六十七条中土地収用法第五十四条の改正規定
十七　第七十条の規定によるユネスコ活動に関する法律第十一条第一項、公安審査委員会設置法第七条及び社会保険審査官及び社会保険審査会法第二十四条の改正規定
十八　第七十八条の規定による警察法第七条第四項及び第三十九条第二項の改正規定
十九　第八十条の規定による労働保険審査官及び労働保険審査会法第三十条、公害等調整委員会設置法第九条及び公害健康被害の補償等に関する法律第百十六条の改正規定
二十　第八十一条の規定による地方教育行政の組織及び運営に関する法律第四条第二項の改正規定
二十一　第八十四条の規定による農林漁業団体職員共済組合法第七十五条第一項の改正規定

二十二　第九十七条中公害紛争処理法第十六条第二項の改正規定
二十三　第百四条の規定による国会等の移転に関する法律第十五条第六項及び地方分権推進法第十三条第四項の改正規定
二十四　第百八条の規定による日本銀行法第二十五条第一項の改正規定
二十五　第百十条の規定による金融再生委員会設置法第九条第一号の改正規定

附　則（平成十一年十二月二十二日法律第百六十号）抄

（施行期日）

第一条　この法律（第二条及び第三条を除く。）は、平成十三年一月六日から施行する。ただし、次の各号に掲げる規定は、当該各号に定める日から施行する。

一　〔前略〕第千三百四十四条の規定　公布の日

注　第十六章は平成十一年法律第百六十号の本則中の条文

第十六章　経過措置等

（処分、申請等に関する経過措置）

第千三百一条　中央省庁等改革関係法及びこの法律（以下「改革関係法等」と総称する。）の施行前に法令の規定により従前の国の機関がした免許、許可、認可、承認、指定その他の処分又

は通知その他の行為は、法令に別段の定めがあるもののほか、改革関係法等の施行後は、改革関係法等の施行後の法令の相当規定に基づいて、相当の国の機関がした免許、許可、認可、承認、指定その他の処分又は通知その他の行為とみなす。

2　改革関係法等の施行の際現に法令の規定により従前の国の機関に対してされている申請、届出その他の行為は、法令に別段の定めがあるもののほか、改革関係法等の施行後は、改革関係法等の施行後の法令の相当規定に基づいて、相当の国の機関に対してされた申請、届出その他の行為とみなす。

3　改革関係法等の施行前に法令の規定により従前の国の機関に対し報告、届出、提出その他の手続をしなければならないとされている事項で、改革関係法等の施行の日前にその手続がされていないものについては、法令に別段の定めがあるもののほか、改革関係法等の施行後は、これを、改革関係法等の施行後の法令の相当規定により相当の国の機関に対して報告、届出、提出その他の手続をしなければならないとされた事項についてその手続がされていないものとみなして、改革関係法等の施行後の法令の規定を適用する。

（従前の例による処分等に関する経過措置）

第千三百二条　なお従前の例によることとする法令の規定により、従前の国の機関がすべき免許、許可、認可、承認、指定その他の処分若しくは通知その他の行為又は従前の国の機関に対

してすべき申請、届出その他の行為については、法令に別段の定めがあるもののほか、改革関係法等の施行後は、改革関係法等の施行後の法令の規定に基づくその任務及び所掌事務の区分に応じ、それぞれ、相当の国の機関がすべきものとし、又は相当の国の機関に対してすべきものとする。

（罰則に関する経過措置）

第千三百三条　改革関係法等の施行前にした行為に対する罰則の適用については、なお従前の例による。

（命令の効力に関する経過措置）

第千三百四条　改革関係法等の施行前に法令の規定により発せられた国家行政組織法の一部を改正する法律による改正前の国家行政組織法（昭和二十三年法律第百二十号。次項において「旧国家行政組織法」という。）第十二条第一項の総理府令又は省令は、法令に別段の定めがあるもののほか、改革関係法等の施行後は、改革関係法等の施行後の法令の相当規定に基づいて発せられた相当の内閣府設置法第七条第三項の内閣府令又は国家行政組織法の一部を改正する法律による改正後の国家行政組織法（次項及び次条第一項において「新国家行政組織法」という。）第十二条第一項の省令としての効力を有するものとする。

（政令への委任）

第千三百四十四条　第七十一条から第七十六条まで及び第千三百一条から前条まで並びに中央省庁等改革関係法に定めるもののほか、改革関係法等の施行に関し必要な経過措置（罰則に関する経過措置を含む。）は、政令で定める。

附　則（平成十二年六月七日法律第百十一号）抄

（施行期日）

第一条　この法律は、公布の日から施行する。〔以下略〕

附　則（平成十四年二月八日法律第一号）抄

（施行期日）

第一条　この法律は、公布の日から施行する。

附　則（平成十四年八月二日法律第百二号）抄

（施行期日）

第一条　この法律は、平成十四年十月一日から施行する。〔以下略〕

附　則（平成十五年七月二日法律第百二号）抄

（施行期日）

第一条　この法律は、平成十六年三月三十一日までの間において政令で定める日〔平成十六年三月三十一日〕から施行する。ただし、〔中略〕附則第二条第一項〔中略〕の規定は公布の日から施行する。

（精神保健及び精神障害者福祉に関する法律の一部改正に伴う経過措置）

第二条　この法律による改正後の精神保健及び精神障害者福祉に関する法律（以下「新精神保健福祉法」という。）第十八条第一項第四号又は第十九条第一項の登録を受けようとする者は、この法律の施行前においても、その申請を行うことができる。新精神保健福祉法第十九条の六の六第三項の規定による研修計画の届出及び新精神保健福祉法第十九条の六の八第一項の規定による業務規程の届出についても、同様とする。

2　この法律の施行の際現にこの法律による改正前の精神保健及び精神障害者福祉に関する法律（以下「旧精神保健福祉法」という。）第十八条第一項第四号又は第十九条第一項の指定を受けている者は、この法律の施行の日から起算して六月を経過する日までの間は、新精神保健福

祉法第十八条第一項第四号又は第十九条第一項の登録を受けているものとみなす。

3　この法律の施行の際現に旧精神保健福祉法第十八条第一項第四号又は第十九条第一項の研修の課程を修了している者は、それぞれ新精神保健福祉法第十八条第一項第四号又は第十九条第一項の研修の課程を修了しているものとみなす。

（罰則の適用に関する経過措置）

第七条　この法律の施行前にした行為及びこの附則の規定によりなお従前の例によることとされる場合におけるこの法律の施行後にした行為に対する罰則の適用については、なお従前の例による。

（その他の経過措置の政令への委任）

第八条　附則第二条から前条までに定めるもののほか、この法律の施行に関し必要となる経過措置（罰則に関する経過措置を含む。）は、政令で定める。

（検討）

第九条　政府は、この法律の施行後五年を経過した場合において、この法律の施行の状況を勘案し、必要があると認めるときは、この法律の規定について検討を加え、その結果に基づいて必要な措置を講ずるものとする。

附　則（平成十五年七月十六日法律第百十号）抄

（施行期日）

第一条　この法律は、公布の日から起算して二年を超えない範囲内において政令で定める日〔平成十七年七月十五日〕から施行する。〔以下略〕

附　則（平成十五年七月十六日法律第百十九号）抄

（施行期日）

第一条　この法律は、地方独立行政法人法（平成十五年法律第百十八号）の施行の日〔平成十六年四月一日〕から施行する。〔以下略〕

（その他の経過措置の政令への委任）

第六条　この附則に規定するもののほか、この法律の施行に伴い必要な経過措置は、政令で定める。

附　則（平成十六年十二月一日法律第百四十七号）抄

（施行期日）

第一条　この法律は、公布の日から起算して六月を超えない範囲内において政令で定める日〔平成十七年四月一日〕から施行する。

附　則（平成十六年十二月一日法律第百五十号）抄

（施行期日）

第一条　この法律は、平成十七年四月一日から施行する。

（罰則に関する経過措置）

第四条　この法律の施行前にした行為に対する罰則の適用については、なお従前の例による。

附　則（平成十七年七月十五日法律第八十三号）抄

（施行期日）

第一条　この法律は、平成十九年四月一日から施行する。〔以下略〕

（助教授の在職に関する経過措置）

第二条　この法律の規定による改正後の次に掲げる法律の規定の適用については、この法律の施行前における助教授としての在職は、准教授としての在職とみなす。

七　精神保健及び精神障害者福祉に関する法律（昭和二十五年法律第百二十三号）別表精神医学の項

附　則（平成十七年七月二十六日法律第八十七号）抄

この法律は、会社法〔平成十七年法律第八十六号〕の施行の日〔平成十八年五月一日〕から施行する。〔以下略〕

注　第十二章は平成十七年法律第八十七号の本則中の条文

第十二章　罰則に関する経過措置及び政令への委任

（罰則に関する経過措置）

第五百二十七条　施行日前にした行為及びこの法律の規定によりなお従前の例によることとされる場合における施行日以後にした行為に対する罰則の適用については、なお従前の例による。

（政令への委任）

第五百二十八条　この法律に定めるもののほか、この法律の規定による法律の廃止又は改正に伴い必要な経過措置は、政令で定める。

附　則（平成十七年十一月七日法律第百二十三号）抄

（施行期日）

第一条　この法律は、平成十八年四月一日から施行する。ただし、次の各号に掲げる規定は、当該各号に定める日から施行する。

一　〔前略〕附則第四十四条〔中略〕及び第百二十二条の規定　公布の日

二　〔前略〕附則第四十六条、第四十八条から第五十条まで〔中略〕の規定　平成十八年十月一日

（精神保健及び精神障害者福祉に関する法律の一部改正に伴う経過措置）

第四十七条　施行日前に行われた附則第四十五条の規定による改正前の精神保健及び精神障害者福祉に関する法律第三十二条第一項の規定による医療に必要な費用の負担については、なお従前の例による。

第四十八条　附則第一条第二号に掲げる規定の施行の日において現に存する附則第四十六条の規定による改正前の精神保健及び精神障害者福祉に関する法律（次条及び附則第五十条において「旧法」という。）第五十条の二第一項に規定する精神障害者社会復帰施設（政令で定めるものを除く。以下この条において「精神障害者社会復帰施設」という。）の設置者は、附則第一条第三号に掲げる規定の施行の日〔平成二十四年三月三十一日までの日で政令で定める日〕の

前日までの間は、当該精神障害者社会復帰施設につき、なお従前の例により運営をすることができる。

第四十九条　旧法第五十条の二第六項に規定する精神障害者地域生活支援センターの職員に係る旧法第五十条の二の二の規定による個人の身上に関する秘密を守らなければならない義務については、附則第一条第二号に掲げる規定の施行の日以後も、なお従前の例による。

第五十条　附則第一条第二号に掲げる規定の施行の日前に行われた旧法附則第三項から第七項までの規定による国の貸付けについては、旧法附則第八項から第十三項までの規定は、同日以後も、なおその効力を有する。この場合において、旧法附則第八項中「附則第三項から前項まで」とあるのは「障害者自立支援法附則第四十六条の規定による改正前の精神保健及び精神障害者福祉に関する法律（以下「旧法」という。）附則第三項から第七項まで」と、旧法附則第九項中「附則第三項から第七項まで」とあるのは「旧法附則第三項から第七項まで」と、旧法附則第十項中「附則第三項」とあるのは「旧法附則第三項」と、旧法附則第十一項中「附則第四項」とあるのは「旧法附則第四項」と、旧法附則第十二項中「附則第五項から第七項まで」とあるのは「旧法附則第五項から第七項まで」と、旧法附則第十三項中「附則第三項から第七項まで」とあるのは「旧法附則第三項から第七項まで」とする。

（罰則の適用に関する経過措置）

第百二十一条　この法律の施行前にした行為及びこの附則の規定によりなお従前の例によることとされる場合におけるこの法律の施行後にした行為に対する罰則の適用については、なお従前の例による。

（その他の経過措置の政令への委任）

第百二十二条　この附則に規定するもののほか、この法律の施行に伴い必要な経過措置は、政令で定める。

附　則（平成十八年六月二日法律第五十号）抄

この法律は、一般社団・財団法人法〔一般社団法人及び一般財団法人に関する法律（平成十八年法律第四十八号）〕の施行の日〔平成二十年十二月一日〕から施行する。〔以下略〕

注　第十三章は平成十八年法律第五十号の本則中の条文

第十三章　罰則に関する経過措置及び政令への委任

（政令への委任）

第四百五十八条　この法律に定めるもののほか、この法律の規定による法律の廃止又は改正に伴い必要な経過措置は、政令で定める。

附　則（平成十八年六月二十一日法律第八十三号）抄

（施行期日）

第一条　この法律は、平成十八年十月一日から施行する。ただし、次の各号に掲げる規定は、それぞれ当該各号に定める日から施行する。

四　〔前略〕附則第百三十条の規定　平成二十年四月一日

附　則（平成十八年六月二十三日法律第九十四号）

この法律は、公布の日から起算して六月を経過した日から施行する。

附　則（平成二十二年十二月十日法律第七十一号）抄

（施行期日）

第一条　この法律は、平成二十四年四月一日から施行する。ただし、次の各号に掲げる規定は、当該各号に定める日から施行する。

三　〔前略〕第六条の規定〔中略〕平成二十四年四月一日までの間において政令で定める日〔平成二十四年四月一日。ただし、法第六条中精神保健及び精神障害者福祉に関する法律

（昭和二十五年法律第百二十三号）第四十九条第一項の改正規定（「第五条第十七項」を「第五条第十八項」に改める部分に限る。）の施行期日は、平成二十三年十月一日。

附　則（平成二十三年五月二十五日法律第五十三号）

この法律は、新非訟事件手続法（非訟事件手続法（平成二十三年法律第五十一号））の施行の日〔平成二十五年一月一日〕から施行する。

附　則（平成二十三年六月二十四日法律第七十四号）抄

（施行期日）

第一条　この法律は、公布の日から起算して二十日を経過した日〔平成二十三年七月十四日〕から施行する。〔以下略〕

附　則（平成二十四年六月二十七日法律第五十一号）抄

（施行期日）

第一条　この法律は、平成二十五年四月一日から施行する。ただし、次の各号に掲げる規定は、当該各号に定める日から施行する。

二　〔前略〕附則第十二条から第十六条まで〔中略〕の規定　平成二十六年四月一日

附　則（平成二十五年六月十九日法律第四十七号）抄

（施行期日）

第一条　この法律は、平成二十六年四月一日から施行する。ただし、次の各号に掲げる規定は、当該各号に定める日から施行する。

一　附則第七条の規定　公布の日

三　第十三条第一項及び第十四条第二項の改正規定　平成二十八年四月一日

（経過措置）

第二条　この法律の施行の際現にこの法律による改正前の精神保健及び精神障害者福祉に関する法律（以下「旧法」という。）第三十三条第一項の規定により精神科病院に入院している者は、この法律による改正後の精神保健及び精神障害者福祉に関する法律（以下「新法」という。）第三十三条第一項（この法律の施行の日（以下「施行日」という。）の前日において旧法第二十条第二項各号の保護者がない場合又はこれらの保護者がその義務を行うことができない場合

にあっては、新法第三十三条第三項）の規定により入院したものとみなす。

2　この法律の施行の際現に旧法第三十三条第二項の規定により精神科病院に入院している者は、新法第三十三条第一項の規定により入院したものとみなす。

第三条　この法律の施行の際現に旧法第三十三条の四第一項の規定により精神科病院に入院している者は、新法第三十三条の七第一項の規定により入院したものとみなす。

第四条　この法律の施行の際現に旧法第三十八条の四の規定により精神科病院に入院中の者の保護者によりされている請求は、新法第三十八条の四の規定により当該入院中の者の家族等のうち当該保護者であった者（当該請求が旧法第二十一条の規定により当該入院中の者の保護者となったその者の居住地（居住地がないか、又は明らかでないときは、その者の現在地）を管轄する市町村長（特別区の長を含む。以下この条において同じ。）によりされている場合にあっては、当該市町村長）によりされた請求とみなす。

第五条　施行日前に行われた旧法第四十二条の規定による精神障害者の医療及び保護に係る費用の負担については、なお従前の例による。

（罰則に関する経過措置）

第六条　この法律の施行前にした行為に対する罰則の適用については、なお従前の例による。

（政令への委任）

第七条　附則第二条から前条まで、第十一条、第十二条、第十四条及び第十五条に定めるもののほか、この法律の施行に関し必要な経過措置は、政令で定める。

（検討）

第八条　政府は、この法律の施行後三年を目途として、新法の施行の状況並びに精神保健及び精神障害者の福祉を取り巻く環境の変化を勘案し、医療保護入院における移送及び入院の手続の在り方、医療保護入院者の退院による地域における生活への移行を促進するための措置の在り方並びに精神科病院に係る入院中の処遇、退院等に関する精神障害者の意思決定及び意思の表明についての支援の在り方について検討を加え、必要があると認めるときは、その結果に基づいて所要の措置を講ずるものとする。

附　則（平成二十六年六月十三日法律第六十九号）抄

（施行期日）

第一条　この法律は、行政不服審査法（平成二十六年法律第六十八号）の施行の日〔平成二十八年四月一日〕から施行する。

（経過措置の原則）

第五条　行政庁の処分その他の行為又は不作為についての不服申立てであってこの法律の施行前にされた行政庁の処分その他の行為又はこの法律の施行前にされた申請に係る行政庁の不作為に係るものについては、この附則に特別の定めがある場合を除き、なお従前の例による。

（訴訟に関する経過措置）

第六条　この法律による改正前の法律の規定により不服申立てに対する行政庁の裁決、決定その他の行為を経た後でなければ訴えを提起できないこととされる事項であって、当該不服申立てを提起しないでこの法律の施行前にこれを提起すべき期間を経過したもの（当該不服申立てが他の不服申立てに対する行政庁の裁決、決定その他の行為を経た後でなければ提起できないとされる場合にあっては、当該他の不服申立てを提起しないでこの法律の施行前にこれを提起すべき期間を経過したものを含む。）の訴えの提起については、なお従前の例による。

2　この法律の規定による改正前の法律の規定（前条の規定によりなお従前の例によることとされる場合を含む。）により異議申立てが提起された処分その他の行為であって、この法律の規定による改正後の法律の規定により審査請求に対する裁決を経た後でなければ取消しの訴えを提起することができないこととされるものの取消しの訴えの提起については、なお従前の例による。

3　不服申立てに対する行政庁の裁決、決定その他の行為の取消しの訴えであって、この法律の

施行前に提起されたものについては、なお従前の例による。

（その他の経過措置の政令への委任）

第十条　附則第五条から前条までに定めるもののほか、この法律の施行に関し必要な経過措置（罰則に関する経過措置を含む。）は、政令で定める。

附　則（平成二十六年六月二十五日法律第八十三号）抄

（施行期日）

第一条　この法律は、公布の日又は平成二十六年四月一日のいずれか遅い日から施行する。ただし、次の各号に掲げる規定は、当該各号に定める日から施行する。

六　〔前略〕附則第四十九条〔中略〕の規定　平成二十八年四月一日までの間において政令で定める日〔平成二十八年四月一日〕

附　則（平成二十七年六月二十六日法律第五十号）抄

（施行期日）

第一条　この法律は、平成二十八年四月一日から施行する。ただし、次の各号に掲げる規定は、当該各号に定める日から施行する。

一　〔前略〕附則第六条から第八条までの規定　公布の日

（罰則に関する経過措置）

第七条　この法律の施行前にした行為に対する罰則の適用については、なお従前の例による。

（政令への委任）

第八条　附則第二条から前条までに規定するもののほか、この法律の施行に関し必要な経過措置（罰則に関する経過措置を含む。）は、政令で定める。

第三編　資料編

一　精神保健福祉法関係法令

◉精神保健及び精神障害者福祉に関する法律

〔昭和二十五年五月一日
法律第百二十三号〕

〔一部改正経過〕

第一次（昭和二六年三月三〇日法律第五五号「精神衛生法の一部を改正する法律」による改正）
第二次（昭和二七年七月三一日法律第二六八号「法務府設置法等の一部を改正する法律」第三三条による改正）
第三次（昭和二八年八月一五日法律第二一三号「地方自治法の一部を改正する法律の施行に伴う関係法令の整理に関する法律」第三六条による改正）
第四次（昭和二九年六月一日法律第一三六号「厚生省関係法令の整理に関する法律」第二条による改正）
第五次（昭和二九年六月八日法律第一六三号「警察法の施行に伴う関係法令の整理に関する法律」第三三条による改正）
第六次（昭和二九年六月一四日法律第一七九号「精神衛生法の一部を改正する法律」による改正）
第七次（昭和三三年三月二五日法律第一七号「婦人補導院法」附則第四項による改正）
第八次（昭和三四年三月三一日法律第七五号「補助金等の臨時特例等に関する法律等の一部を改正する法律」第二条による改正）
第九次（昭和三六年四月一八日法律第六六号「精神衛生法の一部を改正する法律」による改正）
第一〇次（昭和三七年九月一五日法律第一六一号「行政不服審査法の施行に伴う関係法律の整理等に関する法律」第七四条による改正）
第一一次（昭和三八年六月二一日法律第一〇八号「麻薬取締法等の一部を改正する法律」附則第六項による改正）
第一二次（昭和四〇年六月三〇日法律第一三九号「精神衛生法の一部を改正する法律」による改正）
第一三次（昭和五三年五月二三日法律第五五号「審議会等の整理等に関する法律」第四九条による改正）
第一四次（昭和五七年八月一七日法律第八〇号「老人保健法」附則第三三条による改正）
第一五次（昭和五八年一二月三日法律第八二号「国家公務員及び公共企業体職員に係る共済組合制度の統合等を図るための国家公務員共済組合法等の一部を改正する法律」附則第七五条による改正）
第一六次（昭和五九年八月一四日法律第七七号「健康保険法等の一部を改正する法律」附則第四〇条による改正）
第一七次（昭和六〇年五月一八日法律第三七号「国の補助金等の整理及び合理化並びに臨時特例等に関する法律」第二一条による改正）
第一八次（昭和六一年五月八日法律第四六号「国の補助金等の臨時特例等に関する法律」第一八条による改正）
第一九次（昭和六二年九月二六日法律第九八号「精神衛生法等の一部を改正する法律」第一条による改正）
第二〇次（平成元年四月一〇日法律第二二号「国の補助金等の整理及び合理化並びに臨時特例等に関する法律」第一八条による改正）
第二一次（平成五年六月一八日法律第七四号「精神保健法等の一部を改正する法律」第一条（平成七年五月法律第九四号により一部改正）による改正）

第二二次（平成六年七月一日法律第八四号「地域保健対策強化のための関係法律の整備に関する法律」第三〇条（平成八年六月法律第一〇五号により一部改正）による改正

第二三次（平成五年一一月一二日法律第八九号「行政手続法の施行に伴う関係法律の整備に関する法律」第一〇二条による改正

第二四次（平成六年六月二九日法律第五六号「健康保険法等の一部を改正する法律」附則第三四条による改正

第二五次（平成七年五月一九日法律第九四号「精神保健法の一部を改正する法律」による改正

第二六次（平成八年六月一四日法律第八二号「厚生年金保険法等の一部を改正する法律」附則第一三三条による改正

第二七次（平成一〇年九月二八日法律第一一〇号「精神薄弱の用語の整理のための関係法律の一部を改正する法律」第四条による改正

第二八次（平成九年一二月一七日法律第一二四号「介護保険法施行法」第四九条による改正

第二九次（平成一一年一二月八日法律第一五一号「民法の一部を改正する法律の施行に伴う関係法律の整備等に関する法律」第四五条による改正

第三〇次（平成一一年七月一六日法律第八七号「地方分権の推進を図るための関係法律の整備等に関する法律」第一七〇条による改正

第三一次（平成一一年六月四日法律第六五号「精神保健及び精神障害者福祉に関する法律等の一部を改正する法律」第一・二条・附則第七・八条（平成一一年七月法律第八七号・一二月法律第一六〇号・平成一二年六月法律第一一一号・平成一四年二月法律第一号により一部改正）による改正

第三二次（平成一二年六月七日法律第一一一号「社会福祉の増進のための社会福祉事業法等の一部を改正する等の法律」附則第三〇条による改正

第三三次（平成一一年一二月二二日法律第一六〇号「中央省庁等改革関係法施行法」第六一七条による改正

第三四次（平成一四年二月八日法律第一号「日本電信電話株式会社の株式の売払収入の活用による社会資本の整備の促進に関する特別措置法等の一部を改正する法律」第三六条による改正

第三五次（平成一四年八月二日法律第一〇二号「健康保険法等の一部を改正する法律」附則第五九条（平成一四年一二月法律第一五二号により一部改正）による改正

第三六次（平成一五年七月二日法律第一〇二号「公益法人に係る改革を推進するための厚生労働省関係法律の整備に関する法律」第一条による改正

第三七次（平成一五年七月一六日法律第一一九号「地方独立行政法人法の施行に伴う関係法律の整備等に関する法律」第三八条による改正

第三八次（平成一六年一二月一日法律第一四七号「民法の一部を改正する法律」附則第三八条による改正

第三九次（平成一六年一二月一日法律第一五〇号「民間事業者等が行う書面の保存等における情報通信の技術の利用に関する法律の施行に伴う関係法律の整備等に関する法律」第一四条による改正

第四〇次（平成一五年七月一六日法律第一一〇号「心神喪失等の状態で重大な他害行為を行った者の医療及び観察等に関する法律」附則第五条による改正

第四一次（平成一七年一一月七日法律第一二三号「障害者自立支援法」附則第四四～四六条による改正

第四二次（平成一七年七月二六日法律第八七号「会社法の施行に伴う関係法律の整備等に関する法律」第三一五条による改正

第四三次（平成一八年六月二三日法律第九四号「精神病院の用語の整理等のための関係法律の一部を改正する法律」第一条による改正

第四四次（平成一七年七月一五日法律第八三号「学校教育法の一部を改正する法律」附則第四条による改正

第四五次（平成一八年六月二一日法律第八三号「健康保険法等の一部を改正する法律」附則第一三〇条（平成一八年一二月法律第一一六号・平成二三年六月法律第七二号により一部改正）による改正

第四六次（平成一八年六月二日法律第五〇号「一般社団法人及び一般財団法人に関する法律及び公益社団法人及び公益財団法人の認定等に関する法律の施行に伴う関係法律の整備等に関する法律」第二八八条（平成一八年一二月法律第一一四号により一部改正）による改正

精神保健及び精神障害者福祉に関する法律

第四七次（平成二三年六月二四日法律第七四号「情報処理の高度化等に対処するための刑法等の一部を改正する法律」附則第三五条による改正）
第四八次（平成二二年一二月一〇日法律第七一号「障がい者制度改革推進本部等における検討を踏まえて障害保健福祉施策を見直すまでの間において障害者等の地域生活を支援するための関係法律の整備に関する法律」第六・七条（平成二三年五月法律第三七・四〇号により一部改正）による改正）
第四九次（平成二三年五月二五日法律第五三号「非訟事件手続法及び家事事件手続法の施行に伴う関係法律の整備等に関する法律」第四八条による改正）
第五〇次（平成二四年六月二七日法律第五一号「地域社会における共生の実現に向けて新たな障害保健福祉施策を講ずるための関係法律の整備に関する法律」附則第一一・一三条による改正）
第五一次（平成二五年六月一九日法律第四七号「精神保健及び精神障害者福祉に関する法律の一部を改正する法律」による改正）
第五二次（平成二六年六月一三日法律第六九号「行政不服審査法の施行に伴う関係法律の整備等に関する法律」第一二九条による改正）
第五三次（平成二六年六月二五日法律第八三号「地域における医療及び介護の総合的な確保を推進するための関係法律の整備等に関する法律」附則第四九条（平成二七年五月法律第三一号により一部改正）による改正）
第五四次（平成二七年六月二六日法律第五〇号「地域の自主性及び自立性を高めるための改革の推進を図るための関係法律の整備に関する法律」第二条による改正）

注1 平成二五年六月一九日法律第四九号「刑法等の一部を改正する法律」附則第五条（平成二五年六月法律第四七号により一部改正）による改正は未施行につき〔参考1〕として七〇七頁に収載（公布の日から起算して三年を超えない範囲内において政令で定める日施行）

注2 平成二七年九月二八日法律第七四号「医療法の一部を改正する法律」附則第一二条（平成二七年九月法律第六三号により一部改正）による改正は未施行につき〔参考2〕として七〇八頁に収載（公布の日から起算して二年を超えない範囲内において政令で定める日施行）

目次

第一章　総則

（この法律の目的）

第一条　この法律は、精神障害者の医療及び保護を行い、障害者の日常生活及び社会生活を総合的に支援するための法律（平成十七年法律第百二十三号）と相まつてその社会復帰の促進及びその自立と社会経済活動への参加の促進のために必要な援助を行い、並びにその発生の予防その他国民の精神的健康の保持及び増進に努めることによつて、精神障害者の福祉の増進及び国民の精神保健の向上を図ることを目的とする。

（国及び地方公共団体の義務）

第二条　国及び地方公共団体は、障害者の日常生活及び社会生活を総合的に支援するための法律の規定による自立支援給付及び地域生活支援事業と相まつて、医療施設及び教育施設を充実する等精神障害者の医療及び保護並びに保健及び福祉に関する施策を総合的に実施することによつて精神障害者が社会復帰をし、自立と社会経済活動への参加をすることができるように努力するとともに、精神保健に関する調査研究の推進及び知識の普及を図る等精神障害者の発生の予防その他国民の精神保健の向上のための施策を講じなければならない。

（国民の義務）

第三条　国民は、精神的健康の保持及び増進に努めるとともに、精神障害者に対する理解を深め、及び精神障害者がその障害を克服して社会復帰をし、自立と社会経済活動への参加をしようとする努力に対し、協力するように努めなければならない。

（精神障害者の社会復帰、自立及び社会参加への配慮）

第四条　医療施設の設置者は、その施設を運営するに当たつては、精神障害者の社会復帰の促進及び自立と社会経済活動への参加の促進を図るため、当該施設において医療を受ける精神障害者が、障害者の日常生活及び社会生活を総合的に支援するための法律第五条第一

項に規定する障害福祉サービスに係る事業（以下「障害福祉サービス事業」という。）、同条第十六項に規定する一般相談支援事業（以下「一般相談支援事業」という。）その他の精神障害者の福祉に関する事業に係るサービスを円滑に利用することができるように配慮し、必要に応じ、これらの事業を行う者と連携を図るとともに、地域に即した創意と工夫を行い、及び地域住民等の理解と協力を得るように努めなければならない。

2　国、地方公共団体及び医療施設の設置者は、精神障害者の社会復帰の促進及び自立と社会経済活動への参加の促進を図るため、相互に連携を図りながら協力するよう努めなければならない。

（定義）

第五条　この法律で「精神障害者」とは、統合失調症、精神作用物質による急性中毒又はその依存症、知的障害、精神病質その他の精神疾患を有する者をいう。

第二章　精神保健福祉センター

（精神保健福祉センター）

第六条　都道府県は、精神保健の向上及び精神障害者の福祉の増進を図るための機関（以下「精神保健福祉センター」という。）を置くものとする。

2　精神保健福祉センターは、次に掲げる業務を行うものとする。

一　精神保健及び精神障害者の福祉に関する知識の普及を図り、及び調査研究を行うこと。

二　精神保健及び精神障害者の福祉に関する相談及び指導のうち複雑又は困難なものを行うこと。

三　精神医療審査会の事務を行うこと。

四　第四十五条第一項の申請に対する決定及び障害者の日常生活及び社会生活を総合的に支援するための法律第五十二条第一項に規定する支給認定（精神障害者に係るものに限る。）に関する事務のうち専門的な知識及び技術を必要とするものを行うこと。

五　障害者の日常生活及び社会生活を総合的に支援するための法律第二十二条第二項又は第五十一条の七第二項の規定により、市町村（特別区を含む。第四十七条第三項及び第四項を除き、以下同じ。）が同法第二十二条第一項又は第五十一条の七第一項の支給の要否の決定を行うに当たり意見を述べること。

六　障害者の日常生活及び社会生活を総合的に支援するための法律第二十六条第一項又は第五十一条の十一の規定により、市町村に対し技術的事項についての協力その他必要な援助を行うこと。

（国の補助）

第七条　国は、都道府県が前条の施設を設置したときは、政令の定めるところにより、その設置に要する経費については二分の一、その運営に要する経費については三分の一を補助する。

（条例への委任）

第八条　この法律に定めるもののほか、精神保健福祉センターに関して必要な事項は、条例で定める。

第三章　地方精神保健福祉審議会及び精神医療審査会

（地方精神保健福祉審議会）

第九条　精神保健及び精神障害者の福祉に関する事項を調査審議させるため、都道府県は、条例で、精神保健福祉に関する審議会その他の合議制の機関（以下「地方精神保健福祉審議会」という。）を置くことができる。

2　地方精神保健福祉審議会は、都道府県知事の諮問に答えるほか、精神保健及び精神障害者の福祉に関する事項に関して都道府県知事に意見を具申することができる。

3　前二項に定めるもののほか、地方精神保健福祉審議会の組織及び運営に関し必要な事項は、都道府県の条例で定める。

第十条及び第十一条　削除

（精神医療審査会）

第十二条　第三十八条の三第二項（同条第六項において準用する場合を含む。）及び第三十八条の五第二項の規定による審査を行わせるため、都道府県に、精神医療審査会を置く。

（委員）

第十三条　精神医療審査会の委員は、精神障害者の医療に関し学識経験を有する者（第十八条第一項に規定する精神保健指定医である者に限る。）、法律に関し学識経験を有する者及びその他の学識経験を有する者のうちから、都道府県知事が任命する。

2　委員の任期は、二年とする。

＊平成二十八年四月一日施行（罫線部分）

（委員）

第十三条　精神医療審査会の委員は、精神障害者の医療に関し学識経験を有する者（第十八条第一項に規定する精神保健指定医である者に限る。）、精神障害者の保健又は福祉に関し学識経験を有する者及び法律に関し学識経験を有する者のうちから、都道府県知事が任命する。

2　委員の任期は、二年（委員の任期を二年を超え三

年以下の期間で都道府県が条例で定める場合にあっては、当該条例で定める期間）とする。

（審査の案件の取扱い）

第十四条　精神医療審査会は、その指名する委員五人をもつて構成する合議体で、審査の案件を取り扱う。

2　合議体を構成する委員は、次の各号に掲げる者とし、その員数は、当該各号に定める員数以上とする。

一　精神障害者の医療に関し学識経験を有する者　二

二　法律に関し学識経験を有する者　一

三　その他の学識経験を有する者　一

＊平成二十八年四月一日施行（罫線部分）

（審査の案件の取扱い）

第十四条　（略）

2　合議体を構成する委員は、次の各号に掲げる者とし、その員数は、当該各号に定める員数以上とする。

一　（略）

二　精神障害者の保健又は福祉に関し学識経験を有する者　一

三　法律に関し学識経験を有する者　一

（政令への委任）

第十五条　この法律で定めるもののほか、精神医療審査会に関し必要な事項は、政令で定める。

第十六条及び第十七条　削除

第四章　精神保健指定医、登録研修機関、精神科病院及び精神科救急医療体制

第一節　精神保健指定医

（精神保健指定医）

第十八条　厚生労働大臣は、その申請に基づき、次に該当する医師のうち第十九条の四に規定する職務を行うのに必要な知識及び技能を有すると認められる者を、精神保健指定医（以下「指定医」という。）に指定する。

一　五年以上診断又は治療に従事した経験を有すること。

二　三年以上精神障害の診断又は治療に従事した経験を有すること。

三　厚生労働大臣が定める精神障害につき厚生労働大臣が定める程度の診断又は治療に従事した経験を有すること。

四　厚生労働大臣の登録を受けた者が厚生労働省令で定めるところにより行う研修（申請前一年以内に行われたものに限る。）の課程を修了していること。

2　厚生労働大臣は、前項の規定にかかわらず、第十九条の二第一項又は第二項の規定により指定医の指定を取り消された後五年を経過していない者その他指定医

として著しく不適当と認められる者については、前項の指定をしないことができる。
3　厚生労働大臣は、第一項第三号に規定する精神障害及びその診断又は治療に従事した経験の程度を定めようとするとき、同項の規定により指定医の指定をしようとするとき又は前項の規定により指定医の指定をしないものとするときは、あらかじめ、医道審議会の意見を聴かなければならない。

（指定後の研修）

第十九条　指定医は、五の年度（毎年四月一日から翌年三月三十一日までをいう。以下この条において同じ。）ごとに厚生労働大臣が定める年度において、厚生労働大臣の登録を受けた者が厚生労働省令で定めるところにより行う研修を受けなければならない。
2　前条第一項の規定による指定は、当該指定を受けた者が前項に規定する研修を受けなかつたときは、当該研修を受けるべき年度の終了の日にその効力を失う。ただし、当該研修を受けなかつたことにつき厚生労働省令で定めるやむを得ない理由が存すると厚生労働大臣が認めたときは、この限りでない。

（指定の取消し等）

第十九条の二　指定医がその医師免許を取り消され、又は期間を定めて医業の停止を命ぜられたときは、厚生労働大臣は、その指定を取り消さなければならない。
2　指定医がこの法律若しくはこの法律に基づく命令に違反したとき又はその職務に関し著しく不当な行為を行つたときその他指定医として著しく不適当と認められるときは、厚生労働大臣は、その指定を取り消し、又は期間を定めてその職務の停止を命ずることができる。
3　厚生労働大臣は、前項の規定による処分をしようとするときは、あらかじめ、医道審議会の意見を聴かなければならない。
4　都道府県知事は、指定医について第二項に該当すると思料するときは、その旨を厚生労働大臣に通知することができる。

第十九条の三　削除

（職務）

第十九条の四　指定医は、第二十一条第三項及び第二十九条の五の規定により入院を継続する必要があるかどうかの判定、第三十三条第一項及び第三十三条の七第一項の規定による入院を必要とするかどうか及び第二十条の規定による入院が行われる状態にないかどうかの判定、第三十六条第三項に規定する行動の制限を必要とするかどうかの判定、第三十八条の二第一項（同条第二項において準用する場合を含む。）に規定する

報告事項に係る入院中の者の診察並びに第四十条の規定により一時退院させて経過を見ることが適当かどうかの判定の職務を行う。

2　指定医は、前項に規定する職務のほか、公務員として、次に掲げる職務を行う。

一　第二十九条第一項及び第二十九条の二第一項の規定による入院を必要とするかどうかの判定

二　第二十九条の二の二第三項（第三十四条第四項において準用する場合を含む。）に規定する行動の制限を必要とするかどうかの判定

三　第二十九条の四第二項の規定により入院を継続する必要があるかどうかの判定

四　第三十四条第一項及び第三項の規定による移送を必要とするかどうかの判定

五　第三十八条の三第三項（同条第六項において準用する場合を含む。）及び第三十八条の五第四項の規定による診察

六　第三十八条の六第一項の規定による立入検査、質問及び診察

七　第三十八条の七第二項の規定により入院を継続する必要があるかどうかの判定

八　第四十五条の二第四項の規定による診察

3　指定医は、その勤務する医療施設の業務に支障がある場合その他やむを得ない理由がある場合を除き、前項各号に掲げる職務を行うよう都道府県知事から求めがあつた場合には、これに応じなければならない。

（診療録の記載義務）

第十九条の四の二　指定医は、前条第一項に規定する職務を行つたときは、遅滞なく、当該指定医の氏名その他厚生労働省令で定める事項を診療録に記載しなければならない。

（指定医の必置）

第十九条の五　第二十九条第一項、第二十九条の二第一項、第三十三条第一項、第三項若しくは第四項又は第三十三条の七第一項若しくは第二項の規定により精神障害者を入院させている精神科病院（精神科病院以外の病院で精神病室が設けられているものを含む。第十九条の十を除き、以下同じ。）の管理者は、厚生労働省令で定めるところにより、その精神科病院に常時勤務する指定医（第十九条の二第二項の規定によりその職務を停止されている者を除く。第五十三条第一項を除き、以下同じ。）を置かなければならない。

（政令及び省令への委任）

第十九条の六　この法律に規定するもののほか、指定医の指定に関して必要な事項は政令で、第十八条第一項第四号及び第十九条第一項の規定による研修に関して

必要な事項は厚生労働省令で定める。

第二節　登録研修機関

（登録）

第十九条の六の二　第十八条第一項第四号又は第十九条第一項の登録（以下この節において「登録」という。）は、厚生労働省令で定めるところにより、第十八条第一項第四号又は第十九条第一項の研修（以下この節において「研修」という。）を行おうとする者の申請により行う。

（欠格条項）

第十九条の六の三　次の各号のいずれかに該当する者は、登録を受けることができない。

一　この法律若しくはこの法律に基づく命令又は障害者の日常生活及び社会生活を総合的に支援するための法律若しくは同法に基づく命令に違反し、罰金以上の刑に処せられ、その執行を終わり、又は執行を受けることがなくなつた日から二年を経過しない者

二　第十九条の六の十三の規定により登録を取り消され、その取消しの日から二年を経過しない者

三　法人であつて、その業務を行う役員のうちに前二号のいずれかに該当する者があるもの

（登録基準）

第十九条の六の四　厚生労働大臣は、第十九条の六の二の規定により登録を申請した者が次に掲げる要件のすべてに適合しているときは、その登録をしなければならない。

一　別表の第一欄に掲げる科目を教授し、その時間数が同表の第三欄又は第四欄に掲げる時間数以上であること。

二　別表の第二欄で定める条件に適合する学識経験を有する者が前号に規定する科目を教授するものであること。

2　登録は、研修機関登録簿に登録を受ける者の氏名又は名称、住所、登録の年月日及び登録番号を記載してするものとする。

（登録の更新）

第十九条の六の五　登録は、五年ごとにその更新を受けなければ、その期間の経過によつて、その効力を失う。

2　前三条の規定は、前項の登録の更新について準用する。

（研修の実施義務）

第十九条の六の六　登録を受けた者（以下「登録研修機関」という。）は、正当な理由がある場合を除き、毎事業年度、研修の実施に関する計画（以下「研修計画」という。）を作成し、研修計画に従つて研修を行わなければならない。

2　登録研修機関は、公正に、かつ、第十八条第一項第四号又は第十九条第一項の厚生労働省令で定めるところにより研修を行わなければならない。

3　登録研修機関は、毎事業年度の開始前に、第一項の規定により作成した研修計画を厚生労働大臣に届け出なければならない。これを変更しようとするときも、同様とする。

（変更の届出）

第十九条の六の七　登録研修機関は、その氏名若しくは名称又は住所を変更しようとするときは、変更しようとする日の二週間前までに、その旨を厚生労働大臣に届け出なければならない。

（業務規程）

第十九条の六の八　登録研修機関は、研修の業務に関する規程（以下「業務規程」という。）を定め、研修の業務の開始前に、厚生労働大臣に届け出なければならない。これを変更しようとするときも、同様とする。

2　業務規程には、研修の実施方法、研修に関する料金その他の厚生労働省令で定める事項を定めておかなければならない。

（業務の休廃止）

第十九条の六の九　登録研修機関は、研修の業務の全部又は一部を休止し、又は廃止しようとするときは、厚生労働省令で定めるところにより、あらかじめ、その旨を厚生労働大臣に届け出なければならない。

（財務諸表等の備付け及び閲覧等）

第十九条の六の十　登録研修機関は、毎事業年度経過後三月以内に、当該事業年度の財産目録、貸借対照表及び損益計算書又は収支計算書並びに事業報告書（その作成に代えて電磁的記録（電子的方式、磁気的方式その他の人の知覚によつては認識することができない方式で作られる記録であつて、電子計算機による情報処理の用に供されるものをいう。以下同じ。）の作成がされている場合における当該電磁的記録を含む。次項及び第五十七条において「財務諸表等」という。）を作成し、五年間事務所に備えて置かなければならない。

2　研修を受けようとする者その他の利害関係人は、登録研修機関の業務時間内は、いつでも、次に掲げる請求をすることができる。ただし、第二号又は第四号の請求をするには、登録研修機関の定めた費用を支払わなければならない。

一　財務諸表等が書面をもつて作成されているときは、当該書面の閲覧又は謄写の請求

二　前号の書面の謄本又は抄本の請求

三　財務諸表等が電磁的記録をもつて作成されている

ときは、当該電磁的記録に記録された事項を厚生労働省令で定める方法により表示したものの閲覧又は謄写の請求

四　前号の電磁的記録に記録された事項を電磁的方法であつて厚生労働省令で定めるものにより提供することの請求又は当該事項を記載した書面の交付の請求

（適合命令）

第十九条の六の十一　厚生労働大臣は、登録研修機関が第十九条の六の四第一項各号のいずれかに適合しなくなつたと認めるときは、その登録研修機関に対し、これらの規定に適合するため必要な措置をとるべきことを命ずることができる。

（改善命令）

第十九条の六の十二　厚生労働大臣は、登録研修機関が第十九条の六の六第一項又は第二項の規定に違反していると認めるときは、その登録研修機関に対し、研修を行うべきこと又は研修の実施方法その他の業務の方法の改善に関し必要な措置をとるべきことを命ずることができる。

（登録の取消し等）

第十九条の六の十三　厚生労働大臣は、登録研修機関が次の各号のいずれかに該当するときは、その登録を取り消し、又は期間を定めて研修の業務の全部若しくは一部の停止を命ずることができる。

一　第十九条の六の三第一号又は第三号に該当するに至つたとき。

二　第十九条の六の六第三項、第十九条の六の七、第十九条の六の八、第十九条の六の九、第十九条の六の十第一項又は次条の規定に違反したとき。

三　正当な理由がないのに第十九条の六の十第二項各号の規定による請求を拒んだとき。

四　第十九条の六の十一又は前条の規定による命令に違反したとき。

五　不正の手段により登録を受けたとき。

（帳簿の備付け）

第十九条の六の十四　登録研修機関は、厚生労働省令で定めるところにより、帳簿を備え、研修に関し厚生労働省令で定める事項を記載し、これを保存しなければならない。

（厚生労働大臣による研修業務の実施）

第十九条の六の十五　厚生労働大臣は、登録を受ける者がいないとき、第十九条の六の九の規定による研修の業務の全部又は一部の休止又は廃止の届出があつたとき、第十九条の六の十三の規定により登録を取り消し、又は登録研修機関に対し研修の業務の全部若しく

は一部の停止を命じたとき、登録研修機関が天災その他の事由により研修の業務の全部又は一部を実施することが困難となつたときその他必要があると認めるときは、当該研修の業務の全部又は一部を自ら行うことができる。

2　前項の規定により厚生労働大臣が行う研修を受けようとする者は、実費を勘案して政令で定める金額の手数料を納付しなければならない。

3　厚生労働大臣が第一項の規定により研修の業務の全部又は一部を自ら行う場合における研修の業務の引継ぎその他の必要な事項については、厚生労働省令で定める。

（報告の徴収及び立入検査）

第十九条の六の十六　厚生労働大臣は、研修の業務の適正な運営を確保するために必要な限度において、登録研修機関に対し、必要と認める事項の報告を求め、又は当該職員に、その事務所に立ち入り、業務の状況若しくは帳簿書類その他の物件を検査させることができる。

2　前項の規定により立入検査を行う当該職員は、その身分を示す証票を携帯し、関係者の請求があつたときは、これを提示しなければならない。

3　第一項の規定による権限は、犯罪捜査のために認められたものと解釈してはならない。

（公示）

第十九条の六の十七　厚生労働大臣は、次の場合には、その旨を公示しなければならない。

一　登録をしたとき。

二　第十九条の六の七の規定による届出があつたとき。

三　第十九条の六の九の規定による届出があつたとき。

四　第十九条の六の十三の規定により登録を取り消し、又は研修の業務の停止を命じたとき。

五　第十九条の六の十五の規定により厚生労働大臣が研修の業務の全部若しくは一部を自ら行うものとするとき、又は自ら行つていた研修の業務の全部若しくは一部を行わないこととするとき。

第三節　精神科病院

（都道府県立精神科病院）

第十九条の七　都道府県は、精神科病院を設置しなければならない。ただし、次条の規定による指定病院がある場合においては、その設置を延期することができる。

2　都道府県又は都道府県及び都道府県以外の地方公共団体が設立した地方独立行政法人（地方独立行政法人

法（平成十五年法律第百十八号）第二条第一項に規定する地方独立行政法人をいう。次条において同じ。）が精神科病院を設置している場合には、当該都道府県については、前項の規定は、適用しない。

（指定病院）

第十九条の八　都道府県知事は、国、都道府県並びに都道府県又は都道府県及び都道府県以外の地方公共団体が設立した地方独立行政法人（以下「国等」という。）以外の者が設置した精神科病院であつて厚生労働大臣の定める基準に適合するものの全部又は一部を、その設置者の同意を得て、都道府県が設置する精神科病院に代わる施設（以下「指定病院」という。）として指定することができる。

（指定の取消し）

第十九条の九　都道府県知事は、指定病院が、前条の基準に適合しなくなつたとき、又はその運営方法がその目的遂行のために不適当であると認めたときは、その指定を取り消すことができる。

2　都道府県知事は、前項の規定によりその指定を取り消そうとするときは、あらかじめ、地方精神保健福祉審議会（地方精神保健福祉審議会が置かれていない都道府県にあつては、医療法（昭和二十三年法律第二百五号）第七十一条の二第一項に規定する都道府県医療審議会）の意見を聴かなければならない。

3　厚生労働大臣は、第一項に規定する都道府県知事の権限に属する事務について、指定病院に入院中の者の処遇を確保する緊急の必要があると認めるときは、都道府県知事に対し同項の事務を行うことを指示することができる。

（国の補助）

第十九条の十　国は、都道府県が設置する精神科病院及び精神科病院以外の病院に設ける精神病室の設置及び運営に要する経費（第三十条第一項の規定により都道府県が負担する費用を除く。次項において同じ。）に対し、政令の定めるところにより、その二分の一を補助する。

2　国は、営利を目的としない法人が設置する精神科病院及び精神科病院以外の病院に設ける精神病室の設置及び運営に要する経費に対し、政令の定めるところにより、その二分の一以内を補助することができる。

第四節　精神科救急医療の確保

第十九条の十一　都道府県は、精神障害の救急医療が適切かつ効率的に提供されるように、夜間又は休日において精神障害の医療を必要とする精神障害者又はその第三十三条第二項に規定する家族等その他の関係者からの相談に応ずること、精神障害の救急医療を提供す

る医療施設相互間の連携を確保することその他の地域の実情に応じた体制の整備を図るよう努めるものとする。

2　都道府県知事は、前項の体制の整備に当たつては、精神科病院その他の精神障害の医療を提供する施設の管理者、当該施設の指定医その他の関係者に対し、必要な協力を求めることができる。

第五章　医療及び保護

第一節　任意入院

第二十条　精神科病院の管理者は、精神障害者を入院させる場合においては、本人の同意に基づいて入院が行われるように努めなければならない。

第二十一条　精神障害者が自ら入院する場合においては、精神科病院の管理者は、その入院に際し、当該精神障害者に対して第三十八条の四の規定による退院等の請求に関することその他厚生労働省令で定める事項を書面で知らせ、当該精神障害者から自ら入院する旨を記載した書面を受けなければならない。

2　精神科病院の管理者は、自ら入院した精神障害者（以下「任意入院者」という。）から退院の申出があつた場合においては、その者を退院させなければならない。

3　前項に規定する場合において、精神科病院の管理者は、指定医による診察の結果、当該任意入院者の医療及び保護のため入院を継続する必要があると認めたときは、同項の規定にかかわらず、七十二時間を限り、その者を退院させないことができる。

4　前項に規定する場合において、精神科病院（厚生労働省令で定める基準に適合すると都道府県知事が認めるものに限る。）の管理者は、緊急その他やむを得ない理由があるときは、指定医に代えて指定医以外の医師（医師法（昭和二十三年法律第二百一号）第十六条の四第一項の規定による登録を受けていることその他厚生労働省令で定める基準に該当する者に限る。以下「特定医師」という。）に任意入院者の診察を行わせることができる。この場合において、診察の結果、当該任意入院者の医療及び保護のため入院を継続する必要があると認めたときは、前二項の規定にかかわらず、十二時間を限り、その者を退院させないことができる。

5　第十九条の四の二の規定は、前項の規定により診察を行つた場合について準用する。この場合において、同条中「指定医は、前条第一項」とあるのは「第二十一条第四項に規定する特定医師は、同項」と、「当該指定医」とあるのは「当該特定医師」と読み替えるも

のとする。

6　精神科病院の管理者は、第四項後段の規定による措置を採つたときは、遅滞なく、厚生労働省令で定めるところにより、当該措置に関する記録を作成し、これを保存しなければならない。

7　精神科病院の管理者は、第三項又は第四項後段の規定による措置を採る場合においては、当該任意入院者に対し、当該措置を採る旨、第三十八条の四の規定による退院等の請求に関することその他厚生労働省令で定める事項を書面で知らせなければならない。

第二節　指定医の診察及び措置入院

（診察及び保護の申請）

第二十二条　精神障害者又はその疑いのある者を知つた者は、誰でも、その者について指定医の診察及び必要な保護を都道府県知事に申請することができる。

2　前項の申請をするには、次の事項を記載した申請書を最寄りの保健所長を経て都道府県知事に提出しなければならない。

一　申請者の住所、氏名及び生年月日

二　本人の現在場所、居住地、氏名、性別及び生年月日

三　症状の概要

四　現に本人の保護の任に当たつている者があるときはその者の住所及び氏名

（警察官の通報）

第二十三条　警察官は、職務を執行するに当たり、異常な挙動その他周囲の事情から判断して、精神障害のために自身を傷つけ又は他人に害を及ぼすおそれがあると認められる者を発見したときは、直ちに、その旨を、最寄りの保健所長を経て都道府県知事に通報しなければならない。

（検察官の通報）

第二十四条　検察官は、精神障害者又はその疑いのある被疑者又は被告人について、不起訴処分をしたとき、又は裁判（懲役、禁錮《こ》又は拘留の刑を言い渡し執行猶予の言渡しをしない裁判を除く。）が確定したときは、速やかに、その旨を都道府県知事に通報しなければならない。ただし、当該不起訴処分をされ、又は裁判を受けた者について、心神喪失等の状態で重大な他害行為を行った者の医療及び観察等に関する法律（平成十五年法律第百十号）第三十三条第一項の申立てをしたときは、この限りでない。

2　検察官は、前項本文に規定する場合のほか、精神障害者若しくはその疑いのある被疑者若しくは被告人又は心神喪失等の状態で重大な他害行為を行った者の医療及び観察等に関する法律の対象者（同法第二条第二

項に規定する対象者をいう。第二十六条の三及び第四十四条第一項において同じ。）について、特に必要があると認めたときは、速やかに、都道府県知事に通報しなければならない。

（保護観察所の長の通報）

第二十五条　保護観察所の長は、保護観察に付されている者が精神障害者又はその疑いのある者であることを知つたときは、速やかに、その旨を都道府県知事に通報しなければならない。

（矯正施設の長の通報）

第二十六条　矯正施設（拘置所、刑務所、少年刑務所、少年院、少年鑑別所及び婦人補導院をいう。以下同じ。）の長は、精神障害者又はその疑のある収容者を釈放、退院又は退所させようとするときは、あらかじめ、左の事項を本人の帰住地（帰住地がない場合は当該矯正施設の所在地）の都道府県知事に通報しなければならない。

一　本人の帰住地、氏名、性別及び生年月日

二　症状の概要

三　釈放、退院又は退所の年月日

四　引取人の住所及び氏名

（精神科病院の管理者の届出）

第二十六条の二　精神科病院の管理者は、入院中の精神障害者であつて、第二十九条第一項の要件に該当すると認められるものから退院の申出があつたときは、直ちに、その旨を、最寄りの保健所長を経て都道府県知事に届け出なければならない。

（心神喪失等の状態で重大な他害行為を行つた者に係る通報）

第二十六条の三　心神喪失等の状態で重大な他害行為を行つた者の医療及び観察等に関する法律第二条第五項に規定する指定通院医療機関の管理者及び保護観察所の長は、同法の対象者であつて同条第四項に規定する指定入院医療機関に入院していないものがその精神障害のために自身を傷つけ又は他人に害を及ぼすおそれがあると認めたときは、直ちに、その旨を、最寄りの保健所長を経て都道府県知事に通報しなければならない。

（申請等に基づき行われる指定医の診察等）

第二十七条　都道府県知事は、第二十二条から前条までの規定による申請、通報又は届出のあつた者について調査の上必要があると認めるときは、その指定する指定医をして診察をさせなければならない。

2　都道府県知事は、入院させなければ精神障害のために自身を傷つけ又は他人に害を及ぼすおそれがあることが明らかである者については、第二十二条から前条

までの規定による申請、通報又は届出がない場合においても、その指定する指定医をして診察をさせることができる。

３　都道府県知事は、前二項の規定により診察をさせる場合には、当該職員を立ち会わせなければならない。

４　指定医及び前項の当該職員は、前三項の職務を行うに当たつて必要な限度においてその者の居住する場所へ立ち入ることができる。

５　第十九条の六の十六第二項及び第三項の規定は、前項の規定による立入りについて準用する。この場合において、同条第二項中「前項」とあるのは「第二十七条第四項」と、「当該職員」とあるのは「指定医及び当該職員」と、同条第三項中「第一項」とあるのは「第二十七条第四項」と読み替えるものとする。

（診察の通知）

第二十八条　都道府県知事は、前条第一項の規定により診察をさせるに当つて現に本人の保護の任に当つている者がある場合には、あらかじめ、診察の日時及び場所をその者に通知しなければならない。

２　後見人又は保佐人、親権を行う者、配偶者その他現に本人の保護の任に当たつている者は、前条第一項の診察に立ち会うことができる。

（判定の基準）

第二十八条の二　第二十七条第一項又は第二項の規定により診察をした指定医は、厚生労働大臣の定める基準に従い、当該診察をした者が精神障害者であり、かつ、医療及び保護のために入院させなければその精神障害のために自身を傷つけ又は他人に害を及ぼすおそれがあるかどうかの判定を行わなければならない。

（都道府県知事による入院措置）

第二十九条　都道府県知事は、第二十七条の規定による診察の結果、その診察を受けた者が精神障害者であり、かつ、医療及び保護のために入院させなければその精神障害のために自身を傷つけ又は他人に害を及ぼすおそれがあると認めたときは、その者を国等の設置した精神科病院又は指定病院に入院させることができる。

２　前項の場合において都道府県知事がその者を入院させるには、その指定する二人以上の指定医の診察を経て、その者が精神障害者であり、かつ、医療及び保護のために入院させなければその精神障害のために自身を傷つけ又は他人に害を及ぼすおそれがあると認めることについて、各指定医の診察の結果が一致した場合でなければならない。

３　都道府県知事は、第一項の規定による措置を採る場合においては、当該精神障害者に対し、当該入院措置

を採る旨、第三十八条の四の規定による退院等の請求に関することその他厚生労働省令で定める事項を書面で知らせなければならない。

4　国等の設置した精神科病院及び指定病院の管理者は、病床（病院の一部について第十九条の八の指定を受けている指定病院にあつてはその指定に係る病床）に既に第一項又は次条第一項の規定により入院をさせた者がいるため余裕がない場合のほかは、第一項の精神障害者を入院させなければならない。

第二十九条の二　都道府県知事は、前条第一項の要件に該当すると認められる精神障害者又はその疑いのある者について、急速を要し、第二十七条、第二十八条及び前条の規定による手続を採ることができない場合において、その指定する指定医をして診察をさせた結果、その者が精神障害者であり、かつ、直ちに入院させなければその精神障害のために自身を傷つけ又は他人を害するおそれが著しいと認めたときは、その者を前条第一項に規定する精神科病院又は指定病院に入院させることができる。

2　都道府県知事は、前項の措置をとつたときは、すみやかに、その者につき、前条第一項の規定による入院措置をとるかどうかを決定しなければならない。

3　第一項の規定による入院の期間は、七十二時間を超えることができない。

4　第二十七条第四項及び第五項並びに第二十八条の二の規定は第一項の規定による診察について、前条第三項の規定は第一項の規定による措置を採る場合について、同条第四項の規定は第一項の規定により入院する者の入院について準用する。

第二十九条の二の二　都道府県知事は、第二十九条第一項又は前条第一項の規定による入院措置を採ろうとする精神障害者を、当該入院措置に係る病院に移送しなければならない。

2　都道府県知事は、前項の規定により移送を行う場合においては、当該精神障害者に対し、当該移送を行う旨その他厚生労働省令で定める事項を書面で知らせなければならない。

3　都道府県知事は、第一項の規定による移送を行うに当たつては、当該精神障害者を診察した指定医が必要と認めたときは、その者の医療又は保護に欠くことのできない限度において、厚生労働大臣があらかじめ社会保障審議会の意見を聴いて定める行動の制限を行うことができる。

第二十九条の三　第二十九条第一項に規定する精神科病院又は指定病院の管理者は、第二十九条の二第一項の規定により入院した者について、都道府県知事から、

第二十九条第一項の規定による入院措置を採らない旨の通知を受けたとき、又は第二十九条の二第三項の期間内に第二十九条第一項の規定による入院措置を採る旨の通知がないときは、直ちに、その者を退院させなければならない。

（入院措置の解除）

第二十九条の四　都道府県知事は、第二十九条第一項の規定により入院した者（以下「措置入院者」という。）が、入院を継続しなくてもその精神障害のために自身を傷つけ又は他人に害を及ぼすおそれがないと認められるに至つたときは、直ちに、その者を退院させなければならない。この場合においては、都道府県知事は、あらかじめ、その者を入院させている精神科病院又は指定病院の管理者の意見を聞くものとする。

2　前項の場合において都道府県知事がその者を退院させるには、その者が入院を継続しなくてもその精神障害のために自身を傷つけ又は他人に害を及ぼすおそれがないと認められることについて、その指定する指定医による診察の結果又は次条の規定による診察の結果に基づく場合でなければならない。

第二十九条の五　措置入院者を入院させている精神科病院又は指定病院の管理者は、指定医による診察の結果、措置入院者が、入院を継続しなくてもその精神障害のために自身を傷つけ又は他人に害を及ぼすおそれがないと認められるに至つたときは、直ちに、その旨、その者の症状その他厚生労働省令で定める事項を最寄りの保健所長を経て都道府県知事に届け出なければならない。

（入院措置の場合の診療方針及び医療に要する費用の額）

第二十九条の六　第二十九条第一項及び第二十九条の二第一項の規定により入院する者について国等の設置した精神科病院又は指定病院が行う医療に関する診療方針及びその医療に要する費用の額の算定方法は、健康保険の診療方針及び療養に要する費用の額の算定方法の例による。

2　前項に規定する診療方針及び療養に要する費用の額の算定方法の例によることができないとき、及びこれによることを適当としないときの診療方針及び医療に要する費用の額の算定方法は、厚生労働大臣の定めるところによる。

（社会保険診療報酬支払基金への事務の委託）

第二十九条の七　都道府県は、第二十九条第一項及び第二十九条の二第一項の規定により入院する者について国等の設置した精神科病院又は指定病院が行つた医療が前条に規定する診療方針に適合するかどうかについ

ての審査及びその医療に要する費用の額の算定並びに国等又は指定病院の設置者に対する診療報酬の支払に関する事務を社会保険診療報酬支払基金に委託することができる。

（費用の負担）

第三十条　第二十九条第一項及び第二十九条の二第一項の規定により都道府県知事が入院させた精神障害者の入院に要する費用は、都道府県が負担する。

2　国は、都道府県が前項の規定により負担する費用を支弁したときは、政令の定めるところにより、その四分の三を負担する。

（他の法律による医療に関する給付との調整）

第三十条の二　前条第一項の規定により費用の負担を受ける精神障害者が、健康保険法（大正十一年法律第七十号）、国民健康保険法（昭和三十三年法律第百九十二号）、船員保険法（昭和十四年法律第七十三号）、労働者災害補償保険法（昭和二十二年法律第五十号）、国家公務員共済組合法（昭和三十三年法律第百二十八号。他の法律において準用し、又は例による場合を含む。）、地方公務員等共済組合法（昭和三十七年法律第百五十二号）、高齢者の医療の確保に関する法律（昭和五十七年法律第八十号）又は介護保険法（平成九年法律第百二十三号）の規定により医療に関する給付を受けることができる者であるときは、都道府県は、その限度において、同項の規定による負担をすることを要しない。

（費用の徴収）

第三十一条　都道府県知事は、第二十九条第一項及び第二十九条の二第一項の規定により入院させた精神障害者又はその扶養義務者が入院に要する費用を負担することができると認めたときは、その費用の全部又は一部を徴収することができる。

第三十二条　削除

第三節　医療保護入院等

（医療保護入院）

第三十三条　精神科病院の管理者は、次に掲げる者について、その家族等のうちいずれかの者の同意があるときは、本人の同意がなくてもその者を入院させることができる。

一　指定医による診察の結果、精神障害者であり、かつ、医療及び保護のため入院の必要がある者であつて当該精神障害のために第二十条の規定による入院が行われる状態にないと判定されたもの

二　第三十四条第一項の規定により移送された者

2　前項の「家族等」とは、当該精神障害者の配偶者、親権を行う者、扶養義務者及び後見人又は保佐人をい

う。ただし、次の各号のいずれかに該当する者を除く。

一　行方の知れない者

二　当該精神障害者に対して訴訟をしている者、又はした者並びにその配偶者及び直系血族

三　家庭裁判所で免ぜられた法定代理人、保佐人又は補助人

四　成年被後見人又は被保佐人

五　未成年者

3　精神科病院の管理者は、第一項第一号に掲げる者について、その家族等（前項に規定する家族等をいう。以下同じ。）がない場合又はその家族等の全員がその意思を表示することができない場合において、その者の居住地（居住地がないか、又は明らかでないときは、その者の現在地。第四十五条第一項を除き、以下同じ。）を管轄する市町村長（特別区の長を含む。以下同じ。）の同意があるときは、本人の同意がなくてもその者を入院させることができる。第三十四条第二項の規定により移送された者について、その者の居住地を管轄する市町村長の同意があるときも、同様とする。

4　第一項又は前項に規定する場合において、精神科病院（厚生労働省令で定める基準に適合すると都道府県知事が認めるものに限る。）の管理者は、緊急その他やむを得ない理由があるときは、指定医に代えて特定医師に診察を行わせることができる。この場合において、診察の結果、精神障害者であり、かつ、医療及び保護のため入院の必要がある者であつて当該精神障害のために第二十条の規定による入院が行われる状態にないと判定されたときは、第一項又は前項の規定にかかわらず、本人の同意がなくても、十二時間を限り、その者を入院させることができる。

5　第十九条の四の二の規定は、前項の規定により診察を行つた場合について準用する。この場合において、同条中「指定医は、前条第一項」とあるのは「第二十一条第四項に規定する特定医師は、第三十三条第四項」と、「当該指定医」とあるのは「当該特定医師」と読み替えるものとする。

6　精神科病院の管理者は、第四項後段の規定による措置を採つたときは、遅滞なく、厚生労働省令で定めるところにより、当該措置に関する記録を作成し、これを保存しなければならない。

7　精神科病院の管理者は、第一項、第三項又は第四項後段の規定による措置を採つたときは、十日以内に、その者の症状その他厚生労働省令で定める事項を当該入院について同意をした者の同意書を添え、最寄りの保健所長を経て都道府県知事に届け出なければならな

い。

第三十三条の二　精神科病院の管理者は、前条第一項又は第三項の規定により入院した者（以下「医療保護入院者」という。）を退院させたときは、十日以内に、その旨及び厚生労働省令で定める事項を最寄りの保健所長を経て都道府県知事に届け出なければならない。

第三十三条の三　精神科病院の管理者は、第三十三条第一項、第三項又は第四項後段の規定による措置を採る場合においては、当該精神障害者に対し、当該入院措置を採る旨、第三十八条の四の規定による退院等の請求に関することその他厚生労働省令で定める事項を書面で知らせなければならない。ただし、当該入院措置を採つた日から四週間を経過する日までの間であつて、当該精神障害者の症状に照らし、その者の医療及び保護を図る上で支障があると認められる間においては、この限りでない。

2　精神科病院の管理者は、前項ただし書の規定により同項本文に規定する事項を書面で知らせなかつたときは、厚生労働省令で定めるところにより、厚生労働省令で定める事項を診療録に記載しなければならない。

（医療保護入院者の退院による地域における生活への移行を促進するための措置）

第三十三条の四　医療保護入院者を入院させている精神科病院の管理者は、精神保健福祉士その他厚生労働省令で定める資格を有する者のうちから、厚生労働省令で定めるところにより、退院後生活環境相談員を選任し、その者に医療保護入院者の退院後の生活環境に関し、医療保護入院者及びその家族等からの相談に応じさせ、及びこれらの者を指導させなければならない。

第三十三条の五　医療保護入院者を入院させている精神科病院の管理者は、医療保護入院者又はその家族等から求めがあつた場合その他医療保護入院者の退院による地域における生活への移行を促進するために必要があると認められる場合には、これらの者に対して、厚生労働省令で定めるところにより、一般相談支援事業若しくは障害者の日常生活及び社会生活を総合的に支援するための法律第五条第十六項に規定する特定相談支援事業（第四十九条第一項において「特定相談支援事業」という。）を行う者、介護保険法第八条第二十三項に規定する居宅介護支援事業を行う者その他の地域の精神障害者の保健又は福祉に関する各般の問題につき精神障害者又はその家族等からの相談に応じ必要な情報の提供、助言その他の援助を行う事業を行うことができると認められる者として厚生労働省令で定めるもの（次条において「地域援助事業者」という。）を紹介するよう努めなければならない。

＊平成二十八年四月一日施行（罫線部分）

第三十三条の五　医療保護入院者を入院させている精神科病院の管理者は、医療保護入院者又はその家族等から求めがあつた場合その他医療保護入院者の退院による地域における生活への移行を促進するために必要があると認められる場合には、これらの者に対して、厚生労働省令で定めるところにより、一般相談支援事業若しくは障害者の日常生活及び社会生活を総合的に支援するための法律第五条第十六項に規定する特定相談支援事業（第四十九条第一項において「特定相談支援事業」という。）を行う者、介護保険法第八条第二十四項に規定する居宅介護支援事業を行う者その他の地域の精神障害者の保健又は福祉に関する各般の問題につき精神障害者又はその家族等からの相談に応じ必要な情報の提供、助言その他の援助を行う事業を行うことができると認められる者として厚生労働省令で定めるもの（次条において「地域援助事業者」という。）を紹介するよう努めなければならない。

第三十三条の六　精神科病院の管理者は、前二条に規定する措置のほか、厚生労働省令で定めるところにより、必要に応じて地域援助事業者と連携を図りながら、医療保護入院者の退院による地域における生活への移行を促進するために必要な体制の整備その他の当該精神科病院における医療保護入院者の退院による地域における生活への移行を促進するための措置を講じなければならない。

（応急入院）

第三十三条の七　厚生労働大臣の定める基準に適合するものとして都道府県知事が指定する精神科病院の管理者は、医療及び保護の依頼があつた者について、急速を要し、その家族等の同意を得ることができない場合において、その者が、次に該当する者であるときは、本人の同意がなくても、七十二時間を限り、その者を入院させることができる。

一　指定医の診察の結果、精神障害者であり、かつ、直ちに入院させなければその者の医療及び保護を図る上で著しく支障がある者であつて当該精神障害のために第二十条の規定による入院が行われる状態にないと判定されたもの

二　第三十四条第三項の規定により移送された者

2　前項に規定する場合において、同項に規定する精神科病院の管理者は、緊急その他やむを得ない理由があるときは、指定医に代えて特定医師に同項の医療及び保護の依頼があつた者の診察を行わせることができ

る。この場合において、診察の結果、その者が、精神障害者であり、かつ、直ちに入院させなければその者の医療及び保護を図る上で著しく支障がある者であつて当該精神障害のために第二十条の規定による入院が行われる状態にないと判定されたときは、同項の規定にかかわらず、本人の同意がなくても、十二時間を限り、その者を入院させることができる。

3　第十九条の四の二の規定は、前項の規定により診察を行つた場合について準用する。この場合において、同条中「指定医は、前条第一項」とあるのは「第二十一条第四項に規定する特定医師は、第三十三条の七第二項」と、「当該指定医」とあるのは「当該特定医師」と読み替えるものとする。

4　第一項に規定する精神科病院の管理者は、第二項後段の規定による措置を採つたときは、遅滞なく、厚生労働省令で定めるところにより、当該措置に関する記録を作成し、これを保存しなければならない。

5　第一項に規定する精神科病院の管理者は、同項又は第二項後段の規定による措置を採つたときは、直ちに、当該措置を採つた理由その他厚生労働省令で定める事項を最寄りの保健所長を経て都道府県知事に届け出なければならない。

6　都道府県知事は、第一項の指定を受けた精神科病院が同項の基準に適合しなくなつたと認めたときは、その指定を取り消すことができる。

7　厚生労働大臣は、前項に規定する都道府県知事の権限に属する事務について、第一項の指定を受けた精神科病院に入院中の者の処遇を確保する緊急の必要があると認めるときは、都道府県知事に対し前項の事務を行うことを指示することができる。

第三十三条の八　第十九条の九第二項の規定は前条第六項の規定による処分をする場合について、第二十九条第三項の規定は精神科病院の管理者が前条第一項又は第二項後段の規定による措置を採る場合について準用する。

（医療保護入院等のための移送）

第三十四条　都道府県知事は、その指定する指定医による診察の結果、精神障害者であり、かつ、直ちに入院させなければその者の医療及び保護を図る上で著しく支障がある者であつて当該精神障害のために第二十条の規定による入院が行われる状態にないと判定されたものにつき、その家族等のうちいずれかの者の同意があるときは、本人の同意がなくてもその者を第三十三条第一項の規定による入院をさせるため第三十三条の七第一項に規定する精神科病院に移送することができる。

２　都道府県知事は、前項に規定する精神障害者の家族等がない場合又はその家族等の全員がその意思を表示することができない場合において、その者の居住地を管轄する市町村長の同意があるときは、本人の同意がなくてもその者を第三十三条第三項の規定による入院をさせるため第三十三条の七第一項に規定する精神科病院に移送することができる。

３　都道府県知事は、急速を要し、その者の家族等の同意を得ることができない場合において、その指定する指定医の診察の結果、その者が精神障害者であり、かつ、直ちに入院させなければその者の医療及び保護を図る上で著しく支障がある者であつて当該精神障害のために第二十条の規定による入院が行われる状態にないと判定されたときは、本人の同意がなくてもその者を第三十三条の七第一項の規定による入院をさせるため同項に規定する精神科病院に移送することができる。

４　第二十九条の二の二第二項及び第三項の規定は、前三項の規定による移送を行う場合について準用する。

第三十五条　削除

第四節　精神科病院における処遇等

（処遇）

第三十六条　精神科病院の管理者は、入院中の者につき、その医療又は保護に欠くことのできない限度において、その行動について必要な制限を行うことができる。

２　精神科病院の管理者は、前項の規定にかかわらず、信書の発受の制限、都道府県その他の行政機関の職員との面会の制限その他の行動の制限であつて、厚生労働大臣があらかじめ社会保障審議会の意見を聴いて定める行動の制限については、これを行うことができない。

３　第一項の規定による行動の制限のうち、厚生労働大臣があらかじめ社会保障審議会の意見を聴いて定める患者の隔離その他の行動の制限は、指定医が必要と認める場合でなければ行うことができない。

第三十七条　厚生労働大臣は、前条に定めるもののほか、精神科病院に入院中の者の処遇について必要な基準を定めることができる。

２　前項の基準が定められたときは、精神科病院の管理者は、その基準を遵守しなければならない。

３　厚生労働大臣は、第一項の基準を定めようとするときは、あらかじめ、社会保障審議会の意見を聴かなければならない。

（指定医の精神科病院の管理者への報告等）

第三十七条の二　指定医は、その勤務する精神科病院に

入院中の者の処遇が第三十六条の規定に違反していると思料するとき又は前条第一項の基準に適合していないと認めるときその他精神科病院に入院中の者の処遇が著しく適当でないと認めるときは、当該精神科病院の管理者にその旨を報告すること等により、当該管理者において当該精神科病院に入院中の者の処遇の改善のために必要な措置が採られるよう努めなければならない。

（相談、援助等）

第三十八条　精神科病院その他の精神障害の医療を提供する施設の管理者は、当該施設において医療を受ける精神障害者の社会復帰の促進を図るため、当該施設の医師、看護師その他の医療従事者による有機的な連携の確保に配慮しつつ、その者の相談に応じ、必要に応じて一般相談支援事業を行う者と連携を図りながら、その者に必要な援助を行い、及びその家族等その他の関係者との連絡調整を行うように努めなければならない。

（定期の報告等）

第三十八条の二　措置入院者を入院させている精神科病院又は指定病院の管理者は、措置入院者の症状その他厚生労働省令で定める事項（以下この項において「報告事項」という。）を、厚生労働省令で定めるところにより、定期に、最寄りの保健所長を経て都道府県知事に報告しなければならない。この場合においては、報告事項のうち厚生労働省令で定める事項については、指定医による診察の結果に基づくものでなければならない。

２　前項の規定は、医療保護入院者を入院させている精神科病院の管理者について準用する。この場合において、同項中「措置入院者」とあるのは、「医療保護入院者」と読み替えるものとする。

３　都道府県知事は、条例で定めるところにより、精神科病院の管理者（第三十八条の七第一項、第二項又は第四項の規定による命令を受けた者であつて、当該命令を受けた日から起算して厚生労働省令で定める期間を経過しないものその他これに準ずる者として厚生労働省令で定めるものに限る。）に対し、当該精神科病院に入院中の任意入院者（厚生労働省令で定める基準に該当する者に限る。）の症状その他厚生労働省令で定める事項について報告を求めることができる。

（定期の報告等による審査）

第三十八条の三　都道府県知事は、前条第一項若しくは第二項の規定による報告又は第三十三条第七項の規定による届出（同条第一項又は第三項の規定による措置に係るものに限る。）があつたときは、当該報告又は

届出に係る入院中の者の症状その他厚生労働省令で定める事項を精神医療審査会に通知し、当該入院中の者についてその入院の必要があるかどうかに関し審査を求めなければならない。

2　精神医療審査会は、前項の規定により審査を求められたときは、当該審査に係る入院中の者についてその入院の必要があるかどうかに関し審査を行い、その結果を都道府県知事に通知しなければならない。

3　精神医療審査会は、前項の審査をするに当たつて必要があると認めるときは、当該審査に係る入院中の者に対して意見を求め、若しくはその者の同意を得て委員（指定医である者に限る。第三十八条の五第四項において同じ。）に診察させ、又はその者が入院している精神科病院の管理者その他関係者に対して報告若しくは意見を求め、診療録その他の帳簿書類の提出を命じ、若しくは出頭を命じて審問することができる。

4　都道府県知事は、第二項の規定により通知された精神医療審査会の審査の結果に基づき、その入院が必要でないと認められた者を退院させ、又は精神科病院の管理者に対しその者を退院させることを命じなければならない。

5　都道府県知事は、第一項に定めるもののほか、前条第三項の規定による報告を受けたときは、当該報告に係る入院中の者の症状その他厚生労働省令で定める事項を精神医療審査会に通知し、当該入院中の者についてその入院の必要があるかどうかに関し審査を求めることができる。

6　第二項及び第三項の規定は、前項の規定により都道府県知事が審査を求めた場合について準用する。

（退院等の請求）

第三十八条の四　精神科病院に入院中の者又はその家族等（その家族等がない場合又はその家族等の全員がその意思を表示することができない場合にあつては、その者の居住地を管轄する市町村長）は、厚生労働省令で定めるところにより、都道府県知事に対し、当該入院中の者を退院させ、又は精神科病院の管理者に対し、その者を退院させることを命じ、若しくはその者の処遇の改善のために必要な措置を採ることを命じることを求めることができる。

（退院等の請求による審査）

第三十八条の五　都道府県知事は、前条の規定による請求を受けたときは、当該請求の内容を精神医療審査会に通知し、当該請求に係る入院中の者について、その入院の必要があるかどうか、又はその処遇が適当であるかどうかに関し審査を求めなければならない。

2　精神医療審査会は、前項の規定により審査を求めら

れたときは、当該審査に係る者について、その入院の必要があるかどうか、又はその処遇が適当であるかどうかに関し審査を行い、その結果を都道府県知事に通知しなければならない。

3　精神医療審査会は、前項の審査をするに当たつては、当該審査に係る前条の規定による請求をした者及び当該審査に係る入院中の者が入院している精神科病院の管理者の意見を聴かなければならない。ただし、精神医療審査会がこれらの者の意見を聴く必要がないと特に認めたときは、この限りでない。

4　精神医療審査会は、前項に定めるもののほか、第二項の審査をするに当たつて必要があると認めるときは、当該審査に係る入院中の者の同意を得て委員に診察させ、又はその者が入院している精神科病院の管理者その他関係者に対して報告を求め、診療録その他の帳簿書類の提出を命じ、若しくは出頭を命じて審問することができる。

5　都道府県知事は、第二項の規定により通知された精神医療審査会の審査の結果に基づき、その入院が必要でないと認められた者を退院させ、又は当該精神科病院の管理者に対しその者を退院させることを命じ若しくはその者の処遇の改善のために必要な措置を採ることを命じなければならない。

6　都道府県知事は、前条の規定による請求をした者に対し、当該請求に係る精神医療審査会の審査の結果及びこれに基づき採つた措置を通知しなければならない。

（報告徴収等）

第三十八条の六　厚生労働大臣又は都道府県知事は、必要があると認めるときは、精神科病院の管理者に対し、当該精神科病院に入院中の者の症状若しくは処遇に関し、報告を求め、若しくは診療録その他の帳簿書類の提出若しくは提示を命じ、当該職員若しくはその指定する指定医に、精神科病院に立ち入り、これらの事項に関し、診療録その他の帳簿書類（その作成又は保存に代えて電磁的記録の作成又は保存がされている場合における当該電磁的記録を含む。）を検査させ、若しくは当該精神科病院に入院中の者その他の関係者に質問させ、又はその指定する指定医に、精神科病院に立ち入り、当該精神科病院に入院中の者を診察させることができる。

2　厚生労働大臣又は都道府県知事は、必要があると認めるときは、精神科病院の管理者、精神科病院に入院中の者又は第三十三条第一項、第三項若しくは第四項の規定による入院について同意をした者に対し、この法律による入院に必要な手続に関し、報告を求め、又

は帳簿書類の提出若しくは提示を命じることができる。

３　第十九条の六の十六第二項及び第三項の規定は、第一項の規定による立入検査、質問又は診察について準用する。この場合において、同条第二項中「前項」とあるのは「第三十八条の六第一項」と、「当該職員」とあるのは「当該職員及び指定医」と、同条第三項中「第一項」とあるのは「第三十八条の六第一項」と読み替えるものとする。

（改善命令等）

第三十八条の七　厚生労働大臣又は都道府県知事は、精神科病院に入院中の者の処遇が第三十六条の規定に違反していると認めるとき又は第三十七条第一項の基準に適合していないと認めるときその他精神科病院に入院中の者の処遇が著しく適当でないと認めるときは、当該精神科病院の管理者に対し、措置を講ずべき事項及び期限を示して、処遇を確保するための改善計画の提出を求め、若しくは提出された改善計画の変更を命じ、又はその処遇の改善のために必要な措置を採ることを命ずることができる。

２　厚生労働大臣又は都道府県知事は、必要があると認めるときは、第二十一条第三項の規定により入院している者又は第三十三条第一項、第三項若しくは第四項若しくは第三十三条の七第一項若しくは第二項の規定により入院した者について、その指定する二人以上の指定医に診察させ、各指定医の診察の結果がその入院を継続する必要があることに一致しない場合又はこれらの者の入院がこの法律若しくはこの法律に基づく命令に違反して行われた場合には、これらの者が入院している精神科病院の管理者に対し、その者を退院させることを命ずることができる。

３　都道府県知事は、前二項の規定による命令をした場合において、その命令を受けた精神科病院の管理者がこれに従わなかつたときは、その旨を公表することができる。

４　厚生労働大臣又は都道府県知事は、精神科病院の管理者が第一項又は第二項の規定による命令に従わないときは、当該精神科病院の管理者に対し、期間を定めて第二十一条第一項、第三十三条第一項、第三項及び第四項並びに第三十三条の七第一項及び第二項の規定による精神障害者の入院に係る医療の提供の全部又は一部を制限することを命ずることができる。

５　都道府県知事は、前項の規定による命令をした場合においては、その旨を公示しなければならない。

（無断退去者に対する措置）

第三十九条　精神科病院の管理者は、入院中の者で自身

を傷つけ又は他人に害を及ぼすおそれのあるものが無断で退去しその行方が不明になつたときは、所轄の警察署長に次の事項を通知してその探索を求めなければならない。

一　退去者の住所、氏名、性別及び生年月日

二　退去の年月日及び時刻

三　症状の概要

四　退去者を発見するために参考となるべき人相、服装その他の事項

五　入院年月日

六　退去者の家族等又はこれに準ずる者の住所、氏名その他厚生労働省令で定める事項

2　警察官は、前項の探索を求められた者を発見したときは、直ちに、その旨を当該精神科病院の管理者に通知しなければならない。この場合において、警察官は、当該精神科病院の管理者がその者を引き取るまでの間、二十四時間を限り、その者を、警察署、病院、救護施設等の精神障害者を保護するのに適当な場所に、保護することができる。

（仮退院）

第四十条　第二十九条第一項に規定する精神科病院又は指定病院の管理者は、指定医による診察の結果、措置入院者の症状に照らしその者を一時退院させて経過を見ることが適当であると認めるときは、都道府県知事の許可を得て、六月を超えない期間を限り仮に退院させることができる。

第五節　雑則

（指針）

第四十一条　厚生労働大臣は、精神障害者の障害の特性その他の心身の状態に応じた良質かつ適切な精神障害者に対する医療の提供を確保するための指針（以下この条において「指針」という。）を定めなければならない。

2　指針に定める事項は、次のとおりとする。

一　精神病床（病院の病床のうち、精神疾患を有する者を入院させるためのものをいう。）の機能分化に関する事項

二　精神障害者の居宅等（居宅その他の厚生労働省令で定める場所をいう。）における保健医療サービス及び福祉サービスの提供に関する事項

三　精神障害者に対する医療の提供に当たつての医師、看護師その他の医療従事者と精神保健福祉士その他の精神障害者の保健及び福祉に関する専門的知識を有する者との連携に関する事項

四　その他良質かつ適切な精神障害者に対する医療の提供の確保に関する重要事項

3　厚生労働大臣は、指針を定め、又はこれを変更したときは、遅滞なく、これを公表しなければならない。

第四十二条　削除

（刑事事件に関する手続等との関係）

第四十三条　この章の規定は、精神障害者又はその疑いのある者について、刑事事件若しくは少年の保護事件の処理に関する法令の規定による手続を行ない、又は刑若しくは補導処分若しくは保護処分の執行のためこれらの者を矯正施設に収容することを妨げるものではない。

2　第二十四条、第二十六条及び第二十七条の規定を除くほか、この章の規定は矯正施設に収容中の者には適用しない。

（心神喪失等の状態で重大な他害行為を行つた者に係る手続等との関係）

第四十四条　この章の規定は、心神喪失等の状態で重大な他害行為を行った者の医療及び観察等に関する法律の対象者について、同法又は同法に基づく命令の規定による手続又は処分をすることを妨げるものではない。

2　前各節の規定は、心神喪失等の状態で重大な他害行為を行った者の医療及び観察等に関する法律第三十四条第一項前段若しくは第六十条第一項前段の命令若しくは第三十七条第五項前段若しくは第六十二条第二項前段の決定により入院している者又は同法第四十二条第一項第一号若しくは第六十一条第一項第一号の決定により指定入院医療機関に入院している者については、適用しない。

第六章　保健及び福祉

第一節　精神障害者保健福祉手帳

（精神障害者保健福祉手帳）

第四十五条　精神障害者（知的障害者を除く。以下この章及び次章において同じ。）は、厚生労働省令で定める書類を添えて、その居住地（居住地を有しないときは、その現在地）の都道府県知事に精神障害者保健福祉手帳の交付を申請することができる。

2　都道府県知事は、前項の申請に基づいて審査し、申請者が政令で定める精神障害の状態にあると認めたときは、申請者に精神障害者保健福祉手帳を交付しなければならない。

3　前項の規定による審査の結果、申請者が同項の政令で定める精神障害の状態にないと認めたときは、都道府県知事は、理由を付して、その旨を申請者に通知しなければならない。

4　精神障害者保健福祉手帳の交付を受けた者は、厚生

労働省令で定めるところにより、二年ごとに、第二項の政令で定める精神障害の状態にあることについて、都道府県知事の認定を受けなければならない。
5　第三項の規定は、前項の認定について準用する。
6　前各項に定めるもののほか、精神障害者保健福祉手帳に関し必要な事項は、政令で定める。

（精神障害者保健福祉手帳の返還等）
第四十五条の二　精神障害者保健福祉手帳の交付を受けた者は、前条第二項の政令で定める精神障害の状態がなくなつたときは、速やかに精神障害者保健福祉手帳を都道府県に返還しなければならない。
2　精神障害者保健福祉手帳の交付を受けた者は、精神障害者保健福祉手帳を譲渡し、又は貸与してはならない。
3　都道府県知事は、精神障害者保健福祉手帳の交付を受けた者について、前条第二項の政令で定める状態がなくなつたと認めるときは、その者に対し精神障害者保健福祉手帳の返還を命ずることができる。
4　都道府県知事は、前項の規定により、精神障害者保健福祉手帳の返還を命じようとするときは、あらかじめその指定する指定医をして診察させなければならない。
5　前条第三項の規定は、第三項の認定について準用する。

第二節　相談指導等

（正しい知識の普及）
第四十六条　都道府県及び市町村は、精神障害についての正しい知識の普及のための広報活動等を通じて、精神障害者の社会復帰及びその自立と社会経済活動への参加に対する地域住民の関心と理解を深めるように努めなければならない。

（相談指導等）
第四十七条　都道府県、保健所を設置する市又は特別区（以下「都道府県等」という。）は、必要に応じて、次条第一項に規定する精神保健福祉相談員その他の職員又は都道府県知事若しくは保健所を設置する市若しくは特別区の長（以下「都道府県知事等」という。）が指定した医師をして、精神保健及び精神障害者の福祉に関し、精神障害者及びその家族等その他の関係者からの相談に応じさせ、及びこれらの者を指導させなければならない。
2　都道府県等は、必要に応じて、医療を必要とする精神障害者に対し、その精神障害の状態に応じた適切な医療施設を紹介しなければならない。
3　市町村（保健所を設置する市を除く。次項において同じ。）は、前二項の規定により都道府県が行う精神

障害者に関する事務に必要な協力をするとともに、必要に応じて、精神障害者の福祉に関し、精神障害者及びその家族等その他の関係者からの相談に応じ、及びこれらの者を指導しなければならない。

4　市町村は、前項に定めるもののほか、必要に応じて、精神保健に関し、精神障害者及びその家族等その他の関係者からの相談に応じ、及びこれらの者を指導するように努めなければならない。

5　市町村、精神保健福祉センター及び保健所は、精神保健及び精神障害者の福祉に関し、精神障害者及びその家族等その他の関係者からの相談に応じ、又はこれらの者へ指導を行うに当たつては、相互に、及び福祉事務所（社会福祉法（昭和二十六年法律第四十五号）に定める福祉に関する事務所をいう。）その他の関係行政機関と密接な連携を図るよう努めなければならない。

（精神保健福祉相談員）

第四十八条　都道府県及び市町村は、精神保健福祉センター及び保健所その他これらに準ずる施設に、精神保健及び精神障害者の福祉に関する相談に応じ、並びに精神障害者及びその家族等その他の関係者を訪問して必要な指導を行うための職員（次項において「精神保健福祉相談員」という。）を置くことができる。

2　精神保健福祉相談員は、精神保健福祉士その他政令で定める資格を有する者のうちから、都道府県知事又は市町村長が任命する。

（事業の利用の調整等）

第四十九条　市町村は、精神障害者から求めがあつたときは、当該精神障害者の希望、精神障害の状態、社会復帰の促進及び自立と社会経済活動への参加の促進のために必要な指導及び訓練その他の援助の内容等を勘案し、当該精神障害者が最も適切な障害福祉サービス事業の利用ができるよう、相談に応じ、必要な助言を行うものとする。この場合において、市町村は、当該事務を一般相談支援事業又は特定相談支援事業を行う者に委託することができる。

2　市町村は、前項の助言を受けた精神障害者から求めがあつた場合には、必要に応じて、障害福祉サービス事業の利用についてあつせん又は調整を行うとともに、必要に応じて、障害福祉サービス事業を行う者に対し、当該精神障害者の利用についての要請を行うものとする。

3　都道府県は、前項の規定により市町村が行うあつせん、調整及び要請に関し、その設置する保健所による技術的事項についての協力その他市町村に対する必要な援助及び市町村相互間の連絡調整を行う。

4　障害福祉サービス事業を行う者は、第二項のあつせん、調整及び要請に対し、できる限り協力しなければならない。

第五十条及び第五十一条　削除

第七章　精神障害者社会復帰促進センター

（指定等）

第五十一条の二　厚生労働大臣は、精神障害者の社会復帰の促進を図るための訓練及び指導等に関する研究開発を行うこと等により精神障害者の社会復帰を促進することを目的とする一般社団法人又は一般財団法人であつて、次条に規定する業務を適正かつ確実に行うことができると認められるものを、その申請により、全国を通じて一個に限り、精神障害者社会復帰促進センター（以下「センター」という。）として指定することができる。

2　厚生労働大臣は、前項の規定による指定をしたときは、センターの名称、住所及び事務所の所在地を公示しなければならない。

3　センターは、その名称、住所又は事務所の所在地を変更しようとするときは、あらかじめ、その旨を厚生労働大臣に届け出なければならない。

4　厚生労働大臣は、前項の規定による届出があつたときは、当該届出に係る事項を公示しなければならない。

（業務）

第五十一条の三　センターは、次に掲げる業務を行うものとする。

一　精神障害者の社会復帰の促進に資するための啓発活動及び広報活動を行うこと。

二　精神障害者の社会復帰の実例に即して、精神障害者の社会復帰の促進を図るための訓練及び指導等に関する研究開発を行うこと。

三　前号に掲げるもののほか、精神障害者の社会復帰の促進に関する研究を行うこと。

四　精神障害者の社会復帰の促進を図るため、第二号の規定による研究開発の成果又は前号の規定による研究の成果を、定期的に又は時宜に応じて提供すること。

五　精神障害者の社会復帰の促進を図るための事業の業務に関し、当該事業に従事する者及び当該事業に従事しようとする者に対して研修を行うこと。

六　前各号に掲げるもののほか、精神障害者の社会復帰を促進するために必要な業務を行うこと。

（センターへの協力）

第五十一条の四　精神科病院その他の精神障害の医療を

提供する施設の設置者及び障害福祉サービス事業を行う者は、センターの求めに応じ、センターが前条第二号及び第三号に掲げる業務を行うために必要な限度において、センターに対し、精神障害者の社会復帰の促進を図るための訓練及び指導に関する情報又は資料その他の必要な情報又は資料で厚生労働省令で定めるものを提供することができる。

（特定情報管理規程）

第五十一条の五　センターは、第五十一条の三第二号及び第三号に掲げる業務に係る情報及び資料（以下この条及び第五十一条の七において「特定情報」という。）の管理並びに使用に関する規程（以下この条及び第五十一条の七において「特定情報管理規程」という。）を作成し、厚生労働大臣の認可を受けなければならない。これを変更しようとするときも、同様とする。

2　厚生労働大臣は、前項の認可をした特定情報管理規程が特定情報の適正な管理又は使用を図る上で不適当となつたと認めるときは、センターに対し、当該特定情報管理規程を変更すべきことを命ずることができる。

3　特定情報管理規程に記載すべき事項は、厚生労働省令で定める。

（秘密保持義務）

第五十一条の六　センターの役員若しくは職員又はこれらの職にあつた者は、第五十一条の三第二号又は第三号に掲げる業務に関して知り得た秘密を漏らしてはならない。

（解任命令）

第五十一条の七　厚生労働大臣は、センターの役員又は職員が第五十一条の五第一項の認可を受けた特定情報管理規程によらないで特定情報の管理若しくは使用を行つたとき、又は前条の規定に違反したときは、センターに対し、当該役員又は職員を解任すべきことを命ずることができる。

（事業計画等）

第五十一条の八　センターは、毎事業年度の事業計画書及び収支予算書を作成し、当該事業年度の開始前に厚生労働大臣に提出しなければならない。これを変更しようとするときも、同様とする。

2　センターは、毎事業年度の事業報告書及び収支決算書を作成し、当該事業年度経過後三月以内に厚生労働大臣に提出しなければならない。

（報告及び検査）

第五十一条の九　厚生労働大臣は、第五十一条の三に規定する業務の適正な運営を確保するために必要な限度において、センターに対し、必要と認める事項の報告

を求め、又は当該職員に、その事務所に立ち入り、業務の状況若しくは帳簿書類その他の物件を検査させることができる。

2　第十九条の六の十六第二項及び第三項の規定は、前項の規定による立入検査について準用する。この場合において、同条第二項中「前項」とあるのは「第五十一条の九第一項」と、同条第三項中「第一項」とあるのは「第五十一条の九第一項」と読み替えるものとする。

（監督命令）

第五十一条の十　厚生労働大臣は、この章の規定を施行するため必要な限度において、センターに対し、第五十一条の三に規定する業務に関し、監督上必要な命令をすることができる。

（指定の取消し等）

第五十一条の十一　厚生労働大臣は、センターが次の各号のいずれかに該当するときは、第五十一条の二第一項の規定による指定を取り消すことができる。

一　第五十一条の三に規定する業務を適正かつ確実に実施することができないと認められるとき。

二　指定に関し不正な行為があつたとき。

三　この章の規定又は当該規定による命令若しくは処分に違反したとき。

2　厚生労働大臣は、前項の規定により指定を取り消したときは、その旨を公示しなければならない。

第八章　雑則

（審判の請求）

第五十一条の十一の二　市町村長は、精神障害者につき、その福祉を図るため特に必要があると認めるときは、民法（明治二十九年法律第八十九号）第七条、第十一条、第十三条第二項、第十五条第一項、第十七条第一項、第八百七十六条の四第一項又は第八百七十六条の九第一項に規定する審判の請求をすることができる。

（後見等を行う者の推薦等）

第五十一条の十一の三　市町村は、前条の規定による審判の請求の円滑な実施に資するよう、民法に規定する後見、保佐及び補助（以下この条において「後見等」という。）の業務を適正に行うことができる人材の活用を図るため、後見等の業務を適正に行うことができる者の家庭裁判所への推薦その他の必要な措置を講ずるよう努めなければならない。

2　都道府県は、市町村と協力して後見等の業務を適正に行うことができる人材の活用を図るため、前項に規定する措置の実施に関し助言その他の援助を行うよう

に努めなければならない。

（大都市の特例）

第五十一条の十二　この法律の規定中都道府県が処理することとされている事務で政令で定めるものは、地方自治法（昭和二十二年法律第六十七号）第二百五十二条の十九第一項の指定都市（以下「指定都市」という。）においては、政令の定めるところにより、指定都市が処理するものとする。この場合においては、この法律の規定中都道府県に関する規定は、指定都市に関する規定として指定都市に適用があるものとする。

２　前項の規定により指定都市の長がした処分（地方自治法第二条第九項第一号に規定する第一号法定受託事務に係るものに限る。）に係る審査請求についての都道府県知事の裁決に不服がある者は、厚生労働大臣に対し再審査請求をすることができる。

＊平成二十八年四月一日施行（罫線部分）

（大都市の特例）

第五十一条の十二　（略）

２　前項の規定により指定都市の長がした処分（地方自治法第二条第九項第一号に規定する第一号法定受託事務（以下「第一号法定受託事務」という。）に係るものに限る。）に係る審査請求についての都道府県知事の裁決に不服がある者は、厚生労働大臣に対し再審査請求をすることができる。

３　指定都市の長が第一項の規定によりその処理することとされた事務のうち第一号法定受託事務に係る処分をする権限をその補助機関である職員又はその管理に属する行政機関の長に委任した場合において、委任を受けた職員又は行政機関の長がその委任に基づいてした処分につき、地方自治法第二百五十五条の二第二項の再審査請求の裁決があつたときは、当該裁決に不服がある者は、同法第二百五十二条の十七の四第五項から第七項までの規定の例により、厚生労働大臣に対して再々審査請求をすることができる。

（事務の区分）

第五十一条の十三　この法律（第一章から第三章まで、第十九条の二第四項、第十九条の七、第十九条の八、第十九条の九第一項、同条第二項（第三十三条の八において準用する場合を含む。）、第三十三条の十一、第二十九条の七、第三十条第一項及び第三十一条、第三十三条の七第一項及び第六項、第六章並びに第五十一条の十一の三第二項を除く。）の規定により都道府県が処理することとされている事務は、地方自治法第二条

第九項第一号に規定する第一号法定受託事務（次項及び第三項において「第一号法定受託事務」という。）とする。

2　この法律（第六章第二節を除く。）の規定により保健所を設置する市又は特別区が処理することとされている事務（保健所長に係るものに限る。）は、第一号法定受託事務とする。

3　第三十三条第三項及び第三十四条第二項の規定により市町村が処理することとされている事務は、第一号法定受託事務とする。

＊平成二十八年四月一日施行（罫線部分）

（事務の区分）

第五十一条の十三　この法律（第一章から第三章まで、第十九条の二第四項、第十九条の七、第十九条の八、第十九条の九第一項、同条第二項（第三十三条の八において準用する場合を含む。）、第十九条の十一、第二十九条の七、第三十条第一項及び第三十一条、第三十三条の七第一項及び第六項、第六章並びに第五十一条の十一の三第二項を除く。）の規定により都道府県が処理することとされている事務は、第一号法定受託事務とする。

2・3（略）

（権限の委任）

第五十一条の十四　この法律に規定する厚生労働大臣の権限は、厚生労働省令で定めるところにより、地方厚生局長に委任することができる。

2　前項の規定により地方厚生局長に委任された権限は、厚生労働省令で定めるところにより、地方厚生支局長に委任することができる。

（経過措置）

第五十一条の十五　この法律の規定に基づき命令を制定し、又は改廃する場合においては、その命令で、その制定又は改廃に伴い合理的に必要と判断される範囲内において、所要の経過措置（罰則に関する経過措置を含む。）を定めることができる。

第九章　罰則

第五十二条　次の各号のいずれかに該当する者は、三年以下の懲役又は百万円以下の罰金に処する。

一　第三十八条の三第四項の規定による命令に違反した者

二　第三十八条の五第五項の規定による退院の命令に違反した者

三　第三十八条の七第二項の規定による命令に違反した者

四　第三十八条の七第四項の規定による命令に違反した者

第五十三条　精神科病院の管理者、指定医、地方精神保健福祉審議会の委員、精神医療審査会の委員、第二十一条第四項、第三十三条第四項若しくは第三十三条の七第二項の規定により診察を行つた特定医師若しくは第四十七条第一項の規定により都道府県知事等が指定した医師又はこれらの職にあつた者が、この法律の規定に基づく職務の執行に関して知り得た人の秘密を正当な理由がなく漏らしたときは、一年以下の懲役又は百万円以下の罰金に処する。

２　精神科病院の職員又はその職にあつた者が、この法律の規定に基づく精神科病院の管理者の職務の執行を補助するに際して知り得た人の秘密を正当な理由がなく漏らしたときも、前項と同様とする。

第五十三条の二　第五十一条の六の規定に違反した者は、一年以下の懲役又は百万円以下の罰金に処する。

第五十四条　次の各号のいずれかに該当する者は、六月以下の懲役又は五十万円以下の罰金に処する。

一　第十九条の六の十三の規定による停止の命令に違反した者

二　虚偽の事実を記載して第二十二条第一項の申請をした者

第五十五条　次の各号のいずれかに該当する者は、三十万円以下の罰金に処する。

一　第十九条の六の十六第一項の規定による報告をせず、若しくは虚偽の報告をし、又は同項の規定による検査を拒み、妨げ、若しくは忌避した者

二　第二十七条第一項又は第二項の規定による診察を拒み、妨げ、若しくは忌避した者又は同条第四項の規定による立入りを拒み、若しくは妨げた者

三　第二十九条の二第一項の規定による診察を拒み、妨げ、若しくは忌避した者又は同条第四項において準用する第二十七条第四項の規定による立入りを拒み、若しくは妨げた者

四　第三十八条の三第三項（同条第六項において準用する場合を含む。以下この号において同じ。）の規定による報告若しくは提出をせず、若しくは虚偽の報告をし、同条第三項の規定による診察を妨げ、又は同項の規定による出頭をせず、若しくは同項の規定による審問に対して、正当な理由がなく答弁せず、若しくは虚偽の答弁をした者

五　第三十八条の五第四項の規定による報告若しくは提出をせず、若しくは虚偽の報告をし、同項の規定による診察を妨げ、又は同項の規定による出頭をせず、若しくは同項の規定による審問に対して、正当

な理由がなく答弁せず、若しくは虚偽の答弁をした者

六　第三十八条の六第一項の規定による報告若しくは提出若しくは提示をせず、若しくは虚偽の報告をし、同項の規定による検査若しくは診察を拒み、妨げ、若しくは忌避し、又は同項の規定による質問に対して、正当な理由がなく答弁せず、若しくは虚偽の答弁をした者

七　第三十八条の六第二項の規定による報告若しくは提出若しくは提示をせず、又は虚偽の報告をした精神科病院の管理者

八　第五十一条の九第一項の規定による報告をせず、若しくは虚偽の報告をし、又は同項の規定による検査を拒み、妨げ、若しくは忌避した者

第五十六条　法人の代表者又は法人若しくは人の代理人、使用人その他の従業者が、その法人又は人の業務に関して第五十二条、第五十四条第一号又は前条の違反行為をしたときは、行為者を罰するほか、その法人又は人に対しても各本条の罰金刑を科する。

第五十七条　次の各号のいずれかに該当する者は、十万円以下の過料に処する。

一　第十九条の四の二（第二十一条第五項、第三十三条第五項及び第三十三条の七第三項において準用する場合を含む。）の規定に違反した者

二　第十九条の六の九の規定による届出をせず、又は虚偽の届出をした者

三　第十九条の六の十第一項の規定に違反して財務諸表等を備えて置かず、財務諸表等に記載すべき事項を記載せず、若しくは虚偽の記載をし、又は正当な理由がないのに同条第二項各号の規定による請求を拒んだ者

四　第十九条の六の十四の規定に違反して同条に規定する事項の記載をせず、若しくは虚偽の記載をし、又は帳簿を保存しなかつた者

五　第二十一条第七項の規定に違反した者

六　第三十三条第七項の規定に違反した者

七　第三十三条の七第五項の規定に違反した者

八　第三十八条の二第一項又は同条第二項において準用する同条第一項の規定に違反した者

附　則

（施行期日）

1　この法律は、公布の日〔昭和二十五年五月一日〕から施行する。

（精神病者監護法及び精神病院法の廃止）

2　精神病者監護法（明治三十三年法律第三十八号）及び精神病院法（大正八年法律第二十五号）は廃止す

る。但し、この法律施行前にした行為に対する罰則の適用については、なお従前の例による。

別表（第十九条の六の四関係）

科目	教授する者	第十八条第一項第四号に規定する研修の課程の時間数	第十九条第一項に規定する研修の課程の時間数
精神保健及び精神障害者福祉に関する法律及び障害者の日常生活及び社会生活を総合的に支援するための法律並びに精神保健福祉行政概論	この法律及び障害者の日常生活及び社会生活を総合的に支援するための法律並びに精神保健福祉行政に関し学識経験を有する者であること。	八時間	三時間
精神障害者の医療に関する法令及び実務	精神障害者の医療に関し学識経験を有する者として精神医療審査会の委員に任命されている者若しくはその職にあった者又はこれらの者と同等以上の学識経験を有する者であること。		
精神障害者の人権に関する法令	法律に関し学識経験を有する者として精神医療審査会の委員に任命されている者若しくはその職にあった者又はこれらの者と同等以上の学識経験を有する者であること。		
精神医学	学校教育法（昭和二十二年法律第二十六号）に基づく大学において精神医学の教授若しくは准教授の職にある者若しくはこれらの職にあった者又はこれらの者と同等以上の学識経験を有する者であること。	四時間	
精神障害者の社会復帰及び精神障害者福祉	精神障害者の社会復帰及び精神障害者福祉に関し学識経験を有する者であること。	二時間	一時間
精神障害者の医療に関する事例研究	次に掲げる者が共同して教授すること。 一　指定医として十年以上精神障害の診断又は治療に従事した経験を有する者 二　法律に関し学識経験	四時間	三時間

	を有する者として精神医療審査会の委員に任命されている者若しくはその職にあつた者又はこれらの者と同等以上の学識経験を有する者 三　この法律及び精神保健福祉行政に関し学識経験を有する者

備考　第一欄に掲げる精神障害者の医療に関する事例研究は、最新の事例を用いて教授すること。

〔参考１〕

◉刑法等の一部を改正する法律（抄）

〔平成二十五年六月十九日
法律第四十九号〕

注　平成二五年六月一九日法律第四七号「精神保健及び精神障害者福祉に関する法律の一部を改正する法律」附則第一六条により一部改正

附　則　抄

（施行期日）

第一条　この法律は、公布の日から起算して三年を超えない範囲内において政令で定める日から施行する。〔以下略〕

（精神保健及び精神障害者福祉に関する法律の一部改正）

第五条　精神保健及び精神障害者福祉に関する法律（昭和二十五年法律第百二十三号）の一部を次のように改正する。

第二十四条第一項中「、禁錮《こ》又は拘留」を「若しくは禁錮」に改め、「言い渡し」の下に「、その刑の全部の」を加え、「しない」を「せず、又は拘留の刑を言い渡す」に改める。

〔参考2〕

◉医療法の一部を改正する法律（抄）

〔平成二十七年九月二十八日
法律第七十四号〕

注　平成二七年九月四日法律第六三号「農業協同組合法等の一部を改正する等の法律」附則第一一三条により一部改正

附　則　抄

（施行期日）

第一条　この法律は、公布の日から起算して二年を超えない範囲内において政令で定める日から施行する。〔以下略〕

（精神保健及び精神障害者福祉に関する法律の一部改正）

第十二条　精神保健及び精神障害者福祉に関する法律（昭和二十五年法律第百二十三号）の一部を次のように改正する。

第十九条の九第二項中「第七十一条の二第一項」を「第七十二条第一項」に改める。

◉精神保健及び精神障害者福祉に関する法律施行令

〔昭和二十五年五月二十三日
政令第百五十五号〕

注　平成二七年一一月一八日政令第三八六号改正現在

〔国庫の補助〕

第一条　精神保健及び精神障害者福祉に関する法律（以下「法」という。）第七条の規定による国庫の補助は、各年度において都道府県が精神保健福祉センターの設置のために支出した費用の額及び運営のために支出した費用のうち次に掲げる事業に係るもの（職員の給与費を除く。）の額から、その年度における事業に伴う収入その他の収入の額を控除した精算額につき、厚生労働大臣が総務大臣及び財務大臣と協議して定める算定基準に従つて行うものとする。

一　児童及び精神作用物質（アルコールに限る。）の依存症を有する者の精神保健の向上に関する事業

二　精神障害者の社会復帰の促進に関する事業

2　前項の規定により控除しなければならない金額がその年度において都道府県が支出した費用の額を超過したときは、その超過額は、後年度における支出額から同項の規定による控除額と併せて控除する。

〔精神医療審査会〕

第二条　精神医療審査会（以下「審査会」という。）に会長を置き、委員の互選によつてこれを定める。

2　会長は、会務を総理する。

3　会長に事故があるときは、あらかじめ委員のうちから互選された者が、その職務を行う。

4　審査会は、会長が招集する。

5　審査会は、委員の過半数が出席しなければ、議事を開き、議決することができない。

6　審査会の議事は、出席した委員の過半数で決し、可否同数のときは、会長の決するところによる。

7　審査の案件を取り扱う合議体に長を置き、合議体を構成する委員の互選によつてこれを定める。

8　合議体は、精神障害者の医療に関し学識経験を有する者のうちから任命された委員、法律に関し学識経験を有する者のうちから任命された委員及びその他の学識経験を有する者のうちから任命された委員がそれぞれ一人出席しなければ、議事を開き、議決することができない。

9　合議体の議事は、出席した委員の過半数で決する。

10　前各項に定めるもののほか、審査会の運営に関し必要な事項は、審査会が定める。

＊平成二十八年四月一日施行（罫線部分）

〔精神医療審査会〕

第二条　（略）

２～７　（略）

８　合議体は、精神障害者の医療に関し学識経験を有する者のうちから任命された委員、精神障害者の保健又は福祉に関し学識経験を有する者のうちから任命された委員及び法律に関し学識経験を有する者のうちから任命された委員がそれぞれ一人出席しなければ、議事を開き、議決することができない。

９・10　（略）

〔精神保健指定医の指定の申請〕

第二条の二　精神保健指定医（以下「指定医」という。）の指定を受けようとする者は、申請書に厚生労働省令で定める書類を添え、住所地の都道府県知事を経由して、これを厚生労働大臣に提出しなければならない。

〔精神保健指定医証の交付〕

第二条の二の二　厚生労働大臣は、法第十八条第一項の指定をしたときは、厚生労働省令で定めるところにより、当該指定を受けた者に、住所地の都道府県知事を経由して指定医証を交付しなければならない。

〔指定医証変更の申請〕

第二条の二の三　指定医は、指定医証の記載事項に変更を生じたときは、その書換交付を申請することができる。

２　指定医は、指定医証を破損し、汚し、又は失つたときは、その再交付を申請することができる。

３　前二項の申請をしようとする者は、申請書に厚生労働省令で定める書類を添え、住所地の都道府県知事を経由して、これを厚生労働大臣に提出しなければならない。

４　指定医は、指定医証の再交付を受けた後、失つた指定医証を発見したときは、直ちにその住所地の都道府県知事を経由して、厚生労働大臣にこれを返納しなければならない。

〔指定取消しによる指定医証の返納〕

第二条の二の四　指定医は、法第十九条の二第一項の規定によりその指定を取り消され、又は同条第二項の規定によりその指定を取り消され若しくは職務の停止を命じられたときは、直ちにその住所地の都道府県知事を経由して、厚生労働大臣に指定医証を返納しなければならない。

〔研修受講義務の特例に関する書類の提出〕

第二条の二の五　法第十九条第二項ただし書の規定による厚生労働大臣の認定を受けようとする者は、申請書

に厚生労働省令で定める書類を添え、住所地の都道府県知事を経由して、これを厚生労働大臣に提出しなければならない。

〔国庫の補助〕

第二条の三　法第十九条の十第一項の規定による国庫の補助は、各年度において都道府県が精神科病院及び精神科病院以外の病院に設ける精神病室の設置及び運営のために支出した費用（法第三十条第一項の規定により都道府県が負担する費用を除く。）の額から、その年度における事業に伴う収入その他の収入の額を控除した精算額につき、厚生労働大臣が総務大臣及び財務大臣と協議して定める算定基準に従つて行うものとする。

2　第一条第二項の規定は、前項の場合に準用する。

〔国庫の負担〕

第三条　法第三十条第二項の規定による国庫の負担は、各年度において都道府県が同条第一項の規定により負担した費用の額から、その年度における法第三十一条の規定により徴収する費用の額の予定額（徴収した費用の額が予定額を超えたときは、徴収した額）及びその費用のための寄附金その他の収入の額を控除した額について行うものとする。

2　前項に規定する予定額は、厚生労働大臣があらかじめ総務大臣及び財務大臣と協議して定める基準に従つて算定する。

3　第一条第二項の規定は、第一項の場合に準用する。

第四条　削除（第二八次改正）

〔精神障害者保健福祉手帳の交付の申請〕

第五条　法第四十五条第一項の規定による精神障害者保健福祉手帳の交付の申請は、精神障害者の居住地（居住地を有しないときは、その現在地。以下同じ。）を管轄する市町村長（特別区の長を含む。以下同じ。）を経由して行わなければならない。

〔精神障害者保健福祉手帳〕

第六条　法第四十五条第二項に規定する政令で定める精神障害の状態は、第三項に規定する障害等級に該当する程度のものとする。

2　精神障害者保健福祉手帳には、次項に規定する障害等級を記載するものとする。

3　障害等級は、障害の程度に応じて重度のものから一級、二級及び三級とし、各級の障害の状態は、それぞれ次の表の下欄に定めるとおりとする。

障害等級	精神障害の状態
一級	日常生活の用を弁ずることを不能ならしめる程度のもの

二　級	日常生活が著しい制限を受けるか、又は日常生活に著しい制限を加えることを必要とする程度のもの
三　級	日常生活若しくは社会生活が制限を受けるか、又は日常生活若しくは社会生活に制限を加えることを必要とする程度のもの

〔精神障害者保健福祉手帳の交付〕

第六条の二　法第四十五条第二項の規定による精神障害者保健福祉手帳の交付は、その申請を受理した市町村長を経由して行わなければならない。

〔精神障害者保健福祉手帳交付台帳等〕

第七条　都道府県知事は、当該都道府県の区域に居住地を有する精神障害者に係る精神障害者保健福祉手帳交付台帳を備え、厚生労働省令で定めるところにより、精神障害者保健福祉手帳の交付に関する事項を記載しなければならない。

2　精神障害者保健福祉手帳の交付を受けた者は、氏名を変更したとき、又は同一の都道府県の区域内において居住地を移したときは、三十日以内に、精神障害者保健福祉手帳を添えて、その居住地を管轄する市町村長を経由して、都道府県知事にその旨を届け出なければならない。

3　前項の規定による届出があつたときは、その市町村長は、その精神障害者保健福祉手帳にその旨を記載するとともに、その者に返還しなければならない。

4　精神障害者保健福祉手帳の交付を受けた者は、他の都道府県の区域に居住地を移したときは、三十日以内に、新居住地を管轄する市町村長を経由して、新居住地の都道府県知事にその旨を届け出なければならない。

5　都道府県知事は、前項の届出を受理したときは、旧居住地の都道府県知事にその旨を通知するとともに、新居住地を管轄する市町村長を経由して、旧居住地の都道府県知事が交付した精神障害者保健福祉手帳と引換えに、新たな精神障害者保健福祉手帳をその者に交付しなければならない。

6　都道府県知事は、次に掲げる場合には、精神障害者保健福祉手帳交付台帳から、その精神障害者保健福祉手帳に関する記載事項を消除しなければならない。

一　法第四十五条の二第一項若しくは第十条の二第一項の規定による精神障害者保健福祉手帳の返還を受けたとき、又は同項の規定による精神障害者保健福祉手帳の返還がなく、かつ、精神障害者本人が死亡した事実が判明したとき。

二　法第四十五条の二第三項の規定により精神障害者保健福祉手帳の返還を命じたとき。

三　前項の規定による通知を受けたとき。

〔精神障害者保健福祉手帳の更新〕

第八条　法第四十五条第四項の規定による認定の申請は、その居住地を管轄する市町村長を経由して行わなければならない。

2　都道府県知事は、前項の規定による申請を行つた者が第六条第三項で定める精神障害の状態であると認めたときは、厚生労働省令で定めるところにより、その申請を受理した市町村長においてその者の精神障害者保健福祉手帳に必要な事項を記載した後に当該精神障害者保健福祉手帳をその者に返還し、又は先に交付した精神障害者保健福祉手帳と引換えに新たな精神障害者保健福祉手帳をその者に交付しなければならない。

3　前項の規定による新たな精神障害者保健福祉手帳の交付は、その申請を受理した市町村長を経由して行わなければならない。

〔障害等級の変更申請〕

第九条　精神障害者保健福祉手帳の交付を受けた者は、その精神障害の状態が精神障害者保健福祉手帳に記載された障害等級以外の障害等級に該当するに至つたときは、障害等級の変更の申請を行うことができる。

2　都道府県知事は、前項の申請を行つた者の精神障害の状態が精神障害者保健福祉手帳に記載された障害等級以外の障害等級に該当するに至つたと認めたときは、先に交付した精神障害者保健福祉手帳と引換えに、新たな精神障害者保健福祉手帳をその者に交付しなければならない。

3　第一項の規定による申請及び前項の規定による精神障害者保健福祉手帳の交付は、その居住地を管轄する市町村長を経由して行わなければならない。

〔再交付申請〕

第十条　都道府県知事は、精神障害者保健福祉手帳を破り、汚し、又は失つた者から精神障害者保健福祉手帳の再交付の申請があつたときは、精神障害者保健福祉手帳を交付しなければならない。

2　精神障害者保健福祉手帳を失つた者が、前項の規定により精神障害者保健福祉手帳の再交付を受けた後、失つた精神障害者保健福祉手帳を発見したときは、速やかにこれを居住地の都道府県知事に返還しなければならない。

3　第一項の規定による精神障害者保健福祉手帳の申請及び交付並びに前項の規定による精神障害者保健福祉手帳の返還は、その居住地を管轄する市町村長を経由して行わなければならない。

〔精神障害者保健福祉手帳の返還〕

第十条の二　精神障害者保健福祉手帳の交付を受けた者

が死亡したときは、戸籍法（昭和二十二年法律第二百二十四号）の規定による届出義務者は、速やかに当該精神障害者保健福祉手帳を都道府県知事に返還しなければならない。

2　法第四十五条の二第一項又は前項の規定による精神障害者保健福祉手帳の返還は、当該精神障害者保健福祉手帳に記載された居住地を管轄する市町村長を経由して行わなければならない。

〔省令への委任〕

第十一条　第六条から前条までに定めるもののほか、精神障害者保健福祉手帳について必要な事項は、厚生労働省令で定める。

〔精神保健に関する業務に従事する職員の資格〕

第十二条　法第四十八条第二項に規定する政令で定める資格を有する者は、次の各号のいずれかに該当する者とする。

一　学校教育法（昭和二十二年法律第二十六号）に基づく大学において社会福祉に関する科目又は心理学の課程を修めて卒業した者であつて、精神保健及び精神障害者の福祉に関する知識及び経験を有するもの

二　医師

三　厚生労働大臣が指定した講習会の課程を修了した保健師であつて、精神保健及び精神障害者の福祉に関する経験を有するもの

四　前三号に準ずる者であつて、精神保健福祉相談員として必要な知識及び経験を有するもの

〔大都市の特例〕

第十三条　地方自治法（昭和二十二年法律第六十七号）第二百五十二条の十九第一項の指定都市（以下「指定都市」という。）において、法第五十一条の十二第一項の規定により、指定都市が処理する事務については、地方自治法施行令（昭和二十二年政令第十六号）第百七十四条の三十六に定めるところによる。

〔事務の区分〕

第十四条　第二条の二、第二条の二の二、第二条の二の三第三項及び第四項、第二条の二の四並びに第二条の二の五の規定により都道府県が処理することとされている事務は、地方自治法第二条第九項第一号に規定する第一号法定受託事務とする。

2　第五条、第六条の二、第七条第二項から第五項まで、第八条、第九条第三項、第十条第三項及び第十条の二第二項の規定により市町村が処理することとされている事務は、地方自治法第二条第九項第二号に規定する第二号法定受託事務とする。

〔権限の委任〕

第十五条　この政令に規定する厚生労働大臣の権限は、厚生労働省令で定めるところにより、地方厚生局長に委任することができる。

2　前項の規定により地方厚生局長に委任された権限は、厚生労働省令で定めるところにより、地方厚生支局長に委任することができる。

附　則

〔施行期日〕

1　この政令は、公布の日〔昭和二十五年五月二十三日〕から施行し、法施行の日〔昭和二十五年五月一日〕から適用する。

〔関係勅令の廃止〕

2　左の勅令は、廃止する。

精神病者監護法第六条及び第八条第三項に依る監護に関する件（明治三十三年勅令第二百八十二号）

精神病院法施行令（大正十二年勅令第三百二十五号）

◉精神保健及び精神障害者福祉に関する法律施行規則

（昭和二十五年六月二十四日 厚生省令第三十一号）

注　平成二七年九月三〇日厚生労働省令第一五三号改正現在（未施行分については七四二頁以降に収載）

〔申請書に添える書類〕

第一条　精神保健及び精神障害者福祉に関する法律施行令（昭和二十五年政令第百五十五号。以下「令」という。）第二条の二の厚生労働省令で定める書類は、次のとおりとする。

一　履歴書

二　医師免許証の写し

三　五年以上診断又は治療に従事した経験を有することを証する書面

四　三年以上精神障害の診断又は治療に従事した経験を有することを証する書面

五　精神保健及び精神障害者福祉に関する法律（昭和二十五年法律第百二十三号。以下「法」という。）第十八条第一項第三号に規定する厚生労働大臣が定める精神障害につき厚生労働大臣が定める程度の診断又は治療に従事した経験を有することを証する書面

六　法第十八条第一項第四号に規定する研修の課程を修了したことを証する書面

2　法第十九条第二項の規定により同項に規定する指定の効力が失われた日から起算して一年を超えない期間に法第十八条第一項の申請を行う場合においては、令第二条の二の厚生労働省令で定める書類は、前項の規定にかかわらず、同項第一号、第二号及び第六号に掲げる書類並びに当該効力が失われた指定に係る指定医証とする。

〔精神保健指定医証の様式〕

第一条の二　令第二条の二の二の指定医証の様式は、別記様式第一号によるものとする。

〔研修受講義務の特例に関する書類〕

第一条の三　令第二条の二の五の厚生労働省令で定める書類は、法第十九条第一項の研修を受けなかつたことにつきやむを得ない理由が存することを証する書類とする。

〔研修の課程〕

第二条　法第十八条第一項第四号及び第十九条第一項に規定する研修（次項及び第四条を除き、以下「研修」という。）の課程は、法別表のとおりとする。

2　法第十九条第二項の規定により同項に規定する指定

の効力が失われた日から起算して一年を超えない期間に法第十八条第一項の申請を行う場合においては、法第十八条第一項第四号に規定する研修の課程は、前項の規定にかかわらず、法別表第十九条第一項に規定する研修の課程の時間数によるものとする。

〔研修課程修了証の交付〕

第三条　研修の実施者は、その研修の課程を修了した者に対して、研修の課程を修了したことを証する書面（以下「研修課程修了証」という。）を交付するものとする。

〔指定後の研修受講義務の特例〕

第四条　法第十九条第二項の厚生労働省令で定めるやむを得ない理由は、同条第一項の研修を受けるべき年度において実施されるいずれの研修をも受けることができないことについて、災害、傷病、長期の海外渡航その他の事由があることとする。

〔診療録の記載事項〕

第四条の二　法第十九条の四の二の厚生労働省令で定める事項は、次の各号に掲げる記載の区分に応じ、それぞれ当該各号に定める事項とする。

一　法第二十一条第三項の規定により入院を継続する必要があるかどうかの判定に係る記載

イ　法第二十一条第三項の規定による措置を採つた年月日及び時刻並びに解除した年月日及び時刻

ロ　当該措置を採つたときの症状

二　法第二十九条の五の規定により入院を継続する必要があるかどうかの判定に係る記載

イ　入院後の症状又は状態像の経過の概要

ロ　今後の治療方針

三　法第三十三条第一項又は第三項の規定による入院を必要とするかどうか及び法第二十条の規定による入院が行われる状態にないかどうかの判定に係る記載

イ　法第三十三条第一項又は第三項の規定による措置を採つたときの症状

ロ　法第二十条の規定による入院が行われる状態にないと判定した理由

四　法第三十三条の七第一項の規定による入院を必要とするかどうか及び法第二十条の規定による入院が行われる状態にないかどうかの判定に係る記載

イ　法第三十三条の七第一項の規定による措置を採つた年月日及び時刻並びに解除した年月日及び時刻

ロ　当該措置を採つたときの症状

ハ　法第二十条の規定による入院が行われる状態にないと判定した理由

五　法第三十六条第三項に規定する行動の制限を必要とするかどうかの判定に係る記載
イ　法第三十六条第三項の規定による指定医（法第十八条第一項に規定する指定医をいう。以下同じ。）が必要と認めて行つた行動の制限の内容
ロ　当該行動の制限を開始した年月日及び時刻並びに解除した年月日及び時刻
ハ　当該行動の制限を行つたときの症状
六　法第三十八条の二第一項に規定する報告事項に係る入院中の者の診察に係る記載
イ　症状
ロ　過去六月間の病状又は状態像の経過の概要
ハ　生活歴及び現病歴
ニ　今後の治療方針
七　法第三十八条の二第二項において準用する同条第一項に規定する報告事項に係る入院中の者の診察に係る記載
イ　過去十二月間の病状又は状態像の経過の概要
ロ　前号イ、ハ及びニに掲げる事項
八　法第四十条の規定により一時退院させて経過を見ることが適当かどうかの判定に係る記載　第二号に掲げる事項

〔常時勤務する指定医の条件〕

第四条の三　法第十九条の五に規定する精神科病院（精神科病院以外の病院で精神病室が設けられているものを含む。以下同じ。）に常時勤務する指定医は、一日に八時間以上、かつ、一週間に四日以上当該精神科病院において精神障害の診断又は治療に従事する者でなければならない。

〔登録の申請〕

第四条の四　法第十九条の六の二の登録の申請をしようとする者は、次に掲げる事項を記載した申請書を厚生労働大臣に提出しなければならない。
一　氏名及び住所（法人にあつては、その名称、主たる事務所の所在地及び代表者の氏名）
二　研修の業務を行おうとする事務所の名称及び所在地
三　研修の業務を開始しようとする年月日
四　研修の種類
2　前項の申請書には、次に掲げる書類を添付しなければならない。
一　申請者が法人である場合は、その定款又は寄附行為及び登記事項証明書
二　申請者が個人である場合は、その住民票の写し
三　申請者が法第十九条の六の三各号の規定に該当しないことを説明した書面

四　次の事項を記載した書面
イ　申請者が法人である場合は、その役員の氏名及び略歴
ロ　研修の業務を管理する者の氏名及び略歴
五　研修の業務を開始する初年度の研修計画（法第十九条の六の六第一項に規定する研修計画をいう。）を記載した書面

〔登録の更新〕
第四条の五　前条の規定は、法第十九条の六の五第一項の登録の更新について準用する。

〔業務規程〕
第四条の六　法第十九条の六の八第二項の厚生労働省令で定める事項は、次のとおりとする。
一　研修の実施方法
二　研修に関する料金
三　前号の料金の収納の方法に関する事項
四　研修課程修了証の発行に関する事項
五　研修の業務に関して知り得た秘密の保持に関する事項
六　研修の業務に関する帳簿及び書類の保存に関する事項
七　法第十九条の六の十第二項第二号及び第四号の請求に係る費用に関する事項
八　その他研修の業務の実施に関し必要な事項

〔業務の休廃止の届出〕
第四条の七　法第十九条の六の六第一項に規定する登録研修機関（以下「登録研修機関」という。）は、法第十九条の六の九の届出をしようとするときは、次の事項を記載した書面を厚生労働大臣に提出しなければならない。
一　休止し、又は廃止しようとする研修の業務の範囲
二　休止し、又は廃止しようとする年月日
三　休止又は廃止の理由
四　休止しようとする場合にあつては、休止の予定期間

〔電磁的記録に記録された情報の内容を表示する方法〕
第四条の八　法第十九条の六の十第二項第三号の厚生労働省令で定める方法は、当該電磁的記録に記録された事項を紙面又は出力装置の映像面に表示する方法とする。

〔情報通信の技術を利用する方法〕
第四条の九　法第十九条の六の十第二項第四号の厚生労働省令で定める電磁的方法は、次に掲げるいずれかの方法とする。
一　送信者の使用に係る電子計算機と受信者の使用に係る電子計算機とを電気通信回線で接続した電子情

報処理組織を使用する方法であつて、当該電気通信回線を通じて情報が送信され、受信者の使用に係る電子計算機に備えられたファイルに当該情報が記録されるもの

二　磁気ディスクその他これに準ずる方法により一定の情報を確実に記録しておくことができる物をもつて調製するファイルに情報を記録したものを交付する方法

2　前項各号に掲げる方法は、受信者がファイルへの記録を出力することによる書面を作成できるものでなければならない。

〔研修結果の報告〕

第四条の十　登録研修機関は、研修を行つたときは、当該研修が終了した日の属する月の翌月末日までに、受講申込者数及び受講者数を記載した研修結果報告書並びに研修の修了者の氏名、生年月日、住所、勤務先の名称及び所在地、修了年月日、研修課程修了証の番号及び修了した研修の種類を記載した研修修了者一覧表を厚生労働大臣に提出しなければならない。

〔帳簿の備付け〕

第四条の十一　登録研修機関は、研修を行つたときは、研修の修了者の氏名、生年月日、住所、勤務先の名称及び所在地、修了年月日、研修課程修了証の番号及び修了した研修の種類を記載した帳簿を作成し、研修の業務を廃止するまで保存しなければならない。

〔研修の通知〕

第四条の十二　登録研修機関は、前条に規定する帳簿に記載された者であつて指定医に指定されたものに対し、当該者が法第十九条第一項に規定する研修を受けるべき年度に、あらかじめ、当該研修を受けなければならないことを通知しなければならない。

2　指定医は、法第十八条第一項の申請の日以降にその住所を変更したときは、速やかに、その旨を地方厚生局長に届け出なければならない。

〔研修業務の引継ぎ等〕

第四条の十三　登録研修機関は、法第十九条の六の十五第一項の規定により厚生労働大臣が研修の業務の全部又は一部を自ら行う場合には、次に掲げる事項を行わなければならない。

一　研修の業務の厚生労働大臣への引継ぎ

二　研修の業務に関する帳簿及び書類の厚生労働大臣への引継ぎ

三　その他厚生労働大臣が必要と認める事項

〔身分を示す証票〕

第四条の十四　法第十九条の六の十六第二項に規定する当該職員の身分を示す証票は、別記様式第二号によら

なければならない。

〔任意入院に際しての告知事項〕

第五条　法第二十一条第一項の厚生労働省令で定める事項は、次のとおりとする。

一　患者の同意に基づく入院である旨

二　法第三十六条に規定する行動の制限に関する事項

三　処遇に関する事項

四　法第二十一条第二項に規定する退院の申出により退院できる旨並びに同条第三項及び第四項後段の規定による措置に関する事項

〔法第二十一条第四項の厚生労働省令で定める精神科病院の基準〕

第五条の二　法第二十一条第四項の厚生労働省令で定める精神科病院の基準は、次のとおりとする。

一　法第三十三条の七第一項の規定による都道府県知事の指定を受けていること又は受ける見込みが十分であること。

二　地方公共団体の救急医療（精神障害の医療に係るものに限る。）の確保に関する施策に協力して、休日診療及び夜間診療を行っていること。

三　二名以上の常時勤務する指定医を置いていること。

四　法第二十一条第四項後段の規定による措置について審議を行うため、事後審査委員会を設けていること。

五　精神科病院に入院中の者に対する行動の制限がその症状に応じて最も制限の少ない方法により行われているかどうかを審議するため、行動制限最小化委員会を設けていること。

〔法第二十一条第四項の厚生労働省令で定める医師の基準〕

第五条の三　法第二十一条第四項の厚生労働省令で定める医師の基準は、次のとおりとする。

一　四年以上診断又は治療に従事した経験を有すること。

二　二年以上精神障害の診断又は治療に従事した経験を有すること。

三　精神障害の診断又は治療に従事する医師として著しく不適当と認められる者でないこと。

〔法第二十一条第五項において準用する厚生労働省令で定める事項〕

第五条の四　法第二十一条第五項において準用する法第十九条の四の二に規定する厚生労働省令で定める事項は、次の各号に掲げる事項とする。

一　法第二十一条第四項後段の規定による措置を採った年月日及び時刻並びに解除した年月日及び時刻

二　当該措置を採つたときの症状

〔任意入院者に関する措置の記録〕

第五条の五　法第二十一条第四項後段の規定による措置を採つた精神科病院の管理者は、当該措置を採つた日から一月以内に、次の各号に掲げる事項に関する記録を作成し、保存しなければならない。

一　精神科病院の名称及び所在地
二　患者の住所、氏名、性別及び生年月日
三　診察した法第二十一条第四項に規定する特定医師（以下「特定医師」という。）の氏名
四　入院年月日及び時刻
五　病名
六　生活歴及び現病歴
七　当該措置から十二時間以内に法第二十一条第三項の規定による診察をした指定医の氏名及び診察した日時
八　前号の診察の結果、法第二十一条第三項の措置は必要ないと認めたときは、その理由
九　第五条の二第四号の事後審査委員会による審議を行つた結果

〔入院等に関する告知事項〕

第六条　法第二十一条第七項、第二十九条第三項（法第二十九条の二第四項及び第三十三条の八において準用する場合を含む。）及び第三十三条の三第一項本文の厚生労働省令で定める事項は、第五条第二号に掲げる事項とする。

〔身分を示す証票〕

第七条　第四条の十四の規定は、法第二十七条第五項及び第三十八条の六第三項において読み替えて準用する法第十九条の六の十六第二項に規定する指定医及び当該職員の身分を示す証票について準用する。この場合において、第四条の十四中「別記様式第二号」とあるのは、「それぞれ別記様式第一号及び第二号」と読み替えるものとする。

〔移送の告知〕

第八条　法第二十九条の二の二第二項の厚生労働省令で定める事項は、次のとおりとする。

一　移送先の精神科病院の名称及び所在地
二　移送の方法
三　法第二十九条の二の二第三項に規定する行動の制限に関する事項

〔入院措置の解除が認められるに至つたときの届出事項〕

第九条　法第二十九条の五の厚生労働省令で定める事項は、次のとおりとする。

一　精神科病院の名称及び所在地

二　患者の住所、氏名、性別及び生年月日
三　入院年月日
四　病名及び入院後の病状又は状態像の経過の概要
五　退院後の処置に関する事項
六　退院後の帰住先及びその住所
七　診察した指定医の氏名

第十条及び第十一条　削除

〔診療報酬の請求〕

第十二条　国等の設置した精神科病院又は指定病院は、療養の給付及び公費負担医療に関する費用の請求に関する省令（昭和五十一年厚生省令第三十六号）、訪問看護療養費及び公費負担医療に関する費用の請求に関する省令（平成四年厚生省令第五号）又は介護給付費及び公費負担医療等に関する費用等の請求に関する省令（平成十二年厚生省令第二十号）の定めるところにより、当該精神科病院又は指定病院が行つた医療に係る診療報酬を請求するものとする。

〔法第三十三条第四項の厚生労働省令で定める基準〕

第十三条　第五条の二の規定は、法第三十三条第四項の厚生労働省令で定める基準について準用する。この場合において、第五条の二第四号中「法第二十一条第四項」とあるのは、「法第三十三条第四項」と読み替えるものとする。

〔法第三十三条第五項において準用する法第十九条の四の二に規定する厚生労働省令で定める事項〕

第十三条の二　法第三十三条第五項において準用する法第十九条の四の二に規定する厚生労働省令で定める事項は、次の各号に掲げる事項とする。
一　法第三十三条第四項後段の規定による措置を採つたときの症状
二　法第二十条の規定による入院が行われる状態にないと判定した理由

〔医療保護入院措置に関する記録〕

第十三条の三　法第三十三条第一項又は第三項の規定による措置を採ろうとする場合において、同条第四項後段の規定による措置を採つた精神科病院の管理者は、当該措置を採つた日から一月以内に、次の各号に掲げる事項に関する記録を作成し、保存しなければならない。
一　精神科病院の名称及び所在地
二　患者の住所、氏名、性別及び生年月日
三　診察した特定医師の氏名
四　入院年月日及び時刻
五　病名
六　法第二十条の規定による入院が行われる状態にないと判定した理由

七　生活歴及び現病歴
八　当該措置から十二時間以内に法第三十三条第一項又は第三項の規定による診察をした指定医の氏名及び診察した日時
九　前号の診察の結果、法第三十三条第一項又は第三項の措置は必要ないと認めたときは、その理由
十　第五条の二第一項第四号の事後審査委員会による審議を行つた結果
十一　入院について同意した法第三十三条第一項に規定する家族等（以下「家族等」という。）の住所、氏名、性別、生年月日及び患者との続柄

第十三条の四　〔医療保護入院の措置を採つたときの届出事項〕法第三十三条第七項の厚生労働省令で定める事項は、次の各号に掲げる届出の区分に応じ、それぞれ当該各号に定める事項とする。
一　法第三十三条第一項又は第三項の規定による措置に係る届出
イ　精神科病院の名称及び所在地
ロ　患者の住所、氏名、性別及び生年月日
ハ　入院年月日
ニ　病名
ホ　法第二十条の規定による入院が行われる状態にないと判定した理由
ヘ　生活歴及び現病歴
ト　推定される入院期間（法第三十三条第一項又は第三項の規定による措置を採つた場合に限る。以下同じ。）
チ　診察した指定医の氏名
リ　法第三十四条第一項の規定による移送の有無
ヌ　入院について同意した家族等の住所、氏名、性別、生年月日及び患者との続柄
ル　法第三十三条の四の規定により選任された退院後生活環境相談員の氏名
ヲ　医療法施行規則（昭和二十三年厚生省令第五十号）第一条の五に規定する入院診療計画書に記載する事項
二　法第三十三条第一項又は第三項の規定による措置を採ろうとする場合において、同条第四項後段の規定による措置を採つた場合の届出
イ　診察した特定医師の氏名
ロ　入院年月日及び時刻
ハ　当該措置から十二時間以内に法第三十三条第一項又は第三項の規定による診察をした指定医の氏名及び診察した日時
ニ　前号の診察の結果、法第三十三条第一項又は第三項の措置は必要ないと認めたときは、その理由

ホ　第一号イ、ロ、ニからへまで、ヌ及びヲに掲げる事項

〔医療保護入院者を退院させたときの届出事項〕

第十四条　法第三十三条の二の厚生労働省令で定める事項は、次のとおりとする。

一　精神科病院の名称及び所在地

二　患者の住所、氏名、性別及び生年月日

三　退院年月日

四　病名

五　退院後の処置に関する事項

六　退院後の帰住先及びその住所

〔医療保護入院に係る告知を行わなかつた場合の診療録への記載事項〕

第十五条　法第三十三条の三第二項の規定により診療録に記載しなければならない事項は、次のとおりとする。

一　法第三十三条の三第一項本文に規定する事項（以下「医療保護入院に係る告知事項」という。）のうち知らせなかつたもの

二　症状その他医療保護入院に係る告知事項を知らせることがその者の医療及び保護を図る上で支障があると認められた理由

三　医療保護入院に係る告知事項を知らせた年月日

〔法第三十三条の四の厚生労働省令で定める資格を有する者〕

第十五条の二　法第三十三条の四の厚生労働省令で定める資格を有する者は、次の各号のいずれかに該当するものとする。

一　次のイからホまでに掲げる者であつて、精神障害者に関する当該イからホまでに定める業務に従事した経験を有するもの

イ　保健師　保健師助産師看護師法（昭和二十三年法律第二百三号）第二条に規定する業務

ロ　看護師　保健師助産師看護師法第五条に規定する業務

ハ　准看護師　保健師助産師看護師法第六条に規定する業務

ニ　作業療法士　理学療法士及び作業療法士法（昭和四十年法律第百三十七号）第二条第四項に規定する業務

ホ　社会福祉士　社会福祉士及び介護福祉士法（昭和六十二年法律第三十号）第二条第一項に規定する業務

二　前号に掲げる者以外の者で、三年以上、精神障害者及びその家族等からの精神障害者の退院後の生活環境に関する相談及びこれらの者に対する指導につ

いての実務に従事した経験を有するもの

〔法第三十三条の四の規定による退院後生活環境相談員の選任〕

第十五条の三　法第三十三条の四の規定による退院後生活環境相談員の選任は、法第三十三条第一項又は第三項の規定による措置が採られた日から七日以内に行わなければならない。

〔地域支援事業者の紹介〕

第十五条の四　医療保護入院者　医療保護入院者（法第三十三条の二に規定する医療保護入院者をいう。以下同じ。）を入院させている精神科病院の管理者は、法第三十三条の五に規定する地域援助事業者（第十五条の七第三項第二号において「地域支援事業者」という。）を紹介するに当たつては、当該地域援助事業者の連絡先を記載した書面を交付する方法その他の適切な方法により行うものとする。

〔法第三十三条の五の厚生労働省令で定める者〕

第十五条の五　法第三十三条の五の厚生労働省令で定める者は、次の各号に掲げるものとする。

一　障害者の日常生活及び社会生活を総合的に支援するための法律（平成十七年法律第百二十三号）第五条第十六項に規定する一般相談支援事業又は特定相談支援事業を行う者

二　介護保険法（平成九年法律第百二十三号）第八条第十一項に規定する特定施設入居者生活介護を行う者

三　介護保険法第八条第十八項に規定する小規模多機能型居宅介護を行う者（介護支援専門員（同法第七条第五項に規定する介護支援専門員をいう。以下同じ。）を有するものに限る。）

四　介護保険法第八条第十九項に規定する認知症対応型共同生活介護を行う者（介護支援専門員を有するものに限る。）

五　介護保険法第八条第二十項に規定する地域密着型特定施設入居者生活介護を行う者

六　介護保険法第八条第二十一項に規定する地域密着型介護老人福祉施設入所者生活介護を行う者

七　介護保険法第八条第二十二項に規定する複合型サービスを行う者

八　介護保険法第八条第二十三項に規定する居宅介護支援事業を行う者

九　介護保険法第八条第二十六項に規定する介護福祉施設サービスを行う者

十　介護保険法第八条第二十七項に規定する介護保健施設サービスを行う者

十一　介護保険法第八条の二第九項に規定する介護予

防特定施設入居者生活介護を行う者
十二　介護保険法第八条の二第十四項に規定する介護予防小規模多機能型居宅介護を行う者
十三　介護保険法第八条の二第十五項に規定する介護予防認知症対応型共同生活介護を行う者（介護支援専門員を有するものに限る。）
十四　介護保険法第八条の二第十六項に規定する介護予防支援事業を行う者（介護支援専門員を有するものに限る。）
十五　健康保険法等の一部を改正する法律（平成十八年法律第八十三号）附則第百三十条の二第一項の規定によりなおその効力を有するものとされた同法第二十六条の規定による改正前の介護保険法第八条第二十六項に規定する介護療養施設サービスを行う者

〔医療保護入院者退院支援委員会の開催〕

第十五条の六　精神科病院の管理者は、入院期間が一年未満である医療保護入院者の第十三条の四第一号トに規定する推定される入院期間又は次項に規定する入院期間が経過するごとに、当該医療保護入院者の入院を継続する必要があるかどうかの審議を行うため、医療保護入院者退院支援委員会（以下「委員会」という。）を開催しなければならない。

2　委員会は、前項の規定による審議の結果、当該審議に係る医療保護入院者の入院を継続する必要があると認めるときは、委員会が開催された日から当該医療保護入院者の退院までに必要と認められる入院期間（次項に規定する場合を除き、当該医療保護入院者の入院の日から一年未満の範囲内の期間に限る。）及び退院に向けた取組の方針を定めなければならない。

3　委員会は、第一項の規定による審議の結果、当該審議に係る医療保護入院者の医療及び保護のため当該医療保護入院者の入院の日から一年以上入院を継続する必要があると認めるときは、第二項に規定する入院期間として、当該入院の日から一年以上の期間を定めることができる。

4　第一項及び第二項の規定は、前項の規定による入院期間を定められた医療保護入院者に係る入院期間の経過について準用する。この場合において、第一項中「入院期間が一年未満である医療保護入院者」とあるのは「医療保護入院者」と、「第十三条の四第一号トに規定する推定される入院期間又は次項に規定する入院期間が経過するごとに」とあるのは「次項に規定する入院期間が経過するごとに」と、「医療保護入院者退院支援委員会（以下「委員会」という。）を開催しなければならない」とあるのは「医療保護入院者退院支援委員会を開催することができる」と、第二項中

「入院期間（次項に規定する場合を除き、当該医療保護入院者の入院の日から一年未満の範囲内の期間に限る。）」とあるのは「入院期間」と読み替えるものとする。

5　精神科病院の管理者は、第一項の規定による審議の結果を当該審議に係る医療保護入院者及び同条第三項各号に掲げる者（同項の規定による通知を受けた者に限る。）に通知しなければならない。

〔委員会〕

第十五条の七　委員会は、次に掲げる者をもつて構成する。

一　委員会の審議に係る医療保護入院者の主治医（当該主治医が指定医でない場合は、当該主治医及び当該医療保護入院者が入院している精神科病院に勤務する指定医）

二　当該医療保護入院者が入院している精神科病院に勤務する看護師又は准看護師

三　当該医療保護入院者について法第三十三条の四の規定により選任された退院後生活環境相談員（第二十条第一項第六号において「退院後生活環境相談員」という。）

四　前三号に掲げる者以外の当該精神科病院の職員で、当該精神科病院の管理者から出席を求められたもの

2　精神科病院の管理者は、委員会の審議に係る医療保護入院者が委員会の構成員となることを希望するときは、委員会に、当該医療保護入院者を構成員として加えるものとする。この場合において、当該医療保護入院者は、委員会に出席し、又は書面により意見を述べることができる。

3　精神科病院の管理者は、委員会の審議に係る医療保護入院者が次の各号に掲げる者を委員会の構成員とすることを希望するときは、あらかじめ、その旨をこれらの者に対し書面により通知するものとし、当該通知を受けた者が委員会の構成員となることを希望するときは、委員会に、当該希望する者を構成員として加えるものとする。この場合において、当該希望する者は、委員会に出席し、又は書面により意見を述べることができる。

一　委員会の審議に係る医療保護入院者の家族等

二　地域援助事業者その他の当該医療保護入院者の退院後の生活環境に関わる者

〔委員会の開催日の記録等〕

第十五条の八　精神科病院の管理者は、委員会の開催日その他委員会における審議の過程を文書により記録し、これを当該開催日から五年間保存しなければなら

ない。

2　委員会の審議に係る医療保護入院者の主治医は、委員会が開催されたときは、遅滞なく、当該委員会の開催日を診療録に記載しなければならない。

〔法第三十三条の七第三項において準用する法第十九条の四の二に規定する厚生労働省令で定める事項〕

第十六条　法第三十三条の七第三項において準用する法第十九条の四の二に規定する厚生労働省令で定める事項は、次の各号に掲げる事項とする。

一　法第三十三条の七第二項後段の規定による措置を採つた年月日及び時刻並びに解除した年月日及び時刻

二　当該措置を採つたときの症状

三　法第二十条の規定による入院が行われる状態にないと判定した理由

〔応急入院の措置に関する記録〕

第十六条の二　法第三十三条の七第二項後段の規定による措置を採つた精神科病院の管理者は、当該措置を採つた日から一月以内に、次の各号に掲げる事項に関する記録を作成し、保存しなければならない。

一　精神科病院の名称及び所在地

二　患者の住所、氏名、性別及び生年月日

三　診察した特定医師の氏名

四　入院年月日及び時刻

五　病名

六　法第二十条の規定による入院が行われる状態にないと判定した理由

七　生活歴及び現病歴

八　当該措置から十二時間以内に法第三十三条の七第一項の規定による診察をした指定医の氏名及び診察した日時

九　前号の診察の結果、法第三十三条の七第一項の措置は必要ないと認めたときは、その理由

十　法第三十三条の七第一項の厚生労働大臣の定める基準に基づき設置された事後審査委員会による審議を行つた結果

十一　医療及び保護を依頼した者の患者との関係

〔法第三十三条の七第五項の厚生労働省令で定める事項〕

第十六条の三　法第三十三条の七第五項の厚生労働省令で定める事項は、次の各号に掲げる届出の区分に応じ、それぞれ当該各号に定める事項とする。

一　法第三十三条の七第一項の規定による措置に係る届出

イ　精神科病院の名称及び所在地

ロ　患者の住所、氏名、性別及び生年月日

ハ　入院年月日及び時刻
ニ　病名及び症状
ホ　法第二十条の規定による入院が行われる状態にないと判定した理由
ヘ　診察した指定医の氏名
ト　法第三十四条第三項の規定による移送の有無
チ　医療及び保護を依頼した者の患者との関係
二　法第三十三条の七第一項の規定による措置を採ろうとする場合において、法同条第二項後段の規定による措置を採つた場合の当該措置に係る届出
イ　診察した特定医師の氏名
ロ　病名
ハ　生活歴及び現病歴
ニ　当該措置から十二時間以内に法第三十三条の七第一項の規定による診察をした指定医の氏名及び診察した日時
ホ　前号の診察の結果、法第三十三条の七第一項の措置は必要ないと認めたときは、その理由
ヘ　前号イからハまで、ホ及びチに掲げる事項

〔準用〕

第十七条　第八条の規定は、法第三十四条第四項において準用する法第二十九条の二の二第二項の厚生労働省令で定める事項について準用する。この場合において、第八条第三号中「法第二十九条の二の二第三項」とあるのは、「法第三十四条第四項において準用する法第二十九条の二の二第三項」と読み替えるものとする。

第十八条　削除

〔措置入院者に係る定期報告事項等〕

第十九条　法第三十八条の二第一項前段の厚生労働省令で定める事項は、次のとおりとする。

一　精神科病院の名称及び所在地
二　患者の住所、氏名、性別及び生年月日
三　入院年月日及び前回の法第三十八条の二第一項前段の規定による報告の年月日
四　病名及び過去六月間（入院年月日から起算して六月を経過するまでの間は、過去三月間）の病状又は状態像の経過の概要
五　処遇に関する事項
六　生活歴及び現病歴
七　過去六月間の法第四十条の規定による措置の状況
八　今後の治療方針
九　診察年月日及び診察した指定医の氏名

2　法第三十八条の二第一項後段の厚生労働省令で定める事項は、次のとおりとする。

一　症状

二　前項第四号、第六号及び第八号に掲げる事項

3　法第三十八条の二第一項前段の規定による報告は、法第二十九条第一項の規定による措置が採られた日の属する月の翌月を初月とする同月以後の六月ごとの各月に行わなければならない。ただし、入院年月日から起算して六月を経過するまでの間は、三月ごとの各月に行わなければならない。

〔医療保護入院者に係る定期報告事項等〕

第二十条　法第三十八条の二第二項において準用する同条第一項前段の厚生労働省令で定める事項は、次のとおりとする。

一　入院年月日及び前回の法第三十八条の二第二項において準用する同条第一項前段の規定による報告の年月日

二　病名及び過去十二月間の病状又は状態像の経過の概要

三　過去十二月間の外泊の状況

四　法第二十条の規定による入院が行われる状態にないかどうかの検討

五　退院に向けた取組の状況

六　退院後生活環境相談員の氏名

七　前条第一項第一号、第二号、第六号、第八号及び第九号に掲げる事項

2　法第三十八条の二第二項において準用する同条第一項後段の厚生労働省令で定める事項は、次のとおりとする。

一　症状

二　前項第二号及び第四号並びに前条第一項第六号及び第八号に掲げる事項

3　法第三十八条の二第二項において準用する同条第一項前段の規定による報告は、法第三十三条第一項又は第三項の規定による措置が採られた日の属する月の翌月を初月とする同月以後の十二月ごとの各月に行わなければならない。

〔法第三十八条の二第三項の厚生労働省令で定める期間〕

第二十条の二　法第三十八条の二第三項の厚生労働省令で定める期間は、五年間とする。

〔法第三十八条の二第三項の厚生労働省令で定める者〕

第二十条の三　法第三十八条の二第三項の厚生労働省令で定める者は、法第三十八条の七第一項の規定による命令を受けた後、相当の期間を経過してもなお当該精神科病院に入院中の者の処遇が改善されないと認められる者とする。

〔法第三十八条の二第三項の厚生労働省令で定める基準〕

第二十条の四　法第三十八条の二第三項の厚生労働省令で定める基準は、法第二十条の規定により入院している者が次に掲げる要件のいずれかを満たすこととする。
一　入院後一年以上経過していること。
二　入院後六月を経過するまでの間に法第三十六条第三項に規定する行動の制限を受けたこと又は夜間以外の時間帯に病院から自由に外出することを制限されたこと（前号に該当する場合を除く。）。

〔法第三十八条の二第三項の厚生労働省令で定める事項〕

第二十条の五　法第三十八条の二第三項の厚生労働省令で定める事項は、次のとおりとする。
一　入院年月日及び前回の法第三十八条の二第三項の規定による報告の年月日
二　診察年月日及び診察した医師の氏名
三　第十九条第一項第一号、第二号、第六号及び第八号並びに第二十条第一項第二号及び第三号に掲げる事項

〔精神医療審査会への通知事項〕

第二十一条　法第三十八条の三第一項及び第五項の厚生労働省令で定める事項は、次の各号に掲げる報告又は届出の区分に応じ、それぞれ当該各号に定める事項とする。
一　法第三十八条の二第一項前段の規定による報告　第十九条第一項各号に掲げる事項
二　法第三十八条の二第二項において準用する同条第一項前段の規定による報告　第二十条第一項各号に掲げる事項
三　法第三十三条第七項の規定による届出　第十三条の四第一号イからヲまでに掲げる事項
四　法第三十八条の二第三項の規定による報告　第二十条の五各号に掲げる事項

〔退院等の請求〕

第二十二条　法第三十八条の四の規定による請求は、次に掲げる事項に関し申し立てることにより行うものとする。
一　患者の住所、氏名及び生年月日
二　請求人が患者本人でない場合にあつては、その者の住所、氏名及び患者との続柄
三　患者が入院している精神科病院の名称
四　請求の趣旨及び理由
五　請求年月日

〔法第三十九条第一項第六号の厚生労働省令で定める事項〕

第二十二条の二　法第三十九条第一項第六号の厚生労働

省令で定める事項は、退去者が同項第五号に掲げる入院年月日より前に障害者の日常生活及び社会生活を総合的に支援するための法律第五条第一項に規定する障害福祉サービス（次条第六号において「障害福祉サービス」という。）を利用していた場合における当該障害福祉サービスに係る事業を行う者の名称、所在地及び連絡先とする。

〔法第四十一条第二項第二号の厚生労働省令で定める場所〕

第二十二条の三　法第四十一条第二項第二号の厚生労働省令で定める場所は、次に掲げる場所とする。

一　精神障害者の居宅

二　法第六条第一項に規定する精神保健福祉センター

三　地域保健法（昭和二十二年法律第百一号）第五条第一項に規定する保健所

四　医療法（昭和二十三年法律第二百五号）第一条の五第一項に規定する病院及び同条第二項に規定する診療所（入院している精神障害者のみに対して医療を提供する場所を除く。）

五　障害者の日常生活及び社会生活を総合的に支援するための法律第五条第十五項に規定する共同生活援助を行う住居

六　前各号に掲げるもののほか、精神障害者に対して保健医療サービス及び福祉サービスを提供する場所

〔手帳の申請〕

第二十三条　法第四十五条第一項の厚生労働省令で定める書類は、第一号又は第二号に掲げる書類及び第三号に掲げる書類とする。

一　指定医その他精神障害の診断又は治療に従事する医師の診断書（初めて医師の診療を受けた日から起算して六月を経過した日以後における診断書に限る。）

二　次に掲げる精神障害を支給事由とする給付を現に受けていることを証する書類の写し

イ　国民年金法（昭和三十四年法律第百四十一号）による障害基礎年金及び国民年金法等の一部を改正する法律（昭和六十年法律第三十四号。以下「昭和六十年改正法」という。）第一条の規定による改正前の国民年金法による障害年金

ロ　厚生年金保険法（昭和二十九年法律第百十五号）による障害厚生年金及び昭和六十年改正法第三条の規定による改正前の厚生年金保険法による障害年金

ハ　昭和六十年改正法第五条の規定による改正前の船員保険法（昭和十四年法律第七十三号）による障害年金（職務外の事由によるものに限る。）

ニ　被用者年金制度の一元化等を図るための厚生年金保険法等の一部を改正する法律（平成二十四年法律第六十三号。以下この号において「平成二十四年一元化法」という。）附則第三十六条第五項に規定する改正前国共済法による職域加算額のうち障害を給付事由とするもの及び平成二十四年一元化法附則第三十七条第一項に規定する給付のうち障害を給付事由とするもの

ホ　平成二十四年一元化法附則第四十一条第一項の規定による障害共済年金

ヘ　平成二十四年一元化法附則第六十条第五項に規定する改正前地共済法による職域加算額のうち障害を給付事由とするもの及び平成二十四年一元化法附則第六十一条第一項に規定する給付のうち障害を給付事由とするもの

ト　平成二十四年一元化法附則第六十五条第一項の規定による障害共済年金

チ　平成二十四年一元化法附則第七十八条第三項に規定する改正前私学共済法による年金である給付のうち障害を給付事由とするもの及び平成二十四年一元化法附則第七十九条に規定する給付のうち障害を給付事由とするもの

リ　厚生年金保険制度及び農林漁業団体職員共済組合制度の統合を図るための農林漁業団体職員共済組合法等を廃止する等の法律（平成十三年法律第百一号。以下この号において「平成十三年統合法」という。）附則第十六条第一項の規定によりなおその効力を有するものとされた同法附則第二条第一項第一号に規定する廃止前農林共済法による障害共済年金及び平成十三年統合法附則第十六条第二項の規定によりなおその効力を有するものとされた同法附則第二条第一項第五号に規定する旧制度農林共済法による障害年金並びに平成十三年統合法附則第二十五条第四項第十一号に規定する特例障害農林年金

ヌ　特定障害者に対する特別障害給付金の支給に関する法律（平成十六年法律第百六十六号）に基づく特別障害給付金

三　精神障害者の写真

第二十四条　削除

〔手帳の様式〕

第二十五条　精神障害者保健福祉手帳の様式は、別記様式第三号のとおりとする。

〔手帳交付台帳の記載事項〕

第二十六条　令第七条第一項の規定により精神障害者保健福祉手帳交付台帳に記載すべき事項は、次のとおり

とする。
一　精神障害者の氏名、住所、生年月日及び個人番号（行政手続における特定の個人を識別するための番号の利用等に関する法律（平成二十五年法律第二十七号）第二条第五項に規定する個人番号をいう。）
二　障害等級
三　精神障害者保健福祉手帳の交付番号、交付年月日及び有効期限
四　精神障害者保健福祉手帳の再交付をしたときは、その年月日及び理由

第二十七条　削除

〔手帳の更新〕

第二十八条　法第四十五条第四項の規定による政令で定める精神障害の状態にあることについての認定の申請は、第二十三条第一項各号のいずれかに該当する書類を添えて行うものとする。

2　前項の申請は、精神障害者保健福祉手帳に記載された有効期限の到来する日の三月前から行うことができる。

〔障害等級の変更の申請〕

第二十九条　令第九条第一項の規定による障害等級の変更の申請については、前条第一項の規定を準用する。

〔手帳の再交付の申請〕

第三十条　都道府県知事（地方自治法（昭和二十二年法律第六十七号）第二百五十二条の十九第一項の指定都市（以下この条において「指定都市」という。）においては、指定都市の長）は、精神障害者保健福祉手帳を破り、又は汚した者に対する令第十条第一項の規定による精神障害者保健福祉手帳の再交付については、先に交付した精神障害者保健福祉手帳と引換えに行わなければならない。

第三十一条から第三十四条まで　削除

〔精神障害者社会復帰促進センター指定申請書〕

第三十五条　法第五十一条の二第一項の規定により指定を受けようとする法人は、次の事項を記載した申請書を厚生労働大臣に提出しなければならない。
一　名称、住所及び事務所の所在地
二　代表者の氏名

2　前項の申請書には、次に掲げる書面を添付しなければならない。
一　定款
二　登記事項証明書
三　役員の氏名、住所及び略歴を記載した書面
四　法第五十一条の三各号に掲げる業務の実施に関する基本的な計画
五　資産の総額並びにその種類及びこれを証する書類

〔名称等変更の届出〕

第三十六条　法第五十一条の二第一項に規定する精神障害者社会復帰促進センター（以下「センター」という。）は、同条第三項の規定により届出をしようとするときは、次の事項を記載した書面を厚生労働大臣に提出しなければならない。

一　変更後の名称、住所又は事務所の所在地

二　変更しようとする年月日

三　変更の理由

〔センターへの協力〕

第三十七条　法第五十一条の四の厚生労働省令で定める情報又は資料は、次のとおりとする。

一　精神障害者の社会復帰の促進を図るための相談並びに訓練及び指導に関する情報又は資料

二　前号に掲げる相談並びに訓練及び指導を受けた精神障害者の性別、生年月日及び家族構成並びに状態像の経過に関する情報又は資料（当該精神障害者を識別できるものを除く。）

〔特定情報管理規程の認可申請等〕

第三十八条　センターは、法第五十一条の五第一項前段の規定により特定情報管理規程の認可を受けようとするときは、その旨を記載した申請書に当該特定情報管理規程を添えて、これを厚生労働大臣に提出しなければならない。

2　センターは、法第五十一条の五後段の規定により特定情報管理規程の変更の認可を受けようとするときは、次に掲げる事項を記載した申請書を厚生労働大臣に提出しなければならない。

一　変更しようとする事項

二　変更の理由

〔特定情報管理規程記載事項〕

第三十九条　法第五十一条の五第三項の規定により特定情報管理規程に記載すべき事項は、次のとおりとする。

一　特定情報（法第五十一条の五第一項に規定する特定情報をいう。以下この条において同じ。）の適正な管理及び使用に関する職員の意識の啓発及び教育に関する事項

二　特定情報の適正な管理及び使用に係る事務を統括管理する者に関する事項

三　特定情報の記録された物の紛失、盗難及びき損を防止するための措置に関する事項

四　特定情報の使用及びその制限に関する事項

五　特定情報の処理に関し電子計算機を用いる場合には、当該電子計算機及び端末装置を設置する場所の入出場の管理その他これらの施設への不正なアクセ

スを予防するための措置に関する事項

六　その他特定情報の適正な管理又は使用を図るための必要な措置に関する事項

〔身分を示す証票〕

第四十条　法第五十一条の九第二項の規定において準用する法第十九条の六の十六第二項の規定による当該職員の身分を示す証票は、別記様式第四号によらなければならない。

附　則

1　この省令は、公布の日（昭和二十五年六月二十四日）から施行し、法施行の日（昭和二十五年五月一日）から適用する。

2　精神病者監護法施行規則（明治三十三年内務省令第三十五号）及び精神病院法施行規則（大正十二年内務省令第十七号）は廃止する。

（表　　面）

第　　　　　号 精神保健指定医の証 氏　名 年　　月　　日　生 勤務先 厚生労働省　　　　印	写真ちょう付面 交付日 平成　　年　　月　　日 有効期限 平成　　年　　月　　日

（日本工業規格Ａ列６番）

（裏　　面）

精神保健及び精神障害者福祉に関する法律抜すい

（報告の徴収及び立入検査）

第十九条の六の十六　略

2　前項の規定により立入検査を行う当該職員は、その身分を示す証票を携帯し、関係者の請求があつたときは、これを提示しなければならない。

3　第一項の規定による権限は、犯罪捜査のために認められたものと解釈してはならない。

（申請等に基づき行われる指定医の診察等）

第二十七条　都道府県知事は、第二十三条から前条までの規定による申請、通報又は届出のあつた者について調査の上必要があると認めるときは、その指定する指定医をして診察をさせなければならない。

2　都道府県知事は、入院させなければ精神障害のために自身を傷つけ又は他人に害を及ぼすおそれがあることが明らかである者については、第二十三条から前条までの規定による申請、通報又は届出がない場合においても、その指定する指定医をして診察をさせることができる。

3　都道府県知事は、前二項の規定により診察をさせる場合には、当該職員を立ち会わせなければならない。

4　指定医及び前項の当該職員は、前三項の職務を行うに当たつて必要な限度においてその者の居住する場所へ立ち入ることができる。

5　第十九条の六の十六第二項及び第三項の規定は、前項の規定による立入りについて準用する。この場合において、同条第二項中「前項」とあるのは「第二十七条第四項」と、「当該職員」とあるのは「指定医及び当該職員」と、同条第三項中「第一項」とあるのは「第二十七条第四項」と読み替えるものとする。

（報告徴収等）

第三十八条の六　厚生労働大臣又は都道府県知事は、必要があると認めるときは、精神科病院の管理者に対し、当該精神科病院に入院中の者の症状若しくは処遇に関し、報告を求め、若しくは診療録その他の帳簿書類の提出若しくは提示を命じ、当該職員若しくはその指定する指定医に、精神科病院に立ち入り、これらの事項に関し、診療録その他の帳簿書類（その作成又は保存に代えて電磁的記録の作成又は保存がされている場合における当該電磁的記録を含む。）を検査させ、若しくは当該精神科病院に入院中の者その他の関係者に質問させ、又はその指定する指定医に、精神科病院に立ち入り、当該精神科病院に入院中の者を診察させることができる。

2　略

3　第十九条の六の十六第二項及び第三項の規定は、第一項の規定による立入検査、質問又は診察について準用する。この場合において、同条第二項中「前項」とあるのは「第三十八条の六第一項」と、「当該職員」とあるのは「当該職員及び指定医」と、同条第三項中「第一項」とあるのは「第三十八条の六第一項」と読み替えるものとする。

（注意）

一　この証票の取扱いに注意し、破り、汚し、又は失ったときは直ちに厚生労働大臣に届け出ること。

二　精神保健指定医でなくなったときは、厚生労働大臣に返還すること。

三　この証票の記載事項に変更が生じたときは、直ちに厚生労働大臣に届け出ること。

別記様式第二号

（表　面）

写真ちょう付面

第　　　号

（職）氏名

年　月　日生

精神保健福祉職員の証

平成　年　月　日

厚生労働省（都道府県又は指定都市）印

（日本工業規格Ａ列６番）

（裏　面）

精神保健及び精神障害者福祉に関する法律抜すい

（報告の徴収及び立入検査）

第十九条の六の十六　略

2　前項の規定により立入検査を行う当該職員は、その身分を示す証票を携帯し、関係者の請求があつたときは、これを提示しなければならない。

3　第一項の規定による権限は、犯罪捜査のために認められたものと解釈してはならない。

（申請等に基づき行われる指定医の診察等）

第二十七条　都道府県知事は、第二十三条から前条までの規定による申請、通報又は届出のあつた者について調査の上必要があると認めるときは、その指定する指定医をして診察をさせなければならない。

2　都道府県知事は、入院させなければ精神障害のために自身を傷つけ又は他人に害を及ぼすおそれがあることが明らかである者については、第二十三条から前条までの規定による申請、通報又は届出がない場合においても、その指定する指定医をして診察をさせることができる。

3　都道府県知事は、前二項の規定により診察をさせる場合には、当該職員を立ち会わせなければならない。

4　指定医及び前項の当該職員は、前三項の職務を行うに当たつて必要な限度においてその者の居住する場所へ立ち入ることができる。

5　第十九条の六の十六第二項及び第三項の規定は、前項の規定による立入りについて準用する。この場合において、同条第二項中「前項」とあるのは「第二十七条第四項」と、「当該職員」とあるのは「指定医及び当該職員」と、同条第三項中「第一項」とあるのは「第二十七条第四項」と読み替えるものとする。

（報告徴収等）

第三十八条の六　厚生労働大臣又は都道府県知事は、必要があると認めるときは、精神科病院の管理者に対し、当該精神科病院に入院中の者の症状若しくは処遇に関し、報告を求め、若しくは診療録その他の帳簿書類の提出若しくは提示を命じ、当該職員若しくはその指定する指定医に、精神科病院に立ち入り、これらの事項に関し、診療録その他の帳簿書類（その作成又は保存に代えて電磁的記録の作成又は保存がされている場合における当該電磁的記録を含む。）を検査させ、若しくは当該精神科病院に入院中の者その他の関係者に質問させ、又はその指定する指定医に、精神科病院に立ち入り、当該精神科病院に入院中の者を診察させることができる。

2　略

3　第十九条の六の十六第二項及び第三項の規定は、第一項の規定による立入検査、質問又は診察について準用する。この場合において、同条第二項中「前項」とあるのは「第三十八条の六第一項」と、「当該職員」とあるのは「当該職員及び指定医」と、同条第三項中「第一項」とあるのは「第三十八条の六第一項」と読み替えるものとする。

（注意）

一　この証票の取扱いに注意し、破り、汚し、又は失つたときは直ちに厚生労働大臣（都道府県知事又は指定都市市長）に届け出ること。

二　精神保健福祉職員でなくなつたときは、厚生労働大臣（都道府県知事又は指定都市市長）に返還すること。

（裏表紙）

備　　考

1．医療や生活などのことで相談したいときは、市町村役場、保健所、精神保健福祉センター、福祉事務所などに御相談下さい。

2．住所や氏名が変わったときは、変更届を出してください。

3．この手帳を万一なくしたりしたときは、再交付を申請してください。

4．この手帳は、他人に譲ったり、貸したりすることはできません。

5．更新の申請は、有効期限の3か月前から市町村役場で行うことができます。

（表表紙）

障　害　者　手　帳

都道府県（指定都市）名

（内面左）

←　3 cm　→

写真　　ベスト半截　　4 cm

氏名

住所

生年月日

障害等級

手帳番号　　　　　　号

（内面右）

交付日　　　年　　月　　日

有効期限　　年　　月　　日

（更新）

（更新）

（更新）

（更新）

都道府県（指定都市）名 印

〔精神保健及び精神障害者福祉に関する法律第45条の保健福祉手帳〕

（注意）縦9 cm×横6 cmを標準とすること。

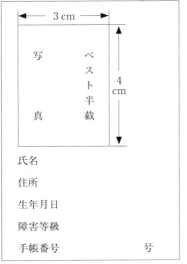

（表　　面）

第　　　号 （職）氏　名 年　月　日生 精神保健及び精神障害者福祉に関する法律第五十一条の九第一項の規定による立入検査を行う職員の証 平成　年　月　日 厚生労働省 印	写真ちょう付面

（日本工業規格Ａ列６番）

（裏　　面）

精神保健及び精神障害者福祉に関する法律抜すい

（報告の徴収及び立入検査）

第十九条の六の十六　（略）

2　前項の規定により立入検査を行う当該職員は、その身分を示す証票を携帯し、関係者の請求があつたときは、これを提示しなければならない。

3　第一項の規定による権限は、犯罪捜査のために認められたものと解釈してはならない。

（報告及び検査）

第五十一条の九　厚生労働大臣は、第五十一条の三に規定する業務の適正な運営を確保するために必要な限度において、センターに対し、必要と認める事項の報告を求め、又は当該職員に、その事務所に立ち入り、業務の状況若しくは帳簿書類その他の物件を検査させることができる。

2　第十九条の六の十六第二項及び第三項の規定は、前項の規定による立入検査について準用する。この場合において、同条第二項中「前項」とあるのは「第五十一条の九第一項」と、同条第三項中「第一項」とあるのは「第五十一条の九第一項」と読み替えるものとする。

（注意）

一　この証票の取扱いに注意し、破り、汚し、又は失ったときは直ちに厚生労働大臣に届け出ること。

二　精神保健福祉職員でなくなったときは、厚生労働大臣に返還すること。

〔参考１〕

◉精神保健及び精神障害者福祉に関する法律施行規則の一部を改正する省令（抄）

〔平成二十六年一月二十三日　厚 生 労 働 省 令 第 四 号〕

第二条　精神保健及び精神障害者福祉に関する法律施行規則〔昭和二十五年厚生省令第三十一号〕の一部を次のように改正する。

第十五条の二第二号中「有するもの」を「有し、かつ、厚生労働大臣が定める研修を修了したもの」に改める。

附　則　抄

（施行期日）

第一条　この省令は、精神保健及び精神障害者福祉に関する法律の一部を改正する法律の施行の日（平成二十六年四月一日）から施行する。ただし、第二条の規定は、平成二十九年四月一日から施行する。

〔参考２〕

◉行政手続における特定の個人を識別するための番号の利用等に関する法律及び行政手続における特定の個人を識別するための番号の利用等に関する法律の施行に伴う関係法律の整備等に関する法律の施行に伴う厚生労働省関係省令の整備に関する省令（抄）

〔平成二十七年九月二十九日　厚生労働省令第百五十号〕

第十一条　精神保健及び精神障害者福祉に関する法律施行規則の一部を次のように改正する。

第二十三条に次のただし書を加える。

ただし、都道府県知事（地方自治法（昭和二十二年法律第六十七号）第二百五十二条の十九第一項の指定都市（以下この条において「指定都市」という。）においては、指定都市の長。第三十条において同じ。）は、当該書類により証明すべき事実を公簿等によつて確認することができるときは、当該書類を省略させることができる。

第三十条中「（地方自治法（昭和二十二年法律第六十七号）第二百五十二条の十九第一項の指定都市（以下この条において「指定都市」という。）においては、指定都市の長）」を削る。

附　則　抄

（施行期日）

第一条　この省令は、行政手続における特定の個人を識別するための番号の利用等に関する法律（以下「番号利用法」という。）の施行の日（平成二十七年十月五日）から施行する。ただし、次の各号に掲げる規定は、当該各号に定める日から施行する。

三　〔前略〕第十一条〔中略〕の規定　平成二十九年七月一日

◉障害者基本法

（昭和四十五年五月二十一日　法律第八十四号）

注　平成二五年六月二六日法律第六五号改正現在

目次

第一章　総則

（目的）

第一条　この法律は、全ての国民が、障害の有無にかかわらず、等しく基本的人権を享有するかけがえのない個人として尊重されるものであるとの理念にのつとり、全ての国民が、障害の有無によつて分け隔てられることなく、相互に人格と個性を尊重し合いながら共生する社会を実現するため、障害者の自立及び社会参加の支援等のための施策に関し、基本原則を定め、及び国、地方公共団体等の責務を明らかにするとともに、障害者の自立及び社会参加の支援等のための施策の基本となる事項を定めること等により、障害者の自立及び社会参加の支援等のための施策を総合的かつ計画的に推進することを目的とする。

（定義）

第二条　この法律において、次の各号に掲げる用語の意義は、それぞれ当該各号に定めるところによる。

一　障害者　身体障害、知的障害、精神障害（発達障害を含む。）その他の心身の機能の障害（以下「障害」と総称する。）がある者であつて、障害及び社会的障壁により継続的に日常生活又は社会生活に相当な制限を受ける状態にあるものをいう。

二　社会的障壁　障害がある者にとつて日常生活又は社会生活を営む上で障壁となるような社会における事物、制度、慣行、観念その他一切のものをいう。

（地域社会における共生等）

第三条　第一条に規定する社会の実現は、全ての障害者が、障害者でない者と等しく、基本的人権を享有する個人としてその尊厳が重んぜられ、その尊厳にふさわしい生活を保障される権利を有することを前提としつつ、次に掲げる事項を旨として図られなければならな

い。

一　全て障害者は、社会を構成する一員として社会、経済、文化その他あらゆる分野の活動に参加する機会が確保されること。

二　全て障害者は、可能な限り、どこで誰と生活するかについての選択の機会が確保され、地域社会において他の人々と共生することを妨げられないこと。

三　全て障害者は、可能な限り、言語（手話を含む。）その他の意思疎通のための手段についての選択の機会が確保されるとともに、情報の取得又は利用のための手段についての選択の機会の拡大が図られること。

（差別の禁止）

第四条　何人も、障害者に対して、障害を理由として、差別することその他の権利利益を侵害する行為をしてはならない。

2　社会的障壁の除去は、それを必要としている障害者が現に存し、かつ、その実施に伴う負担が過重でないときは、それを怠ることによつて前項の規定に違反することとならないよう、その実施について必要かつ合理的な配慮がされなければならない。

3　国は、第一項の規定に違反する行為の防止に関する啓発及び知識の普及を図るため、当該行為の防止を図るために必要となる情報の収集、整理及び提供を行うものとする。

（国際的協調）

第五条　第一条に規定する社会の実現は、そのための施策が国際社会における取組と密接な関係を有していることに鑑み、国際的協調の下に図られなければならない。

（国及び地方公共団体の責務）

第六条　国及び地方公共団体は、第一条に規定する社会の実現を図るため、前三条に定める基本原則（以下「基本原則」という。）にのつとり、障害者の自立及び社会参加の支援等のための施策を総合的かつ計画的に実施する責務を有する。

（国民の理解）

第七条　国及び地方公共団体は、基本原則に関する国民の理解を深めるよう必要な施策を講じなければならない。

（国民の責務）

第八条　国民は、基本原則にのつとり、第一条に規定する社会の実現に寄与するよう努めなければならない。

（障害者週間）

第九条　国民の間に広く基本原則に関する関心と理解を深めるとともに、障害者が社会、経済、文化その他あ

らゆる分野の活動に参加することを促進するため、障害者週間を設ける。
2　障害者週間は、十二月三日から十二月九日までの一週間とする。
3　国及び地方公共団体は、障害者の自立及び社会参加の支援等に関する活動を行う民間の団体等と相互に緊密な連携協力を図りながら、障害者週間の趣旨にふさわしい事業を実施するよう努めなければならない。

（施策の基本方針）
第十条　障害者の自立及び社会参加の支援等のための施策は、障害者の性別、年齢、障害の状態及び生活の実態に応じて、かつ、有機的連携の下に総合的に、策定され、及び実施されなければならない。
2　国及び地方公共団体は、障害者の自立及び社会参加の支援等のための施策を講ずるに当たつては、障害者その他の関係者の意見を聴き、その意見を尊重するよう努めなければならない。

（障害者基本計画等）
第十一条　政府は、障害者の自立及び社会参加の支援等のための施策の総合的かつ計画的な推進を図るため、障害者のための施策に関する基本的な計画（以下「障害者基本計画」という。）を策定しなければならない。
2　都道府県は、障害者基本計画を基本とするとともに、当該都道府県における障害者の状況等を踏まえ、当該都道府県における障害者のための施策に関する基本的な計画（以下「都道府県障害者計画」という。）を策定しなければならない。
3　市町村は、障害者基本計画及び都道府県障害者計画を基本とするとともに、当該市町村における障害者の状況等を踏まえ、当該市町村における障害者のための施策に関する基本的な計画（以下「市町村障害者計画」という。）を策定しなければならない。
4　内閣総理大臣は、関係行政機関の長に協議するとともに、障害者政策委員会の意見を聴いて、障害者基本計画の案を作成し、閣議の決定を求めなければならない。
5　都道府県は、都道府県障害者計画を策定するに当たつては、第三十六条第一項の合議制の機関の意見を聴かなければならない。
6　市町村は、市町村障害者計画を策定するに当たつては、第三十六条第四項の合議制の機関を設置している場合にあつてはその意見を、その他の場合にあつては障害者その他の関係者の意見を聴かなければならない。
7　政府は、障害者基本計画を策定したときは、これを国会に報告するとともに、その要旨を公表しなければ

ならない。
8　第二項又は第三項の規定により都道府県障害者計画又は市町村障害者計画が策定されたときは、都道府県知事又は市町村長は、これを当該都道府県の議会又は当該市町村の議会に報告するとともに、その要旨を公表しなければならない。
9　第四項及び第七項の規定は障害者基本計画の変更について、第五項及び前項の規定は都道府県障害者計画の変更について、第六項及び前項の規定は市町村障害者計画の変更について準用する。

（法制上の措置等）
第十二条　政府は、この法律の目的を達成するため、必要な法制上及び財政上の措置を講じなければならない。

（年次報告）
第十三条　政府は、毎年、国会に、障害者のために講じた施策の概況に関する報告書を提出しなければならない。

第二章　障害者の自立及び社会参加の支援等のための基本的施策

（医療、介護等）
第十四条　国及び地方公共団体は、障害者が生活機能を回復し、取得し、又は維持するために必要な医療の給付及びリハビリテーションの提供を行うよう必要な施策を講じなければならない。
2　国及び地方公共団体は、前項に規定する医療及びリハビリテーションの研究、開発及び普及を促進しなければならない。
3　国及び地方公共団体は、障害者が、その性別、年齢、障害の状態及び生活の実態に応じ、医療、介護、保健、生活支援その他自立のための適切な支援を受けられるよう必要な施策を講じなければならない。
4　国及び地方公共団体は、第一項及び前項に規定する施策を講ずるために必要な専門的技術職員その他の専門的知識又は技能を有する職員を育成するよう努めなければならない。
5　国及び地方公共団体は、医療若しくは介護の給付又はリハビリテーションの提供を行うに当たつては、障害者が、可能な限りその身近な場所においてこれらを受けられるよう必要な施策を講ずるものとするほか、その人権を十分に尊重しなければならない。
6　国及び地方公共団体は、福祉用具及び身体障害者補助犬の給付又は貸与その他障害者が日常生活及び社会生活を営むのに必要な施策を講じなければならない。
7　国及び地方公共団体は、前項に規定する施策を講ず

るために必要な福祉用具の研究及び開発、身体障害者補助犬の育成等を促進しなければならない。

（年金等）

第十五条　国及び地方公共団体は、障害者の自立及び生活の安定に資するため、年金、手当等の制度に関し必要な施策を講じなければならない。

（教育）

第十六条　国及び地方公共団体は、障害者が、その年齢及び能力に応じ、かつ、その特性を踏まえた十分な教育が受けられるようにするため、可能な限り障害者である児童及び生徒が障害者でない児童及び生徒と共に教育を受けられるよう配慮しつつ、教育の内容及び方法の改善及び充実を図る等必要な施策を講じなければならない。

2　国及び地方公共団体は、前項の目的を達成するため、障害者である児童及び生徒並びにその保護者に対し十分な情報の提供を行うとともに、可能な限りその意向を尊重しなければならない。

3　国及び地方公共団体は、障害者である児童及び生徒と障害者でない児童及び生徒との交流及び共同学習を積極的に進めることによつて、その相互理解を促進しなければならない。

4　国及び地方公共団体は、障害者の教育に関し、調査及び研究並びに人材の確保及び資質の向上、適切な教材等の提供、学校施設の整備その他の環境の整備を促進しなければならない。

（療育）

第十七条　国及び地方公共団体は、障害者である子どもが可能な限りその身近な場所において療育その他これに関連する支援を受けられるよう必要な施策を講じなければならない。

2　国及び地方公共団体は、療育に関し、研究、開発及び普及の促進、専門的知識又は技能を有する職員の育成その他の環境の整備を促進しなければならない。

（職業相談等）

第十八条　国及び地方公共団体は、障害者の職業選択の自由を尊重しつつ、障害者がその能力に応じて適切な職業に従事することができるようにするため、障害者の多様な就業の機会を確保するよう努めるとともに、個々の障害者の特性に配慮した職業相談、職業指導、職業訓練及び職業紹介の実施その他必要な施策を講じなければならない。

2　国及び地方公共団体は、障害者の多様な就業の機会の確保を図るため、前項に規定する施策に関する調査及び研究を促進しなければならない。

3　国及び地方公共団体は、障害者の地域社会における

作業活動の場及び障害者の職業訓練のための施設の拡充を図るため、これに必要な費用の助成その他必要な施策を講じなければならない。

（雇用の促進等）

第十九条　国及び地方公共団体は、国及び地方公共団体並びに事業者における障害者の雇用を促進するため、障害者の優先雇用その他の施策を講じなければならない。

2　事業主は、障害者の雇用に関し、その有する能力を正当に評価し、適切な雇用の機会を確保するとともに、個々の障害者の特性に応じた適正な雇用管理を行うことによりその雇用の安定を図るよう努めなければならない。

3　国及び地方公共団体は、障害者を雇用する事業主に対して、障害者の雇用のための経済的負担を軽減し、もつてその雇用の促進及び継続を図るため、障害者が雇用されるのに伴い必要となる施設又は設備の整備等に要する費用の助成その他必要な施策を講じなければならない。

（住宅の確保）

第二十条　国及び地方公共団体は、障害者が地域社会において安定した生活を営むことができるようにするため、障害者のための住宅を確保し、及び障害者の日常生活に適するような住宅の整備を促進するよう必要な施策を講じなければならない。

（公共的施設のバリアフリー化）

第二十一条　国及び地方公共団体は、障害者の利用の便宜を図ることによつて障害者の自立及び社会参加を支援するため、自ら設置する官公庁施設、交通施設（車両、船舶、航空機等の移動施設を含む。次項において同じ。）その他の公共的施設について、障害者が円滑に利用できるような施設の構造及び設備の整備等の計画的推進を図らなければならない。

2　交通施設その他の公共的施設を設置する事業者は、障害者の利用の便宜を図ることによつて障害者の自立及び社会参加を支援するため、当該公共的施設について、障害者が円滑に利用できるような施設の構造及び設備の整備等の計画的推進に努めなければならない。

3　国及び地方公共団体は、前二項の規定により行われる公共的施設の構造及び設備の整備等が総合的かつ計画的に推進されるようにするため、必要な施策を講じなければならない。

4　国、地方公共団体及び公共的施設を設置する事業者は、自ら設置する公共的施設を利用する障害者の補助を行う身体障害者補助犬の同伴について障害者の利用の便宜を図らなければならない。

（情報の利用におけるバリアフリー化等）

第二十二条　国及び地方公共団体は、障害者が円滑に情報を取得し及び利用し、その意思を表示し、並びに他人との意思疎通を図ることができるようにするため、障害者が利用しやすい電子計算機及びその関連装置その他情報通信機器の普及、電気通信及び放送の役務の利用に関する障害者の利便の増進、障害者に対して情報を提供する施設の整備、障害者の意思疎通を仲介する者の養成及び派遣等が図られるよう必要な施策を講じなければならない。

2　国及び地方公共団体は、災害その他非常の事態の場合に障害者に対しその安全を確保するため必要な情報が迅速かつ的確に伝えられるよう必要な施策を講ずるものとするほか、行政の情報化及び公共分野における情報通信技術の活用の推進に当たつては、障害者の利用の便宜が図られるよう特に配慮しなければならない。

3　電気通信及び放送その他の情報の提供に係る役務の提供並びに電子計算機及びその関連装置その他情報通信機器の製造等を行う事業者は、当該役務の提供又は当該機器の製造等に当たつては、障害者の利用の便宜を図るよう努めなければならない。

（相談等）

第二十三条　国及び地方公共団体は、障害者の意思決定の支援に配慮しつつ、障害者及びその家族その他の関係者に対する相談業務、成年後見制度その他の障害者の権利利益の保護等のための施策又は制度が、適切に行われ又は広く利用されるようにしなければならない。

2　国及び地方公共団体は、障害者及びその家族その他の関係者からの各種の相談に総合的に応ずることができるようにするため、関係機関相互の有機的連携の下に必要な相談体制の整備を図るとともに、障害者の家族に対し、障害者の家族が互いに支え合うための活動の支援その他の支援を適切に行うものとする。

（経済的負担の軽減）

第二十四条　国及び地方公共団体は、障害者及び障害者を扶養する者の経済的負担の軽減を図り、又は障害者の自立の促進を図るため、税制上の措置、公共的施設の利用料等の減免その他必要な施策を講じなければならない。

（文化的諸条件の整備等）

第二十五条　国及び地方公共団体は、障害者が円滑に文化芸術活動、スポーツ又はレクリエーションを行うことができるようにするため、施設、設備その他の諸条件の整備、文化芸術、スポーツ等に関する活動の助成

その他必要な施策を講じなければならない。

（防災及び防犯）

第二十六条　国及び地方公共団体は、障害者が地域社会において安全にかつ安心して生活を営むことができるようにするため、障害者の性別、年齢、障害の状態及び生活の実態に応じて、防災及び防犯に関し必要な施策を講じなければならない。

（消費者としての障害者の保護）

第二十七条　国及び地方公共団体は、障害者の消費者としての利益の擁護及び増進が図られるようにするため、適切な方法による情報の提供その他必要な施策を講じなければならない。

2　事業者は、障害者の消費者としての利益の擁護及び増進が図られるようにするため、適切な方法による情報の提供等に努めなければならない。

（選挙等における配慮）

第二十八条　国及び地方公共団体は、法律又は条例の定めるところにより行われる選挙、国民審査又は投票において、障害者が円滑に投票できるようにするため、投票所の施設又は設備の整備その他必要な施策を講じなければならない。

（司法手続における配慮等）

第二十九条　国又は地方公共団体は、障害者が、刑事事件若しくは少年の保護事件に関する手続その他これに準ずる手続の対象となつた場合又は裁判所における民事事件、家事事件若しくは行政事件に関する手続の当事者その他の関係人となつた場合において、障害者がその権利を円滑に行使できるようにするため、個々の障害者の特性に応じた意思疎通の手段を確保するよう配慮するとともに、関係職員に対する研修その他必要な施策を講じなければならない。

（国際協力）

第三十条　国は、障害者の自立及び社会参加の支援等のための施策を国際的協調の下に推進するため、外国政府、国際機関又は関係団体等との情報の交換その他必要な施策を講ずるように努めるものとする。

第三章　障害の原因となる傷病の予防に関する基本的施策

第三十一条　国及び地方公共団体は、障害の原因となる傷病及びその予防に関する調査及び研究を促進しなければならない。

2　国及び地方公共団体は、障害の原因となる傷病の予防のため、必要な知識の普及、母子保健等の保健対策の強化、当該傷病の早期発見及び早期治療の推進その他必要な施策を講じなければならない。

3　国及び地方公共団体は、障害の原因となる難病等の予防及び治療が困難であることに鑑み、障害の原因となる難病等の調査及び研究を推進するとともに、難病等に係る障害者に対する施策をきめ細かく推進するよう努めなければならない。

第四章　障害者政策委員会等

（障害者政策委員会の設置）

第三十二条　内閣府に、障害者政策委員会（以下「政策委員会」という。）を置く。

2　政策委員会は、次に掲げる事務をつかさどる。

一　障害者基本計画に関し、第十一条第四項（同条第九項において準用する場合を含む。）に規定する事項を処理すること。

二　前号に規定する事項に関し、調査審議し、必要があると認めるときは、内閣総理大臣又は関係各大臣に対し、意見を述べること。

三　障害者基本計画の実施状況を監視し、必要があると認めるときは、内閣総理大臣又は内閣総理大臣を通じて関係各大臣に勧告すること。

3　内閣総理大臣又は関係各大臣は、前項第三号の規定による勧告に基づき講じた施策について政策委員会に報告しなければならない。

＊平成二十八年四月一日施行（罫線部分）

（障害者政策委員会の設置）

第三十二条　（略）

2　政策委員会は、次に掲げる事務をつかさどる。

一～三　（略）

四　障害を理由とする差別の解消の推進に関する法律（平成二十五年法律第六十五号）の規定によりその権限に属させられた事項を処理すること。

3　（略）

る。

（政策委員会の組織及び運営）

第三十三条　政策委員会は、委員三十人以内で組織する。

2　政策委員会の委員は、障害者、障害者の自立及び社会参加に関する事業に従事する者並びに学識経験のある者のうちから、内閣総理大臣が任命する。この場合において、委員の構成については、政策委員会が様々な障害者の意見を聴き障害者の実情を踏まえた調査審議を行うことができることとなるよう、配慮されなければならない。

3　政策委員会の委員は、非常勤とする。

第三十四条　政策委員会は、その所掌事務を遂行するため必要があると認めるときは、関係行政機関の長に対

し、資料の提出、意見の表明、説明その他必要な協力を求めることができる。

2　政策委員会は、その所掌事務を遂行するため特に必要があると認めるときは、前項に規定する者以外の者に対しても、必要な協力を依頼することができる。

第三十五条　前二条に定めるもののほか、政策委員会の組織及び運営に関し必要な事項は、政令で定める。

（都道府県等における合議制の機関）

第三十六条　都道府県（地方自治法（昭和二十二年法律第六十七号）第二百五十二条の十九第一項の指定都市（以下「指定都市」という。）を含む。以下同じ。）に、次に掲げる事務を処理するため、審議会その他の合議制の機関を置く。

一　都道府県障害者計画に関し、第十一条第五項（同条第九項において準用する場合を含む。）に規定する事項を処理すること。

二　当該都道府県における障害者に関する施策の総合的かつ計画的な推進について必要な事項を調査審議し、及びその施策の実施状況を監視すること。

三　当該都道府県における障害者に関する施策の推進について必要な関係行政機関相互の連絡調整を要する事項を調査審議すること。

2　前項の合議制の機関の委員の構成については、当該機関が様々な障害者の意見を聴き障害者の実情を踏まえた調査審議を行うことができることとなるよう、配慮されなければならない。

3　前項に定めるもののほか、第一項の合議制の機関の組織及び運営に関し必要な事項は、条例で定める。

4　市町村（指定都市を除く。）は、条例で定めるところにより、次に掲げる事務を処理するため、審議会その他の合議制の機関を置くことができる。

一　市町村障害者計画に関し、第十一条第六項（同条第九項において準用する場合を含む。）に規定する事項を処理すること。

二　当該市町村における障害者に関する施策の総合的かつ計画的な推進について必要な事項を調査審議し、及びその施策の実施状況を監視すること。

三　当該市町村における障害者に関する施策の推進について必要な関係行政機関相互の連絡調整を要する事項を調査審議すること。

5　第二項及び第三項の規定は、前項の規定により合議制の機関が置かれた場合に準用する。

附　則　抄

（施行期日）

1　この法律は、公布の日〔昭和四十五年五月二十一日〕から施行する。

二　精神保健福祉法に至るまでの経緯

1　精神病者監護法と精神病院法

昭和二十五年に精神衛生法が制定されるまでは、精神病者については精神病者監護法及び精神病院法により行われていた。参考までにこの二法を掲げておく。

なお、この二つの法律は、精神衛生法附則第二項により廃止された。

◉精神病者監護法

〔明治三十三年三月十日　法律第三十八号〕

第一条　精神病者ハ其ノ後見人配偶者四親等内ノ親族又ハ戸主ニ於テ之ヲ監護スルノ義務ヲ負フ但シ民法第九百八条ニ依リ後見人タルコトヲ得サル者ハ此ノ限ニ在ラス

監護義務者数人アル場合ニ於テ其ノ義務ヲ履行スヘキ者ノ順位ハ左ノ如シ但シ監護義務者相互ノ同意ヲ以テ順位ヲ変更スルコトヲ得

第一　後見人

第二　配偶者

第三　親権ヲ行フ父又ハ母

第四　戸主

第五　前各号ニ掲ケタル者ニ非サル四親等内ノ親族中ヨリ親族会ノ選任シタル者

第二条　監護義務者ニ非サレハ精神病者ヲ監置スルコトヲ得ス

第三条　精神病者ヲ監置セムトスルトキハ行政庁ノ許可ヲ受クヘシ但シ急迫ノ事情アルトキハ仮リニ之ヲ監置スルコトヲ得此ノ場合ニ於テハ二十四時間内ニ行政庁ニ届出ヘシ

前項仮監置ノ期間ハ七日ヲ超ユルコトヲ得ス

行政庁ノ許可ヲ受ケテ監置シタル精神病者ノ監置ヲ廃止シタル後三箇年内ニ更ニ之ヲ監置セムトスルトキ又

ハ民法第九百二十二条ニ依リ禁治産者ヲ監置セムトスルトキハ行政庁ニ届出ヘシ

第四条　精神病者ノ監置ノ方法又ハ場所ヲ変更シタルトキハ二十四時間内ニ行政庁ニ届出ヘシ

第五条　監置シタル精神病者治癒シ死亡シ若ハ行方不明ト為リタルトキ又ハ其ノ監置ヲ廃止シタルトキハ七日内ニ行政庁ニ届出ヘシ

第六条　精神病者ヲ監置スルノ必要アルモ監護義務者ナキ場合又ハ監護義務者其ノ義務ヲ履行スルコト能ハサル事由アルトキハ精神病者ノ住所地、住所地ナキトキ又ハ不明ナルトキハ所在地市〔区〕町村長ハ勅令ノ定ムル所ニ従ヒ之ヲ監護スヘシ

第七条　行政庁ハ精神病者ノ監護ニ関シ必要ト認ムルトキハ監置ノ許可ヲ取消シ監置ノ廃止ヲ命シ又ハ監置ノ方法若ハ場所ノ変更ヲ命スルコトヲ得

監置ノ許可ヲ取消サレ又ハ其ノ廃止ヲ命セラレタル者監置ヲ廃止セサルトキハ行政庁ハ直接ニ監置ヲ廃止スルコトヲ得

第八条　精神病者監置ノ必要アルトキ又ハ監置不適当ト認ムルトキハ行政庁ハ第一条第二項ノ順位ニ拘ラス監護義務者ヲ指定シ之カ監置ヲ命スルコトヲ得但シ急迫ノ事情アルトキハ行政庁ハ仮リニ其ノ精神病者ヲ監置スルコトヲ得此ノ場合ニ於テハ第三条第二項ノ規定ヲ準用ス

市〔区〕町村長ニ於テ監護スル精神病者ノ監護義務者ヲ発見シ又ハ監護義務者其ノ義務ヲ履行シ得ルニ至リタルトキ亦前項ニ同シ本条ニ依リ精神病者ノ監置ヲ命セラレタル監護義務者其ノ命ヲ履行セサルトキハ第六条ノ例ニ依リ市〔区〕町村長ニ於テ之ヲ監護スヘシ

本条ニ依リ監護義務者ノ監置シタル精神病者ニ関シテハ行政庁ノ許可ヲ受クルニ非サレハ其ノ監置ヲ廃止シ又ハ監置ノ方法若ハ場所ヲ変更スルコトヲ得ス

第九条　私宅監置室、公私立精神病院及公私立病院ノ精神病室ハ行政庁ノ許可ヲ受クルニ非サレハ之ヲ使用スルコトヲ得ス

私宅監置室、公私立精神病院及公私立病院ノ精神病室ノ構造設備及管理方法ニ関スル規定ハ命令ヲ以テ之ヲ定ム

第十条　監護ニ要シタル費用ハ被監護者ノ負担トシ被監護者ヨリ弁償ヲ得サルトキハ其ノ扶養義務者ノ負担トス

市〔区〕町村長ニ於テ監護スル場合ニ於テ之カ為要スル費用ノ支弁方法及其ノ追徴方法ハ行旅病人及行旅死亡人取扱法ノ規定ヲ準用ス

第十一条　行政庁ハ必要ト認ムルトキハ其ノ指定シタル医師ヲシテ精神病者ノ検診ヲ為サシメ又ハ官吏若ハ医

師ヲシテ精神病者ニ関シ必要ナル尋問ヲ為サシメ又ハ精神病者在ル家宅病院其ノ他ノ場所ニ臨検セシムルコトヲ得

第十二条　本法又ハ本法ニ基ツキテ発スル命令ノ執行ニ関シ行政庁ノ違法処分ニ由リ権利ヲ傷害セラレタリトスル者ハ行政裁判所ニ出訴スルコトヲ得

第十三条　本法又ハ本法ニ基ツキテ発スル命令ノ執行ニ関スル行政庁ノ処分ニ不服アル者ハ訴願ヲ提起スルコトヲ得

第十四条　官吏公吏又ハ行政庁ノ命ヲ受ケテ公務ヲ行フ医師本法ノ執行ニ関シ不正ノ所為ヲ為シタル者ハ三年以下ノ〔重禁錮〕ニ処シ〔百円以下ノ罰金ヲ附加〕ス

第十五条　官吏公吏又ハ行政庁ノ命ヲ受ケテ公務ヲ行フ医師本法ノ執行ニ関シ賄賂ヲ収受シ又ハ之ヲ聴許シタル者ハ刑法〔第二百八十六条〕ノ例ニ照ラシテ処断ス

第十六条　左ニ掲クル者ハ一年以下ノ〔重禁錮〕ニ処シ〔百円以下ノ罰金ヲ附加〕ス

一　詐偽ノ所為ヲ以テ行政庁ノ許可ヲ受ケ若ハ虚偽ノ届出ヲ為シ精神病者ヲ監置シ又ハ拘束ノ程度ヲ加重シタル者

二　医師精神病者ノ診断書ニ虚偽ノ事実ヲ記載シ又ハ自ラ診断セスシテ診断書ヲ授与シタル者

前項第一号ノ場合ニ於テハ監置又ハ拘束ノ日数十日ヲ過クル毎ニ一等ヲ加フ

第十七条　左ニ掲クル者ハ二月以下ノ〔重禁錮〕ニ処シ〔二十円以下ノ罰金ヲ附加〕シ又ハ百円以下ノ罰金ニ処ス但シ監置又ハ拘束ノ日数十日ヲ過クル毎ニ一等ヲ加フ

一　許可ヲ受ケス又ハ届出ヲ為サス若ハ命ヲ受ケスシテ精神病者トシテ人ヲ監置シタル者

二　禁治産ノ宣告又ハ監置ノ許可ヲ取消サレ又ハ監置ノ廃止ヲ命セラレ若ハ仮監置ノ期間ヲ経過シタル後監置ヲ廃止セサル者

三　許可ヲ受ケ又ハ届出ヲ為シ若ハ命ヲ受ケタル程度ヲ超エテ精神病者ヲ拘束シタル者

第十八条　左ニ掲クル者ハ一月以下ノ〔重禁錮〕ニ処シ〔十円以下ノ罰金ヲ附加〕シ又ハ五十円以下ノ罰金ニ処ス

一　精神病者ノ監置ニ関シ虚偽ノ事実ヲ記載シタル願届其ノ他ノ書類ヲ行政庁ニ提出シタル者

二　監護義務ヲ履行スヘキ順位ニ在ラサル者ニシテ許可ヲ受ケス又ハ命ニ依ルニ非スシテ監置ヲ廃止シ又ハ監置ノ方法若ハ場所ヲ変更シタル者

三　官吏又ハ行政庁ノ指定シタル医師ノ臨検若ハ検診ヲ拒ミ又ハ其ノ尋問ニ対シ答弁ヲ為サス若ハ虚偽ノ答弁ヲ為シタル者

第十九条　左ニ掲クル者ハ百円以下ノ罰金ニ処ス
一　監置ノ方法若ハ場所ノ変更ヲ命セラレ其ノ命ヲ履行セサル者
二　監護義務者精神病者ノ監置ヲ命セラレ其ノ命ヲ履行セサル者
三　第八条第四項及第九条第一項ニ違背シタル者
第二十条　第四条及第五条ニ違背シタル者ハ十円以下ノ罰金ニ処ス

附　則

第二十一条　本法ハ明治三十三年七月一日ヨリ之ヲ施行ス本法施行前ヨリ精神病者ヲ監置シタル者ニシテ仍之ヲ継続セムトスルトキハ本法施行ノ日ヨリ二箇月内ニ第三条ノ許可ヲ受ケ又ハ届出ヲ為スヘシ
第三条ノ許可ヲ受ケス又ハ届出ヲ為サスシテ前項ノ期間ヲ経過シタル後監置ヲ廃止セサル者ハ第十七条ノ例ニ照シテ処断ス
本法中市〔区〕町村長ニ属スル職務ハ市制〔区制〕町村制ヲ施行セサル地ニ在リテハ市〔区〕町村長ニ準スヘキ者之ヲ行フ
第二十二条　外国人タル精神病者ノ監護ニ関シ別段ノ規定ヲ要スルモノハ勅令ヲ以テ之ヲ定ム
第二十三条　人事訴訟手続法第五十条又ハ第六十条ニ依リ裁判所ニ於テ精神病者ノ監護ニ付必要ナル処分ヲ命シタル場合ニ関シテハ本法ノ規定ヲ適用セス

◉精神病院法

〔大正八年三月二十七日 法律第二十五号〕

第一条　主務大臣ハ北海道又ハ府県ニ対シ精神病院ノ設置ヲ命スルコトヲ得

第二条　地方長官ハ左ノ各号ノ一ニ該当スル精神病者ヲ前条ノ規定ニ依リ設置スル精神病院ニ入院セシムルコトヲ得

一　精神病者監護法ニ依リ市〔区〕町村長ノ監護スヘキ者

二　罪ヲ犯シタル者ニシテ司法官庁特ニ危険ノ虞アリト認ムルモノ

三　療養ノ途ナキ者

四　前各号ニ掲クル者ノ外地方長官特ニ入院ヲ必要ト認ムル者

前項ノ規定ニ依リ精神病者ヲ入院セシムルニハ命令ノ定ムル所ニ依リ医師ノ診断アルコトヲ要ス

第三条　国庫ハ勅令ノ定ムル所ニ従ヒ第一条ノ規定ニ依リ設置スル精神病院ノ経費ニ対シ六分ノ一乃至二分ノ一ヲ補助ス

第四条　第一条ノ規定ニ依リ設置スル精神病院ノ長ハ主務大臣ノ定ムル所ニ依リ入院者ニ対シ監護上必要ナル処置ヲ行フコトヲ得

第五条　地方長官ハ入院者ヨリ入院費ノ全部又ハ一部ヲ徴収スルコトヲ得地方長官入院者ヨリ徴収スルコトヲ得スト認ムルトキハ其ノ扶養義務者ヨリ之ヲ徴収スルコトヲ得

前項費用ノ徴収方法ハ勅令ヲ以テ之ヲ定ム

第六条　道府県ニ於テ設置スル精神病院ニシテ地方長官ノ具申ニ依リ主務大臣ニ於テ適当ト認ムルモノハ第一条ノ規定ニ依リ設置スルモノト看做ス

第七条　主務大臣必要ト認ムルトキハ期間ヲ指定シ適当ト認ムル公私立精神病院ヲ其ノ承諾ヲ得テ第一条ノ規定ニ依リ設置スル精神病院ニ代用スルコトヲ得此ノ場合ニ於テハ第二条乃至第五条ノ規定ヲ準用ス

第八条　本法又ハ本法ニ基キテ発スル命令ノ執行ニ関シ行政官庁ノ処分ニ不服アル者ハ訴願スルコトヲ得行政官庁ノ違法処分ニ由リ権利ヲ障害セラレタリトスル者ハ行政裁判所ニ出訴スルコトヲ得

附　則

本法施行ノ期日ハ勅令ノ定ムル所ニ依リ各条ニ付之ヲ定ム

2　精神衛生法の制定

昭和二十五年、戦後における欧米の最新の精神衛生に関する知識の導入、公衆衛生の向上増進を国の責務とした新憲法の制定、精神衛生行政は精神障害者の医療保護の徹底化のみならず、その予防から広く一般国民の精神的健康の保持向上に及ぶべきであるとする理念の台頭等の諸状況のなかで、五月一日、法律第百二十三号を以って精神衛生法が公布施行された。それは次のとおりであった。

◉精神衛生法

〔昭和二十五年五月一日
法律第百二十三号〕

目次

第一章　総則

（この法律の目的）

第一条　この法律は、精神障害者の医療及び保護を行い、且つ、その発生の予防に努めることによつて、国民の精神的健康の保持及び向上を図ることを目的とする。

（国及び地方公共団体の義務）

第二条　国及び地方公共団体は、医療施設、教育施設その他福祉施設を充実することによつて精神障害者が社会生活に適応することができるように努力するとともに、精神衛生に関する知識の普及を図る等精神障害者の発生を予防する施策を講じなければならない。

（定義）

第三条　この法律で「精神障害者」とは、精神病者（中毒性精神病者を含む。）、精神薄弱者及び精神病質者をいう。

第二章　施設

（都道府県立精神病院）

第四条　都道府県は、精神病院を設置しなければならない。但し、第五条の規定による指定病院がある場合においては、厚生大臣の承認を得て、その設置を延期す

ることができる。

2　都道府県が精神病院を設置し、又はその施設を増築し若しくは改築しようとするときは、省令の定めるところにより、設備、構造その他設置計画の概要について厚生大臣の承認を受けなければならない。

3　この法律施行の際、現に存する都道府県の設置している精神病院については、前項の規定による承認があつたものとみなす。

（指定病院）

第五条　都道府県知事は、国及び都道府県以外の者が設置した精神病院又は精神病院以外の病院に設けられている精神病室の全部又は一部を、その設置者の同意を得て、都道府県が設置する精神病院に代る施設（以下「指定病院」という。）として指定することができる。

2　都道府県知事は、前項の指定をしようとするときは、あらかじめ、省令の定めるところにより、厚生大臣の承認を受けなければならない。

3　この法律施行の際、現に精神病院法（大正八年法律第二十五号）第七条の規定により代用されている公私立精神病院については、前二項の規定による指定があつたものとみなす。

（国の補助）

第六条　国は、都道府県が設置する精神病院及び精神病院以外の病院に設ける精神病室の設置及び運営（第三十条の規定による場合を除く。）に要する経費に対して、政令の定めるところにより、その二分の一を補助する。

（精神衛生相談所）

第七条　都道府県又は保健所法（昭和二十二年法律第百一号）第一条の規定に基く政令で定める市（以下「指定市」という。）は、厚生大臣の承認を受けて精神衛生相談所を設置することができる。

2　精神衛生相談所は、精神衛生に関する相談及び指導を行い、又、精神衛生に関する知識の普及を図る施設とする。

（国の補助）

第八条　国は、都道府県又は指定市が前条の施設を設置したときは、その設置及び運営に要する経費に対して、政令の定めるところにより、その二分の一を補助する。

（許可）

第九条　国、都道府県及び指定市以外の者は、精神衛生相談所を設置しようとするときは、厚生大臣の許可を受けなければならない。

2　前項の規定に違反した者は、二万円以下の過料に処する。

（名称の独占）

第十条　この法律による精神衛生相談所でなければ、その名称のうちに「精神衛生相談所」という文字又はこれに類似する文字を用いてはならない。

２　前項の規定に違反した者は、五千円以下の過料に処する。

（両罰規定）

第十一条　法人の代表者又は法人若しくは人の代理人、使用人その他の従業者がその法人又は人の業務に関して前二条の違反行為をしたときは、その行為者を罰する外、その法人又は人に対し各本条の過料を科する。

（省令への委任）

第十二条　この法律で定めるものの外、精神衛生相談所に関して必要な事項は、省令で定める。

第三章　精神衛生審議会

（設置）

第十三条　精神衛生に関する事項を調査審議させるため、厚生省の附属機関として精神衛生審議会を置く。

（委員の数、任期及び任命）

第十四条　精神衛生審議会の委員は十五人とし、その任期は三年とする。

２　委員は、精神衛生に関し学識経験ある者及び関係行政機関の公務員のうちから、厚生大臣が任命する。

（権限）

第十五条　精神衛生審議会は、厚生大臣の諮問に答える外、精神障害に関する原因の除去、精神障害者の診察及び治療の方法の改善、精神障害者発生の予防措置その他精神衛生に関する事項に関して関係大臣に意見を具申する。

第十六条　精神衛生審議会は、関係行政機関に対し所属職員の出席、説明及び資料の提出を求めることができる。

（省令への委任）

第十七条　精神衛生審議会の運営に関し必要な事項は、省令で定める。

第四章　精神衛生鑑定医

（精神衛生鑑定医）

第十八条　厚生大臣は、精神障害の診断又は治療に関し少くとも三年以上の経験がある医師のうちから、その同意を得て精神衛生鑑定医を指定する。

２　精神衛生鑑定医は、都道府県知事の監督のもとに、この法律の施行に関し精神障害の有無並びに精神障害者につきその治療及び保護を行う上において入院を必要とするかどうかの判定を行う。

３　精神衛生鑑定医は、前項の職務の執行に関しては法令により公務に従事する職員とみなす。

（実費弁償及び報酬）

第十九条　都道府県知事は、精神衛生鑑定医に対し精神障害に関する診察をさせたときは、条例の定めるところにより、その診察に要した実費を弁償し、且つ、相当額の報酬を支給する。

第五章　医療及び保護

（保護義務者）

第二十条　精神障害者については、その後見人、配偶者、親権を行う者及び扶養義務者が保護義務者となる。但し、左の各号の一に該当する者は保護義務者とならない。

一　行方の知れない者

二　当該精神障害者に対して訴訟をしている者、又はした者並びにその配偶者及び直系血族

三　家庭裁判所で免ぜられた法定代理人又は保佐人

四　破産者

五　禁治産者及び準禁治産者

六　未成年者

2　保護義務者が数人ある場合において、その義務を行うべき順位は、左の通りとする。但し、本人の保護のため特に必要があると認める場合には、後見人以外の者について家庭裁判所は利害関係人の申立によりその順位を変更することができる。

一　後見人

二　配偶者

三　親権を行う者

四　前二号の者以外の扶養義務者のうちから家庭裁判所が選任した者

3　前項但書の規定による順位の変更及び同項第四号の規定による選任は家事審判法（昭和二十二年法律第百五十二号）の適用については、同法第九条第一項甲類に掲げる事項とみなす。

第二十一条　前条第二項各号の保護義務者がないとき又はこれらの保護義務者がその義務を行うことができないときはその精神障害者の居住地を管轄する市町村長（特別区の長を含む。以下同じ。）、居住地がないか又は明らかでないときはその精神障害者の現在地を管轄する市町村長が保護義務者となる。

第二十二条　保護義務者は、精神障害者に治療を受けさせるとともに、精神障害者が自身を傷つけ又は他人に害を及ぼさないように監督し、且つ、精神障害者の財産上の利益を保護しなければならない。

2　保護義務者は、精神障害者の診断が正しく行われるよう医師に協力しなければならない。

3　保護義務者は、精神障害者に医療を受けさせるに当つては、医師の指示に従わなければならない。

（診察及び保護の申請）

第二十三条　精神障害者又はその疑のある者を知つた者は、誰でも、その者について精神衛生鑑定医の診察及び必要な保護を都道府県知事に申請することができる。

2　前項の申請をするには、左の事項を記載した申請書をもよりの保健所長を経て都道府県知事に提出しなければならない。

一　申請者の住所、氏名及び生年月日

二　本人の現在場所、氏名、性別及び生年月日

三　症状の概要

四　現に本人の保護の任に当つている者があるときはその者の住所及び氏名

3　虚偽の事実を具して第一項の申請をした者は、六月以下の懲役又は二万円以下の罰金に処する。

（警察官の通報等）

第二十四条　警察官又は警察吏員は、警察官等職務執行法（昭和二十三年法律第百三十六号）第三条の規定により精神障害者又はその疑のある者を保護した場合においては、直ちに、もよりの保健所長に通報しなければならない。

2　保健所長は、前項の通報を受けたときは、直ちに、その旨を都道府県知事に報告しなければならない。

（検察官の通報）

第二十五条　検察官は、被疑者又は被告人について精神障害があると認めたときは、当該事件について不起訴処分をし又は裁判（懲役、禁こ又は拘留の刑を言い渡し執行猶予の言渡をしない裁判を除く。）が確定した後、すみやかに、その旨を都道府県知事に通報しなければならない。

（矯正保護施設の長の通報）

第二十六条　矯正保護施設（拘置所、刑務所、少年刑務所、少年院及び少年保護鑑別所をいう。以下同じ。）の長は、精神障害者又はその疑のある収容者を釈放、退院又は退所させようとするときは、あらかじめ、左の事項を本人の帰住地（帰住地がない場合は当該矯正保護施設の所在地）の都道府県知事に通報しなければならない。

一　本人の帰住地、氏名、性別及び生年月日

二　症状の概要

三　釈放、退院又は退所の年月日

四　引取人の住所及び氏名

（精神衛生鑑定医の診察）

第二十七条　都道府県知事は、前四条の規定により申請又は通報のあつた者について調査の上必要があると認めるときは、精神衛生鑑定医をして診察をさせなければならない。

2　都道府県知事は、前項の規定により診察をさせる場合には、当該吏員を立ち合わせなければならない。

3　精神衛生鑑定医及び前項の当該吏員は、前二項の職務を行うに当つて必要な限度においてその者の居住する場所へ立ち入ることができる。

4　前項の規定によつてその者の居住する場所へ立ち入る場合には、精神衛生鑑定医及び当該吏員は、その身分を示す証票を携帯し、関係人の請求があるときはこれを呈示しなければならない。

5　第一項の規定による診察を拒み、妨げ、若しくは忌避した者又は第三項の規定による立入を拒み若しくは妨げた者は、一万円以下の罰金に処する。

（診察の通知）

第二十八条　都道府県知事は、前条第一項の規定により診察をさせるに当つて現に本人の保護の任に当つている者がある場合には、あらかじめ、診察の日時及び場所をその者に通知しなければならない。

2　後見人、親権を行う者、配偶者その他現に本人の保護の任に当つている者は、前条第一項の診察に立ち会うことができる。

（知事による入院措置）

第二十九条　都道府県知事は、第二十七条の規定による診察の結果、その診察を受けた者が精神障害者であり、且つ、医療及び保護のために入院させなければその精神障害のために自身を傷つけ又は他人に害を及ぼすおそれがあると認めたときは、本人及び関係者の同意がなくても、その者を国若しくは都道府県の設置した精神病院（精神病院以外の病院に設けられている精神病室を含む。以下同じ。）又は指定病院に入院させることができる。

2　前項の場合において都道府県知事がその者を入院させるには、二人以上の精神衛生鑑定医の診察を経て、その者が精神障害者であり、且つ、医療及び保護のために入院させなければその精神障害のために自身を傷つけ、又は他人に害を及ぼすおそれがあると認めることについて、各精神衛生鑑定医の診察の結果が一致した場合でなければならない。

3　国又は都道府県の設置した精神病院及び指定病院の長は、病床（病院の一部について第五条の指定を受けている指定病院にあつてはその指定にかかる病床）にすでに第一項の規定により入院をさせた者がいるため余裕がない場合の外は、前項の精神障害者を収容しなければならない。

4　この法律施行の際、現に精神病院法第二条の規定によつて入院中の者は、第一項の規定によつて入院したものとみなす。

第三十条　前条の規定により都道府県知事が入院させた精神障害者の入院に要する費用は、政令の定めるところにより、都道府県の負担とする。

２　国は、前項の規定により都道府県が支出する経費に対し、政令の定めるところにより、その二分の一を補助する。

（費用の徴収）

第三十一条　都道府県知事は、第二十九条の規定により入院させた精神障害者又はその扶養義務者が入院に要する費用を負担することができると認めたときは、その費用の全部又は一部を徴収することができる。

（訴願）

第三十二条　第二十九条又は前条の規定により都道府県知事のした処分に不服がある者は、訴願法（明治二十三年法律第百五号）の定めるところにより、その処分を受けた日から六十日以内に厚生大臣に対し訴願をすることができる。

（保護義務者の同意による入院）

第三十三条　精神病院の長は、診察の結果精神障害者であると診断した者につき、医療及び保護のため入院の必要があると認める場合において保護義務者の同意があるときは、本人の同意がなくてもその者を入院させることができる。

（仮入院）

第三十四条　精神病院の長は、診察の結果精神障害者の疑があつてその診断に相当の時日を要すると認める者を、その後見人、配偶者、親権を行う者その他の扶養義務者の同意がある場合には、本人の同意がなくても、三週間を超えない期間、仮に精神病院へ入院させることができる。

（家庭裁判所の許可）

第三十五条　前二条の同意者が後見人である場合において前二条の同意をするには、民法（明治二十九年法律第八十九号）第八百五十八条第二項の規定の適用を除外するものではない。

（届出）

第三十六条　精神病院の長は、第三十三条又は第三十四条の規定による措置をとつたときは、十日以内に左の事項を入院について同意を得た者の同意書を添え、もよりの保健所長を経て都道府県知事に届け出なければならない。

一　本人の住所、氏名、性別及び生年月日
二　診察の年月日
三　病名及び症状の概要
四　同意者の住所、氏名及び続柄
五　入院又は仮入院の年月日

２　前項の規定に違反した者は、五千円以下の過料に処する。

（知事の審査）

第三十七条　都道府県知事は、前条の届出があつた場合において調査の上必要があると認めるときは、第三十三条又は第三十四条の規定により入院又は仮入院をした者について二人以上の精神衛生鑑定医に診察をさせ各精神衛生鑑定医の診察の結果が入院を継続する必要があることに一致しない場合には、当該精神病院の長に対し、その者を退院させることを命ずることができる。

２　前項の命令に違反した者は、三年以下の懲役又は五万円以下の罰金に処する。

（行動の制限）

第三十八条　精神病院の長は、入院中又は仮入院中の者につき、その医療又は保護に欠くことのできない限度において、その行動について必要な制限を行うことができる。

（無断退去者に対する措置）

第三十九条　精神病院の長は、入院中又は仮入院中の者で自身を傷つけ又は他人に害を及ぼすおそれのあるものが無断で退去しその行方が不明になつたときは、所轄の警察署長に左の事項を通知してその探索を求めることができる。

一　退去者の住所、氏名、性別及び生年月日

二　退去の年月日及び時刻

三　症状の概要

四　退去者を発見するために参考となるべき人相、服装その他の事項

五　入院年月日

六　保護義務者又はこれに準ずる者の住所及び氏名

（退院及び仮退院）

第四十条　第二十九条の規定により精神障害者を収容した精神病院の長は、その精神障害者の症状に照し入院を継続する必要がなくなつたと認めるときは、都道府県知事の許可を得て退院させることができる。

２　前項の病院長は、入院中の精神障害者の症状に照しその者を一時退院させて経過を見ることが適当であると認めるときは、都道府県知事の許可を得て、六箇月を超えない期間を限り仮に退院させることができる。

（保護義務者の引取義務等）

第四十一条　保護義務者は、前条の規定により退院又は仮退院する者を引き取り、且つ、仮退院した者の保護に当つては当該精神病院の長の指示に従わなければならない。

（訪問指導）

第四十二条　都道府県知事は、第二十七条の規定による診察の結果精神障害者であると診断された者で第二十九条の規定による入院をさせられなかつたもの、及び第四十条の規定による退院者でなお精神障害が続いているものについては、必要に応じ、当該吏員又は都道府県知事が指定した医師をしてその者を訪問し精神衛生に関する適当な指導をさせなければならない。

（保護拘束）

第四十三条　自身を傷つけ又は他人に害を及ぼすおそれのある精神障害者で入院を要するものがある場合において、直ちにその者を精神病院に収容することができないやむを得ない事情があるときは、精神障害者の保護義務者は、都道府県知事の許可を得て、精神病院に入院させるまでの間、精神病院以外の場所で保護拘束をすることができる。

2　前項の許可を得ようとする者は、左の事項を記載した申請書に医師の診断書を添え、もよりの保健所長を経て都道府県知事に申請しなければならない。

一　本人の住所、氏名、性別及び生年月日

二　保護拘束をした者の住所、氏名及び続柄

三　保護拘束の理由

四　保護拘束開始の年月日及び時刻

五　保護拘束の場所

六　保護拘束の方法

3　都道府県知事は、前項の申請があつたときは、すみやかに、精神衛生鑑定医に診察をさせた上許可するかどうかを決定し、その結果を申請者に通知しなければならない。

4　前項の規定により許可をするには、二人以上の精神衛生鑑定医の診察を経て、その者が精神障害者であり、且つ、医療及び保護のために入院をさせなければその精神障害のために自身を傷つけ又は他人に害を及ぼすおそれがあると認めることについて、各精神衛生鑑定医の診察の結果が一致した場合でなければならない。

（保護拘束の期間）

第四十四条　保護拘束の期間は、保護拘束を始めた日から起算して二箇月を超えることができない。

2　都道府県知事は、前項の期間内に、当該精神障害者で引き続き保護拘束の必要があるものについて国若しくは都道府県の設置した精神病院又は指定病院に収容する措置をとらなければならない。

（指導）

第四十五条　都道府県知事は、保護拘束を行う者に対して当該吏員又は都道府県知事が指定した医師をして保護拘束の場所、施設、方法その他必要な事項について適当な指導をさせなければならない。

2　正当な理由がなくて前項の指導に従わなかつた者は、二万円以下の罰金に処する。

（保護拘束の変更及び廃止）

第四十六条　保護拘束を行う者が保護拘束の場所又は方法を変更しようとするときは、あらかじめ、都道府県知事の許可を受けなければならない。

2　保護拘束を行う者が保護拘束を廃止したときは、三日以内に廃止の年月日及び時刻をもよりの保健所長を経て都道府県知事に届け出なければならない。

3　第一項の規定に違反した者は五万円以下の罰金に処し、第二項の規定に違反した者は五千円以下の過料に処する。

（行方不明者に対する措置）

第四十七条　保護拘束を受けている者が行方不明になつたときは、保護拘束を行つている者は、すみやかに、その旨をもよりの保健所長を経て都道府県知事に届け出るとともに、もよりの警察署長に届け出てその探索を求めなければならない。

2　前項の届書には左の事項を記載しなければならない。

一　本人の住所、氏名、性別及び生年月日

二　症状の概要

三　保護拘束を行つている者の住所及び氏名

四　本人を発見するために参考となるべき人相、服装その他の事項

五　行方不明になつた年月日及び時刻

（施設以外の収容禁止）

第四十八条　第四十三条の規定による保護拘束を行う場合の外は、精神病院又は他の法律により精神障害者を収容することのできる施設以外の場所に精神障害者を収容してはならない。

2　この法律施行の際、現に精神病者監護法（明治三十三年法律第三十八号）第九条の規定により私宅監置をしている者については、精神病院に入院させることができないやむを得ない事情があるときに限り、この法律施行後一年間従前の例によることができる。

（医療及び保護の費用）

第四十九条　保護義務者が精神障害者の医療及び保護のために支出する費用は、当該精神障害者又はその扶養義務者が負担する。

2　第二十一条の規定によつて市町村長が保護義務者となる場合において、その医療及び保護に要する費用について当該精神障害者又はその扶養義務者が負担することができないときは、その保護を行つた市町村（特別区を含む。）を管轄する都道府県がその費用を負担する。

（刑又は保護処分の執行との関係）

第五十条　この章の規定は、刑又は保護処分の執行のため精神障害者又はその疑のある者を矯正保護施設に収容することを妨げるものではない。

2　第二十六条及び第二十七条の規定を除く外、この章の規定は矯正保護施設に収容中の者には適用しない。

附　則

1　この法律は、公布の日から施行する。

2　精神病者監護法（明治三十三年法律第三十八号）及び精神病院法（大正八年法律第二十五号）は廃止する。但し、この法律施行前にした行為に対する罰則の適用については、なお従前の例による。

3　厚生省設置法（昭和二十四年法律第百五十一号）の一部を次のように改正する。

第五条中第二十七号を次のように改める。

二十七　都道府県が精神病院を設置し、増築し、改築し、若しくはその設置を延期しようとする場合又は都道府県知事が精神衛生法（昭和二十五年法律第百二十三号）の指定病院を指定しようとする場合にこれを承認すること。

二十七の二　都道府県又は保健所法（昭和二十二年法律第百一号）第一条の規定に基く政令で定める市（以下「指定市」という。）が精神衛生相談所を設置しようとする場合にこれを承認すること。

二十七の三　国、都道府県及び指定市以外の者が精神衛生相談所を設置しようとする場合にこれを許可すること。

二十七の四　精神衛生法に基き、精神衛生鑑定医を指定すること。

第九条第一項第九号中「精神病」を「精神障害」に改める。

第二十九条第一項の表中中央優生保護審査会の項の次に「精神衛生審議会｜厚生大臣の諮問に応じて精神衛生に関する事項を調査審議すること。」を加える。

4　民法（明治二十九年法律第八十九号）の一部を次のように改正する。

第八百五十八条第二項中、「、又は私宅に監置す」を削る。

5　家事審判法（昭和二十二年法律第百五十二号）の一部を次のように改正する。

第九条第一項甲類第十九号中「、監置」を削る。

3　昭和四十年改正法の新旧対照条文

「精神衛生法の一部を改正する法律」（昭和四十年法律第百三十九号）による新旧条文対照表

（破線の部分は改正部分）

改正後

目次

第一章　総則（第一条―第三条）
第二章　施設（第四条―第十二条）
第三章　精神衛生審議会及び精神衛生診査協議会（第十三条―第十七条）
第四章　精神衛生鑑定医（第十八条・第十九条）
第五章　医療及び保護（第二十条―第五十一条）
附　則

改正前

目次

第一章　総則（第一条―第三条）
第一条　（この法律の目的）
第二条　（国及び地方公共団体の義務）
第三条　（定義）
第二章　施設（第四条―第十二条）
第四条　（都道府県立精神病院）
第五条　（指定病院）
第六条―第六条の二　（国の補助）
第七条　（精神衛生相談所）
第八条　（国の補助）
第九条―第十条　削除
第十一条　（承認の取消）
第十二条　（政令への委任）

第三章　精神衛生審議会（第十三条―第十七条）
第十三条　（設置）
第十四条　（委員の数、任期及び任命）
第十五条―第十六条　（権限）
第十七条　（省令への委任）
第四章　精神衛生鑑定医（第十八条・第十九条）
第十八条　（精神衛生鑑定医）
第十九条　（実費弁償及び報酬）
第五章　医療及び保護（第二十条―第五十一条）
第二十条―第二十二条　（保護義務者）
第二十三条　（診察及び保護の申請）
第二十四条　（警察官の通報等）
第二十五条　（検察官の通報）
第二十六条　（矯正施設の長の通報）
第二十七条　（精神衛生鑑定医の診察）
第二十八条　（診察の通知）
第二十九条　（知事による入院措置）
第二十九条の二　（入院措置の場合の診療方針及び医療に要する費用の額）
第二十九条の三　（社会保険診療報酬支払基金への事務の委託）
第三十条　（費用の支弁及び負担）
第三十一条　（費用の徴収）

第一章　総則

（この法律の目的）

第三十二条　削除
第三十三条　（保護義務者の同意による入院）
第三十四条　（仮入院）
第三十五条　（家庭裁判所の許可）
第三十六条　（届出）
第三十七条　（知事の審査）
第三十八条　（行動の制限）
第三十九条　（無断退去者に対する措置）
第四十条　（退院及び仮退院）
第四十一条　（保護義務者の引取義務等）
第四十二条　（訪問指導）
第四十三条　（保護拘束）
第四十四条　（保護拘束の期間）
第四十五条　（指導）
第四十六条　（保護拘束の変更及び廃止）
第四十七条　（行方不明者に対する措置）
第四十八条　（施設以外の収容禁止）
第四十九条　（医療及び保護の費用）
第五十条　（刑又は保護処分の執行との関係）
第五十一条　（覚せい剤の慢性中毒者に対する措置）

附　則

第一章　（同上）

第一条　この法律は、精神障害者等の医療及び保護を行い、且つ、その発生の予防に努めることによつて、国民の精神的健康の保持及び向上を図ることを目的とする。

（国及び地方公共団体の義務）

第二条　国及び地方公共団体は、医療施設、教育施設その他福祉施設を充実することによつて精神障害者等が社会生活に適応することができるように努力するとともに、精神衛生に関する知識の普及を図る等その発生を予防する施策を講じなければならない。

（定義）

第三条　この法律で「精神障害者」とは、精神病者（中毒性精神病者を含む。）、精神薄弱者及び精神病質者をいう。

第二章　施設

（都道府県立精神病院）

第四条　都道府県は、精神病院を設置しなければならない。但し、第五条の規定による指定病院がある場合においては、その設置を延期することができる。

第一条（同上）

第二条（同上）

第三条（同上）

第二章（同上）

（都道府県立精神病院）

第四条　都道府県は、精神病院を設置しなければならない。但し、第五条の規定による指定病院がある場合においては、厚生大臣の承認を得て、その設置を延期することができる。

2　都道府県が精神病院を設置し、又はその施設を増築し若しくは改築しようとするときは、省令の定めるところにより、設備、構造その他設置計画の概要につい

（指定病院）
第五条　都道府県知事は、国及び都道府県以外の者が設置した精神病院又は精神病院以外の病院に設けられている精神病室の全部又は一部を、その設置者の同意を得て、都道府県が設置する精神病院に代る施設（以下「指定病院」という。）として指定することができる。

（国の補助）
第六条　国は、都道府県が設置する精神病院及び精神病院以外の病院に設ける精神病室の設置及び運営（第三

て厚生大臣の承認を受けなければならない。
3　この法律施行の際、現に存する都道府県の設置している精神病院については、前項の規定による承認があつたものとみなす。
4　第二項の規定により設置した精神病院を廃止しようとするときは、厚生大臣の承認を受けなければならない。

（指定病院）
第五条第一項（同上）
2　都道府県知事は、前項の指定をしようとするときは、あらかじめ、省令の定めるところにより、厚生大臣の承認を受けなければならない。
3　この法律施行の際、現に精神病院法（大正八年法律第二十五号）第七条の規定により代用されている公私立精神病院については、前二項の規定による指定があつたものとみなす。

第六条（同上）

十条の規定による場合を除く。）に要する経費に対して、政令の定めるところにより、その二分の一を補助する。

第六条の二　国は、営利を目的としない法人が設置する精神病院及び精神病院以外の病院に設ける精神病室の設置及び運営に要する経費に対して、政令の定めるところにより、その二分の一以内を補助することができる。

（精神衛生センター）

第七条　都道府県は、精神衛生の向上を図るため、精神衛生センターを設置することができる。

2　精神衛生センターは、精神衛生に関する知識の普及を図り、精神衛生に関する調査研究を行ない、並びに精神衛生に関する相談及び指導のうち複雑又は困難なものを行なう施設とする。

（国の補助）

第八条　国は、都道府県が前条の施設を設置したときは、政令の定めるところにより、その設置に要する経費については二分の一、その運営に要する経費については

第六条の二（同上）

（精神衛生相談所）

第七条　都道府県又は保健所法（昭和二十二年法律第百一号）第一条の規定に基く政令で定める市（以下「指定市」という。）は、厚生大臣の承認を受けて精神衛生相談所を設置することができる。

2　精神衛生相談所は、精神衛生に関する相談及び指導を行い、又、精神衛生に関する知識の普及を図る施設とする。

3　第一項の規定により設置した精神衛生相談所を廃止しようとするときは、厚生大臣の承認を受けなければならない。

（国の補助）

第八条　国は、都道府県又は指定市が前条の施設を設置したときは、政令の定めるところにより、その設置に要する経費については二分の一、その運営に要する経

三分の一を補助する。

第九条及び第十条　削除

（指定の取消し）

第十一条　都道府県知事は、指定病院の運営方法がその目的遂行のために不適当であると認めたときは、その指定を取り消すことができる。この場合においては、都道府県知事は、指定病院の設置者に釈明の機会を与えるため、職員をして当該設置者について聴聞を行わせなければならない。

（政令への委任）

第十二条　この法律に定めるものの外、都道府県の設置する精神病院及び精神衛生センターに関して必要な事項は、政令で定める。

第三章　精神衛生審議会及び精神衛生診査協議会

（中央精神衛生審議会）

第十三条　精神衛生に関する事項を調査審議させるため、厚生省の附属機関として中央精神衛生審議会を置く。

（委員及び臨時委員）

第十四条　中央精神衛生審議会の委員は十五人とし、その任期は三年とする。

2　中央精神衛生審議会において、特に必要があると認めるときは、臨時委員を置くことができる。

費については三分の一を補助する。

第九条及び第十条（同上）

（承認の取消）

第十一条　厚生大臣は、指定病院の運営方法がその目的遂行のために不適当であると認めたときは、その指定の承認を取り消すことができる。この場合においては、厚生大臣は、指定病院の設置者に釈明の機会を与えるため、職員をして当該設置者について聴聞を行わせなければならない。

（政令への委任）

第十二条　この法律に定めるものの外、都道府県の設置する精神病院及び精神衛生相談所に関して必要な事項は、政令で定める。

第三章　精神衛生審議会

（設置）

第十三条　精神衛生に関する事項を調査審議させるため、厚生省の附属機関として精神衛生審議会を置く。

（委員の数、任期及び任命）

第十四条　精神衛生審議会の委員は十五人とし、その任期は三年とする。

2　精神衛生審議会において、特に必要があると認めるときは、臨時委員を置くことができる。

3　委員及び臨時委員は、精神衛生に関し学識経験ある者及び関係行政機関の公務員のうちから、厚生大臣が任命する。

4　委員及び臨時委員は、非常勤とする。

（権限）

第十五条　中央精神衛生審議会は、厚生大臣の諮問に答える外、精神障害に関する原因の除去、精神障害者の診察及び治療の方法の改善、精神障害者発生の予防措置その他精神衛生に関する事項に関して関係大臣に意見を具申する。

第十六条　中央精神衛生審議会は、関係行政機関に対し所属職員の出席、説明及び資料の提出を求めることができる。

（地方精神衛生審議会）

第十六条の二　精神衛生に関する事項を調査審議させるため、都道府県に地方精神衛生審議会を置く。

2　地方精神衛生審議会は、都道府県知事の諮問に答えるほか、精神衛生に関する事項に関して都道府県知事に意見を具申することができる。

3　前条の規定は、地方精神衛生審議会について準用する。

（委員及び臨時委員）

第十六条の三　地方精神衛生審議会の委員は、十人以内

第十四条第三項（同上）

（権限）

第十五条　精神衛生審議会は、厚生大臣の諮問に答える外、精神障害に関する原因の除去、精神障害者の診察及び治療の方法の改善、精神障害者発生の予防措置その他精神衛生に関する事項に関して関係大臣に意見を具申する。

第十六条　精神衛生審議会は、関係行政機関に対し所属職員の出席、説明及び資料の提出を求めることができる。

とする。

2　特別の事項を調査審議するため必要があるときは、地方精神衛生審議会に臨時委員を置くことができる。

3　委員及び臨時委員は、精神衛生に関し学識経験のある者及び関係行政機関の職員のうちから、都道府県知事が任命する。

4　委員（関係行政機関の職員のうちから任命された委員を除く。）の任期は、三年とする。

（精神衛生診査協議会）

第十六条の四　都道府県知事の諮問に応じ、第三十二条第三項の申請に関する必要な事項を審議させるため、都道府県に精神衛生診査協議会を置く。

（委員）

第十六条の五　精神衛生診査協議会の委員は、五人とする。

2　委員は、精神障害者の医療に関する事業に従事する者及び関係行政機関の職員のうちから、都道府県知事が任命する。

3　委員（関係行政機関の職員のうちから任命された委員を除く。）の任期は、二年とする。

（厚生省令又は条例への委任）

第十七条　中央精神衛生審議会の運営に関し必要な事項は、厚生省令で定める。

（省令への委任）

第十七条　精神衛生審議会の運営に関し必要な事項は、省令で定める。

2　地方精神衛生審議会及び精神衛生診査協議会の運営に関し必要な事項は、条例で定める。

第四章　精神衛生鑑定医

（精神衛生鑑定医）

第十八条　厚生大臣は、精神障害の診断又は治療に関し少くとも三年以上の経験がある医師のうちから、その同意を得て精神衛生鑑定医を指定する。

2　精神衛生鑑定医は、都道府県知事の監督のもとに、この法律の施行に関し精神障害の有無並びに精神障害者につきその治療及び保護を行う上において入院を必要とするかどうかの判定を行う。

3　精神衛生鑑定医は、前項の職務の執行に関しては法令により公務に従事する職員とみなす。

（実費弁償及び報酬）

第十九条　都道府県知事は、精神衛生鑑定医に対し精神障害に関する診察をさせたときは、条例の定めるところにより、その診察に要した実費を弁償し、且つ、相当額の報酬を支給する。

第五章　医療及び保護

（保護義務者）

第二十条　精神障害者については、その後見人、配偶者、親権を行う者及び扶養義務者が保護義務者となる。但し、左の各号の一に該当する者は保護義務者とならな

第四章（同上）

第十八条（同上）

第十九条（同上）

第五章（同上）

第二十条（同上）

い。

一　行方の知れない者

二　当該精神障害者に対して訴訟をしている者、又はした者並びにその配偶者及び直系血族

三　家庭裁判所で免ぜられた法定代理人又は保佐人

四　破産者

五　禁治産者及び準禁治産者

六　未成年者

2　保護義務者が数人ある場合において、その義務を行うべき順位は、左の通りとする。但し、本人の保護のため特に必要があると認める場合には、後見人以外の者について家庭裁判所は利害関係人の申立によりその順位を変更することができる。

一　後見人

二　配偶者

三　親権を行う者

四　前二号の者以外の扶養義務者のうちから家庭裁判所が選任した者

3　前項但書の規定による順位の変更及び同項第四号の規定による選任は家事審判法（昭和二十二年法律第百五十二号）の適用については、同法第九条第一項甲類に掲げる事項とみなす。

第二十一条　前条第二項各号の保護義務者がないとき又

第二十一条　（同上）

はこれらの保護義務者がその義務を行うことができないときはその精神障害者の居住地を管轄する市町村長（特別区の長を含む。以下同じ。）、居住地がないか又は明らかでないときはその精神障害者の現在地を管轄する市町村長が保護義務者となる。

第二十二条　保護義務者は、精神障害者に治療を受けさせるとともに、精神障害者が自身を傷つけ又は他人に害を及ぼさないように監督し、且つ、精神障害者の財産上の利益を保護しなければならない。

2　保護義務者は、精神障害者の診断が正しく行われるよう医師に協力しなければならない。

3　保護義務者は、精神障害者に医療を受けさせるに当つては、医師の指示に従わなければならない。

（診察及び保護の申請）

第二十三条　精神障害者又はその疑のある者を知つた者は、誰でも、その者について精神衛生鑑定医の診察及び必要な保護を都道府県知事に申請することができる。

2　前項の申請をするには、左の事項を記載した申請書をもよりの保健所長を経て都道府県知事に提出しなければならない。

一　申請者の住所、氏名及び生年月日

二　本人の現在場所、居住地、氏名、性別及び生年月日

第二十二条（同上）

第二十三条第一項（同上）

2　前項の申請をするには、左の事項を記載した申請書をもよりの保健所長を経て都道府県知事に提出しなければならない。

一　申請者の住所、氏名及び生年月日

二　本人の現在場所、氏名、性別及び生年月日

三　症状の概要
四　現に本人の保護の任に当つている者があるときは
　その者の住所及び氏名
3　虚偽の事実を具して第一項の申請をした者は、六月以下の懲役又は二万円以下の罰金に処する。

（警察官の通報）
第二十四条　警察官は、職務を執行するに当たり、異常な挙動その他周囲の事情から判断して、精神障害のために自身を傷つけ又は他人に害を及ぼすおそれがあると認められる者を発見したときは、直ちに、その旨を、もよりの保健所長を経て都道府県知事に通報しなければならない。

（検察官の通報）
第二十五条　検察官は、精神障害者又はその疑いのある被疑者又は被告人について、不起訴処分をしたとき、裁判（懲役、禁こ又は拘留の刑を言い渡し執行猶予の言渡をしない裁判を除く。）が確定したとき、その他特に必要があると認めたときは、すみやかに、その旨を都道府県知事に通報しなければならない。

（保護観察所の長の通報）
第二十五条の二　保護観察所の長は、保護観察に付されている者が精神障害者又はその疑いのある者であることを知つたときは、すみやかに、その旨を都道府県知

三　症状の概要
四　現に本人の保護の任に当つている者があるときは
　その者の住所及び氏名
第二十三条第三項（同上）

（警察官の通報等）
第二十四条　警察官は、警察官職務執行法（昭和二十三年法律第百三十六号）第三条の規定により精神障害者又はその疑のある者を保護した場合においては、直ちに、もよりの保健所長に通報しなければならない。
2　保健所長は、前項の通報を受けたときは、直ちに、その旨を都道府県知事に報告しなければならない。

（検察官の通報）
第二十五条　検察官は、精神障害のある被疑者について不起訴処分をしたとき、又は精神障害のある被告人について裁判（懲役、禁こ又は拘留の刑を言い渡し執行猶予の言渡をしない裁判を除く。）が確定したときは、すみやかに、その旨を都道府県知事に通報しなければならない。

事に通報しなければならない。

（矯正施設の長の通報）

第二十六条　矯正施設（拘置所、刑務所、少年刑務所、少年院、少年鑑別所及び婦人補導院をいう。以下同じ。）の長は、精神障害者又はその疑のある収容者を釈放、退院又は退所させようとするときは、あらかじめ、左の事項を本人の帰住地（帰住地がない場合は当該矯正施設の所在地）の都道府県知事に通報しなければならない。

一　本人の帰住地、氏名、性別及び生年月日
二　症状の概要
三　釈放、退院又は退所の年月日
四　引取人の住所及び氏名

（精神病院の管理者の届出）

第二十六条の二　精神病院（精神病院以外の病院で精神病室が設けられているものを含む。以下同じ。）の管理者は、入院中の精神障害者であつて、第二十九条第一項の要件に該当すると認められるものから退院の申出があつたときは、直ちに、その旨を、もよりの保健所長を経て都道府県知事に届け出なければならない。

（精神衛生鑑定医の診察）

第二十七条　都道府県知事は、前六条の規定による申請、通報又は届出のあつた者について調査の上必要がある

第二十六条（同上）

（精神衛生鑑定医の診察）

第二十七条　都道府県知事は、前四条の規定により申請又は通報のあつた者について調査の上必要があると認

と認めるときは、精神衛生鑑定医をして診察をさせなければならない。

2　都道府県知事は、入院させなければ精神障害のために自身を傷つけ又は他人に害を及ぼすおそれがあることが明らかである者については、前六条の規定による申請、通報又は届出がない場合においても、精神衛生鑑定医をして診察をさせることができる。

3　都道府県知事は、前二項の規定により診察をさせる場合には、当該吏員を立ち合わせなければならない。

4　精神衛生鑑定医及び前項の当該吏員は、前三項の職務を行うに当つて必要な限度においてその者の居住する場所へ立ち入ることができる。

5　前項の規定によつてその者の居住する場所へ立ち入る場合には、精神衛生鑑定医及び当該吏員は、その身分を示す証票を携帯し、関係人の請求があるときはこれを呈示しなければならない。

6　第一項又は第二項の規定による診察を拒み、妨げ、若しくは忌避した者又は第四項の規定による立入を拒み若しくは妨げた者は、一万円以下の罰金に処する。

（診察の通知）

第二十八条　都道府県知事は、前条第一項の規定により診察をさせるに当つて現に本人の保護の任に当つている者がある場合には、あらかじめ、診察の日時及び場

めるときは、精神衛生鑑定医をして診察をさせなければならない。

2　都道府県知事は、前項の規定により診察をさせる場合には、当該吏員を立ち合わせなければならない。

3　精神衛生鑑定医及び前項の当該吏員は、前二項の職務を行うに当つて必要な限度においてその者の居住する場所へ立ち入ることができる。

4　前項の規定によつてその者の居住する場所へ立ち入る場合には、精神衛生鑑定医及び当該吏員は、その身分を示す証票を携帯し、関係人の請求があるときはこれを呈示しなければならない。

5　第一項の規定による診察を拒み、妨げ、若しくは忌避した者又は第三項の規定による立入を拒み若しくは妨げた者は、一万円以下の罰金に処する。

第二十八条　（同上）

所をその者に通知しなければならない。

２　後見人、親権を行う者、配偶者その他現に本人の保護の任に当つている者は、前条第一項の診察に立ち会うことができる。

（知事による入院措置）

第二十九条　都道府県知事は、第二十七条の規定による診察の結果、その診察を受けた者が精神障害者であり、且つ、医療及び保護のために入院させなければその精神障害のために自身を傷つけ又は他人に害を及ぼすおそれがあると認めたときは、その者を国若しくは都道府県の設置した精神病院又は指定病院に入院させることができる。

２　前項の場合において都道府県知事がその者を入院させるには、二人以上の精神衛生鑑定医の診察を経て、その者が精神障害者であり、且つ、医療及び保護のために入院させなければその精神障害のために自身を傷つけ又は他人に害を及ぼすおそれがあると認めることについて、各精神衛生鑑定医の診察の結果が一致した場合でなければならない。

３　国又は都道府県の設置した精神病院及び指定病院の管理者は、病床（病院の一部について第五条の指定を受けている指定病院にあつてはその指定にかかる病床）にすでに第一項又は次条第一項の規定により入院

（知事による入院措置）

第二十九条　都道府県知事は、第二十七条の規定による診察の結果、その診察を受けた者が精神障害者であり、且つ、医療及び保護のために入院させなければその精神障害のために自身を傷つけ又は他人に害を及ぼすおそれがあると認めたときは、本人及び関係者の同意がなくても、その者を国若しくは都道府県の設置した精神病院（精神病院以外の病院に設けられている精神病室を含む。以下同じ。）又は指定病院に入院させることができる。

第二十九条第二項（同上）

３　国又は都道府県の設置した精神病院及び指定病院の長は、病床（病院の一部について第五条の指定を受けている指定病院にあつてはその指定にかかる病床）にすでに第一項の規定により入院をさせた者がいるため

をさせた者がいるため余裕がない場合の外は、前項の精神障害者を収容しなければならない。

4　この法律施行の際、現に精神病院法（大正八年法律第二十五号）第二条の規定によつて入院中の者は、第一項の規定によつて入院したものとみなす。

第二十九条の二　都道府県知事は、前条第一項の要件に該当すると認められる精神障害者又はその疑いのある者について、急速を要し、前三条の規定による手続をとることができない場合において、精神衛生鑑定医をして診察をさせた結果、その者が精神障害者であり、かつ、直ちに入院させなければその精神障害のために自身を傷つけ又は他人を害するおそれが著しいと認めたときは、その者を前条第一項に規定する精神病院又は指定病院に入院させることができる。

2　都道府県知事は、前項の措置をとつたときは、すみやかに、その者につき、前条第一項の規定による入院措置をとるかどうかを決定しなければならない。

3　第一項の規定による入院の期間は、四十八時間をこえることができない。

4　第二十七条第四項から第六項までの規定は第一項の規定による診察について、前条第三項の規定は第一項の規定により入院する者の収容について準用する。

第二十九条の三　第二十九条第一項に規定する精神病院

余裕がない場合の外は、前項の精神障害者を収容しなければならない。

4　この法律施行の際、現に精神病院法第二条の規定によつて入院中の者は、第一項の規定によつて入院したものとみなす。

又は指定病院の管理者は、前条第一項の規定により入院した者について、都道府県知事から、第二十九条第一項の規定による入院措置をとらない旨の通知を受けたとき、又は前条第三項の期間内に第二十九条第一項の規定による入院措置をとる旨の通知がないときは、直ちに、その者を退院させなければならない。

（入院措置の解除）

第二十九条の四　都道府県知事は、第二十九条第一項の規定により入院した者（以下「措置入院者」という。）が、入院を継続しなくてもその精神障害のために自身を傷つけ又は他人に害を及ぼすおそれがないと認められるに至つたときは、直ちに、その者を退院させなければならない。この場合においては、都道府県知事は、あらかじめ、その者を収容している精神病院又は指定病院の管理者の意見を聞くものとする。

第二十九条の五　措置入院者を収容している精神病院又は指定病院の管理者は、措置入院者が、入院を継続しなくてもその精神障害のために自身を傷つけ又は他人に害を及ぼすおそれがないと認められるに至つたときは、直ちに、その旨を都道府県知事に届け出なければならない。

2　都道府県知事は、必要があると認めるときは、措置入院者を収容している精神病院若しくは指定病院の管

理者に対し、措置入院者の症状に関する報告を求め、又は精神衛生鑑定医をして措置入院者を診察させることができる。

3　措置入院者又はその保護義務者は、都道府県知事に対し、入院を継続しなければその精神障害のために自身を傷つけ又は他人に害を及ぼすおそれがあるかどうかの調査を行なうことを求めることができる。

（入院措置の場合の診療方針及び医療に要する費用の額）

第二十九条の六　第二十九条第一項及び第二十九条の二第一項の規定により入院する者について国若しくは都道府県の設置した精神病院又は指定病院が行なう医療に関する診療方針及びその医療に要する費用の額の算定方法は、健康保険の診療方針及び療養に要する費用の額の算定方法の例による。

2　前項に規定する診療方針及び療養に要する費用の額の算定方法の例によることができないとき、及びこれによることを適当としないときの診療方針及び医療に要する費用の額の算定方法は、厚生大臣が中央精神衛生審議会の意見を聞いて定めるところによる。

（社会保険診療報酬支払基金への事務の委託）

第二十九条の七　都道府県は、第二十九条第一項及び第二十九条の二第一項の規定により入院する者について

（入院措置の場合の診療方針及び医療に要する費用の額）

第二十九条の二　前条の規定により入院する者について国若しくは都道府県の設置した精神病院又は指定病院が行なう医療に関する診療方針及びその医療に要する費用の額の算定方法は、健康保険の診療方針及び療養に要する費用の額の算定方法の例による。

2　前項に規定する診療方針及び療養に要する費用の額の算定方法の例によることができないとき、及びこれによることを適当としないときの診療方針及び医療に要する費用の額の算定方法は、厚生大臣が精神衛生審議会の意見を聞いて定めるところによる。

（社会保険診療報酬支払基金への事務の委託）

第二十九条の三　都道府県は、第二十九条の規定により入院する者について国若しくは都道府県の設置した精

国若しくは都道府県の設置した精神病院又は指定病院が行なつた医療が前条に規定する診療方針に適合するかどうかについての審査及びその医療に要する費用の額の算定並びに国又は指定病院の設置者に対する診療報酬の支払に関する事務を社会保険診療報酬支払基金に委託することができる。

（費用の支弁及び負担）

第三十条　第二十九条第一項及び第二十九条の二第一項の規定により都道府県知事が入院させた精神障害者の入院に要する費用は、都道府県の支弁とする。

2　国は、前項の規定により都道府県が支弁した経費に対し、政令の定めるところにより、その四分の三を負担する。

（費用の徴収）

第三十一条　都道府県知事は、第二十九条第一項及び第二十九条の二第一項の規定により入院させた精神障害者又はその扶養義務者が入院に要する費用を負担することができると認めたときは、その費用の全部又は一部を徴収することができる。

（一般患者に対する医療）

第三十二条　都道府県は、精神障害の適正な医療を普及するため、精神障害者が健康保険法（大正十一年法律第七十号）第四十三条第三項各号に掲げる病院若しく

神病院又は指定病院が行なつた医療が前条に規定する診療方針に適合するかどうかについての審査及びその医療に要する費用の額の算定並びに国又は指定病院の設置者に対する診療報酬の支払に関する事務を社会保険診療報酬支払基金に委託することができる。

（費用の支弁及び負担）

第三十条　第二十九条の規定により都道府県知事が入院させた精神障害者の入院に要する費用は、都道府県の支弁とする。

第三十条第二項　（同上）

（費用の徴収）

第三十一条　都道府県知事は、第二十九条の規定により入院させた精神障害者又はその扶養義務者が入院に要する費用を負担することができると認めたときは、その費用の全部又は一部を徴収することができる。

第三十二条　削除

は診療所又は薬局その他政令で定める病院若しくは診療所又は薬局（その開設者が、診療報酬の請求及び支払に関し次条に規定する方式によらない旨を都道府県知事に申し出たものを除く。）で病院又は診療所へ収容しないで行なわれる精神障害の医療を受ける場合において、その医療に必要な費用の二分の一を負担することができる。

2　前項の医療に必要な費用の額は、健康保険の療養に要する費用の額の算定方法の例によつて算定する。

3　第一項の規定による費用の負担は、当該精神障害者又はその保護義務者の申請によつて行なうものとし、その申請は、精神障害者の居住地を管轄する保健所長を経て、都道府県知事に対してしなければならない。

4　都道府県知事は、前項の申請に対して決定をするには、精神衛生診査協議会の意見を聞かなければならない。

5　第三項の申請があつてから六月を経過したときは、当該申請に基づく費用の負担は、打ち切られるものとする。

6　戦傷病者特別援護法（昭和三十八年法律第百六十八号）の規定によつて医療を受けることができる者については、第一項の規定は適用しない。

（費用の請求、審査及び支払）

第三十二条の二　前条第一項の病院若しくは診療所又は薬局は、同項の規定により都道府県が負担する費用を、都道府県に請求するものとする。

2　都道府県は、前項の費用を当該病院若しくは診療所又は薬局に支払わなければならない。

3　都道府県は、第一項の請求についての審査及び前項の費用の支払に関する事務を、社会保険診療報酬支払基金その他政令で定める者に委託することができる。

（費用の支弁及び負担）

第三十二条の三　国は、都道府県が第三十二条第一項の規定により負担する費用を支弁したときは、当該都道府県に対し、政令で定めるところにより、その二分の一を補助する。

（他の法律による医療に関する給付との調整）

第三十二条の四　第三十二条第一項の規定により費用の負担を受ける精神障害者が健康保険法、日雇労働者健康保険法（昭和二十八年法律第二百七号）、国民健康保険法（昭和三十三年法律第百九十二号）、船員保険法（昭和十四年法律第七十三号）、労働者災害補償保険法（昭和二十二年法律第五十号）、国家公務員共済組合法（昭和三十三年法律第百二十八号）、公共企業体職員等共済組合法（昭和三十一年法律第百三十四号）、地方公務員等共済組合法（昭和三十七年法律第百五十二号）又は

私立学校教職員共済組合法（昭和二十八年法律第二百四十五号）の規定による被保険者、労働者、組合員又は被扶養者である場合においては、保険者又は共済組合は、これらの法律の規定によつてすべき給付のうち、その医療に要する費用の二分の一をこえる部分については、給付をすることを要しない。

2　第三十二条第一項の規定により費用の負担を受ける精神障害者が、生活保護法（昭和二十五年法律第百四十四号）の規定による医療扶助を受けることができる者であるときは、その医療に要する費用は都道府県が同項の規定によりその二分の一を負担し、その残部につき同法の適用があるものとする。

（保護義務者の同意による入院）

第三十三条　精神病院の管理者は、診察の結果精神障害者であると診断した者につき、医療及び保護のため入院の必要があると認める場合において保護義務者の同意があるときは、本人の同意がなくてもその者を入院させることができる。

（仮入院）

第三十四条　精神病院の管理者は、診察の結果精神障害者の疑があつてその診断に相当の時日を要すると認める者を、その後見人、配偶者、親権を行う者その他の扶養義務者の同意がある場合には、本人の同意がなく

（保護義務者の同意による入院）

第三十三条　精神病院の長は、診察の結果精神障害者であると診断した者につき、医療及び保護のため入院の必要があると認める場合において保護義務者の同意があるときは、本人の同意がなくてもその者を入院させることができる。

（仮入院）

第三十四条　精神病院の長は、診察の結果精神障害者の疑があつてその診断に相当の時日を要すると認める者を、その後見人、配偶者、親権を行う者その他の扶養義務者の同意がある場合には、本人の同意がなくとも、

とも、三週間を超えない期間、仮に精神病院へ入院させることができる。

（家庭裁判所の許可）

第三十五条　前二条の同意者が後見人である場合において前二条の同意をするには民法（明治二十九年法律第八十九号）第八百五十八条第二項の規定の適用を除外するものではない。

（届出）

第三十六条　精神病院の管理者は、第三十三条又は第三十四条の規定による措置をとつたときは、十日以内に左の事項を入院について同意を得た者の同意書を添え、もよりの保健所長を経て都道府県知事に届け出なければならない。

一　本人の住所、氏名、性別及び生年月日

二　診察の年月日

三　病名及び症状の概要

四　同意者の住所、氏名及び続柄

五　入院の年月日

2　前項の規定に違反した者は、五千円以下の過料に処する。

（知事の審査）

第三十七条　都道府県知事は、必要があると認めるときは、第三十三条又は第三十四条の規定により入院した

三週間を超えない期間、仮に精神病院へ入院させることができる。

第三十五条　（同上）

（届出）

第三十六条　精神病院の長は、第三十三条又は第三十四条の規定による措置をとつたときは、十日以内に左の事項を入院について同意を得た者の同意書を添え、もよりの保健所長を経て都道府県知事に届け出なければならない。

一　本人の住所、氏名、性別及び生年月日

二　診察の年月日

三　病名及び症状の概要

四　同意者の住所、氏名及び続柄

五　入院又は仮入院の年月日

第三十六条第二項　（同上）

（知事の審査）

第三十七条　都道府県知事は、前条の届出があつた場合において調査の上必要があると認めるときは、第三十

者について二人以上の精神衛生鑑定医に診察をさせ各精神衛生鑑定医の診察の結果が入院を継続する必要があることに一致しない場合には、当該精神病院の管理者に対し、その者を退院させることを命ずることができる。

2　前項の命令に違反した者は、三年以下の懲役又は五万円以下の罰金に処する。

（行動の制限）

第三十八条　精神病院の管理者は、入院中の者につき、その医療又は保護に欠くことのできない限度において、その行動について必要な制限を行うことができる。

（無断退去者に対する措置）

第三十九条　精神病院の管理者は、入院中の者で自身を傷つけ又は他人に害を及ぼすおそれのあるものが無断で退去しその行方が不明になつたときは、所轄の警察署長に左の事項を通知してその探索を求めなければならない。

一　退去者の住所、氏名、性別及び生年月日

二　退去の年月日及び時刻

三　症状の概要

四　退去者を発見するために参考となるべき人相、服

三条又は第三十四条の規定により入院又は仮入院をした者について二人以上の精神衛生鑑定医に診察をさせ各精神衛生鑑定医の診察の結果が入院を継続する必要があることに一致しない場合には、当該精神病院の長に対し、その者を退院させることを命ずることができる。

第三十七条第二項（同上）

（行動の制限）

第三十八条　精神病院の長は、入院中又は仮入院中の者につき、その医療又は保護に欠くことのできない限度において、その行動について必要な制限を行うことができる。

（無断退去者に対する措置）

第三十九条　精神病院の長は、入院中又は仮入院中の者で自身を傷つけ又は他人に害を及ぼすおそれのあるものが無断で退去しその行方が不明になつたときは、所轄の警察署長に左の事項を通知してその探索を求めることができる。

一　退去者の住所、氏名、性別及び生年月日

二　退去の年月日及び時刻

三　症状の概要

四　退去者を発見するために参考となるべき人相、服

装その他の事項
五　入院年月日
六　保護義務者又はこれに準ずる者の住所及び氏名
2　警察官は、前項の探索を求められた者を発見したときは、直ちに、その旨を当該精神病院の管理者に通知しなければならない。この場合において、警察官は、当該精神病院の管理者がその者を引き取るまでの間、二十四時間を限り、その者を、警察署、病院、救護施設等の精神障害者を保護するのに適当な場所に、保護することができる。

（仮退院）

第四十条　第二十九条第一項に規定する精神病院又は指定病院の管理者は、措置入院者の症状に照しその者を一時退院させて経過を見ることが適当であると認めるときは、都道府県知事の許可を得て、六箇月を超えない期間を限り仮に退院させることができる。

（保護義務者の引取義務等）

第四十一条　保護義務者は、第二十九条の三若しくは第二十九条の四の規定により退院する者又は前条の規定により仮退院する者を引き取り、且つ、仮退院した者

装その他の事項
五　入院年月日
六　保護義務者又はこれに準ずる者の住所及び氏名

（退院及び仮退院）

第四十条　第二十九条の規定により精神障害者を収容した精神病院の長は、その精神障害者の症状に照し入院を継続する必要がなくなつたと認めるときは、都道府県知事の許可を得て退院させることができる。
2　前項の病院長は、入院中の精神障害者の症状に照しその者を一時退院させて経過を見ることが適当であると認めるときは、都道府県知事の許可を得て、六箇月を超えない期間を限り仮に退院させることができる。

（保護義務者の引取義務等）

第四十一条　保護義務者は、前条の規定により退院又は仮退院する者を引き取り、且つ、仮退院した者の保護に当つては当該精神病院の長の指示に従わなければな

の保護に当つては当該精神病院又は指定病院の管理者の指示に従わなければならない。

（精神衛生に関する業務に従事する職員）

第四十二条　都道府県及び保健所を設置する市は、保健所に、精神衛生に関する相談に応じ、及び精神障害者を訪問して必要な指導を行なうための職員を置くことができる。

2　前項の職員は、学校教育法（昭和二十二年法律第二十六号）に基づく大学において社会福祉に関する科目を修めて卒業した者であつて、精神衛生に関する知識及び経験を有するものその他政令で定める資格を有する者のうちから、都道府県知事又は保健所を設置する市の長が任命する。

（訪問指導）

第四十三条　保健所長は、第二十七条又は第二十九条の二第一項の規定による診察の結果精神障害者であると診断された者で第二十九条第一項及び第二十九条の二第一項の規定による入院をさせられなかつたもの第二十九条の三又は第二十九条の四の規定により退院した者でなお精神障害が続いているものその他精神障害者であつて必要があると認めるものについては、必要に応じ、前条第一項の職員又は都道府県知事若しくは保健所を設置する市の長が指定した医師をして、精神衛

らない。

（訪問指導）

第四十二条　都道府県知事は、第二十七条の規定による診察の結果精神障害者であると診断された者で第二十九条の規定による入院をさせられなかつたもの、及び第四十条の規定による退院者でなお精神障害が続いているものについては、必要に応じ、当該吏員又は都道府県知事が指定した医師をしてその者を訪問し精神衛生に関する適当な指導をさせなければならない。

生に関する相談に応じさせ、及びその者を訪問し精神衛生に関する適当な指導をさせなければならない。

第四十四条から第四十七条まで　削除

（保護拘束）

第四十三条　自身を傷つけ又は他人に害を及ぼすおそれのある精神障害者で入院を要するものがある場合において、直ちにその者を精神病院に収容することができないやむを得ない事情があるときは、精神障害者の保護義務者は、都道府県知事の許可を得て、精神病院に入院させるまでの間、精神病院以外の場所で保護拘束をすることができる。

2　前項の許可を得ようとする者は、左の事項を記載した申請書に医師の診断書を添え、もよりの保健所長を経て都道府県知事に申請しなければならない。

一　本人の住所、氏名、性別及び生年月日
二　保護拘束をした者の住所、氏名及び続柄
三　保護拘束の理由
四　保護拘束開始の年月日及び時刻
五　保護拘束の場所
六　保護拘束の方法

3　都道府県知事は、前項の申請があつたときは、すみやかに、精神衛生鑑定医に診察をさせた上許可するかどうかを決定し、その結果を申請者に通知しなければならない。

4　前項の規定により許可をするには、二人以上の精神衛生鑑定医の診察を経て、その者が精神障害者であり、且つ、医療及び保護のために入院をさせなければその精神障害のために自身を傷つけ又は他人に害を及ぼすおそれがあると認めることについて、各精神衛生鑑定医の診察の結果が一致した場合でなければならない。

（保護拘束の期間）

第四十四条　保護拘束の期間は、保護拘束を始めた日から起算して二箇月を超えることができない。

2　都道府県知事は、前項の期間内に、当該精神障害者で引き続き保護拘束の必要があるものについて国若しくは都道府県の設置した精神病院又は指定病院に収容する措置をとらなければならない。

（指導）

第四十五条　都道府県知事は、保護拘束を行う者に対して当該吏員又は都道府県知事が指定した医師をして保護拘束の場所、施設、方法その他必要な事項について適当な指導をさせなければならない。

2　正当な理由がなくて前項の指導に従わなかつた者は、二万円以下の罰金に処する。

（保護拘束の変更及び廃止）

第四十六条　保護拘束を行う者が保護拘束の場所又は方法を変更しようとするときはあらかじめ、都道府県知

（施設以外の収容禁止）

第四十八条　精神障害者は、精神病院又は他の法律によ

事の許可を受けなければならない。

2　保護拘束を行う者が保護拘束を廃止したときは、三日以内に廃止の年月日及び時刻をもよりの保健所長を経て都道府県知事に届け出なければならない。

3　第一項の規定に違反した者は五万円以下の罰金に処し、第二の規定に違反した者は五千円以下の過料に処する。

（行方不明者に対する措置）

第四十七条　保護拘束を受けている者が行方不明になつたときは、保護拘束を行つている者は、すみやかに、その旨をもよりの保健所長を経て都道府県知事に届け出るとともに、もよりの警察署長に届け出てその探索を求めなければならない。

2　前項の届書には左の事項を記載しなければならない。

一　本人の住所、氏名、性別及び生年月日

二　症状の概要

三　保護拘束を行つている者の住所及び氏名

四　本人を発見するために参考となるべき人相、服装その他の事項

五　行方不明になつた年月日及び時刻

（施設以外の収容禁止）

第四十八条　第四十三条の規定による保護拘束を行う場

り精神障害者を収容することのできる施設以外の場所に収容してはならない。

（医療及び保護の費用）

第四十九条　保護義務者が精神障害者の医療及び保護のために支出する費用は、当該精神障害者又はその扶養義務者が負担する。

（刑事事件に関する手続等との関係）

第五十条　この章の規定は、精神障害者又はその疑いのある者について、刑事事件若しくは少年の保護事件の処理に関する法令の規定による手続を行ない、又は刑若しくは補導処分若しくは保護処分の執行のためこれらの者を矯正施設に収容することを妨げるものではない。

2　第二十五条、第二十六条及び第二十七条の規定を除く外、この章の規定は矯正施設に収容中の者には適用しない。

（秘密の保持）

合の外は、精神病院又は他の法律により精神障害者を収容することのできる施設以外の場所に精神障害者を収容してはならない。

2　この法律施行の際、現に精神病者監護法（明治三十三年法律第三十八号）第九条の規定により私宅監置をしている者については、精神病院に入院させることができないやむを得ない事情があるときに限り、この法律施行後一年間従前の例によることができる。

第四十九条　（同上）

（刑又は保護処分の執行との関係）

第五十条　この章の規定は、刑又は保護処分の執行のため精神障害者又はその疑いのある者を矯正施設に収容することを妨げるものではない。

2　第二十六条及び第二十七条の規定を除く外、この章の規定は矯正施設に収容中の者には適用しない。

第五十条の二　精神衛生鑑定医、精神病院の管理者、精神衛生診査協議会の委員、第四十三条の規定により都道府県知事若しくは保健所を設置する市の長が指定した医師又はこれらの職にあつた者が、この法律の規定に基づく職務の執行に関して知り得た人の秘密を漏らしたときは、一年以下の懲役又は三万円以下の罰金に処する。

2　精神病院の職員又はその職にあつた者が、この法律の規定に基づく精神病院の管理者の職務の執行を補助するに際して知り得た人の秘密を漏らしたときも、前項と同じである。

（覚せい剤の慢性中毒者に対する措置）

第五十一条　第十八条第二項及び第三項並びに第十九条から前条までの規定は、覚せい剤の慢性中毒者（精神障害者を除く。）又はその疑のある者につき準用する。この場合において、これらの規定中「精神障害」とあるのは「覚せい剤の慢性中毒」と、「精神障害者」とあるのは「覚せい剤の慢性中毒者」と読み替えるものとする。

附　則

（施行期日）

1　この法律は、公布の日から施行する。ただし、第五十条の次に一条を加える改正規定は公布の日から起算

第五十一条　（同上）

して二十日を経過した日から、第三十二条の改正規定及び同条の次に三条を加える改正規定は昭和四十年十月一日から施行する。

（厚生省設置法の一部改正）

2　厚生省設置法（昭和二十四年法律第百五十一号）の一部を次のように改正する。

第五条第二十六号を次のように改める。

二十六　削除

第五条第二十七号を削り、同条第二十七号の二中「精神衛生法」の下に「（昭和二十五年法律第百二十三号）」を加え、同号を同条第二十七号とする。

第二十九条第一項の表の上欄中「精神衛生審議会」を「中央精神衛生審議会」に改める。

（保健所法の一部改正）

3　保健所法（昭和二十二年法律第百一号）の一部を次のように改正する。

第二条第九号の次に次の一号を加える。

九の二　精神衛生に関する事項

（社会保険診療報酬支払基金法の一部改正）

4　社会保険診療報酬支払基金法（昭和二十三年法律第百二十九号）の一部を次のように改正する。

第十三条第二項中「精神衛生法（昭和二十五年法律第百二十三号）第二十九条の三」を「精神衛生法（昭

和二十五年法律第百二十三号）第二十九条の七若しくは第三十二条の二第三項」に改める。

4 昭和六十二年改正法の新旧対照条文

「精神衛生法等の一部を改正する法律」（昭和六十二年法律第九十八号）による新旧条文対照表

（破線の部分は改正部分）

改正後	改正前
精神保健法	**精神衛生法**
目次	目次
第一章　総則（第一条―第三条）	第一章　総則（第一条―第三条）
第二章　施設（第四条―第十二条）	第二章　施設（第四条―第十二条）
第三章　地方精神保健審議会及び精神医療審査会（第十三条―第十七条の五）	第三章　地方精神衛生審議会及び精神衛生診査協議会（第十三条―第十七条）
第四章　精神保健指定医（第十八条―第十九条の五）	第四章　精神衛生鑑定医（第十八条・第十九条）
第五章　医療及び保護（第二十条―第五十一条）	第五章　医療及び保護（第二十条―第五十一条）
第六章　罰則（第五十二条―第五十七条）	
附則	附則
第一章　総則	**第一章**　総則
（この法律の目的）	（この法律の目的）
第一条　この法律は、精神障害者等の医療及び保護を行い、その社会復帰を促進し、並びにその発生の予防その他国民の精神的健康の保持及び増進に努めることによつて、精神障害者等の福祉の増進及び国民の精神保健の向上を図ることを目的とする。	**第一条**　この法律は、精神障害者等の医療及び保護を行い、且つ、その発生の予防に努めることによつて、国民の精神的健康の保持及び向上を図ることを目的とする。

（国及び地方公共団体の義務）

第二条　国及び地方公共団体は、医療施設、社会復帰施設その他の福祉施設及び教育施設を充実することによつて精神障害者等が社会生活に適応することができるように努力するとともに、精神保健に関する調査研究の推進及び知識の普及を図る等精神障害者等の発生の予防その他国民の精神保健の向上のための施策を講じなければならない。

（国民の義務）

第二条の二　国民は、精神的健康の保持及び増進に努めるとともに、精神障害者等に対する理解を深め、及び精神障害者等がその障害を克服し、社会復帰をしようとする努力に対し、協力するように努めなければならない。

（定義）

第三条　この法律で「精神障害者」とは、精神病者（中毒性精神病者を含む。）、精神薄弱者及び精神病質者をいう。

第二章　施設

（都道府県立精神病院）

第四条　都道府県は、精神病院を設置しなければならない。但し、第五条の規定による指定病院がある場合においては、その設置を延期することができる。

（国及び地方公共団体の義務）

第二条　国及び地方公共団体は、医療施設、教育施設その他福祉施設を充実することによつて精神障害者等が社会生活に適応することができるように努力するとともに、精神衛生に関する知識の普及を図る等その発生を予防する施策を講じなければならない。

（定義）

第三条　（同上）

第二章　施設

（都道府県立精神病院）

第四条　（同上）

（指定病院）

第五条　都道府県知事は、国及び都道府県以外の者が設置した精神病院又は精神病院以外の病院に設けられている精神病室の全部又は一部を、その設置者の同意を得て、都道府県が設置する精神病院に代る施設（以下「指定病院」という。）として指定することができる。

（国の補助）

第六条　国は、都道府県が設置する精神病院及び精神病院以外の病院に設ける精神病室の設置及び運営（第三十条の規定による場合を除く。）に要する経費に対して、政令の定めるところにより、その二分の一を補助する。

第六条の二　国は、営利を目的としない法人が設置する精神病院及び精神病院以外の病院に設ける精神病室の設置及び運営に要する経費に対して、政令の定めるところにより、その二分の一以内を補助することができる。

（精神保健センター）

第七条　都道府県は、精神保健の向上を図るため、精神保健センターを設置することができる。

2　精神保健センターは、精神保健に関する知識の普及を図り、精神保健に関する調査研究を行い、並びに精神保健に関する相談及び指導のうち複雑又は困難なも

（指定病院）

第五条　（同上）

（国の補助）

第六条　（同上）

第六条の二　（同上）

（精神衛生センター）

第七条　都道府県は、精神衛生の向上を図るため、精神衛生センターを設置することができる。

2　精神衛生センターは、精神衛生に関する知識の普及を図り、精神衛生に関する調査研究を行ない、並びに精神衛生に関する相談及び指導のうち複雑又は困難な

のを行う施設とする。

（国の補助）

第八条　国は、都道府県が前条の施設を設置したときは、政令の定めるところにより、その設置に要する経費についてはその二分の一、その運営に要する経費については三分の一を補助する。

（精神障害者社会復帰施設の設置）

第九条　都道府県は、精神障害者（精神薄弱者を除く。次項及び次条において同じ。）の社会復帰の促進を図るため、精神障害者社会復帰施設を設置することができる。

2　市町村、社会福祉法人その他の者は、精神障害者の社会復帰の促進を図るため、社会福祉事業法（昭和二十六年法律第四十五号）の定めるところにより、精神障害者社会復帰施設を設置することができる。

（精神障害者社会復帰施設の種類）

第十条　精神障害者社会復帰施設の種類は、次のとおりとする。

一　精神障害者生活訓練施設

二　精神障害者授産施設

2　精神障害者生活訓練施設は、精神障害のため家庭において日常生活を営むのに支障がある精神障害者が日常生活に適応することができるように、低額な料金で、

ものを行なう施設とする。

（国の補助）

第八条　（同上）

第九条及び第十条　削除

居室その他の設備を利用させ、必要な訓練及び指導を行うことにより、その者の社会復帰の促進を図ることを目的とする施設とする。

3　精神障害者授産施設は、雇用されることが困難な精神障害者が自活することができるように、低額な料金で、必要な訓練を行い、及び職業を与えることにより、その者の社会復帰の促進を図ることを目的とする施設とする。

（国又は都道府県の補助）

第十条の二　都道府県は、精神障害者社会復帰施設の設置者に対し、その設置及び運営に要する費用の一部を補助することができる。

2　国は、予算の範囲内において、都道府県に対し、その設置する精神障害者社会復帰施設の設置及び運営に要する費用並びに前項の規定による補助に要した費用の一部を補助することができる。

（指定の取消し）

第十一条　都道府県知事は、指定病院の運営方法がその目的遂行のために不適当であると認めたときは、その指定を取り消すことができる。

（指定の取消し）

第十一条　都道府県知事は、指定病院の運営方法がその目的遂行のために不適当であると認めたときは、その指定を取り消すことができる。この場合においては、都道府県知事は、指定病院の設置者に釈明の機会を与えるため、職員をして当該設置者について聴聞を行わせなければならない。

2　都道府県知事は、前項の規定によりその指定を取り消そうとするときは、あらかじめ、指定病院の設置者にその取消しの理由を通知し、弁明及び有利な証拠の提出の機会を与えるとともに、地方精神保健審議会の意見を聴かなければならない。

（政令への委任）

第十二条　この法律に定めるもののほか、都道府県の設置する精神病院及び精神保健センターに関して必要な事項は、政令で定める。

第三章　地方精神保健審議会及び精神医療審査会

（地方精神保健審議会）

第十三条　精神保健に関する事項を調査審議させるため、都道府県に地方精神保健審議会を置く。

2　地方精神保健審議会は、都道府県知事の諮問に答えるほか、精神保健に関する事項に関して都道府県知事に意見を具申することができる。

3　地方精神保健審議会は、前二項に定めるもののほか、都道府県知事の諮問に応じ、第三十二条第三項の申請に関する必要な事項を審議するものとする。

（委員及び臨時委員）

第十四条　地方精神保健審議会の委員は、十五人以内とする。

（政令への委任）

第十二条　この法律に定めるものの外、都道府県の設置する精神病院及び精神衛生センターに関して必要な事項は、政令で定める。

第三章　地方精神衛生審議会及び精神衛生診査協議会

（地方精神衛生審議会）

第十三条　精神衛生に関する事項を調査審議させるため、都道府県に地方精神衛生審議会を置く。

2　地方精神衛生審議会は、都道府県知事の諮問に答えるほか、精神衛生に関する事項に関して都道府県知事に意見を具申することができる。

3　地方精神衛生審議会は、関係行政機関に対し所属職員の出席、説明及び資料の提出を求めることができる。

（委員及び臨時委員）

第十四条　地方精神衛生審議会の委員は、十人以内とする。

2　特別の事項を調査審議するため必要があるときは、地方精神保健審議会に臨時委員を置くことができる。

3　委員及び臨時委員は、精神保健に関し学識経験のある者及び精神障害者の医療に関する事業に従事する者のうちから、都道府県知事が任命する。

4　委員の任期は、三年とする。

第十五条及び第十六条　削除

（条例への委任）

第十七条　地方精神保健審議会の運営に関し必要な事項は、条例で定める。

（精神医療審査会）

第十七条の二　第三十八条の三第二項及び第三十八条の五第二項の規定による審査を行わせるため、都道府県

2　特別の事項を調査審議するため必要があるときは、地方精神衛生審議会に臨時委員を置くことができる。

3　委員及び臨時委員は、精神衛生に関し学識経験のある者のうちから、都道府県知事が任命する。

4　委員の任期は、三年とする。

（精神衛生診査協議会）

第十五条　都道府県知事の諮問に応じ、第三十二条第三項の申請に関する必要な事項を審議させるため、都道府県に精神衛生診査協議会を置く。

（委員）

第十六条　精神衛生診査協議会の委員は、五人とする。

2　委員は、精神障害者の医療に関する事業に従事する者及び関係行政機関の職員のうちから、都道府県知事が任命する。

3　委員（関係行政機関の職員のうちから任命された委員を除く。）の任期は、二年とする。

（条例への委任）

第十七条　地方精神衛生審議会及び精神衛生診査協議会の運営に関し必要な事項は、条例で定める。

に、精神医療審査会を置く。

（委員）

第十七条の三　精神医療審査会の委員は、五人以上十五人以内とする。

2　委員は、精神障害者の医療に関し学識経験を有する者（第十八条第一項に規定する精神保健指定医である者に限る。）、法律に関し学識経験を有する者及びその他の学識経験を有する者のうちから、都道府県知事が任命する。

3　委員の任期は、二年とする。

（審査の案件の取扱い）

第十七条の四　精神医療審査会は、精神障害者の医療に関し学識経験を有する者のうちから任命された委員三人、法律に関し学識経験を有する者のうちから任命された委員一人及びその他の学識経験を有する者のうちから任命された委員一人をもつて構成する合議体で、審査の案件を取り扱う。

2　合議体を構成する委員は、精神医療審査会がこれを定める。

（政令への委任）

第十七条の五　この法律で定めるもののほか、精神医療審査会に関し必要な事項は、政令で定める。

第四章　精神保健指定医

第四章　精神衛生鑑定医

（精神保健指定医）

第十八条　厚生大臣は、その申請に基づき、次に該当する医師のうち第十九条の四に規定する職務を行うのに必要な知識及び技能を有すると認められる者を、精神保健指定医（以下「指定医」という。）に指定する。

一　五年以上診断又は治療に従事した経験を有すること。

二　三年以上精神障害の診断又は治療に従事した経験を有すること。

三　厚生大臣が定める精神障害につき厚生大臣が定める程度の診断又は治療に従事した経験を有すること。

四　厚生大臣又はその指定する者が厚生省令で定めるところにより行う研修（申請前一年以内に行われたものに限る。）の課程を修了していること。

2　厚生大臣は、前項の規定にかかわらず、第十九条の二第一項又は第二項の規定により指定医の指定を取り消された後五年を経過していない者その他指定医として著しく不適当と認められる者については、前項の指定をしないことができる。

3　厚生大臣は、第一項第三号に規定する精神障害及びその診断又は治療に従事した経験の程度を定めようとするとき、同項の規定により指定医の指定をしようと

（精神衛生鑑定医）

第十八条　厚生大臣は、精神障害の診断又は治療に関し少くとも三年以上の経験がある医師のうちから、その同意を得て精神衛生鑑定医を指定する。

2　精神衛生鑑定医は、都道府県知事の監督のもとに、この法律の施行に関し精神障害の有無並びに精神障害者につきその治療及び保護を行う上において入院を必要とするかどうかの判定を行う。

3　精神衛生鑑定医は、前項の職務の執行に関しては法令により公務に従事する職員とみなす。

するとき又は前項の規定により指定医の指定をしないものとするときは、あらかじめ、公衆衛生審議会の意見を聴かなければならない。

（指定後の研修）

第十九条　指定医は、五年ごとに、厚生大臣又はその指定する者が厚生省令で定めるところにより行う研修を受けなければならない。

（指定の取消し）

第十九条の二　指定医がその医師免許を取り消され、又は期間を定めて医業の停止を命ぜられたときは、厚生大臣は、その指定を取り消さなければならない。

2　指定医がこの法律若しくはこの法律に基づく命令に違反したとき又はその職務に関し著しく不当な行為を行つたときその他指定医として著しく不適当と認められるときは、厚生大臣は、その指定を取り消すことができる。

3　厚生大臣は、前項の規定による処分をしようとするときは、あらかじめ、その相手方にその処分の理由を通知し、弁明及び有利な証拠の提出の機会を与えるとともに、公衆衛生審議会の意見を聴かなければならない。

（手数料）

（実費弁償及び報酬）

第十九条　都道府県知事は、精神衛生鑑定医に対し精神障害に関する診察をさせたときは、条例の定めるところにより、その診察に要した実費を弁償し、且つ、相当額の報酬を支給する。

第十九条の三　第十八条第一項第四号又は第十九条の研修（厚生大臣が行うものに限る。）を受けようとする者は、実費を勘案して政令で定める金額の手数料を納付しなければならない。

（職務）

第十九条の四　指定医は、第二十二条の三第三項及び第二十九条の五の規定により入院を継続する必要があるかどうかの判定、第三十三条第一項及び第三十三条の四第一項の規定による入院を必要とするかどうかの判定、第三十四条の規定により精神障害者の疑いがあるかどうか及びその診断に相当の時日を要するかどうかの判定、第三十六条第三項に規定する行動の制限を必要とするかどうかの判定、第三十八条の二第一項（同条第二項において準用する場合を含む。）に規定する報告事項に係る入院中の者の診察並びに第四十条の規定により一時退院させて経過を見ることが適当かどうかの判定の職務を行う。

2　指定医は、前項に規定する職務のほか、公務員として、次に掲げる職務のうち都道府県知事（第三号及び第四号に掲げる職務にあつては、厚生大臣又は都道府県知事）が指定したものを行う。

一　第二十九条第一項及び第二十九条の二第一項の規定による入院を必要とするかどうかの判定

二　第二十九条の四第二項の規定により入院を継続する必要があるかどうかの判定

三　第三十八条の六第一項の規定による立入検査、質問及び診察

四　第三十八条の七第二項の規定により入院を継続する必要があるかどうかの判定

（政令及び省令への委任）

第十九条の五　この法律に規定するもののほか、指定医の指定の申請に関して必要な事項は政令で、第十八条第一項第四号及び第十九条の規定による研修に関して必要な事項は厚生省令で定める。

第五章　医療及び保護

（保護義務者）

第二十条　精神障害者については、その後見人、配偶者、親権を行う者及び扶養義務者が保護義務者となる。但し、左の各号の一に該当する者は保護義務者とならない。

一　行方の知れない者

二　当該精神障害者に対して訴訟をしている者、又はした者並びにその配偶者及び直系血族

三　家庭裁判所で免ぜられた法定代理人又は保佐人

四　破産者

五　禁治産者及び準禁治産者

第五章　医療及び保護

（保護義務者）

第二十条　（同上）

六　未成年者

2　保護義務者が数人ある場合において、その義務を行うべき順位は、左の通りとする。但し、本人の保護のため特に必要があると認める場合には、後見人以外の者について家庭裁判所は利害関係人の申立によりその順位を変更することができる。

一　後見人

二　配偶者

三　親権を行う者

四　前二号の者以外の扶養義務者のうちから家庭裁判所が選任した者

3　前項但書の規定による順位の変更及び同項第四号の規定による選任は家事審判法（昭和二十二年法律第百五十二号）の適用については、同法第九条第一項甲類に掲げる事項とみなす。

第二十一条　前条第二項各号の保護義務者がないとき又はこれらの保護義務者がその義務を行うことができないときはその精神障害者の居住地を管轄する市町村長（特別区の長を含む。以下同じ。）、居住地がないか又は明らかでないときはその精神障害者の現在地を管轄する市町村長が保護義務者となる。

第二十二条　保護義務者は、精神障害者に治療を受けさせるとともに、精神障害者が自身を傷つけ又は他人に

第二十一条（同上）

第二十二条（同上）

害を及ぼさないように監督し、且つ、精神障害者の財産上の利益を保護しなければならない。

2　保護義務者は、精神障害者の診断が正しく行われるよう医師に協力しなければならない。

3　保護義務者は、精神障害者に医療を受けさせるに当つては、医師の指示に従わなければならない。

（任意入院）

第二十二条の二　精神病院（精神病院以外の病院で精神病室が設けられているものを含む。以下同じ。）の管理者は、精神障害者を入院させる場合においては、本人の同意に基づいて入院が行われるように努めなければならない。

第二十二条の三　精神障害者が自ら入院する場合においては、精神病院の管理者は、その入院に際し、当該精神障害者に対して第三十八条の四の規定による退院等の請求に関することその他厚生省令で定める事項を書面で知らせ、当該精神障害者から自ら入院する旨を記載した書面を受けなければならない。

2　精神病院の管理者は、自ら入院した精神障害者（以下この条において「任意入院者」という。）から退院の申出があつた場合においては、その者を退院させなければならない。

3　前項に規定する場合において、精神病院の管理者は、

指定医による診察の結果、当該任意入院者の医療及び保護のため入院を継続する必要があると認めたときは、同項の規定にかかわらず、七十二時間を限り、その者を退院させないことができる。この場合において、当該指定医は、遅滞なく、厚生省令で定める事項を診療録に記載しなければならない。

4　精神病院の管理者は、前項の規定による措置を採る場合においては、当該任意入院者に対し、当該措置を採る旨、第三十八条の四の規定による退院等の請求に関することその他厚生省令で定める事項を書面で知らせなければならない。

（診察及び保護の申請）

第二十三条　精神障害者又はその疑いのある者を知つた者は、誰でも、その者について指定医の診察及び必要な保護を都道府県知事に申請することができる。

2　前項の申請をするには、左の事項を記載した申請書をもよりの保健所長を経て都道府県知事に提出しなければならない。

一　申請者の住所、氏名及び生年月日

二　本人の現在場所、居住地、氏名、性別及び生年月日

三　症状の概要

（診察及び保護の申請）

第二十三条　精神障害者又はその疑のある者を知つた者は、誰でも、その者について精神衛生鑑定医の診察及び必要な保護を都道府県知事に申請することができる。

2　前項の申請をするには、左の事項を記載した申請書をもよりの保健所長を経て都道府県知事に提出しなければならない。

一　申請者の住所、氏名及び生年月日

二　本人の現在場所、居住地、氏名、性別及び生年月日

三　症状の概要

四　現に本人の保護の任に当つている者があるときは
その者の住所及び氏名

（警察官の通報）

第二十四条　警察官は、職務を執行するに当たり、異常な挙動その他周囲の事情から判断して、精神障害のために自身を傷つけ又は他人に害を及ぼすおそれがあると認められる者を発見したときは、直ちに、その旨を、もよりの保健所長を経て都道府県知事に通報しなければならない。

（検察官の通報）

第二十五条　検察官は、精神障害者又はその疑いのある被疑者又は被告人について、不起訴処分をしたとき、裁判（懲役、禁こ又は拘留の刑を言い渡し執行猶予の言渡をしない裁判を除く。）が確定したとき、その他特に必要があると認めたときは、すみやかに、その旨を都道府県知事に通報しなければならない。

（保護観察所の長の通報）

第二十五条の二　保護観察所の長は、保護観察に付されている者が精神障害者又はその疑いのある者であることを知つたときは、すみやかに、その旨を都道府県知事に通報しなければならない。

四　現に本人の保護の任に当つている者があるときは
その者の住所及び氏名

3　虚偽の事実を具して第一項の申請をした者は、六月以下の懲役又は二万円以下の罰金に処する。

（警察官の通報）

第二十四条　（同上）

（検察官の通報）

第二十五条　（同上）

（保護観察所の長の通報）

第二十五条の二　（同上）

（矯正施設の長の通報）

第二十六条　矯正施設（拘置所、刑務所、少年刑務所、少年院、少年鑑別所及び婦人補導院をいう。以下同じ。）の長は、精神障害者又はその疑のある収容者を釈放、退院又は退所させようとするときは、あらかじめ、左の事項を本人の帰住地（帰住地がない場合は当該矯正施設の所在地）の都道府県知事に通報しなければならない。

一　本人の帰住地、氏名、性別及び生年月日

二　症状の概要

三　釈放、退院又は退所の年月日

四　引取人の住所及び氏名

（精神病院の管理者の届出）

第二十六条の二　精神病院の管理者は、入院中の精神障害者であつて、第二十九条第一項の要件に該当すると認められるものから退院の申出があつたときは、直ちに、その旨を、最寄りの保健所長を経て都道府県知事に届け出なければならない。

（申請等に基づき行われる指定医の診察等）

第二十七条　都道府県知事は、第二十三条から前条までの規定による申請、通報又は届出のあつた者について調査の上必要があると認めるときは、その指定する指

（矯正施設の長の通報）

第二十六条　（同上）

（精神病院の管理者の届出）

第二十六条の二　精神病院（精神病院以外の病院で精神病室が設けられているものを含む。以下同じ。）の管理者は、入院中の精神障害者であつて、第二十九条第一項の要件に該当すると認められるものから退院の申出があつたときは、直ちに、その旨を、もよりの保健所長を経て都道府県知事に届け出なければならない。

（精神衛生鑑定医の診察）

第二十七条　都道府県知事は、前六条の規定による申請、通報又は届出のあつた者について調査の上必要があると認めるときは、精神衛生鑑定医をして診察をさせな

定医をして診察をさせなければならない。

2　都道府県知事は、入院させなければ精神障害のために自身を傷つけ又は他人に害を及ぼすおそれがあることが明らかである者については、第二十三条から前条までの規定による申請、通報又は届出がない場合においても、その指定する指定医をして診察をさせることができる。

3　都道府県知事は、前二項の規定により診察をさせる場合には、当該職員を立ち会わせなければならない。

4　指定医及び前項の当該職員は、前三項の職務を行うに当たつて必要な限度においてその者の居住する場所へ立ち入ることができる。

5　前項の規定によつてその者の居住する場所へ立ち入る場合には、指定医及び当該職員は、その身分を示す証票を携帯し、関係人の請求があるときはこれを提示しなければならない。

6　第四項の立入りの権限は、犯罪捜査のために認められたものと解釈してはならない。

（診察の通知）

第二十八条　都道府県知事は、前条第一項の規定により診察をさせるに当つて現に本人の保護の任に当つている者がある場合には、あらかじめ、診察の日時及び場

ければならない。

2　都道府県知事は、入院させなければ精神障害のために自身を傷つけ又は他人に害を及ぼすおそれがあることが明らかである者については、前六条の規定による申請、通報又は届出がない場合においても、精神衛生鑑定医をして診察をさせることができる。

3　都道府県知事は、前二項の規定により診察をさせる場合には、当該吏員を立ち合わせなければならない。

4　精神衛生鑑定医及び前項の当該吏員は、前三項の職務を行うに当つて必要な限度においてその者の居住する場所へ立ち入ることができる。

5　前項の規定によつてその者の居住する場所へ立ち入る場合には、精神衛生鑑定医及び当該吏員は、その身分を示す証票を携帯し、関係人の請求があるときはこれを呈示しなければならない。

6　第一項又は第二項の規定による診察を拒み、妨げ、若しくは忌避した者又は第四項の規定による立入を拒み若しくは妨げた者は、一万円以下の罰金に処する。

（診察の通知）

第二十八条　（同上）

所をその者に通知しなければならない。

2　後見人、親権を行う者、配偶者その他現に本人の保護の任に当つている者は、前条第一項の診察に立ち会うことができる。

（判定の基準）

第二十八条の二　第二十七条第一項又は第二項の規定により診察をした指定医は、厚生大臣の定める基準に従い、当該診察をした者が精神障害者であり、かつ、医療及び保護のために入院させなければその精神障害のために自身を傷つけ又は他人に害を及ぼすおそれがあるかどうかの判定を行わなければならない。

2　厚生大臣は、前項の基準を定めようとするときは、あらかじめ、公衆衛生審議会の意見を聴かなければならない。

（都道府県知事による入院措置）

第二十九条　都道府県知事は、第二十七条の規定による診察の結果、その診察を受けた者が精神障害者であり、且つ、医療及び保護のために入院させなければその精神障害のために自身を傷つけ又は他人に害を及ぼすおそれがあると認めたときは、その者を国若しくは都道府県の設置した精神病院又は指定病院に入院させることができる。

2　前項の場合において都道府県知事がその者を入院さ

（知事による入院措置）

第二十九条　都道府県知事は、第二十七条の規定による診察の結果、その診察を受けた者が精神障害者であり、且つ、医療及び保護のために入院させなければその精神障害のために自身を傷つけ又は他人に害を及ぼすおそれがあると認めたときは、その者を国若しくは都道府県の設置した精神病院又は指定病院に入院させることができる。

2　前項の場合において都道府県知事がその者を入院さ

せるには、その指定する二人以上の指定医の診察を経て、その者が精神障害者であり、かつ、医療及び保護のために入院させなければその精神障害のために自身を傷つけ又は他人に害を及ぼすおそれがあると認めることについて、各指定医の診察の結果が一致した場合でなければならない。

3　都道府県知事は、第一項の規定による措置を採る場合においては、当該精神障害者に対し、当該入院措置を採る旨、第三十八条の四の規定による退院等の請求に関することその他厚生省令で定める事項を書面で知らせなければならない。

4　国又は都道府県の設置した精神病院及び指定病院の管理者は、病床（病院の一部について第五条の指定を受けている指定病院にあつてはその指定に係る病床）に既に第一項又は次条第一項の規定により入院をさせた者がいるため余裕がない場合のほかは、第一項の精神障害者を収容しなければならない。

5　この法律施行の際、現に精神病院法（大正八年法律第二十五号）第二条の規定によつて入院中の者は、第一項の規定によつて入院したものとみなす。

第二十九条の二　都道府県知事は、前条第一項の要件に該当すると認められる精神障害者又はその疑いのある者について、急速を要し、第二十七条、第二十八条及

せるには、二人以上の精神衛生鑑定医の診察を経て、その者が精神障害者であり、且つ、医療及び保護のために入院させなければその精神障害のために自身を傷つけ又は他人に害を及ぼすおそれがあると認めることについて、各精神衛生鑑定医の診察の結果が一致した場合でなければならない。

3　国又は都道府県の設置した精神病院及び指定病院の管理者は、病床（病院の一部について第五条の指定を受けている指定病院にあつてはその指定にかかる病床）にすでに第一項又は次条第一項の規定により入院をさせた者がいるため余裕がない場合の外は、前項の精神障害者を収容しなければならない。

4　この法律施行の際、現に精神病院法（大正八年法律第二十五号）第二条の規定によつて入院中の者は、第一項の規定によつて入院したものとみなす。

第二十九条の二　都道府県知事は、前条第一項の要件に該当すると認められる精神障害者又はその疑いのある者について、急速を要し、前三条の規定による手続を

び前条の規定による手続を採ることができない場合において、その指定する指定医をして診察をさせた結果、その者が精神障害者であり、かつ、直ちに入院させなければその精神障害のために自身を傷つけ又は他人を害するおそれが著しいと認めたときは、その者を前条第一項に規定する精神病院又は指定病院に入院させることができる。

2　都道府県知事は、前項の措置をとつたときは、すみやかに、その者につき、前条第一項の規定による入院措置をとるかどうかを決定しなければならない。

3　第一項の規定による入院の期間は、七十二時間を超えることができない。

4　第二十七条第四項から第六項まで及び第二十八条の二の規定は第一項の規定による診察について、前条第三項の規定は第一項の規定による措置を採る場合について、同条第四項の規定は第一項の規定により入院する者の収容について準用する。

第二十九条の三　第二十九条第一項に規定する精神病院又は指定病院の管理者は、前条第一項の規定により入院した者について、都道府県知事から、第二十九条第一項の規定による入院措置をとらない旨の通知を受けたとき、又は前条第三項の期間内に第二十九条第一項の規定による入院措置をとる旨の通知がないときは、

とることができない場合において、精神衛生鑑定医をして診察をさせた結果、その者が精神障害者であり、かつ、直ちに入院させなければその精神障害のために自身を傷つけ又は他人を害するおそれが著しいと認めたときは、その者を前条第一項に規定する精神病院又は指定病院に入院させることができる。

2　都道府県知事は、前項の措置をとつたときは、すみやかに、その者につき、前条第一項の規定による入院措置をとるかどうかを決定しなければならない。

3　第一項の規定による入院の期間は、四十八時間をこえることができない。

4　第二十七条第四項から第六項までの規定は第一項の規定による診察について、前条第三項の規定は第一項の規定により入院する者の収容について準用する。

第二十九条の三（同上）

直ちに、その者を退院させなければならない。

（入院措置の解除）

第二十九条の四　都道府県知事は、第二十九条第一項の規定により入院した者（以下「措置入院者」という。）が、入院を継続しなくてもその精神障害のために自身を傷つけ又は他人に害を及ぼすおそれがないと認められるに至つたときは、直ちに、その者を退院させなければならない。この場合においては、都道府県知事は、あらかじめ、その者を収容している精神病院又は指定病院の管理者の意見を聞くものとする。

２　前項の場合において都道府県知事がその者を退院させるには、その者が入院を継続しなくてもその精神障害のために自身を傷つけ又は他人に害を及ぼすおそれがないと認められることについて、その指定する指定医による診察の結果又は次条の規定による診察の結果に基づく場合でなければならない。

第二十九条の五　措置入院者を収容している精神病院又は指定病院の管理者は、指定医による診察の結果、措置入院者が、入院を継続しなくてもその精神障害のために自身を傷つけ又は他人に害を及ぼすおそれがないと認められるに至つたときは、直ちに、その旨、その者の症状その他厚生省令で定める事項を最寄りの保健所長を経て都道府県知事に届け出なければならない。

（入院措置の解除）

第二十九条の四　都道府県知事は、第二十九条第一項の規定により入院した者（以下「措置入院者」という。）が、入院を継続しなくてもその精神障害のために自身を傷つけ又は他人に害を及ぼすおそれがないと認められるに至つたときは、直ちに、その者を退院させなければならない。この場合においては、都道府県知事は、あらかじめ、その者を収容している精神病院又は指定病院の管理者の意見を聞くものとする。

第二十九条の五　措置入院者を収容している精神病院又は指定病院の管理者は、措置入院者が、入院を継続しなくてもその精神障害のために自身を傷つけ又は他人に害を及ぼすおそれがないと認められるに至つたときは、直ちに、その旨を都道府県知事に届け出なければならない。

（入院措置の場合の診療方針及び医療に要する費用の額）

第二十九条の六　第二十九条第一項及び第二十九条の二第一項の規定により入院する者について国若しくは都道府県の設置した精神病院又は指定病院が行なう医療に関する診療方針及びその医療に要する費用の額の算定方法は、健康保険の診療方針及び療養に要する費用の額の算定方法の例による。

2　前項に規定する診療方針及び療養に要する費用の額の算定方法の例によることができないとき、及びこれによることを適当としないときの診療方針及び医療に要する費用の額の算定方法は、厚生大臣が公衆衛生審議会の意見を聴いて定めるところによる。

（社会保険診療報酬支払基金への事務の委託）

2　都道府県知事は、必要があると認めるときは、措置入院者を収容している精神病院若しくは指定病院の管理者に対し、措置入院者の症状に関する報告を求め、又は精神衛生鑑定医をして措置入院者を診察させることができる。

3　措置入院者又はその保護義務者は、都道府県知事に対し、入院を継続しなければその精神障害のために自身を傷つけ又は他人に害を及ぼすおそれがあるかどうかの調査を行なうことを求めることができる。

（入院措置の場合の診療方針及び医療に要する費用の額）

第二十九条の六（同上）

（社会保険診療報酬支払基金への事務の委託）

第二十九条の七　都道府県は、第二十九条第一項及び第二十九条の二第一項の規定により入院する者について国若しくは都道府県の設置した精神病院又は指定病院が行なつた医療が前条に規定する診療方針に適合するかどうかについての審査及びその医療に要する費用の額の算定並びに国又は指定病院の設置者に対する診療報酬の支払に関する事務を社会保険診療報酬支払基金に委託することができる。

（費用の支弁及び負担）

第三十条　第二十九条第一項及び第二十九条の二第一項の規定により都道府県知事が入院させた精神障害者の入院に要する費用は、都道府県の支弁とする。

2　国は、前項の規定により都道府県が支弁した経費に対し、政令の定めるところにより、その十分の八を負担する。

（費用の徴収）

第三十一条　都道府県知事は、第二十九条第一項及び第二十九条の二第一項の規定により入院させた精神障害者又はその扶養義務者が入院に要する費用を負担することができると認めたときは、その費用の全部又は一部を徴収することができる。

（一般患者に対する医療）

第三十二条　都道府県は、精神障害の適正な医療を普及

第二十九条の七（同上）

（費用の支弁及び負担）

第三十条（同上）

（費用の徴収）

第三十一条（同上）

（一般患者に対する医療）

第三十二条　都道府県は、精神障害の適正な医療を普及

するため、精神障害者が健康保険法（大正十一年法律第七十号）第四十三条第三項各号に掲げる病院若しくは診療所又は薬局その他政令で定める病院若しくは診療所又は薬局（その開設者が、診療報酬の請求及び支払に関し次条に規定する方式によらない旨を都道府県知事に申し出たものを除く。）で病院又は診療所へ収容しないで行なわれる精神障害の医療を受ける場合において、その医療に必要な費用の二分の一を負担することができる。

2　前項の医療に必要な費用の額は、健康保険の療養に要する費用の額の算定方法の例によつて算定する。

3　第一項の規定による費用の負担は、当該精神障害者又はその保護義務者の申請によつて行なうものとし、その申請は、精神障害者の居住地を管轄する保健所長を経て、都道府県知事に対してしなければならない。

4　都道府県知事は、前項の申請に対して決定をするには、地方精神保健審議会の意見を聴かなければならない。

5　第三項の申請があつてから六月を経過したときは、当該申請に基づく費用の負担は、打ち切られるものとする。

6　戦傷病者特別援護法（昭和三十八年法律第百六十八号）の規定によつて医療を受けることができる者につ

するため、精神障害者が健康保険法（大正十一年法律第七十号）第四十三条第三項各号に掲げる病院若しくは診療所又は薬局その他政令で定める病院若しくは診療所又は薬局（その開設者が、診療報酬の請求及び支払に関し次条に規定する方式によらない旨を都道府県知事に申し出たものを除く。）で病院又は診療所へ収容しないで行なわれる精神障害の医療を受ける場合において、その医療に必要な費用の二分の一を負担することができる。

2　前項の医療に必要な費用の額は、健康保険の療養に要する費用の額の算定方法の例によつて算定する。

3　第一項の規定による費用の負担は、当該精神障害者又はその保護義務者の申請によつて行なうものとし、その申請は、精神障害者の居住地を管轄する保健所長を経て、都道府県知事に対してしなければならない。

4　都道府県知事は、前項の申請に対して決定をするには、精神衛生診査協議会の意見を聞かなければならない。

5　第三項の申請があつてから六月を経過したときは、当該申請に基づく費用の負担は、打ち切られるものとする。

6　戦傷病者特別援護法（昭和三十八年法律第百六十八号）の規定によつて医療を受けることができる者につ

いては、第一項の規定は、適用しない。

（費用の請求、審査及び支払）

第三十二条の二　前条第一項の病院若しくは診療所又は薬局は、同項の規定により都道府県が負担する費用を、都道府県に請求するものとする。

2　都道府県は、前項の費用を当該病院若しくは診療所又は薬局に支払わなければならない。

3　都道府県は、第一項の請求についての審査及び前項の費用の支払に関する事務を、社会保険診療報酬支払基金その他政令で定める者に委託することができる。

（費用の支弁及び負担）

第三十二条の三　国は、都道府県が第三十二条第一項の規定により負担する費用を支弁したときは、当該都道府県に対し、政令で定めるところにより、その二分の一を補助する。

（他の法律による医療に関する給付との調整）

第三十二条の四　第三十二条第一項の規定により費用の負担を受ける精神障害者が、健康保険法、国民健康保険法（昭和三十三年法律第百九十二号）、船員保険法（昭和十四年法律第七十三号）、労働者災害補償保険法（昭和二十二年法律第五十号）、国家公務員等共済組合法（昭和三十三年法律第百二十八号）、地方公務員等共済組合法（昭和三十七年法律第百五十二号）又は私立学

いては、第一項の規定は、適用しない。

（費用の請求、審査及び支払）

第三十二条の二　（同上）

（費用の支弁及び負担）

第三十二条の三　（同上）

（他の法律による医療に関する給付との調整）

第三十二条の四　（同上）

校教職員共済組合法（昭和二十八年法律第二百四十五号）の規定による被保険者、労働者、組合員又は被扶養者である場合においては、保険者若しくは共済組合又は市町村（特別区を含む。）は、これらの法律又は老人保健法（昭和五十七年法律第八十号）の規定によってすべき給付のうち、その医療に要する費用の二分の一を超える部分については、給付をすることを要しない。

2　第三十二条第一項の規定により費用の負担を受ける精神障害者が、生活保護法（昭和二十五年法律第百四十四号）の規定による医療扶助を受けることができる者であるときは、その医療に要する費用は、都道府県が同項の規定によりその二分の一を負担し、その残部につき同法の適用があるものとする。

（医療保護入院）

第三十三条　精神病院の管理者は、指定医による診察の結果、精神障害者であり、かつ、医療及び保護のため入院の必要があると認めた者につき、保護義務者の同意があるときは、本人の同意がなくてもその者を入院させることができる。

2　精神病院の管理者は、前項に規定する者の保護義務者について第二十条第二項第四号の規定による家庭裁判所の選任を要し、かつ、当該選任がされていない場

（保護義務者の同意による入院）

第三十三条　精神病院の管理者は、診察の結果精神障害者であると診断した者につき、医療及び保護のため入院の必要があると認める場合において保護義務者の同意があるときは、本人の同意がなくてもその者を入院させることができる。

合において、その者の扶養義務者の同意があるときは、本人の同意がなくても、当該選任がされるまでの間、四週間を限り、その者を入院させることができる。

３　前項の規定による入院が行われている間は、同項の同意をした扶養義務者は、第二十条第二項第四号に掲げる者に該当するものとみなし、第一項の規定を適用する場合を除き、同条に規定する保護義務者とみなす。

４　精神病院の管理者は、第一項又は第二項の規定による措置を採つたときは、十日以内に、その者の症状その他厚生省令で定める事項を当該入院について同意をした者の同意書を添え、最寄りの保健所長を経て都道府県知事に届け出なければならない。

第三十三条の二　精神病院の管理者は、前条第一項の規定により入院した者（以下「医療保護入院者」という。）を退院させたときは、十日以内に、その旨及び厚生省令で定める事項を最寄りの保健所長を経て都道府県知事に届け出なければならない。

第三十三条の三　精神病院の管理者は、第三十三条第一項又は第二項の規定による措置を採る場合においては、当該精神障害者に対し、当該入院措置を採る旨、第三十八条の四の規定による退院等の請求に関することその他厚生省令で定める事項を書面で知らせなければならない。ただし、当該精神障害者の症状に照らし、

その者の医療及び保護を図る上で支障があると認められる間においては、この限りでない。この場合において、精神病院の管理者は、遅滞なく、厚生省令で定める事項を診療録に記載しなければならない。

（応急入院）

第三十三条の四　厚生大臣の定める基準に適合するものとして都道府県知事が指定する精神病院の管理者は、医療及び保護の依頼があつた者について、急速を要し、保護義務者（第三十三条第二項に規定する場合にあつては、その者の扶養義務者）の同意を得ることができない場合において、指定医の診察の結果、その者が精神障害者であり、かつ、直ちに入院させなければその者の医療及び保護を図る上で著しく支障があると認めたときは、本人の同意がなくても、七十二時間を限り、その者を入院させることができる。

2　前項に規定する精神病院の管理者は、同項の規定による措置を採つたときは、直ちに、当該措置を採つた理由その他厚生省令で定める事項を最寄りの保健所長を経て都道府県知事に届け出なければならない。

3　都道府県知事は、第一項の指定を受けた精神病院が同項の基準に適合しなくなつたと認めたときは、その指定を取り消すことができる。

第三十三条の五　第十一条第二項の規定は前条第三項の

規定による処分をする場合について、第二十九条第三項の規定は精神病院の管理者が前条第一項の規定による措置を採る場合について準用する。

（仮入院）

第三十四条　精神病院の管理者は、指定医による診察の結果、精神障害者の疑いがあつてその診断に相当の時日を要すると認める者を、その後見人、配偶者又は親権を行う者その他その扶養義務者の同意がある場合には、本人の同意がなくても、三週間を超えない期間、仮に精神病院へ入院させることができる。

第三十四条の二　第二十九条第三項の規定は精神病院の管理者が前条の規定による措置を採る場合について、第三十三条第四項の規定は精神病院の管理者が前条の規定による措置を採つた場合について準用する。

（家庭裁判所の許可）

第三十五条　第三十三条第一項又は第三十四条の同意者が後見人である場合においてその同意をするには、民法（明治二十九年法律第八十九号）第八百五十八条第二項の規定の適用を除外するものではない。

（処遇）

第三十六条　精神病院の管理者は、入院中の者につき、その医療又は保護に欠くことのできない限度において、その行動について必要な制限を行うことができる。

（仮入院）

第三十四条　精神病院の管理者は、診察の結果精神障害者の疑があつてその診断に相当の時日を要すると認める者を、その後見人、配偶者、親権を行う者その他の扶養義務者の同意がある場合には、本人の同意がなくても、三週間を超えない期間、仮に精神病院へ入院させることができる。

（家庭裁判所の許可）

第三十五条　前二条の同意者が後見人である場合において前二条の同意をするには、民法（明治二十九年法律第八十九号）第八百五十八条第二項の規定の適用を除外するものではない。

（届出）

第三十六条　精神病院の管理者は、第三十三条又は第三十四条の規定による措置をとつたときは、十日以内に左の事項を入院について同意を得た者の同意書を添

2　精神病院の管理者は、前項の規定にかかわらず、信書の発受の制限、都道府県その他の行政機関の職員との面会の制限その他の行動の制限であつて、厚生大臣があらかじめ公衆衛生審議会の意見を聴いて定める行動の制限については、これを行うことができない。

3　第一項の規定による行動の制限のうち、厚生大臣があらかじめ公衆衛生審議会の意見を聴いて定める患者の隔離その他の行動の制限は、指定医が必要と認める場合でなければ行うことができない。この場合において、当該指定医は、遅滞なく、厚生省令で定める事項を診療録に記載しなければならない。

第三十七条　厚生大臣は、前条に定めるもののほか、精神病院に入院中の者の処遇について必要な基準を定めることができる。

2　前項の基準が定められたときは、精神病院の管理者は、その基準を遵守しなければならない。

3　厚生大臣は、第一項の基準を定めようとするときは、あらかじめ、公衆衛生審議会の意見を聴かなければならない。

（相談、援助等）

第三十八条　精神病院の管理者は、入院中の者の社会復

え、もよりの保健所長を経て都道府県知事に届け出なければならない。

一　本人の住所、氏名、性別及び生年月日

二　診察の年月日

三　病名及び症状の概要

四　同意者の住所、氏名及び続柄

五　入院の年月日

2　前項の規定に違反した者は、五千円以下の過料に処する。

（知事の審査）

第三十七条　都道府県知事は、必要があると認めるときは、第三十三条又は第三十四条の規定により入院した者について二人以上の精神衛生鑑定医に診察をさせ各精神衛生鑑定医の診察の結果が入院を継続する必要があることに一致しない場合には、当該精神病院の管理者に対し、その者を退院させることを命ずることができる。

2　前項の命令に違反した者は、三年以下の懲役又は五万円以下の罰金に処する。

（行動の制限）

第三十八条　精神病院の管理者は、入院中の者につき、

帰の促進を図るため、その者の相談に応じ、その者に必要な援助を行い、及びその保護義務者等との連絡調整を行うように努めなければならない。

（定期の報告）

第三十八条の二　措置入院者を収容している精神病院又は指定病院の管理者は、措置入院者の症状その他厚生省令で定める事項（以下この項において「報告事項」という。）を、厚生省令で定めるところにより、定期に、最寄りの保健所長を経て都道府県知事に報告しなければならない。この場合においては、報告事項のうち厚生省令で定める事項については、指定医による診察の結果に基づくものでなければならない。

2　前項の規定は、医療保護入院者を入院させている精神病院の管理者について準用する。この場合において、同項中「措置入院者」とあるのは、「医療保護入院者」と読み替えるものとする。

（定期の報告等による審査）

第三十八条の三　都道府県知事は、前条の規定による報告又は第三十三条第四項の規定による届出（同条第一項の規定による措置に係るものに限る。）があつたときは、当該報告又は届出に係る入院中の者の症状その他厚生省令で定める事項を精神医療審査会に通知し、当該入院中の者についてその入院の必要があるかどうか

その医療又は保護に欠くことのできない限度において、その行動について必要な制限を行うことができる。

に関し審査を求めなければならない。

2　精神医療審査会は、前項の規定により審査を求められたときは、当該審査に係る入院中の者についてその入院の必要があるかどうかに関し審査を行い、その結果を都道府県知事に通知しなければならない。

3　精神医療審査会は、前項の審査をするに当たつて必要があると認めるときは、当該審査に係る入院中の者、その者が入院している精神病院の管理者その他関係者の意見を聴くことができる。

4　都道府県知事は、第二項の規定により通知された精神医療審査会の審査の結果に基づき、その入院が必要でないと認められた者を退院させ、又は精神病院の管理者に対しその者を退院させることを命じなければならない。

（退院等の請求）

第三十八条の四　精神病院に入院中の者又はその保護義務者（第三十四条の規定により入院した者にあつては、その後見人、配偶者又は親権を行う者その他その扶養義務者）は、厚生省令で定めるところにより、都道府県知事に対し、当該入院中の者を退院させ、又は精神病院の管理者に対し、その者を退院させることを命じ、若しくはその者の処遇の改善のために必要な措置を採ることを命じることを求めることができる。

（退院等の請求による審査）

第三十八条の五　都道府県知事は、前条の規定による請求を受けたときは、当該請求の内容を精神医療審査会に通知し、当該請求に係る入院中の者について、その入院の必要があるかどうか、又はその処遇が適当であるかどうかに関し審査を求めなければならない。

２　精神医療審査会は、前項の規定により審査を求められたときは、当該審査に係る者について、その入院の必要があるかどうか、又はその処遇が適当であるかどうかに関し審査を行い、その結果を都道府県知事に通知しなければならない。

３　精神医療審査会は、前項の審査をするに当たつては、当該審査に係る前条の規定による請求をした者及び当該審査に係る入院中の者が入院している精神病院の管理者の意見を聴かなければならない。ただし、精神医療審査会がこれらの者の意見を聴く必要がないと特に認めたときは、この限りでない。

４　精神医療審査会は、前項に定めるもののほか、第二項の審査をするに当たつて必要があると認めるときは、関係者の意見を聴くことができる。

５　都道府県知事は、第二項の規定により通知された精神医療審査会の審査の結果に基づき、その入院が必要でないと認められた者を退院させ、又は当該精神病院

の管理者に対しその者を退院させることを命じ若しくはその者の処遇の改善のために必要な措置を採ることを命じなければならない。

6　都道府県知事は、前条の規定による請求をした者に対し、当該請求に係る精神医療審査会の審査の結果及びこれに基づき採つた措置を通知しなければならない。

（報告徴収等）

第三十八条の六　厚生大臣又は都道府県知事は、必要があると認めるときは、精神病院の管理者に対し、当該精神病院に入院中の者の症状若しくは処遇に関し、報告を求め、若しくは診療録その他の帳簿書類の提出若しくは提示を命じ、当該職員若しくはその指定する指定医に、精神病院に立ち入り、これらの事項に関し、診療録その他の帳簿書類を検査させ、若しくは当該精神病院に入院中の者その他の関係者に質問させ、又はその指定する指定医に、精神病院に立ち入り、当該精神病院に入院中の者を診察させることができる。

2　厚生大臣又は都道府県知事は、必要があると認めるときは、精神病院の管理者、精神病院に入院中の者又は第三十三条第一項若しくは第二項若しくは第三十四条の規定による入院について同意をした者に対し、この法律による入院に必要な手続に関し、報告を求め、

又は帳簿書類の提出若しくは提示を命じることができる。

3　第二十七条第五項及び第六項の規定は、第一項の規定による立入検査、質問又は診察について準用する。

（改善命令等）

第三十八条の七　厚生大臣又は都道府県知事は、精神病院に入院中の者の処遇が第三十六条の規定に違反していると認めるとき又は第三十七条第一項の基準に適合していないと認めるときその他精神病院に入院中の者の処遇が著しく適当でないと認めるときは、当該精神病院の管理者に対し、その処遇の改善のために必要な措置を採ることを命ずることができる。

2　厚生大臣又は都道府県知事は、必要があると認めるときは、第二十二条の三第三項の規定により入院している者又は第三十三条第一項若しくは第二項、第三十三条の四第一項若しくは第三十四条の規定により入院した者について、その指定する二人以上の指定医に診察させ、各指定医の診察の結果がその入院を継続する必要があることに一致しない場合又はこれらの者の入院がこの法律若しくはこの法律に基づく命令に違反して行われた場合には、これらの者が入院している精神病院の管理者に対し、その者を退院させることを命ずることができる。

（無断退去者に対する措置）
第三十九条　精神病院の管理者は、入院中の者で自身を傷つけ又は他人に害を及ぼすおそれのあるものが無断で退去しその行方が不明になつたときは、所轄の警察署長に左の事項を通知してその探索を求めなければならない。
一　退去者の住所、氏名、性別及び生年月日
二　退去の年月日及び時刻
三　症状の概要
四　退去者を発見するために参考となるべき人相、服装その他の事項
五　入院年月日
六　保護義務者又はこれに準ずる者の住所及び氏名
2　警察官は、前項の探索を求められた者を発見したときは、直ちに、その旨を当該精神病院の管理者に通知しなければならない。この場合において、警察官は、当該精神病院の管理者がその者を引き取るまでの間、二十四時間を限り、その者を、警察署、病院、救護施設等の精神障害者を保護するのに適当な場所に、保護することができる。
（仮退院）
第四十条　第二十九条第一項に規定する精神病院又は指定病院の管理者は、指定医による診察の結果、措置入

（無断退去者に対する措置）
第三十九条（同上）
（仮退院）
第四十条　第二十九条第一項に規定する精神病院又は指定病院の管理者は、措置入院者の症状に照しその者を

院者の症状に照らしその者を一時退院させて経過を見ることが適当であると認めるときは、都道府県知事の許可を得て、六月を超えない期間を限り仮に退院させることができる。

（保護義務者の引取義務等）

第四十一条　保護義務者は、第二十九条の三若しくは第二十九条の四第一項の規定により退院する者又は前条の規定により仮退院する者を引き取り、かつ、仮退院した者の保護に当たつては当該精神病院又は指定病院の管理者の指示に従わなければならない。

（精神保健に関する業務に従事する職員）

第四十二条　都道府県及び保健所を設置する市は、保健所に、精神保健に関する相談に応じ、及び精神障害者を訪問して必要な指導を行うための職員を置くことができる。

2　前項の職員は、学校教育法（昭和二十二年法律第二十六号）に基づく大学において社会福祉に関する科目を修めて卒業した者であつて、精神保健に関する知識及び経験を有するものその他政令で定める資格を有する者のうちから、都道府県知事又は保健所を設置する市の長が任命する。

（訪問指導）

第四十三条　保健所長は、第二十七条又は第二十九条の

一時退院させて経過を見ることが適当であると認めるときは、都道府県知事の許可を得て、六箇月を超えない期間を限り仮に退院させることができる。

（保護義務者の引取義務等）

第四十一条　保護義務者は、第二十九条の三若しくは第二十九条の四の規定により退院する者又は前条の規定により仮退院する者を引き取り、且つ、仮退院した者の保護に当つては当該精神病院又は指定病院の管理者の指示に従わなければならない。

（精神衛生に関する業務に従事する職員）

第四十二条　都道府県及び保健所を設置する市は、保健所に、精神衛生に関する相談に応じ、及び精神障害者を訪問して必要な指導を行なうための職員を置くことができる。

2　前項の職員は、学校教育法（昭和二十二年法律第二十六号）に基づく大学において社会福祉に関する科目を修めて卒業した者であつて、精神衛生に関する知識及び経験を有するものその他政令で定める資格を有する者のうちから、都道府県知事又は保健所を設置する市の長が任命する。

（訪問指導）

第四十三条　保健所長は、第二十七条又は第二十九条の

二第一項の規定による診察の結果精神障害者であると診断された者で第二十九条第一項及び第二十九条の二第一項の規定による入院をさせられなかつたもの、第二十九条の三又は第二十九条の四第一項の規定により退院した者でなお精神障害が続いているものその他精神障害者であつて必要があると認めるものについては、必要に応じ、前条第一項の職員又は都道府県知事若しくは保健所を設置する市の長が指定した医師をして、精神保健に関する相談に応じさせ、及びその者を訪問し精神保健に関する適当な指導をさせなければならない。

第四十四条から第四十七条まで　削除

（施設以外の収容禁止）

第四十八条　精神障害者は、精神病院又はこの法律若しくは他の法律により精神障害者を収容することのできる施設以外の場所に収容してはならない。

（医療及び保護の費用）

第四十九条　保護義務者が精神障害者の医療及び保護のために支出する費用は、当該精神障害者又はその扶養義務者が負担する。

（刑事事件に関する手続等との関係）

第五十条　この章の規定は、精神障害者又はその疑いのある者について、刑事事件若しくは少年の保護事件の

二第一項の規定による診察の結果精神障害者であると診断された者で第二十九条第一項及び第二十九条の二第一項の規定による入院をさせられなかつたもの第二十九条の三又は第二十九条の四の規定により退院した者でなお精神障害が続いているものその他精神障害者であつて必要があると認めるものについては、必要に応じ、前条第一項の職員又は都道府県知事若しくは保健所を設置する市の長が指定した医師をして、精神衛生に関する相談に応じさせ、及びその者を訪問し精神衛生に関する適当な指導をさせなければならない。

第四十四条から第四十七条まで　削除

（施設以外の収容禁止）

第四十八条　精神障害者は、精神病院又は他の法律により精神障害者を収容することのできる施設以外の場所に収容してはならない。

（医療及び保護の費用）

第四十九条　（同上）

（刑事事件に関する手続等との関係）

第五十条　（同上）

処理に関する法令の規定による手続を行ない、又は刑若しくは補導処分若しくは保護処分の執行のためこれらの者を矯正施設に収容することを妨げるものではない。

2　第二十五条、第二十六条及び第二十七条の規定を除く外、この章の規定は矯正施設に収容中の者には適用しない。

（覚せい剤の慢性中毒者に対する措置）

第五十一条　第十九条の四から前条までの規定は、覚せい剤の慢性中毒者（精神障害者を除く。）又はその疑いのある者について準用する。この場合において、これ

（秘密の保持）

第五十条の二　精神衛生鑑定医、精神病院の管理者、精神衛生診査協議会の委員、第四十三条の規定により都道府県知事若しくは保健所を設置する市の長が指定した医師又はこれらの職にあつた者が、この法律の規定に基づく職務の執行に関して知り得た人の秘密を漏らしたときは、一年以下の懲役又は三万円以下の罰金に処する。

2　精神病院の職員又はその職にあつた者が、この法律の規定に基づく精神病院の管理者の職務の執行を補助するに際して知り得た人の秘密を漏らしたときも、前項と同じである。

（覚せい剤の慢性中毒者に対する措置）

第五十一条　第十八条第二項及び第三項並びに第十九条から前条までの規定は、覚せい剤の慢性中毒者（精神障害者を除く。）又はその疑のある者につき準用する。

らの規定中「精神障害」とあるのは「覚せい剤の慢性中毒」と、「精神障害者」とあるのは「覚せい剤の慢性中毒者」と読み替えるものとする。

第六章　罰則

第五十二条　次の各号の一に該当する者は、三年以下の懲役又は五十万円以下の罰金に処する。

一　第三十八条の三第四項（第五十一条において準用する場合を含む。）の規定による命令に違反した者

二　第三十八条の五第五項（第五十一条において準用する場合を含む。）の規定による退院の命令に違反した者

三　第三十八条の七第二項（第五十一条において準用する場合を含む。）の規定による命令に違反した者

第五十三条　精神病院の管理者、指定医、地方精神保健審議会の委員若しくは臨時委員、精神医療審査会の委員若しくは第四十三条（第五十一条において準用する場合を含む。）の規定により都道府県知事若しくは保健所を設置する市の長が指定した医師又はこれらの職にあつた者が、この法律の規定に基づく職務の執行に関して知り得た人の秘密を正当な理由がなく漏らしたときは、一年以下の懲役又は三十万円以下の罰金に処する。

2　精神病院の職員又はその職にあつた者が、この法律

この場合において、これらの規定中「精神障害」とあるのは「覚せい剤の慢性中毒」と、「精神障害者」とあるのは「覚せい剤の慢性中毒者」と読み替えるものとする。

の規定に基づく精神病院の管理者の職務の執行を補助するに際して知り得た人の秘密を正当な理由がなく漏らしたときも、前項と同様とする。

第五十四条　虚偽の事実を記載して第二十三条第一項（第五十一条において準用する場合を含む。）の申請をした者は、六月以下の懲役又は二十万円以下の罰金に処する。

第五十五条　次の各号の一に該当する者は、十万円以下の罰金に処する。

一　第二十七条第一項又は第二項（これらの規定を第五十一条において準用する場合を含む。）の規定による診察を拒み、妨げ、若しくは忌避した者又は第二十七条第四項（第五十一条において準用する場合を含む。）の規定による立入りを拒み、若しくは妨げた者

二　第二十九条の二第一項（第五十一条において準用する場合を含む。）の規定による診察を拒み、妨げ、若しくは忌避した者又は第二十九条の二第四項（第五十一条において準用する場合を含む。）において準用する第二十七条第四項の規定による立入りを拒み、若しくは妨げた者

三　第三十八条の六第一項（第五十一条において準用する場合を含む。以下この号において同じ。）の規定

による報告若しくは提示をせず、若しくは虚偽の報告をし、同項の規定による検査若しくは診察を拒み、妨げ、若しくは忌避し、又は同項の規定による質問に対して、正当な理由がなく答弁せず、若しくは虚偽の答弁をした者

四　第三十八条の六第二項（第五十一条において準用する場合を含む。）の規定による報告若しくは提出若しくは提示をせず、又は虚偽の報告をした精神病院の管理者

第五十六条　法人の代表者又は法人若しくは人の代理人、使用人その他の従業者が、その法人又は人の業務に関して第五十二条又は前条の違反行為をしたときは、行為者を罰するほか、その法人又は人に対しても各本条の罰金刑を科する。

第五十七条　次の各号の一に該当する者は、十万円以下の過料に処する。

一　第二十二条の三第三項後段又は第四項（これらの規定を第五十一条において準用する場合を含む。）の規定に違反した者

二　第三十三条第四項（第五十一条において準用する場合を含む。）の規定に違反した者

三　第三十三条の四第二項（第五十一条において準用する場合を含む。）の規定に違反した者

四　第三十四条の二（第五十一条において準用する場合を含む。）において準用する第三十三条第四項の規定に違反した者

五　第三十八条の二第一項（第五十一条において準用する場合を含む。）又は第三十八条の二第二項（第五十一条において準用する場合を含む。）において準用する第三十八条の二第一項の規定に違反した者

5　平成五年改正法の新旧対照条文

「精神保健法等の一部を改正する法律」（平成五年法律第七十四号）による新旧条文対照表

（傍線の部分は改正部分
……線の部分は平成六年四月一日から施行
〰〰線の部分は平成八年四月一日から施行）

改正後	改正前
目次	目次
第一章　総則（第一条―第三条）	第一章　総則（第一条―第三条）
第二章　施設及び事業（第四条―第十二条）	第二章　施設（第四条―第十二条）
第三章　地方精神保健審議会及び精神医療審査会（第十三条―第十七条の五）	第三章　地方精神保健審議会及び精神医療審査会（第十三条―第十七条の五）
第四章　精神保健指定医（第十八条―第十九条の五）	第四章　精神保健指定医（第十八条―第十九条の五）
第五章　医療及び保護（第二十条―第五十一条）	第五章　医療及び保護（第二十条―第五十一条）
第五章の二　精神障害者社会復帰促進センター（第五十一条の二―第五十一条の十一）	
第五章の三　雑則（第五十一条の十二）	
第六章　罰則（第五十二条―第五十七条）	第六章　罰則（第五十二条―第五十七条）
附則	附則
第一章　総則	**第一章　総則**
（この法律の目的）	（この法律の目的）

第一条　この法律は、精神障害者等の医療及び保護を行い、その社会復帰を促進し、並びにその発生の予防その他国民の精神的健康の保持及び増進に努めることによつて、精神障害者等の福祉の増進及び国民の精神保健の向上を図ることを目的とする。

（国及び地方公共団体の義務）

第二条　国及び地方公共団体は、医療施設、社会復帰施設その他の福祉施設及び教育施設並びに地域生活援助事業を充実することによつて精神障害者等が社会生活に適応することができるように努力するとともに、精神保健に関する調査研究の推進及び知識の普及を図る等精神障害者等の発生の予防その他国民の精神保健の向上のための施策を講じなければならない。

（国民の義務）

第二条の二　国民は、精神的健康の保持及び増進に努めるとともに、精神障害者等に対する理解を深め、及び精神障害者等がその障害を克服し、社会復帰をしようとする努力に対し、協力するように努めなければならない。

（精神障害者等の社会復帰への配慮）

第二条の三　医療施設若しくは社会復帰施設の設置者又は地域生活援助事業を行う者は、その施設を運営し、又はその事業を行うに当たつては、精神障害者等の社

第一条　（同上）

（国及び地方公共団体の義務）

第二条　国及び地方公共団体は、医療施設、社会復帰施設その他の福祉施設及び教育施設を充実することによつて精神障害者等が社会生活に適応することができるように努力するとともに、精神保健に関する調査研究の推進及び知識の普及を図る等精神障害者等の発生の予防その他国民の精神保健の向上のための施策を講じなければならない。

（国民の義務）

第二条の二　（同上）

会復帰の促進を図るため、地域に即した創意と工夫を行い、及び地域住民等の理解と協力を得るように努めなければならない。

２ 国、地方公共団体、医療施設又は社会復帰施設の設置者及び地域生活援助事業を行う者は、精神障害者等の社会復帰の促進を図るため、相互に連携を図りながら協力するよう努めなければならない。

（定義）

第三条 この法律で「精神障害者」とは、精神分裂病、中毒性精神病、精神薄弱、精神病質その他の精神疾患を有する者をいう。

第二章 施設及び事業

（都道府県立精神病院）

第四条 都道府県は、精神病院を設置しなければならない。但し、第五条の規定による指定病院がある場合においては、その設置を延期することができる。

（指定病院）

第五条 都道府県知事は、国及び都道府県以外の者が設置した精神病院又は精神病院以外の病院に設けられている精神病室の全部又は一部を、その設置者の同意を得て、都道府県が設置する精神病院に代る施設（以下「指定病院」という。）として指定することができる。

（国の補助）

（定義）

第三条 この法律で「精神障害者」とは、精神病者（中毒性精神病者を含む。）、精神薄弱者及び精神病質者をいう。

第二章 施設

（都道府県立精神病院）

第四条 （同上）

（指定病院）

第五条 （同上）

（国の補助）

第六条　国は、都道府県が設置する精神病院及び精神病院以外の病院に設ける精神病室の設置及び運営（第三十条の規定による場合を除く。）に要する経費に対して、政令の定めるところにより、その二分の一を補助する。

第六条の二　国は、営利を目的としない法人が設置する精神病院及び精神病院以外の病院に設ける精神病室の設置及び運営に要する経費に対して、政令の定めるところにより、その2分の1以内を補助することができる。

（精神保健センター）

第七条　都道府県は、精神保健の向上を図るため、精神保健センターを設置することができる。

2　精神保健センターは、精神保健に関する知識の普及を図り、精神保健に関する調査研究を行い、並びに精神保健に関する相談及び指導のうち複雑又は困難なものを行う施設とする。

（国の補助）

第八条　国は、都道府県が前条の施設を設置したときは、政令の定めるところにより、その設置に要する経費については二分の一、その運営に要する経費については三分の一を補助する。

（精神障害者社会復帰施設の設置）

第六条　（同上）

第六条の二　（同上）

（精神保健センター）

第七条　（同上）

（国の補助）

第八条　（同上）

（精神障害者社会復帰施設の設置）

第九条　都道府県は、精神障害者（精神薄弱者を除く。以下この章及び第五章の二において同じ。）の社会復帰の促進を図るため、精神障害者社会復帰施設を設置することができる。

2　市町村、社会福祉法人その他の者は、精神障害者の社会復帰の促進を図るため、社会福祉事業法（昭和二十六年法律第四十五号）の定めるところにより、精神障害者社会復帰施設を設置することができる。

（精神障害者社会復帰施設の種類）

第十条　精神障害者社会復帰施設の種類は、次のとおりとする。

一　精神障害者生活訓練施設

二　精神障害者授産施設

2　精神障害者生活訓練施設は、精神障害のため家庭において日常生活を営むのに支障がある精神障害者が日常生活に適応することができるように、低額な料金で、居室その他の設備を利用させ、必要な訓練及び指導を行うことにより、その者の社会復帰の促進を図ることを目的とする施設とする。

3　精神障害者授産施設は、雇用されることが困難な精神障害者が自活することができるように、低額な料金で、必要な訓練を行い、及び職業を与えることにより、その者の社会復帰の促進を図ることを目的とする施設

第九条　都道府県は、精神障害者（精神薄弱者を除く。次項及び次条において同じ。）の社会復帰の促進を図るため、精神障害者社会復帰施設を設置することができる。

2　（同上）

（精神障害者社会復帰施設の種類）

第十条　（同上）

とする。

（精神障害者地域生活援助事業）

第十条の二　都道府県は、精神障害者の社会復帰の促進を図るため、精神障害者地域生活援助事業（地域において共同生活を営むのに支障のない精神障害者につき、これらの者が共同生活を営むべき住居において食事の提供、相談その他の日常生活上の援助を行う事業をいう。以下同じ。）を行うことができる。

2　市町村、社会福祉法人その他の者は、精神障害者の社会復帰の促進を図るため、社会福祉事業法の定めるところにより、精神障害者地域生活援助事業を行うことができる。

（国又は都道府県の補助）

第十条の三　都道府県は、精神障害者社会復帰施設の設置者又は精神障害者地域生活援助事業を行う者に対し、次に掲げる費用の一部を補助することができる。

一　精神障害者社会復帰施設の設置及び運営に要する費用

二　精神障害者地域生活援助事業に要する費用

2　国は、予算の範囲内において、都道府県に対し、次に掲げる費用の一部を補助することができる。

一　都道府県が設置する精神障害者社会復帰施設の設置及び運営に要する費用

（国又は都道府県の補助）

第十条の二　都道府県は、精神障害者社会復帰施設の設置者に対し、その設置及び運営に要する費用の一部を補助することができる。

2　国は、予算の範囲内において、都道府県に対し、その設置する精神障害者社会復帰施設の設置及び運営に要する費用並びに前項の規定による補助に要した費用の一部を補助することができる。

二　都道府県が行う精神障害者地域生活援助事業に要する費用

三　前項の規定による補助に要した費用

（指定の取消し）

第十一条　都道府県知事は、指定病院の運営方法がその目的遂行のために不適当であると認めたときは、その指定を取り消すことができる。

２　都道府県知事は、前項の規定によりその指定を取り消そうとするときは、あらかじめ、指定病院の設置者にその取消しの理由を通知し、弁明及び有利な証拠の提出の機会を与えるとともに、地方精神保健審議会の意見を聴かなければならない。

（政令への委任）

第十二条　この法律に定めるもののほか、都道府県の設置する精神病院及び精神保健センターに関して必要な事項は、政令で定める。

第三章　地方精神保健審議会及び精神医療審査会

（地方精神保健審議会）

第十三条　精神保健に関する事項を調査審議させるため、都道府県に地方精神保健審議会を置く。

２　地方精神保健審議会は、都道府県知事の諮問に答えるほか、精神保健に関する事項に関して都道府県知事に意見を具申することができる。

（指定の取消し）

第十一条　（同上）

（政令への委任）

第十二条　（同上）

第三章　地方精神保健審議会及び精神医療審査会

（地方精神保健審議会）

第十三条　（同上）

3　地方精神保健審議会は、前二項に定めるもののほか、都道府県知事の諮問に応じ、第三十二条第三項の申請に関する必要な事項を審議するものとする。

（委員及び臨時委員）

第十四条　地方精神保健審議会の委員は、十五人以内とする。

2　特別の事項を調査審議するため必要があるときは、地方精神保健審議会に臨時委員を置くことができる。

3　委員及び臨時委員は、精神保健に関し学識経験のある者、精神障害者の医療に関する事業に従事する者及び精神障害者の社会復帰の促進を図るための事業に従事する者のうちから、都道府県知事が任命する。

4　委員の任期は、三年とする。

第十五条及び第十六条　削除

（条例への委任）

第十七条　地方精神保健審議会の運営に関し必要な事項は、条例で定める。

（精神医療審査会）

第十七条の二　第三十八条の三第二項及び第三十八条の五第二項の規定による審査を行わせるため、都道府県に、精神医療審査会を置く。

（委員）

第十七条の三　精神医療審査会の委員は、五人以上十五

（委員及び臨時委員）

第十四条　（同上）

2　（同上）

3　委員及び臨時委員は、精神保健に関し学識経験のある者及び精神障害者の医療に関する事業に従事する者のうちから、都道府県知事が任命する。

4　（同上）

第十五条及び第十六条　（同上）

（条例への委任）

第十七条　（同上）

（精神医療審査会）

第十七条の二　（同上）

（委員）

第十七条の三　（同上）

人以内とする。

2　委員は、精神障害者の医療に関し学識経験を有する者（第十八条第一項に規定する精神保健指定医である者に限る。）、法律に関し学識経験を有する者及びその他の学識経験を有する者のうちから、都道府県知事が任命する。

3　委員の任期は、二年とする。

（審査の案件の取扱い）

第十七条の四　精神医療審査会は、精神障害者の医療に関し学識経験を有する者のうちから任命された委員三人、法律に関し学識経験を有する者のうちから任命された委員一人及びその他の学識経験を有する者のうちから任命された委員一人をもつて構成する合議体で、審査の案件を取り扱う。

2　合議体を構成する委員は、精神医療審査会がこれを定める。

（政令への委任）

第十七条の五　この法律で定めるもののほか、精神医療審査会に関し必要な事項は、政令で定める。

第四章　精神保健指定医

（精神保健指定医）

第十八条　厚生大臣は、その申請に基づき、次に該当する医師のうち第十九条の四に規定する職務を行うのに

（審査の案件の取扱い）

第十七条の四　（同上）

（政令への委任）

第十七条の五　（同上）

第四章　精神保健指定医

（精神保健指定医）

第十八条　（同上）

必要な知識及び技能を有すると認められる者を、精神保健指定医（以下「指定医」という。）に指定する。

一　五年以上診断又は治療に従事した経験を有すること。

二　三年以上精神障害の診断又は治療に従事した経験を有すること。

三　厚生大臣が定める精神障害につき厚生大臣が定める程度の診断又は治療に従事した経験を有すること。

四　厚生大臣又はその指定する者が厚生省令で定めるところにより行う研修（申請前一年以内に行われたものに限る。）の課程を修了していること。

2　厚生大臣は、前項の規定にかかわらず、第十九条の二第一項又は第二項の規定により指定医の指定を取り消された後5年を経過していない者その他指定医として著しく不適当と認められる者については、前項の指定をしないことができる。

3　厚生大臣は、第一項第三号に規定する精神障害及びその診断又は治療に従事した経験の程度を定めようとするとき、同項の規定により指定医の指定をしようとするとき又は前項の規定により指定医の指定をしないものとするときは、あらかじめ、公衆衛生審議会の意見を聴かなければならない。

（指定後の研修）

第十九条　指定医は、五年ごとに、厚生大臣又はその指定する者が厚生省令で定めるところにより行う研修を受けなければならない。

（指定の取消し）

第十九条の二　指定医がその医師免許を取り消され、又は期間を定めて医業の停止を命ぜられたときは、厚生大臣は、その指定を取り消さなければならない。

2　指定医がこの法律若しくはこの法律に基づく命令に違反したとき又はその職務に関し著しく不当な行為を行つたときその他指定医として著しく不適当と認められるときは、厚生大臣は、その指定を取り消すことができる。

3　厚生大臣は、前項の規定による処分をしようとするときは、あらかじめ、その相手方にその処分の理由を通知し、弁明及び有利な証拠の提出の機会を与えるとともに、公衆衛生審議会の意見を聴かなければならない。

（手数料）

第十九条の三　第十八条第一項第四号又は第十九条の研修（厚生大臣が行うものに限る。）を受けようとする者は、実費を勘案して政令で定める金額の手数料を納付しなければならない。

（指定後の研修）

第十九条　（同上）

（指定の取消し）

第十九条の二　（同上）

（手数料）

第十九条の三　（同上）

（職務）

第十九条の四　指定医は、第二十二条の三第三項及び第二十九条の五の規定により入院を継続する必要があるかどうかの判定、第三十三条第一項及び第三十三条の四第一項の規定による入院を必要とするかどうかの判定、第三十四条の規定により精神障害者の疑いがあるかどうか及びその診断に相当の時日を要するかどうかの判定、第三十六条第三項に規定する行動の制限を必要とするかどうかの判定、第三十八条の二第一項（同条第二項において準用する場合を含む。）に規定する報告事項に係る入院中の者の診察並びに第四十条の規定により一時退院させて経過を見ることが適当かどうかの判定の職務を行う。

2　指定医は、前項に規定する職務のほか、公務員として、次に掲げる職務のうち都道府県知事（第三号及び第四号に掲げる職務にあつては、厚生大臣又は都道府県知事）が指定したものを行う。

一　第二十九条第一項及び第二十九条の二第一項の規定による入院を必要とするかどうかの判定

二　第二十九条の四第二項の規定により入院を継続する必要があるかどうかの判定

三　第三十八条の六第一項の規定による立入検査、質問及び診察

（職務）

第十九条の四（同上）

四　第三十八条の七第二項の規定により入院を継続する必要があるかどうかの判定

（政令及び省令への委任）

第十九条の五　この法律に規定するもののほか、指定医の指定の申請に関して必要な事項は政令で、第十八条第一項第四号及び第十九条の規定による研修に関して必要な事項は厚生省令で定める。

第五章　医療及び保護

（保護者）

第二十条　精神障害者については、その後見人、配偶者、親権を行う者及び扶養義務者が保護者となる。ただし、次の各号の一に該当する者は保護者とならない。

一　行方の知れない者

二　当該精神障害者に対して訴訟をしている者、又はした者並びにその配偶者及び直系血族

三　家庭裁判所で免ぜられた法定代理人又は保佐人

四　破産者

五　禁治産者及び準禁治産者

六　未成年者

2　保護者が数人ある場合において、その義務を行うべき順位は、次のとおりとする。ただし、本人の保護のため特に必要があると認める場合には、後見人以外の

（政令及び省令への委任）

第十九条の五　（同上）

第五章　医療及び保護

（保護義務者）

第二十条　精神障害者については、その後見人、配偶者、親権を行う者及び扶養義務者が保護義務者となる。但し、左の各号の一に該当する者は保護義務者とならない。

一～六（同上）

2　保護義務者が数人ある場合において、その義務を行うべき順位は、左の通りとする。但し、本人の保護のため特に必要があると認める場合には、後見人以外の

者について家庭裁判所は利害関係人の申立てによりその順位を変更することができる。

一　後見人

二　配偶者

三　親権を行う者

四　前二号の者以外の扶養義務者のうちから家庭裁判所が選任した者

3　前項ただし書の規定による順位の変更及び同項第四号の規定による選任は家事審判法（昭和二十二年法律第百五十二号）の適用については、同法第九条第一項甲類に掲げる事項とみなす。

第二十一条　前条第二項各号の保護者がないとき又はこれらの保護者がその義務を行うことができないときはその精神障害者の居住地を管轄する市町村長（特別区の長を含む。以下同じ。）、居住地がないか又は明らかではないときはその精神障害者の現在地を管轄する市町村長が保護者となる。

第二十二条　保護者は、精神障害者に治療を受けさせるとともに、精神障害者が自身を傷つけ又は他人に害を及ぼさないように監督し、かつ、精神障害者の財産上の利益を保護しなければならない。

2　保護者は、精神障害者の診断が正しく行われるよう医師に協力しなければならない。

者について家庭裁判所は利害関係人の申立によりその順位を変更することができる。

一～四（同上）

3　前項但書の規定による順位の変更及び同項第四号の規定による選任は家事審判法（昭和二十二年法律第百五十二号）の適用については、同法第九条第一項甲類に掲げる事項とみなす。

第二十一条　前条第二項各号の保護義務者がないとき又はこれらの保護義務者がその義務を行うことができないときはその精神障害者の居住地を管轄する市町村長（特別区の長を含む。以下同じ。）、居住地がないか又は明らかでないときはその精神障害者の現在地を管轄する市町村長が保護義務者となる。

第二十二条　保護義務者は、精神障害者に治療を受けさせるとともに、精神障害者が自身を傷つけ又は他人に害を及ぼさないように監督し、且つ、精神障害者の財産上の利益を保護しなければならない。

2　保護義務者は、精神障害者の診断が正しく行われるよう医師に協力しなければならない。

3　保護者は、精神障害者に医療を受けさせるに当たっては、医師の指示に従わなければならない。

第二十二条の二　保護者は、第四十一条の規定による義務（第二十九条の三又は第二十九条の四第一項の規定により退院する者の引取りに係るものに限る。）を行うに当たり必要があるときは、当該精神病院若しくは指定病院の管理者又は当該精神病院若しくは指定病院と関連する精神障害者社会復帰施設の長に対し、当該精神障害者の社会復帰の促進に関し、相談し、及び必要な援助を求めることができる。

（任意入院）

第二十二条の三　精神病院（精神病院以外の病院で精神病室が設けられているものを含む。以下同じ。）の管理者は、精神障害者を入院させる場合においては、本人の同意に基づいて入院が行われるように努めなければならない。

第二十二条の四　精神障害者が自ら入院する場合においては、精神病院の管理者は、その入院に際し、当該精神障害者に対して第三十八条の四の規定による退院等の請求に関することその他厚生省令で定める事項を書面で知らせ、当該精神障害者から自ら入院する旨を記載した書面を受けなければならない。

2　精神病院の管理者は、自ら入院した精神障害者（以

3　保護義務者は、精神障害者に医療を受けさせるに当っては、医師の指示に従わなければならない。

（任意入院）

第二十二条の二（同上）

第二十二条の三（同上）

下この条において「任意入院者」という。）から退院の申出があつた場合においては、その者を退院させなければならない。

3　前項に規定する場合において、精神病院の管理者は、指定医による診察の結果、当該任意入院者の医療及び保護のため入院を継続する必要があると認めたときは、同項の規定にかかわらず、七十二時間を限り、その者を退院させないことができる。この場合において、当該指定医は、遅滞なく、厚生省令で定める事項を診療録に記載しなければならない。

4　精神病院の管理者は、前項の規定による措置を採る場合においては、当該任意入院者に対し、当該措置を採る旨、第三十八条の四の規定による退院等の請求に関することその他厚生省令で定める事項を書面で知らせなければならない。

（診察及び保護の申請）

第二十三条　精神障害者又はその疑いのある者を知つた者は、誰でも、その者について指定医の診察及び必要な保護を都道府県知事に申請することができる。

2　前項の申請をするには、左の事項を記載した申請書をもよりの保健所長を経て都道府県知事に提出しなければならない。

一　申請者の住所、氏名及び生年月日

（診察及び保護の申請）

第二十三条（同上）

二　本人の現在場所、居住地、氏名、性別及び生年月日

三　症状の概要

四　現に本人の保護の任に当つている者があるときはその者の住所及び氏名

（警察官の通報）

第二十四条　警察官は、職務を執行するに当たり、異常な挙動その他周囲の事情から判断して、精神障害のために自身を傷つけ又は他人に害を及ぼすおそれがあると認められる者を発見したときは、直ちに、その旨を、もよりの保健所長を経て都道府県知事に通報しなければならない。

（検察官の通報）

第二十五条　検察官は、精神障害者又はその疑いのある被疑者又は被告人について、不起訴処分をしたとき、裁判（懲役、禁こ又は拘留の刑を言い渡し執行猶予の言渡をしない裁判を除く。）が確定したとき、その他特に必要があると認めたときは、すみやかに、その旨を都道府県知事に通報しなければならない。

（保護観察所の長の通報）

第二十五条の二　保護観察所の長は、保護観察に付されている者が精神障害者又はその疑いのある者であることを知つたときは、すみやかに、その旨を都道府県知

（警察官の通報）

第二十四条　（同上）

（検察官の通報）

第二十五条　（同上）

（保護観察所の長の通報）

第二十五条の二　（同上）

事に通報しなければならない。

（矯正施設の長の通報）

第二十六条　矯正施設（拘置所、刑務所、少年刑務所、少年院、少年鑑別所及び婦人補導院をいう。以下同じ。）の長は、精神障害者又はその疑のある収容者を釈放、退院又は退所させようとするときは、あらかじめ、左の事項を本人の帰住地（帰住地がない場合は当該矯正施設の所在地）の都道府県知事に通報しなければならない。

一　本人の帰住地、氏名、性別及び生年月日

二　症状の概要

三　釈放、退院又は退所の年月日

四　引取人の住所及び氏名

（精神病院の管理者の届出）

第二十六条の二　精神病院の管理者は、入院中の精神障害者であつて、第二十九条第一項の要件に該当すると認められるものから退院の申出があつたときは、直ちに、その旨を、最寄りの保健所長を経て都道府県知事に届け出なければならない。

（申請等に基づき行われる指定医の診察等）

第二十七条　都道府県知事は、第二十三条から前条までの規定による申請、通報又は届出のあつた者について調査の上必要があると認めるときは、その指定する指

（矯正施設の長の通報）

第二十六条　（同上）

（精神病院の管理者の届出）

第二十六条の二　（同上）

（申請等に基づき行われる指定医の診察等）

第二十七条　（同上）

定医をして診察をさせなければならない。

２　都道府県知事は、入院させなければ精神障害のために自身を傷つけ又は他人に害を及ぼすおそれがあることが明らかである者については、第二十三条から前条までの規定による申請、通報又は届出がない場合においても、その指定する指定医をして診察をさせることができる。

３　都道府県知事は、前二項の規定により診察をさせる場合には、当該職員を立ち会わせなければならない。

４　指定医及び前項の当該職員は、前三項の職務を行うに当たつて必要な限度においてその者の居住する場所へ立ち入ることができる。

５　前項の規定によつてその者の居住する場所へ立ち入る場合には、指定医及び当該職員は、その身分を示す証票を携帯し、関係人の請求があるときはこれを提示しなければならない。

６　第四項の立入りの権限は、犯罪捜査のために認められたものと解釈してはならない。

（診察の通知）

第二十八条　都道府県知事は、前条第一項の規定により診察をさせるに当つて現に本人の保護の任に当つている者がある場合には、あらかじめ、診察の日時及び場所をその者に通知しなければならない。

（診察の通知）

第二十八条（同上）

２　後見人、親権を行う者、配偶者その他現に本人の保護の任に当つている者は、前条第一項の診察に立ち会うことができる。

（判定の基準）

第二十八条の二　第二十七条第一項又は第二項の規定により診察をした指定医は、厚生大臣の定める基準に従い、当該診察をした者が精神障害者であり、かつ、医療及び保護のために入院させなければその精神障害のために自身を傷つけ又は他人に害を及ぼすおそれがあるかどうかの判定を行わなければならない。

２　厚生大臣は、前項の基準を定めようとするときは、あらかじめ、公衆衛生審議会の意見を聴かなければならない。

（都道府県知事による入院措置）

第二十九条　都道府県知事は、第二十七条の規定による診察の結果、その診察を受けた者が精神障害者であり、且つ、医療及び保護のために入院させなければその精神障害のために自身を傷つけ又は他人に害を及ぼすおそれがあると認めたときは、その者を国若しくは都道府県の設置した精神病院又は指定病院に入院させることができる。

２　前項の場合において都道府県知事がその者を入院させるには、その指定する二人以上の指定医の診察を経

（判定の基準）

第二十八条の二　（同上）

（都道府県知事による入院措置）

第二十九条　（同上）

て、その者が精神障害者であり、かつ、医療及び保護のために入院させなければその精神障害のために自身を傷つけ又は他人に害を及ぼすおそれがあると認めることについて、各指定医の診察の結果が一致した場合でなければならない。

3　都道府県知事は、第一項の規定による措置を採る場合においては、当該精神障害者に対し、当該入院措置を採る旨、第三十八条の四の規定による退院等の請求に関することその他厚生省令で定める事項を書面で知らせなければならない。

4　国又は都道府県の設置した精神病院及び指定病院の管理者は、病床（病院の一部について第五条の指定を受けている指定病院にあつてはその指定に係る病床）に既に第一項又は次条第一項の規定により入院をさせた者がいるため余裕がない場合のほかは、第一項の精神障害者を収容しなければならない。

5　この法律施行の際、現に精神病院法（大正八年法律第二十五号）第二条の規定によつて入院中の者は、第一項の規定によつて入院したものとみなす。

第二十九条の二　都道府県知事は、前条第一項の要件に該当すると認められる精神障害者又はその疑いのある者について、急速を要し、第二十七条、第二十八条及び前条の規定による手続を採ることができない場合に

第二十九条の二（同上）

おいて、その指定する指定医をして診察をさせた結果、その者が精神障害者であり、かつ、直ちに入院させなければその精神障害のために自身を傷つけ又は他人を害するおそれが著しいと認めたときは、その者を前条第一項に規定する精神病院又は指定病院に入院させることができる。

2　都道府県知事は、前項の措置をとつたときは、すみやかに、その者につき、前条第一項の規定による入院措置をとるかどうかを決定しなければならない。

3　第一項の規定による入院の期間は、七十二時間を超えることができない。

4　第二十七条第四項から第六項まで及び第二十八条の二の規定は第一項の規定による診察について、前条第三項の規定は第一項の規定による措置を採る場合について、同条第四項の規定は第一項の規定により入院する者の収容について準用する。

第二十九条の三　第二十九条第一項に規定する精神病院又は指定病院の管理者は、前条第一項の規定により入院した者について、都道府県知事から、第二十九条第一項の規定による入院措置をとらない旨の通知を受けたとき、又は前条第三項の期間内に第二十九条第一項の規定による入院措置をとる旨の通知がないときは、直ちに、その者を退院させなければならない。

第二十九条の三（同上）

（入院措置の解除）

第二十九条の四　都道府県知事は、第二十九条第一項の規定により入院した者（以下「措置入院者」という。）が、入院を継続しなくてもその精神障害のために自身を傷つけ又は他人に害を及ぼすおそれがないと認められるに至つたときは、直ちに、その者を退院させなければならない。この場合においては、都道府県知事は、あらかじめ、その者を収容している精神病院又は指定病院の管理者の意見を聞くものとする。

2　前項の場合において都道府県知事がその者を退院させるには、その者が入院を継続しなくてもその精神障害のために自身を傷つけ又は他人に害を及ぼすおそれがないと認められることについて、その指定する指定医による診察の結果又は次条の規定による診察の結果に基づく場合でなければならない。

第二十九条の五　措置入院者を収容している精神病院又は指定病院の管理者は、指定医による診察の結果、措置入院者が、入院を継続しなくてもその精神障害のために自身を傷つけ又は他人に害を及ぼすおそれがないと認められるに至つたときは、直ちに、その旨、その者の症状その他厚生省令で定める事項を最寄りの保健所長を経て都道府県知事に届け出なければならない。

（入院措置の場合の診療方針及び医療に要する費用の

（入院措置の解除）

第二十九条の四　（同上）

第二十九条の五　（同上）

（入院措置の場合の診療方針及び医療に要する費用の

額）

第二十九条の六　第二十九条第一項及び第二十九条の二第一項の規定により入院する者について国若しくは都道府県の設置した精神病院又は指定病院が行なう医療に関する診療方針及びその医療に要する費用の額の算定方法は、健康保険の診療方針及び療養に要する費用の額の算定方法の例による。

2　前項に規定する診療方針及び療養に要する費用の額の算定方法の例によることができないとき、及びこれによることを適当としないときの診療方針及び医療に要する費用の額の算定方法は、厚生大臣が公衆衛生審議会の意見を聴いて定めるところによる。

（社会保険診療報酬支払基金への事務の委託）

第二十九条の七　都道府県は、第二十九条第一項及び第二十九条の二第一項の規定により入院する者について国若しくは都道府県の設置した精神病院又は指定病院が行なつた医療が前条に規定する診療方針に適合するかどうかについての審査及びその医療に要する費用の額の算定並びに国又は指定病院の設置者に対する診療報酬の支払に関する事務を社会保険診療報酬支払基金に委託することができる。

（費用の支弁及び負担）

第三十条　第二十九条第一項及び第二十九条の二第一項

額）

第二十九条の六（同上）

（社会保険診療報酬支払基金への事務の委託）

第二十九条の七（同上）

（費用の支弁及び負担）

第三十条（同上）

の規定により都道府県知事が入院させた精神障害者の入院に要する費用は、都道府県の支弁とする。

2 国は、前項の規定により都道府県が支弁した経費に対し、政令の定めるところにより、その四分の三を負担する。

（費用の徴収）

第三十一条 都道府県知事は、第二十九条第一項及び第二十九条の二第一項の規定により入院させた精神障害者又はその扶養義務者が入院に要する費用を負担することができると認めたときは、その費用の全部又は一部を徴収することができる。

（一般患者に対する医療）

第三十二条 都道府県は、精神障害の適正な医療を普及するため、精神障害者が健康保険法（大正十一年法律第七十号）第四十三条第三項各号に掲げる病院若しくは診療所又は薬局その他政令で定める病院若しくは診療所又は薬局（その開設者が、診療報酬の請求及び支払に関し次条に規定する方式によらない旨を都道府県知事に申し出たものを除く。）で病院又は診療所へ収容しないで行われる精神障害の医療を受ける場合において、その医療に必要な費用の二分の一を負担することができる。

2 前項の医療に必要な費用の額は、健康保険の療養に

（費用の徴収）

第三十一条 （同上）

（一般患者に対する医療）

第三十二条 都道府県は、精神障害の適正な医療を普及するため、精神障害者が健康保険法（大正十一年法律第七十号）第四十三条第三項各号に掲げる病院若しくは診療所又は薬局その他政令で定める病院若しくは診療所又は薬局（その開設者が、診療報酬の請求及び支払に関し次条に規定する方式によらない旨を都道府県知事に申し出たものを除く。）で病院又は診療所へ収容しないで行なわれる精神障害の医療を受ける場合において、その医療に必要な費用の二分の一を負担することができる。

2 （同上）

要する費用の額の算定方法の例によつて算定する。

3　第一項の規定による費用の負担は、当該精神障害者又はその保護者の申請によつて行うものとし、その申請は、精神障害者の居住地を管轄する保健所長を経て、都道府県知事に対してしなければならない。

4　都道府県知事は、前項の申請に対して決定をするには、地方精神保健審議会の意見を聴かなければならない。

5　第三項の申請があつてから六月を経過したときは、当該申請に基づく費用の負担は、打ち切られるものとする。

6　戦傷病者特別援護法（昭和三十八年法律第百六十八号）の規定によつて医療を受けることができる者については、第1項の規定は、適用しない。

（費用の請求、審査及び支払）

第三十二条の二　前条第一項の病院若しくは診療所又は薬局は、同項の規定により都道府県が負担する費用を、都道府県に請求するものとする。

2　都道府県は、前項の費用を当該病院若しくは診療所又は薬局に支払わなければならない。

3　都道府県は、第一項の請求についての審査及び前項の費用の支払に関する事務を、社会保険診療報酬支払基金その他政令で定める者に委託することができる。

3　第一項の規定による費用の負担は、当該精神障害者又はその保護義務者の申請によつて行なうものとし、その申請は、精神障害者の居住地を管轄する保健所長を経て、都道府県知事に対してしなければならない。

4～6（同上）

（費用の請求、審査及び支払）

第三十二条の二（同上）

（費用の支弁及び負担）

第三十二条の三　国は、都道府県が第三十二条第一項の規定により負担する費用を支弁したときは、当該都道府県に対し、政令で定めるところにより、その二分の一を補助する。

（他の法律による医療に関する給付との調整）

第三十二条の四　第三十二条第一項の規定により費用の負担を受ける精神障害者が、健康保険法、国民健康保険法（昭和三十三年法律第百九十二号）、船員保険法（昭和十四年法律第七十三号）、労働者災害補償保険法（昭和二十二年法律第五十号）、国家公務員等共済組合法（昭和三十三年法律第百二十八号）、地方公務員等共済組合法（昭和三十七年法律第百五十二号）又は私立学校教職員共済組合法（昭和二十八年法律第二百四十五号）の規定による被保険者、労働者、組合員又は被扶養者である場合においては、保険者若しくは共済組合又は市町村（特別区を含む。）は、これらの法律又は老人保健法（昭和五十七年法律第八十号）の規定によってすべき給付のうち、その医療に要する費用の二分の一を超える部分については、給付をすることを要しない。

2　第三十二条第一項の規定により費用の負担を受ける精神障害者が、生活保護法（昭和二十五年法律第百四

（費用の支弁及び負担）

第三十二条の三　（同上）

（他の法律による医療に関する給付との調整）

第三十二条の四　（同上）

十四号）の規定による医療扶助を受けることができる者であるときは、その医療に要する費用は、都道府県が同項の規定によりその二分の一を負担し、その残部につき同法の適用があるものとする。

（医療保護入院）

第三十三条　精神病院の管理者は、指定医による診察の結果、精神障害者であり、かつ、医療及び保護のため入院の必要があると認めた者につき、保護者の同意があるときは、本人の同意がなくてもその者を入院させることができる。

2　精神病院の管理者は、前項に規定する者の保護者について第二十条第二項第四号の規定による家庭裁判所の選任を要し、かつ、当該選任がされていない場合において、その者の扶養義務者の同意があるときは、本人の同意がなくても、当該選任がされるまでの間、四週間を限り、その者を入院させることができる。

3　前項の規定による入院が行われている間は、同項の同意をした扶養義務者は、第二十条第二項第四号に掲げる者に該当するものとみなし、第一項の規定を適用する場合を除き、同条に規定する保護者とみなす。

4　精神病院の管理者は、第一項又は第二項の規定による措置を採つたときは、十日以内に、その者の症状その他厚生省令で定める事項を当該入院について同意を

（医療保護入院）

第三十三条　精神病院の管理者は、指定医による診察の結果、精神障害者であり、かつ、医療及び保護のため入院の必要があると認めた者につき、保護義務者の同意があるときは、本人の同意がなくてもその者を入院させることができる。

2　精神病院の管理者は、前項に規定する者の保護義務者について第二十条第二項第四号の規定による家庭裁判所の選任を要し、かつ、当該選任がされていない場合において、その者の扶養義務者の同意があるときは、本人の同意がなくても、当該選任がされるまでの間、四週間を限り、その者を入院させることができる。

3　前項の規定による入院が行われている間は、同項の同意をした扶養義務者は、第二十条第二項第四号に掲げる者に該当するものとみなし、第一項の規定を適用する場合を除き、同条に規定する保護義務者とみなす。

4　（同上）

した者の同意書を添え、最寄りの保健所長を経て都道府県知事に届け出なければならない。

第三十三条の二　精神病院の管理者は、前条第一項の規定により入院した者（以下「医療保護入院者」という。）を退院させたときは、十日以内に、その旨及び厚生省令で定める事項を最寄りの保健所長を経て都道府県知事に届け出なければならない。

第三十三条の三　精神病院の管理者は、第三十三条第一項又は第二項の規定による措置を採る場合においては、当該精神障害者に対し、当該入院措置を採る旨、第三十八条の四の規定による退院等の請求に関することその他厚生省令で定める事項を書面で知らせなければならない。ただし、当該精神障害者の症状に照らし、その者の医療及び保護を図る上で支障があると認められる間においては、この限りでない。この場合において、精神病院の管理者は、遅滞なく、厚生省令で定める事項を診療録に記載しなければならない。

（応急入院）

第三十三条の四　厚生大臣の定める基準に適合するものとして都道府県知事が指定する精神病院の管理者は、医療及び保護の依頼があつた者について、急速を要し、保護者（第三十三条第二項に規定する場合にあつては、その者の扶養義務者）の同意を得ることができない場

第三十三条の二（同上）

第三十三条の三（同上）

（応急入院）

第三十三条の四　厚生大臣の定める基準に適合するものとして都道府県知事が指定する精神病院の管理者は、医療及び保護の依頼があつた者について、急速を要し、保護義務者（第三十三条第二項に規定する場合にあつては、その者の扶養義務者）の同意を得ることができ

合において、指定医の診察の結果、その者が精神障害者であり、かつ、直ちに入院させなければその者の医療及び保護を図る上で著しく支障があると認めたときは、本人の同意がなくても、七十二時間を限り、その者を入院させることができる。

２　前項に規定する精神病院の管理者は、同項の規定による措置を採つたときは、直ちに、当該措置を採つた理由その他厚生省令で定める事項を最寄りの保健所長を経て都道府県知事に届け出なければならない。

３　都道府県知事は、第一項の指定を受けた精神病院が同項の基準に適合しなくなつたと認めたときは、その指定を取り消すことができる。

第三十三条の五　第十一条第二項の規定は前条第三項の規定による処分をする場合について、第二十九条第三項の規定は精神病院の管理者が前条第一項の規定による措置を採る場合について準用する。

（仮入院）

第三十四条　精神病院の管理者は、指定医による診察の結果、精神障害者の疑いがあつてその診断に相当の時日を要すると認める者を、その後見人、配偶者又は親権を行う者その他その扶養義務者の同意がある場合には、本人の同意がなくても、一週間を超えない期間、仮に精神病院へ入院させることができる。

ない場合において、指定医の診察の結果、その者が精神障害者であり、かつ、直ちに入院させなければその者の医療及び保護を図る上で著しく支障があると認めたときは、本人の同意がなくても、七十二時間を限り、その者を入院させることができる。

２・３　（同上）

第三十三条の五　（同上）

（仮入院）

第三十四条　精神病院の管理者は、指定医による診察の結果、精神障害者の疑いがあつてその診断に相当の時日を要すると認める者を、その後見人、配偶者又は親権を行う者その他その扶養義務者の同意がある場合には、本人の同意がなくても、三週間を超えない期間、仮に精神病院へ入院させることができる。

第三十四条の二　第二十九条第三項の規定は精神病院の管理者が前条の規定による措置を採る場合について、第三十三条第四項の規定は精神病院の管理者が前条の規定による措置を採つた場合について準用する。	**第三十四条の二**（同上）
（家庭裁判所の許可）	（家庭裁判所の許可）
第三十五条　第三十三条第一項又は第三十四条の同意者が後見人である場合においてその同意をするには、民法（明治二十九年法律第八十九号）第八百五十八条第二項の規定の適用を除外するものではない。	**第三十五条**（同上）
（処遇）	（処遇）
第三十六条　精神病院の管理者は、入院中の者につき、その医療又は保護に欠くことのできない限度において、その行動について必要な制限を行うことができる。	**第三十六条**（同上）
2　精神病院の管理者は、前項の規定にかかわらず、信書の発受の制限、都道府県その他の行政機関の職員との面会の制限その他の行動の制限であつて、厚生大臣があらかじめ公衆衛生審議会の意見を聴いて定める行動の制限については、これを行うことができない。	
3　第一項の規定による行動の制限のうち、厚生大臣があらかじめ公衆衛生審議会の意見を聴いて定める患者の隔離その他の行動の制限は、指定医が必要と認める場合でなければ行うことができない。この場合において、当該指定医は、遅滞なく、厚生省令で定める事項	

を診療録に記載しなければならない。

第三十七条　厚生大臣は、前条に定めるもののほか、精神病院に入院中の者の処遇について必要な基準を定めることができる。

2　前項の基準が定められたときは、精神病院の管理者は、その基準を遵守しなければならない。

3　厚生大臣は、第一項の基準を定めようとするときは、あらかじめ、公衆衛生審議会の意見を聴かなければならない。

（相談、援助等）

第三十八条　精神病院その他の精神障害の医療を提供する施設の管理者は、当該施設において医療を受ける精神障害者の社会復帰の促進を図るため、その者の相談に応じ、その者に必要な援助を行い、及びその保護者等との連絡調整を行うように努めなければならない。

（定期の報告）

第三十八条の二　措置入院者を収容している精神病院又は指定病院の管理者は、措置入院者の症状その他厚生省令で定める事項（以下この項において「報告事項」という。）を、厚生省令で定めるところにより、定期に、最寄りの保健所長を経て都道府県知事に報告しなければならない。この場合においては、報告事項のうち厚生省令で定める事項については、指定医による診察の

第三十七条（同上）

（相談、援助等）

第三十八条　精神病院の管理者は、入院中の者の社会復帰の促進を図るため、その者の相談に応じ、その者に必要な援助を行い、及びその保護義務者等との連絡調整を行うように努めなければならない。

（定期の報告）

第三十八条の二（同上）

結果に基づくものでなければならない。

2　前項の規定は、医療保護入院者を入院させている精神病院の管理者について準用する。この場合において、同項中「措置入院者」とあるのは、「医療保護入院者」と読み替えるものとする。

（定期の報告等による審査）

第三十八条の三　都道府県知事は、前条の規定による報告又は第三十三条第四項の規定による届出（同条第一項の規定による措置に係るものに限る。）があつたときは、当該報告又は届出に係る入院中の者の症状その他厚生省令で定める事項を精神医療審査会に通知し、当該入院中の者についてその入院の必要があるかどうかに関し審査を求めなければならない。

2　精神医療審査会は、前項の規定により審査を求められたときは、当該審査に係る入院中の者についてその入院の必要があるかどうかに関し審査を行い、その結果を都道府県知事に通知しなければならない。

3　精神医療審査会は、前項の審査をするに当たつて必要があると認めるときは、当該審査に係る入院中の者、その者が入院している精神病院の管理者その他関係者の意見を聴くことができる。

4　都道府県知事は、第二項の規定により通知された精神医療審査会の審査の結果に基づき、その入院が必要

（定期の報告等による審査）

第三十八条の三　（同上）

でないと認められた者を退院させ、又は精神病院の管理者に対しその者を退院させることを命じなければならない。

（退院等の請求）

第三十八条の四　精神病院に入院中の者又はその保護者（第三十四条の規定により入院した者にあつては、その後見人、配偶者又は親権を行う者その他その扶養義務者）は、厚生省令で定めるところにより、都道府県知事に対し、当該入院中の者を退院させ、又は精神病院の管理者に対し、その者を退院させることを命じ、若しくはその者の処遇の改善のために必要な措置を採ることを命じることを求めることができる。

（退院等の請求による審査）

第三十八条の五　都道府県知事は、前条の規定による請求を受けたときは、当該請求の内容を精神医療審査会に通知し、当該請求に係る入院中の者について、その入院の必要があるかどうか、又はその処遇が適当であるかどうかに関し審査を求めなければならない。

2　精神医療審査会は、前項の規定により審査を求められたときは、当該審査に係る者について、その入院の必要があるかどうか、又はその処遇が適当であるかどうかに関し審査を行い、その結果を都道府県知事に通知しなければならない。

（退院等の請求）

第三十八条の四　精神病院に入院中の者又はその保護義務者（第三十四条の規定により入院した者にあつては、その後見人、配偶者又は親権を行う者その他その扶養義務者）は、厚生省令で定めるところにより、都道府県知事に対し、当該入院中の者を退院させ、又は精神病院の管理者に対し、その者を退院させることを命じ、若しくはその者の処遇の改善のために必要な措置を採ることを命じることを求めることができる。

（退院等の請求による審査）

第三十八条の五　（同上）

3　精神医療審査会は、前項の審査をするに当たつては、当該審査に係る前条の規定による請求をした者及び当該審査に係る入院中の者が入院している精神病院の管理者の意見を聴かなければならない。ただし、精神医療審査会がこれらの者の意見を聴く必要がないと特に認めたときは、この限りでない。

4　精神医療審査会は、前項に定めるもののほか、第二項の審査をするに当たつて必要があると認めるときは、関係者の意見を聴くことができる。

5　都道府県知事は、第二項の規定により通知された精神医療審査会の審査の結果に基づき、その入院が必要でないと認められた者を退院させ、又は当該精神病院の管理者に対しその者を退院させることを命じ若しくはその者の処遇の改善のために必要な措置を採ることを命じなければならない。

6　都道府県知事は、前条の規定による請求をした者に対し、当該請求に係る精神医療審査会の審査の結果及びこれに基づき採つた措置を通知しなければならない。

（報告徴収等）

第三十八条の六　厚生大臣又は都道府県知事は、必要があると認めるときは、精神病院の管理者に対し、当該精神病院に入院中の者の症状若しくは処遇に関し、報

（報告徴収等）

第三十八条の六（同上）

告を求め、若しくは診療録その他の帳簿書類の提出若しくは提示を命じ、当該職員若しくはその指定する指定医に、精神病院に立ち入り、これらの事項に関し、診療録その他の帳簿書類を検査させ、若しくは当該精神病院に入院中の者その他の関係者に質問させ、又はその指定する指定医に、精神病院に立ち入り、当該精神病院に入院中の者を診察させることができる。

2　厚生大臣又は都道府県知事は、必要があると認めるときは、精神病院の管理者、精神病院に入院中の者又は第三十三条第一項若しくは第二項若しくは第三十四条の規定による入院について同意をした者に対し、この法律による入院に必要な手続に関し、報告を求め、又は帳簿書類の提出若しくは提示を命じることができる。

3　第二十七条第五項及び第六項の規定は、第一項の規定による立入検査、質問又は診察について準用する。

（改善命令等）

第三十八条の七　厚生大臣又は都道府県知事は、精神病院に入院中の者の処遇が第三十六条の規定に違反していると認めるとき又は第三十七条第一項の基準に適合していないと認めるときその他精神病院に入院中の者の処遇が著しく適当でないと認めるときは、当該精神病院の管理者に対し、その処遇の改善のために必要な

（改善命令等）

第三十八条の七（同上）

措置を採ることを命ずることができる。

2　厚生大臣又は都道府県知事は、必要があると認めるときは、第二十二条の四第三項の規定により入院している者又は第三十三条第一項若しくは第二項、第三十三条の四第一項若しくは第三十四条の規定により入院した者について、その指定する二人以上の指定医に診察させ、各指定医の診察の結果がその入院を継続する必要があることに一致しない場合又はこれらの者の入院がこの法律若しくはこの法律に基づく命令に違反して行われた場合には、これらの者が入院している精神病院の管理者に対し、その者を退院させることを命ずることができる。

（無断退去者に対する措置）

第三十九条　精神病院の管理者は、入院中の者で自身を傷つけ又は他人に害を及ぼすおそれのあるものが無断で退去しその行方が不明になつたときは、所轄の警察署長に次の事項を通知してその探索を求めなければならない。

一　退去者の住所、氏名、性別及び生年月日

二　退去の年月日及び時刻

三　症状の概要

四　退去者を発見するために参考となるべき人相、服装その他の事項

2　厚生大臣又は都道府県知事は、必要があると認めるときは、第二十二条の三第三項の規定により入院している者又は第三十三条第一項若しくは第二項、第三十三条の四第一項若しくは第三十四条の規定により入院した者について、その指定する二人以上の指定医に診察させ、各指定医の診察の結果がその入院を継続する必要があることに一致しない場合又はこれらの者の入院がこの法律若しくはこの法律に基づく命令に違反して行われた場合には、これらの者が入院している精神病院の管理者に対し、その者を退院させることを命ずることができる。

（無断退去者に対する措置）

第三十九条　精神病院の管理者は、入院中の者で自身を傷つけ又は他人に害を及ぼすおそれのあるものが無断で退去しその行方が不明になつたときは、所轄の警察署長に左の事項を通知してその探索を求めなければならない。

一～五　（同上）

五　入院年月日

六　保護者又はこれに準ずる者の住所及び氏名

２　警察官は、前項の探索を求められた者を発見したときは、直ちに、その旨を当該精神病院の管理者に通知しなければならない。この場合において、警察官は、当該精神病院の管理者がその者を引き取るまでの間、二十四時間を限り、その者を、警察署、病院、救護施設等の精神障害者を保護するのに適当な場所に、保護することができる。

（仮退院）

第四十条　第二十九条第一項に規定する精神病院又は指定病院の管理者は、指定医による診察の結果、措置入院者の症状に照らしその者を一時退院させて経過を見ることが適当であると認めるときは、都道府県知事の許可を得て、六月を超えない期間を限り仮に退院させることができる。

（保護者の引取義務等）

第四十一条　保護者は、第二十九条の三若しくは第二十九条の四第一項の規定により退院する者又は前条の規定により仮退院する者を引き取り、かつ、仮退院した者の保護に当たつては当該精神病院又は指定病院の管理者の指示に従わなければならない。

（精神保健に関する業務に従事する職員）

六　保護義務者又はこれに準ずる者の住所及び氏名

２　（同上）

（仮退院）

第四十条　（同上）

（保護義務者の引取義務等）

第四十一条　保護義務者は、第二十九条の三若しくは第二十九条の四第一項の規定により退院する者又は前条の規定により仮退院する者を引き取り、かつ、仮退院した者の保護に当たつては当該精神病院又は指定病院の管理者の指示に従わなければならない。

（精神保健に関する業務に従事する職員）

第四十二条　都道府県及び保健所を設置する市は、保健所に、精神保健に関する相談に応じ、及び精神障害者又は当該精神障害者と同居する保護者等を訪問して必要な指導を行うための職員を置くことができる。

2　前項の職員は、学校教育法（昭和二十二年法律第二十六号）に基づく大学において社会福祉に関する科目を修めて卒業した者であつて、精神保健に関する知識及び経験を有するものその他政令で定める資格を有する者のうちから、都道府県知事又は保健所を設置する市の長が任命する。

（訪問指導）

第四十三条　保健所長は、第二十七条若しくは第二十九条の二第一項の規定による診察の結果精神障害者であると診断された者で第二十九条第一項及び第二十九条の二第一項の規定による入院をさせられなかつたもの、第二十九条の三若しくは第二十九条の四第一項の規定により退院した者でなお精神障害が続いているものその他精神障害者であつて必要があると認めるもの又は当該精神障害者と同居する保護者等については、必要に応じ、前条第一項の職員又は都道府県知事若しくは保健所を設置する市の長が指定した医師をして、精神保健に関する相談に応じさせ、及びこれらの者を訪問し精神保健に関する適当な指導をさせなければな

第四十二条　都道府県及び保健所を設置する市は、保健所に、精神保健に関する相談に応じ、及び精神障害者を訪問して必要な指導を行うための職員を置くことができる。

2　（同上）

（訪問指導）

第四十三条　保健所長は、第二十七条又は第二十九条の二第一項の規定による診察の結果精神障害者であると診断された者で第二十九条第一項及び第二十九条の二第一項の規定による入院をさせられなかつたもの、第二十九条の三又は第二十九条の四第一項の規定により退院した者でなお精神障害が続いているものその他精神障害者であつて必要があると認めるものについては、必要に応じ、前条第一項の職員又は都道府県知事若しくは保健所を設置する市の長が指定した医師をして、精神保健に関する相談に応じさせ、及びその者を訪問し精神保健に関する適当な指導をさせなければならない。

らない。

第四十四条から第四十八条まで　削除

（医療及び保護の費用）

第四十九条　保護者が精神障害者の医療及び保護のために支出する費用は、当該精神障害者又はその扶養義務者が負担する。

（刑事事件に関する手続等との関係）

第五十条　この章の規定は、精神障害者又はその疑いのある者について、刑事事件若しくは少年の保護事件の処理に関する法令の規定による手続を行ない、又は刑若しくは補導処分若しくは保護処分の執行のためこれらの者を矯正施設に収容することを妨げるものではない。

２　第二十五条、第二十六条及び第二十七条の規定を除く外、この章の規定は矯正施設に収容中の者には適用しない。

（覚せい剤の慢性中毒者に対する措置）

第五十一条　第十九条の四から前条までの規定は、覚せい剤の慢性中毒者（精神障害者を除く。）又はその疑い

第四十四条から第四十七条まで　削除

（施設以外の収容禁止）

第四十八条　精神障害者は、精神病院又はこの法律若しくは他の法律により精神障害者を収容することのできる施設以外の場所に収容してはならない。

（医療及び保護の費用）

第四十九条　保護義務者が精神障害者の医療及び保護のために支出する費用は、当該精神障害者又はその扶養義務者が負担する。

（刑事事件に関する手続等との関係）

第五十条　（同上）

（覚せい剤の慢性中毒者に対する措置）

第五十一条　（同上）

のある者について準用する。この場合において、これらの規定中「精神障害」とあるのは「覚せい剤の慢性中毒」と、「精神障害者」とあるのは「覚せい剤の慢性中毒者」と読み替えるものとする。

第五章の二　精神障害者社会復帰促進センター

（指定等）

第五十一条の二　厚生大臣は、精神障害者の社会復帰の促進を図るための訓練及び指導等に関する研究開発を行うこと等により精神障害者の社会復帰を促進することを目的として設立された民法第三十四条の法人であつて、次条に規定する業務を適正かつ確実に行うことができると認められるものを、その申請により、全国を通じて一個に限り、精神障害者社会復帰促進センター（以下「センター」という。）として指定することができる。

2　厚生大臣は、前項の規定による指定をしたときは、センターの名称、住所及び事務所の所在地を公示しなければならない。

3　センターは、その名称、住所又は事務所の所在地を変更しようとするときは、あらかじめ、その旨を厚生大臣に届け出なければならない。

4　厚生大臣は、前項の規定による届出があつたときは、当該届出に係る事項を公示しなければならない。

（業務）

第五十一条の三　センターは、次に掲げる業務を行うものとする。

一　精神障害者の社会復帰の促進に資するための啓発活動及び広報活動を行うこと。

二　精神障害者の社会復帰の実例に即して、精神障害者の社会復帰の促進を図るための訓練及び指導等に関する研究開発を行うこと。

三　前号に掲げるもののほか、精神障害者の社会復帰の促進に関する研究を行うこと。

四　精神障害者の社会復帰の促進を図るため、第二号の規定による研究開発の成果又は前号の規定による研究の成果を、定期的に又は時宜に応じて提供すること。

五　精神障害者の社会復帰の促進を図るための事業の業務に関し、当該事業に従事する者及び当該事業に従事しようとする者に対して研修を行うこと。

六　前各号に掲げるもののほか、精神障害者の社会復帰を促進するために必要な業務を行うこと。

（センターへの協力）

第五十一条の四　精神病院その他の精神障害の医療を提供する施設の設置者、精神障害者社会復帰施設の設置者及び精神障害者地域生活援助事業を行う者は、セン

ターの求めに応じ、センターが前条第二号及び第三号に掲げる業務を行うために必要な限度において、センターに対し、精神障害者の社会復帰の促進を図るための訓練及び指導に関する情報又は資料その他の必要な情報又は資料で厚生省令で定めるものを提供することができる。

（特定情報管理規程）

第五十一条の五　センターは、第五十一条の三第二号及び第三号に掲げる業務に係る情報及び資料（以下この条及び第五十一条の七において「特定情報」という。）の管理並びに使用に関する規程（以下この条及び第五十一条の七において「特定情報管理規程」という。）を作成し、厚生大臣の認可を受けなければならない。これを変更しようとするときも、同様とする。

2　厚生大臣は、前項の認可をした特定情報管理規程が特定情報の適正な管理又は使用を図る上で不適当となつたと認めるときは、センターに対し、当該特定情報管理規程を変更すべきことを命ずることができる。

3　特定情報管理規程に記載すべき事項は、厚生省令で定める。

（秘密保持義務）

第五十一条の六　センターの役員若しくは職員又はこれらの職にあつた者は、第五十一条の三第二号又は第三

号に掲げる業務に関して知り得た秘密を漏らしてはならない。

（解任命令）

第五十一条の七　厚生大臣は、センターの役員又は職員が第五十一条の五第一項の認可を受けた特定情報管理規程によらないで特定情報の管理若しくは使用を行つたとき、又は前条の規定に違反したときは、センターに対し、当該役員又は職員を解任すべきことを命ずることができる。

（事業計画等）

第五十一条の八　センターは、毎事業年度の事業計画書及び収支予算書を作成し、当該事業年度の開始前に厚生大臣に提出しなければならない。これを変更しようとするときも、同様とする。

2　センターは、毎事業年度の事業報告書及び収支決算書を作成し、当該事業年度経過後三月以内に厚生大臣に提出しなければならない。

（報告及び検査）

第五十一条の九　厚生大臣は、第五十一条の三に規定する業務の適正な運営を確保するために必要な限度において、センターに対し、必要と認める事項の報告を求め、又は当該職員に、その事務所に立ち入り、業務の状況若しくは帳簿書類その他の物件を検査させること

がができる。

2　第二十七条第五項及び第六項の規定は、前項の規定による立入検査について準用する。この場合において、同条第五項中「前項」とあるのは「第五十一条の九第一項」と、「その者の居住する場所」とあるのは「センターの事務所」と、「指定医及び当該職員」とあるのは「当該職員」と、同条第六項中「第四項」とあるのは「第五十一条の九第一項」と読み替えるものとする。

（監督命令）

第五十一条の十　厚生大臣は、この章の規定を施行するため必要な限度において、センターに対し、第五十一条の三に規定する業務に関し、監督上必要な命令をすることができる。

（指定の取消し等）

第五十一条の十一　厚生大臣は、センターが次の各号のいずれかに該当するときは、第五十一条の二第一項の規定による指定を取り消すことができる。

一　第五十一条の三に規定する業務を適正かつ確実に実施することができないと認められるとき。

二　指定に関し不正な行為があつたとき。

三　この章の規定又は当該規定による命令若しくは処分に違反したとき。

2　厚生大臣は、前項の規定により指定を取り消したと

きは、その旨を公示しなければならない。

第五章の三　雑則

（大都市の特例）

第五十一条の十二　この法律の規定中都道府県が処理することとされている事務又は都道府県知事その他の都道府県の機関若しくは職員の権限に属するものとされている事務で政令で定めるものは、地方自治法（昭和二十二年法律第六十七号）第二百五十二条の十九第一項の指定都市（以下この条において「指定都市」という。）においては、政令の定めるところにより、指定都市が処理し、又は指定都市の長その他の機関若しくは職員が行うものとする。この場合においては、この法律の規定中都道府県又は都道府県知事その他の都道府県の機関若しくは職員に関する規定は、指定都市又は指定都市の長その他の機関若しくは職員に関する規定として指定都市又は指定都市の長その他の機関若しくは職員に適用があるものとする。

2　前項の規定により指定都市の長がした処分に係る審査請求についての都道府県知事の裁決に不服がある者は、厚生大臣に対し再審査請求をすることができる。

第六章　罰則

第五十二条　次の各号の一に該当する者は、三年以下の懲役又は五十万円以下の罰金に処する。

第六章　罰則

第五十二条（同上）

一　第三十八条の三第四項（第五十一条において準用する場合を含む。）の規定による命令に違反した者

二　第三十八条の五第五項（第五十一条において準用する場合を含む。）の規定による退院の命令に違反した者

三　第三十八条の七第二項（第五十一条において準用する場合を含む。）の規定による命令に違反した者

第五十三条　精神病院の管理者、指定医、地方精神保健審議会の委員若しくは臨時委員、精神医療審査会の委員若しくは第四十三条（第五十一条において準用する場合を含む。）の規定により都道府県知事若しくは保健所を設置する市の長が指定した医師又はこれらの職にあつた者が、この法律の規定に基づく職務の執行に関して知り得た人の秘密を正当な理由がなく漏らしたときは、一年以下の懲役又は三十万円以下の罰金に処する。

2　精神病院の職員又はその職にあつた者が、この法律の規定に基づく精神病院の管理者の職務の執行を補助するに際して知り得た人の秘密を正当な理由がなく漏らしたときも、前項と同様とする。

第五十三条の二　第五十一条の六の規定に違反した者は、一年以下の懲役又は三十万円以下の罰金に処する。

第五十四条　虚偽の事実を記載して第二十三条第一項

第五十三条　（同上）

第五十四条　（同上）

（第五十一条において準用する場合を含む。）の申請をした者は、六月以下の懲役又は二十万円以下の罰金に処する。

第五十五条　次の各号の一に該当する者は、十万円以下の罰金に処する。

一　第二十七条第一項又は第二項（これらの規定を第五十一条において準用する場合を含む。）の規定による診察を拒み、妨げ、若しくは忌避した者又は第二十七条第四項（第五十一条において準用する場合を含む。）の規定による立入りを拒み、若しくは妨げた者

二　第二十九条の二第一項（第五十一条において準用する場合を含む。）の規定による診察を拒み、妨げ、若しくは忌避した者又は第二十九条の二第四項（第五十一条において準用する場合を含む。）において準用する第二十七条第四項の規定による立入りを拒み、若しくは妨げた者

三　第三十八条の六第一項（第五十一条において準用する場合を含む。以下この号において同じ。）の規定による報告若しくは提出若しくは提示をせず、若しくは虚偽の報告をし、同項の規定による検査若しくは診察を拒み、妨げ、若しくは忌避し、又は同項の規定による質問に対して、正当な理由がなく答弁せ

第五十五条　次の各号の一に該当する者は、十万円以下の罰金に処する。

一〜四　（同上）

ず、若しくは虚偽の答弁をした者

四　第三十八条の六第二項（第五十一条において準用する場合を含む。）の規定による報告若しくは提出若しくは提示をせず、又は虚偽の報告をした精神病院の管理者

五　第五十一条の九第一項の規定による報告をせず、若しくは虚偽の報告をし、又は同項の規定による検査を拒み、妨げ、若しくは忌避した者

第五十六条　法人の代表者又は法人若しくは人の代理人、使用人その他の従業者が、その法人又は人の業務に関して第五十二条又は前条の違反行為をしたときは、行為者を罰するほか、その法人又は人に対しても各本条の罰金刑を科する。

第五十七条　次の各号の一に該当する者は、十万円以下の過料に処する。

一　第二十二条の四第三項後段又は第四項（これらの規定を第五十一条において準用する場合を含む。）の規定に違反した者

二　第三十三条第四項（第五十一条において準用する場合を含む。）の規定に違反した者

三　第三十三条の四第二項（第五十一条において準用する場合を含む。）の規定に違反した者

四　第三十四条の二（第五十一条において準用する場

第五十六条（同上）

第五十七条　次の各号の一に該当する者は、十万円以下の過料に処する。

一　第二十二条の三第三項後段又は第四項（これらの規定を第五十一条において準用する場合を含む。）の規定に違反した者

二～五（同上）

合を含む。）において準用する第三十三条第四項の規定に違反した者

五　第三十八条の二第一項（第五十一条において準用する場合を含む。）又は第三十八条の二第二項（第五十一条において準用する場合を含む。）において準用する第三十八条の二第一項の規定に違反した者

6　平成七年改正法の新旧対照条文

「精神保健法の一部を改正する法律」（平成七年法律第九十四号）による新旧条文対照表

（傍線の部分は改正部分
——線の部分は平成七年七月一日から施行
┄┄線の部分は平成八年四月一日から施行
〰〰線の部分は平成五年改正未施行部分で平成八年四月一日から施行のもの）

改正後	改正前
精神保健及び精神障害者福祉に関する法律	精神保健法
目次	目次
第一章　総則（第一条―第五条）	第一章　総則（第一条―第三条）
第二章　精神保健福祉センター（第六条―第八条）	第二章　施設及び事業（第四条―第十二条）
第三章　地方精神保健福祉審議会及び精神医療審査会（第九条―第十七条）	第三章　地方精神保健審議会及び精神医療審査会（第十三条―第十七条の五）
第四章　精神保健指定医及び精神病院	第四章　精神保健指定医（第十八条―第十九条の五）
第一節　精神保健指定医（第十八条―第十九条の六）	
第二節　精神病院（第十九条の七―第十九条の十）	
第五章　医療及び保護	第五章　医療及び保護（第二十条―第五十一条）
第一節　保護者（第二十条―第二十二条の二）	
第二節　任意入院（第二十二条の三・第二十二条の四）	

第三節　指定医の診察及び措置入院（第二十三条―第三十一条）
第四節　通院医療（第三十二条―第三十二条の四）
第五節　医療保護入院等（第三十三条―第三十五条）
第六節　精神病院における処遇等（第三十六条―第四十条）
第七節　雑則（第四十一条―第四十四条）
第六章　保健及び福祉
第一節　精神障害者保健福祉手帳（第四十五条・第四十五条の二）
第二節　相談指導等（第四十六条―第四十九条）
第三節　施設及び事業（第五十条―第五十一条）
第七章　精神障害者社会復帰促進センター（第五十一条の二―第五十一条の十一）
第八章　雑則（第五十一条の十二）
第九章　罰則（第五十二条―第五十七条）
附則

第一章　総則

（この法律の目的）

第一条　この法律は、精神障害者等の医療及び保護を行い、その社会復帰の促進及びその自立と社会経済活動への参加の促進のために必要な援助を行い、並びにその発生の予防その他国民の精神的健康の保持及び増進

第五章の二　精神障害者社会復帰促進センター（第五十一条の二―第五十一条の十一）
第五章の三　雑則（第五十一条の十二）
第六章　罰則（第五十二条―第五十七条）
附則

第一章　総則

（この法律の目的）

第一条　この法律は、精神障害者等の医療及び保護を行い、その社会復帰を促進し、並びにその発生の予防その他国民の精神的健康の保持及び増進に努めることによつて、精神障害者等の福祉の増進及び国民の精神保

に努めることによつて、精神障害者等の福祉の増進及び国民の精神保健の向上を図ることを目的とする。

（国及び地方公共団体の義務）

第二条　国及び地方公共団体は、医療施設、社会復帰施設その他の福祉施設及び教育施設並びに地域生活援助事業を充実する等精神障害者等の医療及び保護並びに保健及び福祉に関する施策を総合的に実施することによつて精神障害者等が社会復帰をし、自立と社会経済活動への参加をすることができるように努力するとともに、精神保健に関する調査研究の推進及び知識の普及を図る等精神障害者等の発生の予防その他国民の精神保健の向上のための施策を講じなければならない。

（国民の義務）

第三条　国民は、精神的健康の保持及び増進に努めるとともに、精神障害者等に対する理解を深め、及び精神障害者等がその障害を克服して社会復帰をし、自立と社会経済活動への参加をしようとする努力に対し、協力するように努めなければならない。

（精神障害者等の社会復帰、自立及び社会参加への配慮）

第四条　医療施設若しくは社会復帰施設の設置者又は地域生活援助事業若しくは社会適応訓練事業を行う者は、その施設を運営し、又はその事業を行うに当たつては、精神障害者等の社会復帰の促進及び自立と社会

健の向上を図ることを目的とする。

（国及び地方公共団体の義務）

第二条　国及び地方公共団体は、医療施設、社会復帰施設その他の福祉施設及び教育施設並びに地域生活援助事業を充実することによつて精神障害者等が社会生活に適応することができるように努力するとともに、精神保健に関する調査研究の推進及び知識の普及を図る等精神障害者等の発生の予防その他国民の精神保健の向上のための施策を講じなければならない。

（国民の義務）

第二条の二　国民は、精神的健康の保持及び増進に努めるとともに、精神障害者等に対する理解を深め、及び精神障害者等がその障害を克服し、社会復帰をしようとする努力に対し、協力するように努めなければならない。

（精神障害者等の社会復帰への配慮）

第二条の三　医療施設若しくは社会復帰施設の設置者又は地域生活援助事業を行う者は、その施設を運営し、又はその事業を行うに当たつては、精神障害者等の社会復帰の促進を図るため、地域に即した創意と工夫を

経済活動への参加の促進を図るため、地域に即した創意と工夫を行い、及び地域住民等の理解と協力を得るように努めなければならない。

2　国、地方公共団体、医療施設又は社会復帰施設の設置者及び地域生活援助事業又は社会適応訓練事業を行う者は、精神障害者等の社会復帰の促進及び自立と社会経済活動への参加の促進を図るため、相互に連携を図りながら協力するよう努めなければならない。

（定義）

第五条　この法律で「精神障害者」とは、精神分裂病、中毒性精神病、精神薄弱、精神病質その他の精神疾患を有する者をいう。

第二章　精神保健福祉センター

（注）第十九条の七へ移動↑

（注）第十九条の八へ移動↑

行い、及び地域住民等の理解と協力を得るように努めなければならない。

2　国、地方公共団体、医療施設又は社会復帰施設の設置者及び地域生活援助事業を行う者は、精神障害者等の社会復帰の促進を図るため、相互に連携を図りながら協力するよう努めなければならない。

（定義）

第三条　（同上）

第二章　施設及び事業

（都道府県立精神病院）

第四条　都道府県は、精神病院を設置しなければならない。但し、第五条の規定による指定病院がある場合においては、その設置を延期することができる。

（指定病院）

第五条　都道府県知事は、国及び都道府県以外の者が設置した精神病院又は精神病院以外の病院に設けられている精神病室の全部又は一部を、その設置者の同意を得て、都道府県が設置する精神病院に代る施設（以下「指定病院」という。）として指定することができる。

（注）第十九条の十第一項↑へ移動

（注）第十九条の十第二項↑へ移動

（精神保健福祉センター）

第六条　都道府県は、精神保健の向上及び精神障害者の福祉の増進を図るため、精神保健福祉センターを設置することができる。

2　精神保健福祉センターは、精神保健及び精神障害者の福祉に関し、知識の普及を図り、調査研究を行い、並びに相談及び指導のうち複雑又は困難なものを行う施設とする。

（国の補助）

第七条　国は、都道府県が前条の施設を設置したときは、政令の定めるところにより、その設置に要する経費については二分の一、その運営に要する経費については

（国の補助）

第六条　国は、都道府県が設置する精神病院及び精神病院以外の病院に設ける精神病室の設置及び運営（第三十条の規定による場合を除く。）に要する経費に対して、政令の定めるところにより、その二分の一を補助する。

第六条の二　国は、営利を目的としない法人が設置する精神病院及び精神病院以外の病院に設ける精神病室の設置及び運営に要する経費に対して、政令の定めるところにより、その二分の一以内を補助することができる。

（精神保健センター）

第七条　都道府県は、精神保健の向上を図るため、精神保健センターを設置することができる。

2　精神保健センターは、精神保健に関する知識の普及を図り、精神保健に関する調査研究を行い、並びに精神保健に関する相談及び指導のうち複雑又は困難なものを行う施設とする。

（国の補助）

第八条　（同上）

三分の一を補助する。

（注）一部改正し第五十条へ移動

（注）一部改正し第五十条の二へ移動

（精神障害者社会復帰施設の設置）

第九条　都道府県は、精神障害者（精神薄弱者を除く。以下この章及び第五章の二において同じ。）の社会復帰の促進を図るため、精神障害者社会復帰施設を設置することができる。

2　市町村、社会福祉法人その他の者は、精神障害者の社会復帰の促進を図るため、社会福祉事業法（昭和二十六年法律第四十五号）の定めるところにより、精神障害者社会復帰施設を設置することができる。

（精神障害者社会復帰施設の種類）

第十条　精神障害者社会復帰施設の種類は、次のとおりとする。

一　精神障害者生活訓練施設

二　精神障害者授産施設

2　精神障害者生活訓練施設は、精神障害のため家庭において日常生活を営むのに支障がある精神障害者が日常生活に適応することができるように、低額な料金で、居室その他の設備を利用させ、必要な訓練及び指導を行うことにより、その者の社会復帰の促進を図ることを目的とする施設とする。

3　精神障害者授産施設は、雇用されることが困難な精神障害者が自活することができるように、低額な料金

（注）一部改正し第五十条の三へ移動

（注）一部改正し第五十一条へ移動

で、必要な訓練を行い、及び職業を与えることにより、その者の社会復帰の促進を図ることを目的とする施設とする。

（精神障害者地域生活援助事業）

第十条の二　都道府県は、精神障害者の社会復帰の促進を図るため、精神障害者地域生活援助事業（地域において共同生活を営むのに支障のない精神障害者につき、これらの者が共同生活を営むべき住居において食事の提供、相談その他の日常生活上の援助を行う事業をいう。以下同じ。）を行うことができる。

2　市町村、社会福祉法人その他の者は、精神障害者の社会復帰の促進を図るため、社会福祉事業法の定めるところにより、精神障害者地域生活援助事業を行うことができる。

（国又は都道府県の補助）

第十条の三　都道府県は、精神障害者社会復帰施設の設置者又は精神障害者地域生活援助事業を行う者に対し、次に掲げる費用の一部を補助することができる。

一　精神障害者社会復帰施設の設置及び運営に要する費用

二　精神障害者地域生活援助事業に要する費用

2　国は、予算の範囲内において、都道府県に対し、次に掲げる費用の一部を補助することができる。

（注）第十九条の九へ移動↑

（政令への委任）

第八条　この法律に定めるもののほか、精神保健福祉センターに関して必要な事項は、政令で定める。

第三章　地方精神保健福祉審議会及び精神医療審査会

（地方精神保健福祉審議会）

第九条　精神保健及び精神障害者の福祉に関する事項を調査審議させるため、都道府県に地方精神保健福祉審議会を置く。

2　地方精神保健福祉審議会は、都道府県知事の諮問に

一　都道府県が設置する精神障害者社会復帰施設の設置及び運営に要する費用

二　都道府県が行う精神障害者地域生活援助事業に要する費用

三　前項の規定による補助に要した費用

（指定の取消し）

第十一条　都道府県知事は、指定病院の運営方法がその目的遂行のために不適当であると認めたときは、その指定を取り消すことができる。

2　都道府県知事は、前項の規定によりその指定を取り消そうとするときは、あらかじめ、地方精神保健審議会の意見を聴かなければならない。

（政令への委任）

第十二条　この法律に定めるもののほか、都道府県の設置する精神病院及び精神保健センターに関して必要な事項は、政令で定める。

第三章　地方精神保健審議会及び精神医療審査会

（地方精神保健審議会）

第十三条　精神保健に関する事項を調査審議させるため、都道府県に地方精神保健審議会を置く。

2　地方精神保健審議会は、都道府県知事の諮問に答え

答えるほか、精神保健及び精神障害者の福祉に関する事項に関して都道府県知事に意見を具申することができる。

3　地方精神保健福祉審議会は、前二項に定めるもののほか、都道府県知事の諮問に応じ、第三十二条第三項及び第四十五条第一項の申請に関する必要な事項を審議するものとする。

（委員及び臨時委員）

第十条　地方精神保健福祉審議会の委員は、二十人以内とする。

2　特別の事項を調査審議するため必要があるときは、地方精神保健福祉審議会に臨時委員を置くことができる。

3　委員及び臨時委員は、精神保健又は精神障害者の福祉に関し学識経験のある者、精神障害者の医療に関する事業に従事する者及び精神障害者の社会復帰の促進又はその自立と社会経済活動への参加の促進を図るための事業に従事する者のうちから、都道府県知事が任命する。

4　委員の任期は、三年とする。

（条例への委任）

第十一条　地方精神保健福祉審議会の運営に関し必要な

るほか、精神保健に関する事項に関して都道府県知事に意見を具申することができる。

3　地方精神保健審議会は、前二項に定めるもののほか、都道府県知事の諮問に応じ、第三十二条第三項の申請に関する必要な事項を審議するものとする。

（委員及び臨時委員）

第十四条　地方精神保健審議会の委員は、十五人以内とする。

2　特別の事項を調査審議するため必要があるときは、地方精神保健審議会に臨時委員を置くことができる。

3　委員及び臨時委員は、精神保健に関し学識経験のある者、精神障害者の医療に関する事業に従事する者及び精神障害者の社会復帰の促進を図るための事業に従事する者のうちから、都道府県知事が任命する。

4　（同上）

第十五条及び第十六条　削除

（条例への委任）

第十七条　地方精神保健審議会の運営に関し必要な事項

事項は、条例で定める。

（精神医療審査会）

第十二条　第三十八条の三第二項及び第三十八条の五第二項の規定による審査を行わせるため、都道府県に、精神医療審査会を置く。

（委員）

第十三条　精神医療審査会の委員は、五人以上十五人以内とする。

2　委員は、精神障害者の医療に関し学識経験を有する者（第十八条第一項に規定する精神保健指定医である者に限る。）、法律に関し学識経験を有する者及びその他の学識経験を有する者のうちから、都道府県知事が任命する。

3　委員の任期は、二年とする。

（審査の案件の取扱い）

第十四条　精神医療審査会は、精神障害者の医療に関し学識経験を有する者のうちから任命された委員三人、法律に関し学識経験を有する者のうちから任命された委員一人及びその他の学識経験を有する者のうちから任命された委員一人をもつて構成する合議体で、審査の案件を取り扱う。

2　合議体を構成する委員は、精神医療審査会がこれを定める。

は、条例で定める。

（精神医療審査会）

第十七条の二（同上）

（委員）

第十七条の三（同上）

（審査の案件の取扱い）

第十七条の四（同上）

（政令への委任）

第十五条　この法律で定めるもののほか、精神医療審査会に関し必要な事項は、政令で定める。

第十六条及び第十七条　削除

第四章　精神保健指定医及び精神病院

第一節　精神保健指定医

（精神保健指定医）

第十八条　厚生大臣は、その申請に基づき、次に該当する医師のうち第十九条の四に規定する職務を行うのに必要な知識及び技能を有すると認められる者を、精神保健指定医（以下「指定医」という。）に指定する。

一　五年以上診断又は治療に従事した経験を有すること。

二　三年以上精神障害の診断又は治療に従事した経験を有すること。

三　厚生大臣が定める精神障害につき厚生大臣が定める程度の診断又は治療に従事した経験を有すること。

四　厚生大臣又はその指定する者が厚生省令で定めるところにより行う研修（申請前一年以内に行われたものに限る。）の課程を修了していること。

2　厚生大臣は、前項の規定にかかわらず、第十九条の二第一項又は第二項の規定により指定医の指定を取り

（政令への委任）

第十七条の五　（同上）

第四章　精神保健指定医

（精神保健指定医）

第十八条　（同上）

消された後五年を経過していない者その他指定医として著しく不適当と認められる者については、前項の指定をしないことができる。

3　厚生大臣は、第一項第三号に規定する精神障害及びその診断又は治療に従事した経験の程度を定めようとするとき、同項の規定により指定医の指定をしようとするとき又は前項の規定により指定医の指定をしないものとするときは、あらかじめ、公衆衛生審議会の意見を聴かなければならない。

（指定後の研修）

第十九条　指定医は、五の年度（毎年四月一日から翌年三月三十一日までをいう。以下この条において同じ。）ごとに厚生大臣が定める年度において、厚生大臣又はその指定する者が厚生省令で定めるところにより行う研修を受けなければならない。

2　前条第一項の規定による指定は、当該指定を受けた者が前項に規定する研修を受けなかつたときは、当該研修を受けるべき年度の終了の日にその効力を失う。ただし、当該研修を受けなかつたことにつき厚生省令で定めるやむを得ない理由が存すると厚生大臣が認めたときは、この限りでない。

（指定の取消し）

第十九条の二　指定医がその医師免許を取り消され、又

（指定後の研修）

第十九条　指定医は、五年ごとに、厚生大臣又はその指定する者が厚生省令で定めるところにより行う研修を受けなければならない。

（指定の取消し）

第十九条の二（同上）

は期間を定めて医業の停止を命ぜられたときは、厚生大臣は、その指定を取り消さなければならない。

2　指定医がこの法律若しくはこの法律に基づく命令に違反したとき又はその職務に関し著しく不当な行為を行つたときその他指定医として著しく不適当と認められるときは、厚生大臣は、その指定を取り消すことができる。

3　厚生大臣は、前項の規定による処分をしようとするときは、あらかじめ、公衆衛生審議会の意見を聴かなければならない。

（手数料）

第十九条の三　第十八条第一項第四号又は第十九条第一項の研修（厚生大臣が行うものに限る。）を受けようとする者は、実費を勘案して政令で定める金額の手数料を納付しなければならない。

（職務）

第十九条の四　指定医は、第二十二条の四第三項及び第二十九条の五の規定により入院を継続する必要があるかどうかの判定、第三十三条第一項及び第三十三条の四第一項の規定による入院を必要とするかどうかの判定、第三十四条の規定により精神障害者の疑いがあるかどうか及びその診断に相当の時日を要するかどうかの判定、第三十六条第三項に規定する行動の制限を必

（手数料）

第十九条の三　第十八条第一項第四号又は第十九条の研修（厚生大臣が行うものに限る。）を受けようとする者は、実費を勘案して政令で定める金額の手数料を納付しなければならない。

（職務）

第十九条の四　指定医は、第二十二条の三第三項及び第二十九条の五の規定により入院を継続する必要があるかどうかの判定、第三十三条第一項及び第三十三条の四第一項の規定による入院を必要とするかどうかの判定、第三十四条の規定により精神障害者の疑いがあるかどうか及びその診断に相当の時日を要するかどうかの判定、第三十六条第三項に規定する行動の制限を必

要とするかどうかの判定、第三十八条の二第一項（同条第二項において準用する場合を含む。）に規定する報告事項に係る入院中の者の診察並びに第四十条の規定により一時退院させて経過を見ることが適当かどうかの判定の職務を行う。

２　指定医は、前項に規定する職務のほか、公務員として、次に掲げる職務のうち都道府県知事（第三号及び第四号に掲げる職務にあつては、厚生大臣又は都道府県知事）が指定したものを行う。

一　第二十九条第一項及び第二十九条の二第一項の規定による入院を必要とするかどうかの判定

二　第二十九条の四第二項の規定により入院を継続する必要があるかどうかの判定

三　第三十八条の六第一項の規定による立入検査、質問及び診察

四　第三十八条の七第二項の規定により入院を継続する必要があるかどうかの判定

（指定医の必置）

第十九条の五　第二十九条第一項、第二十九条の二第一項、第三十三条第一項若しくは第二項、第三十三条の四第一項又は第三十四条の規定により精神障害者を入院させている精神病院（精神病院以外の病院で精神病室が設けられているものを含む。第十九条の十を除き、

要とするかどうかの判定、第三十八条の二第一項（同条第二項において準用する場合を含む。）に規定する報告事項に係る入院中の者の診察並びに第四十条の規定により一時退院させて経過を見ることが適当かどうかの判定の職務を行う。

２　（同上）

以下同じ。）の管理者は、厚生省令で定めるところにより、その精神病院に常時勤務する指定医を置かなければならない。	
（政令及び省令への委任） **第十九条の六**　この法律に規定するもののほか、指定医の指定の申請に関して必要な事項は政令で、第十八条第一項第四号及び第十九条第一項の規定による研修に関して必要な事項は厚生省令で定める。	（政令及び省令への委任） **第十九条の五**　この法律に規定するもののほか、指定医の指定の申請に関して必要な事項は政令で、第十八条第一項第四号及び第十九条の規定による研修に関して必要な事項は厚生省令で定める。
第二節　精神病院	
（都道府県立精神病院） **第十九条の七**　都道府県は、精神病院を設置しなければならない。ただし、次条の規定による指定病院がある場合においては、その設置を延期することができる。	↑（注）第四条から移動
（指定病院） **第十九条の八**　都道府県知事は、国及び都道府県以外の者が設置した精神病院であつて厚生大臣の定める基準に適合するものの全部又は一部を、その設置者の同意を得て、都道府県が設置する精神病院に代わる施設（以下「指定病院」という。）として指定することができる。	↑（注）第五条から移動
（指定の取消し） **第十九条の九**　都道府県知事は、指定病院が、前条の基準に適合しなくなつたとき、又はその運営方法がその目的遂行のために不適当であると認めたときは、その	↑（注）第十一条から移動

指定を取り消すことができる。

２　都道府県知事は、前項の規定によりその指定を取り消そうとするときは、あらかじめ、地方精神保健福祉審議会の意見を聴かなければならない。

（国の補助）

第十九条の十　国は、都道府県が設置する精神病院及び精神病院以外の病院に設ける精神病室の設置及び運営に要する経費（第三十条第一項の規定により都道府県が負担する費用を除く。次項において同じ。）に対し、政令の定めるところにより、その二分の一を補助する。

２　国は、営利を目的としない法人が設置する精神病院及び精神病院以外の病院に設ける精神病室の設置及び運営に要する経費に対し、政令の定めるところにより、その二分の一以内を補助することができる。

第五章　医療及び保護

第一節　保護者

（保護者）

第二十条　精神障害者については、その後見人、配偶者、親権を行う者及び扶養義務者が保護者となる。ただし、次の各号の一に該当する者は保護者とならない。

一　行方の知れない者

二　当該精神障害者に対して訴訟をしている者、又はした者並びにその配偶者及び直系血族

↑（注）第六条から移動

↑（注）第六条の二から移動

第五章　医療及び保護

（保護者）

第二十条　（同上）

三　家庭裁判所で免ぜられた法定代理人又は保佐人
四　破産者
五　禁治産者及び準禁治産者
六　未成年者
2　保護者が数人ある場合において、その義務を行うべき順位は、次のとおりとする。ただし、本人の保護のため特に必要があると認める場合には、後見人以外の者について家庭裁判所は利害関係人の申立てによりその順位を変更することができる。
一　後見人
二　配偶者
三　親権を行う者
四　前二号の者以外の扶養義務者のうちから家庭裁判所が選任した者
3　前項ただし書の規定による順位の変更及び同項第四号の規定による選任は家事審判法（昭和二十二年法律第百五十二号）の適用については、同法第九条第一項甲類に掲げる事項とみなす。

第二十一条　前条第二項各号の保護者がないとき又はこれらの保護者がその義務を行うことができないときはその精神障害者の居住地を管轄する市町村長（特別区の長を含む。以下同じ。）、居住地がないか又は明らかでないときはその精神障害者の現在地を管轄する市町

第二十一条　（同上）

村長が保護者となる。

第二十二条　保護者は、精神障害者に治療を受けさせるとともに、精神障害者が自身を傷つけ又は他人に害を及ぼさないように監督し、かつ、精神障害者の財産上の利益を保護しなければならない。

2　保護者は、精神障害者の診断が正しく行われるよう医師に協力しなければならない。

3　保護者は、精神障害者に医療を受けさせるに当たつては、医師の指示に従わなければならない。

第二十二条の二　保護者は、第四十一条の規定による義務（第二十九条の三又は第二十九条の四第一項の規定により退院する者の引取りに係るものに限る。）を行うに当たり必要があるときは、当該精神病院若しくは指定病院の管理者又は当該精神病院若しくは指定病院と関連する精神障害者社会復帰施設の長に対し、当該精神障害者の社会復帰の促進に関し、相談し、及び必要な援助を求めることができる。

第二節　任意入院

（任意入院）

第二十二条の三　精神病院の管理者は、精神障害者を入院させる場合においては、本人の同意に基づいて入院が行われるように努めなければならない。

第二十二条（同上）

第二十二条の二（同上）

（任意入院）

第二十二条の三　精神病院（精神病院以外の病院で精神病室が設けられているものを含む。以下同じ。）の管理者は、精神障害者を入院させる場合においては、本人の同意に基づいて入院が行われるように努めなければならない。

第二十二条の四　精神障害者が自ら入院する場合においては、精神病院の管理者は、その入院に際し、当該精神障害者に対して第三十八条の四の規定による退院等の請求に関することその他厚生省令で定める事項を書面で知らせ、当該精神障害者から自ら入院する旨を記載した書面を受けなければならない。

2　精神病院の管理者は、自ら入院した精神障害者（以下この条において「任意入院者」という。）から退院の申出があつた場合においては、その者を退院させなければならない。

3　前項に規定する場合において、精神病院の管理者は、指定医による診察の結果、当該任意入院者の医療及び保護のため入院を継続する必要があると認めたときは、同項の規定にかかわらず、七十二時間を限り、その者を退院させないことができる。この場合において、当該指定医は、遅滞なく、厚生省令で定める事項を診療録に記載しなければならない。

4　精神病院の管理者は、前項の規定による措置を採る場合においては、当該任意入院者に対し、当該措置を採る旨、第三十八条の四の規定による退院等の請求に関することその他厚生省令で定める事項を書面で知らせなければならない。

ならない。

第二十二条の四（同上）

第三節　指定医の診察及び措置入院

（診察及び保護の申請）

第二十三条　精神障害者又はその疑いのある者を知った者は、誰でも、その者について指定医の診察及び必要な保護を都道府県知事に申請することができる。

2　前項の申請をするには、左の事項を記載した申請書をもよりの保健所長を経て都道府県知事に提出しなければならない。

一　申請者の住所、氏名及び生年月日

二　本人の現在場所、居住地、氏名、性別及び生年月日

三　症状の概要

四　現に本人の保護の任に当つている者があるときはその者の住所及び氏名

（警察官の通報）

第二十四条　警察官は、職務を執行するに当たり、異常な挙動その他周囲の事情から判断して、精神障害のために自身を傷つけ又は他人に害を及ぼすおそれがあると認められる者を発見したときは、直ちに、その旨を、もよりの保健所長を経て都道府県知事に通報しなければならない。

（検察官の通報）

第二十五条　検察官は、精神障害者又はその疑いのある

（診察及び保護の申請）

第二十三条（同上）

（警察官の通報）

第二十四条（同上）

（検察官の通報）

第二十五条（同上）

被疑者又は被告人について、不起訴処分をしたとき、裁判（懲役、禁こ又は拘留の刑を言い渡し執行猶予の言渡をしない裁判を除く。）が確定したとき、その他特に必要があると認めたときは、すみやかに、その旨を都道府県知事に通報しなければならない。

（保護観察所の長の通報）

第二十五条の二　保護観察所の長は、保護観察に付されている者が精神障害者又はその疑いのある者であることを知つたときは、すみやかに、その旨を都道府県知事に通報しなければならない。

（矯正施設の長の通報）

第二十六条　矯正施設（拘置所、刑務所、少年刑務所、少年院、少年鑑別所及び婦人補導院をいう。以下同じ。）の長は、精神障害者又はその疑のある収容者を釈放、退院又は退所させようとするときは、あらかじめ、左の事項を本人の帰住地（帰住地がない場合は当該矯正施設の所在地）の都道府県知事に通報しなければならない。

一　本人の帰住地、氏名、性別及び生年月日
二　症状の概要
三　釈放、退院又は退所の年月日
四　引取人の住所及び氏名

（精神病院の管理者の届出）

（保護観察所の長の通報）

第二十五条の二（同上）

（矯正施設の長の通報）

第二十六条（同上）

（精神病院の管理者の届出）

第二十六条の二　精神病院の管理者は、入院中の精神障害者であつて、第二十九条第一項の要件に該当すると認められるものから退院の申出があつたときは、直ちに、その旨を、最寄りの保健所長を経て都道府県知事に届け出なければならない。

（申請等に基づき行われる指定医の診察等）

第二十七条　都道府県知事は、第二十三条から前条までの規定による申請、通報又は届出のあつた者について調査の上必要があると認めるときは、その指定する指定医をして診察をさせなければならない。

2　都道府県知事は、入院させなければ精神障害のために自身を傷つけ又は他人に害を及ぼすおそれがあることが明らかである者については、第二十三条から前条までの規定による申請、通報又は届出がない場合においても、その指定する指定医をして診察をさせることができる。

3　都道府県知事は、前二項の規定により診察をさせる場合には、当該職員を立ち会わせなければならない。

4　指定医及び前項の当該職員は、前三項の職務を行うに当たつて必要な限度においてその者の居住する場所へ立ち入ることができる。

5　前項の規定によつてその者の居住する場所へ立ち入る場合には、指定医及び当該職員は、その身分を示す

第二十六条の二　（同上）

（申請等に基づき行われる指定医の診察等）

第二十七条　（同上）

証票を携帯し、関係人の請求があるときはこれを提示しなければならない。

6 第四項の立入りの権限は、犯罪捜査のために認められたものと解釈してはならない。

（診察の通知）

第二十八条 都道府県知事は、前条第一項の規定により診察をさせるに当つて現に本人の保護の任に当つている者がある場合には、あらかじめ、診察の日時及び場所をその者に通知しなければならない。

2 後見人、親権を行う者、配偶者その他現に本人の保護の任に当つている者は、前条第一項の診察に立ち会うことができる。

（判定の基準）

第二十八条の二 第二十七条第一項又は第二項の規定により診察をした指定医は、厚生大臣の定める基準に従い、当該診察をした者が精神障害者であり、かつ、医療及び保護のために入院させなければその精神障害のために自身を傷つけ又は他人に害を及ぼすおそれがあるかどうかの判定を行わなければならない。

2 厚生大臣は、前項の基準を定めようとするときは、あらかじめ、公衆衛生審議会の意見を聴かなければならない。

（都道府県知事による入院措置）

（診察の通知）

第二十八条 （同上）

（判定の基準）

第二十八条の二 （同上）

（都道府県知事による入院措置）

第二十九条　都道府県知事は、第二十七条の規定による診察の結果、その診察を受けた者が精神障害者であり、且つ、医療及び保護のために入院させなければその精神障害のために自身を傷つけ又は他人に害を及ぼすおそれがあると認めたときは、その者を国若しくは都道府県の設置した精神病院又は指定病院に入院させることができる。

2　前項の場合において都道府県知事がその者を入院させるには、その指定する二人以上の指定医の診察を経て、その者が精神障害者であり、かつ、医療及び保護のために入院させなければその精神障害のために自身を傷つけ又は他人に害を及ぼすおそれがあると認めることについて、各指定医の診察の結果が一致した場合でなければならない。

3　都道府県知事は、第一項の規定による措置を採る場合においては、当該精神障害者に対し、当該入院措置を採る旨、第三十八条の四の規定による退院等の請求に関することその他厚生省令で定める事項を書面で知らせなければならない。

4　国又は都道府県の設置した精神病院及び指定病院の管理者は、病床（病院の一部について第十九条の八の指定を受けている指定病院にあつてはその指定に係る病床）に既に第一項又は次条第一項の規定により入院

第二十九条（同上）

2（同上）

3（同上）

4　国又は都道府県の設置した精神病院及び指定病院の管理者は、病床（病院の一部について第五条の指定を受けている指定病院にあつてはその指定に係る病床）に既に第一項又は次条第一項の規定により入院をさせ

をさせた者がいるため余裕がない場合のほかは、第一項の精神障害者を入院させなければならない。

第二十九条の二　都道府県知事は、前条第一項の要件に該当すると認められる精神障害者又はその疑いのある者について、急速を要し、第二十七条、第二十八条及び前条の規定による手続を採ることができない場合において、その指定する指定医をして診察をさせた結果、その者が精神障害者であり、かつ、直ちに入院させなければその精神障害のために自身を傷つけ又は他人を害するおそれが著しいと認めたときは、その者を前条第一項に規定する精神病院又は指定病院に入院させることができる。

2　都道府県知事は、前項の措置をとつたときは、すみやかに、その者につき、前条第一項の規定による入院措置をとるかどうかを決定しなければならない。

3　第一項の規定による入院の期間は、七十二時間を超えることができない。

4　第二十七条第四項から第六項まで及び第二十八条の二の規定は第一項の規定による診察について、前条第三項の規定は第一項の規定による措置を採る場合につ

た者がいるため余裕がない場合のほかは、第一項の精神障害者を収容しなければならない。

5　この法律施行の際、現に精神病院法（大正八年法律第二十五号）第二条の規定によつて入院中の者は、第一項の規定によつて入院したものとみなす。

第二十九条の二　（同上）

2　（同上）

3　（同上）

4　第二十七条第四項から第六項まで及び第二十八条の二の規定は第一項の規定による診察について、前条第三項の規定は第一項の規定による措置を採る場合につ

いて、同条第四項の規定は第一項の規定により入院する者の入院について準用する。

第二十九条の三　第二十九条第一項に規定する精神病院又は指定病院の管理者は、前条第一項の規定により入院した者について、都道府県知事から、第二十九条第一項の規定による入院措置をとらない旨の通知を受けたとき、又は前条第三項の期間内に第二十九条第一項の規定による入院措置をとる旨の通知がないときは、直ちに、その者を退院させなければならない。

（入院措置の解除）

第二十九条の四　都道府県知事は、第二十九条第一項の規定により入院した者（以下「措置入院者」という。）が、入院を継続しなくてもその精神障害のために自身を傷つけ又は他人に害を及ぼすおそれがないと認められるに至つたときは、直ちに、その者を退院させなければならない。この場合においては、都道府県知事は、あらかじめ、その者を入院させている精神病院又は指定病院の管理者の意見を聞くものとする。

2　前項の場合において都道府県知事がその者を退院させるには、その者が入院を継続しなくてもその精神障害のために自身を傷つけ又は他人に害を及ぼすおそれがないと認められることについて、その指定する指定医による診察の結果又は次条の規定による診察の結果

いて、同条第四項の規定は第一項の規定により入院する者の収容について準用する。

第二十九条の三（同上）

（入院措置の解除）

第二十九条の四　都道府県知事は、第二十九条第一項の規定により入院した者（以下「措置入院者」という。）が、入院を継続しなくてもその精神障害のために自身を傷つけ又は他人に害を及ぼすおそれがないと認められるに至つたときは、直ちに、その者を退院させなければならない。この場合においては、都道府県知事は、あらかじめ、その者を収容している精神病院又は指定病院の管理者の意見を聞くものとする。

2　（同上）

に基づく場合でなければならない。

第二十九条の五　措置入院者を入院させている精神病院又は指定病院の管理者は、指定医による診察の結果、措置入院者が、入院を継続しなくてもその精神障害のために自身を傷つけ又は他人に害を及ぼすおそれがないと認められるに至つたときは、直ちに、その旨、その者の症状その他厚生省令で定める事項を最寄りの保健所長を経て都道府県知事に届け出なければならない。

（入院措置の場合の診療方針及び医療に要する費用の額）

第二十九条の六　第二十九条第一項及び第二十九条の二第一項の規定により入院する者について国若しくは都道府県の設置した精神病院又は指定病院が行なう医療に関する診療方針及びその医療に要する費用の額の算定方法は、健康保険の診療方針及び療養に要する費用の額の算定方法の例による。

2　前項に規定する診療方針及び療養に要する費用の額の算定方法の例によることができないとき、及びこれによることを適当としないときの診療方針及び医療に要する費用の額の算定方法は、厚生大臣が公衆衛生審議会の意見を聴いて定めるところによる。

（社会保険診療報酬支払基金への事務の委託）

第二十九条の五　措置入院者を収容している精神病院又は指定病院の管理者は、指定医による診察の結果、措置入院者が、入院を継続しなくてもその精神障害のために自身を傷つけ又は他人に害を及ぼすおそれがないと認められるに至つたときは、直ちに、その旨、その者の症状その他厚生省令で定める事項を最寄りの保健所長を経て都道府県知事に届け出なければならない。

（入院措置の場合の診療方針及び医療に要する費用の額）

第二十九条の六　（同上）

（社会保険診療報酬支払基金への事務の委託）

第二十九条の七　都道府県は、第二十九条第一項及び第二十九条の二第一項の規定により入院する者について国若しくは都道府県の設置した精神病院又は指定病院が行なつた医療が前条に規定する診療方針に適合するかどうかについての審査及びその医療に要する費用の額の算定並びに国又は指定病院の設置者に対する診療報酬の支払に関する事務を社会保険診療報酬支払基金に委託することができる。

（費用の負担）

第三十条　第二十九条第一項及び第二十九条の二第一項の規定により都道府県知事が入院させた精神障害者の入院に要する費用は、都道府県が負担する。

2　国は、都道府県が前項の規定により負担する費用を支弁したときは、政令の定めるところにより、その四分の三を負担する。

（他の法律による医療に関する給付との調整）

第三十条の二　前条第一項の規定により費用の負担を受ける精神障害者が、健康保険法（大正十一年法律第七十号）、国民健康保険法（昭和三十三年法律第百九十二号）、船員保険法（昭和十四年法律第七三号）、労働者災害補償保険法（昭和二十二年法律第五十号）、国家公務員等共済組合法（昭和三十三年法律第百二十八号。他の法律において準用し、又は例による場合を含む。）、

第二十九条の七（同上）

（費用の支弁及び負担）

第三十条　第二十九条第一項及び第二十九条の二第一項の規定により都道府県知事が入院させた精神障害者の入院に要する費用は、都道府県の支弁とする。

2　国は、前項の規定により都道府県が支弁した経費に対し、政令の定めるところにより、その四分の三を負担する。

地方公務員等共済組合法（昭和三十七年法律第百五十二号）又は老人保健法（昭和五十七年法律第八十号）の規定により医療に関する給付を受けることができる者であるときは、都道府県は、その限度において、同項の規定による負担をすることを要しない。

（費用の徴収）

第三十一条　都道府県知事は、第二十九条第一項及び第二十九条の二第一項の規定により入院させた精神障害者又はその扶養義務者が入院に要する費用を負担することができると認めたときは、その費用の全部又は一部を徴収することができる。

第四節　通院医療

（通院医療）

第三十二条　都道府県は、精神障害の適正な医療を普及するため、精神障害者が健康保険法第四十三条第三項各号に掲げる病院若しくは診療所又は薬局その他病院若しくは診療所（これらに準ずるものを含む。）又は薬局であつて政令で定めるもの（その開設者が、診療報酬の請求及び支払に関し次条に規定する方式によらない旨を都道府県知事に申し出たものを除く。次条において「医療機関等」という。）で病院又は診療所へ入院しないで行われる精神障害の医療を受ける場合において、その医療に必要な費用の百分の九十五に相当する

（費用の徴収）

第三十一条　（同上）

（一般患者に対する医療）

第三十二条　都道府県は、精神障害の適正な医療を普及するため、精神障害者が健康保険法（大正十一年法律第七十号）第四十三条第三項各号に掲げる病院若しくは診療所又は薬局その他病院若しくは診療所（これらに準ずるものを含む。）又は薬局であつて政令で定めるもの（その開設者が、診療報酬の請求及び支払に関し次条に規定する方式によらない旨を都道府県知事に申し出たものを除く。次条において「医療機関等」という。）で病院又は診療所へ収容しないで行われる精神障害の医療を受ける場合において、その医療に必要な費

額を負担することができる。

2　前項の医療に必要な費用の額は、健康保険の療養に要する費用の額の算定方法の例によつて算定する。

3　第一項の規定による費用の負担は、当該精神障害者又はその保護者の申請によつて行うものとし、その申請は、精神障害者の居住地を管轄する保健所長を経て、都道府県知事に対してしなければならない。

4　前項の申請は、厚生省令で定める医師の診断書を添えて行わなければならない。ただし、当該申請に係る精神障害者が精神障害者保健福祉手帳の交付を受けているときは、この限りでない。

5　都道府県知事は、第三項の申請に対して決定をするには、地方精神保健福祉審議会の意見を聴かなければならない。ただし、当該申請に係る精神障害者が精神障害者保健福祉手帳の交付を受けているときは、この限りでない。

6　第三項の申請があつてから二年を経過したときは、当該申請に基づく費用の負担は、打ち切られるものとする。

7　戦傷病者特別援護法（昭和三十八年法律第百六十八号）の規定によつて医療を受けることができる者については、第一項の規定は、適用しない。

（費用の請求、審査及び支払）

用の二分の一を負担することができる。

2　（同上）

3　（同上）

4　都道府県知事は、前項の申請に対して決定をするには、地方精神保健審議会の意見を聴かなければならない。

5　第三項の申請があつてから六月を経過したときは、当該申請に基づく費用の負担は、打ち切られるものとする。

6　（同上）

（費用の請求、審査及び支払）

第三十二条の二　前条第一項の医療機関等は、同項の規定により都道府県が負担する費用を、都道府県に請求するものとする。

2　都道府県は、前項の費用を当該医療機関等に支払わなければならない。

3　都道府県は、第一項の請求についての審査及び前項の費用の支払に関する事務を、社会保険診療報酬支払基金その他政令で定める者に委託することができる。

（費用の支弁及び負担）

第三十二条の三　国は、都道府県が第三十二条第一項の規定により負担する費用を支弁したときは、当該都道府県に対し、政令で定めるところにより、その二分の一を補助する。

第三十二条の四　第三十条の二の規定は、第三十二条第一項の規定による都道府県の負担について準用する。

第三十二条の二（同上）

（費用の支弁及び負担）

第三十二条の三（同上）

（他の法律による医療に関する給付との調整）

第三十二条の四　第三十二条第一項の規定により費用の負担を受ける精神障害者が、健康保険法、国民健康保険法（昭和三十三年法律第百九十二号）、船員保険法（昭和十四年法律第七十三号）、労働者災害補償保険法（昭和二十二年法律第五十号）、国家公務員等共済組合法（昭和三十三年法律第百二十八号）、地方公務員等共済組合法（昭和三十七年法律第百五十二号）又は私立学校教職員共済組合法（昭和二十八年法律第二百四十五号）の規定による被保険者、労働者、組合員又は被扶

第五節　医療保護入院等

（医療保護入院）

第三十三条　精神病院の管理者は、指定医による診察の結果、精神障害者であり、かつ、医療及び保護のため入院の必要があると認めた者につき、保護者の同意があるときは、本人の同意がなくてもその者を入院させることができる。

2　精神病院の管理者は、前項に規定する者の保護者について第二十条第二項第四号の規定による家庭裁判所の選任を要し、かつ、当該選任がされていない場合において、その者の扶養義務者の同意があるときは、本

養者である場合においては、保険者若しくは共済組合又は市町村（特別区を含む。）は、これらの法律又は老人保健法（昭和五十七年法律第八十号）の規定によつてすべき給付のうち、その医療に要する費用の二分の一を超える部分については、給付をすることを要しない。

2　第三十二条第一項の規定により費用の負担を受ける精神障害者が、生活保護法（昭和二十五年法律第百四十四号）の規定による医療扶助を受けることができる者であるときは、その医療に要する費用は、都道府県が同項の規定によりその二分の一を負担し、その残部につき同法の適用があるものとする。

（医療保護入院）

第三十三条　（同上）

人の同意がなくても、当該選任がされるまでの間、四週間を限り、その者を入院させることができる。

3　前項の規定による入院が行われている間は、同項の同意をした扶養義務者は、第二十条第二項第四号に掲げる者に該当するものとみなし、第一項の規定を適用する場合を除き、同条に規定する保護者とみなす。

4　精神病院の管理者は、第一項又は第二項の規定による措置を採つたときは、十日以内に、その者の症状その他厚生省令で定める事項を当該入院について同意をした者の同意書を添え、最寄りの保健所長を経て都道府県知事に届け出なければならない。

第三十三条の二　精神病院の管理者は、前条第一項の規定により入院した者（以下「医療保護入院者」という。）を退院させたときは、十日以内に、その旨及び厚生省令で定める事項を最寄りの保健所長を経て都道府県知事に届け出なければならない。

第三十三条の三　精神病院の管理者は、第三十三条第一項又は第二項の規定による措置を採る場合においては、当該精神障害者に対し、当該入院措置を採る旨、第三十八条の四の規定による退院等の請求に関することその他厚生省令で定める事項を書面で知らせなければならない。ただし、当該入院措置を採つた日から四週間を経過する日までの間であつて、当該精神障害者

第三十三条の二（同上）

第三十三条の三　精神病院の管理者は、第三十三条第一項又は第二項の規定による措置を採る場合においては、当該精神障害者に対し、当該入院措置を採る旨、第三十八条の四の規定による退院等の請求に関することその他厚生省令で定める事項を書面で知らせなければならない。ただし、当該精神障害者の症状に照らし、その者の医療及び保護を図る上で支障があると認めら

の症状に照らし、その者の医療及び保護を図る上で支障があると認められる間においては、この限りでない。この場合において、精神病院の管理者は、遅滞なく、厚生省令で定める事項を診療録に記載しなければならない。

（応急入院）

第三十三条の四　厚生大臣の定める基準に適合するものとして都道府県知事が指定する精神病院の管理者は、医療及び保護の依頼があつた者について、急速を要し、保護者（第三十三条第二項に規定する場合にあつては、その者の扶養義務者）の同意を得ることができない場合において、指定医の診察の結果、その者が精神障害者であり、かつ、直ちに入院させなければその者の医療及び保護を図る上で著しく支障があると認めたときは、本人の同意がなくても、七十二時間を限り、その者を入院させることができる。

2　前項に規定する精神病院の管理者は、同項の規定による措置を採つたときは、直ちに、当該措置を採つた理由その他厚生省令で定める事項を最寄りの保健所長を経て都道府県知事に届け出なければならない。

3　都道府県知事は、第一項の指定を受けた精神病院が同項の基準に適合しなくなつたと認めたときは、その指定を取り消すことができる。

れる間においては、この限りでない。この場合において、精神病院の管理者は、遅滞なく、厚生省令で定める事項を診療録に記載しなければならない。

（応急入院）

第三十三条の四（同上）

第三十三条の五　第十九条の九第二項の規定は前条第三項の規定による処分をする場合について、第二十九条第三項の規定は精神病院の管理者が前条第一項の規定による措置を採る場合について準用する。

（仮入院）

第三十四条　精神病院の管理者は、指定医による診察の結果、精神障害者の疑いがあつてその診断に相当の時日を要すると認める者を、その後見人、配偶者又は親権を行う者その他その扶養義務者の同意がある場合には、本人の同意がなくても、一週間を超えない期間、仮に精神病院へ入院させることができる。

第三十四条の二　第二十九条第三項の規定は精神病院の管理者が前条の規定による措置を採る場合について、第三十三条第四項の規定は精神病院の管理者が前条の規定による措置を採つた場合について準用する。

（家庭裁判所の許可）

第三十五条　第三十三条第一項又は第三十四条の同意者が後見人である場合においてその同意をするには、民法（明治二十九年法律第八十九号）第八百五十八条第二項の規定の適用を除外するものではない。

第六節　精神病院における処遇等

（処遇）

第三十六条　精神病院の管理者は、入院中の者につき、

第三十三条の五　第十一条第二項の規定は前条第三項の規定による処分をする場合について、第二十九条第三項の規定は精神病院の管理者が前条第一項の規定による措置を採る場合について準用する。

（仮入院）

第三十四条　（同上）

第三十四条の二　（同上）

（家庭裁判所の許可）

第三十五条　（同上）

（処遇）

第三十六条　（同上）

その医療又は保護に欠くことのできない限度において、その行動について必要な制限を行うことができる。

２　精神病院の管理者は、前項の規定にかかわらず、信書の発受の制限、都道府県その他の行政機関の職員との面会の制限その他の行動の制限であつて、厚生大臣があらかじめ公衆衛生審議会の意見を聴いて定める行動の制限については、これを行うことができない。

３　第一項の規定による行動の制限のうち、厚生大臣があらかじめ公衆衛生審議会の意見を聴いて定める患者の隔離その他の行動の制限は、指定医が必要と認める場合でなければ行うことができない。この場合において、当該指定医は、遅滞なく、厚生省令で定める事項を診療録に記載しなければならない。

第三十七条　厚生大臣は、前条に定めるもののほか、精神病院に入院中の者の処遇について必要な基準を定めることができる。

２　前項の基準が定められたときは、精神病院の管理者は、その基準を遵守しなければならない。

３　厚生大臣は、第一項の基準を定めようとするときは、あらかじめ、公衆衛生審議会の意見を聴かなければならない。

（相談、援助等）

第三十八条　精神病院その他の精神障害の医療を提供す

第三十七条（同上）

（相談、援助等）

第三十八条（同上）

る施設の管理者は、当該施設において医療を受ける精神障害者の社会復帰の促進を図るため、その者の相談に応じ、その者に必要な援助を行い、及びその保護者等との連絡調整を行うように努めなければならない。

（定期の報告）

第三十八条の二　措置入院者を入院させている精神病院又は指定病院の管理者は、措置入院者の症状その他厚生省令で定める事項（以下この項において「報告事項」という。）を、厚生省令で定めるところにより、定期に、最寄りの保健所長を経て都道府県知事に報告しなければならない。この場合においては、報告事項のうち厚生省令で定める事項については、指定医による診察の結果に基づくものでなければならない。

2　前項の規定は、医療保護入院者を入院させている精神病院の管理者について準用する。この場合において、同項中「措置入院者」とあるのは、「医療保護入院者」と読み替えるものとする。

（定期の報告等による審査）

第三十八条の三　都道府県知事は、前条の規定による報告又は第三十三条第四項の規定による届出（同条第一項の規定による措置に係るものに限る。）があつたときは、当該報告又は届出に係る入院中の者の症状その他厚生省令で定める事項を精神医療審査会に通知し、当

（定期の報告）

第三十八条の二　措置入院者を収容している精神病院又は指定病院の管理者は、措置入院者の症状その他厚生省令で定める事項（以下この項において「報告事項」という。）を、厚生省令で定めるところにより、定期に、最寄りの保健所長を経て都道府県知事に報告しなければならない。この場合においては、報告事項のうち厚生省令で定める事項については、指定医による診察の結果に基づくものでなければならない。

2　（同上）

（定期の報告等による審査）

第三十八条の三　（同上）

該入院中の者についてその入院の必要があるかどうかに関し審査を求めなければならない。

2　精神医療審査会は、前項の規定により審査を求められたときは、当該審査に係る入院中の者についてその入院の必要があるかどうかに関し審査を行い、その結果を都道府県知事に通知しなければならない。

3　精神医療審査会は、前項の審査をするに当たつて必要があると認めるときは、当該審査に係る入院中の者、その者が入院している精神病院の管理者その他関係者の意見を聴くことができる。

4　都道府県知事は、第二項の規定により通知された精神医療審査会の審査の結果に基づき、その入院が必要でないと認められた者を退院させ、又は精神病院の管理者に対しその者を退院させることを命じなければならない。

（退院等の請求）

第三十八条の四　精神病院に入院中の者又はその保護者（第三十四条の規定により入院した者にあつては、その後見人、配偶者又は親権を行う者その他その扶養義務者）は、厚生省令で定めるところにより、都道府県知事に対し、当該入院中の者を退院させ、又は精神病院の管理者に対し、その者を退院させることを命じ、若しくはその者の処遇の改善のために必要な措置を採

（退院等の請求）

第三十八条の四　（同上）

ることを命じることを求めることができる。

（退院等の請求による審査）

第三十八条の五　都道府県知事は、前条の規定による請求を受けたときは、当該請求の内容を精神医療審査会に通知し、当該請求に係る入院中の者について、その入院の必要があるかどうか、又はその処遇が適当であるかどうかに関し審査を求めなければならない。

2　精神医療審査会は、前項の規定により審査を求められたときは、当該審査に係る者について、その入院の必要があるかどうか、又はその処遇が適当であるかどうかに関し審査を行い、その結果を都道府県知事に通知しなければならない。

3　精神医療審査会は、前項の審査をするに当たつては、当該審査に係る前条の規定による請求をした者及び当該審査に係る入院中の者が入院している精神病院の管理者の意見を聴かなければならない。ただし、精神医療審査会がこれらの者の意見を聴く必要がないと特に認めたときは、この限りでない。

4　精神医療審査会は、前項に定めるもののほか、第二項の審査をするに当たつて必要があると認めるときは、関係者の意見を聴くことができる。

5　都道府県知事は、第二項の規定により通知された精神医療審査会の審査の結果に基づき、その入院が必要

（退院等の請求による審査）

第三十八条の五　（同上）

でないと認められた者を退院させ、又は当該精神病院の管理者に対しその者を退院させることを命じ若しくはその者の処遇の改善のために必要な措置を採ることを命じなければならない。

6　都道府県知事は、前条の規定による請求をした者に対し、当該請求に係る精神医療審査会の審査の結果及びこれに基づき採つた措置を通知しなければならない。

（報告徴収等）

第三十八条の六　厚生大臣又は都道府県知事は、必要があると認めるときは、精神病院の管理者に対し、当該精神病院に入院中の者の症状若しくは処遇に関し、報告を求め、若しくは診療録その他の帳簿書類の提出若しくは提示を命じ、当該職員若しくはその指定する指定医に、精神病院に立ち入り、これらの事項に関し、診療録その他の帳簿書類を検査させ、若しくは当該精神病院に入院中の者その他の関係者に質問させ、又はその指定する指定医に、精神病院に立ち入り、当該精神病院に入院中の者を診察させることができる。

2　厚生大臣又は都道府県知事は、必要があると認めるときは、精神病院の管理者、精神病院に入院中の者又は第三十三条第一項若しくは第二項若しくは第三十四条の規定による入院について同意をした者に対し、こ

（報告徴収等）

第三十八条の六（同上）

の法律による入院に必要な手続に関し、報告を求め、又は帳簿書類の提出若しくは提示を命じることができる。

3　第二十七条第五項及び第六項の規定は、第一項の規定による立入検査、質問又は診察について準用する。

（改善命令等）

第三十八条の七　厚生大臣又は都道府県知事は、精神病院に入院中の者の処遇が第三十六条の規定に違反していると認めるとき又は第三十七条第一項の基準に適合していないと認めるときその他精神病院に入院中の者の処遇が著しく適当でないと認めるときは、当該精神病院の管理者に対し、その処遇の改善のために必要な措置を採ることを命ずることができる。

2　厚生大臣又は都道府県知事は、必要があると認めるときは、第二十二条の四第三項の規定により入院している者又は第三十三条第一項若しくは第二項、第三十三条の四第一項若しくは第三十四条の規定により入院した者について、その指定する二人以上の指定医に診察させ、各指定医の診察の結果がその入院を継続する必要があることに一致しない場合又はこれらの者の入院がこの法律若しくはこの法律に基づく命令に違反して行われた場合には、これらの者が入院している精神病院の管理者に対し、その者を退院させることを命ず

（改善命令等）

第三十八条の七（同上）

ることができる。

（無断退去者に対する措置）

第三十九条　精神病院の管理者は、入院中の者で自身を傷つけ又は他人に害を及ぼすおそれのあるものが無断で退去しその行方が不明になつたときは、所轄の警察署長に次の事項を通知してその探索を求めなければならない。

一　退去者の住所、氏名、性別及び生年月日

二　退去の年月日及び時刻

三　症状の概要

四　退去者を発見するために参考となるべき人相、服装その他の事項

五　入院年月日

六　保護者又はこれに準ずる者の住所及び氏名

2　警察官は、前項の探索を求められた者を発見したときは、直ちに、その旨を当該精神病院の管理者に通知しなければならない。この場合において、警察官は、当該精神病院の管理者がその者を引き取るまでの間、二十四時間を限り、その者を、警察署、病院、救護施設等の精神障害者を保護するのに適当な場所に、保護することができる。

（仮退院）

第四十条　第二十九条第一項に規定する精神病院又は指

（無断退去者に対する措置）

第三十九条　（同上）

（仮退院）

第四十条　（同上）

定病院の管理者は、指定医による診察の結果、措置入院者の症状に照らしその者を一時退院させて経過を見ることが適当であると認めるときは、都道府県知事の許可を得て、六月を超えない期間を限り仮に退院させることができる。

第七節　雑則

（保護者の引取義務等）

第四十一条　保護者は、第二十九条の三若しくは第二十九条の四第一項の規定により退院する者又は前条の規定により仮退院する者を引き取り、かつ、仮退院した者の保護に当たつては当該精神病院又は指定病院の管理者の指示に従わなければならない。

（注）一部改正し第四十八↑条へ移動

（保護者の引取義務等）

第四十一条（同上）

（精神保健に関する業務に従事する職員）

第四十二条　都道府県、保健所を設置する市及び特別区は、保健所に、精神保健に関する相談に応じ、及び精神障害者又は当該精神障害者と同居する保護者等を訪問して必要な指導を行うための職員を置くことができる。

2　前項の職員は、学校教育法（昭和二十二年法律第二十六号）に基づく大学において社会福祉に関する科目を修めて卒業した者であつて、精神保健に関する知識及び経験を有するものその他政令で定める資格を有する者のうちから、都道府県知事又は保健所を設置する

(注)一部改正し第四十七↑条第一項へ移動

(医療及び保護の費用)

第四十二条　保護者が精神障害者の医療及び保護のために支出する費用は、当該精神障害者又はその扶養義務者が負担する。

(刑事事件に関する手続等との関係)

第四十三条　この章の規定は、精神障害者又はその疑いのある者について、刑事事件若しくは少年の保護事件

市若しくは特別区の長が任命する。

(訪問指導)

第四十三条　保健所長は、第二十七条若しくは第二十九条の二第一項の規定による診察の結果精神障害者であると診断された者で第二十九条第一項及び第二十九条の二第一項の規定による入院をさせられなかつたもの、第二十九条の三若しくは第二十九条の四第一項の規定により退院した者でなお精神障害が続いているものその他精神障害者であつて必要があると認めるもの又は当該精神障害者と同居する保護者等については、必要に応じ、前条第一項の職員又は都道府県知事若しくは保健所を設置する市若しくは特別区の長が指定した医師をして、精神保健に関する相談に応じさせ、及びこれらの者を訪問し精神保健に関する適当な指導をさせなければならない。

第四十四条から第四十八条まで　削除

(医療及び保護の費用)

第四十九条　(同上)

(刑事事件に関する手続等との関係)

第五十条　(同上)

の処理に関する法令の規定による手続を行ない、又は刑若しくは補導処分若しくは保護処分の執行のためこれらの者を矯正施設に収容することを妨げるものではない。

2 第二十五条、第二十六条及び第二十七条の規定を除く外、この章の規定は矯正施設に収容中の者には適用しない。

（覚せい剤の慢性中毒者に対する措置）

第四十四条 第一九条の四、第二十条から前条まで及び第四十七条第一項の規定は、覚せい剤の慢性中毒者（精神障害者を除く。）又はその疑いのある者について準用する。この場合において、第二十四条、第二十七条第二項、第二十八条の二第一項、第二十九条第一項及び第二項、第二十九条の二第一項、第二十九条の四、第二十九条の五、第三十二条第一項並びに第三十八条中「精神障害」とあるのは「覚せい剤の慢性中毒」と、第四十七条第一項中「精神保健及び精神障害者の福祉」とあるのは「精神保健」と読み替えるものとする。

第六章 保健及び福祉

第一節 精神障害者保健福祉手帳

（精神障害者保健福祉手帳）

第四十五条 精神障害者（精神薄弱者を除く。以下この章及び次章において同じ。）は、厚生省令で定める書類

（覚せい剤の慢性中毒者に対する措置）

第五十一条 第十九条の四から前条までの規定は、覚せい剤の慢性中毒者（精神障害者を除く。）又はその疑いのある者について準用する。この場合においては、これらの規定中「精神障害」とあるのは「覚せい剤の慢性中毒」と、「精神障害者」とあるのは「覚せい剤の慢性中毒者」と読み替えるものとする。

を添えて、その居住地（居住地を有しないときは、その現在地）の都道府県知事に精神障害者保健福祉手帳の交付を申請することができる。

2　都道府県知事は、前項の申請に基づいて審査し、申請者が政令で定める精神障害の状態にあると認めたときは、申請者に精神障害者保健福祉手帳を交付しなければならない。

3　前項の規定による審査の結果、申請者が同項の政令で定める精神障害の状態にないと認めたときは、都道府県知事は、理由を付して、その旨を申請者に通知しなければならない。

4　都道府県知事は、第一項の申請に対して決定をするには、地方精神保健福祉審議会の意見を聴かなければならない。ただし、申請者が精神障害を支給事由とする年金たる給付で厚生省令で定めるものを受けているときは、この限りでない。

5　精神障害者保健福祉手帳の交付を受けた者は、厚生省令で定めるところにより、二年ごとに、第二項の政令で定める精神障害の状態にあることについて、都道府県知事の認定を受けなければならない。

6　第三項及び第四項の規定は、前項の認定について準用する。

7　前各項に定めるもののほか、精神障害者保健福祉手

帳に関し必要な事項は、政令で定める。

（精神障害者保健福祉手帳の返還等）

第四十五条の二　精神障害者保健福祉手帳の交付を受けた者は、前条第二項の政令で定める精神障害の状態がなくなつたときは、速やかに精神障害者保健福祉手帳を都道府県に返還しなければならない。

２　精神障害者保健福祉手帳の交付を受けた者は、精神障害者保健福祉手帳を譲渡し、又は貸与してはならない。

第二節　相談指導等

（正しい知識の普及）

第四十六条　都道府県及び市町村は、精神障害についての正しい知識の普及のための広報活動等を通じて、精神障害者の社会復帰及びその自立と社会経済活動への参加に対する地域住民の関心と理解を深めるように努めなければならない。

（相談指導等）

第四十七条　都道府県、保健所を設置する市又は特別区（以下「都道府県等」という。）は、必要に応じて、次条第一項に規定する精神保健福祉相談員その他の職員又は都道府県知事若しくは保健所を設置する市若しくは特別区の長（以下「都道府県知事等」という。）が指定した医師をして、精神保健及び精神障害者の福祉に

↑（注）第一項は第四十三条を一部改正し移動

関し、精神障害者及びその家族等からの相談に応じさせ、及びこれらの者を指導させなければならない。

2　都道府県等は、必要に応じて、医療を必要とする精神障害者に対し、その精神障害の状態に応じた適切な医療施設を紹介しなければならない。

3　精神保健福祉センター及び保健所は、精神障害者の福祉に関する相談及び指導を行うに当たつては、福祉事務所（社会福祉事業法（昭和二十六年法律第四十五号）に定める福祉に関する事務所をいう。）その他の関係行政機関との連携を図るように努めなければならない。

4　市町村（保健所を設置する市及び特別区を除く。）は、第一項及び第二項の規定により都道府県が行う精神障害者に関する事務に必要な協力をするとともに、必要に応じて、精神保健及び精神障害者の福祉に関し、精神障害者及びその家族等からの相談に応じ、及びこれらの者を指導するように努めなければならない。

（精神保健福祉相談員）

第四十八条　都道府県等は、精神保健福祉センター及び保健所に、精神保健及び精神障害者の福祉に関する相談に応じ、並びに精神障害者及びその家族等を訪問して必要な指導を行うための職員（次項において「精神保健福祉相談員」という。）を置くことができる。

↑（注）第四十二条を一部改正し移動

2　精神保健福祉相談員は、学校教育法（昭和二十二年法律第二十六号）に基づく大学において社会福祉に関する科目を修めて卒業した者であつて、精神保健及び精神障害者の福祉に関する知識及び経験を有するものその他政令で定める資格を有する者のうちから、都道府県知事等が任命する。

（施設及び事業の利用の調整等）

第四十九条　保健所長は、精神障害者保健福祉手帳の交付を受けた精神障害者から求めがあつたときは、その精神障害の状態、社会復帰の促進及び自立と社会経済活動への参加の促進のために必要な指導及び訓練その他の援助の内容等を勘案し、当該精神障害者が最も適切な精神障害者社会復帰施設又は精神障害者地域生活援助事業若しくは精神障害者社会適応訓練事業（以下この条において「精神障害者地域生活援助事業等」という。）の利用ができるよう、当該精神障害者の精神障害者社会復帰施設又は精神障害者地域生活援助事業等の利用について、相談に応じ、並びにあつせん及び調整を行うとともに、必要に応じて、精神障害者社会復帰施設の設置者又は精神障害者地域生活援助事業等を行う者に対し、当該精神障害者の利用の要請を行うものとする。

2　精神障害者社会復帰施設の設置者又は精神障害者地

域生活援助事業等を行う者は、前項のあっせん、調整及び要請に対し、できる限り協力しなければならない。

第三節　施設及び事業

（精神障害者社会復帰施設の設置）

第五十条　都道府県は、精神障害者の社会復帰の促進及び自立と社会経済活動への参加の促進を図るため、精神障害者社会復帰施設を設置することができる。

2　市町村、社会福祉法人その他の者は、精神障害者の社会復帰の促進及び自立と社会経済活動への参加の促進を図るため、社会福祉事業法の定めるところにより、精神障害者社会復帰施設を設置することができる。

（精神障害者社会復帰施設の種類）

第五十条の二　精神障害者社会復帰施設の種類は、次のとおりとする。

一　精神障害者生活訓練施設
二　精神障害者授産施設
三　精神障害者福祉ホーム
四　精神障害者福祉工場

2　精神障害者生活訓練施設は、精神障害のため家庭において日常生活を営むのに支障がある精神障害者が日常生活に適応することができるように、低額な料金で、居室その他の設備を利用させ、必要な訓練及び指導を行うことにより、その者の社会復帰の促進を図ること

←（注）第九条を一部改正し移動

←（注）第十条を一部改正し移動

を目的とする施設とする。

3　精神障害者授産施設は、雇用されることが困難な精神障害者が自活することができるように、低額な料金で、必要な訓練を行い、及び職業を与えることにより、その者の社会復帰の促進を図ることを目的とする施設とする。

4　精神障害者福祉ホームは、現に住居を求めている精神障害者に対し、低額な料金で、居室その他の設備を利用させるとともに、日常生活に必要な便宜を供与することにより、その者の社会復帰の促進及び自立の促進を図ることを目的とする施設とする。

5　精神障害者福祉工場は、通常の事業所に雇用されることが困難な精神障害者を雇用し、及び社会生活への適応のために必要な指導を行うことにより、その者の社会復帰の促進及び社会経済活動への参加の促進を図ることを目的とする施設とする。

（精神障害者地域生活援助事業）

第五十条の三　都道府県は、精神障害者の社会復帰の促進及び自立の促進を図るため、精神障害者地域生活援助事業（地域において共同生活を営むのに支障のない精神障害者につき、これらの者が共同生活を営むべき住居において食事の提供、相談その他の日常生活上の援助を行う事業をいう。以下同じ。）を行うことができ

↑（注）第十条の二を一部改正し移動

る。

2　市町村、社会福祉法人その他の者は、精神障害者の社会復帰の促進及び自立の促進を図るため、社会福祉事業法の定めるところにより、精神障害者地域生活援助事業を行うことができる。

（精神障害者社会適応訓練事業）

第五十条の四　都道府県は、精神障害者の社会復帰の促進及び社会経済活動への参加の促進を図るため、精神障害者社会適応訓練事業（通常の事業所に雇用されることが困難な精神障害者を精神障害者の社会経済活動への参加の促進に熱意のある者に委託して、職業を与えるとともに、社会生活への適応のために必要な訓練を行う事業をいう。以下同じ。）を行うことができる。

（国又は都道府県の補助）

第五十一条　都道府県は、精神障害者社会復帰施設の設置者又は精神障害者地域生活援助事業を行う者に対し、次に掲げる費用の一部を補助することができる。

一　精神障害者社会復帰施設の設置及び運営に要する費用

二　精神障害者地域生活援助事業に要する費用

2　国は、予算の範囲内において、都道府県に対し、次に掲げる費用の一部を補助することができる。

一　都道府県が設置する精神障害者社会復帰施設の設

←（注）第十条の三を一部改正し移動

置及び運営に要する費用
二　都道府県が行う精神障害者地域生活援助事業及び精神障害者社会適応訓練事業に要する費用
三　前項の規定による補助に要した費用

第七章　精神障害者社会復帰促進センター

（指定等）
第五十一条の二　厚生大臣は、精神障害者の社会復帰の促進を図るための訓練及び指導等に関する研究開発を行うこと等により精神障害者の社会復帰を促進することを目的として設立された民法第三十四条の法人であつて、次条に規定する業務を適正かつ確実に行うことができると認められるものを、その申請により、全国を通じて一個に限り、精神障害者社会復帰促進センター（以下「センター」という。）として指定することができる。
2　厚生大臣は、前項の規定による指定をしたときは、センターの名称、住所及び事務所の所在地を公示しなければならない。
3　センターは、その名称、住所又は事務所の所在地を変更しようとするときは、あらかじめ、その旨を厚生大臣に届け出なければならない。
4　厚生大臣は、前項の規定による届出があつたときは、当該届出に係る事項を公示しなければならない。

第五章の二　精神障害者社会復帰促進センター

（指定等）
第五十一条の二（同上）

（業務）

第五十一条の三　センターは、次に掲げる業務を行うものとする。

一　精神障害者の社会復帰の促進に資するための啓発活動及び広報活動を行うこと。

二　精神障害者の社会復帰の実例に即して、精神障害者の社会復帰の促進を図るための訓練及び指導等に関する研究開発を行うこと。

三　前号に掲げるもののほか、精神障害者の社会復帰の促進に関する研究を行うこと。

四　精神障害者の社会復帰の促進を図るため、第二号の規定による研究開発の成果又は前号の規定による研究の成果を、定期的に又は時宜に応じて提供すること。

五　精神障害者の社会復帰の促進を図るための事業の業務に関し、当該事業に従事する者及び当該事業に従事しようとする者に対して研修を行うこと。

六　前各号に掲げるもののほか、精神障害者の社会復帰を促進するために必要な業務を行うこと。

（センターへの協力）

第五十一条の四　精神病院その他の精神障害の医療を提供する施設の設置者、精神障害者社会復帰施設の設置者及び精神障害者地域生活援助事業又は精神障害者社

（業務）

第五十一条の三　（同上）

（センターへの協力）

第五十一条の四　精神病院その他の精神障害の医療を提供する施設の設置者、精神障害者社会復帰施設の設置者及び精神障害者地域生活援助事業を行う者は、セン

会適応訓練事業を行う者は、センターの求めに応じ、センターが前条第二号及び第三号に掲げる業務を行うために必要な限度において、センターに対し、精神障害者の社会復帰の促進を図るための訓練及び指導に関する情報又は資料その他の必要な情報又は資料で厚生省令で定めるものを提供することができる。

（特定情報管理規程）

第五十一条の五　センターは、第五十一条の三第二号及び第三号に掲げる業務に係る情報及び資料（以下この条及び第五十一条の七において「特定情報」という。）の管理並びに使用に関する規程（以下この条及び第五十一条の七において「特定情報管理規程」という。）を作成し、厚生大臣の認可を受けなければならない。これを変更しようとするときも、同様とする。

2　厚生大臣は、前項の認可をした特定情報管理規程が特定情報の適正な管理又は使用を図る上で不適当となつたと認めるときは、センターに対し、当該特定情報管理規程を変更すべきことを命ずることができる。

3　特定情報管理規程に記載すべき事項は、厚生省令で定める。

（秘密保持義務）

第五十一条の六　センターの役員若しくは職員又はこれらの職にあつた者は、第五十一条の三第二号又は第三

ターの求めに応じ、センターが前条第二号及び第三号に掲げる業務を行うために必要な限度において、センターに対し、精神障害者の社会復帰の促進を図るための訓練及び指導に関する情報又は資料その他の必要な情報又は資料で厚生省令で定めるものを提供することができる。

（特定情報管理規程）

第五十一条の五　（同上）

（秘密保持義務）

第五十一条の六　（同上）

号に掲げる業務に関して知り得た秘密を漏らしてはならない。

（解任命令）

第五十一条の七　厚生大臣は、センターの役員又は職員が第五十一条の五第一項の認可を受けた特定情報管理規程によらないで特定情報の管理若しくは使用を行つたとき、又は前条の規定に違反したときは、センターに対し、当該役員又は職員を解任すべきことを命ずることができる。

（事業計画等）

第五十一条の八　センターは、毎事業年度の事業計画書及び収支予算書を作成し、当該事業年度の開始前に厚生大臣に提出しなければならない。これを変更しようとするときも、同様とする。

2　センターは、毎事業年度の事業報告書及び収支決算書を作成し、当該事業年度経過後三月以内に厚生大臣に提出しなければならない。

（報告及び検査）

第五十一条の九　厚生大臣は、第五十一条の三に規定する業務の適正な運営を確保するために必要な限度において、センターに対し、必要と認める事項の報告を求め、又は当該職員に、その事務所に立ち入り、業務の状況若しくは帳簿書類その他の物件を検査させること

（解任命令）

第五十一条の七（同上）

（事業計画等）

第五十一条の八（同上）

（報告及び検査）

第五十一条の九（同上）

ができる。

2　第二十七条第五項及び第六項の規定は、前項の規定による立入検査について準用する。この場合において、同条第五項中「前項」とあるのは「第五十一条の九第一項」と、「その者の居住する場所」とあるのは「センターの事務所」と、「指定医及び当該職員」とあるのは「当該職員」と、同条第六項中「第四項」とあるのは「第五十一条の九第一項」と読み替えるものとする。

（監督命令）

第五十一条の十　厚生大臣は、この章の規定を施行するため必要な限度において、センターに対し、第五十一条の三に規定する業務に関し、監督上必要な命令をすることができる。

（指定の取消し等）

第五十一条の十一　厚生大臣は、センターが次の各号のいずれかに該当するときは、第五十一条の二第一項の規定による指定を取り消すことができる。

一　第五十一条の三に規定する業務を適正かつ確実に実施することができないと認められるとき。

二　指定に関し不正な行為があつたとき。

三　この章の規定又は当該規定による命令若しくは処分に違反したとき。

2　厚生大臣は、前項の規定により指定を取り消したと

（監督命令）

第五十一条の十　（同上）

（指定の取消し等）

第五十一条の十一　（同上）

きは、その旨を公示しなければならない。

第八章　雑則

（大都市の特例）

第五十一条の十二　この法律の規定中都道府県が処理することとされている事務又は都道府県知事その他の都道府県の機関若しくは職員の権限に属するものとされている事務で政令で定めるものは、地方自治法（昭和二十二年法律第六十七号）第二百五十二条の十九第一項の指定都市（以下この条において「指定都市」という。）においては、政令の定めるところにより、指定都市が処理し、又は指定都市の長その他の機関若しくは職員が行うものとする。この場合においては、この法律の規定中都道府県又は都道府県知事その他の都道府県の機関若しくは職員に関する規定は、指定都市又は指定都市の長その他の機関若しくは職員に関する規定として指定都市又は指定都市の長その他の機関若しくは職員に適用があるものとする。

2　前項の規定により指定都市の長がした処分に係る審査請求についての都道府県知事の裁決に不服がある者は、厚生大臣に対し再審査請求をすることができる。

第九章　罰則

第五十二条　次の各号の一に該当する者は、三年以下の懲役又は五十万円以下の罰金に処する。

第五章の三　雑則

（大都市の特例）

第五十一条の十二　（同上）

（注）平成五年改正で加えた
未施行部分

第六章　罰則

第五十二条　次の各号の一に該当する者は、三年以下の懲役又は五十万円以下の罰金に処する。

一　第三十八条の三第四項（第四十四条において準用する場合を含む。）の規定による命令に違反した者
二　第三十八条の五第五項（第四十四条において準用する場合を含む。）の規定による退院の命令に違反した者
三　第三十八条の七第二項（第四十四条において準用する場合を含む。）の規定による命令に違反した者

第五十三条　精神病院の管理者、指定医、地方精神保健福祉審議会の委員若しくは臨時委員、精神医療審査会の委員若しくは第四十七条第一項（第四十四条において準用する場合を含む。）の規定により都道府県知事等が指定した医師又はこれらの職にあつた者が、この法律の規定に基づく職務の執行に関して知り得た人の秘密を正当な理由がなく漏らしたときは、一年以下の懲役又は三十万円以下の罰金に処する。

2　精神病院の職員又はその職にあつた者が、この法律の規定に基づく精神病院の管理者の職務の執行を補助するに際して知り得た人の秘密を正当な理由がなく漏らしたときも、前項と同様とする。

第五十三条の二　第五十一条の六の規定に違反した者は、一年以下の懲役又は三十万円以下の罰金に処する。

第五十四条　虚偽の事実を記載して第二十三条第一項

一　第三十八条の三第四項（第五十一条において準用する場合を含む。）の規定による命令に違反した者
二　第三十八条の五第五項（第五十一条において準用する場合を含む。）の規定による退院の命令に違反した者
三　第三十八条の七第二項（第五十一条において準用する場合を含む。）の規定による命令に違反した者

第五十三条　精神病院の管理者、指定医、地方精神保健審議会の委員若しくは臨時委員、精神医療審査会の委員若しくは第四十三条（第五十一条において準用する場合を含む。）の規定により都道府県知事若しくは保健所を設置する市若しくは特別区の長が指定した医師又はこれらの職にあつた者が、この法律の規定に基づく職務の執行に関して知り得た人の秘密を正当な理由がなく漏らしたときは、一年以下の懲役又は三十万円以下の罰金に処する。

2　（同上）

第五十三条の二　（同上）

第五十四条　虚偽の事実を記載して第二十三条第一項

（第四十四条において準用する場合を含む。）の申請をした者は、六月以下の懲役又は二十万円以下の罰金に処する。

第五十五条　次の各号の一に該当する者は、十万円以下の罰金に処する。

一　第二十七条第一項又は第二項（これらの規定を第四十四条において準用する場合を含む。）の規定による診察を拒み、妨げ、若しくは忌避した者又は第二十七条第四項（第四十四条において準用する場合を含む。）の規定による立入りを拒み、若しくは妨げた者

二　第二十九条の二第一項（第四十四条において準用する場合を含む。）の規定による診察を拒み、妨げ、若しくは忌避した者又は第二十九条の二第四項（第四十四条において準用する場合を含む。）において準用する第二十七条第四項の規定による立入りを拒み、若しくは妨げた者

三　第三十八条の六第一項（第四十四条において準用する場合を含む。以下この号において同じ。）の規定による報告若しくは提出若しくは提示をせず、若しくは虚偽の報告をし、同項の規定による検査若しくは診察を拒み、妨げ、若しくは忌避し、又は同項の規定による質問に対して、正当な理由がなく答弁せ

（第五十一条において準用する場合を含む。）の申請をした者は、六月以下の懲役又は二十万円以下の罰金に処する。

第五十五条　次の各号の一に該当する者は、十万円以下の罰金に処する。

一　第二十七条第一項又は第二項（これらの規定を第五十一条において準用する場合を含む。）の規定による診察を拒み、妨げ、若しくは忌避した者又は第二十七条第四項（第五十一条において準用する場合を含む。）の規定による立入りを拒み、若しくは妨げた者

二　第二十九条の二第一項（第五十一条において準用する場合を含む。）の規定による診察を拒み、妨げ、若しくは忌避した者又は第二十九条の二第四項（第五十一条において準用する場合を含む。）において準用する第二十七条第四項の規定による立入りを拒み、若しくは妨げた者

三　第三十八条の六第一項（第五十一条において準用する場合を含む。以下この号において同じ。）の規定による報告若しくは提出若しくは提示をせず、若しくは虚偽の報告をし、同項の規定による検査若しくは診察を拒み、妨げ、若しくは忌避し、又は同項の規定による質問に対して、正当な理由がなく答弁せ

ず、若しくは虚偽の答弁をした者

四　第三十八条の六第二項（第四十四条において準用する場合を含む。）の規定による報告若しくは提出若しくは提示をせず、又は虚偽の報告をした精神病院の管理者

五　第五十一条の九第一項の規定による報告をせず、若しくは虚偽の報告をし、又は同項の規定による検査を拒み、妨げ、若しくは忌避した者

第五十六条　法人の代表者又は法人若しくは人の代理人、使用人その他の従業者が、その法人又は人の業務に関して第五十二条又は前条の違反行為をしたときは、行為者を罰するほか、その法人又は人に対しても各本条の罰金刑を科する。

第五十七条　次の各号の一に該当する者は、十万円以下の過料に処する。

一　第二十二条の四第三項後段又は第四項（これらの規定を第四十四条において準用する場合を含む。）の規定に違反した者

二　第三十三条第四項（第四十四条において準用する場合を含む。）の規定に違反した者

三　第三十三条の四第二項（第四十四条において準用する場合を含む。）の規定に違反した者

四　第三十四条の二（第四十四条において準用する場

ず、若しくは虚偽の答弁をした者

四　第三十八条の六第二項（第五十一条において準用する場合を含む。）の規定による報告若しくは提出若しくは提示をせず、又は虚偽の報告をした精神病院の管理者

五　（同上）

第五十六条　（同上）

第五十七条　次の各号の一に該当する者は、十万円以下の過料に処する。

一　第二十二条の四第三項後段又は第四項（これらの規定を第五十一条において準用する場合を含む。）の規定に違反した者

二　第三十三条第四項（第五十一条において準用する場合を含む。）の規定に違反した者

三　第三十三条の四第二項（第五十一条において準用する場合を含む。）の規定に違反した者

四　第三十四条の二（第五十一条において準用する場

合を含む。）において準用する第三十三条第四項の規定に違反した者

五　第三十八条の二第一項（第四十四条において準用する場合を含む。）又は第三十八条の二第二項（第四十四条において準用する場合を含む。）において準用する第三十八条の二第一項の規定に違反した者

合を含む。）において準用する第三十三条第四項の規定に違反した者

五　第三十八条の二第一項（第五十一条において準用する場合を含む。）又は第三十八条の二第二項（第五十一条において準用する場合を含む。）において準用する第三十八条の二第一項の規定に違反した者

7　平成十一年改正法の新旧対照条文（平成十二年施行）

「精神保健及び精神障害者福祉に関する法律等の一部を改正する法律」（平成十一年法律第六十五号）による新旧条文対照表

（破線の部分は平成十二年四月一日から施行）

改正後	改正前
目次 第一章　総則（第一条―第五条） 第二章　精神保健福祉センター（第六条―第八条） 第三章　地方精神保健福祉審議会及び精神医療審査会（第九条―第十七条） 第四章　精神保健指定医及び精神病院 第一節　精神保健指定医（第十八条―第十九条の六） 第二節　精神病院（第十九条の七―第十九条の十） 第五章　医療及び保護 第一節　保護者（第二十条―第二十二条の二） 第二節　任意入院（第二十二条の三・第二十二条の四） 第三節　指定医の診察及び措置入院（第二十三条―第三十一条） 第四節　通院医療（第三十二条―第三十二条の四）	目次（同上）

第一章　総則

（この法律の目的）

第一条　この法律は、精神障害者の医療及び保護を行い、その社会復帰の促進及びその自立と社会経済活動への参加の促進のために必要な援助を行い、並びにその発生の予防その他国民の精神的健康の保持及び増進に努めることによつて、精神障害者の福祉の増進及び国民の精神保健の向上を図ることを目的とする。

第一章　総則

（この法律の目的）

第一条　この法律は、精神障害者等の医療及び保護を行い、その社会復帰の促進及びその自立と社会経済活動への参加の促進のために必要な援助を行い、並びにその発生の予防その他国民の精神的健康の保持及び増進に努めることによつて、精神障害者等の福祉の増進及び国民の精神保健の向上を図ることを目的とする。

（国及び地方公共団体の義務）

第二条　国及び地方公共団体は、医療施設、社会復帰施設その他の福祉施設及び教育施設並びに地域生活援助事業を充実する等精神障害者の医療及び保護並びに保健及び福祉に関する施策を総合的に実施することによつて精神障害者が社会復帰をし、自立と社会経済活動への参加をすることができるように努力するとともに、精神保健に関する調査研究の推進及び知識の普及を図る等精神障害者の発生の予防その他国民の精神保健の向上のための施策を講じなければならない。

（国民の義務）

第三条　国民は、精神的健康の保持及び増進に努めるとともに、精神障害者に対する理解を深め、及び精神障害者がその障害を克服して社会復帰をし、自立と社会経済活動への参加をしようとする努力に対し、協力するように努めなければならない。

（精神障害者の社会復帰、自立及び社会参加への配慮）

第四条　医療施設若しくは社会復帰施設の設置者又は地域生活援助事業若しくは社会適応訓練事業を行う者は、その施設を運営し、又はその事業を行うに当たつては、精神障害者の社会復帰の促進及び自立と社会経済活動への参加の促進を図るため、地域に即した創意と工夫を行い、及び地域住民等の理解と協力を得るよ

（国及び地方公共団体の義務）

第二条　国及び地方公共団体は、医療施設、社会復帰施設その他の福祉施設及び教育施設並びに地域生活援助事業を充実する等精神障害者等の医療及び保護並びに保健及び福祉に関する施策を総合的に実施することによつて精神障害者等が社会復帰をし、自立と社会経済活動への参加をすることができるように努力するとともに、精神保健に関する調査研究の推進及び知識の普及を図る等精神障害者等の発生の予防その他国民の精神保健の向上のための施策を講じなければならない。

（国民の義務）

第三条　国民は、精神的健康の保持及び増進に努めるとともに、精神障害者等に対する理解を深め、及び精神障害者等がその障害を克服して社会復帰をし、自立と社会経済活動への参加をしようとする努力に対し、協力するように努めなければならない。

（精神障害者等の社会復帰、自立及び社会参加への配慮）

第四条　医療施設若しくは社会復帰施設の設置者又は地域生活援助事業若しくは社会適応訓練事業を行う者は、その施設を運営し、又はその事業を行うに当たつては、精神障害者等の社会復帰の促進及び自立と社会経済活動への参加の促進を図るため、地域に即した創意と工夫を行い、及び地域住民等の理解と協力を得る

うに努めなければならない。

2　国、地方公共団体、医療施設又は社会復帰施設の設置者及び地域生活援助事業又は社会適応訓練事業を行う者は、精神障害者の社会復帰の促進及び自立と社会経済活動への参加の促進を図るため、相互に連携を図りながら協力するよう努めなければならない。

（定義）

第五条　この法律で「精神障害者」とは、精神分裂病、精神作用物質による急性中毒又はその依存症、知的障害、精神病質その他の精神疾患を有する者をいう。

第二章　精神保健福祉センター

（精神保健福祉センター）

第六条　都道府県は、精神保健の向上及び精神障害者の福祉の増進を図るため、精神保健福祉センターを設置することができる。

2　精神保健福祉センターは、精神保健及び精神障害者の福祉に関し、知識の普及を図り、調査研究を行い、並びに相談及び指導のうち複雑又は困難なものを行う施設とする。

（国の補助）

第七条　国は、都道府県が前条の施設を設置したときは、政令の定めるところにより、その設置に要する経費については二分の一、その運営に要する経費については

ように努めなければならない。

2　国、地方公共団体、医療施設又は社会復帰施設の設置者及び地域生活援助事業又は社会適応訓練事業を行う者は、精神障害者等の社会復帰の促進及び自立と社会経済活動への参加の促進を図るため、相互に連携を図りながら協力するよう努めなければならない。

（定義）

第五条　この法律で「精神障害者」とは、精神分裂病、中毒性精神病、知的障害、精神病質その他の精神疾患を有する者をいう。

第二章　精神保健福祉センター

（精神保健福祉センター）

第六条　（同上）

（国の補助）

第七条　（同上）

三分の一を補助する。

（政令への委任）

第八条　この法律に定めるもののほか、精神保健福祉センターに関して必要な事項は、政令で定める。

第三章　地方精神保健福祉審議会及び精神医療審査会

（地方精神保健福祉審議会）

第九条　精神保健及び精神障害者の福祉に関する事項を調査審議させるため、都道府県に精神保健福祉に関する審議会その他の合議制の機関（以下「地方精神保健福祉審議会」という。）を置く。

2　地方精神保健福祉審議会は、都道府県知事の諮問に答えるほか、精神保健及び精神障害者の福祉に関する事項に関して都道府県知事に意見を具申することができる。

3　地方精神保健福祉審議会は、前二項に定めるもののほか、都道府県知事の諮問に応じ、第三十二条第三項及び第四十五条第一項の申請に関する必要な事項を審議するものとする。

（委員及び臨時委員）

第十条　地方精神保健福祉審議会の委員は、二十人以内とする。

2　特別の事項を調査審議するため必要があるときは、

（政令への委任）

第八条　（同上）

第三章　地方精神保健福祉審議会及び精神医療審査会

（地方精神保健福祉審議会）

第九条　（同上）

（委員及び臨時委員）

第十条　（同上）

地方精神保健福祉審議会に臨時委員を置くことができる。

3　委員及び臨時委員は、精神保健又は精神障害者の福祉に関し学識経験のある者、精神障害者の医療に関する事業に従事する者及び精神障害者の社会復帰の促進又はその自立と社会経済活動への参加の促進を図るための事業に従事する者のうちから、都道府県知事が任命する。

4　委員の任期は、三年とする。

（条例への委任）

第十一条　地方精神保健福祉審議会の運営に関し必要な事項は、条例で定める。

（精神医療審査会）

第十二条　第三十八条の三第二項及び第三十八条の五第二項の規定による審査を行わせるため、都道府県に、精神医療審査会を置く。

（委員）

第十三条　精神医療審査会の委員は、精神障害者の医療に関し学識経験を有する者（第十八条第一項に規定する精神保健指定医である者に限る。）、法律に関し学識経験を有する者及びその他の学識経験を有する者のうちから、都道府県知事が任命する。

（条例への委任）

第十一条　（同上）

（精神医療審査会）

第十二条　（同上）

（委員）

第十三条　精神医療審査会の委員は、五人以上十五人以内とする。

2　委員は、精神障害者の医療に関し学識経験を有する者（第十八条第一項に規定する精神保健指定医である者に限る。）、法律に関し学識経験を有する者及びその他の学識経験を有する者のうちから、都道府県知事が

2　委員の任期は、二年とする。

（審査の案件の取扱い）

第十四条　精神医療審査会は、精神障害者の医療に関し学識経験を有する者のうちから任命された委員三人、法律に関し学識経験を有する者のうちから任命された委員一人及びその他の学識経験を有する者のうちから任命された委員一人をもつて構成する合議体で、審査の案件を取り扱う。

2　合議体を構成する委員は、精神医療審査会がこれを定める。

（政令への委任）

第十五条　この法律で定めるもののほか、精神医療審査会に関し必要な事項は、政令で定める。

第十六条及び第十七条　削除

第四章　精神保健指定医及び精神病院

第一節　精神保健指定医

（精神保健指定医）

第十八条　厚生大臣は、その申請に基づき、次に該当する医師のうち第十九条の四に規定する職務を行うのに必要な知識及び技能を有すると認められる者を、精神保健指定医（以下「指定医」という。）に指定する。

一　五年以上診断又は治療に従事した経験を有するこ

任命する。

3　（同上）

（審査の案件の取扱い）

第十四条　（同上）

（政令への委任）

第十五条　（同上）

第十六条及び第十七条　（同上）

第四章　精神保健指定医及び精神病院

第一節　精神保健指定医

（精神保健指定医）

第十八条　（同上）

と。

二　三年以上精神障害の診断又は治療に従事した経験を有すること。

三　厚生大臣が定める精神障害につき厚生大臣が定める程度の診断又は治療に従事した経験を有すること。

四　厚生大臣又はその指定する者が厚生省令で定めるところにより行う研修（申請前一年以内に行われたものに限る。）の課程を修了していること。

2　厚生大臣は、前項の規定にかかわらず、第十九条の二第一項又は第二項の規定により指定医の指定を取り消された後五年を経過していない者その他指定医として著しく不適当と認められる者については、前項の指定をしないことができる。

3　厚生大臣は、第一項第三号に規定する精神障害及びその診断又は治療に従事した経験の程度を定めようとするとき、同項の規定により指定医の指定をしようとするとき又は前項の規定により指定医の指定をしないものとするときは、あらかじめ、公衆衛生審議会の意見を聴かなければならない。

（指定後の研修）

第十九条　指定医は、五の年度（毎年四月一日から翌年三月三十一日までをいう。以下この条において同じ。）

（指定後の研修）

第十九条（同上）

ごとに厚生大臣が定める年度において、厚生大臣又はその指定する者が厚生省令で定めるところにより行う研修を受けなければならない。

2　前条第一項の規定による指定は、当該指定を受けた者が前項に規定する研修を受けなかつたときは、当該研修を受けるべき年度の終了の日にその効力を失う。ただし、当該研修を受けなかつたことにつき厚生省令で定めるやむを得ない理由が存すると厚生大臣が認めたときは、この限りでない。

（指定の取消し等）

第十九条の二　指定医がその医師免許を取り消され、又は期間を定めて医業の停止を命ぜられたときは、厚生大臣は、その指定を取り消さなければならない。

2　指定医がこの法律若しくはこの法律に基づく命令に違反したとき又はその職務に関し著しく不当な行為を行つたときその他指定医として著しく不適当と認められるときは、厚生大臣は、その指定を取り消し、又は期間を定めてその職務の停止を命ずることができる。

3　厚生大臣は、前項の規定による処分をしようとするときは、あらかじめ、公衆衛生審議会の意見を聴かなければならない。

4　都道府県知事は、指定医について第二項に該当すると思料するときは、その旨を厚生大臣に通知すること

（指定の取消し）

第十九条の二（同上）

2　指定医がこの法律若しくはこの法律に基づく命令に違反したとき又はその職務に関し著しく不当な行為を行つたときその他指定医として著しく不適当と認められるときは、厚生大臣は、その指定を取り消すことができる。

3（同上）

ができる。

（手数料）

第十九条の三　第十八条第一項第四号又は第十九条第一項の研修（厚生大臣が行うものに限る。）を受けようとする者は、実費を勘案して政令で定める金額の手数料を納付しなければならない。

（職務）

第十九条の四　指定医は、第二十二条の四第三項及び第二十九条の五の規定により入院を継続する必要があるかどうかの判定、第三十三条第一項及び第三十三条の四第一項の規定による入院を必要とするかどうか及び第二十二条の三の規定による入院が行われる状態にないかどうかの判定、第三十六条第三項に規定する行動の制限を必要とするかどうかの判定、第三十八条の二第一項（同条第二項において準用する場合を含む。）に規定する報告事項に係る入院中の者の診察並びに第四十条の規定により一時退院させて経過を見ることが適当かどうかの判定の職務を行う。

2　指定医は、前項に規定する職務のほか、公務員として、次に掲げる職務を行う。

（手数料）

第十九条の三　（同上）

（職務）

第十九条の四　指定医は、第二十二条の四第三項及び第二十九条の五の規定により入院を継続する必要があるかどうかの判定、第三十三条第一項及び第三十三条の四第一項の規定による入院を必要とするかどうかの判定、第三十四条の規定により精神障害者の疑いがあるかどうか及びその診断に相当の時日を要するかどうかの判定、第三十六条第三項に規定する行動の制限を必要とするかどうかの判定、第三十八条の二第一項（同条第二項において準用する場合を含む。）に規定する報告事項に係る入院中の者の診察並びに第四十条の規定により一時退院させて経過を見ることが適当かどうかの判定の職務を行う。

2　指定医は、前項に規定する職務のほか、公務員として、次に掲げる職務のうち都道府県知事（第三号及び第四号に掲げる職務にあつては、厚生大臣又は都道府県知事）が指定したものを行う。

一　第二十九条第一項及び第二十九条の二第一項の規定による入院を必要とするかどうかの判定
二　第二十九条の二の二第三項（第三十四条第四項において準用する場合を含む。）に規定する行動の制限を必要とするかどうかの判定
三　第二十九条の四第二項の規定により入院を継続する必要があるかどうかの判定
四　第三十四条第一項及び第三項の規定による移送を必要とするかどうかの判定
五　第三十八条の三第三項及び第三十八条の五第四項の規定による診察
六　第三十八条の六第一項の規定による立入検査、質問及び診察
七　第三十八条の七第二項の規定により入院を継続する必要があるかどうかの判定
八　第四十五条の二第四項の規定による診察

（診療録の記載義務）

第十九条の四の二　指定医は、前条第一項に規定する職務を行つたときは、遅滞なく、当該指定医の氏名その他厚生省令で定める事項を診療録に記載しなければならない。

（指定医の必置）

第十九条の五　第二十九条第一項、第二十九条の二第一

一（同上）
二（同上）
三（同上）
四（同上）

（指定医の必置）

第十九条の五　第二十九条第一項、第二十九条の二第一

項、第三十三条第一項若しくは第二項又は第三十三条の四第一項の規定により精神障害者を入院させている精神病院（精神病院以外の病院で精神病室が設けられているものを含む。第十九条の十を除き、以下同じ。）の管理者は、厚生省令で定めるところにより、その精神病院に常時勤務する指定医（第十九条の二第二項の規定によりその職務を停止されている者を除く。第五十三条第一項を除き、以下同じ。）を置かなければならない。

（政令及び省令への委任）

第十九条の六　この法律に規定するもののほか、指定医の指定の申請に関して必要な事項は政令で、第十八条第一項第四号及び第十九条第一項の規定による研修に関して必要な事項は厚生省令で定める。

第二節　精神病院

（都道府県立精神病院）

第十九条の七　都道府県は、精神病院を設置しなければならない。ただし、次条の規定による指定病院がある場合においては、その設置を延期することができる。

（指定病院）

第十九条の八　都道府県知事は、国及び都道府県以外の者が設置した精神病院であつて厚生大臣の定める基準に適合するものの全部又は一部を、その設置者の同意

項、第三十三条第一項若しくは第二項、第三十三条の四第一項又は第三十四条の規定により精神障害者を入院させている精神病院（精神病院以外の病院で精神病室が設けられているものを含む。第十九条の十を除き、以下同じ。）の管理者は、厚生省令で定めるところにより、その精神病院に常時勤務する指定医を置かなければならない。

（政令及び省令への委任）

第十九条の六　（同上）

第二節　精神病院

（都道府県立精神病院）

第十九条の七　（同上）

（指定病院）

第十九条の八　（同上）

を得て、都道府県が設置する精神病院に代わる施設（以下「指定病院」という。）として指定することができる。	
（指定の取消し） **第十九条の九**　都道府県知事は、指定病院が、前条の基準に適合しなくなつたとき、又はその運営方法がその目的遂行のために不適当であると認めたときは、その指定を取り消すことができる。 2　都道府県知事は、前項の規定によりその指定を取り消そうとするときは、あらかじめ、地方精神保健福祉審議会の意見を聴かなければならない。 3　厚生大臣は、第一項に規定する都道府県知事の権限に属する事務について、指定病院に入院中の者の処遇を確保する緊急の必要があると認めるときは、都道府県知事に対し同項の事務を行うことを指示することができる。	（指定の取消し） **第十九条の九**（同上）
（国の補助） **第十九条の十**　国は、都道府県が設置する精神病院及び精神病院以外の病院に設ける精神病室の設置及び運営に要する経費（第三十条第一項の規定により都道府県が負担する費用を除く。次項において同じ。）に対し、政令の定めるところにより、その二分の一を補助する。 2　国は、営利を目的としない法人が設置する精神病院及び精神病院以外の病院に設ける精神病室の設置及び	（国の補助） **第十九条の十**（同上）

運営に要する経費に対し、政令の定めるところにより、その二分の一以内を補助することができる。

第五章　医療及び保護

第一節　保護者

（保護者）

第二十条　精神障害者については、その後見人又は保佐人、配偶者、親権を行う者及び扶養義務者が保護者となる。ただし、次の各号のいずれかに該当する者は保護者とならない。

一　行方の知れない者

二　当該精神障害者に対して訴訟をしている者、又はした者並びにその配偶者及び直系血族

三　家庭裁判所で免ぜられた法定代理人、保佐人又は補助人

四　破産者

五　成年被後見人又は被保佐人

六　未成年者

2　保護者が数人ある場合において、その義務を行うべき順位は、次のとおりとする。ただし、本人の保護のため特に必要があると認める場合には、後見人又は保佐人以外の者について家庭裁判所は利害関係人の申立てによりその順位を変更することができる。

一　後見人又は保佐人

第五章　医療及び保護

第一節　保護者

（保護者）

第二十条　精神障害者については、その後見人、配偶者、親権を行う者及び扶養義務者が保護者となる。ただし、次の各号のいずれかに該当する者は保護者とならない。

一～六　（同上）

2　保護者が数人ある場合において、その義務を行うべき順位は、次のとおりとする。ただし、本人の保護のため特に必要があると認める場合には、後見人以外の者について家庭裁判所は利害関係人の申立てによりその順位を変更することができる。

一　後見人

二　配偶者 三　親権を行う者 四　前二号の者以外の扶養義務者のうちから家庭裁判所が選任した者	二〜四（同上）
3　前項ただし書の規定による順位の変更及び同項第四号の規定による選任は家事審判法（昭和二十二年法律第百五十二号）の適用については、同法第九条第一項甲類に掲げる事項とみなす。	3（同上）
第二十一条　前条第二項各号の保護者がないとき又はこれらの保護者がその義務を行うことができないときはその精神障害者の居住地を管轄する市町村長（特別区の長を含む。以下同じ。）、居住地がないか又は明らかでないときはその精神障害者の現在地を管轄する市町村長が保護者となる。	**第二十一条**（同上）
第二十二条　保護者は、精神障害者（第二十二条の四第二項に規定する任意入院者及び病院又は診療所に入院しないで行われる精神障害の医療を継続して受けている者を除く。以下この項及び第三項において同じ。）に治療を受けさせ、及び精神障害者の財産上の利益を保護しなければならない。	**第二十二条**　保護者は、精神障害者に治療を受けさせるとともに、精神障害者が自身を傷つけ又は他人に害を及ぼさないように監督し、かつ、精神障害者の財産上の利益を保護しなければならない。
2　保護者は、精神障害者の診断が正しく行われるよう医師に協力しなければならない。 3　保護者は、精神障害者に医療を受けさせるに当たつ	2・3（同上）

ては、医師の指示に従わなければならない。

第二十二条の二　保護者は、第四十一条の規定による義務（第二十九条の三又は第二十九条の四第一項の規定により退院する者の引取りに係るものに限る。）を行うに当たり必要があるときは、当該精神病院若しくは指定病院の管理者又は当該精神病院若しくは指定病院と関連する精神障害者社会復帰施設の長に対し、当該精神障害者の社会復帰の促進に関し、相談し、及び必要な援助を求めることができる。

第二節　任意入院

（任意入院）

第二十二条の三　精神病院の管理者は、精神障害者を入院させる場合においては、本人の同意に基づいて入院が行われるように努めなければならない。

第二十二条の四　精神障害者が自ら入院する場合においては、精神病院の管理者は、その入院に際し、当該精神障害者に対して第三十八条の四の規定による退院等の請求に関することその他厚生省令で定める事項を書面で知らせ、当該精神障害者から自ら入院する旨を記載した書面を受けなければならない。

2　精神病院の管理者は、自ら入院した精神障害者（以下この条において「任意入院者」という。）から退院の申出があつた場合においては、その者を退院させなけ

第二十二条の二（同上）

第二節　任意入院

（任意入院）

第二十二条の三（同上）

第二十二条の四（同上）

2（同上）

ればならない。	
3 前項に規定する場合において、精神病院の管理者は、指定医による診察の結果、当該任意入院者の医療及び保護のため入院を継続する必要があると認めたときは、同項の規定にかかわらず、七十二時間を限り、その者を退院させないことができる。	3 前項に規定する場合において、精神病院の管理者は、指定医による診察の結果、当該任意入院者の医療及び保護のため入院を継続する必要があると認めたときは、同項の規定にかかわらず、七十二時間を限り、その者を退院させないことができる。この場合において、当該指定医は、遅滞なく、厚生省令で定める事項を診療録に記載しなければならない。
4 精神病院の管理者は、前項の規定による措置を採る場合においては、当該任意入院者に対し、当該措置を採る旨、第三十八条の四の規定による退院等の請求に関することその他厚生省令で定める事項を書面で知らせなければならない。	4 （同上）
第三節 指定医の診察及び措置入院	**第三節** 指定医の診察及び措置入院
（診察及び保護の申請）	（診察及び保護の申請）
第二十三条 精神障害者又はその疑いのある者を知った者は、誰でも、その者について指定医の診察及び必要な保護を都道府県知事に申請することができる。	**第二十三条** （同上）
2 前項の申請をするには、左の事項を記載した申請書をもよりの保健所長を経て都道府県知事に提出しなければならない。	
一 申請者の住所、氏名及び生年月日	
二 本人の現在場所、居住地、氏名、性別及び生年月	

日

三　症状の概要

四　現に本人の保護の任に当つている者があるときはその者の住所及び氏名

（警察官の通報）

第二十四条　警察官は、職務を執行するに当たり、異常な挙動その他周囲の事情から判断して、精神障害のために自身を傷つけ又は他人に害を及ぼすおそれがあると認められる者を発見したときは、直ちに、その旨を、もよりの保健所長を経て都道府県知事に通報しなければならない。

（検察官の通報）

第二十五条　検察官は、精神障害者又はその疑いのある被疑者又は被告人について、不起訴処分をしたとき、裁判（懲役、禁こ又は拘留の刑を言い渡し執行猶予の言渡をしない裁判を除く。）が確定したとき、その他特に必要があると認めたときは、すみやかに、その旨を都道府県知事に通報しなければならない。

（保護観察所の長の通報）

第二十五条の二　保護観察所の長は、保護観察に付されている者が精神障害者又はその疑いのある者であることを知つたときは、すみやかに、その旨を都道府県知事に通報しなければならない。

（警察官の通報）

第二十四条　（同上）

（検察官の通報）

第二十五条　（同上）

（保護観察所の長の通報）

第二十五条の二　（同上）

（矯正施設の長の通報）

第二十六条　矯正施設（拘置所、刑務所、少年刑務所、少年院、少年鑑別所及び婦人補導院をいう。以下同じ。）の長は、精神障害者又はその疑のある収容者を釈放、退院又は退所させようとするときは、あらかじめ、左の事項を本人の帰住地（帰住地がない場合は当該矯正施設の所在地）の都道府県知事に通報しなければならない。

一　本人の帰住地、氏名、性別及び生年月日

二　症状の概要

三　釈放、退院又は退所の年月日

四　引取人の住所及び氏名

（精神病院の管理者の届出）

第二十六条の二　精神病院の管理者は、入院中の精神障害者であつて、第二十九条第一項の要件に該当すると認められるものから退院の申出があつたときは、直ちに、その旨を、最寄りの保健所長を経て都道府県知事に届け出なければならない。

（申請等に基づき行われる指定医の診察等）

第二十七条　都道府県知事は、第二十三条から前条までの規定による申請、通報又は届出のあつた者について調査の上必要があると認めるときは、その指定する指定医をして診察をさせなければならない。

（矯正施設の長の通報）

第二十六条　（同上）

（精神病院の管理者の届出）

第二十六条の二　（同上）

（申請等に基づき行われる指定医の診察等）

第二十七条　（同上）

２　都道府県知事は、入院させなければ精神障害のために自身を傷つけ又は他人に害を及ぼすおそれがあることが明らかである者については、第二十三条から前条までの規定による申請、通報又は届出がない場合においても、その指定する指定医をして診察をさせることができる。

３　都道府県知事は、前二項の規定により診察をさせる場合には、当該職員を立ち会わせなければならない。

４　指定医及び前項の当該職員は、前三項の職務を行うに当たつて必要な限度においてその者の居住する場所へ立ち入ることができる。

５　前項の規定によつてその者の居住する場所へ立ち入る場合には、指定医及び当該職員は、その身分を示す証票を携帯し、関係人の請求があるときはこれを提示しなければならない。

６　第四項の立入りの権限は、犯罪捜査のために認められたものと解釈してはならない。

（診察の通知）

第二十八条　都道府県知事は、前条第一項の規定により診察をさせるに当つて現に本人の保護の任に当つている者がある場合には、あらかじめ、診察の日時及び場所をその者に通知しなければならない。

２　後見人又は保佐人、親権を行う者、配偶者その他現

（診察の通知）

第二十八条　（同上）

２　後見人、親権を行う者、配偶者その他現に本人の保

に本人の保護の任に当たつている者は、前条第一項の診察に立ち会うことができる。

（判定の基準）

第二十八条の二　第二十七条第一項又は第二項の規定により診察をした指定医は、厚生大臣の定める基準に従い、当該診察をした者が精神障害者であり、かつ、医療及び保護のために入院させなければその精神障害のために自身を傷つけ又は他人に害を及ぼすおそれがあるかどうかの判定を行わなければならない。

2　厚生大臣は、前項の基準を定めようとするときは、あらかじめ、公衆衛生審議会の意見を聴かなければならない。

（都道府県知事による入院措置）

第二十九条　都道府県知事は、第二十七条の規定による診察の結果、その診察を受けた者が精神障害者であり、且つ、医療及び保護のために入院させなければその精神障害のために自身を傷つけ又は他人に害を及ぼすおそれがあると認めたときは、その者を国若しくは都道府県の設置した精神病院又は指定病院に入院させることができる。

2　前項の場合において都道府県知事がその者を入院させるには、その指定する二人以上の指定医の診察を経て、その者が精神障害者であり、かつ、医療及び保護

護の任に当つている者は、前条第一項の診察に立ち会うことができる。

（判定の基準）

第二十八条の二（同上）

（都道府県知事による入院措置）

第二十九条（同上）

のために入院させなければその精神障害のために自身を傷つけ又は他人に害を及ぼすおそれがあると認めることについて、各指定医の診察の結果が一致した場合でなければならない。

3　都道府県知事は、第一項の規定による措置を採る場合においては、当該精神障害者に対し、当該入院措置を採る旨、第三十八条の四の規定による退院等の請求に関することその他厚生省令で定める事項を書面で知らせなければならない。

4　国又は都道府県の設置した精神病院及び指定病院の管理者は、病床（病院の一部について第十九条の八の指定を受けている指定病院にあつてはその指定に係る病床）に既に第一項又は次条第一項の規定により入院をさせた者がいるため余裕がない場合のほかは、第一項の精神障害者を入院させなければならない。

第二十九条の二　都道府県知事は、前条第一項の要件に該当すると認められる精神障害者又はその疑いのある者について、急速を要し、第二十七条、第二十八条及び前条の規定による手続を採ることができない場合において、その指定する指定医をして診察をさせた結果、その者が精神障害者であり、かつ、直ちに入院させなければその精神障害のために自身を傷つけ又は他人を害するおそれが著しいと認めたときは、その者を前条

第二十九条の二（同上）

第一項に規定する精神病院又は指定病院に入院させることができる。
2　都道府県知事は、前項の措置をとつたときは、すみやかに、その者につき、前条第一項の規定による入院措置をとるかどうかを決定しなければならない。
3　第一項の規定による入院の期間は、七十二時間を超えることができない。
4　第二十七条第四項から第六項まで及び第二十八条の二の規定は第一項の規定による診察について、前条第三項の規定は第一項の規定による措置を採る場合について、同条第四項の規定は第一項の規定により入院する者の入院について準用する。

第二十九条の二の二　都道府県知事は、第二十九条第一項又は前条第一項の規定による入院措置を採ろうとする精神障害者を、当該入院措置に係る病院に移送しなければならない。
2　都道府県知事は、前項の規定により移送を行う場合においては、当該精神障害者に対し、当該移送を行う旨その他厚生省令で定める事項を書面で知らせなければならない。
3　都道府県知事は、第一項の規定による移送を行うに当たつては、当該精神障害者を診察した指定医が必要と認めたときは、その者の医療又は保護に欠くことの

できない限度において、厚生大臣が定める行動の制限を行うことができる。

第二十九条の三　第二十九条第一項に規定する精神病院又は指定病院の管理者は、第二十九条の二第一項の規定により入院した者について、都道府県知事から、第二十九条第一項の規定による入院措置を採らない旨の通知を受けたとき、又は第二十九条の二第三項の期間内に第二十九条第一項の規定による入院措置を採る旨の通知がないときは、直ちに、その者を退院させなければならない。

（入院措置の解除）

第二十九条の四　都道府県知事は、第二十九条第一項の規定により入院した者（以下「措置入院者」という。）が、入院を継続しなくてもその精神障害のために自身を傷つけ又は他人に害を及ぼすおそれがないと認められるに至つたときは、直ちに、その者を退院させなければならない。この場合においては、都道府県知事は、あらかじめ、その者を入院させている精神病院又は指定病院の管理者の意見を聞くものとする。

2　前項の場合において都道府県知事がその者を退院させるには、その者が入院を継続しなくてもその精神障害のために自身を傷つけ又は他人に害を及ぼすおそれがないと認められることについて、その指定する指定

第二十九条の三　第二十九条第一項に規定する精神病院又は指定病院の管理者は、前条第一項の規定により入院した者について、都道府県知事から、第二十九条第一項の規定による入院措置をとらない旨の通知を受けたとき、又は前条第三項の期間内に第二十九条第一項の規定による入院措置をとる旨の通知がないときは、直ちに、その者を退院させなければならない。

（入院措置の解除）

第二十九条の四（同上）

医による診察の結果又は次条の規定による診察の結果に基づく場合でなければならない。

第二十九条の五　措置入院者を入院させている精神病院又は指定病院の管理者は、指定医による診察の結果、措置入院者が、入院を継続しなくてもその精神障害のために自身を傷つけ又は他人に害を及ぼすおそれがないと認められるに至つたときは、直ちに、その旨、その者の症状その他厚生省令で定める事項を最寄りの保健所長を経て都道府県知事に届け出なければならない。

（入院措置の場合の診療方針及び医療に要する費用の額）

第二十九条の六　第二十九条第一項及び第二十九条の二第一項の規定により入院する者について国若しくは都道府県の設置した精神病院又は指定病院が行なう医療に関する診療方針及びその医療に要する費用の額の算定方法は、健康保険の診療方針及び療養に要する費用の額の算定方法の例による。

2　前項に規定する診療方針及び療養に要する費用の額の算定方法の例によることができないとき、及びこれによることを適当としないときの診療方針及び医療に要する費用の額の算定方法は、厚生大臣が公衆衛生審議会の意見を聴いて定めるところによる。

第二十九条の五　（同上）

（入院措置の場合の診療方針及び医療に要する費用の額）

第二十九条の六　（同上）

（社会保険診療報酬支払基金への事務の委託）

第二十九条の七　都道府県は、第二十九条第一項及び第二十九条の二第一項の規定により入院する者について国若しくは都道府県の設置した精神病院又は指定病院が行なつた医療が前条に規定する診療方針に適合するかどうかについての審査及びその医療に要する費用の額の算定並びに国又は指定病院の設置者に対する診療報酬の支払に関する事務を社会保険診療報酬支払基金に委託することができる。

（費用の負担）

第三十条　第二十九条第一項及び第二十九条の二第一項の規定により都道府県知事が入院させた精神障害者の入院に要する費用は、都道府県が負担する。

2　国は、都道府県が前項の規定により負担する費用を支弁したときは、政令の定めるところにより、その四分の三を負担する。

（他の法律による医療に関する給付との調整）

第三十条の二　前条第一項の規定により費用の負担を受ける精神障害者が、健康保険法（大正十一年法律第七十号）、国民健康保険法（昭和三十三年法律第百九十二号）、船員保険法（昭和十四年法律第七十三号）、労働者災害補償保険法（昭和二十二年法律第五十号）、国家公務員共済組合法（昭和三十三年法律第百二十八号。

（社会保険診療報酬支払基金への事務の委託）

第二十九条の七（同上）

（費用の負担）

第三十条（同上）

（他の法律による医療に関する給付との調整）

第三十条の二（同上）

他の法律において準用し、又は例による場合を含む。）、地方公務員等共済組合法（昭和三十七年法律第百五十二号）、老人保健法（昭和五十七年法律第八十号）又は介護保険法（平成九年法律第百二十三号）の規定により医療に関する給付を受けることができる者であるときは、都道府県は、その限度において、同項の規定による負担をすることを要しない。

（費用の徴収）

第三十一条　都道府県知事は、第二十九条第一項及び第二十九条の二第一項の規定により入院させた精神障害者又はその扶養義務者が入院に要する費用を負担することができると認めたときは、その費用の全部又は一部を徴収することができる。

第四節　通院医療

（通院医療）

第三十二条　都道府県は、精神障害の適正な医療を普及するため、精神障害者が健康保険法第四十三条第三項各号に掲げる病院若しくは診療所又は薬局その他病院若しくは診療所（これらに準ずるものを含む。）又は薬局であつて政令で定めるもの（その開設者が、診療報酬の請求及び支払に関し次条に規定する方式によらない旨を都道府県知事に申し出たものを除く。次条において「医療機関等」という。）で病院又は診療所へ入院

（費用の徴収）

第三十一条　（同上）

第四節　通院医療

（通院医療）

第三十二条　（同上）

しないで行われる精神障害の医療を受ける場合において、その医療に必要な費用の百分の九十五に相当する額を負担することができる。

2　前項の医療に必要な費用の額は、健康保険の療養に要する費用の額の算定方法の例によつて算定する。

3　第一項の規定による費用の負担は、当該精神障害者又はその保護者の申請によつて行うものとし、その申請は、精神障害者の居住地を管轄する保健所長を経て、都道府県知事に対してしなければならない。

4　前項の申請は、厚生省令で定める医師の診断書を添えて行わなければならない。ただし、当該申請に係る精神障害者が精神障害者保健福祉手帳の交付を受けているときは、この限りでない。

5　都道府県知事は、第三項の申請に対して決定をするには、地方精神保健福祉審議会の意見を聴かなければならない。ただし、当該申請に係る精神障害者が精神障害者保健福祉手帳の交付を受けているときは、この限りでない。

6　第三項の申請があつてから二年を経過したときは、当該申請に基づく費用の負担は、打ち切られるものとする。

7　戦傷病者特別援護法（昭和三十八年法律第百六十八号）の規定によつて医療を受けることができる者につ

いては、第一項の規定は、適用しない。

8　前各項に定めるもののほか、第一項の医療に関し必要な事項は、政令で定める。

（費用の請求、審査及び支払）

第三十二条の二　前条第一項の医療機関等は、同項の規定により都道府県が負担する費用を、都道府県に請求するものとする。

2　都道府県は、前項の費用を当該医療機関等に支払わなければならない。

3　都道府県は、第一項の請求についての審査及び前項の費用の支払に関する事務を、社会保険診療報酬支払基金その他政令で定める者に委託することができる。

（費用の支弁及び負担）

第三十二条の三　国は、都道府県が第三十二条第一項の規定により負担する費用を支弁したときは、当該都道府県に対し、政令で定めるところにより、その二分の一を補助する。

第三十二条の四　第三十条の二の規定は、第三十二条第一項の規定による都道府県の負担について準用する。

第五節　医療保護入院等

（医療保護入院）

第三十三条　精神病院の管理者は、次に掲げる者について、保護者の同意があるときは、本人の同意がなくて

（費用の請求、審査及び支払）

第三十二条の二　（同上）

（費用の支弁及び負担）

第三十二条の三　（同上）

第三十二条の四　（同上）

第五節　医療保護入院等

（医療保護入院）

第三十三条　精神病院の管理者は、指定医による診察の結果、精神障害者であり、かつ、医療及び保護のため

もその者を入院させることができる。

一　指定医による診察の結果、精神障害者であり、かつ、医療及び保護のため入院の必要がある者であつて当該精神障害のために第二十二条の三の規定による入院が行われる状態にないと判定されたもの

二　第三十四条第一項の規定により移送された者

2　精神病院の管理者は、前項第一号に規定する者の保護者について第二十条第二項第四号の規定による家庭裁判所の選任を要し、かつ、当該選任がされていない場合又は第三十四条第二項の規定により移送された場合において、前項第一号に規定する者又は同条第二項の規定により移送された者の扶養義務者の同意があるときは、本人の同意がなくても、当該選任がされるまでの間、四週間を限り、その者を入院させることができる。

3　前項の規定による入院が行われている間は、同項の同意をした扶養義務者は、第二十条第二項第四号に掲げる者に該当するものとみなし、第一項の規定を適用する場合を除き、同条に規定する保護者とみなす。

4　精神病院の管理者は、第一項又は第二項の規定による措置を採つたときは、十日以内に、その者の症状そ

入院の必要があると認めた者につき、保護者の同意があるときは、本人の同意がなくてもその者を入院させることができる。

2　精神病院の管理者は、前項に規定する者の保護者について第二十条第二項第四号の規定による家庭裁判所の選任を要し、かつ、当該選任がされていない場合において、その者の扶養義務者の同意があるときは、本人の同意がなくても、当該選任がされるまでの間、四週間を限り、その者を入院させることができる。

3・4　(同上)

の他厚生省令で定める事項を当該入院について同意をした者の同意書を添え、最寄りの保健所長を経て都道府県知事に届け出なければならない。

第三十三条の二　精神病院の管理者は、前条第一項の規定により入院した者（以下「医療保護入院者」という。）を退院させたときは、十日以内に、その旨及び厚生省令で定める事項を最寄りの保健所長を経て都道府県知事に届け出なければならない。

第三十三条の三　精神病院の管理者は、第三十三条第一項又は第二項の規定による措置を採る場合においては、当該精神障害者に対し、当該入院措置を採る旨、第三十八条の四の規定による退院等の請求に関することその他厚生省令で定める事項を書面で知らせなければならない。ただし、当該入院措置を採つた日から四週間を経過する日までの間であつて、当該精神障害者の症状に照らし、その者の医療及び保護を図る上で支障があると認められる間においては、この限りでない。この場合において、精神病院の管理者は、遅滞なく、厚生省令で定める事項を診療録に記載しなければならない。

（応急入院）

第三十三条の四　厚生大臣の定める基準に適合するものとして都道府県知事が指定する精神病院の管理者は、

第三十三条の二（同上）

第三十三条の三（同上）

（応急入院）

第三十三条の四　厚生大臣の定める基準に適合するものとして都道府県知事が指定する精神病院の管理者は、

医療及び保護の依頼があつた者について、急速を要し、保護者（第三十三条第二項に規定する場合にあつては、その者の扶養義務者）の同意を得ることができない場合において、その者が、次に該当する者であるときは、本人の同意がなくても、七十二時間を限り、その者を入院させることができる。

一　指定医の診察の結果、精神障害者であり、かつ、直ちに入院させなければその者の医療及び保護を図る上で著しく支障がある者であつて当該精神障害のために第二十二条の三の規定による入院が行われる状態にないと判定されたもの

二　第三十四条第三項の規定により移送された者

2　前項に規定する精神病院の管理者は、同項の規定による措置を採つたときは、直ちに、当該措置を採つた理由その他厚生省令で定める事項を最寄りの保健所長を経て都道府県知事に届け出なければならない。

3　都道府県知事は、第一項の指定を受けた精神病院が同項の基準に適合しなくなつたと認めたときは、その指定を取り消すことができる。

4　厚生大臣は、前項に規定する都道府県知事の権限に属する事務について、第一項の指定を受けた精神病院

医療及び保護の依頼があつた者について、急速を要し、保護者（第三十三条第二項に規定する場合にあつては、その者の扶養義務者）の同意を得ることができない場合において、指定医の診察の結果、その者が精神障害者であり、かつ、直ちに入院させなければその者の医療及び保護を図る上で著しく支障があると認めたときは、本人の同意がなくても、七十二時間を限り、その者を入院させることができる。

2～4　（同上）

に入院中の者の処遇を確保する緊急の必要があると認めるときは、都道府県知事に対し前項の事務を行うことを指示することができる。

第三十三条の五　第十九条の九第二項の規定は前条第三項の規定による処分をする場合について、第二十九条第三項の規定は精神病院の管理者が前条第一項の規定による措置を採る場合について準用する。

（医療保護入院等のための移送）

第三十四条　都道府県知事は、その指定する指定医による診察の結果、精神障害者であり、かつ、直ちに入院させなければその者の医療及び保護を図る上で著しく支障がある者であつて当該精神障害のために第二十二条の三の規定による入院が行われる状態にないと判定されたものにつき、保護者の同意があるときは、本人の同意がなくてもその者を第三十三条第一項の規定による入院をさせるため第三十三条の四第一項に規定する精神病院に移送することができる。

2　都道府県知事は、前項に規定する者の保護者について第二十条第二項第四号の規定による家庭裁判所の選任を要し、かつ、当該選任がされていない場合において、その者の扶養義務者の同意があるときは、本人の同意がなくてもその者を第三十三条第二項の規定による入院をさせるため第三十三条の四第一項に規定する

第三十三条の五　（同上）

（仮入院）

第三十四条　精神病院の管理者は、指定医による診察の結果、精神障害者の疑いがあつてその診断に相当の時日を要すると認める者を、その後見人、配偶者又は親権を行う者その他その扶養義務者の同意がある場合には、本人の同意がなくても、一週間を超えない期間、仮に精神病院へ入院させることができる。

精神病院に移送することができる。

3　都道府県知事は、急速を要し、保護者（前項に規定する場合にあつては、その者の扶養義務者）の同意を得ることができない場合において、その指定する指定医の診察の結果、その者が精神障害者であり、かつ、直ちに入院させなければその者の医療及び保護を図る上で著しく支障がある者であつて当該精神障害のために第二十二条の三の規定による入院が行われる状態にないと判定されたときは、本人の同意がなくてもその者を第三十三条の四第一項の規定による入院をさせるため同項に規定する精神病院に移送することができる。

4　第二十九条の二の二第二項及び第三項の規定は、前三項の規定による移送を行う場合について準用する。

第三十五条　削除

第六節　精神病院における処遇等

（処遇）

第三十六条　精神病院の管理者は、入院中の者につき、その医療又は保護に欠くことのできない限度におい

第三十四条の二　第二十九条第三項の規定は精神病院の管理者が前条の規定による措置を採る場合について、第三十三条第四項の規定は精神病院の管理者が前条の規定による措置を採つた場合について準用する。

第三十五条　（同上）

第六節　精神病院における処遇等

（処遇）

第三十六条　（同上）

て、その行動について必要な制限を行うことができる。

2　精神病院の管理者は、前項の規定にかかわらず、信書の発受の制限、都道府県その他の行政機関の職員との面会の制限その他の行動の制限であつて、厚生大臣があらかじめ公衆衛生審議会の意見を聴いて定める行動の制限については、これを行うことができない。

3　第一項の規定による行動の制限のうち、厚生大臣があらかじめ公衆衛生審議会の意見を聴いて定める患者の隔離その他の行動の制限は、指定医が必要と認める場合でなければ行うことができない。

第三十七条　厚生大臣は、前条に定めるもののほか、精神病院に入院中の者の処遇について必要な基準を定めることができる。

2　前項の基準が定められたときは、精神病院の管理者は、その基準を遵守しなければならない。

3　厚生大臣は、第一項の基準を定めようとするときは、あらかじめ、公衆衛生審議会の意見を聴かなければならない。

（指定医の精神病院の管理者への報告等）

第三十七条の二　指定医は、その勤務する精神病院に入院中の者の処遇が第三十六条の規定に違反していると

2　（同上）

3　第一項の規定による行動の制限のうち、厚生大臣があらかじめ公衆衛生審議会の意見を聴いて定める患者の隔離その他の行動の制限は、指定医が必要と認める場合でなければ行うことができない。この場合において、当該指定医は、遅滞なく、厚生省令で定める事項を診療録に記載しなければならない。

第三十七条　（同上）

思料するとき又は前条第一項の基準に適合していないと認めるときその他精神病院に入院中の者の処遇が著しく適当でないと認めるときは、当該精神病院の管理者にその旨を報告すること等により、当該管理者において当該精神病院に入院中の者の処遇の改善のために必要な措置が採られるよう努めなければならない。

（相談、援助等）

第三十八条　精神病院その他の精神障害の医療を提供する施設の管理者は、当該施設において医療を受ける精神障害者の社会復帰の促進を図るため、その者の相談に応じ、その者に必要な援助を行い、及びその保護者等との連絡調整を行うように努めなければならない。

（定期の報告）

第三十八条の二　措置入院者を入院させている精神病院又は指定病院の管理者は、措置入院者の症状その他厚生省令で定める事項（以下この項において「報告事項」という。）を、厚生省令で定めるところにより、定期に、最寄りの保健所長を経て都道府県知事に報告しなければならない。この場合においては、報告事項のうち厚生省令で定める事項については、指定医による診察の結果に基づくものでなければならない。

2　前項の規定は、医療保護入院者を入院させている精神病院の管理者について準用する。この場合において、

（相談、援助等）

第三十八条　（同上）

（定期の報告）

第三十八条の二　（同上）

同項中「措置入院者」とあるのは、「医療保護入院者」と読み替えるものとする。

（定期の報告等による審査）

第三十八条の三　都道府県知事は、前条の規定による報告又は第三十三条第四項の規定による届出（同条第一項の規定による措置に係るものに限る。）があつたときは、当該報告又は届出に係る入院中の者の症状その他厚生省令で定める事項を精神医療審査会に通知し、当該入院中の者についてその入院の必要があるかどうかに関し審査を求めなければならない。

2　精神医療審査会は、前項の規定により審査を求められたときは、当該審査に係る入院中の者についてその入院の必要があるかどうかに関し審査を行い、その結果を都道府県知事に通知しなければならない。

3　精神医療審査会は、前項の審査をするに当たつて、必要があると認めるときは、当該審査に係る入院中の者に対して意見を求め、若しくはその者の同意を得て委員（指定医である者に限る。第三十八条の五第四項において同じ。）に診察させ、又はその者が入院している精神病院の管理者その他関係者に対して報告若しくは意見を求め、診療録その他の帳簿書類の提出を命じ、若しくは出頭を命じて審問することができる。

4　都道府県知事は、第二項の規定により通知された精

（定期の報告等による審査）

第三十八条の三　（同上）

2　（同上）

3　精神医療審査会は、前項の審査をするに当たつて必要があると認めるときは、当該審査に係る入院中の者、その者が入院している精神病院の管理者その他関係者の意見を聴くことができる。

4　（同上）

神医療審査会の審査の結果に基づき、その入院が必要でないと認められた者を退院させ、又は精神病院の管理者に対しその者を退院させることを命じなければならない。

（退院等の請求）

第三十八条の四　精神病院に入院中の者又はその保護者は、厚生省令で定めるところにより、都道府県知事に対し、当該入院中の者を退院させ、又は精神病院の管理者に対し、その者を退院させることを命じ、若しくはその者の処遇の改善のために必要な措置を採ることを命じることを求めることができる。

（退院等の請求による審査）

第三十八条の五　都道府県知事は、前条の規定による請求を受けたときは、当該請求の内容を精神医療審査会に通知し、当該請求に係る入院中の者について、その入院の必要があるかどうか、又はその処遇が適当であるかどうかに関し審査を求めなければならない。

2　精神医療審査会は、前項の規定により審査を求められたときは、当該審査に係る者について、その入院の必要があるかどうか、又はその処遇が適当であるかどうかに関し審査を行い、その結果を都道府県知事に通

（退院等の請求）

第三十八条の四　精神病院に入院中の者又はその保護者（第三十四条の規定により入院した者にあつては、その後見人、配偶者又は親権を行う者その他その扶養義務者）は、厚生省令で定めるところにより、都道府県知事に対し、当該入院中の者を退院させ、又は精神病院の管理者に対し、その者を退院させることを命じ、若しくはその者の処遇の改善のために必要な措置を採ることを命じることを求めることができる。

（退院等の請求による審査）

第三十八条の五　（同上）

2・3　（同上）

知しなければならない。
3　精神医療審査会は、前項の審査をするに当たつては、当該審査に係る前条の規定による請求をした者及び当該審査に係る入院中の者が入院している精神病院の管理者の意見を聴かなければならない。ただし、精神医療審査会がこれらの者の意見を聴く必要がないと特に認めたときは、この限りでない。
4　精神医療審査会は、前項に定めるもののほか、第二項の審査をするに当たつて必要があると認めるときは、当該審査に係る入院中の者の同意を得て委員に診察させ、又はその者が入院している精神病院の管理者その他関係者に対して報告を求め、診療録その他の帳簿書類の提出を命じ、若しくは出頭を命じて審問することができる。
5　都道府県知事は、第二項の規定により通知された精神医療審査会の審査の結果に基づき、その入院が必要でないと認められた者を退院させ、又は当該精神病院の管理者に対しその者を退院させることを命じ若しくはその者の処遇の改善のために必要な措置を採ることを命じなければならない。
6　都道府県知事は、前条の規定による請求をした者に対し、当該請求に係る精神医療審査会の審査の結果及びこれに基づき採つた措置を通知しなければならな

4　精神医療審査会は、前項に定めるもののほか、第二項の審査をするに当たつて必要があると認めるときは、関係者の意見を聴くことができる。
5・6（同上）

い。

（報告徴収等）

第三十八条の六　厚生大臣又は都道府県知事は、必要があると認めるときは、精神病院の管理者に対し、当該精神病院に入院中の者の症状若しくは処遇に関し、報告を求め、若しくは診療録その他の帳簿書類の提出若しくは提示を命じ、当該職員若しくはその指定する指定医に、精神病院に立ち入り、これらの事項に関し、診療録その他の帳簿書類を検査させ、若しくは当該精神病院に入院中の者その他の関係者に質問させ、又はその指定する指定医に、精神病院に立ち入り、当該精神病院に入院中の者を診察させることができる。

２　厚生大臣又は都道府県知事は、必要があると認めるときは、精神病院の管理者、精神病院に入院中の者又は第三十三条第一項若しくは第二項の規定による入院について同意をした者に対し、この法律による入院に必要な手続きに関し、報告を求め、又は帳簿書類の提出若しくは提示を命じることができる。

３　第二十七条第五項及び第六項の規定は、第一項の規定による立入検査、質問又は診察について準用する。

（改善命令等）

第三十八条の七　厚生大臣又は都道府県知事は、精神病

（報告徴収等）

第三十八条の六　（同上）

２　厚生大臣又は都道府県知事は、必要があると認めるときは、精神病院の管理者、精神病院に入院中の者又は第三十三条第一項若しくは第二項若しくは第三十四条の規定による入院について同意をした者に対し、この法律による入院に必要な手続きに関し、報告を求め、又は帳簿書類の提出若しくは提示を命じることができる。

３　（同上）

（改善命令等）

第三十八条の七　厚生大臣又は都道府県知事は、精神病

院に入院中の者の処遇が第三十六条の規定に違反していると認めるとき又は第三十七条第一項の基準に適合していないと認めるときその他精神病院に入院中の者の処遇が著しく適当でないと認めるときは、当該精神病院の管理者に対し、措置を講ずべき事項及び期限を示して、処遇を確保するための改善計画の提出を求め、若しくは提出された改善計画の変更を命じ、又はその処遇の改善のために必要な措置を採ることを命ずることができる。

2 厚生大臣又は都道府県知事は、必要があると認めるときは、第二十二条の四第三項の規定により入院している者又は第三十三条第一項若しくは第二項若しくは第三十三条の四第一項の規定により入院した者について、その指定する二人以上の指定医に診察させ、各指定医の診察の結果がその入院を継続する必要があることに一致しない場合又はこれらの者の入院がこの法律若しくはこの法律に基づく命令に違反して行われた場合には、これらの者が入院している精神病院の管理者に対し、その者を退院させることを命ずることができる。

3 厚生大臣又は都道府県知事は、精神病院の管理者が前二項の規定による命令に従わないときは、当該精神病院の管理者に対し、期間を定めて第二十二条の四第

院に入院中の者の処遇が第三十六条の規定に違反していると認めるとき又は第三十七条第一項の基準に適合していないと認めるときその他精神病院に入院中の者の処遇が著しく適当でないと認めるときは、当該精神病院の管理者に対し、その処遇の改善のために必要な措置を採ることを命ずることができる。

2 厚生大臣又は都道府県知事は、必要があると認めるときは、第二十二条の四第三項の規定により入院している者又は第三十三条第一項若しくは第二項、第三十三条の四第一項若しくは第三十四条の規定により入院した者について、その指定する二人以上の指定医に診察させ、各指定医の診察の結果がその入院を継続する必要があることに一致しない場合又はこれらの者の入院がこの法律若しくはこの法律に基づく命令に違反して行われた場合には、これらの者が入院している精神病院の管理者に対し、その者を退院させることを命ずることができる。

一項、第三十三条第一項及び第二項並びに第三十三条の四第一項の規定による精神障害者の入院に係る医療の提供の全部又は一部を制限することを命ずることができる。

（無断退去者に対する措置）

第三十九条　精神病院の管理者は、入院中の者で自身を傷つけ又は他人に害を及ぼすおそれのあるものが無断で退去しその行方が不明になつたときは、所轄の警察署長に次の事項を通知してその探索を求めなければならない。

一　退去者の住所、氏名、性別及び生年月日

二　退去の年月日及び時刻

三　症状の概要

四　退去者を発見するために参考となるべき人相、服装その他の事項

五　入院年月日

六　保護者又はこれに準ずる者の住所及び氏名

2　警察官は、前項の探索を求められた者を発見したときは、直ちに、その旨を当該精神病院の管理者に通知しなければならない。この場合において、警察官は、当該精神病院の管理者がその者を引き取るまでの間、二十四時間を限り、その者を、警察署、病院、救護施設等の精神障害者を保護するのに適当な場所に、保護

（無断退去者に対する措置）

第三十九条　（同上）

することができる。

（仮退院）

第四十条　第二十九条第一項に規定する精神病院又は指定病院の管理者は、指定医による診察の結果、措置入院者の症状に照らしその者を一時退院させて経過を見ることが適当であると認めるときは、都道府県知事の許可を得て、六月を超えない期間を限り仮に退院させることができる。

第七節　雑則

（保護者の引取義務等）

第四十一条　保護者は、第二十九条の三若しくは第二十九条の四第一項の規定により退院する者又は前条の規定により仮退院する者を引き取り、かつ、仮退院した者の保護に当たつては当該精神病院又は指定病院の管理者の指示に従わなければならない。

（医療及び保護の費用）

第四十二条　保護者が精神障害者の医療及び保護のために支出する費用は、当該精神障害者又はその扶養義務者が負担する。

（刑事事件に関する手続等との関係）

第四十三条　この章の規定は、精神障害者又はその疑いのある者について、刑事事件若しくは少年の保護事件の処理に関する法令の規定による手続を行ない、又は

（仮退院）

第四十条（同上）

第七節　雑則

（保護者の引取義務等）

第四十一条（同上）

（医療及び保護の費用）

第四十二条（同上）

（刑事事件に関する手続等との関係）

第四十三条（同上）

刑若しくは補導処分若しくは保護処分の執行のためこれらの者を矯正施設に収容することを妨げるものではない。

2　第二十五条、第二十六条及び第二十七条の規定を除く外、この章の規定は矯正施設に収容中の者には適用しない。

第四十四条　削除

第六章　保健及び福祉

第一節　精神障害者保健福祉手帳

（精神障害者保健福祉手帳）

第四十五条　精神障害者（知的障害者を除く。以下この章及び次章において同じ。）は、厚生省令で定める書類を添えて、その居住地（居住地を有しないときは、そ

（覚せい剤の慢性中毒者に対する措置）

第四十四条　第十九条の四、第二十条から前条まで及び第四十七条第一項の規定は、覚せい剤の慢性中毒者（精神障害者を除く。）又はその疑いのある者について準用する。この場合において、第二十四条、第二十七条第二項、第二十八条の二第一項、第二十九条第一項及び第二項、第二十九条の二第一項、第二十九条の四、第二十九条の五、第三十二条第一項並びに第三十八条中「精神障害」とあるのは「覚せい剤の慢性中毒」と、第四十七条第一項中「精神保健及び精神障害者の福祉」とあるのは「精神保健」と読み替えるものとする。

第六章　保健及び福祉

第一節　精神障害者保健福祉手帳

（精神障害者保健福祉手帳）

第四十五条　（同上）

の現在地）の都道府県知事に精神障害者保健福祉手帳の交付を申請することができる。

2　都道府県知事は、前項の申請に基づいて審査し、申請者が政令で定める精神障害の状態にあると認めたときは、申請者に精神障害者保健福祉手帳を交付しなければならない。

3　前項の規定による審査の結果、申請者が同項の政令で定める精神障害の状態にないと認めたときは、都道府県知事は、理由を付して、その旨を申請者に通知しなければならない。

4　都道府県知事は、第一項の申請に対して決定をするには、地方精神保健福祉審議会の意見を聴かなければならない。ただし、申請者が精神障害を支給事由とする年金たる給付で厚生省令で定めるものを受けているときは、この限りでない。

5　精神障害者保健福祉手帳の交付を受けた者は、厚生省令で定めるところにより、二年ごとに、第二項の政令で定める精神障害の状態にあることについて、都道府県知事の認定を受けなければならない。

6　第三項及び第四項の規定は、前項の認定について準用する。

7　前各項に定めるもののほか、精神障害者保健福祉手帳に関し必要な事項は、政令で定める。

（精神障害者保健福祉手帳の返還等）

第四十五条の二　精神障害者保健福祉手帳の交付を受けた者は、前条第二項の政令で定める精神障害の状態がなくなつたときは、速やかに精神障害者保健福祉手帳を都道府県に返還しなければならない。

2　精神障害者保健福祉手帳の交付を受けた者は、精神障害者保健福祉手帳を譲渡し、又は貸与してはならない。

3　都道府県知事は、精神障害者保健福祉手帳の交付を受けた者について、前条第二項の政令で定める状態がなくなつたと認めるときは、その者に対し精神障害者保健福祉手帳の返還を命ずることができる。

4　都道府県知事は、前項の規定により、精神障害者保健福祉手帳の返還を命じようとするときは、あらかじめその指定する指定医をして診察させなければならない。

5　前条第三項の規定は、第三項の認定について準用する。

第二節　相談指導等

（正しい知識の普及）

第四十六条　都道府県及び市町村は、精神障害についての正しい知識の普及のための広報活動等を通じて、精神障害者の社会復帰及びその自立と社会経済活動への

（精神障害者保健福祉手帳の返還等）

第四十五条の二　（同上）

2　（同上）

第二節　相談指導等

（正しい知識の普及）

第四十六条　（同上）

参加に対する地域住民の関心と理解を深めるように努めなければならない。	
（相談指導等）	（相談指導等）
第四十七条　都道府県、保健所を設置する市又は特別区（以下「都道府県等」という。）は、必要に応じて、次条第一項に規定する精神保健福祉相談員その他の職員又は都道府県知事若しくは保健所を設置する市若しくは特別区の長（以下「都道府県知事等」という。）が指定した医師をして、精神保健及び精神障害者の福祉に関し、精神障害者及びその家族等からの相談に応じさせ、及びこれらの者を指導させなければならない。	**第四十七条**　（同上）
2　都道府県等は、必要に応じて、医療を必要とする精神障害者に対し、その精神障害の状態に応じた適切な医療施設を紹介しなければならない。	2　（同上）
3　精神保健福祉センター及び保健所は、精神障害者の福祉に関する相談及び指導を行うに当たつては、福祉事務所（社会福祉事業法（昭和二十六年法律第四十五号）に定める福祉に関する事務所をいう。第五十条の二第六項において同じ。）その他の関係行政機関との連携を図るように努めなければならない。	3　精神保健福祉センター及び保健所は、精神障害者の福祉に関する相談及び指導を行うに当たつては、福祉事務所（社会福祉事業法（昭和二十六年法律第四十五号）に定める福祉に関する事務所をいう。）その他の関係行政機関との連携を図るように努めなければならない。
4　市町村（保健所を設置する市及び特別区を除く。）は、第一項及び第二項の規定により都道府県が行う精神障害者に関する事務に必要な協力をするとともに、必要	4　（同上）

に応じて、精神保健及び精神障害者の福祉に関し、精神障害者及びその家族等からの相談に応じ、及びこれらの者を指導するように努めなければならない。

（精神保健福祉相談員）

第四十八条　都道府県等は、精神保健福祉センター及び保健所に、精神保健及び精神障害者の福祉に関する相談に応じ、並びに精神障害者及びその家族等を訪問して必要な指導を行うための職員（次項において「精神保健福祉相談員」という。）を置くことができる。

２　精神保健福祉相談員は、精神保健福祉士その他政令で定める資格を有する者のうちから、都道府県知事等が任命する。

（施設及び事業の利用の調整等）

第四十九条　保健所長は、精神障害者保健福祉手帳の交付を受けた精神障害者から求めがあつたときは、当該精神障害者の希望、精神障害の状態、社会復帰の促進及び自立と社会経済活動への参加の促進のために必要な指導及び訓練その他の援助の内容等を勘案し、当該精神障害者が最も適切な精神障害者社会復帰施設又は精神障害者地域生活援助事業若しくは精神障害者社会

（精神保健福祉相談員）

第四十八条（同上）

２　精神保健福祉相談員は、学校教育法（昭和二十二年法律第二十六号）に基づく大学において社会福祉に関する科目を修めて卒業した者であつて、精神保健及び精神障害者の福祉に関する知識及び経験を有するものその他政令で定める資格を有する者のうちから、都道府県知事等が任命する。

（施設及び事業の利用の調整等）

第四十九条　保健所長は、精神障害者保健福祉手帳の交付を受けた精神障害者から求めがあつたときは、その精神障害者の状態、社会復帰の促進及び自立と社会経済活動への参加の促進のために必要な指導及び訓練その他の援助の内容等を勘案し、当該精神障害者が最も適切な精神障害者社会復帰施設又は精神障害者地域生活援助事業若しくは精神障害者社会適応訓練事業（以下

適応訓練事業（以下この条において「精神障害者地域生活援助事業等」という。）の利用ができるよう、相談に応じ、必要な助言を行うものとする。この場合において、保健所長は、当該事務を精神障害者地域生活支援センターに委託することができる。

2　保健所長は、前項の助言を受けた精神障害者から求めがあつた場合には、必要に応じて、精神障害者社会復帰施設の利用又は精神障害者地域生活援助事業等の利用についてあつせん又は調整を行うとともに、必要に応じて、精神障害者社会復帰施設の設置者又は精神障害者地域生活援助事業等を行う者に対し、当該精神障害者の利用の要請を行うものとする。

3　精神障害者社会復帰施設の設置者又は精神障害者地域生活援助事業等を行う者は、前項のあつせん、調整及び要請に対し、できる限り協力しなければならない。

第三節　施設及び事業

（精神障害者社会復帰施設の設置等）

第五十条　都道府県は、精神障害者の社会復帰の促進及び自立と社会経済活動への参加の促進を図るため、精神障害者社会復帰施設を設置することができる。

この条において「精神障害者地域生活援助事業等」という。）の利用ができるよう、当該精神障害者の精神障害者社会復帰施設又は精神障害者地域生活援助事業等の利用について、相談に応じ、並びにあつせん及び調整を行うとともに、必要に応じて、精神障害者社会復帰施設の設置者又は精神障害者地域生活援助事業等を行う者に対し、当該精神障害者の利用の要請を行うものとする。

2　（同上）

第三節　施設及び事業

（精神障害者社会復帰施設の設置）

第五十条　（同上）

2　市町村、社会福祉法人その他の者は、精神障害者の社会復帰の促進及び自立と社会経済活動への参加の促進を図るため、厚生省令の定めるところにより、あらかじめ、厚生省令で定める事項を都道府県知事に届け出て、精神障害者社会復帰施設を設置することができる。

3　前項の規定による届出をした者は、その届け出た事項に変更を生じたときは、変更の日から一月以内に、その旨を当該都道府県知事に届け出なければならない。

4　市町村、社会福祉法人その他の者は、精神障害者社会復帰施設を廃止し、又は休止しようとするときは、あらかじめ、厚生省令で定める事項を都道府県知事に届け出なければならない。

（精神障害者社会復帰施設の種類）

第五十条の二　精神障害者社会復帰施設の種類は、次のとおりとする。

一　精神障害者生活訓練施設

二　精神障害者授産施設

三　精神障害者福祉ホーム

四　精神障害者福祉工場

五　精神障害者地域生活支援センター

2　精神障害者生活訓練施設は、精神障害のため家庭に

2　市町村、社会福祉法人その他の者は、精神障害者の社会復帰の促進及び自立と社会経済活動への参加の促進を図るため、社会福祉事業法の定めるところにより、精神障害者社会復帰施設を設置することができる。

（精神障害者社会復帰施設の種類）

第五十条の二　精神障害者社会復帰施設の種類は、次のとおりとする。

一～四　（同上）

2～5　（同上）

おいて日常生活を営むのに支障がある精神障害者が日常生活に適応することができるように、低額な料金で、居室その他の設備を利用させ、必要な訓練及び指導を行うことにより、その者の社会復帰の促進を図ることを目的とする施設とする。

3　精神障害者授産施設は、雇用されることが困難な精神障害者が自活することができるように、低額な料金で、必要な訓練を行い、及び職業を与えることにより、その者の社会復帰の促進を図ることを目的とする施設とする。

4　精神障害者福祉ホームは、現に住居を求めている精神障害者に対し、低額な料金で、居室その他の設備を利用させるとともに、日常生活に必要な便宜を供与することにより、その者の社会復帰の促進及び自立の促進を図ることを目的とする施設とする。

5　精神障害者福祉工場は、通常の事業所に雇用されることが困難な精神障害者を雇用し、及び社会生活への適応のために必要な指導を行うことにより、その者の社会復帰の促進及び社会経済活動への参加の促進を図ることを目的とする施設とする。

6　精神障害者地域生活支援センターは、地域の精神保健及び精神障害者の福祉に関する各般の問題につき、精神障害者からの相談に応じ、必要な指導及び助言を

行うとともに、第四十九条第一項の規定による助言を行い、併せて保健所、福祉事務所、精神障害者社会復帰施設等との連絡調整その他厚生省令で定める援助を総合的に行うことを目的とする施設とする。

（秘密保持義務）

第五十条の二の二　精神障害者地域生活支援センターの職員は、その職務を遂行するに当たつては、個人の身上に関する秘密を守らなければならない。

（施設の基準）

第五十条の二の三　厚生大臣は、精神障害者社会復帰施設の設備及び運営について、基準を定めなければならない。

2　精神障害者社会復帰施設の設置者は、前項の基準を遵守しなければならない。

（報告の徴収等）

第五十条の二の四　都道府県知事は、前条第一項の基準を維持するため、精神障害者社会復帰施設の長に対して、必要と認める事項の報告を求め、又は当該職員に、関係者に対して質問させ、若しくはその施設に立ち入り、設備、帳簿書類その他の物件を検査させることができる。

2　第二十七条第五項及び第六項の規定は、前項の規定による立入検査について準用する。この場合において、

同条第五項中「前項」とあるのは「第五十条の二の四第一項」と、「その者の居住する場所」とあるのは「精神障害者社会復帰施設」と、「指定医及び当該職員」とあるのは「当該職員」と、同条第六項中「第四項」とあるのは「第五十条の二の四第一項」と読み替えるものとする。

（事業の停止等）

第五十条の二の五　都道府県知事は、精神障害者社会復帰施設の設置者がこの法律若しくはこれに基づく命令若しくはこれらに基づいてする処分に違反したとき、又は当該施設が第五十条の二の三第一項の基準に適合しなくなつたときは、その設置者に対して、その施設の設備若しくは運営の改善又はその事業の停止若しくは廃止を命ずることができる。

2　都道府県知事は、前項の規定により、精神障害者社会復帰施設につき、その事業の廃止を命じようとするときは、あらかじめ、地方精神保健福祉審議会の意見を聴かなければならない。

（精神障害者地域生活援助事業）

第五十条の三　都道府県は、精神障害者の社会復帰の促進及び自立の促進を図るため、精神障害者地域生活援助事業（地域において共同生活を営むのに支障のない精神障害者につき、これらの者が共同生活を営むべき

（精神障害者地域生活援助事業）

第五十条の三　（同上）

住居において食事の提供、相談その他の日常生活上の援助を行う事業をいう。以下同じ。）を行うことができる。

2　市町村、社会福祉法人その他の者は、精神障害者の社会復帰の促進及び自立の促進を図るため、社会福祉事業法の定めるところにより、精神障害者地域生活援助事業を行うことができる。

（精神障害者社会適応訓練事業）

第五十条の四　都道府県は、精神障害者の社会復帰の促進及び社会経済活動への参加の促進を図るため、精神障害者社会適応訓練事業（通常の事業所に雇用されることが困難な精神障害者を精神障害者の社会経済活動への参加の促進に熱意のある者に委託して、職業を与えるとともに、社会生活への適応のために必要な訓練を行う事業をいう。以下同じ。）を行うことができる。

（国又は都道府県の補助）

第五十一条　都道府県は、精神障害者社会復帰施設の設置者又は精神障害者地域生活援助事業を行う者に対し、次に掲げる費用の一部を補助することができる。

一　精神障害者社会復帰施設の設置及び運営に要する費用

二　精神障害者地域生活援助事業に要する費用

2　国は、予算の範囲内において、都道府県に対し、次

（精神障害者社会適応訓練事業）

第五十条の四　（同上）

（国又は都道府県の補助）

第五十一条　（同上）

に掲げる費用の一部を補助することができる。
一　都道府県が設置する精神障害者社会復帰施設の設置及び運営に要する費用
二　都道府県が行う精神障害者地域生活援助事業及び精神障害者社会適応訓練事業に要する費用
三　前項の規定による補助に要した費用

第七章　精神障害者社会復帰促進センター

（指定等）
第五十一条の二　厚生大臣は、精神障害者の社会復帰の促進を図るための訓練及び指導等に関する研究開発を行うこと等により精神障害者の社会復帰を促進することを目的として設立された民法（明治二十九年法律第八十九号）第三十四条の法人であつて、次条に規定する業務を適正かつ確実に行うことができると認められるものを、その申請により、全国を通じて一個に限り、精神障害者社会復帰促進センター（以下「センター」という。）として指定することができる。
2　厚生大臣は、前項の規定による指定をしたときは、センターの名称、住所及び事務所の所在地を公示しなければならない。
3　センターは、その名称、住所又は事務所の所在地を変更しようとするときは、あらかじめ、その旨を厚生大臣に届け出なければならない。

第七章　精神障害者社会復帰促進センター

（指定等）
第五十一条の二（同上）

4　厚生大臣は、前項の規定による届出があつたときは、当該届出に係る事項を公示しなければならない。

（業務）

第五十一条の三　センターは、次に掲げる業務を行うものとする。

一　精神障害者の社会復帰の促進に資するための啓発活動及び広報活動を行うこと。

二　精神障害者の社会復帰の実例に即して、精神障害者の社会復帰の促進を図るための訓練及び指導等に関する研究開発を行うこと。

三　前号に掲げるもののほか、精神障害者の社会復帰の促進に関する研究を行うこと。

四　精神障害者の社会復帰の促進を図るため、第二号の規定による研究開発の成果又は前号の規定による研究の成果を、定期的に又は時宜に応じて提供すること。

五　精神障害者の社会復帰の促進を図るための事業の業務に関し、当該事業に従事する者及び当該事業に従事しようとする者に対して研修を行うこと。

六　前各号に掲げるもののほか、精神障害者の社会復帰を促進するために必要な業務を行うこと。

（センターへの協力）

第五十一条の四　精神病院その他の精神障害の医療を提

（業務）

第五十一条の三　（同上）

（センターへの協力）

第五十一条の四　（同上）

供する施設の設置者、精神障害者社会復帰施設の設置者及び精神障害者地域生活援助事業又は精神障害者社会適応訓練事業を行う者は、センターの求めに応じ、センターが前条第二号及び第三号に掲げる業務を行うために必要な限度において、センターに対し、精神障害者の社会復帰の促進を図るための訓練及び指導に関する情報又は資料その他の必要な情報又は資料で厚生省令で定めるものを提供することができる。

（特定情報管理規程）

第五十一条の五　センターは、第五十一条の三第二号及び第三号に掲げる業務に係る情報及び資料（以下この条及び第五十一条の七において「特定情報」という。）の管理並びに使用に関する規程（以下この条及び第五十一条の七において「特定情報管理規程」という。）を作成し、厚生大臣の認可を受けなければならない。これを変更しようとするときも、同様とする。

2　厚生大臣は、前項の認可をした特定情報管理規程が特定情報の適正な管理又は使用を図る上で不適当となつたと認めるときは、センターに対し、当該特定情報管理規程を変更すべきことを命ずることができる。

3　特定情報管理規程に記載すべき事項は、厚生省令で定める。

（秘密保持義務）

（特定情報管理規程）

第五十一条の五　（同上）

（秘密保持義務）

第五十一条の六　センターの役員若しくは職員又はこれらの職にあつた者は、第五十一条の三第二号又は第三号に掲げる業務に関して知り得た秘密を漏らしてはならない。	**第五十一条の六**（同上）
（解任命令）	（解任命令）
第五十一条の七　厚生大臣は、センターの役員又は職員が第五十一条の五第一項の認可を受けた特定情報管理規程によらないで特定情報の管理若しくは使用を行つたとき、又は前条の規定に違反したときは、センターに対し、当該役員又は職員を解任すべきことを命ずることができる。	**第五十一条の七**（同上）
（事業計画等）	（事業計画等）
第五十一条の八　センターは、毎事業年度の事業計画書及び収支予算書を作成し、当該事業年度の開始前に厚生大臣に提出しなければならない。これを変更しようとするときも、同様とする。 2　センターは、毎事業年度の事業報告書及び収支決算書を作成し、当該事業年度経過後三月以内に厚生大臣に提出しなければならない。	**第五十一条の八**（同上）
（報告及び検査）	（報告及び検査）
第五十一条の九　厚生大臣は、第五十一条の三に規定する業務の適正な運営を確保するために必要な限度において、センターに対し、必要と認める事項の報告を求	**第五十一条の九**（同上）

め、又は当該職員に、その事務所に立ち入り、業務の状況若しくは帳簿書類その他の物件を検査させることができる。

2　第二十七条第五項及び第六項の規定は、前項の規定による立入検査について準用する。この場合において、同条第五項中「前項」とあるのは「第五十一条の九第一項」と、「その者の居住する場所」とあるのは「センターの事務所」と、「指定医及び当該職員」とあるのは「当該職員」と、同条第六項中「第四項」とあるのは「第五十一条の九第一項」と読み替えるものとする。

（監督命令）

第五十一条の十　厚生大臣は、この章の規定を施行するため必要な限度において、センターに対し、第五十一条の三に規定する業務に関し、監督上必要な命令をすることができる。

（指定の取消し等）

第五十一条の十一　厚生大臣は、センターが次の各号のいずれかに該当するときは、第五十一条の二第一項の規定による指定を取り消すことができる。

一　第五十一条の三に規定する業務を適正かつ確実に実施することができないと認められるとき。

二　指定に関し不正な行為があつたとき。

三　この章の規定又は当該規定による命令若しくは処

（監督命令）

第五十一条の十（同上）

（指定の取消し等）

第五十一条の十一（同上）

分に違反したとき。

2　厚生大臣は、前項の規定により指定を取り消したときは、その旨を公示しなければならない。

第八章　雑則

（審判の請求）

第五十一条の十一の二　市町村長は、精神障害者につき、その福祉を図るため特に必要があると認めるときは、民法第七条、第十一条、第十二条第二項、第十四条第一項、第十六条第一項、第八百七十六条の四第一項又は第八百七十六条の九第一項に規定する審判の請求をすることができる。

（大都市の特例）

第五十一条の十二　この法律の規定中都道府県が処理することとされている事務で政令で定めるものは、地方自治法（昭和二十二年法律第六十七号）第二百五十二条の十九第一項の指定都市（以下この条において「指定都市」という。）においては、政令の定めるところにより、指定都市が処理するものとする。この場合においては、この法律の規定中都道府県に関する規定は、指定都市に関する規定として指定都市に適用があるものとする。

2　前項の規定により指定都市の長がした処分（地方自治法第二条第九項第一号に規定する第一号法定受託事

第八章　雑則

（審判の請求）

第五十一条の十一の二（同上）

（大都市の特例）

第五十一条の十二（同上）

務に係るものに限る。）に係る審査請求についての都道府県知事の裁決に不服がある者は、厚生大臣に対し再審査請求をすることができる。

（緊急時における厚生大臣の事務執行）

第五十一条の十三　精神障害者社会復帰施設について、第五十条の二の四及び第五十条の二の五の規定により都道府県知事の権限に属するものとされている事務は、この施設を利用する者の利益を保護する緊急の必要があると厚生大臣が認める場合にあつては、厚生大臣又は都道府県知事が行うものとする。この場合においては、この法律の規定中都道府県知事に関する規定（当該事務に係るものに限る。）は、厚生大臣に関する規定として厚生大臣に適用があるものとする。

2　前項の場合において、厚生大臣又は都道府県知事が当該事務を行うときは、相互に密接な連携の下に行うものとする。

（事務の区分）

第五十一条の十四　この法律（第一章から第三章まで、第十九条の二第四項、第十九条の七、第十九条の八、第十九条の九第一項、同条第二項（第三十三条の五において準用する場合を含む。）、第二十九条の七、第三十条第一項及び第三十一条、第五章第四節、第三十三

（緊急時における厚生大臣の事務執行）

第五十一条の十三　精神障害者社会復帰施設について、第五十条第二項において適用することとされる社会福祉事業法第六十五条及び第六十七条の規定により都道府県知事の権限に属するものとされている事務は、この施設を利用する者の利益を保護する緊急の必要があると厚生大臣が認める場合にあつては、厚生大臣又は都道府県知事が行うものとする。この場合においては、同法の規定中都道府県知事に関する規定（当該事務に係るものに限る。）は、厚生大臣に関する規定として厚生大臣に適用があるものとする。

2　（同上）

（事務の区分）

第五十一条の十四　この法律（第一章から第三章まで、第十九条の七、第十九条の八、第十九条の九第一項、同条第二項（第三十三条の五（第四十四条において準用する場合を含む。）において準用する場合を含む。）、第二十九条の七、第三十条第一項及び第三十一条、第

条の四第一項及び第三項並びに第六章を除く。）の規定により都道府県が処理することとされている事務は、地方自治法第二条第九項第一号に規定する第一号法定受託事務（次項及び第三項において「第一号法定受託事務」という。）とする。

2　この法律（第三十二条第三項及び第六章第二節を除く。）の規定により保健所を設置する市又は特別区が処理することとされている事務（保健所長に係るものに限る。）は、第一号法定受託事務とする。

3　第二十一条の規定により市町村が処理することとされている事務は、第一号法定受託事務とする。

第九章　罰則

第五十二条　次の各号の一に該当する者は、三年以下の懲役又は百万円以下の罰金に処する。

一　第三十八条の三第四項の規定による命令に違反し

五章第四節、第三十三条の四第一項及び第三項（第四十四条においてこれらの規定を準用する場合を含む。）、第六章第一節、第四十六条、第四十七条第一項（第四十四条において準用する場合を含む。）、同条第二項及び第三項、第四十八条、第四十九条第一項並びに同章第三節を除く。）の規定により都道府県が処理することとされている事務は、地方自治法第二条第九項第一号に規定する第一号法定受託事務（次項及び第三項において「第一号法定受託事務」という。）とする。

2　この法律（第三十二条第三項及び第四十七条第一項（第四十四条においてこれらの規定を準用する場合を含む。）、同条第二項及び第三項、第四十八条並びに第四十九条第一項を除く。）の規定により保健所を設置する市又は特別区が処理することとされている事務（保健所長に係るものに限る。）は、第一号法定受託事務とする。

3　第二十一条（第四十四条において準用する場合を含む。）の規定により市町村が処理することとされている事務は、第一号法定受託事務とする。

第九章　罰則

第五十二条　次の各号の一に該当する者は、三年以下の懲役又は五十万円以下の罰金に処する。

一　第三十八条の三第四項（第四十四条において準用

た者

二　第三十八条の五第五項の規定による命令に違反した者

三　第三十八条の七第二項の規定による命令に違反した者

四　第三十八条の七第三項の規定による命令に違反した者

第五十三条　精神病院の管理者、指定医、地方精神保健福祉審議会の委員若しくは臨時委員、精神医療審査会の委員若しくは第四十七条第一項の規定により都道府県知事等が指定した医師又はこれらの職にあつた者が、この法律の規定に基づく職務の執行に関して知り得た人の秘密を正当な理由がなく漏らしたときは、一年以下の懲役又は五十万円以下の罰金に処する。

2　精神病院の職員又はその職にあつた者が、この法律の規定に基づく精神病院の管理者の職務の執行を補助するに際して知り得た人の秘密を正当な理由がなく漏らしたときも、前項と同様とする。

第五十三条の二　第五十一条の六の規定に違反した者は、一年以下の懲役又は五十万円以下の罰金に処する。

第五十四条　次の各号の一に該当する者は、六月以下の

する場合を含む。）の規定による命令に違反した者

二　第三十八条の五第五項（第四十四条において準用する場合を含む。）の規定による退院の命令に違反した者

三　第三十八条の七第二項（第四十四条において準用する場合を含む。）の規定による命令に違反した者

第五十三条　精神病院の管理者、指定医、地方精神保健福祉審議会の委員若しくは臨時委員、精神医療審査会の委員若しくは第四十七条第一項（第四十四条において準用する場合を含む。）の規定により都道府県知事等が指定した医師又はこれらの職にあつた者が、この法律の規定に基づく職務の執行に関して知り得た人の秘密を正当な理由がなく漏らしたときは、一年以下の懲役又は三十万円以下の罰金に処する。

2　（同上）

第五十三条の二　第五十一条の六の規定に違反した者は、一年以下の懲役又は三十万円以下の罰金に処する。

第五十四条　虚偽の事実を記載して第二十三条第一項

懲役又は三十万円以下の罰金に処する。

一　虚偽の事実を記載して第二十三条第一項の申請をした者

二　第五十条の二の五第一項の規定による停止又は廃止の命令に違反した者

三　第五十一条の十三第一項の規定により厚生大臣が行う第五十条の二の五第一項に規定する停止又は廃止の命令に違反した者

第五十五条　次の各号の一に該当する者は、二十万円以下の罰金に処する。

一　第二十七条第一項又は第二項の規定による診察を拒み、妨げ、若しくは忌避した者又は同条第四項の規定による立入りを拒み、若しくは妨げた者

二　第二十九条の二第一項の規定による診察を拒み、妨げ、若しくは忌避した者又は同条第四項において準用する第二十七条第四項の規定による立入りを拒み、若しくは妨げた者

（第四十四条において準用する場合を含む。）の申請をした者は、六月以下の懲役又は二十万円以下の罰金に処する。

第五十五条　次の各号の一に該当する者は、十万円以下の罰金に処する。

一　第二十七条第一項又は第二項（これらの規定を第四十四条において準用する場合を含む。）の規定による診察を拒み、妨げ、若しくは忌避した者又は第二十七条第四項（第四十四条において準用する場合を含む。）の規定による立入りを拒み、若しくは妨げた者

二　第二十九条の二第一項（第四十四条において準用する場合を含む。）の規定による診察を拒み、妨げ、若しくは忌避した者又は第二十九条の二第四項（第四十四条において準用する場合を含む。）において準用する第二十七条第四項の規定による立入りを拒

三　第三十八条の三第三項の規定による報告若しくは提出をせず、若しくは虚偽の報告をし、同項の規定による診察を妨げ、又は同項の規定による出頭をせず、若しくは同項の規定による審問に対して、正当な理由がなく答弁せず、若しくは虚偽の答弁をした者

四　第三十八条の五第四項の規定による報告若しくは提出をせず、若しくは虚偽の報告をし、同項の規定による診察を妨げ、又は同項の規定による出頭をせず、若しくは同項の規定による審問に対して、正当な理由がなく答弁せず、若しくは虚偽の答弁をした者

五　第三十八条の六第一項の規定による報告若しくは提出若しくは提示をせず、若しくは虚偽の報告をし、同項の規定による検査若しくは診察を拒み、妨げ、若しくは忌避し、又は同項の規定による質問に対して、正当な理由がなく答弁せず、若しくは虚偽の答弁をした者

六　第三十八条の六第二項の規定による報告若しくは提出若しくは提示をせず、又は虚偽の報告をした精神病院の管理者

み、若しくは妨げた者

三　第三十八条の六第一項（第四十四条において準用する場合を含む。以下この号において同じ。）の規定による報告若しくは提出若しくは提示をせず、若しくは虚偽の報告をし、同項の規定による検査若しくは診察を拒み、妨げ、若しくは忌避し、又は同項の規定による質問に対して、正当な理由がなく答弁せず、若しくは虚偽の答弁をした者

四　第三十八条の六第二項（第四十四条において準用する場合を含む。）の規定による報告若しくは提出若しくは提示をせず、又は虚偽の報告をした精神病院

七　第五十一条の九第一項の規定による報告をせず、若しくは虚偽の報告をし、又は同項の規定による検査を拒み、妨げ、若しくは忌避した者

第五十六条　法人の代表者又は法人若しくは人の代理人、使用人その他の従業者が、その法人又は人の業務に関して第五十二条、第五十四条第二号又は前条の違反行為をしたときは、行為者を罰するほか、その法人又は人に対しても各本条の罰金刑を科する。

第五十七条　次の各号の一に該当する者は、十万円以下の過料に処する。

一　第十九条の四の二の規定に違反した者

二　第二十二条の四第四項の規定に違反した者

三　第三十三条第四項の規定に違反した者

四　第三十三条の四第二項の規定に違反した者

五　第三十八条の二第一項又は同条第二項において準

の管理者

五　（同上）

第五十六条　法人の代表者又は法人若しくは人の代理人、使用人その他の従業者が、その法人又は人の業務に関して第五十二条又は前条の違反行為をしたときは、行為者を罰するほか、その法人又は人に対しても各本条の罰金刑を科する。

第五十七条　次の各号の一に該当する者は、十万円以下の過料に処する。

一　第二十二条の四第三項後段又は第四項（これらの規定を第四十四条において準用する場合を含む。）の規定に違反した者

二　第三十三条第四項（第四十四条において準用する場合を含む。）の規定に違反した者

三　第三十三条の四第二項（第四十四条において準用する場合を含む。）の規定に違反した者

四　第三十四条の二（第四十四条において準用する場合を含む。）において準用する第三十三条第四項の規定に違反した者

五　第三十八条の二第一項（第四十四条において準用

用する同条第一項の規定に違反した者

する場合を含む。）又は第三十八条の二第二項（第四十四条において準用する場合を含む。）において準用する第三十八条の二第一項の規定に違反した者

8　平成十一年改正法の新旧対照条文（平成十四年施行）

「精神保健及び精神障害者福祉に関する法律等の一部を改正する法律」（平成十一年法律第六十五号）による新旧条文対照表

（破線の部分は平成十四年四月一日から施行）

平成十四年施行時（予定）	平成十二年施行時
（国及び地方公共団体の義務） **第二条**　国及び地方公共団体は、医療施設、社会復帰施設その他の福祉施設及び教育施設並びに居宅生活支援事業を充実する等精神障害者の医療及び保護並びに保健及び福祉に関する施策を総合的に実施することによつて精神障害者が社会復帰をし、自立と社会経済活動への参加をすることができるように努力するとともに、精神保健に関する調査研究の推進及び知識の普及を図る等精神障害者の発生の予防その他国民の精神保健の向上のための施策を講じなければならない。 （精神障害者の社会復帰、自立及び社会参加への配慮） **第四条**　医療施設若しくは社会復帰施設の設置者又は居宅生活支援事業若しくは社会適応訓練事業を行う者は、その施設を運営し、又はその事業を行うに当たつては、精神障害者の社会復帰の促進及び自立と社会経	（国及び地方公共団体の義務） **第二条**　国及び地方公共団体は、医療施設、社会復帰施設その他の福祉施設及び教育施設並びに地域生活援助事業を充実する等精神障害者の医療及び保護並びに保健及び福祉に関する施策を総合的に実施することによつて精神障害者が社会復帰をし、自立と社会経済活動への参加をすることができるように努力するとともに、精神保健に関する調査研究の推進及び知識の普及を図る等精神障害者の発生の予防その他国民の精神保健の向上のための施策を講じなければならない。 （精神障害者の社会復帰、自立及び社会参加への配慮） **第四条**　医療施設若しくは社会復帰施設の設置者又は地域生活援助事業若しくは社会適応訓練事業を行う者は、その施設を運営し、又はその事業を行うに当たつては、精神障害者の社会復帰の促進及び自立と社会経

済活動への参加の促進を図るため、地域に即した創意と工夫を行い、及び地域住民等の理解と協力を得るように努めなければならない。

2　国、地方公共団体、医療施設又は社会復帰施設の設置者及び居宅生活支援事業又は社会適応訓練事業を行う者は、精神障害者の社会復帰の促進及び自立と社会経済活動への参加の促進を図るため、相互に連携を図りながら協力するよう努めなければならない。

（精神保健福祉センター）

第六条　都道府県は、精神保健の向上及び精神障害者の福祉の増進を図るための機関（以下「精神保健福祉センター」という。）を置くものとする。

2　精神保健福祉センターは、次に掲げる業務を行うものとする。

一　精神保健及び精神障害者の福祉に関する知識の普及を図り、及び調査研究を行うこと。

二　精神保健及び精神障害者の福祉に関する相談及び指導のうち複雑又は困難なものを行うこと。

三　精神医療審査会の事務を行うこと。

四　第三十二条第三項及び第四十五条第一項の申請に対する決定に関する事務のうち専門的な知識及び技術を必要とするものを行うこと。

（条例への委任）

済活動への参加の促進を図るため、地域に即した創意と工夫を行い、及び地域住民等の理解と協力を得るように努めなければならない。

2　国、地方公共団体、医療施設又は社会復帰施設の設置者及び地域生活援助事業又は社会適応訓練事業を行う者は、精神障害者の社会復帰の促進及び自立と社会経済活動への参加の促進を図るため、相互に連携を図りながら協力するよう努めなければならない。

（精神保健福祉センター）

第六条　都道府県は、精神保健の向上及び精神障害者の福祉の増進を図るため、精神保健福祉センターを設置することができる。

2　精神保健福祉センターは、精神保健及び精神障害者の福祉に関し、知識の普及を図り、調査研究を行い、並びに相談及び指導のうち複雑又は困難なものを行う施設とする。

（政令への委任）

第八条　この法律に定めるもののほか、精神保健福祉センターに関して必要な事項は、条例で定める。

（地方精神保健福祉審議会）

第九条（略）

２（略）

（通院医療）

第三十二条（略）

２（略）

３　第一項の規定による費用の負担は、当該精神障害者又はその保護者の申請によつて行うものとし、その申請は、精神障害者の居住地を管轄する市町村長を経て、都道府県知事に対してしなければならない。

４（略）

５〜７（略）

第八条　この法律に定めるもののほか、精神保健福祉センターに関して必要な事項は、政令で定める。

（地方精神保健福祉審議会）

第九条（略）

２（略）

３　地方精神保健福祉審議会は、前二項に定めるもののほか、都道府県知事の諮問に応じ、第三十二条第三項及び第四十五条第一項の申請に関する必要な事項を審議するものとする。

（通院医療）

第三十二条（略）

２（略）

３　第一項の規定による費用の負担は、当該精神障害者又はその保護者の申請によつて行うものとし、その申請は、精神障害者の居住地を管轄する保健所長を経て、都道府県知事に対してしなければならない。

４（略）

５　都道府県知事は、第三項の申請に対して決定をするには、地方精神保健福祉審議会の意見を聴かなければならない。ただし、当該申請に係る精神障害者が精神障害者保健福祉手帳の交付を受けているときは、この限りでない。

６〜８（略）

（精神障害者保健福祉手帳）
第四十五条　（略）
2・3　（略）
4　（略）
5　第三項の規定は、前項の認定について準用する。
6　（略）
（施設及び事業の利用の調整等）
第四十九条　市町村は、精神障害者保健福祉手帳の交付を受けた精神障害者から求めがあつたときは、当該精神障害者の希望、精神障害の状態、社会復帰の促進及び自立と社会経済活動への参加の促進のために必要な指導及び訓練その他の援助の内容等を勘案し、当該精神障害者が最も適切な精神障害者社会復帰施設又は精神障害者居宅生活支援事業若しくは精神障害者社会適応訓練事業（以下この条において「精神障害者居宅生活支援事業等」という。）の利用ができるよう、相談に応じ、必要な助言を行うものとする。この場合においい

（精神障害者保健福祉手帳）
第四十五条　（略）
2・3　（略）
4　都道府県知事は、第一項の申請に対して決定をするには、地方精神保健福祉審議会の意見を聴かなければならない。ただし、申請者が精神障害を支給事由とする年金たる給付で厚生省令で定めるものを受けているときは、この限りでない。
5　（略）
6　第三項及び第四項の規定は、前項の認定について準用する。
7　（略）
（施設及び事業の利用の調整等）
第四十九条　保健所長は、精神障害者保健福祉手帳の交付を受けた精神障害者から求めがあつたときは、当該精神障害者の希望、精神障害の状態、社会復帰の促進及び自立と社会経済活動への参加の促進のために必要な指導及び訓練その他の援助の内容等を勘案し、当該精神障害者が最も適切な精神障害者社会復帰施設又は精神障害者地域生活援助事業若しくは精神障害者社会適応訓練事業（以下この条において「精神障害者地域生活援助事業等」という。）の利用ができるよう、相談に応じ、必要な助言を行うものとする。この場合にお

て、市町村は当該事務を精神障害者地域生活支援センターに委託することができる。

2　市町村は、前項の助言を受けた精神障害者から求めがあつた場合には、必要に応じて、精神障害者社会復帰施設の利用又は精神障害者居宅生活支援事業等の利用についてあつせん又は調整を行うとともに、必要に応じて、精神障害者社会復帰施設の設置者又は精神障害者居宅生活支援事業等を行う者に対し、当該精神障害者の利用の要請を行うものとする。

3　都道府県は、前項の規定により市町村が行うあつせん、調整及び要請に関し、その設置する保健所による技術的事項についての協力その他市町村に対する必要な援助及び市町村相互間の連絡調整を行う。

4　精神障害者社会復帰施設の設置者又は精神障害者居宅生活支援事業等を行う者は、第二項のあつせん、調整及び要請に対し、できる限り協力しなければならない。

（精神障害者居宅生活支援事業の実施）

第五十条の三　国及び都道府県以外の者は、精神障害者の社会復帰の促進及び自立の促進を図るため、厚生労働省令の定めるところにより、あらかじめ、厚生労働省令で定める事項を都道府県知事に届け出て、精神障害者居宅生活支援事業を行うことができる。

いて、保健所長は当該事務を精神障害者地域生活支援センターに委託することができる。

2　保健所長は、前項の助言を受けた精神障害者から求めがあつた場合には、必要に応じて、精神障害者社会復帰施設の利用又は精神障害者地域生活援助事業等の利用についてあつせん又は調整を行うとともに、必要に応じて、精神障害者社会復帰施設の設置者又は精神障害者地域生活援助事業等を行う者に対し、当該精神障害者の利用の要請を行うものとする。

3　精神障害者社会復帰施設の設置者又は精神障害者地域生活援助事業等を行う者は、前項のあつせん、調整及び要請に対し、できる限り協力しなければならない。

（精神障害者地域生活援助事業）

第五十条の三　都道府県は、精神障害者の社会復帰の促進及び自立の促進を図るため、精神障害者地域生活援助事業（地域において共同生活を営むのに支障のない精神障害者につき、これらの者が共同生活を営むべき住居において食事の提供、相談その他の日常生活上の

2　前項の規定による届出をした者は、その届け出た事項に変更を生じたときは、変更の日から一月以内に、その旨を当該都道府県知事に届け出なければならない。

3　国及び都道府県以外の者は、精神障害者居宅生活支援事業を廃止し、又は休止しようとするときは、あらかじめ、厚生労働省令で定める事項を都道府県知事に届け出なければならない。

（精神障害者居宅生活支援事業の種類）

第五十条の三の二　精神障害者居宅生活支援事業の種類は、次のとおりとする。

一　精神障害者居宅介護等事業

二　精神障害者短期入所事業

三　精神障害者地域生活援助事業

2　精神障害者居宅介護等事業は、精神障害者の社会復帰の促進を図るため、精神障害のために日常生活を営むのに支障のある精神障害者につき、その者の居宅において食事、身体の清潔の保持等の介助その他の日常生活を営むのに必要な便宜であつて厚生労働省令で定めるもの（次項において「介護等」という。）を供与する事業とする。

援助を行う事業をいう。以下同じ。）を行うことができる。

2　市町村、社会福祉法人その他の者は、精神障害者の社会復帰の促進及び自立の促進を図るため、社会福祉事業法の定めるところにより、精神障害者地域生活援助事業を行うことができる。

３　精神障害者短期入所事業は、精神障害者であつて、その介護等を行う者の疾病その他の理由により、居宅において介護等を受けることが一時的に困難となつたものにつき、精神障害者生活訓練施設その他の厚生労働省令で定める施設に短期間入所させ、介護等を行う事業とする。

４　精神障害者地域生活援助事業は、地域において共同生活を営むのに支障のない精神障害者につき、これらの者が共同生活を営むべき住居において食事の提供、相談その他の日常生活上の援助を行う事業とする。

（報告の徴収等）

第五十条の三の三　都道府県知事は、精神障害者の福祉のために必要があると認めるときは、精神障害者居宅生活支援事業を行う者に対して、必要と認める事項の報告を求め、又は当該職員に、関係者に対して質問させ、若しくはその事務所若しくは施設に立ち入り、設備、帳簿書類その他の物件を検査させることができる。

２　第二十七条第五項及び第六項の規定は、前項の規定による立入検査について準用する。この場合において、同条第五項中「前項」とあるのは「第五十条の三の三第一項」と、「その者の居住する場所」とあるのは「その事務所又は施設」と、「指定医及び当該職員」とあるのは「当該職員」と、同条第六項中「第四項」とある

のは「第五十条の三の三第一項」と読み替えるものとする。

（事業の停止等）

第五十条の三の四　都道府県知事は、精神障害者居宅生活支援事業を行う者が、この法律若しくはこれに基づく命令若しくはこれらに基づいてする処分に違反したとき、又はその事業に関し不当に営利を図り、若しくはその事業に係る精神障害者の処遇につき不当な行為をしたときは、当該事業を行う者に対して、その事業の制限又は停止を命ずることができる。

2　都道府県知事は、前項の規定により、精神障害者居宅生活支援事業の制限又は停止を命ずる場合には、あらかじめ、地方精神保健福祉審議会の意見を聴かなければならない。

（国及び地方公共団体の補助）

第五十一条　市町村は、精神障害者居宅生活支援事業を行う者に対し、当該事業に要する費用の一部を補助することができる。

2　都道府県は、市町村に対し、次に掲げる費用の一部を補助することができる。

一　市町村が行う精神障害者居宅生活支援事業に要する費用

二　前項の規定による補助に要した費用

（国又は都道府県の補助）

3　都道府県は、精神障害者社会復帰施設の設置者に対し、当該施設の設置及び運営に要する費用の一部を補助することができる。

4　国は、予算の範囲内において、都道府県に対し、次に掲げる費用の一部を補助することができる。

一　都道府県が設置する精神障害者社会復帰施設の設置及び運営に要する費用

二　都道府県が行う精神障害者社会適応訓練事業に要する費用

三　前2項の規定による補助に要した費用

（センターへの協力）

第五十一条の四　精神病院その他の精神障害の医療を提供する施設の設置者、精神障害者社会復帰施設の設置者及び精神障害者居宅生活支援事業又は精神障害者社会適応訓練事業を行う者は、センターの求めに応じ、センターが前条第二号及び第三号に掲げる業務を行うために必要な限度において、センターに対し、精神障害者の社会復帰の促進を図るための訓練及び指導に関する情報又は資料その他の必要な情報又は資料で厚生労働省令で定めるものを提供することができる。

第五十一条　都道府県は、精神障害者社会復帰施設の設置者又は精神障害者地域生活援助事業を行う者に対し、次に掲げる費用の一部を補助することができる。

一　精神障害者社会復帰施設の設置及び運営に要する費用

二　精神障害者地域生活援助事業に要する費用

2　国は、予算の範囲内において、都道府県に対し、次に掲げる費用の一部を補助することができる。

一　都道府県が設置する精神障害者社会復帰施設の設置及び運営に要する費用

二　都道府県が行う精神障害者地域生活援助事業及び精神障害者社会適応訓練事業に要する費用

三　前項の規定による補助に要した費用

（センターへの協力）

第五十一条の四　精神病院その他の精神障害の医療を提供する施設の設置者、精神障害者社会復帰施設の設置者及び精神障害者地域生活援助事業又は精神障害者社会適応訓練事業を行う者は、センターの求めに応じ、センターが前条第二号及び第三号に掲げる業務を行うために必要な限度において、センターに対し、精神障害者の社会復帰の促進を図るための訓練及び指導に関する情報又は資料その他の必要な情報又は資料で厚生省令で定めるものを提供することができる。

（事務の区分）

第五十一条の十四　（略）

2　この法律（第六章第二節を除く。）の規定により保健所を設置する市又は特別区が処理することとされている事務（保健所長に係るものに限る。）は、第一号法定受託事務とする。

3　（略）

第五十四条　次の各号の一に該当する者は、六月以下の懲役又は三十万円以下の罰金に処する。

一・二　（略）

三　第五十条の三の四第一項の規定による制限又は停止の命令に違反した者

四　（略）

第五十六条　法人の代表者又は法人若しくは人の代理人、使用人その他の従業者が、その法人又は人の業務に関して第五十二条、第五十四条第二号若しくは第三号又は前条の違反行為をしたときは、行為者を罰するほか、その法人又は人に対しても各本条の罰金刑を科する。

（事務の区分）

第五十一条の十四　（略）

2　この法律（第三十二条第三項及び第六章第二節を除く。）の規定により保健所を設置する市又は特別区が処理することとされている事務（保健所長に係るものに限る。）は、第一号法定受託事務とする。

3　（略）

第五十四条　次の各号の一に該当する者は、六月以下の懲役又は三十万円以下の罰金に処する。

一・二　（略）

三　（略）

第五十六条　法人の代表者又は法人若しくは人の代理人、使用人その他の従業者が、その法人又は人の業務に関して第五十二条、第五十四条第二号又は前条の違反行為をしたときは、行為者を罰するほか、その法人又は人に対しても各本条の罰金刑を科する。

9　平成十七年改正法の新旧対照条文（平成十七年十一月七日施行）

「障害者自立支援法」（平成十七年法律第百二十三号）による新旧条文対照表

（破線の部分は平成十七年十一月七日から施行）

改正後	改正前
（定義） **第五条**　この法律で「精神障害者」とは、統合失調症、精神作用物質による急性中毒又はその依存症、知的障害、精神病質その他の精神疾患を有する者をいう。	（定義） **第五条**　この法律で「精神障害者」とは、精神分裂病、精神作用物質による急性中毒又はその依存症、知的障害、精神病質その他の精神疾患を有する者をいう。

10 平成十七年改正法の新旧対照条文（平成十八年四月一日施行）

「障害者自立支援法」（平成十七年法律第百二十三号）による新旧条文対照表

（破線の部分は平成十八年四月一日から施行）

改正後	改正前
目次 第一章～第四章　（略） 第五章　医療及び保護 第一節・第二節　（略） 第三節　指定医の診察及び措置入院（第二十三条―第三十二条） 第四節　医療保護入院等（第三十三条―第三十五条） 第五節　精神病院における処遇等（第三十六条―第四十条） 第六節　雑則（第四十一条―第四十四条） 第六章～第九章　（略）	目次 第一章～第四章　（略） 第五章　医療及び保護 第一節・第二節　（略） 第三節　指定医の診察及び措置入院（第二十三条―第三十一条） 第四節　通院医療（第三十二条―第三十二条の四） 第五節　医療保護入院等（第三十三条―第三十五条） 第六節　精神病院における処遇等（第三十六条―第四十条） 第七節　雑則（第四十一条―第四十四条） 第六章～第九章　（略）

附則

（この法律の目的）

第一条　この法律は、精神障害者の医療及び保護を行い、障害者自立支援法（平成十七年法律第百二十三号）と相まつてその社会復帰の促進及びその自立と社会経済活動への参加の促進のために必要な援助を行い、並びにその発生の予防その他国民の精神的健康の保持及び増進に努めることによつて、精神障害者の福祉の増進及び国民の精神保健の向上を図ることを目的とする。

（国及び地方公共団体の義務）

第二条　国及び地方公共団体は、障害者自立支援法の規定による自立支援給付と相まつて、医療施設、社会復帰施設その他の福祉施設及び教育施設を充実する等精神障害者の医療及び保護並びに保健及び福祉に関する施策を総合的に実施することによつて精神障害者が社会復帰をし、自立と社会経済活動への参加をすることができるように努力するとともに、精神保健に関する調査研究の推進及び知識の普及を図る等精神障害者の発生の予防その他国民の精神保健の向上のための施策を講じなければならない。

（精神障害者の社会復帰、自立及び社会参加への配慮）

附則

（この法律の目的）

第一条　この法律は、精神障害者の医療及び保護を行い、その社会復帰の促進及びその自立と社会経済活動への参加の促進のために必要な援助を行い、並びにその発生の予防その他国民の精神的健康の保持及び増進に努めることによつて、精神障害者の福祉の増進及び国民の精神保健の向上を図ることを目的とする。

（国及び地方公共団体の義務）

第二条　国及び地方公共団体は、医療施設、社会復帰施設その他の福祉施設及び教育施設並びに居宅生活支援事業を充実する等精神障害者の医療及び保護並びに保健及び福祉に関する施策を総合的に実施することによつて精神障害者が社会復帰をし、自立と社会経済活動への参加をすることができるように努力するとともに、精神保健に関する調査研究の推進及び知識の普及を図る等精神障害者の発生の予防その他国民の精神保健の向上のための施策を講じなければならない。

（精神障害者の社会復帰、自立及び社会参加への配慮）

第四条　医療施設若しくは社会復帰施設の設置者又は社会適応訓練事業を行う者は、その施設を運営し、又はその事業を行うに当たつては、精神障害者の社会復帰の促進及び自立と社会経済活動への参加の促進を図るため、地域に即した創意と工夫を行い、及び地域住民等の理解と協力を得るように努めなければならない。

2　国、地方公共団体、医療施設又は社会復帰施設の設置者及び社会適応訓練事業を行う者は、精神障害者の社会復帰の促進及び自立と社会経済活動への参加の促進を図るため、相互に連携を図りながら協力するよう努めなければならない。

（精神保健福祉センター）

第六条　（略）

2　精神保健福祉センターは、次に掲げる業務を行うものとする。

一～三　（略）

四　第四十五条第一項の申請に対する決定及び障害者自立支援法第五十二条第一項に規定する支給認定（精神障害者に係るものに限る。）に関する事務のうち専門的な知識及び技術を必要とするものを行うこと。

第四条　医療施設若しくは社会復帰施設の設置者又は居宅生活支援事業若しくは社会適応訓練事業を行う者は、その施設を運営し、又はその事業を行うに当たつては、精神障害者の社会復帰の促進及び自立と社会経済活動への参加の促進を図るため、地域に即した創意と工夫を行い、及び地域住民等の理解と協力を得るように努めなければならない。

2　国、地方公共団体、医療施設又は社会復帰施設の設置者及び居宅生活支援事業又は社会適応訓練事業を行う者は、精神障害者の社会復帰の促進及び自立と社会経済活動への参加の促進を図るため、相互に連携を図りながら協力するよう努めなければならない。

（精神保健福祉センター）

第六条　（略）

2　精神保健福祉センターは、次に掲げる業務を行うものとする。

一～三　（略）

四　第三十二条第三項及び第四十五条第一項の申請に対する決定に関する事務のうち専門的な知識及び技術を必要とするものを行うこと。

五　障害者自立支援法第二十二条第二項の規定により、市町村が同条第一項に規定する支給要否決定を行うに当たり意見を述べること。

六　障害者自立支援法第二十六条第一項の規定により、市町村に対し技術的事項についての協力その他必要な援助を行うこと。

（地方精神保健福祉審議会）

第九条　精神保健及び精神障害者の福祉に関する事項を調査審議させるため、都道府県は、条例で、精神保健福祉に関する審議会その他の合議制の機関（以下「地方精神保健福祉審議会」という。）を置くことができる。

2　（略）

3　前二項に定めるもののほか、地方精神保健福祉審議会の組織及び運営に関し必要な事項は、都道府県の条例で定める。

第十条及び第十一条　削除

（地方精神保健福祉審議会）

第九条　精神保健及び精神障害者の福祉に関する事項を調査審議させるため、都道府県に精神保健福祉に関する審議会その他の合議制の機関（以下「地方精神保健福祉審議会」という。）を置く。

2　（略）

（委員及び臨時委員）

第十条　地方精神保健福祉審議会の委員は、二十人以内とする。

2　特別の事項を調査審議するため必要があるときは、地方精神保健福祉審議会に臨時委員を置くことができる。

（欠格条項）
第十九条の六の三　次の各号のいずれかに該当する者は、登録を受けることができない。
一　この法律若しくはこの法律に基づく命令又は障害者自立支援法若しくは同法に基づく命令に違反し、罰金以上の刑に処せられ、その執行を終わり、又は執行を受けることがなくなつた日から二年を経過しない者
二・三　（略）
（指定の取消し）
第十九条の九　（略）
2　都道府県知事は、前項の規定によりその指定を取り

3　委員及び臨時委員は、精神保健又は精神障害者の福祉に関し学識経験のある者、精神障害者の医療に関する事業に従事する者及び精神障害者の社会復帰の促進又はその自立と社会経済活動への参加の促進を図るための事業に従事する者のうちから、都道府県知事が任命する。
4　委員の任期は、三年とする。
（条例への委任）
第十一条　地方精神保健福祉審議会の運営に関し必要な事項は、条例で定める。
（欠格条項）
第十九条の六の三　次の各号のいずれかに該当する者は、登録を受けることができない。
一　この法律又はこの法律に基づく命令に違反し、罰金以上の刑に処せられ、その執行を終わり、又は執行を受けることがなくなつた日から二年を経過しない者
二・三　（略）
（指定の取消し）
第十九条の九　（略）
2　都道府県知事は、前項の規定によりその指定を取り

消そうとするときは、あらかじめ、地方精神保健福祉審議会（地方精神保健福祉審議会が置かれていない都道府県にあつては、医療法（昭和二十三年法律第二百五号）第七十一条の二第一項に規定する都道府県医療審議会）の意見を聴かなければならない。

3　（略）

〔保護者〕

第二十二条の二　保護者は、第四十一条の規定による義務（第二十九条の三又は第二十九条の四第一項の規定により退院する者の引取りに係るものに限る。）を行うに当たり必要があるときは、当該精神病院若しくは指定病院の管理者又は当該精神障害者社会復帰施設の長若しくは障害者自立支援法第五条第一項に規定する障害福祉サービスに係る事業（同法附則第八条第二項の規定により障害福祉サービス事業とみなされた事業を含む。以下「障害福祉サービス事業」という。）を行う者に対し、当該精神障害者の社会復帰の促進に関し、相談し、及び必要な援助を求めることができる。

第三十二条　削除

消そうとするときは、あらかじめ、地方精神保健福祉審議会の意見を聴かなければならない。

3　（略）

〔保護者〕

第二十二条の二　保護者は、第四十一条の規定による義務（第二十九条の三又は第二十九条の四第一項の規定により退院する者の引取りに係るものに限る。）を行うに当たり必要があるときは、当該精神病院若しくは指定病院の管理者又は当該精神障害者社会復帰施設の長に対し、当該精神障害者の社会復帰の促進に関し、相談し、及び必要な援助を求めることができる。

第四節　通院医療

（通院医療）

第三十二条　都道府県は、精神障害の適正な医療を普及

するため、精神障害者が健康保険法第六十三条第三項各号に掲げる病院若しくは診療所又は薬局その他病院若しくは診療所（これらに準ずるものを含む。）又は薬局であつて政令で定めるもの（その開設者が、診療報酬の請求及び支払に関し次条に規定する方式によらない旨を都道府県知事に申し出たものを除く。次条において「医療機関等」という。）で病院又は診療所へ入院しないで行われる精神障害の医療を受ける場合において、その医療に必要な費用の百分の九十五に相当する額を負担することができる。

2　前項の医療に必要な費用の額は、健康保険の療養に要する費用の額の算定方法の例によつて算定する。

3　第一項の規定による費用の負担は、当該精神障害者又はその保護者の申請によつて行うものとし、その申請は、精神障害者の居住地を管轄する市町村長を経て、都道府県知事に対してしなければならない。

4　前項の申請は、厚生労働省令で定める医師の診断書を添えて行わなければならない。ただし、当該申請に係る精神障害者が精神障害者保健福祉手帳の交付を受けているときは、この限りでない。

5　第三項の申請があつてから二年を経過したときは、当該申請に基づく費用の負担は、打ち切られるものと

する。

6　戦傷病者特別援護法（昭和三十八年法律第百六十八号）の規定によつて医療を受けることができる者及び心神喪失等の状態で重大な他害行為を行った者の医療及び観察等に関する法律の規定によつて医療を受ける者については、第一項の規定は、適用しない。

7　前各項に定めるもののほか、第一項の医療に関し必要な事項は、政令で定める。

（費用の請求、審査及び支払）

第三十二条の二　前条第一項の医療機関等は、同項の規定により都道府県が負担する費用を、都道府県に請求するものとする。

2　都道府県は、前項の費用を当該医療機関等に支払わなければならない。

3　都道府県は、第一項の請求についての審査及び前項の費用の支払に関する事務を、社会保険診療報酬支払基金その他政令で定める者に委託することができる。

（費用の支弁及び負担）

第三十二条の三　国は、都道府県が第三十二条第一項の規定により負担する費用を支弁したときは、当該都道府県に対し、政令で定めるところにより、その二分の一を補助する。

第四節　医療保護入院等

第五節　精神病院における処遇等

第六節　雑則

（相談指導等）

第四十七条　（略）

2・3　（略）

4　市町村（保健所を設置する市及び特別区を除く。次項において同じ。）は、第一項及び第二項の規定により都道府県が行う精神障害者に関する事務に必要な協力をするとともに、必要に応じて、精神障害者の福祉に関し、精神障害者及びその家族等からの相談に応じ、及びこれらの者を指導しなければならない。

5　市町村は、前項に定めるもののほか、必要に応じて、精神保健に関し、精神障害者及びその家族等からの相談に応じ、及びこれらの者を指導するように努めなければならない。

（精神保健福祉相談員）

第四十八条　都道府県及び市町村は、精神保健福祉センター及び保健所その他これらに準ずる施設に、精神保

第三十二条の四　第三十条の二の規定は、第三十二条第一項の規定による都道府県の負担について準用する。

第五節　医療保護入院等

第六節　精神病院における処遇等

第七節　雑則

（相談指導等）

第四十七条　（略）

2・3　（略）

4　市町村（保健所を設置する市及び特別区を除く。）は、第一項及び第二項の規定により都道府県が行う精神障害者に関する事務に必要な協力をするとともに、必要に応じて、精神保健及び精神障害者の福祉に関し、精神障害者及びその家族等からの相談に応じ、及びこれらの者を指導するように努めなければならない。

（精神保健福祉相談員）

第四十八条　都道府県等は、精神保健福祉センター及び保健所に、精神保健及び精神障害者の福祉に関する相

健及び精神障害者の福祉に関する相談に応じ、並びに精神障害者及びその家族等を訪問して必要な指導を行うための職員（次項において「精神保健福祉相談員」という。）を置くことができる。

2　精神保健福祉相談員は、精神保健福祉士その他政令で定める資格を有する者のうちから、都道府県知事又は市町村長が任命する。

（施設及び事業の利用の調整等）

第四十九条　市町村は、精神障害者保健福祉手帳の交付を受けた精神障害者から求めがあつたときは、当該精神障害者の希望、精神障害の状態、社会復帰の促進及び自立と社会経済活動への参加の促進のために必要な指導及び訓練その他の援助の内容等を勘案し、当該精神障害者が最も適切な精神障害者社会復帰施設又は障害福祉サービス事業若しくは精神障害者社会適応訓練事業（以下「障害福祉サービス事業等」という。）の利用ができるよう、相談に応じ、必要な助言を行うものとする。この場合において、市町村は、当該事務を精神障害者地域生活支援センターに委託することができる。

2　市町村は、前項の助言を受けた精神障害者から求めがあつた場合には、必要に応じて、精神障害者社会復

談に応じ、並びに精神障害者及びその家族等を訪問して必要な指導を行うための職員（次項において「精神保健福祉相談員」という。）を置くことができる。

2　精神保健福祉相談員は、精神保健福祉士その他政令で定める資格を有する者のうちから、都道府県知事等が任命する。

（施設及び事業の利用の調整等）

第四十九条　市町村は、精神障害者保健福祉手帳の交付を受けた精神障害者から求めがあつたときは、当該精神障害者の希望、精神障害の状態、社会復帰の促進及び自立と社会経済活動への参加の促進のために必要な指導及び訓練その他の援助の内容等を勘案し、当該精神障害者が最も適切な精神障害者社会復帰施設又は精神障害者居宅生活支援事業若しくは精神障害者社会適応訓練事業（以下この条において「精神障害者居宅生活支援事業等」という。）の利用ができるよう、相談に応じ、必要な助言を行うものとする。この場合において、市町村は、当該事務を精神障害者地域生活支援センターに委託することができる。

2　市町村は、前項の助言を受けた精神障害者から求めがあつた場合には、必要に応じて、精神障害者社会復

帰施設の利用又は障害福祉サービス事業等の利用についてあつせん又は調整を行うとともに、必要に応じて、精神障害者社会復帰施設の設置者又は障害福祉サービス事業等を行う者に対し、当該精神障害者の利用についての要請を行うものとする。

3　（略）

4　精神障害者社会復帰施設の設置者又は障害福祉サービス事業等を行う者は、第二項のあつせん、調整及び要請に対し、できる限り協力しなければならない。

（事業の停止等）

第五十条の二の五　（略）

帰施設の利用又は精神障害者居宅生活支援事業等の利用についてあつせん又は調整を行うとともに、必要に応じて、精神障害者社会復帰施設の設置者又は精神障害者居宅生活支援事業等を行う者に対し、当該精神障害者の利用の要請を行うものとする。

3　（略）

4　精神障害者社会復帰施設の設置者又は精神障害者居宅生活支援事業等を行う者は、第二項のあつせん、調整及び要請に対し、できる限り協力しなければならない。

（事業の停止等）

第五十条の二の五　（略）

2　都道府県知事は、前項の規定により、精神障害者社会復帰施設につき、その事業の廃止を命じようとするときは、あらかじめ、地方精神保健福祉審議会の意見を聴かなければならない。

（精神障害者居宅生活支援事業の実施）

第五十条の三　国及び都道府県以外の者は、精神障害者の社会復帰の促進及び自立の促進を図るため、厚生労働省令の定めるところにより、あらかじめ、厚生労働省令で定める事項を都道府県知事に届け出て、精神障害者居宅生活支援事業を行うことができる。

２　前項の規定による届出をした者は、その届け出た事項に変更を生じたときは、変更の日から一月以内に、その旨を当該都道府県知事に届け出なければならない。

３　国及び都道府県以外の者は、精神障害者居宅生活支援事業を廃止し、又は休止しようとするときは、あらかじめ、厚生労働省令で定める事項を都道府県知事に届け出なければならない。

（精神障害者居宅生活支援事業の種類）

第五十条の三の二　精神障害者居宅生活支援事業の種類は、次のとおりとする。

一　精神障害者居宅介護等事業

二　精神障害者短期入所事業

三　精神障害者地域生活援助事業

２　精神障害者居宅介護等事業は、精神障害者の社会復帰の促進を図るため、精神障害のために日常生活を営むのに支障のある精神障害者につき、その者の居宅において食事、身体の清潔の保持等の介助その他の日常生活を営むのに必要な便宜であつて厚生労働省令で定めるもの（次項において「介護等」という。）を供与する事業とする。

３　精神障害者短期入所事業は、精神障害者であつて、

その介護等を行う者の疾病その他の理由により、居宅において介護等を受けることが一時的に困難となつたものにつき、精神障害者生活訓練施設その他の厚生労働省令で定める施設に短期間入所させ、介護等を行う事業とする。

4　精神障害者地域生活援助事業は、地域において共同生活を営むのに支障のない精神障害者につき、これらの者が共同生活を営むべき住居において食事の提供、相談その他の日常生活上の援助を行う事業とする。

（報告の徴収等）

第五十条の三の三　都道府県知事は、精神障害者の福祉のために必要があると認めるときは、精神障害者居宅生活支援事業を行う者に対して、必要と認める事項の報告を求め、又は当該職員に、関係者に対して質問させ、若しくはその事務所若しくは施設に立ち入り、設備、帳簿書類その他の物件を検査させることができる。

2　第十九条の六の十六第二項及び第三項の規定は、前項の規定による立入検査について準用する。この場合において、同条第二項中「前項」とあるのは「第五十条の三の三第一項」と、同条第三項中「第一項」とあるのは「第五十条の三の三第一項」と読み替えるもの

（精神障害者社会適応訓練事業）

第五十条の三　（略）

（国及び地方公共団体の補助）

第五十一条

とする。

（事業の停止等）

第五十条の三の四　都道府県知事は、精神障害者居宅生活支援事業を行う者が、この法律若しくはこれに基づく命令若しくはこれらに基づいてする処分に違反したとき、又はその事業に関し不当に営利を図り、若しくはその事業に係る精神障害者の処遇につき不当な行為をしたときは、当該事業を行う者に対して、その事業の制限又は停止を命ずることができる。

２　都道府県知事は、前項の規定により、精神障害者居宅生活支援事業の制限又は停止を命ずる場合には、あらかじめ、地方精神保健福祉審議会の意見を聴かなければならない。

（精神障害者社会適応訓練事業）

第五十条の四　（略）

（国及び地方公共団体の補助）

第五十一条　市町村は、精神障害者居宅生活支援事業を行う者に対し、当該事業に要する費用の一部を補助することができる。

２　都道府県は、市町村に対し、次に掲げる費用の一部を補助することができる。

一　市町村が行う精神障害者居宅生活支援事業に要す

都道府県は、精神障害者社会復帰施設の設置者に対し、当該施設の設置及び運営に要する費用の一部を補助することができる。

2　国は、予算の範囲内において、都道府県に対し、次に掲げる費用の一部を補助することができる。

一・二　（略）

三　前項の規定による補助に要した費用

（センターへの協力）

第五十一条の四　精神病院その他の精神障害の医療を提供する施設の設置者、精神障害者社会復帰施設の設置者及び障害福祉サービス事業等を行う者は、センターの求めに応じ、センターが前条第二号及び第三号に掲げる業務を行うために必要な限度において、センターに対し、精神障害者の社会復帰の促進を図るための訓練及び指導に関する情報又は資料その他の必要な情報又は資料で厚生労働省令で定めるものを提供することができる。

（事務の区分）

第五十一条の十四　この法律（第一章から第三章まで、第十九条の二第四項、第十九条の七、第十九条の八、

る費用

二　前項の規定による補助に要した費用

3　都道府県は、精神障害者社会復帰施設の設置者に対し、当該施設の設置及び運営に要する費用の一部を補助することができる。

4　国は、予算の範囲内において、都道府県に対し、次に掲げる費用の一部を補助することができる。

一・二　（略）

三　前二項の規定による補助に要した費用

（センターへの協力）

第五十一条の四　精神病院その他の精神障害の医療を提供する施設の設置者、精神障害者社会復帰施設の設置者及び精神障害者居宅生活支援事業又は精神障害者社会適応訓練事業を行う者は、センターの求めに応じ、センターが前条第二号及び第三号に掲げる業務を行うために必要な限度において、センターに対し、精神障害者の社会復帰の促進を図るための訓練及び指導に関する情報又は資料その他の必要な情報又は資料で厚生労働省令で定めるものを提供することができる。

（事務の区分）

第五十一条の十四　この法律（第一章から第三章まで、第十九条の二第四項、第十九条の七、第十九条の八、

第十九条の九第一項、同条第二項（第三十三条の五において準用する場合を含む。）、第二十九条の七、第三十条第一項及び第三十一条、第三十三条の四第一項及び第三項並びに第六章を除く。）の規定により都道府県が処理することとされている事務は、地方自治法第二条第九項第一号に規定する第一号法定受託事務（次項及び第三項において「第一号法定受託事務」という。）とする。

2・3　（略）

〔罰則〕

第五十三条　精神病院の管理者、指定医、地方精神保健福祉審議会の委員、精神医療審査会の委員若しくは第四十七条第一項の規定により都道府県知事等が指定した医師又はこれらの職にあつた者が、この法律の規定に基づく職務の執行に関して知り得た人の秘密を正当な理由がなく漏らしたときは、一年以下の懲役又は百万円以下の罰金に処する。

2　（略）

第五十三条の二　第五十一条の六の規定に違反した者は、一年以下の懲役又は百万円以下の罰金に処する。

第五十四条　次の各号のいずれかに該当する者は、六月

第十九条の九第一項、同条第二項（第三十三条の五において準用する場合を含む。）、第二十九条の七、第三十条第一項及び第三十一条、第五章第四節、第三十三条の四第一項及び第三項並びに第六章を除く。）の規定により都道府県が処理することとされている事務は、地方自治法第二条第九項第一号に規定する第一号法定受託事務（次項及び第三項において「第一号法定受託事務」という。）とする。

2・3　（略）

〔罰則〕

第五十三条　精神病院の管理者、指定医、地方精神保健福祉審議会の委員若しくは臨時委員、精神医療審査会の委員若しくは第四十七条第一項の規定により都道府県知事等が指定した医師又はこれらの職にあつた者が、この法律の規定に基づく職務の執行に関して知り得た人の秘密を正当な理由がなく漏らしたときは、一年以下の懲役又は五十万円以下の罰金に処する。

2　（略）

第五十三条の二　第五十一条の六の規定に違反した者は、一年以下の懲役又は五十万円以下の罰金に処する。

第五十四条　次の各号のいずれかに該当する者は、六月

以下の懲役又は五十万円以下の罰金に処する。

一・二 （略）

三 第五十条の二の五の規定による停止又は廃止の命令に違反した者

四 第五十一条の十三第一項の規定により厚生労働大臣が行う第五十条の二の五に規定する停止又は廃止の命令に違反した者

第五十六条 法人の代表者又は法人若しくは人の代理人、使用人その他の従業者が、その法人又は人の業務に関して第五十二条、第五十四条第一号若しくは第三号又は前条の違反行為をしたときは、行為者を罰するほか、その法人又は人に対しても各本条の罰金刑を科する。

附 則

〔国の無利子貸付け等〕

5 国は、当分の間、都道府県（第五十一条の十二の規定により、都道府県が処理することとされている第五十条第一項又は第五十一条第一項の事務を指定都市が処理する場合にあつては、当該指定都市を含む。以下

以下の懲役又は三十万円以下の罰金に処する。

一・二 （略）

三 第五十条の二の五第一項の規定による停止又は廃止の命令に違反した者

四 第五十条の三の四第一項の規定による制限又は停止の命令に違反した者

五 第五十一条の十三第一項の規定により厚生労働大臣が行う第五十条の二の五第一項に規定する停止又は廃止の命令に違反した者

第五十六条 法人の代表者又は法人若しくは人の代理人、使用人その他の従業者が、その法人又は人の業務に関して第五十二条、第五十四条第一号、第三号若しくは第四号又は前条の違反行為をしたときは、行為者を罰するほか、その法人又は人に対しても各本条の罰金刑を科する。

附 則

〔国の無利子貸付け等〕

5 国は、当分の間、都道府県（第五十一条の十二の規定により、都道府県が処理することとされている第五十条第一項又は第五十一条第三項の事務を指定都市が処理する場合にあつては、当該指定都市を含む。以下

この項において同じ。）に対し、第五十一条第二項の規定により国がその費用について補助することができる精神障害者社会復帰施設の設置で社会資本整備特別措置法第二条第一項第二号に該当するものにつき、当該都道府県が自ら行う場合にあつてはその要する費用に充てる資金の一部を、都道府県以外の精神障害者社会復帰施設の設置者が行う場合にあつては当該設置者に対し当該都道府県が補助する費用に充てる資金の一部を、予算の範囲内において、無利子で貸し付けることができる。

別表（第十九条の六の四関係）

科目	教授する者	第十八条第一項第四号に規定する研修の時間数	第十九条第一項に規定する研修の課程の時間数
精神保健及び精神障害者福祉に関する法律及	この法律及び障害者自立支援法並びに精神保健福祉行政に関し	八時間	三時間

この項において同じ。）に対し、第五十一条第四項の規定により国がその費用について補助することができる精神障害者社会復帰施設の設置で社会資本整備特別措置法第二条第一項第二号に該当するものにつき、当該都道府県が自ら行う場合にあつてはその要する費用に充てる資金の一部を、都道府県以外の精神障害者社会復帰施設の設置者が行う場合にあつては当該設置者に対し当該都道府県が補助する費用に充てる資金の一部を、予算の範囲内において、無利子で貸し付けることができる。

別表（第十九条の六の四関係）

科目	教授する者	第十八条第一項第四号に規定する研修の時間数	第十九条第一項に規定する研修の課程の時間数
精神保健及び精神障害者福祉に関する法律及	この法律及び精神保健福祉行政に関し学識経験を有する者であ	八時間	三時間

び障害者自立支援法並びに精神保健福祉行政概論	学識経験を有する者であること。		
（略）	（略）		
（略）	（略）	（略）	（略）

び精神保健福祉行政概論	ること。		
（略）	（略）		
（略）	（略）	（略）	（略）

11　平成十七年改正法の新旧対照条文（平成十八年十月一日施行）

「障害者自立支援法」（平成十七年法律第百二十三号）による新旧条文対照表

（破線の部分は平成十八年十月一日から施行）

<table>
<tr><th>改正後</th><th>改正前</th></tr>
<tr><td>目次
　第一章～第五章　（略）
　第六章　保健及び福祉
　　第一節　（略）
　　第二節　相談指導等（第四十六条―第五十一条）
　第七章　（略）
　第八章　雑則（第五十一条の十一の二―第五十一条の十五）
　第九章　（略）
　附則
（国及び地方公共団体の義務）
第二条　国及び地方公共団体は、障害者自立支援法の規</td><td>目次
　第一章～第五章　（略）
　第六章　保健及び福祉
　　第一節　（略）
　　第二節　相談指導等（第四十六条―第四十九条）
　　第三節　施設及び事業（第五十条―第五十一条）
　第七章　（略）
　第八章　雑則（第五十一条の十一の二―第五十一条の十六）
　第九章　（略）
　附則
（国及び地方公共団体の義務）
第二条　国及び地方公共団体は、障害者自立支援法の規</td></tr>
</table>

定による自立支援給付及び地域生活支援事業と相まつて、医療施設及び教育施設を充実する等精神障害者の医療及び保護並びに保健及び福祉に関する施策を総合的に実施することによつて精神障害者が社会復帰をし、自立と社会経済活動への参加をすることができるように努力するとともに、精神保健に関する調査研究の推進及び知識の普及を図る等精神障害者の発生の予防その他国民の精神保健の向上のための施策を講じなければならない。

（精神障害者の社会復帰、自立及び社会参加への配慮）

第四条　医療施設の設置者又は社会適応訓練事業を行う者は、その施設を運営し、又はその事業を行うに当たつては、精神障害者の社会復帰の促進及び自立と社会経済活動への参加の促進を図るため、地域に即した創意と工夫を行い、及び地域住民等の理解と協力を得るように努めなければならない。

2　国、地方公共団体、医療施設の設置者及び社会適応訓練事業を行う者は、精神障害者の社会復帰の促進及び自立と社会経済活動への参加の促進を図るため、相互に連携を図りながら協力するよう努めなければならない。

（精神医療審査会）

定による自立支援給付と相まつて、医療施設、社会復帰施設その他の福祉施設及び教育施設を充実する等精神障害者の医療及び保護並びに保健及び福祉に関する施策を総合的に実施することによつて精神障害者が社会復帰をし、自立と社会経済活動への参加をすることができるように努力するとともに、精神保健に関する調査研究の推進及び知識の普及を図る等精神障害者の発生の予防その他国民の精神保健の向上のための施策を講じなければならない。

（精神障害者の社会復帰、自立及び社会参加への配慮）

第四条　医療施設若しくは社会復帰施設の設置者又は社会適応訓練事業を行う者は、その施設を運営し、又はその事業を行うに当たつては、精神障害者の社会復帰の促進及び自立と社会経済活動への参加の促進を図るため、地域に即した創意と工夫を行い、及び地域住民等の理解と協力を得るように努めなければならない。

2　国、地方公共団体、医療施設又は社会復帰施設の設置者及び社会適応訓練事業を行う者は、精神障害者の社会復帰の促進及び自立と社会経済活動への参加の促進を図るため、相互に連携を図りながら協力するよう努めなければならない。

（精神医療審査会）

第十二条　第三十八条の三第二項（同条第六項において準用する場合を含む。）及び第三十八条の五第二項の規定による審査を行わせるため、都道府県に、精神医療審査会を置く。

（審査の案件の取扱い）

第十四条　精神医療審査会は、その指名する委員五人をもつて構成する合議体で、審査の案件を取り扱う。

2　合議体を構成する委員は、次の各号に掲げる者とし、その員数は、当該各号に定める員数以上とする。

一　精神障害者の医療に関し学識経験を有する者　二

二　法律に関し学識経験を有する者　一

三　その他の学識経験を有する者　一

（職務）

第十九条の四　（略）

2　指定医は、前項に規定する職務のほか、公務員として、次に掲げる職務を行う。

一～四　（略）

五　第三十八条の三第三項（同条第六項において準用

第十二条　第三十八条の三第二項及び第三十八条の五第二項の規定による審査を行わせるため、都道府県に、精神医療審査会を置く。

（審査の案件の取扱い）

第十四条　精神医療審査会は、精神障害者の医療に関し学識経験を有する者のうちから任命された委員三人、法律に関し学識経験を有する者のうちから任命された委員一人及びその他の学識経験を有する者のうちから任命された委員一人をもつて構成する合議体で、審査の案件を取り扱う。

2　合議体を構成する委員は、精神医療審査会がこれを定める。

（職務）

第十九条の四　（略）

2　指定医は、前項に規定する職務のほか、公務員として、次に掲げる職務を行う。

一～四　（略）

五　第三十八条の三第三項及び第三十八条の五第四項

する場合を含む。）及び第三十八条の五第四項の規定による診察

六〜八　（略）

（指定医の必置）

第十九条の五　第二十九条第一項、第二十九条の二第一項、第三十三条第一項、第二項若しくは第四項又は第三十三条の四第一項若しくは第二項の規定により精神障害者を入院させている精神病院（精神病院以外の病院で精神病室が設けられているものを含む。第十九条の十を除き、以下同じ。）の管理者は、厚生労働省令で定めるところにより、その精神病院に常時勤務する指定医（第十九条の二第二項の規定によりその職務を停止されている者を除く。第五十三条第一項を除き、以下同じ。）を置かなければならない。

（政令及び省令への委任）

第十九条の六　この法律に規定するもののほか、指定医の指定に関して必要な事項は政令で、第十八条第一項第四号及び第十九条第一項の規定による研修に関して必要な事項は厚生労働省令で定める。

〔保護者〕

第二十二条の二　保護者は、第四十一条の規定による義務（第二十九条の三又は第二十九条の四第一項の規定

の規定による診察

六〜八　（略）

（指定医の必置）

第十九条の五　第二十九条第一項、第二十九条の二第一項、第三十三条第一項若しくは第二項又は第三十三条の四第一項の規定により精神障害者を入院させている精神病院（精神病院以外の病院で精神病室が設けられているものを含む。第十九条の十を除き、以下同じ。）の管理者は、厚生労働省令で定めるところにより、その精神病院に常時勤務する指定医（第十九条の二第二項の規定によりその職務を停止されている者を除く。第五十三条第一項を除き、以下同じ。）を置かなければならない。

（政令及び省令への委任）

第十九条の六　この法律に規定するもののほか、指定医の指定の申請に関して必要な事項は政令で、第十八条第一項第四号及び第十九条第一項の規定による研修に関して必要な事項は厚生労働省令で定める。

〔保護者〕

第二十二条の二　保護者は、第四十一条の規定による義務（第二十九条の三又は第二十九条の四第一項の規定

により退院する者の引取りに係るものに限る。）を行うに当たり必要があるときは、当該精神病院若しくは指定病院の管理者又は当該精神病院若しくは指定病院と関連する障害者自立支援法第五条第一項に規定する障害福祉サービスに係る事業（以下「障害福祉サービス事業」という。）を行う者に対し、当該精神障害者の社会復帰の促進に関し、相談し、及び必要な援助を求めることができる。

〔任意入院〕

第二十二条の四　（略）

２　精神病院の管理者は、自ら入院した精神障害者（以下「任意入院者」という。）から退院の申出があつた場合においては、その者を退院させなければならない。

３　（略）

４　前項に規定する場合において、精神病院（厚生労働省令で定める基準に適合すると都道府県知事が認めるものに限る。）の管理者は、緊急その他やむを得ない理由があるときは、指定医に代えて指定医以外の医師（医師法（昭和二十三年法律第二百一号）第十六条の

により退院する者の引取りに係るものに限る。）を行うに当たり必要があるときは、当該精神病院若しくは指定病院の管理者又は当該精神障害者社会復帰施設の長若しくは障害者自立支援法第五条第一項に規定する障害福祉サービスに係る事業（同法附則第八条第二項の規定により障害福祉サービス事業とみなされた事業を含む。以下「障害福祉サービス事業」という。）を行う者に対し、当該精神障害者の社会復帰の促進に関し、相談し、及び必要な援助を求めることができる。

〔任意入院〕

第二十二条の四　（略）

２　精神病院の管理者は、自ら入院した精神障害者（以下この条において「任意入院者」という。）から退院の申出があつた場合においては、その者を退院させなければならない。

３　（略）

四第一項の規定による登録を受けていることその他厚生労働省令で定める基準に該当する者に限る。以下「特定医師」という。）に任意入院者の診察を行わせることができる。この場合において、診察の結果、当該任意入院者の医療及び保護のため入院を継続する必要があると認めたときは、前二項の規定にかかわらず、十二時間を限り、その者を退院させないことができる。

5　第十九条の四の二の規定は、前項の規定により診察を行つた場合について準用する。この場合において、同条中「指定医は、前条第一項」とあるのは「第二十二条の四第四項に規定する特定医師は、同項」と、「当該指定医」とあるのは「当該特定医師」と読み替えるものとする。

6　精神病院の管理者は、第四項後段の規定による措置を採つたときは、遅滞なく、厚生労働省令で定めるところにより、当該措置に関する記録を作成し、これを保存しなければならない。

7　精神病院の管理者は、第三項又は第四項後段の規定による措置を採る場合においては、当該任意入院者に対し、当該措置を採る旨、第三十八条の四の規定による退院等の請求に関することその他厚生労働省令で定

4　精神病院の管理者は、前項の規定による措置を採る場合においては、当該任意入院者に対し、当該措置を採る旨、第三十八条の四の規定による退院等の請求に関することその他厚生労働省令で定める事項を書面で

める事項を書面で知らせなければならない。

（医療保護入院）

第三十三条　（略）

２・３　（略）

４　第一項又は第二項に規定する場合において、精神病院（厚生労働省令で定める基準に適合すると都道府県知事が認めるものに限る。）の管理者は、緊急その他やむを得ない理由があるときは、指定医に代えて特定医師に診察を行わせることができる。この場合において、診察の結果、精神障害者であり、かつ、医療及び保護のため入院の必要がある者であつて当該精神障害のために第二十二条の三の規定による入院が行われる状態にないと判定されたときは、第一項又は第二項の規定にかかわらず、本人の同意がなくても、十二時間を限り、その者を入院させることができる。

５　第十九条の四の二の規定は、前項の規定により診察を行つた場合について準用する。この場合において、同条中「指定医は、前条第一項」とあるのは「第二十二条の四第四項に規定する特定医師は、第三十三条第四項」と、「当該指定医」とあるのは「当該特定医師」と読み替えるものとする。

６　精神病院の管理者は、第四項後段の規定による措置

知らせなければならない。

（医療保護入院）

第三十三条　（略）

２・３　（略）

を採つたときは、遅滞なく、厚生労働省令で定めるところにより、当該措置に関する記録を作成し、これを保存しなければならない。

7　精神病院の管理者は、第一項、第二項又は第四項後段の規定による措置を採つたときは、十日以内に、その者の症状その他厚生労働省令で定める事項を当該入院について同意をした者の同意書を添え、最寄りの保健所長を経て都道府県知事に届け出なければならない。

第三十三条の三　精神病院の管理者は、第三十三条第一項、第二項又は第四項後段の規定による措置を採る場合においては、当該精神障害者に対し、当該入院措置を採る旨、第三十八条の四の規定による退院等の請求に関することその他厚生労働省令で定める事項を書面で知らせなければならない。ただし、当該入院措置を採つた日から四週間を経過する日までの間であつて、当該精神障害者の症状に照らし、その者の医療及び保護を図る上で支障があると認められる間においては、この限りでない。この場合において、精神病院の管理者は、遅滞なく、厚生労働省令で定める事項を診療録に記載しなければならない。

（応急入院）

4　精神病院の管理者は、第一項又は第二項の規定による措置を採つたときは、十日以内に、その者の症状その他厚生労働省令で定める事項を当該入院について同意をした者の同意書を添え、最寄りの保健所長を経て都道府県知事に届け出なければならない。

第三十三条の三　精神病院の管理者は、第三十三条第一項又は第二項の規定による措置を採る場合においては、当該精神障害者に対し、当該入院措置を採る旨、第三十八条の四の規定による退院等の請求に関することその他厚生労働省令で定める事項を書面で知らせなければならない。ただし、当該入院措置を採つた日から四週間を経過する日までの間であつて、当該精神障害者の症状に照らし、その者の医療及び保護を図る上で支障があると認められる間においては、この限りでない。この場合において、精神病院の管理者は、遅滞なく、厚生労働省令で定める事項を診療録に記載しなければならない。

（応急入院）

２　前項に規定する場合において、同項に規定する精神病院の管理者は、緊急その他やむを得ない理由があるときは、指定医に代えて特定医師に同項の医療及び保護の依頼があつた者の診察を行わせることができる。この場合において、診察の結果、その者が、精神障害者であり、かつ、直ちに入院させなければその者の医療及び保護を図る上で著しく支障がある者であつて当該精神障害のために第二十二条の三の規定による入院が行われる状態にないと判定されたときは、同項の規定にかかわらず、本人の同意がなくても、十二時間を限り、その者を入院させることができる。

３　第十九条の四の二の規定は、前項の規定により診察を行つた場合について準用する。この場合において、同条中「指定医は、前条第一項」とあるのは「第二十二条の四第四項に規定する特定医師は、第三十三条の四第二項」と、「当該指定医」とあるのは「当該特定医師」と読み替えるものとする。

４　第一項に規定する精神病院の管理者は、第二項後段の規定による措置を採つたときは、遅滞なく、厚生労働省令で定めるところにより、当該措置に関する記録を作成し、これを保存しなければならない。

第三十三条の四　（略）

第三十三条の四　（略）

5　第一項に規定する精神病院の管理者は、同項又は第二項後段の規定による措置を採つたときは、直ちに、当該措置を採つた理由その他厚生労働省令で定める事項を最寄りの保健所長を経て都道府県知事に届け出なければならない。

6・7　（略）

第三十三条の五　第十九条の九第二項の規定は前条第六項の規定による処分をする場合について、第二十九条第三項の規定は精神病院の管理者が前条第一項又は第二項後段の規定による措置を採る場合について準用する。

（定期の報告等）

第三十八条の二　（略）

2　（略）

3　都道府県知事は、条例で定めるところにより、精神病院の管理者（第三十八条の七第一項、第二項又は第四項の規定による命令を受けた者であつて、当該命令を受けた日から起算して厚生労働省令で定める期間を経過しないものその他これに準ずる者として厚生労働省令で定めるものに限る。）に対し、当該精神病院に入院中の任意入院者（厚生労働省令で定める基準に該当する者に限る。）の症状その他厚生労働省令で定め

2　前項に規定する精神病院の管理者は、同項の規定による措置を採つたときは、直ちに、当該措置を採つた理由その他厚生労働省令で定める事項を最寄りの保健所長を経て都道府県知事に届け出なければならない。

3・4　（略）

第三十三条の五　第十九条の九第二項の規定は前条第三項の規定による処分をする場合について、第二十九条第三項の規定は精神病院の管理者が前条第一項の規定による措置を採る場合について準用する。

（定期の報告）

第三十八条の二　（略）

2　（略）

る事項について報告を求めることができる。

（定期の報告等による審査）

第三十八条の三　都道府県知事は、前条第一項若しくは第二項の規定による報告又は第三十三条第七項の規定による届出（同条第一項の規定による措置に係るものに限る。）があつたときは、当該報告又は届出に係る入院中の者の症状その他厚生労働省令で定める事項を精神医療審査会に通知し、当該入院中の者についてその入院の必要があるかどうかに関し審査を求めなければならない。

２～４　（略）

５　都道府県知事は、第一項に定めるもののほか、前条第三項の規定による報告を受けたときは、当該報告に係る入院中の者の症状その他厚生労働省令で定める事項を精神医療審査会に通知し、当該入院中の者についてその入院の必要があるかどうかに関し審査を求めることができる。

６　第二項及び第三項の規定は、前項の規定により都道府県知事が審査を求めた場合について準用する。

（報告徴収等）

第三十八条の六　（略）

２　厚生労働大臣又は都道府県知事は、必要があると認

（定期の報告等による審査）

第三十八条の三　都道府県知事は、前条の規定による報告又は第三十三条第四項の規定による届出（同条第一項の規定による措置に係るものに限る。）があつたときは、当該報告又は届出に係る入院中の者の症状その他厚生労働省令で定める事項を精神医療審査会に通知し、当該入院中の者についてその入院の必要があるかどうかに関し審査を求めなければならない。

２～４　（略）

（報告徴収等）

第三十八条の六　（略）

２　厚生労働大臣又は都道府県知事は、必要があると認

めるときは、精神病院の管理者、精神病院に入院中の者又は第三十三条第一項、第二項若しくは第四項の規定による入院について同意をした者に対し、この法律による入院に必要な手続に関し、報告を求め、又は帳簿書類の提出若しくは提示を命じることができる。

3　（略）

（改善命令等）

第三十八条の七　（略）

2　厚生労働大臣又は都道府県知事は、必要があると認めるときは、第二十二条の四第三項の規定により入院している者又は第三十三条第一項、第二項若しくは第四項若しくは第三十三条の四第一項若しくは第二項の規定により入院した者について、その指定する二人以上の指定医に診察させ、各指定医の診察の結果がその入院を継続する必要があることに一致しない場合又はこれらの者の入院がこの法律若しくはこの法律に基づく命令に違反して行われた場合には、これらの者が入院している精神病院の管理者に対し、その者を退院させることを命ずることができる。

3　都道府県知事は、前二項の規定による命令をした場合において、その命令を受けた精神病院の管理者がこれに従わなかつたときは、その旨を公表することがで

めるときは、精神病院の管理者、精神病院に入院中の者又は第三十三条第一項若しくは第二項の規定による入院について同意をした者に対し、この法律による入院に必要な手続に関し、報告を求め、又は帳簿書類の提出若しくは提示を命じることができる。

3　（略）

（改善命令等）

第三十八条の七　（略）

2　厚生労働大臣又は都道府県知事は、必要があると認めるときは、第二十二条の四第三項の規定により入院している者又は第三十三条第一項若しくは第二項若しくは第三十三条の四第一項の規定により入院した者について、その指定する二人以上の指定医に診察させ、各指定医の診察の結果がその入院を継続する必要があることに一致しない場合又はこれらの者の入院がこの法律若しくはこの法律に基づく命令に違反して行われた場合には、これらの者が入院している精神病院の管理者に対し、その者を退院させることを命ずることができる。

きる。

4　厚生労働大臣又は都道府県知事は、精神病院の管理者が第一項又は第二項の規定による命令に従わないときは、当該精神病院の管理者に対し、期間を定めて第二十二条の四第一項、第三十三条第一項、第二項及び第四項並びに第三十三条の四第一項及び第二項の規定による精神障害者の入院に係る医療の提供の全部又は一部を制限することを命ずることができる。

5　都道府県知事は、前項の規定による命令をした場合においては、その旨を公示しなければならない。

（相談指導等）

第四十七条　（略）

2　（略）

3　精神保健福祉センター及び保健所は、精神障害者の福祉に関する相談及び指導を行うに当たつては、福祉事務所（社会福祉法（昭和二十六年法律第四十五号）に定める福祉に関する事務所をいう。）その他の関係行政機関との連携を図るように努めなければならない。

4・5　（略）

（事業の利用の調整等）

第四十九条　市町村は、精神障害者保健福祉手帳の交付

3　厚生労働大臣又は都道府県知事は、精神病院の管理者が前二項の規定による命令に従わないときは、当該精神病院の管理者に対し、期間を定めて第二十二条の四第一項、第三十三条第一項及び第二項並びに第三十三条の四第一項の規定による精神障害者の入院に係る医療の提供の全部又は一部を制限することを命ずることができる。

（相談指導等）

第四十七条　（略）

2　（略）

3　精神保健福祉センター及び保健所は、精神障害者の福祉に関する相談及び指導を行うに当たつては、福祉事務所（社会福祉法（昭和二十六年法律第四十五号）に定める福祉に関する事務所をいう。第五十条の二第六項において同じ。）その他の関係行政機関との連携を図るように努めなければならない。

4・5　（略）

（施設及び事業の利用の調整等）

第四十九条　市町村は、精神障害者保健福祉手帳の交付

を受けた精神障害者から求めがあつたときは、当該精神障害者の希望、精神障害の状態、社会復帰の促進及び自立と社会経済活動への参加の促進のために必要な指導及び訓練その他の援助の内容等を勘案し、当該精神障害者が最も適切な障害福祉サービス事業又は精神障害者社会適応訓練事業（以下「障害福祉サービス事業等」という。）の利用ができるよう、相談に応じ、必要な助言を行うものとする。この場合において、市町村は、当該事務を障害者自立支援法第五条第十七項に規定する相談支援事業を行う者に委託することができる。

2　市町村は、前項の助言を受けた精神障害者から求めがあつた場合には、必要に応じて、障害福祉サービス事業等の利用についてあつせん又は調整を行うとともに、必要に応じて、障害福祉サービス事業等を行う者に対し、当該精神障害者の利用についての要請を行うものとする。

3　（略）

4　障害福祉サービス事業等を行う者は、第二項のあつせん、調整及び要請に対し、できる限り協力しなければならない。

を受けた精神障害者から求めがあつたときは、当該精神障害者の希望、精神障害の状態、社会復帰の促進及び自立と社会経済活動への参加の促進のために必要な指導及び訓練その他の援助の内容等を勘案し、当該精神障害者が最も適切な精神障害者社会復帰施設又は障害福祉サービス事業若しくは精神障害者社会適応訓練事業（以下「障害福祉サービス事業等」という。）の利用ができるよう、相談に応じ、必要な助言を行うものとする。この場合において、市町村は、当該事務を精神障害者地域生活支援センターに委託することができる。

2　市町村は、前項の助言を受けた精神障害者から求めがあつた場合には、必要に応じて、精神障害者社会復帰施設の利用又は障害福祉サービス事業等の利用についてあつせん又は調整を行うとともに、必要に応じて、精神障害者社会復帰施設の設置者又は障害福祉サービス事業等を行う者に対し、当該精神障害者の利用についての要請を行うものとする。

3　（略）

4　精神障害者社会復帰施設の設置者又は障害福祉サービス事業等を行う者は、第二項のあつせん、調整及び要請に対し、できる限り協力しなければならない。

第三節　施設及び事業

（精神障害者社会復帰施設の設置等）

第五十条　都道府県は、精神障害者の社会復帰の促進及び自立と社会経済活動への参加の促進を図るため、精神障害者社会復帰施設を設置することができる。

２　市町村、社会福祉法人その他の者は、精神障害者の社会復帰の促進及び自立と社会経済活動への参加の促進を図るため、厚生労働省令の定めるところにより、あらかじめ、厚生労働省令で定める事項を都道府県知事に届け出て、精神障害者社会復帰施設を設置することができる。

３　前項の規定による届出をした者は、その届け出た事項に変更を生じたときは、変更の日から一月以内に、その旨を当該都道府県知事に届け出なければならない。

４　市町村、社会福祉法人その他の者は、精神障害者社会復帰施設を廃止し、又は休止しようとするときは、あらかじめ、厚生労働省令で定める事項を都道府県知事に届け出なければならない。

（精神障害者社会復帰施設の種類）

第五十条の二　精神障害者社会復帰施設の種類は、次のとおりとする。

一　精神障害者生活訓練施設
二　精神障害者授産施設
三　精神障害者福祉ホーム
四　精神障害者福祉工場
五　精神障害者地域生活支援センター

2　精神障害者生活訓練施設は、精神障害のため家庭において日常生活を営むのに支障がある精神障害者が日常生活に適応することができるように、低額な料金で、居室その他の設備を利用させ、必要な訓練及び指導を行うことにより、その者の社会復帰の促進を図ることを目的とする施設とする。

3　精神障害者授産施設は、雇用されることが困難な精神障害者が自活することができるように、低額な料金で、必要な訓練を行い、及び職業を与えることにより、その者の社会復帰の促進を図ることを目的とする施設とする。

4　精神障害者福祉ホームは、現に住居を求めている精神障害者に対し、低額な料金で、居室その他の設備を利用させるとともに、日常生活に必要な便宜を供与することにより、その者の社会復帰の促進及び自立の促進を図ることを目的とする施設とする。

5　精神障害者福祉工場は、通常の事業所に雇用される

ことが困難な精神障害者を雇用し、及び社会生活への適応のために必要な指導を行うことにより、その者の社会復帰の促進及び社会経済活動への参加の促進を図ることを目的とする施設とする。

6　精神障害者地域生活支援センターは、地域の精神保健及び精神障害者の福祉に関する各般の問題につき、精神障害者からの相談に応じ、必要な指導及び助言を行うとともに、第四十九条第一項の規定による助言を行い、併せて保健所、福祉事務所、精神障害者社会復帰施設等との連絡調整その他厚生労働省令で定める援助を総合的に行うことを目的とする施設とする。

（秘密保持義務）

第五十条の二の二　精神障害者地域生活支援センターの職員は、その職務を遂行するに当たつては、個人の身上に関する秘密を守らなければならない。

（施設の基準）

第五十条の二の三　厚生労働大臣は、精神障害者社会復帰施設の設備及び運営について、基準を定めなければならない。

2　精神障害者社会復帰施設の設置者は、前項の基準を遵守しなければならない。

（報告の徴収等）

（精神障害者社会適応訓練事業）

第五十条　（略）

第五十条の二の四　都道府県知事は、前条第一項の基準を維持するため、精神障害者社会復帰施設の長に対して、必要と認める事項の報告を求め、又は当該職員に、関係者に対して質問させ、若しくはその施設に立ち入り、設備、帳簿書類その他の物件を検査させることができる。

2　第十九条の六の十六第二項及び第三項の規定は、前項の規定による立入検査について準用する。この場合において、同条第二項中「前項」とあるのは「第五十条の二の四第一項」と、同条第三項中「第一項」とあるのは「第五十条の二の四第一項」と読み替えるものとする。

（事業の停止等）

第五十条の二の五　都道府県知事は、精神障害者社会復帰施設の設置者がこの法律若しくはこれに基づく命令若しくはこれらに基づいてする処分に違反したとき、又は当該施設が第五十条の二の三第一項の基準に適合しなくなつたときは、その設置者に対して、その施設の設備若しくは運営の改善又はその事業の停止若しくは廃止を命ずることができる。

（精神障害者社会適応訓練事業）

第五十条の三　（略）

（国の補助）

第五十一条　国は、予算の範囲内において、都道府県に対し、都道府県が行う精神障害者社会適応訓練事業に要する費用の一部を補助することができる。

（センターへの協力）

第五十一条の四　精神病院その他の精神障害の医療を提供する施設の設置者及び障害福祉サービス事業等を行う者は、センターの求めに応じ、センターが前条第二号及び第三号に掲げる業務を行うために必要な限度において、センターに対し、精神障害者の社会復帰の促進を図るための訓練及び指導に関する情報又は資料その他の必要な情報又は資料で厚生労働省令で定めるものを提供することができる。

（国及び地方公共団体の補助）

第五十一条　都道府県は、精神障害者社会復帰施設の設置者に対し、当該施設の設置及び運営に要する費用の一部を補助することができる。

2　国は、予算の範囲内において、都道府県に対し、次に掲げる費用の一部を補助することができる。

一　都道府県が設置する精神障害者社会復帰施設の設置及び運営に要する費用

二　都道府県が行う精神障害者社会適応訓練事業に要する費用

三　前項の規定による補助に要した費用

（センターへの協力）

第五十一条の四　精神病院その他の精神障害の医療を提供する施設の設置者、精神障害者社会復帰施設の設置者及び障害福祉サービス事業等を行う者は、センターの求めに応じ、センターが前条第二号及び第三号に掲げる業務を行うために必要な限度において、センターに対し、精神障害者の社会復帰の促進を図るための訓練及び指導に関する情報又は資料その他の必要な情報又は資料で厚生労働省令で定めるものを提供することができる。

（緊急時における厚生労働大臣の事務執行）

（事務の区分）

第五十一条の十三　この法律（第一章から第三章まで、第十九条の二第四項、第十九条の七、第十九条の八、第十九条の九第一項、同条第二項（第三十三条の五において準用する場合を含む。）、第二十九条の七、第三十条第一項及び第三十一条、第三十三条の四第一項及び第六項並びに第六章を除く。）の規定により都道府県が処理することとされている事務は、地方自治法第二条第九項第一号に規定する第一号法定受託事務（次

第五十一条の十三　精神障害者社会復帰施設について、第五十条の二の四及び第五十条の二の五の規定により都道府県知事の権限に属するものとされている事務は、この施設を利用する者の利益を保護する緊急の必要があると厚生労働大臣が認める場合にあつては、厚生労働大臣又は都道府県知事が行うものとする。この場合においては、この法律の規定中都道府県知事に関する規定（当該事務に係るものに限る。）は、厚生労働大臣に関する規定として厚生労働大臣に適用があるものとする。

2　前項の場合において、厚生労働大臣又は都道府県知事が当該事務を行うときは、相互に密接な連携の下に行うものとする。

（事務の区分）

第五十一条の十四　この法律（第一章から第三章まで、第十九条の二第四項、第十九条の七、第十九条の八、第十九条の九第一項、同条第二項（第三十三条の五において準用する場合を含む。）、第二十九条の七、第三十条第一項及び第三十一条、第三十三条の四第一項及び第三項並びに第六章を除く。）の規定により都道府県が処理することとされている事務は、地方自治法第二条第九項第一号に規定する第一号法定受託事務（次

項及び第三項において「第一号法定受託事務」という。）とする。

2・3　（略）

（権限の委任）

第五十一条の十四　（略）

2　（略）

（経過措置）

第五十一条の十五　（略）

第九章　罰則

第五十二条　次の各号のいずれかに該当する者は、三年以下の懲役又は百万円以下の罰金に処する。

一～三　（略）

四　第三十八条の七第四項の規定による命令に違反した者

第五十三条　精神病院の管理者、指定医、地方精神保健福祉審議会の委員、精神医療審査会の委員、第二十二条の四第四項、第三十三条第四項若しくは第三十三条の四第二項の規定により診察を行つた特定医師若しくは第四十七条第一項の規定により都道府県知事等が指定した医師又はこれらの職にあつた者が、この法律の規定に基づく職務の執行に関して知り得た人の秘密を正当な理由がなく漏らしたときは、一年以下の懲役又

項及び第三項において「第一号法定受託事務」という。）とする。

2・3　（略）

（権限の委任）

第五十一条の十五　（略）

2　（略）

（経過措置）

第五十一条の十六　（略）

第九章　罰則

第五十二条　次の各号のいずれかに該当する者は、三年以下の懲役又は百万円以下の罰金に処する。

一～三　（略）

四　第三十八条の七第三項の規定による命令に違反した者

第五十三条　精神病院の管理者、指定医、地方精神保健福祉審議会の委員、精神医療審査会の委員若しくは第四十七条第一項の規定により都道府県知事等が指定した医師又はこれらの職にあつた者が、この法律の規定に基づく職務の執行に関して知り得た人の秘密を正当な理由がなく漏らしたときは、一年以下の懲役又は百万円以下の罰金に処する。

は百万円以下の罰金に処する。

2　（略）

第五十四条　次の各号のいずれかに該当する者は、六月以下の懲役又は五十万円以下の罰金に処する。

一・二　（略）

第五十五条　次の各号のいずれかに該当する者は、三十万円以下の罰金に処する。

一〜三　（略）

四　第三十八条の三第三項（同条第六項において準用する場合を含む。以下この号において同じ。）の規定による報告若しくは提出をせず、若しくは虚偽の報告をし、同条第三項の規定による診察を妨げ、又は同項の規定による出頭をせず、若しくは同項の規定による審問に対して、正当な理由がなく答弁せず、若しくは虚偽の答弁をした者

五〜八　（略）

第五十六条　法人の代表者又は法人若しくは人の代理

2　（略）

第五十四条　次の各号のいずれかに該当する者は、六月以下の懲役又は五十万円以下の罰金に処する。

一・二　（略）

三　第五十条の二の五の規定による停止又は廃止の命令に違反した者

四　第五十一条の十三第一項の規定により厚生労働大臣が行う第五十条の二の五に規定する停止又は廃止の命令に違反した者

第五十五条　次の各号のいずれかに該当する者は、三十万円以下の罰金に処する。

一〜三　（略）

四　第三十八条の三第三項の規定による報告若しくは提出をせず、若しくは虚偽の報告をし、同項の規定による診察を妨げ、又は同項の規定による出頭をせず、若しくは同項の規定による審問に対して、正当な理由がなく答弁せず、若しくは虚偽の答弁をした者

五〜八　（略）

第五十六条　法人の代表者又は法人若しくは人の代理

人、使用人その他の従業者が、その法人又は人の業務に関して第五十二条、第五十四条第一号又は前条の違反行為をしたときは、行為者を罰するほか、その法人又は人に対しても各本条の罰金刑を科する。

第五十七条　次の各号のいずれかに該当する者は、十万円以下の過料に処する。

一　第十九条の四の二（第二十二条の四第五項、第三十三条第五項及び第三十三条の四第三項において準用する場合を含む。）の規定に違反した者

二～四　（略）

五　第二十二条の四第七項の規定に違反した者

六　第三十三条第七項の規定に違反した者

七　第三十三条の四第五項の規定に違反した者

八　（略）

附　則

1・2　（略）

人、使用人その他の従業者が、その法人又は人の業務に関して第五十二条、第五十四条第一号若しくは第三号又は前条の違反行為をしたときは、行為者を罰するほか、その法人又は人に対しても各本条の罰金刑を科する。

第五十七条　次の各号のいずれかに該当する者は、十万円以下の過料に処する。

一　第十九条の四の二の規定に違反した者

二～四　（略）

五　第二十二条の四第四項の規定に違反した者

六　第三十三条第四項の規定に違反した者

七　第三十三条の四第二項の規定に違反した者

八　（略）

附　則

1・2　（略）

（国の無利子貸付け等）

3　国は、当分の間、都道府県に対し、第十九条の十第一項の規定により国がその経費について補助する精神病院及び精神病院以外の病院に設ける精神病室の設置で日本電信電話株式会社の株式の売払収入の活用によ

る社会資本の整備の促進に関する特別措置法（昭和六十二年法律第八十六号。以下「社会資本整備特別措置法」という。）第二条第一項第二号に該当するものに要する費用に充てる資金について、予算の範囲内において、第十九条の十第一項の規定により国が補助する金額に相当する金額を無利子で貸し付けることができる。

4　国は、当分の間、営利を目的としない法人に対し、第十九条の十第二項の規定により国がその経費について補助することができる精神病院及び精神病院以外の病院に設ける精神病室の設置で社会資本整備特別措置法第二条第一項第二号に該当するものに要する費用に充てる資金について、予算の範囲内において、第十九条の十第二項の規定により国が補助することができる金額に相当する金額を無利子で貸し付けることができる。

5　国は、当分の間、都道府県（第五十一条の十二の規定により、都道府県が処理することとされている第五十条第一項又は第五十一条第一項の事務を指定都市が処理する場合にあつては、当該指定都市を含む。以下この項において同じ。）に対し、第五十一条第二項の規定により国がその費用について補助することができ

る精神障害者社会復帰施設の設置で社会資本整備特別措置法第二条第一項第二号に該当するものにつき、当該都道府県が自ら行う場合にあつてはその要する費用に充てる資金の一部を、都道府県以外の精神障害者社会復帰施設の設置者が行う場合にあつては当該設置者に対し当該都道府県が補助する費用に充てる資金の一部を、予算の範囲内において、無利子で貸し付けることができる。

6　国は、当分の間、都道府県又は指定都市に対し、精神障害者社会復帰施設（第五十条の二第一項第五号に規定する精神障害者地域生活支援センターを除く。以下この項において同じ。）において精神障害者と地域住民との交流を深めることを目的とする設備の設置で社会資本整備特別措置法第二条第一項第二号に該当するものにつき、当該都道府県又は指定都市が自ら行う場合にあつてはその要する費用に充てる資金の一部を、都道府県及び指定都市以外の精神障害者社会復帰施設の設置者が行う場合にあつては当該設置者に対し当該都道府県又は指定都市が補助する費用に充てる資金の一部を、予算の範囲内において、無利子で貸し付けることができる。

7　国は、当分の間、都道府県に対し、精神障害者の発

生の予防その他国民の精神保健の向上のための施設の整備で社会資本整備特別措置法第二条第一項第二号に該当するものに要する費用に充てる資金の一部を、予算の範囲内において、無利子で貸し付けることができる。

8　附則第三項から前項までの国の貸付金の償還期間は、五年（二年以内の据置期間を含む。）以内で政令で定める期間とする。

9　前項に定めるもののほか、附則第三項から第七項までの規定による貸付金の償還方法、償還期限の繰上げその他償還に関し必要な事項は、政令で定める。

10　国は、附則第三項の規定により都道府県に対し貸付けを行つた場合には、当該貸付けの対象である事業に係る第十九条の十第一項の規定による国の補助については、当該貸付金の償還時において、当該貸付金の償還金に相当する金額を交付することにより行うものとする。

11　国は、附則第四項の規定により営利を目的としない法人に対し貸付けを行つた場合には、当該貸付けの対象である事業について、第十九条の十第二項の規定による当該貸付金に相当する金額の補助を行うものとし、当該補助については、当該貸付金の償還時におい

て、当該貸付金の償還金に相当する金額を交付することにより行うものとする。

12　国は、附則第五項から第七項までの規定により都道府県又は指定都市に対し貸付けを行つた場合には、当該貸付けの対象である事業について、当該貸付金に相当する金額の補助を行うものとし、当該補助については、当該貸付金の償還時において、当該貸付金の償還金に相当する金額を交付することにより行うものとする。

13　都道府県、指定都市又は営利を目的としない法人が、附則第三項から第七項までの規定による貸付けを受けた無利子貸付金について、附則第八項及び第九項の規定に基づき定められる償還期限を繰り上げて償還を行つた場合（政令で定める場合を除く。）における前三項の規定の適用については、当該償還は、当該償還期限の到来時に行われたものとみなす。

12　平成二十二年改正法の新旧対照条文

「障がい者制度改革推進本部等における検討を踏まえて障害保健福祉施策を見直すまでの間において障害者等の地域生活を支援するための関係法律の整備に関する法律」（平成二十二年法律第七十一号）による新旧条文対照表

（破線の部分は平成二十四年四月一日から施行）

改　正　後	改　正　前
目次	目次
第一章～第三章　（略）	第一章～第三章　（略）
第四章　精神保健指定医、登録研修機関、精神科病院及び精神科救急医療体制	第四章　精神保健指定医、登録研修機関及び精神科病院
第一節・第二節　（略）	第一節・第二節　（略）
第三節　精神科病院（第十九条の七―第十九条の十）	第三節　精神科病院（第十九条の七―第十九条の十）
第四節　精神科救急医療の確保（第十九条の十一）	
第五章～第九章　（略）	第五章～第九章　（略）
附則	附則
（精神障害者の社会復帰、自立及び社会参加への配慮）	（精神障害者の社会復帰、自立及び社会参加への配慮）

第四条　医療施設の設置者は、その施設を運営するに当たつては、精神障害者の社会復帰の促進及び自立と社会経済活動への参加の促進を図るため、当該施設において医療を受ける精神障害者が、障害者自立支援法第五条第一項に規定する障害福祉サービスに係る事業（以下「障害福祉サービス事業」という。）、同条第十七項に規定する一般相談支援事業（以下「一般相談支援事業」という。）その他の精神障害者の福祉に関する事業に係るサービスを円滑に利用することができるように配慮し、必要に応じ、これらの事業を行う者と連携を図るとともに、地域に即した創意と工夫を行い、及び地域住民等の理解と協力を得るように努めなければならない。 2　国、地方公共団体及び医療施設の設置者は、精神障害者の社会復帰の促進及び自立と社会経済活動への参加の促進を図るため、相互に連携を図りながら協力するよう努めなければならない。 （精神保健福祉センター） **第六条**　（略） 2　精神保健福祉センターは、次に掲げる業務を行うものとする。
第四条　医療施設の設置者又は社会適応訓練事業を行う者は、その施設を運営し、又はその事業を行うに当たつては、精神障害者の社会復帰の促進及び自立と社会経済活動への参加の促進を図るため、地域に即した創意と工夫を行い、及び地域住民等の理解と協力を得るように努めなければならない。 2　国、地方公共団体、医療施設の設置者及び社会適応訓練事業を行う者は、精神障害者の社会復帰の促進及び自立と社会経済活動への参加の促進を図るため、相互に連携を図りながら協力するよう努めなければならない。 （精神保健福祉センター） **第六条**　（略） 2　精神保健福祉センターは、次に掲げる業務を行うものとする。

一～四　（略）
五　障害者自立支援法第二十二条第二項又は第五十一条の七第二項の規定により、市町村が同法第二十二条第一項又は第五十一条の七第一項の支給の要否の決定を行うに当たり意見を述べること。
六　障害者自立支援法第二十六条第一項又は第五十一条の十一の規定により、市町村に対し技術的事項についての協力その他必要な援助を行うこと。

第四章　精神保健指定医、登録研修機関、精神科病院及び精神科救急医療体制

（職務）
第十九条の四　（略）
2　（略）
3　指定医は、その勤務する医療施設の業務に支障がある場合その他やむを得ない理由がある場合を除き、前項各号に掲げる職務を行うよう都道府県知事から求めがあつた場合には、これに応じなければならない。

第四節　精神科救急医療の確保

第十九条の十一　都道府県は、精神障害の救急医療が適切かつ効率的に提供されるように、夜間又は休日において精神障害の医療を必要とする精神障害者又はその家族等からの相談に応ずること、精神障害の救急医療

一～四　（略）
五　障害者自立支援法第二十二条第二項の規定により、市町村が同条第一項に規定する支給要否決定を行うに当たり意見を述べること。
六　障害者自立支援法第二十六条第一項の規定により、市町村に対し技術的事項についての協力その他必要な援助を行うこと。

第四章　精神保健指定医、登録研修機関及び精神科病院

（職務）
第十九条の四　（略）
2　（略）

を提供する医療施設相互間の連携を確保することその他の地域の実情に応じた体制の整備を図るよう努めるものとする。

２　都道府県知事は、前項の体制の整備に当たつては、精神科病院その他の精神障害の医療を提供する施設の管理者、当該施設の指定医その他の関係者に対し、必要な協力を求めることができる。

〔保護者〕

第二十二条の二　保護者は、第四十一条の規定による義務（第二十九条の三又は第二十九条の四第一項の規定により退院する者の引取りに係るものに限る。）を行うに当たり必要があるときは、当該精神科病院若しくは指定病院の管理者又は当該精神科病院若しくは指定病院と関連する障害福祉サービス事業、一般相談支援事業若しくは障害者自立支援法第五条第十七項に規定する特定相談支援事業（第四十九条第一項において「特定相談支援事業」という。）を行う者に対し、当該精神障害者の社会復帰の促進に関し、相談し、及び必要な援助を求めることができる。

（相談、援助等）

第三十八条　精神科病院その他の精神障害の医療を提供する施設の管理者は、当該施設において医療を受ける

〔保護者〕

第二十二条の二　保護者は、第四十一条の規定による義務（第二十九条の三又は第二十九条の四第一項の規定により退院する者の引取りに係るものに限る。）を行うに当たり必要があるときは、当該精神科病院若しくは指定病院の管理者又は当該精神科病院若しくは指定病院と関連する障害者自立支援法第五条第一項に規定する障害福祉サービスに係る事業（以下「障害福祉サービス事業」という。）を行う者に対し、当該精神障害者の社会復帰の促進に関し、相談し、及び必要な援助を求めることができる。

（相談、援助等）

第三十八条　精神科病院その他の精神障害の医療を提供する施設の管理者は、当該施設において医療を受ける

精神障害者の社会復帰の促進を図るため、当該施設の医師、看護師その他の医療従事者による有機的な連携の確保に配慮しつつ、その者の相談に応じ、必要に応じて一般相談支援事業を行う者と連携を図りながら、その者に必要な援助を行い、及びその保護者等との連絡調整を行うように努めなければならない。

（相談指導等）

第四十七条　（略）

2　（略）

3　市町村（保健所を設置する市及び特別区を除く。次項において同じ。）は、前二項の規定により都道府県が行う精神障害者に関する事務に必要な協力をするとともに、必要に応じて、精神障害者の福祉に関し、精神障害者及びその家族等からの相談に応じ、及びこれらの者を指導しなければならない。

4　（略）

精神障害者の社会復帰の促進を図るため、その者の相談に応じ、その者に必要な援助を行い、及びその保護者等との連絡調整を行うように努めなければならない。

（相談指導等）

第四十七条　（略）

2　（略）

3　精神保健福祉センター及び保健所は、精神障害者の福祉に関する相談及び指導を行うに当たつては、福祉事務所（社会福祉法（昭和二十六年法律第四十五号）に定める福祉に関する事務所をいう。）その他の関係行政機関との連携を図るように努めなければならない。

4　市町村（保健所を設置する市及び特別区を除く。次項において同じ。）は、第一項及び第二項の規定により都道府県が行う精神障害者に関する事務に必要な協力をするとともに、必要に応じて、精神障害者の福祉に関し、精神障害者及びその家族等からの相談に応じ、及びこれらの者を指導しなければならない。

5　（略）

5　市町村、精神保健福祉センター及び保健所は、精神保健及び精神障害者の福祉に関し、精神障害者及びその家族等からの相談に応じ、又はこれらの者へ指導を行うに当たつては、相互に、及び福祉事務所（社会福祉法（昭和二十六年法律第四十五号）に定める福祉に関する事務所をいう。）その他の関係行政機関と密接な連携を図るよう努めなければならない。

（事業の利用の調整等）

第四十九条　市町村は、精神障害者から求めがあつたときは、当該精神障害者の希望、精神障害の状態、社会復帰の促進及び自立と社会経済活動への参加の促進のために必要な指導及び訓練その他の援助の内容等を勘案し、当該精神障害者が最も適切な障害福祉サービス事業の利用ができるよう、相談に応じ、必要な助言を行うものとする。この場合において、市町村は、当該事務を一般相談支援事業又は特定相談支援事業を行う者に委託することができる。

2　市町村は、前項の助言を受けた精神障害者から求めがあつた場合には、必要に応じて、障害福祉サービス

（事業の利用の調整等）

第四十九条　市町村は、精神障害者保健福祉手帳の交付を受けた精神障害者から求めがあつたときは、当該精神障害者の希望、精神障害の状態、社会復帰の促進及び自立と社会経済活動への参加の促進のために必要な指導及び訓練その他の援助の内容等を勘案し、当該精神障害者が最も適切な障害福祉サービス事業又は精神障害者社会適応訓練事業（以下「障害福祉サービス事業等」という。）の利用ができるよう、相談に応じ、必要な助言を行うものとする。この場合において、市町村は、当該事務を障害者自立支援法第五条第十八項に規定する相談支援事業を行う者に委託することができる。

2　市町村は、前項の助言を受けた精神障害者から求めがあつた場合には、必要に応じて、障害福祉サービス

事業の利用についてあっせん又は調整を行うとともに、必要に応じて、障害福祉サービス事業を行う者に対し、当該精神障害者の利用についての要請を行うものとする。
3　（略）
4　障害福祉サービス事業を行う者は、第二項のあっせん、調整及び要請に対し、できる限り協力しなければならない。
第五十条及び第五十一条　削除

（センターへの協力）
第五十一条の四　精神科病院その他の精神障害の医療を

事業等の利用についてあっせん又は調整を行うとともに、必要に応じて、障害福祉サービス事業等を行う者に対し、当該精神障害者の利用についての要請を行うものとする。
3　（略）
4　障害福祉サービス事業等を行う者は、第二項のあっせん、調整及び要請に対し、できる限り協力しなければならない。

（精神障害者社会適応訓練事業）
第五十条　都道府県は、精神障害者の社会復帰の促進及び社会経済活動への参加の促進を図るため、精神障害者社会適応訓練事業（通常の事業所に雇用されることが困難な精神障害者を精神障害者の社会経済活動への参加の促進に熱意のある者に委託して、職業を与えるとともに、社会生活への適応のために必要な訓練を行う事業をいう。以下同じ。）を行うことができる。

（国の補助）
第五十一条　国は、予算の範囲内において、都道府県に対し、都道府県が行う精神障害者社会適応訓練事業に要する費用の一部を補助することができる。

（センターへの協力）
第五十一条の四　精神科病院その他の精神障害の医療を

提供する施設の設置者及び障害福祉サービス事業を行う者は、センターの求めに応じ、センターが前条第二号及び第三号に掲げる業務を行うために必要な限度において、センターに対し、精神障害者の社会復帰の促進を図るための訓練及び指導に関する情報又は資料その他の必要な情報又は資料で厚生労働省令で定めるものを提供することができる。

（事務の区分）

第五十一条の十三　この法律（第一章から第三章まで、第十九条の二第四項、第十九条の七、第十九条の八、第十九条の九第一項、同条第二項（第三十三条の五において準用する場合を含む。）、第十九条の十一、第二十九条の七、第三十条第一項及び第三十一条、第三十三条の四第一項及び第六項並びに第六章を除く。）の規定により都道府県が処理することとされている事務は、地方自治法第二条第九項第一号に規定する第一号法定受託事務（次項及び第三項において「第一号法定受託事務」という。）とする。

2・3　（略）

提供する施設の設置者及び障害福祉サービス事業等を行う者は、センターの求めに応じ、センターが前条第二号及び第三号に掲げる業務を行うために必要な限度において、センターに対し、精神障害者の社会復帰の促進を図るための訓練及び指導に関する情報又は資料その他の必要な情報又は資料で厚生労働省令で定めるものを提供することができる。

（事務の区分）

第五十一条の十三　この法律（第一章から第三章まで、第十九条の二第四項、第十九条の七、第十九条の八、第十九条の九第一項、同条第二項（第三十三条の五において準用する場合を含む。）、第二十九条の七、第三十条第一項及び第三十一条、第三十三条の四第一項及び第六項並びに第六章を除く。）の規定により都道府県が処理することとされている事務は、地方自治法第二条第九項第一号に規定する第一号法定受託事務（次項及び第三項において「第一号法定受託事務」という。）とする。

2・3　（略）

13　平成二十五年改正法の新旧対照条文

「精神保健及び精神障害者福祉に関する法律の一部を改正する法律」（平成二十五年法律第四十七号）による新旧条文対照表

（傍線の部分は改正部分
……線の部分は平成二十六年四月一日から施行
～～～線の部分は平成二十八年四月一日から施行）

改正後	改正前
目次	目次
第一章～第四章　（略）	第一章～第四章　（略）
第五章　医療及び保護	第五章　医療及び保護
	第一節　保護者（第二十条―第二十二条の二）
第一節　任意入院（第二十条・第二十一条）	第二節　任意入院（第二十二条の三・第二十二条の四）
第二節　指定医の診察及び措置入院（第二十二条―第三十二条）	第三節　指定医の診察及び措置入院（第二十三条―第三十二条）
第三節　医療保護入院等（第三十三条―第三十五条）	第四節　医療保護入院等（第三十三条―第三十五条）
第四節　精神科病院における処遇等（第三十六条―	第五節　精神科病院における処遇等（第三十六条―

第四十条）

第五節　雑則（第四十一条―第四十四条）

第六章～第九章　（略）

附則

（精神保健福祉センター）

第六条　（略）

2　精神保健福祉センターは、次に掲げる業務を行うものとする。

一～四　（略）

五　障害者の日常生活及び社会生活を総合的に支援するための法律第二十二条第二項又は第五十一条の七第二項の規定により、市町村（特別区を含む。第四十七条第三項及び第四項を除き、以下同じ。）が同法第二十二条第一項又は第五十一条の七第一項の支給の要否の決定を行うに当たり意見を述べること。

六　（略）

（委員）

第十三条　精神医療審査会の委員は、精神障害者の医療に関し学識経験を有する者（第十八条第一項に規定する精神保健指定医である者に限る。）、精神障害者の保健又は福祉に関し学識経験を有する者及び法律に関し学識経験を有する者のうちから、都道府県知事が任命

第四十条）

第六節　雑則（第四十一条―第四十四条）

第六章～第九章　（略）

附則

（精神保健福祉センター）

第六条　（略）

2　精神保健福祉センターは、次に掲げる業務を行うものとする。

一～四　（略）

五　障害者の日常生活及び社会生活を総合的に支援するための法律第二十二条第二項又は第五十一条の七第二項の規定により、市町村が同法第二十二条第一項又は第五十一条の七第一項の支給の要否の決定を行うに当たり意見を述べること。

六　（略）

（委員）

第十三条　精神医療審査会の委員は、精神障害者の医療に関し学識経験を有する者（第十八条第一項に規定する精神保健指定医である者に限る。）、法律に関し学識経験を有する者及びその他の学識経験を有する者のうちから、都道府県知事が任命する。

する。

2　（略）

（審査の案件の取扱い）

第十四条　（略）

2　合議体を構成する委員は、次の各号に掲げる者とし、その員数は、当該各号に定める員数以上とする。

一　（略）

二　精神障害者の保健又は福祉に関し学識経験を有する者　一

三　法律に関し学識経験を有する者　一

（職務）

第十九条の四　指定医は、第二十一条第三項及び第二十九条の五の規定により入院を継続する必要があるかどうかの判定、第三十三条第一項及び第三十三条の七第一項の規定による入院を必要とするかどうか及び第二十条の規定による入院が行われる状態にないかどうかの判定、第三十六条第三項に規定する行動の制限を必要とするかどうかの判定、第三十八条の二第一項（同条第二項において準用する場合を含む。）に規定する報告事項に係る入院中の者の診察並びに第四十条の規定により一時退院させて経過を見ることが適当かどう

2　（略）

（審査の案件の取扱い）

第十四条　（略）

2　合議体を構成する委員は、次の各号に掲げる者とし、その員数は、当該各号に定める員数以上とする。

一　（略）

二　法律に関し学識経験を有する者　一

三　その他の学識経験を有する者　一

（職務）

第十九条の四　指定医は、第二十二条の四第三項及び第二十九条の五の規定により入院を継続する必要があるかどうかの判定、第三十三条第一項及び第三十三条の四第一項の規定による入院を必要とするかどうか及び第二十二条の三の規定による入院が行われる状態にないかどうかの判定、第三十六条第三項に規定する行動の制限を必要とするかどうかの判定、第三十八条の二第一項（同条第二項において準用する場合を含む。）に規定する報告事項に係る入院中の者の診察並びに第四十条の規定により一時退院させて経過を見ることが

かの判定の職務を行う。

2・3　（略）

（指定医の必置）

第十九条の五　第二十九条第一項、第二十九条の二第一項、第三十三条第一項、第三項若しくは第四項又は第三十三条の七第一項若しくは第二項の規定により精神障害者を入院させている精神科病院（精神科病院以外の病院で精神病室が設けられているものを含む。第十九条の十を除き、以下同じ。）の管理者は、厚生労働省令で定めるところにより、その精神科病院に常時勤務する指定医（第十九条の二第二項の規定によりその職務を停止されている者を除く。第五十三条第一項を除き、以下同じ。）を置かなければならない。

第四節　精神科救急医療の確保

第十九条の十一　都道府県は、精神障害の救急医療が適切かつ効率的に提供されるように、夜間又は休日において精神障害の医療を必要とする精神障害者又はその第三十三条第二項に規定する家族等その他の関係者からの相談に応ずること、精神障害の救急医療を提供する医療施設相互間の連携を確保することその他の地域の実情に応じた体制の整備を図るよう努めるものとする。

適当かどうかの判定の職務を行う。

2・3　（略）

（指定医の必置）

第十九条の五　第二十九条第一項、第二十九条の二第一項、第三十三条第一項、第二項若しくは第四項又は第三十三条の四第一項若しくは第二項の規定により精神障害者を入院させている精神科病院（精神科病院以外の病院で精神病室が設けられているものを含む。第十九条の十を除き、以下同じ。）の管理者は、厚生労働省令で定めるところにより、その精神科病院に常時勤務する指定医（第十九条の二第二項の規定によりその職務を停止されている者を除く。第五十三条第一項を除き、以下同じ。）を置かなければならない。

第四節　精神科救急医療の確保

第十九条の十一　都道府県は、精神障害の救急医療が適切かつ効率的に提供されるように、夜間又は休日において精神障害の医療を必要とする精神障害者又はその家族等からの相談に応ずること、精神障害の救急医療を提供する医療施設相互間の連携を確保することその他の地域の実情に応じた体制の整備を図るよう努めるものとする。

2　（略）

第五章　医療及び保護

2　（略）

第五章　医療及び保護

第一節　保護者

（保護者）

第二十条　精神障害者については、その後見人又は保佐人、配偶者、親権を行う者及び扶養義務者が保護者となる。ただし、次の各号のいずれかに該当する者は保護者とならない。

一　行方の知れない者

二　当該精神障害者に対して訴訟をしている者、又はした者並びにその配偶者及び直系血族

三　家庭裁判所で免ぜられた法定代理人、保佐人又は補助人

四　破産者

五　成年被後見人又は被保佐人

六　未成年者

2　保護者が数人ある場合において、その義務を行うべき順位は、次のとおりとする。ただし、本人の保護のため特に必要があると認める場合には、後見人又は保佐人以外の者について家庭裁判所は利害関係人の申立てによりその順位を変更することができる。

一　後見人又は保佐人

二　配偶者
三　親権を行う者
四　前二号の者以外の扶養義務者のうちから家庭裁判所が選任した者

第二十一条　前条第二項各号の保護者がないとき又はこれらの保護者がその義務を行うことができないときはその精神障害者の居住地を管轄する市町村長（特別区の長を含む。以下同じ。）、居住地がないか又は明らかでないときはその精神障害者の現在地を管轄する市町村長が保護者となる。

第二十二条　保護者は、精神障害者（第二十二条の四第二項に規定する任意入院者及び病院又は診療所に入院しないで行われる精神障害の医療を継続して受けている者を除く。以下この項及び第三項において同じ。）に治療を受けさせ、及び精神障害者の財産上の利益を保護しなければならない。

2　保護者は、精神障害者の診断が正しく行われるよう医師に協力しなければならない。

3　保護者は、精神障害者に医療を受けさせるに当たつては、医師の指示に従わなければならない。

第二十二条の二　保護者は、第四十一条の規定による義務（第二十九条の三又は第二十九条の四第一項の規定

第一節　任意入院

第二十条　（略）

第二十一条　（略）

2～4　（略）

5　第十九条の四の二の規定は、前項の規定により診察を行つた場合について準用する。この場合において、同条中「指定医は、前条第一項」とあるのは「第二十一条第四項に規定する特定医師は、同項」と、「当該指定医」とあるのは「当該特定医師」と読み替えるものとする。

6・7　（略）

により退院する者の引取りに係るものに限る。）を行うに当たり必要があるときは、当該精神科病院若しくは指定病院の管理者又は当該精神科病院若しくは指定病院と関連する障害福祉サービス事業、一般相談支援事業若しくは障害者の日常生活及び社会生活を総合的に支援するための法律第五条第十七項に規定する特定相談支援事業（第四十九条第一項において「特定相談支援事業」という。）を行う者に対し、当該精神障害者の社会復帰の促進に関し、相談し、及び必要な援助を求めることができる。

第二節　任意入院

（任意入院）

第二十二条の三　（略）

第二十二条の四　（略）

2～4　（略）

5　第十九条の四の二の規定は、前項の規定により診察を行つた場合について準用する。この場合において、同条中「指定医は、前条第一項」とあるのは「第二十二条の四第四項に規定する特定医師は、同項」と、「当該指定医」とあるのは「当該特定医師」と読み替えるものとする。

6・7　（略）

第二節　指定医の診察及び措置入院

（診察及び保護の申請）

第二十二条　（略）

2　前項の申請をするには、次の事項を記載した申請書を最寄りの保健所長を経て都道府県知事に提出しなければならない。

一～三　（略）

四　現に本人の保護の任に当たつている者があるときはその者の住所及び氏名

（警察官の通報）

第二十三条　警察官は、職務を執行するに当たり、異常な挙動その他周囲の事情から判断して、精神障害のために自身を傷つけ又は他人に害を及ぼすおそれがあると認められる者を発見したときは、直ちに、その旨を、最寄りの保健所長を経て都道府県知事に通報しなければならない。

（検察官の通報）

第二十四条　（略）

2　検察官は、前項本文に規定する場合のほか、精神障害者若しくはその疑いのある被疑者若しくは被告人又は心神喪失等の状態で重大な他害行為を行った者の医療及び観察等に関する法律の対象者（同法第二条第二

第三節　指定医の診察及び措置入院

（診察及び保護の申請）

第二十三条　（略）

2　前項の申請をするには、左の事項を記載した申請書をもよりの保健所長を経て都道府県知事に提出しなければならない。

一～三　（略）

四　現に本人の保護の任に当つている者があるときはその者の住所及び氏名

（警察官の通報）

第二十四条　警察官は、職務を執行するに当たり、異常な挙動その他周囲の事情から判断して、精神障害のために自身を傷つけ又は他人に害を及ぼすおそれがあると認められる者を発見したときは、直ちに、その旨を、もよりの保健所長を経て都道府県知事に通報しなければならない。

（検察官の通報）

第二十五条　（略）

2　検察官は、前項本文に規定する場合のほか、精神障害者若しくはその疑いのある被疑者若しくは被告人又は心神喪失等の状態で重大な他害行為を行った者の医療及び観察等に関する法律の対象者（同法第二条第三

項に規定する対象者をいう。第二十六条の三及び第四十四条第一項において同じ。）について、特に必要があると認めたときは、速やかに、都道府県知事に通報しなければならない。

（保護観察所の長の通報）

第二十五条　保護観察所の長は、保護観察に付されている者が精神障害者又はその疑いのある者であることを知つたときは、速やかに、その旨を都道府県知事に通報しなければならない。

（心神喪失等の状態で重大な他害行為を行つた者に係る通報）

第二十六条の三　心神喪失等の状態で重大な他害行為を行つた者の医療及び観察等に関する法律第二条第五項に規定する指定通院医療機関の管理者及び保護観察所の長は、同法の対象者であつて同条第四項に規定する指定入院医療機関に入院していないものがその精神障害のために自身を傷つけ又は他人に害を及ぼすおそれがあると認めたときは、直ちに、その旨を、最寄りの保健所長を経て都道府県知事に通報しなければならない。

（申請等に基づき行われる指定医の診察等）

第二十七条　都道府県知事は、第二十二条から前条まで

項に規定する対象者をいう。第二十六条の三及び第四十四条第一項において同じ。）について、特に必要があると認めたときは、速やかに、都道府県知事に通報しなければならない。

（保護観察所の長の通報）

第二十五条の二　保護観察所の長は、保護観察に付されている者が精神障害者又はその疑いのある者であることを知つたときは、すみやかに、その旨を都道府県知事に通報しなければならない。

（心神喪失等の状態で重大な他害行為を行つた者に係る通報）

第二十六条の三　心神喪失等の状態で重大な他害行為を行つた者の医療及び観察等に関する法律第二条第六項に規定する指定通院医療機関の管理者及び保護観察所の長は、同法の対象者であつて同条第五項に規定する指定入院医療機関に入院していないものがその精神障害のために自身を傷つけ又は他人に害を及ぼすおそれがあると認めたときは、直ちに、その旨を、最寄りの保健所長を経て都道府県知事に通報しなければならない。

（申請等に基づき行われる指定医の診察等）

第二十七条　都道府県知事は、第二十三条から前条まで

の規定による申請、通報又は届出のあつた者について調査の上必要があると認めるときは、その指定する指定医をして診察をさせなければならない。

2　都道府県知事は、入院させなければ精神障害のために自身を傷つけ又は他人に害を及ぼすおそれがあることが明らかである者については、第二十二条から前条までの規定による申請、通報又は届出がない場合においても、その指定する指定医をして診察をさせることができる。

3～5　（略）

第三節　医療保護入院等

（医療保護入院）

第三十三条　精神科病院の管理者は、次に掲げる者について、その家族等のうちいずれかの者の同意があるときは、本人の同意がなくてもその者を入院させることができる。

一　指定医による診察の結果、精神障害者であり、かつ、医療及び保護のため入院の必要がある者であつて当該精神障害のために第二十条の規定による入院が行われる状態にないと判定されたもの

二　（略）

2　前項の「家族等」とは、当該精神障害者の配偶者、

の規定による申請、通報又は届出のあつた者について調査の上必要があると認めるときは、その指定する指定医をして診察をさせなければならない。

2　都道府県知事は、入院させなければ精神障害のために自身を傷つけ又は他人に害を及ぼすおそれがあることが明らかである者については、第二十三条から前条までの規定による申請、通報又は届出がない場合においても、その指定する指定医をして診察をさせることができる。

3～5　（略）

第四節　医療保護入院等

（医療保護入院）

第三十三条　精神科病院の管理者は、次に掲げる者について、保護者の同意があるときは、本人の同意がなくてもその者を入院させることができる。

一　指定医による診察の結果、精神障害者であり、かつ、医療及び保護のため入院の必要がある者であつて当該精神障害のために第二十二条の三の規定による入院が行われる状態にないと判定されたもの

二　（略）

2　精神科病院の管理者は、前項第一号に規定する者の

親権を行う者、扶養義務者及び後見人又は保佐人をいう。ただし、次の各号のいずれかに該当する者を除く。
一　行方の知れない者
二　当該精神障害者に対して訴訟をしている者、又はした者並びにその配偶者及び直系血族
三　家庭裁判所で免ぜられた法定代理人、保佐人又は補助人
四　成年被後見人又は被保佐人
五　未成年者
3　精神科病院の管理者は、第一項第一号に掲げる者について、その家族等（前項に規定する家族等をいう。以下同じ。）がない場合又はその家族等の全員がその意思を表示することができない場合において、その者の居住地（居住地がないか、又は明らかでないときは、その者の現在地。第四十五条第一項を除き、以下同じ。）を管轄する市町村長（特別区の長を含む。以下同じ。）の同意があるときは、本人の同意がなくてもその者を入院させることができる。第三十四条第二項の規定により移送された者について、その者の居住地を管轄する市町村長の同意があるときも、同様とする。
4　第一項又は前項に規定する場合において、精神科病

保護者について第二十条第二項第四号の規定による家庭裁判所の選任を要し、かつ、当該選任がされていない場合において、前項第一号に規定する者又は同条第二項の規定により移送された者の扶養義務者の同意があるときは、本人の同意がなくても、当該選任がされるまでの間、四週間を限り、その者を入院させることができる。
3　前項の規定による入院が行われている間は、同項の同意をした扶養義務者は、第二十条第二項第四号に掲げる者に該当するものとみなし、第一項の規定を適用する場合を除き、同条に規定する保護者とみなす。
4　第一項又は第二項に規定する場合において、精神科

院（厚生労働省令で定める基準に適合すると都道府県知事が認めるものに限る。）の管理者は、緊急その他やむを得ない理由があるときは、指定医に代えて特定医師に診察を行わせることができる。この場合において、診察の結果、精神障害者であり、かつ、医療及び保護のため入院の必要がある者であつて当該精神障害のために第二十条の規定による入院が行われる状態にないと判定されたときは、第一項又は前項の規定にかかわらず、本人の同意がなくても、十二時間を限り、その者を入院させることができる。

5　第十九条の四の二の規定は、前項の規定により診察を行つた場合について準用する。この場合において、同条中「指定医は、前条第一項」とあるのは「第二十一条第四項に規定する特定医師は、第三十三条第四項」と、「当該指定医」とあるのは「当該特定医師」と読み替えるものとする。

6　（略）

7　精神科病院の管理者は、第一項、第三項又は第四項後段の規定による措置を採つたときは、十日以内に、その者の症状その他厚生労働省令で定める事項を当該入院について同意をした者の同意書を添え、最寄りの保健所長を経て都道府県知事に届け出なければならな

病院（厚生労働省令で定める基準に適合すると都道府県知事が認めるものに限る。）の管理者は、緊急その他やむを得ない理由があるときは、指定医に代えて特定医師に診察を行わせることができる。この場合において、診察の結果、精神障害者であり、かつ、医療及び保護のため入院の必要がある者であつて当該精神障害のために第二十二条の三の規定による入院が行われる状態にないと判定されたときは、第一項又は第二項の規定にかかわらず、本人の同意がなくても、十二時間を限り、その者を入院させることができる。

5　第十九条の四の二の規定は、前項の規定により診察を行つた場合について準用する。この場合において、同条中「指定医は、前条第一項」とあるのは「第二十二条の四第四項に規定する特定医師は、第三十三条第四項」と、「当該指定医」とあるのは「当該特定医師」と読み替えるものとする。

6　（略）

7　精神科病院の管理者は、第一項、第二項又は第四項後段の規定による措置を採つたときは、十日以内に、その者の症状その他厚生労働省令で定める事項を当該入院について同意をした者の同意書を添え、最寄りの保健所長を経て都道府県知事に届け出なければならな

い。

第三十三条の二　精神科病院の管理者は、前条第一項又は第三項の規定により入院した者（以下「医療保護入院者」という。）を退院させたときは、十日以内に、その旨及び厚生労働省令で定める事項を最寄りの保健所長を経て都道府県知事に届け出なければならない。

第三十三条の三　精神科病院の管理者は、第三十三条第一項、第三項又は第四項後段の規定による措置を採る場合においては、当該精神障害者に対し、当該入院措置を採る旨、第三十八条の四の規定による退院等の請求に関することその他厚生労働省令で定める事項を書面で知らせなければならない。ただし、当該入院措置を採つた日から四週間を経過する日までの間であつて、当該精神障害者の症状に照らし、その者の医療及び保護を図る上で支障があると認められる間においては、この限りでない。

2　精神科病院の管理者は、前項ただし書の規定により同項本文に規定する事項を書面で知らせなかつたときは、厚生労働省令で定めるところにより、厚生労働省令で定める事項を診療録に記載しなければならない。

い。

第三十三条の二　精神科病院の管理者は、前条第一項の規定により入院した者（以下「医療保護入院者」という。）を退院させたときは、十日以内に、その旨及び厚生労働省令で定める事項を最寄りの保健所長を経て都道府県知事に届け出なければならない。

第三十三条の三　精神科病院の管理者は、第三十三条第一項、第二項又は第四項後段の規定による措置を採る場合においては、当該精神障害者に対し、当該入院措置を採る旨、第三十八条の四の規定による退院等の請求に関することその他厚生労働省令で定める事項を書面で知らせなければならない。ただし、当該入院措置を採つた日から四週間を経過する日までの間であつて、当該精神障害者の症状に照らし、その者の医療及び保護を図る上で支障があると認められる間においては、この限りでない。この場合において、精神科病院の管理者は、遅滞なく、厚生労働省令で定める事項を診療録に記載しなければならない。

（医療保護入院者の退院による地域における生活への移行を促進するための措置）

第三十三条の四　医療保護入院者を入院させている精神科病院の管理者は、精神保健福祉士その他厚生労働省令で定める資格を有する者のうちから、厚生労働省令で定めるところにより、退院後生活環境相談員を選任し、その者に医療保護入院者の退院後の生活環境に関し、医療保護入院者及びその家族等からの相談に応じさせ、及びこれらの者を指導させなければならない。

第三十三条の五　医療保護入院者を入院させている精神科病院の管理者は、医療保護入院者又はその家族等から求めがあつた場合その他医療保護入院者の退院による地域における生活への移行を促進するために必要があると認められる場合には、これらの者に対して、厚生労働省令で定めるところにより、一般相談支援事業若しくは障害者の日常生活及び社会生活を総合的に支援するための法律第五条第十六項に規定する特定相談支援事業（第四十九条第一項において「特定相談支援事業」という。）を行う者、介護保険法第八条第二十三項に規定する居宅介護支援事業を行う者その他の地域の精神障害者の保健又は福祉に関する各般の問題につき精神障害者又はその家族等からの相談に応じ必要

4～7　（略）

第三十三条の八　（略）

（医療保護入院等のための移送）

第三十四条　都道府県知事は、その指定する指定医による診察の結果、精神障害者であり、かつ、直ちに入院させなければその者の医療及び保護を図る上で著しく支障がある者であつて当該精神障害のために第二十条の規定による入院が行われる状態にないと判定されたものにつき、その家族等のうちいずれかの者の同意があるときは、本人の同意がなくてもその者を第三十三条第一項の規定による入院をさせるため第三十三条の七第一項に規定する精神科病院に移送することができる。

2　都道府県知事は、前項に規定する精神障害者の家族等がない場合又はその家族等の全員がその意思を表示することができない場合において、その者の居住地を管轄する市町村長の同意があるときは、本人の同意がなくてもその者を第三十三条第三項の規定による入院をさせるため第三十三条の七第一項に規定する精神科病院に移送することができる。

3　都道府県知事は、急速を要し、その者の家族等の同意を得ることができない場合において、その指定する

4～7　（略）

第三十三条の五　（略）

（医療保護入院等のための移送）

第三十四条　都道府県知事は、その指定する指定医による診察の結果、精神障害者であり、かつ、直ちに入院させなければその者の医療及び保護を図る上で著しく支障がある者であつて当該精神障害のために第二十二条の三の規定による入院が行われる状態にないと判定されたものにつき、保護者の同意があるときは、本人の同意がなくてもその者を第三十三条第一項の規定による入院をさせるため第三十三条の四第一項に規定する精神科病院に移送することができる。

2　都道府県知事は、前項に規定する者の保護者について第二十条第二項第四号の規定による家庭裁判所の選任を要し、かつ、当該選任がされていない場合において、その者の扶養義務者の同意があるときは、本人の同意がなくてもその者を第三十三条第二項の規定による入院をさせるため第三十三条の四第一項に規定する精神科病院に移送することができる。

3　都道府県知事は、急速を要し、保護者（前項に規定する場合にあつては、その者の扶養義務者）の同意を

指定医の診察の結果、その者が精神障害者であり、かつ、直ちに入院させなければその者の医療及び保護を図る上で著しく支障がある者であつて当該精神障害のために第二十条の規定による入院が行われる状態にないと判定されたときは、本人の同意がなくてもその者を第三十三条の七第一項の規定による入院をさせるため同項に規定する精神科病院に移送することができる。

４　（略）

第四節　精神科病院における処遇等

（相談、援助等）

第三十八条　精神科病院その他の精神障害の医療を提供する施設の管理者は、当該施設において医療を受ける精神障害者の社会復帰の促進を図るため、当該施設の医師、看護師その他の医療従事者による有機的な連携の確保に配慮しつつ、その者の相談に応じ、必要に応じて一般相談支援事業を行う者と連携を図りながら、その者に必要な援助を行い、及びその家族等その他の関係者との連絡調整を行うように努めなければならない。

（定期の報告等による審査）

得ることができない場合において、その指定する指定医の診察の結果、その者が精神障害者であり、かつ、直ちに入院させなければその者の医療及び保護を図る上で著しく支障がある者であつて当該精神障害のために第二十二条の三の規定による入院が行われる状態にないと判定されたときは、本人の同意がなくてもその者を第三十三条の四第一項の規定による入院をさせるため同項に規定する精神科病院に移送することができる。

４　（略）

第五節　精神科病院における処遇等

（相談、援助等）

第三十八条　精神科病院その他の精神障害の医療を提供する施設の管理者は、当該施設において医療を受ける精神障害者の社会復帰の促進を図るため、当該施設の医師、看護師その他の医療従事者による有機的な連携の確保に配慮しつつ、その者の相談に応じ、必要に応じて一般相談支援事業を行う者と連携を図りながら、その者に必要な援助を行い、及びその保護者等との連絡調整を行うように努めなければならない。

（定期の報告等による審査）

第三十八条の三　都道府県知事は、前条第一項若しくは第二項の規定による報告又は第三十三条第七項の規定による届出（同条第一項又は第三項の規定による措置に係るものに限る。）があつたときは、当該報告又は届出に係る入院中の者の症状その他厚生労働省令で定める事項を精神医療審査会に通知し、当該入院中の者についてその入院の必要があるかどうかに関し審査を求めなければならない。

2～6　（略）

（退院等の請求）

第三十八条の四　精神科病院に入院中の者又はその家族等（その家族等がない場合又はその家族等の全員がその意思を表示することができない場合にあつては、その者の居住地を管轄する市町村長）は、厚生労働省令で定めるところにより、都道府県知事に対し、当該入院中の者を退院させ、又は精神科病院の管理者に対し、その者を退院させることを命じ、若しくはその者の処遇の改善のために必要な措置を採ることを命じることを求めることができる。

（報告徴収等）

第三十八条の六　（略）

2　厚生労働大臣又は都道府県知事は、必要があると認

第三十八条の三　都道府県知事は、前条第一項若しくは第二項の規定による報告又は第三十三条第七項の規定による届出（同条第一項の規定による措置に係るものに限る。）があつたときは、当該報告又は届出に係る入院中の者の症状その他厚生労働省令で定める事項を精神医療審査会に通知し、当該入院中の者についてその入院の必要があるかどうかに関し審査を求めなければならない。

2～6　（略）

（退院等の請求）

第三十八条の四　精神科病院に入院中の者又はその保護者は、厚生労働省令で定めるところにより、都道府県知事に対し、当該入院中の者を退院させ、又は精神科病院の管理者に対し、その者を退院させることを命じ、若しくはその者の処遇の改善のために必要な措置を採ることを命じることを求めることができる。

（報告徴収等）

第三十八条の六　（略）

2　厚生労働大臣又は都道府県知事は、必要があると認

めるときは、精神科病院の管理者、精神科病院に入院中の者又は第三十三条第一項、第三項若しくは第四項の規定による入院について同意をした者に対し、この法律による入院に必要な手続に関し、報告を求め、又は帳簿書類の提出若しくは提示を命じることができる。

3　（略）

（改善命令等）

第三十八条の七　（略）

2　厚生労働大臣又は都道府県知事は、必要があると認めるときは、第二十一条第三項の規定により入院している者又は第三十三条第一項、第三項若しくは第四項若しくは第三十三条の七第一項若しくは第二項の規定により入院した者について、その指定する二人以上の指定医に診察させ、各指定医の診察の結果がその入院を継続する必要があることに一致しない場合又はこれらの者の入院がこの法律若しくはこの法律に基づく命令に違反して行われた場合には、これらの者が入院している精神科病院の管理者に対し、その者を退院させることを命ずることができる。

3　（略）

4　厚生労働大臣又は都道府県知事は、精神科病院の管

めるときは、精神科病院の管理者、精神科病院に入院中の者又は第三十三条第一項、第二項若しくは第四項の規定による入院について同意をした者に対し、この法律による入院に必要な手続に関し、報告を求め、又は帳簿書類の提出若しくは提示を命じることができる。

3　（略）

（改善命令等）

第三十八条の七　（略）

2　厚生労働大臣又は都道府県知事は、必要があると認めるときは、第二十二条の四第三項の規定により入院している者又は第三十三条第一項、第二項若しくは第四項若しくは第三十三条の四第一項若しくは第二項の規定により入院した者について、その指定する二人以上の指定医に診察させ、各指定医の診察の結果がその入院を継続する必要があることに一致しない場合又はこれらの者の入院がこの法律若しくはこの法律に基づく命令に違反して行われた場合には、これらの者が入院している精神科病院の管理者に対し、その者を退院させることを命ずることができる。

3　（略）

4　厚生労働大臣又は都道府県知事は、精神科病院の管

理者が第一項又は第二項の規定による命令に従わないときは、当該精神科病院の管理者に対し、期間を定めて第二十一条第一項、第三十三条第一項、第三項及び第四項並びに第三十三条の七第一項及び第二項の規定による精神障害者の入院に係る医療の提供の全部又は一部を制限することを命ずることができる。

5　（略）

（無断退去者に対する措置）

第三十九条　精神科病院の管理者は、入院中の者で自身を傷つけ又は他人に害を及ぼすおそれのあるものが無断で退去しその行方が不明になつたときは、所轄の警察署長に次の事項を通知してその探索を求めなければならない。

一～五　（略）

六　退去者の家族等又はこれに準ずる者の住所、氏名その他厚生労働省令で定める事項

2　（略）

第五節　雑則

（指針）

第四十一条　厚生労働大臣は、精神障害者の障害の特性その他の心身の状態に応じた良質かつ適切な精神障害者に対する医療の提供を確保するための指針（以下こ

理者が第一項又は第二項の規定による命令に従わないときは、当該精神科病院の管理者に対し、期間を定めて第二十二条の四第一項、第三十三条第一項、第二項及び第四項並びに第三十三条の四第一項及び第二項の規定による精神障害者の入院に係る医療の提供の全部又は一部を制限することを命ずることができる。

5　（略）

（無断退去者に対する措置）

第三十九条　精神科病院の管理者は、入院中の者で自身を傷つけ又は他人に害を及ぼすおそれのあるものが無断で退去しその行方が不明になつたときは、所轄の警察署長に次の事項を通知してその探索を求めなければならない。

一～五　（略）

六　保護者又はこれに準ずる者の住所及び氏名

2　（略）

第六節　雑則

（保護者の引取義務等）

第四十一条　保護者は、第二十九条の三若しくは第二十九条の四第一項の規定により退院する者又は前条の規定により仮退院する者を引き取り、かつ、仮退院した

の条において「指針」という。）を定めなければならない。

2　指針に定める事項は、次のとおりとする。

一　精神病床（病院の病床のうち、精神疾患を有する者を入院させるためのものをいう。）の機能分化に関する事項

二　精神障害者の居宅等（居宅その他の厚生労働省令で定める場所をいう。）における保健医療サービス及び福祉サービスの提供に関する事項

三　精神障害者に対する医療の提供に当たつての医師、看護師その他の医療従事者と精神保健福祉士その他の精神障害者の保健及び福祉に関する専門的知識を有する者との連携に関する事項

四　その他良質かつ適切な精神障害者に対する医療の提供の確保に関する重要事項

3　厚生労働大臣は、指針を定め、又はこれを変更したときは、遅滞なく、これを公表しなければならない。

第四十二条　削除

（刑事事件に関する手続等との関係）

者の保護に当たつては当該精神科病院又は指定病院の管理者の指示に従わなければならない。

（医療及び保護の費用）

第四十二条　保護者が精神障害者の医療及び保護のために支出する費用は、当該精神障害者又はその扶養義務者が負担する。

（刑事事件に関する手続等との関係）

第四十三条　（略）

2　第二十四条、第二十六条及び第二十七条の規定を除くほか、この章の規定は矯正施設に収容中の者には適用しない。

（心神喪失等の状態で重大な他害行為を行つた者に係る手続等との関係）

第四十四条　（略）

2　前各節の規定は、心神喪失等の状態で重大な他害行為を行った者の医療及び観察等に関する法律第三十四条第一項前段若しくは第六十条第一項前段の命令若しくは第三十七条第五項前段若しくは第六十二条第二項前段の決定により入院している者又は同法第四十二条第一項第一号若しくは第六十一条第一項第一号の決定により指定入院医療機関に入院している者については、適用しない。

（相談指導等）

第四十七条　都道府県、保健所を設置する市又は特別区（以下「都道府県等」という。）は、必要に応じて、次条第一項に規定する精神保健福祉相談員その他の職員又は都道府県知事若しくは保健所を設置する市若しくは特別区の長（以下「都道府県知事等」という。）が指定した医師をして、精神保健及び精神障害者の福

第四十三条　（略）

2　第二十五条、第二十六条及び第二十七条の規定を除く外、この章の規定は矯正施設に収容中の者には適用しない。

（心神喪失等の状態で重大な他害行為を行つた者に係る手続等との関係）

第四十四条　（略）

2　この章第二節から前節までの規定は、心神喪失等の状態で重大な他害行為を行った者の医療及び観察等に関する法律第三十四条第一項前段若しくは第六十条第一項前段の命令若しくは第三十七条第五項前段若しくは第六十二条第二項前段の決定により入院している者又は同法第四十二条第一項第一号若しくは第六十一条第一項第一号の決定により指定入院医療機関に入院している者については、適用しない。

（相談指導等）

第四十七条　都道府県、保健所を設置する市又は特別区（以下「都道府県等」という。）は、必要に応じて、次条第一項に規定する精神保健福祉相談員その他の職員又は都道府県知事若しくは保健所を設置する市若しくは特別区の長（以下「都道府県知事等」という。）が指定した医師をして、精神保健及び精神障害者の福

祉に関し、精神障害者及びその家族等その他の関係者からの相談に応じさせ、及びこれらの者を指導させせなければならない。

2　（略）

3　市町村（保健所を設置する市を除く。次項において同じ。）は、前二項の規定により都道府県が行う精神障害者に関する事務に必要な協力をするとともに、必要に応じて、精神障害者の福祉に関し、精神障害者及びその家族等その他の関係者からの相談に応じ、及びこれらの者を指導しなければならない。

4　市町村は、前項に定めるもののほか、必要に応じて、精神保健に関し、精神障害者及びその家族等その他の関係者からの相談に応じ、及びこれらの者を指導するように努めなければならない。

5　市町村、精神保健福祉センター及び保健所は、精神保健及び精神障害者の福祉に関し、精神障害者及びその家族等その他の関係者からの相談に応じ、又はこれらの者へ指導を行うに当たつては、相互に、及び福祉事務所（社会福祉法（昭和二十六年法律第四十五号）に定める福祉に関する事務所をいう。）その他の関係行政機関と密接な連携を図るよう努めなければならない。

祉に関し、精神障害者及びその家族等からの相談に応じさせ、及びこれらの者を指導させなければならない。

2　（略）

3　市町村（保健所を設置する市及び特別区を除く。次項において同じ。）は、前二項の規定により都道府県が行う精神障害者に関する事務に必要な協力をするとともに、必要に応じて、精神障害者の福祉に関し、精神障害者及びその家族等からの相談に応じ、及びこれらの者を指導しなければならない。

4　市町村は、前項に定めるもののほか、必要に応じて、精神保健に関し、精神障害者及びその家族等からの相談に応じ、及びこれらの者を指導するように努めなければならない。

5　市町村、精神保健福祉センター及び保健所は、精神保健及び精神障害者の福祉に関し、精神障害者及びその家族等からの相談に応じ、又はこれらの者へ指導を行うに当たつては、相互に、及び福祉事務所（社会福祉法（昭和二十六年法律第四十五号）に定める福祉に関する事務所をいう。）その他の関係行政機関と密接な連携を図るよう努めなければならない。

（精神保健福祉相談員）
第四十八条 都道府県及び市町村は、精神保健福祉センター及び保健所その他これらに準ずる施設に、精神保健及び精神障害者の福祉に関する相談に応じ、並びに精神障害者及びその家族等その他の関係者を訪問して必要な指導を行うための職員（次項において「精神保健福祉相談員」という。）を置くことができる。
2 （略）

（後見等を行う者の推薦等）
第五十一条の十一の三 市町村は、前条の規定による審判の請求の円滑な実施に資するよう、民法に規定する後見、保佐及び補助（以下この条において「後見等」という。）の業務を適正に行うことができる人材の活用を図るため、後見等の業務を適正に行うことができる者の家庭裁判所への推薦その他の必要な措置を講ずるよう努めなければならない。
2 都道府県は、市町村と協力して後見等の業務を適正に行うことができる人材の活用を図るため、前項に規定する措置の実施に関し助言その他の援助を行うように努めなければならない。

（事務の区分）
第五十一条の十三 この法律（第一章から第三章まで、

（精神保健福祉相談員）
第四十八条 都道府県及び市町村は、精神保健福祉センター及び保健所その他これらに準ずる施設に、精神保健及び精神障害者の福祉に関する相談に応じ、並びに精神障害者及びその家族等を訪問して必要な指導を行うための職員（次項において「精神保健福祉相談員」という。）を置くことができる。
2 （略）

（事務の区分）
第五十一条の十三 この法律（第一章から第三章まで、

第十九条の二第四項、第十九条の七、第十九条の八、第十九条の九第一項、同条第二項（第三十三条の八において準用する場合を含む。）、第十九条の十一、第二十九条の七、第三十条第一項及び第三十一条、第三十三条の七第一項及び第六項、第六章並びに第五十一条の十一の三第二項を除く。）の規定により都道府県が処理することとされている事務は、地方自治法第二条第九項第一号に規定する第一号法定受託事務（次項及び第三項において「第一号法定受託事務」という。）とする。

2　（略）

3　第三十三条第三項及び第三十四条第二項の規定により市町村が処理することとされている事務は、第一号法定受託事務とする。

〔罰則〕

第五十三条　精神科病院の管理者、指定医、地方精神保健福祉審議会の委員、精神医療審査会の委員、第二十一条第四項、第三十三条第四項若しくは第三十三条の七第二項の規定により診察を行つた特定医師若しくは第四十七条第一項の規定により都道府県知事等が指定した医師又はこれらの職にあつた者が、この法律の規定に基づく職務の執行に関して知り得た人の秘密を正

第十九条の二第四項、第十九条の七、第十九条の八、第十九条の九第一項、同条第二項（第三十三条の五において準用する場合を含む。）、第十九条の十一、第二十九条の七、第三十条第一項及び第三十一条、第三十三条の四第一項及び第六項並びに第六章を除く。）の規定により都道府県が処理することとされている事務は、地方自治法第二条第九項第一号に規定する第一号法定受託事務（次項及び第三項において「第一号法定受託事務」という。）とする。

2　（略）

3　第二十一条の規定により市町村が処理することとされている事務は、第一号法定受託事務とする。

〔罰則〕

第五十三条　精神科病院の管理者、指定医、地方精神保健福祉審議会の委員、精神医療審査会の委員、第二十二条の四第四項、第三十三条第四項若しくは第三十三条の四第二項の規定により診察を行つた特定医師若しくは第四十七条第一項の規定により都道府県知事等が指定した医師又はこれらの職にあつた者が、この法律の規定に基づく職務の執行に関して知り得た人の秘密

当な理由がなく漏らしたときは、一年以下の懲役又は百万円以下の罰金に処する。

2 （略）

第五十四条 次の各号のいずれかに該当する者は、六月以下の懲役又は五十万円以下の罰金に処する。

一 （略）

二 虚偽の事実を記載して第二十二条第一項の申請をした者

第五十七条 次の各号のいずれかに該当する者は、十万円以下の過料に処する。

一 第十九条の四の二（第二十一条第五項、第三十三条第五項及び第三十三条の七第三項において準用する場合を含む。）の規定に違反した者

二～四 （略）

五 第二十一条第七項の規定に違反した者

六 （略）

七 第三十三条の七第五項の規定に違反した者

八 （略）

を正当な理由がなく漏らしたときは、一年以下の懲役又は百万円以下の罰金に処する。

2 （略）

第五十四条 次の各号のいずれかに該当する者は、六月以下の懲役又は五十万円以下の罰金に処する。

一 （略）

二 虚偽の事実を記載して第二十三条第一項の申請をした者

第五十七条 次の各号のいずれかに該当する者は、十万円以下の過料に処する。

一 第十九条の四の二（第二十二条の四第五項、第三十三条第五項及び第三十三条の四第三項において準用する場合を含む。）の規定に違反した者

二～四 （略）

五 第二十二条の四第七項の規定に違反した者

六 （略）

七 第三十三条の四第五項の規定に違反した者

八 （略）

索引

昭和三十八年

○麻薬中毒者の取扱いについて……（昭和三十八年七月十一日　薬発第三五三号）……七一

昭和三十九年

○麻薬取締法の一部改正に伴う精神衛生行政と麻薬取締行政との調整について……（昭和三十九年二月七日　薬麻第四〇号）……七〇

昭和六十三年

○精神保健及び精神障害者福祉に関する法律第十八条第一項第三号の規定に基づき厚生労働大臣が定める精神障害及び程度……（昭和六十三年四月八日　厚生省告示第百二十四号）……一二五

○精神保健及び精神障害者福祉に関する法律第二十八条の二の規定に基づき厚生労働大臣の定める基準……（昭和六十三年四月八日　厚生省告示第百二十五号）……二六二

○精神保健及び精神障害者福祉に関する法律第三十三条の七第一項の規定に基づき厚生労働大臣の定める基準……（昭和六十三年四月八日　厚生省告示第百二十七号）……三四七

○精神保健及び精神障害者福祉に関する法律第三十六条第二項の規定に基づき厚生労働大臣が定める行動の制限……（昭和六十三年四月八日　厚生省告示第百二十八号）……四〇二

○精神保健及び精神障害者福祉に関する法律第三十六条第三項の規定に基づき厚生労働大臣が定める行動の制限……（昭和六十三年四月八日　厚生省告示第百二十九号）……四〇三

○精神保健及び精神障害者福祉に関する法律第三十七条第一項の規定に基づき厚生労働大臣が定める基準……（昭和六十三年四月八日　厚生省告示第百三十号）……四〇六

○精神保健及び精神障害者福祉に関する法律第三十三条第三項に基づき医療保護入院に際して市町村長が行う入院同意について……（昭和六十三年六月二十二日　健医発第七四三号）……三〇六

平成七年

○精神障害者保健福祉手帳制度実施要領について……（平成七年九月十二日　健医発第一一三二号）……五〇一

○精神障害者保健福祉手帳の障害等級の判定基準について……（平成七年九月十二日　健医発第一一三三号）……五二五

平成八年

○精神保健福祉センター運営要領について…… 八二
（平成八年一月十九日　健医発第五七号）

○精神保健及び精神障害者福祉に関する法律第十九条第一項の規定に基づき厚生労働大臣が定める精神保健指定医が研修を受けなければならない年度…… 一四一
（平成八年三月二十一日　厚生省告示第八十九号）

○精神保健及び精神障害者福祉に関する法律第十九条の八の規定に基づき厚生労働大臣の定める指定病院の基準…… 一九二
（平成八年三月二十一日　厚生省告示第九十号）

○精神保健福祉法第十九条の八に基づく指定病院の指定について…… 一九三
（平成八年三月二十一日　健医発第三二五号）

○精神保健指定医の証の更新等に係る事務取扱要領について…… 一四三
（平成八年三月二十一日　健医精発第二〇号）

平成九年

○精神保健指定医の指定取消し又は職務の停止に当たっての聴聞手続き等について…… 一五一
（平成九年七月三十日　障精第一二二号）

平成十年

○精神科病院に対する指導監督等の徹底について…… 四五〇
（平成十年三月三日　障第一一三号・健政発第二三二号・医薬発第一七六号・社援第四九一号）

平成十二年

○精神保健及び精神障害者福祉に関する法律第二十九条の二の二第三項の規定に基づき厚生労働大臣が定める行動の制限…… 二七七
（平成十二年三月二十八日　厚生省告示第九十六号）

○精神保健及び精神障害者福祉に関する法律第十二条に規定する精神医療審査会について…… 一〇二・四二九・四三九
（平成十二年三月二十八日　障第二〇九号）

○精神科病院に入院する時の告知等に係る書面及び入退院の届出等について…… 二二一・二二三・二三八・二六九・二八一・三一一・三一二・三一七・三二〇・三六五・三六六・三七〇・四二一
（平成十二年三月三十日　障精第二二号）

○応急入院指定病院の指定等について…… 三四八
（平成十二年三月三十日　障精第二三号）

○精神障害者の移送に関する事務処理基準について……三七五
（平成十二年三月三十一日　障第二四三号）
○保健所及び市町村における精神保健福祉業務について……五四九
（平成十二年三月三十一日　障第二五一号）

平成十八年

○被収容者の釈放に関する訓令の運用について（依命通達）……二五一
（平成十八年五月二十三日　法務省矯成第三三三七三号）
○特定病院の認定等について……二二六
（平成十八年九月二十九日　障精発第〇九二九〇〇一号）

平成二十年

○精神科救急医療体制整備事業の実施について……二〇五
（平成二十年五月二十六日　障発第〇五二六〇〇一号）

平成二十二年

○精神保健指定医の新規申請等に係る事務取扱要領について……一三〇
（平成二十二年二月八日　障精発〇二〇八第二号）

平成二十六年

○医療保護入院者の退院促進に関する措置について……三二四
（平成二十六年一月二十四日　障発〇一二四第二号）
○医療保護入院における家族等の同意に関する運用について……二九九
（平成二十六年一月二十四日　障精発〇一二四第一号）
○良質かつ適切な精神障害者に対する医療の提供を確保するための指針……四七五
（平成二十六年三月七日　厚生労働省告示第六十五号）

四訂 精神保健福祉法詳解

2016年 2 月20日　初　版　発　行
2021年 4 月20日　初版第 6 刷発行

監　修……………………精神保健福祉研究会
発行者……………………荘村明彦
発行所……………………中央法規出版株式会社
〒110-0016　東京都台東区台東3-29-1　中央法規ビル
営業　TEL 03-3834-5817　FAX 03-3837-8037
取次・書店担当　TEL 03-3834-5815　FAX 03-3837-8035
https://www.chuohoki.co.jp/
印刷・製本……………（株）太洋社

ISBN978-4-8058-5293-4